EDITION DE J. BRY AINÉ
— 1 FRANC LE VOLUME —

# OEUVRES COMPLÈTES

DE

# J.-J. ROUSSEAU

RÉIMPRIMÉES D'APRÈS LES MEILLEURS TEXTES

SOUS LA DIRECTION DE

## LOUIS BARRÉ

illustrées par Tony Johannot, Baron et Célestin Nanteuil

## LES CONFESSIONS

PARIS
J. BRY AINÉ, LIBRAIRE-ÉDITEUR
17, RUE GUÉNÉGAUD, 17
1856

ŒUVRES COMPLÈTES

DE

# J.-J. ROUSSEAU

Paris. — Typ. Gaittet et Cie, 7, rue Git-le-Cœur.

# ŒUVRES COMPLÈTES

DE

# J.-J. ROUSSEAU

RÉIMPRIMÉES D'APRÈS LES MEILLEURS TEXTES

SOUS LA DIRECTION DE

**LOUIS BARRÉ**

illustrées par Tony Johannot, Baron et Célestin Nanteuil

ÉDITION J. BRY

TOME PREMIER
## LES CONFESSIONS

PARIS
J. BRY AÎNÉ, LIBRAIRE-ÉDITEUR
17, RUE GUÉNÉGAUD, 17
1856

# NOTICE

SUR LA VIE ET LES OUVRAGES

DE

## J.-J. ROUSSEAU.

---

Si Jean-Jacques a laissé peu à dire sur lui-même, l'admiration et la critique n'ont rien laissé à dire sur ses œuvres.

Homme faible, il a mis à nu toutes ses faiblesses. Ceux-là qui se servent d'un mot plus dur semblent ignorer que l'intention seule est la mesure de la moralité des actes. Qui l'aurait jugé plus équitablement qu'il ne s'est jugé lui-même? Dans ce déluge d'autobiographies qui vient d'inonder la fin d'un siècle et le commencement d'un autre, ses *Confessions* seules ont surnagé. Nul n'a su nous intéresser comme lui par son propre portrait, parce que nul n'a eu sa complète franchise de dessin. Une expérience toute récente l'a démontré : en l'admirant pleinement, on n'a encore su l'imiter qu'à demi.

Ecrivain, on reconnaît en lui le double cachet du génie : il n'a pas eu de modèle et il a fondé une école. De nombreux échos ont répété l'accent nouveau

qu'il donnait à la prose française : par lui, la simple parole est devenue une lyre et un pinceau. Mais ce charme de nouveauté qui parut dans ses écrits tient tout entier à son admiration sentie pour la nature. Il semble qu'avant lui on n'ait connu que des fleurs en bouquets et des arbres taillés au cordeau. Dans les puissances des champs, des bois et des eaux, les autres ne voyaient que nymphes et naïades : lui, a brisé hardiment le maillot d'une mythologie surannée, et, dans un seul brin d'herbe, a su faire admirer toutes les merveilles de la création. Ce brin d'herbe, on le chercherait en vain dans tous les romans qui ont précédé la *Nouvelle Héloïse*.

En philosophie, Jean-Jacques est également sorti du cadre convenu. Assez heureux pour ne connaître ni Aristote ni Platon, il n'a point deviné ; il aurait certes combattu l'idéalisme allemand, qui commençait alors à poindre ; et il ne s'est point laissé absorber par le sensualisme, qui l'entourait. Mais il a fondé la doctrine du sentiment intime, critérium de la vérité morale, comme la sensation est celui de la vérité physique. La conscience humaine, lien invisible des deux mondes, a été affirmée par Rousseau comme elle ne l'avait jamais été par aucune bouche et dans aucun langage.

Comme penseur politique et législateur, le Genevois a écouté à la fois l'inspiration du sol natal et l'individualité qu'il tenait de son éducation première : la famille qui fait la conscience personnelle, la patrie qui la rend collective. Ses écrits de cette classe forment le code et le type de la liberté civile, idéal autour duquel la pratique des nations modernes doit pivoter et osciller sans cesse : caduque, si elle reste en arrière ; insensée, si elle le dépasse. Stoïque pour lui-même, il semble se poser en ennemi des jouissances sociales, par cela seul qu'il combat l'inégalité des richesses ; veut-il pour cela l'égalité de la misère ? non sans doute : il a en vue pour tout le monde un milieu splendide de vertus et de bonheur, dont il a le premier rêvé le modèle.

On doit pourtant avouer que ce n'est point seulement à son immense amour de la nature et de la vérité que Jean-Jacques a dû cette éloquence qui étonna ses contemporains autant par sa vigueur que par sa nouveauté. Il la dut encore à un défaut, à l'exagération d'une personnalité un peu farouche, nourrie dans la solitude et la contemplation. De là cette indignation qui dépasse Juvénal et Tacite et cette verve brûlante qui n'est qu'à lui. De là aussi toutes les erreurs de sa vie. Ces erreurs et ces fautes de conduite viennent d'un principe unique, que des malheurs quelquefois mérités n'ont fait que développer de plus en plus. Devenu d'abord méfiant, il en est arrivé enfin à croire tout l'univers conjuré contre lui. Se trompait-il du tout au tout, comme on le croit volontiers assez généralement ? Non sans doute. Sauf le fait d'une conspiration, d'une entente générale entre ceux qu'il accuse, tout se comporte à son égard comme si cette entente existait. Oui, il est bien vrai que, toujours, des protecteurs cherchent dans leur bienfait même une satisfaction pour leur vanité ; que, de leur protégé, ils veulent faire le jouet de leur oisiveté : c'est là ce que M$^{me}$ d'Épinay et tant d'autres attendaient de Jean-Jacques ; il est bien vrai que l'homme d'un talent inférieur ne se pose en ami que pour parler en maître, et tel est le rôle qu'a joué Grimm ; il est bien vrai que l'on dénigre, d'une part, celui qu'on se fait gloire de servir ailleurs, et c'est ainsi que s'est conduit Hume ; il est bien vrai qu'un courtisan est toujours courtisan et sacrifie à la faveur celui qui aurait continué de traiter comme un frère si ce vent fatal n'eût point tourné, et tels ont été le duc et la duchesse de Luxembourg ; il est vrai, enfin, que la manière de vivre indépendante et presque sauvage de Rousseau était un reproche vivant pour beaucoup de consciences, et que, contrariés d'une pareille existence, beaucoup d'hommes cherchaient à en contrarier le cours. Il en va ainsi dans le monde, et il en ira toujours ainsi. Mais ce qui est faux, ce qui gâte la cause de Rousseau, et rend presque fatigants à lire les plaidoyers éloquents dans lesquels il l'a plaidée, c'est de prétendre que tout cela soit l'effet d'un concours de volontés concertées, c'est de s'en affliger outre mesure et de ne point vouloir y reconnaître une manifestation, non point de la nature primitive de l'homme, à Dieu ne plaise ! mais de la dépravation

nécessaire de cette nature dans une société absurde autant que vicieuse. Jean-Jacques l'a dit, « l'homme est bon : les hommes sont mauvais. »

Nous n'avons à insister que sur cette seule observation, parce qu'elle nous semble capitale et que la critique nous paraît avoir jusqu'ici négligé le point de vue qui éclaire et justifie une existence et des actes dont elle s'est du reste si souvent occupée.

Les *Confessions*, les *Rêveries d'un promeneur solitaire*, les *Dialogues*, la *Correspondance*, nous épargnent le soin de retracer ici cette vie si agitée et si curieuse à étudier. On peut à peine, dans le premier de ces quatre ouvrages, relever quelques inexactitudes de dates et désirer quelques détails que l'on a puisés depuis à d'autres sources. Nous y avons suppléé souvent par des notes, et il ne nous reste à placer ici qu'un fort petit nombre de remarques.

La famille de Jean-Jacques était française (*), et, outre ses quatorze oncles et tantes, beaucoup de parents étaient sans doute restés dans le pays natal ; car il s'est retrouvé plus tard un assez grand nombre de leurs descendants, qui sont venus se recommander aux amis de celui qui avait illustré leur nom.

Rousseau était lui-même dans l'erreur sur le jour de son entrée dans ce monde : il le fixait au 4 juillet 1712 ; mais son acte de naissance, retrouvé dans les registres de la paroisse de la ville haute, est ainsi conçu : « Le 28 juin 1712 est né un fils à Isaac Rousseau et à Suzanne Bernard ; lequel a été présenté au baptême par Jean-Jacques Valençon et baptisé le 4 juillet, à Saint-Pierre, par *spectable* (vénérable) Senebier. »

Cette mention du 4 juillet, comme jour de la présentation, fut sans doute la cause de l'erreur longtemps adoptée. Bien que le père de Rousseau demeurât, comme il le dit, dans le quartier Saint-Gervais ou la ville basse, Mᵐᵉ Rousseau se trouvait en visite chez sa sœur Mᵐᵉ Bernard, dans la Grand'rue, lorsqu'elle se sentit prise des douleurs de l'accouchement : elle y mourut, et le berceau de l'enfant fut reporté à Saint-Gervais avec le cercueil de la mère.

Les erreurs de date et les omissions de noms propres dans les *Confessions*, sans avoir une grande importance, méritent quelquefois d'être signalées. Dans le séjour de Jean-Jacques chez M. Lambercier, on s'apercevra facilement qu'il devait avoir dix ans et non huit, lors d'une certaine anecdote un peu scabreuse ; et ceci rend bien plus admissible la précocité de tempérament qu'il paraît s'attribuer.

Une autre anecdote, relative à la même époque, se trouve au livre II d'*Emile*.

En parlant de ses lectures, pendant son apprentissage, Rousseau fait allusion au propos tenu par une belle dame sur certains livres dangereux (page 22). Cette phrase se trouvait dans un billet écrit par Mˡˡᵉ de Clermont au cardinal de Ximénès, en lui renvoyant un livre de cette espèce ; et l'anecdote méritait d'être complétée, en ce qu'elle peint parfaitement les mœurs de la noblesse et du clergé au XVIII$^e$ siècle.

Le M. Gaime, dont il est question au livre III, était précepteur des enfants de M. de Mellarède : on trouve au livre IV d'*Emile*, dans le préambule de la profession de foi du Vicaire savoyard, quelques renseignements sur la position de ce jeune et malheureux ecclésiastique en Piémont.

Quant au voyage mystérieux de Mᵐᵉ de Warens à Paris, il pourrait dater de l'abdication de Victor-Amédée, qui eut lieu le 2 septembre 1730, ou plutôt ce voyage aurait eu pour cause les prétendus complots attribués à ce prince pour remonter sur le trône quelques mois après. On s'expliquerait très bien que Mᵐᵉ de Warens eût voulu alors s'assurer une position en France, ou même que le nouveau souverain, Charles-Emmanuel, l'y eût envoyée pour une négociation secrète et difficile, chose à laquelle cette dame était éminemment propre. Le

---

(*) Didier, fils d'Antoine Rousseau, libraire à Paris, se retira à Genève en 1529. Il fut l'aïeul de Jean Rousseau, aïeul lui-même de Jean-Jacques.

Un de ses oncles était passé en Perse, et un petit-fils de cet oncle, par conséquent cousin issu de germain de Rousseau, étant venu à Paris après la mort du philosophe genevois, fut accueilli chez M. Delessert.

retour de Rousseau serait alors reculé de quelques mois, et son séjour se serait prolongé assez longtemps, puisqu'à l'époque des concerts de Chambéry, l'armée française filait en Piémont pour entrer en Italie, ce qui eut lieu le 30 octobre 1735. D'autre part, durant ce même séjour, eut lieu la liaison avec M. de Conzié, lequel fit connaître à Rousseau la correspondance du roi de Prusse, « qui venait, dit-il, de monter sur le trône. » Or, cet événement arriva le 1er juin 1740, et la correspondance place le voyage de Montpellier au 14 décembre 1737, voyage après lequel il se serait rendu à Genève. Il y a là certainement lacune ou méprise dans les souvenirs de l'écrivain : peut-être ne consiste-t-elle que dans la mention faite hors de propos de l'avènement de Frédéric. Cela du reste est sans importance pour ceux qui cherchent surtout dans Rousseau ce qui y domine : les grâces du style et la profondeur de l'analyse des sentiments. Les anachronismes purement matériels sont beaucoup moins graves à nos yeux que les transpositions de faits qui peuvent produire une conclusion morale tout-à-fait fausse. Tel est le raisonnement de ceux qui disent : Jean-Jacques nous recommande d'élever nos enfants, et il a mis les siens à l'hôpital. Ces raisonneurs ne veulent pas se rappeler que la publication d'*Emile* est postérieure à l'abandon qui fit naître dans le cœur de Rousseau un remords éternel.

Plusieurs biographes, égarés par cette confusion de dates, ont voulu trouver dans l'existence de Rousseau deux circonstances différentes auxquelles on pourrait rapporter le testament en date du 27 juin 1737, qui a été retrouvé et publié en 1828 ; ce serait d'abord l'explosion d'une bouteille avec laquelle il voulait faire l'expérience de la *lampe philosophique*, puis une chute qu'il aurait faite dans un escalier à Chambery en se rendant chez une de ses écolières : mais la première explication paraît définitivement la seule vraisemblable ; il ne reste d'autre indice de la seconde qu'un bruit qui, dit-on, aurait couru dans la ville.

Par cet acte, revêtu d'ailleurs de toutes les formes lég les, Rousseau fait un legs de cent livres à Jacques Barillot de Genève ; puis enfin, délaissant à son père sa légitime, dont il le prie de se contenter, il nomme pour son héritière Mme de Warens, en déclarant lui devoir la somme de deux mille livres pour sa pension et entretien depuis dix années.

Il est dit dans l'acte qu'il n'est point signé par le testateur, à cause de l'appareil mis sur ses yeux ; mais quinze jours après (12 juillet), quoique Rousseau, par exagération probablement, dise qu'il resta six semaines aveugle, cet obstacle n'existant plus, Rousseau signa une procuration par laquelle il autorisait son ami Barillot à demander et recevoir sa portion héréditaire dans les biens de sa mère, procuration qui d'ailleurs n'eut point d'effet, puisque cette succession fut recueillie par Rousseau lui-même, mais seulement à la mort de son père, arrivée dix ans après (*Confessions*, livre VII).

Au reste, ce testament, déjà remarquable comme témoignage touchant d'affection et de reconnaissance envers une bienfaitrice, le devient encore davantage par le silence que Rousseau a gardé sur son existence.

Diverses anecdotes se rapportent encore au livre VI et au livre VII. C'est pendant son séjour aux Charmettes que Rousseau essayait d'un si singulier moyen de se convaincre de l'existence de Dieu, en lançant des pierres contre les arbres, et pariant pour, s'il frappait le but. C'est à Venise qu'il fit le tour de magie blanche que l'on trouve rapporté dans la troisième des *Lettres de la Montagne.*

A Venise encore, on remarque l'aventure de Zulietta, qui fournit à La Harpe de si ridicules et si pédantesques réflexions ; aventure qui doit être rapprochée du souper chez M. Leblond, raconté au livre X, de l'histoire de la Padoana (livre VIII) et de la soirée de Saint-Preux dans la *Nouvelle Héloïse* (lettre 91e) : après quoi, l'on comprendra de reste que Jean-Jacques ne fut jamais un véritable débauché, et on saura le distinguer de son entourage.

C'est à son retour à Paris qu'il faut placer la véritable origine de tous les malheurs de Rousseau. La connaissance qu'il y fit de Thérèse causa ses plus grandes fautes, et amena également les tracasseries dont il se fit lui-même de

sérieuses infortunes. La duplicité de caractère de cette fille, son avidité ainsi que celle de sa mère, leur empressement à s'entremettre partout, à recevoir de toutes mains, à renseigner tout le monde, en se plaignant de toutes choses et de toutes personnes; tous ces vices, qui forment l'ensemble le plus odieux en face d'un caractère aussi franc que celui de leur victime, après avoir échappé si longtemps à la soupçonneuse perspicacité de Jean-Jacques, ne sont plus maintenant un mystère pour personne. Déjà, dans le voyage qu'il fit à Lyon avec Gauffecourt en 1754, on voit poindre une marque de l'esprit brouillon et dissimulé de Thérèse : elle cherche à éloigner Rousseau de son ami, en prétendant que Gauffecourt, vieillard impotent, a fait pour la séduire d'ignobles tentatives. On n'a pas assez remarqué ce trait caractéristique des femmes de cette espèce, trait qui à lui seul fait comprendre tout le reste.

Ce qui peut-être doit frapper le plus le lecteur, dans toute cette partie des *Confessions*, c'est l'aveuglement de Rousseau sur les choses les plus essentielles à son bonheur, tandis qu'il montre une déplorable facilité à se créer d'ailleurs des soupçons sans fondement. Ce dont personne certes ne l'accusera, c'est l'esprit de calcul. En le connaissant bien, on ne le taxera même jamais de faiblesse. Rien ne montre plus de résolution que les victoires qu'il a remportées sur lui-même, soit qu'il quitte M<sup>me</sup> de Larnage, soit qu'il conseille un autre mariage à M<sup>lle</sup> de Serres qu'il aime éperduement, soit encore qu'il remette au lendemain à ouvrir une lettre qui peut renfermer une somme dont il a un extrême besoin. Une preuve de sa fermeté se voit encore dans son changement de costume, annoncé dans la préface de *Narcisse*, en 1752, et maintenu pendant de longues années, malgré les railleries et les outrages.

Après la persécution causée par la publication d'*Emile* et l'abandon de la famille de Luxembourg, paraît sur la scène un personnage qui, par l'excellence de son cœur, nous dédommage un peu de toutes les lâchetés et de toutes les trahisons dont nous venons d'être témoins. Il s'agit de lord Keith, grand-maréchal d'Ecosse, que Rousseau appelle toujours mylord maréchal. Ce personnage est peint de main de maître, tant dans les *Confessions* que dans la *Correspondance* : mais peut-être se peint-il lui-même encore mieux dans un fragment original d'une de ses lettres. Elle est adressée à la duchesse de Boufflers et datée de Neuchatel, 28 novembre 1762.

« Jean-Jacques est certainement trop obstiné dans les choses petites et indifférentes ; mais il l'est aussi dans le bon, dans la probité, dans le désintéressement, ce qui fait bien plus que contrebalancer ses petites opiniâtretés et le fait aimer et respecter. Il est bien plus sauvage qu'un sauvage de l'Amérique. Si l'un d'eux avait pris plus de poisson qu'il ne pourrait en porter, et s'il en rencontrait un autre sans poisson, il lui dirait : « Tiens, voilà du poisson que je te laisse; prends-le. » Jean-Jacques et moi, nous sommes les deux sauvages (et nous ne le sommes pas mal); mais Jean-Jacques ne veut pas emporter mon poisson. Il aime mieux le laisser pourrir par terre. A Colombier, il serait mieux logé, dans un air plus doux ; il serait seul (je n'y suis que l'été); il aurait le fruit et les légumes, dont grande partie se pourrit. Il ne viendra pas ; mais comme je trouve juste que chacun *vit* à sa mode, pourvu qu'il ne fasse rien contre les bonnes mœurs, je ne parle plus à notre ami de quitter la montagne. Le roi me dit, en parlant de lui : « Ce grand désintéressement est, sans contredit, le fond essentiel de la vertu. » Il le pousse, selon moi, trop loin. . . . . . . . . .

« Je crois deviner le secret de notre ami : il espère mourir avant que tout son argent soit mangé. Il pourrait se tromper. . . . . . . . . .

« Une des raisons qui persuaderaient le plus à Jean-Jacques à vouloir réaliser mon projet (de passer en Ecosse avec David Hume) est *qu'il ignore la langue du pays* : c'est bien de lui que cette raison ! et peut-être est-elle bonne. »

Une circonstance assez bizarre avait précédé la publication et la condamnation d'*Emile* Un écrit venait de remporter le prix proposé en 1762 par l'académie de Harlem sur cette question : « Quelle est la meilleure marche à suivre dans

l'habillement, la nourriture et les exercices des enfants, depuis le moment où ils naissent jusqu'à leur adolescence, pour qu'ils vivent longtemps en santé? » Selon sa coutume, Jean-Jacques vit là-dedans une machination de ses ennemis : il se persuada que l'académie d'Harlem n'existait point. Cependant le fait du concours était aussi certain que celui de l'existence d'une académie connue de tout le monde savant, et la dissertation couronnée, faite par un Genevois nommé Jacques Balexsert, parut imprimée à Paris, en 1762, chez Vallet-Lachapelle. Mais, quand on a lu cette brochure, on ne peut certes pas élever contre l'auteur l'accusation de plagiat : son ouvrage n'a rien de commun avec celui de Rousseau que la partie hygiénique; on y trouve l'allaitement conseillé aux mères, la proscription du maillot, etc.; mais rien de la partie morale et surtout pas un mot qui rappelle le style de l'*Émile*.

Un trait du caractère de Jean-Jacques, qui se manifesta dans cette circonstance, ce fut la facilité avec laquelle il se livra à toutes les manœuvres qu'employèrent ses protecteurs pour se débarrasser de lui, le faire disparaître successivement de tous les lieux où il eût été trop en vue, et le confiner enfin en Angleterre avec le secours de M$^{me}$ de Boufflers et de l'historien Hume. Si, comme on l'en accuse trop souvent, Rousseau eût eu réellement soif de publicité, il eût comparu dans le parlement, se fût défendu avec bruit, eût été condamné peut-être à quelque emprisonnement, à un bannissement temporaire : rien de pire que ce qui lui arriva. Ses protecteurs, peut-être imprudents, eussent seuls perdu à cela : il le vit et leur immola tout, jusqu'à sa correspondance qu'il se laissa enlever.

Successivement traqué à Motiers, chassé de l'île de Saint-Pierre et de la ville de Bienne, à l'époque où s'arrêtent les *Confessions*, Rousseau semble hésiter quelque temps entre la Corse, où l'appelaient les études qu'il voulait faire avant de travailler à la constitution qu'on lui demandait pour cette île (voyez les *Lettres à M. Buttafuoco*), Berlin où mylord maréchal lui aurait assuré un asile, Amsterdam où l'appelait son libraire Rey, et enfin l'Angleterre. A partir de ce moment, nous devons le suivre pas à pas, à l'aide de la *Correspondance* et de divers témoignages, le récit écrit par lui-même nous faisant défaut.

Parti de Bienne le 29 octobre 1765, et penchant d'abord pour Berlin, il se dirige vers Strasbourg : là il paraît s'être décidé pour l'Angleterre, peut-être parce que la réponse de lord Keith se faisait attendre. Il demande donc un passe-port pour traverser la France, et il reçoit de tous les habitants et des autorités mêmes, à la tête desquelles était le maréchal de Contades, un accueil obligeant et empressé. Le journal de Strasbourg, du 9 au 13 octobre, n'est rempli que des répétitions, représentations du *Devin du Village*, concerts même, auxquels assiste l'illustre voyageur, qui se produit en public vêtu en Arménien; et chaque soir une foule munie de flambeaux et poussant des vivats l'accompagne jusqu'à son logement.

Ayant reçu enfin les papiers attendus, il revient à Paris le 16 décembre, et le prince de Conti l'abrite dans l'enclos du Temple, lieu de franchise, à l'hôtel de Saint-Simon, où il est assiégé par un concours d'amis et d'admirateurs, et où chaque soir les musiciens du prince viennent jouer sous ses fenêtres. Le prince lui offrait un de ses châteaux pour asile : mais M. Hume et la mauvaise étoile du pauvre Jean-Jacques l'emportèrent. Il part pour Londres le 4 janvier 1766.

A peine arrivé en Angleterre, où, selon M. Hume, tout était préparé pour le recevoir, Rousseau, quoique bien accueilli par toutes les classes de la société, voit qu'il fallait songer lui-même à se pourvoir. Il se fixe enfin à Wootton, dans le comté de Derby, dans une maison appartenant à un riche Anglais, nommé Davenport, qui consent, bien malgré lui, à recevoir un loyer. Déjà Hume n'était plus pour Rousseau un véritable ami : il l'avait abandonné pour retourner à Paris, et voici comment il s'exprimait sur son compte, dans un style aussi peu affectueux que peu français, quoiqu'on ait dit que M. Hume écrivait aussi bien notre langue que la sienne : « S'il est *possible* qu'un homme *peut* vivre sans occupation, sans livres, sans société et sans sommeil, il ne quittera pas ce lieu

sauvage... Mais je crains la faiblesse et l'inquiétude naturelles à tout homme, et surtout à un homme de son caractère. Je ne serais pas surpris qu'il quittât bientôt cette retraite... Sa santé est plutôt robuste qu'infirme, à moins que vous ne vouliez compter les accès de mélancolie et de spleen auxquels il est sujet. C'est grand dommage; il est fort aimable dans ses manières; *il est d'un cœur honnête et sensible*; mais ces accès l'éloignent de la société, le *remplissent* d'humeur, et donnent quelquefois à sa conduite un air de bizarrerie et de violence, *qualités qui ne lui sont pas naturelles.* »

Déjà cet ami si sincère, ce patron généreux, avait commis à l'égard de son ami, de son client, une trahison inqualifiable, en fabriquant, de concert avec Horace Walpole(\*), l'ami de M<sup>me</sup> du Deffant, laquelle n'a jamais pu supporter ni même comprendre Jean-Jacques, cette lettre odieuse, attribuée à un monarque assez épris de toute gloire pour n'en flétrir aucune par de froids sarcasmes.

« Mon cher Jean-Jacques, vous avez renoncé à Genève votre patrie. Vous vous êtes fait chasser de la Suisse, pays tant vanté dans vos écrits; la France vous a décrété; venez donc chez moi. J'admire vos talents; je m'amuse de vos *Rêveries* qui (soit dit en passant) vous occupent trop et trop longtemps. Il faut à la fin être sage et heureux; vous avez fait assez parler de vous par des singularités peu convenables à un véritable grand homme : démontrez à vos ennemis que vous pouvez avoir quelquefois le sens commun, cela les fâchera sans vous faire tort. Mes états vous offrent une retraite paisible : je vous veux du bien, et je vous en ferai si vous le trouvez bon; mais si vous vous obstinez à rejeter mon secours, attendez-vous *que* je ne le dirai à personne. Si vous persistez à vous creuser l'esprit pour trouver de nouveaux malheurs, choisissez-les tels que vous voudrez; je suis roi, je puis vous en procurer au gré de vos souhaits, et, ce qui sûrement ne vous arrivera pas vis-à-vis de vos ennemis, je cesserai de vous persécuter quand vous cesserez de mettre votre gloire à *l'être*.

« Votre bon ami Frédéric. »

La dernière phrase : *Je suis roi...* était de Hume lui-même, qui l'avait suggérée dans un souper. Tous ces détails, et l'animosité de Hume contre celui qu'il prétendait servir, sont aujourd'hui démontrés jusqu'à l'évidence par l'aveu contenu dans les lettres même de Hume, publiées à Londres en 1820.

Le roi d'Angleterre faisait offrir à Rousseau une pension que celui-ci acceptait d'abord puis refusait ensuite (le 16 mai 1766), malgré l'avis de mylord maréchal, qu'il avait consulté, et par cette raison, assez logique selon nous, que le monarque exigeait que le secret couvrît ses bienfaits. Rousseau ne prétendait pas au droit de paraître ingrat.

Cependant, toutes ces tracasseries, sur lesquelles nous ne pouvons nous arrêter, faisaient l'entretien des salons de Paris : Grimm attisait le feu par sa correspondance et jouait hautement le rôle de dénonciateur; Hume était en rapport avec d'Holbach. Voltaire écrivait sa lettre du docteur Pansophe. Suard, inspiré par D'Alembert, prêtait le froid venin de sa plume à l'historien écossais. Thérèse, fidèle à son rôle, se brouillait avec les voisins de Wootton. Rousseau arrive à cette conclusion assez naturelle, qu'on veut à la fois lui rendre l'Angleterre insupportable et l'y retenir pour le perdre à Paris. Dans toutes ces actions individuelles, il voit toujours ce fatal concert, le fantôme de tous ses rêves, et se décide, comme il le dit lui-même, « à être libre ou à mourir. » Hume est jugé : nous n'y reviendrons plus.

Rousseau quitte Wootton après trois mois de séjour; il se décide à profiter de l'asile que le prince de Conti lui offrait, et son passage à Amiens lui offre une nouvelle occasion, pareille à celle qu'il avait rencontrée à Strasbourg, de se con-

---

(\*) Il n'est pas inutile de remarquer que déjà madame d'Epinay, à l'époque où elle voulait se débarrasser de Rousseau pour être tout entière à Grimm, avait parlé à Jean-Jacques d'un certain *mylord* Walpole, qu'elle lui présentait comme un protecteur, tandis que le véritable Walpole, attaché à madame Du Deffant, partageait certainement les préventions de celle-ci, si même elle ne les avait pas inspirées.

vaincre de l'admiration, de l'affection même dont il pouvait être entouré en France. Là, Rousseau eût pu voir de ses yeux qu'il n'avait d'ennemis que dans ces ruelles et ces salons où les beaux esprits se corrompaient au contact des roueries de l'époque. Gresset vint le haranguer à la tête du corps municipal. Les deux écrivains furent charmés l'un de l'autre, et c'est à la fin d'un dîner qui les avait réunis que Jean-Jacques dit à l'auteur de *Vert-Vert* : « Vous faites si bien parler les perroquets qu'il n'est pas étonnant que vous sachiez apprivoiser les ours. » Mot charmant, que l'on a dénaturé pour en faire une rebuffade grossière.

Après avoir passé quelques jours à Fleury-sous-Chaumont et non, comme on l'a cru, à Fleury-Meudon près de Paris, Rousseau alla résider au château de Trye près de Gisors, où il s'établit sous le nom de Renou, dont il signa ses lettres jusqu'à la fin de 1769. Mais son mauvais génie l'y avait suivi : Thérèse trouva le moyen de se disputer pour des fruits, des légumes, avec les gens du château, et son maître le quitta en juin 1768 pour se rendre à Grenoble. Il y passa deux mois, toujours en proie aux mêmes illusions (*), et en partit pour aller s'établir dans une auberge de Bourgoin, petite ville située à treize lieues au-delà. Là sa gouvernante vint encore le rejoindre, et ce fut pour récompenser ce qu'il considérait comme une preuve de dévouement qu'il lui donna enfin le titre d'épouse : non, comme on l'a prétendu, qu'aucun acte civil ou religieux ait consacré cet engagement; mais il fut contracté, comme il l'a dit lui-même, « dans toute la simplicité, mais aussi dans toute la vérité de la nature, » en présence seulement de deux témoins, MM. de Champagneux et de Rosières, le premier maire de Bourgoin, et tous deux anciens officiers d'artillerie.

La santé de Rousseau et celle de la personne qu'il faut bien, hélas! appeler sa femme, ne purent s'accommoder des eaux de sa nouvelle résidence; et, en février 1769, il alla s'établir non loin de là, au village de Monquin, dans une propriété de M. de Cezarges. Il aurait pu y vivre enfin heureux et tranquille, si Thérèse ne lui eût donné de nouveaux chagrins : le titre d'épouse légitime, qui devrait relever certaines femmes et adoucir au moins l'aigreur de leur caractère, n'est pour elles qu'un stimulant qui suscite de nouvelles exigences. Une lettre écrite par Rousseau à Thérèse, pendant une herborisation qu'il était allé faire au mont Pila (**), renferme cette phrase écrasante et prophétique : « Honorez ma mémoire en vous honorant. » Cette lettre témoigne que déjà cette femme l'avait voulu quitter clandestinement, et Du Peyrou, le fidèle ami de Jean-Jacques, en conçut tant de mépris qu'il publia cette pièce du vivant même de Thérèse.

Rousseau avait cependant formé à Bourgoin une liaison qui eût pu le retenir dans les environs de cette ville. Il s'agit de M. de Saint-Germain, ancien officier, mais nullement parent du ministre de ce nom, homme de cœur, que Rousseau choisit brusquement pour confident, sur sa seule réputation de sens et de probité, et qui répondit à cet abandon par les conseils les plus sages et les plus dignes d'être suivis, si quelque chose eût pu contrebalancer cette puissance qui, poussant le malheureux banni d'asile en asile, semblait lui crier sans cesse : « Marche, marche encore ! »

Ce fut à cette époque qu'il souscrivit pour la statue de Voltaire, démarche honorable à laquelle le châtelain de Ferney répondit que par du des injures.

Rousseau s'était fait aimer à Monquin, comme partout où une influence occulte ne venait pas soulever contre lui une populace ignoble. Ses bienfaits discrets et mesurés prévenaient les besoins de ses voisins les plus pauvres, et l'on a remarqué qu'il cherchait à se rendre utile à tous par des conseils d'abord, puis par des dons en nature, mais rarement par des cadeaux en argent comptant, qu'il considérait comme une sorte de corruption et qu'il n'avait jamais acceptés pour lui-même. Ainsi, dans un de ses voyages à la ville, il avait fait une emplète d'une valeur d'un louis en vêtements grossiers, mais propres, pour les distribuer aux enfants du village. « Je l'ai vu, dit M. de Saint-Germain, malade du mal d'autrui et se privant du nécessaire pour soulager les malheureux. »

---

(*) Voyez la *Correspondance*. — (**) Il en est question dans les notes inédites sur la *Botanique*.

Malgré tous ces liens d'attaché, il se persuade que l'honneur et le devoir le rappellent. Sans doute Thérèse avait fait parler ces deux voix : et puis, peut-être écoutait-il un peu le désir secret de lire ses *Confessions* qu'il venait de terminer.

Il arrive donc pour la dernière fois à Paris, au mois de juillet 1770. Il se remet à copier de la musique, renoue ses anciennes relations et en forme de nouvelles. Il se livre à son goût pour l'herborisation et compose ses différents ouvrages sur la botanique. Ses *Considérations sur le gouvernement de Pologne* sont écrites en 1772, à la demande du comte Wielhorski, chargé de cette mission par le gouvernement de ce malheureux pays. La lacune de quatre ans que présente sa correspondance prouve que dès lors il resta fidèle à la résolution qu'il avait annoncée déjà en Angleterre à la duchesse de Portland, et qu'il avait renouvelée au lord d'Harcourt, de ne plus écrire que pour l'absolue nécessité. Il s'était même prescrit de ne plus faire aucune espèce de visites. Sa fatale manie était arrivée à son dernier paroxysme, et il pouvait se dire, comme il l'écrivit plus tard : « Me voici donc seul sur la terre. » Et pourtant, quelle lucidité, quelle force de raisonnement brille encore dans ses derniers écrits, dans celui que nous venons de citer comme dans ses *Rêveries*, et même dans ses *Dialogues !* Ne peut-on pas douter de sa bonne foi, de la réalité de sa manie, quand on remarque une pareille netteté de style, une pareille puissance de dialectique, dans l'homme qui, en février 1776, veut déposer son manuscrit sur le maître-autel de Notre-Dame, espérant que « le bruit de cette action le fera parvenir jusqu'au roi ? » — Non, malgré ces apparentes contradictions, les illusions de l'infortuné étaient bien des vérités à ses yeux ; sa maladie mentale était du genre de celles que les médecins appellent monomanies, et dans lesquelles l'esprit égaré, trompé sur un seul point, s'exerce encore d'une manière parfaitement saine et indépendante sur tout le reste. Seulement, n'oublions pas que, comme nous l'avons démontré, tout n'était point illusion dans ses chagrins.

Néanmoins, outre les consolations qu'il trouvait à cette époque dans l'étude de la nature, la musique et le théâtre lui en offraient encore quelques-unes. Son *Pygmalion*, scène lyrique, fut joué le 30 octobre 1775 par Larive, et obtint un succès qui dut le flatter, bien qu'il ait toujours refusé d'assister à la représentation. Il composa aussi avec Corancez plusieurs romances et morceaux détachés, ainsi que le premier acte d'un opéra intitulé *Daphnis et Chloé*; il entreprit même de faire une nouvelle musique pour les paroles de son *Devin du Village*. Toute cette musique, ayant été gravée après sa mort, fut vendue au profit des Enfants-Trouvés, et produisit pour eux un bénéfice de plus de trois mille francs.

Trois témoignages peuvent fournir les détails que nous sommes forcés d'omettre sur cette période de la vie de Jean-Jacques, ceux de Corancez, de Bernardin de Saint-Pierre et de Dusaulx (\*). De ces écrivains, les deux premiers sont bienveillants : le troisième leur sert en quelque sorte de contre-partie. Dusaulx semble ne s'être fait admettre dans l'intimité du philosophe que pour en trahir, en travestir même tous les secrets. C'est une de ces natures mauvaises, telles qu'on en trouve à chaque grande époque littéraire, telles qu'on en signale une bien connue de nos jours, auxquelles un peu de talent semble avoir été accordé, uniquement pour que la postérité n'ignorât point le petit et le laid côté des grands hommes de leur temps.

Rousseau, à son arrivée à Paris, s'était d'abord logé en hôtel garni. Mais, grâce à ses copies de musique, il avait bientôt pu acheter quelques meubles et avait loué, rue Plâtrière, un petit appartement du quatrième étage qu'il avait rendu habitable, selon lui, en y mettant quelques planches pour couvrir le carreau dégradé. C'est là qu'il a demeuré jusqu'à son départ pour Ermenonville et qu'il recevait, avec les trois visiteurs que nous venons de nommer, quelques hommes de lettres et, selon Dusaulx, « des femmes mêmes de la cour, suivies de jolis

---

(\*) Articles du *Journal de Paris*, réunis en une brochure de 75 pages, 1798. — Préambule de l'*Arcadie*, et *Essai sur J.-J. Rousseau*. — *De mes rapports avec J.-J. Rousseau*, in-8º, Paris, 1798.

messieurs saupoudrés d'ambre et qui sifflaient en parlant. » Il n'allait guère dans le monde que pour y lire ses *Confessions* : cette lecture eut lieu, pour la première fois, chez le marquis de Pezai, où elle dura dix-sept heures, interrompues seulement par deux repas forts courts, sans que la voix du lecteur faiblît un seul instant : la seconde eut lieu chez Dorat, et Rousseau, qui n'était pas homme à se prodiguer, n'en donna pas plus de quatre.

Après que Rousseau se fut débarrassé, par une morosité peut-être affectée, des visites importunes, Corancez, grâce à sa prudence en même temps qu'à la sincérité de son attachement, et Bernardin de Saint-Pierre, à cause de la sympathie résultant de l'affinité de son talent avec celui de l'auteur d'*Emile*, conservèrent leurs entrées à la maison de la rue Plâtrière. Le dernier seulement se laissa écarter par Thérèse, bien qu'il ait eu la discrétion de ne point élever de plainte à ce sujet. Corancez, bien placé pour juger son ami, a qualifié comme nous sa monomanie habituelle, et dans une comparaison qui ne manque pas de justesse, « il m'a réalisé, dit-il, l'existence possible de Don Quichotte. » Or, tous ceux qui ont lu attentivement l'œuvre de Cervantes savent qu'à part son idée fixe, qui le fait vivre aux temps fabuleux des Amadis et des Galaor, le chevalier de la Manche est un type admirable de bon sens, d'éloquence et de haute raison.

C'est à cette époque (1776) qu'il faut rapporter le terrible accident que Jean-Jacques a raconté lui-même dans sa deuxième promenade : il fut renversé par un chien danois qui précédait une voiture, et le choc qu'il en reçut peut avoir ébranlé son cerveau : ainsi s'expliquerait et se justifierait à la fois le dernier acte fatal qui, selon quelques-uns de ses biographes, a terminé sa vie. Mais n'anticipons point.

Son médecin, Lebègue de Presle, lui ayant conseillé le séjour de la campagne, le conduisit chez M. de Girardin qui lui offrit une habitation dans sa terre d'Ermenonville. Ce fut là qu'il alla passer les quarante-deux jours qui lui restaient à vivre.

Le 21 mai 1778, Rousseau, cédant aux instances de son nouveau protecteur, part d'abord seul pour Ermenonville, et, s'y trouvant bien, il y fait venir Thérèse. Des témoins désintéressés, qui lui ont rendu visite dans ce nouveau domicile, l'y trouvent très satisfait de son logement et de ses hôtes. Il y exécute en famille ses compositions musicales. Il enseigne la botanique à l'un des enfants de M<sup>me</sup> de Girardin ; enfin, le 26 juin, il prie un des visiteurs de lui envoyer des livres pour l'hiver suivant et du papier, des couleurs pour se faire un herbier cet été : il parle de s'occuper de nouveau de son *Daphnis* et de la *Suite d'Emile*.

Cependant, le 2 juillet en se levant, Rousseau se plaint à Thérèse d'avoir passé une mauvaise nuit. Sa femme, sortie pendant quelques instants, le trouve en rentrant plutôt couché qu'assis dans une grande chaise, le coude appuyé sur une commode. « Qu'avez-vous, lui dit-elle, mon bon ami ? — Je sens, répondit-il, de grandes anxiétés et des douleurs de colique. » Aussitôt Thérèse fait annoncer au château l'état dans lequel se trouve son mari. M<sup>me</sup> de Girardin accourt aussitôt : mais, après quelques paroles par lesquelles Jean-Jacques la remercie de sa bonté, il lui fait entendre qu'elle n'est elle-même ni d'une assez bonne santé, ni d'un caractère assez ferme pour supporter la vue de la souffrance ; et cette affectueuse amie se retire, présumant qu'il a besoin d'être seul avec sa garde-malade. C'est alors que, suivant le récit de Thérèse, Rousseau éprouve un évanouissement pendant lequel il tombe de son siège et se fait une légère blessure à la tête. Quand on le releva, il était mort. Les dernières paroles qu'on lui prête, sur son désir de voir encore une fois le soleil, sur sa confiance dans la bonté du Tout-Puissant, offrent un certain degré de probabilité, en ce que telles étaient bien les dispositions de son esprit ; mais leur réalité est appuyée uniquement sur le témoignage de Thérèse, laquelle n'a pu que traduire, dans son langage à elle, des expressions qu'il aura fallu rectifier et arranger.

Le lendemain, 3 juillet, cinq hommes de l'art font l'ouverture du corps et attestent qu'il ne se présente ni cicatrices, ni blessures, « si ce n'est une légère déchirure au front, occasionnée par la chute du défunt sur le carreau, au mo-

ment où il fut frappé de mort. » De plus, ils constatent un épanchement considérable de sérosité, entre la substance du cerveau et les membranes qui la recouvrent.

Aucun soupçon de suicide ne s'était encore élevé, quand, dix ans après l'événement, M$^{me}$ de Staël, voulant appuyer par un grand exemple une doctrine qu'elle soutenait alors, proclama la première que Rousseau s'était donné la mort.

Neuf ans plus tard, Corancez soutint la même thèse et s'efforça de la démontrer à l'aide de ses souvenirs. Il rappelle un propos tenu par un maître de poste disant que « Rousseau s'est détruit d'un coup de pistolet; » il ajoute contradictoirement l'impossibilité dans laquelle M. de Girardin le mit « d'aborder et de faire causer personne, » tout en lui offrant cependant de lui faire voir le corps : affreux spectacle que ce Corancez, si avide d'explications, se refuse cependant à contempler. Enfin, on a rapporté au beau-père de Corancez, M. Romilly, qui l'accompagnait à Ermenonville, que, « le matin, Rousseau avait été herboriser, qu'il avait rapporté des plantes, qu'il les avait préparées et fait infuser dans une tasse de café. »

Voilà donc un double suicide par empoisonnement et par une arme à feu. Il faudrait choisir cependant. La détonation du pistolet eût été entendue. Corancez semble pourtant se décider pour ce moyen; car, dans une seconde édition, il invoque le temoignage du sculpteur Houdon, qui avait moulé le masque du défunt. « Le trou était si profond, ajoute-t-il, que M. Houdon *m'a dit*, à moi, avoir été embarrassé pour en remplir le vide. »

Heureusement Houdon lui-même, par une lettre en date du 8 mars 1819, affirme positivement que « la contusion qui existe au front paraît bien la suite d'un coup violent et non l'effet d'un trou. La peau a pu être endommagée, mais on aperçoit encore les lignes non interrompues des rides. »

Est-ce assez de contradictions et de démentis? La thèse funeste, renouvelée assez récemment par M. Musset-Pathay peut-elle encore se soutenir en face de considérations aussi concluantes? N'est-ce point assez d'avoir à regretter une mort jusqu'à un certain point prématurée (car Rousseau, atteignant sa soixante-sixième année, pouvait encore nous léguer des chefs-d'œuvre), sans y joindre le malheur d'un déplorable exemple et les redoutables incertitudes qui planent sur le tombeau du suicide?

La question nous paraît décidée.

On sait comment il a été disposé des restes de Rousseau : la piété de M. de Girardin lui éleva, dans une petite île de l'étang d'Ermenonville, appelée l'île des Peupliers, un tombeau convenablement décoré, d'où les cendres du philosophe genevois furent enlevées le 20 vendémiaire an III (11 octobre 1793) pour être placées au Panthéon, dans un affreux cercueil de bois peint maintenant livré aux vers tout au fond des caveaux. Sous l'empire, le marquis de Girardin avait demandé et espérait obtenir la restitution de cette précieuse dépouille. La rapidité des événements empêcha de donner suite à ce projet. La Restauration, la royauté de 1830, ne pouvaient rien permettre qui eût donné quelque solennité à une pareille translation. Qu'en arrivera-t-il plus tard? Il serait inutile de chercher à le prévoir, le domaine d'Ermenonville appartenant aujourd'hui à trois propriétaires différents, plus indifférents sans doute à d'illustres souvenirs que ne l'était M. de Girardin.

Rousseau a obtenu justice dans le lieu de sa naissance : sa statue a été inaugurée à Genève en 1835. Mais cette statue même, ou celle qui devrait être érigée sur une des places de Paris, les honneurs du Panthéon, les hommages que reçoit le cénotaphe d'Ermenonville, tout cela n'est rien pour sa mémoire : ses vrais monuments sont dans les cœurs des citoyens que ses écrits ont formés, dans les grands événements de notre immortelle république auxquels ont présidé ses doctrines.

Toujours occupé du grand problème : « Mettre la loi au-dessus de l'homme, » Rousseau fut, pour la révolution européenne, apôtre, législateur, précurseur et

prophète. Dès l'an 1757, il l'annonçait en ces termes : « Nous approchons de l'état de crise et du siècle des révolutions : je tiens pour impossible que les grandes monarchies de l'Europe aient encore longtemps à durer. »

<div style="text-align: right;">L. BARRÉ.</div>

# LES
# CONFESSIONS
## DE J.-J. ROUSSEAU.

*Intus et in cute.*
Pers., sat. III, v. 30.

### PREMIÈRE PARTIE. — LIVRE I.

(1712-1719.) Je forme une entreprise qui n'eut jamais d'exemple, et dont l'exécution n'aura point d'imitateur. Je veux montrer à mes semblables un homme dans toute la vérité de la nature, et cet homme, ce sera moi.

Moi seul. Je sens mon cœur, et je connais les hommes. Je ne suis fait comme aucun de ceux que j'ai vus; j'ose croire n'être fait comme aucun de ceux qui existent. Si je ne vaux pas mieux, au moins je suis autre. Si la nature a bien ou mal fait de briser le moule dans lequel elle m'a jeté, c'est ce dont on ne peut juger qu'après m'avoir lu.

Que la trompette du jugement dernier sonne quand elle voudra, je viendrai, ce livre à la main, me présenter devant le souverain juge. Je dirai hautement :

Voilà ce que j'ai fait, ce que j'ai pensé, ce que je fus. J'ai dit le bien et le mal avec la même franchise. Je n'ai rien tu de mauvais, rien ajouté de bon ; et s'il m'est arrivé d'employer quelque ornement indifférent, ce n'a jamais été que pour remplir un vide occasionné par mon défaut de mémoire. J'ai pu supposer vrai ce que je savais avoir pu l'être, jamais ce que je savais être faux. Je me suis montré tel que je fus : méprisable et vil quand je l'ai été ; bon, généreux, sublime, quand je l'ai été : j'ai dévoilé mon intérieur tel que tu l'as vu toi-même, Etre éternel. Rassemble autour de moi l'innombrable foule de mes semblables ; qu'ils écoutent mes confessions, qu'ils gémissent de mes indignités, qu'ils rougissent de mes misères. Que chacun d'eux découvre à son tour son cœur au pied de ton trône avec la même sincérité, et puis qu'un seul te dise, s'il l'ose : « Je fus meilleur que cet homme-là. »

Je suis né à Genève, en 1712 (*), d'Isaac Rousseau, citoyen, et de Suzanne Bernard, citoyenne. Un bien fort médiocre, à partager entre quinze enfants, ayant réduit presque à rien la portion de mon père, il n'avait pour subsister que son métier d'horloger, dans lequel il était à la vérité fort habile. Ma mère, fille du ministre Bernard, était plus riche : elle avait de la sagesse et de la beauté. Ce n'était pas sans peine que mon père l'avait obtenue. Leurs amours avaient commencé presque avec leur vie : dès l'âge de huit à neuf ans, ils se promenaient ensemble les soirs sur la Treille ; à dix ans ils ne pouvaient plus se quitter. La sympathie, l'accord des âmes, affermit en eux le sentiment qu'avait produit l'habitude. Tous deux, nés tendres et sensibles, n'attendaient que le moment de trouver dans un autre la même disposition, ou plutôt ce moment les attendait eux-mêmes, et chacun d'eux jeta son cœur dans le premier qui s'ouvrit pour le recevoir. Le sort, qui semblait contrarier leur passion, ne fit que l'animer. Le jeune amant, ne pouvant obtenir sa maîtresse, se consumait de douleur : elle lui conseilla de voyager pour l'oublier. Il voyagea sans fruit, et revint plus amoureux que jamais. Il retrouva celle qu'il aimait tendre et fidèle. Après cette épreuve, il ne restait qu'à s'aimer toute la vie : ils le jurèrent, et le ciel bénit leur serment.

Gabriel Bernard, frère de ma mère, devint amoureux d'une des sœurs de mon père ; mais elle ne consentit à épouser le frère qu'à condition que son frère épouserait la sœur. L'amour arrangea tout, et les deux mariages se firent le même jour. Ainsi mon oncle était le mari de ma tante, et leurs enfants furent doublement mes cousins germains. Il en naquit un de part et d'autre au bout d'une année ; ensuite il fallut encore se séparer.

Mon oncle Bernard était ingénieur : il alla servir dans l'empire et en Hongrie sous le prince Eugène. Il se distingua au siège et à la bataille de Belgrade. Mon père, après la naissance de mon frère unique, partit pour Constantinople, où il était appelé, et devint horloger du sérail. Durant son absence, la beauté de ma mère, son esprit, ses talents (**), lui attirèrent des hommages. M. de la Closure, résident de France, fut des plus empressés à lui en offrir. Il fallait que sa passion fût vive, puisqu'au bout de trente ans je l'ai vu s'attendrir en me parlant d'elle. Ma mère avait plus que de la vertu pour s'en défendre ; elle aimait tendrement son mari. Elle le pressa de revenir. Je fus le triste fruit de ce retour. Dix mois

---

(*) Rousseau croyait être né le 4 juillet, ainsi qu'il le dit dans une lettre à madame de Latour, du 27 janvier 1763 ; mais il était dans l'erreur. Il vint au monde le 28 juin 1712, dans une visite que faisait sa mère.

(**) Elle en avait de trop brillants pour son état : le ministre son père, qui l'adorait, ayant pris grand soin de son éducation. Elle dessinait, elle chantait, elle s'accompagnait du téorbe, elle avait de la lecture et faisait des vers passables. En voici qu'elle fit impromptu dans l'absence de son frère et de son mari, se promenant avec sa belle-sœur et leurs deux enfants, sur un propos que quelqu'un lui tint à leur sujet :

    Ces deux messieurs qui sont absents
    Nous sont chers de bien des manières ;
    Ce sont nos amis, nos amants ;
    Ce sont nos maris et nos frères,
    Et les pères de ces enfants.

après, je naquis infirme et malade. Je coûtai la vie à ma mère, et ma naissance fut le premier de mes malheurs.

Je n'ai pas su comment mon père supporta cette perte, mais je sais qu'il ne s'en consola jamais. Il croyait la revoir en moi, sans pouvoir oublier que je la lui avais ôtée; jamais il ne m'embrassa que je ne sentisse à ses soupirs, à ses convulsives étreintes, qu'un regret amer se mêlait à ses caresses : elles n'en étaient que plus tendres. Quand il me disait : Jean-Jacques, parlons de ta mère! je lui disais : Hé bien! mon père, nous allons donc pleurer ; et ce mot seul lui tirait déjà des larmes.—Ah! disait-il en gémissant, rends-la moi, console-moi d'elle, remplis le vide qu'elle a laissé dans mon âme. T'aimerais-je ainsi si tu n'étais que mon fils?—Quarante ans après l'avoir perdue, il est mort dans les bras d'une seconde femme, mais le nom de la première à la bouche, et son image au fond du cœur.

Tels furent les auteurs de mes jours. De tous les dons que le ciel leur avait départis, un cœur sensible est le seul qu'ils me laissèrent : mais il avait fait leur bonheur, et fit tout les malheurs de ma vie.

J'étais né presque mourant, on espérait peu de me conserver. J'apportai le germe d'une incommodité que les ans ont renforcée (\*), et qui maintenant ne me donne quelquefois des relâches que pour me laisser souffrir plus cruellement d'une autre façon. Une sœur de mon père, fille aimable et sage, prit si grand soin de moi qu'elle me sauva. Au moment où j'écris ceci, elle est encore en vie, soignant, à l'âge de quatre-vingts ans, un mari plus jeune qu'elle, mais usé par la boisson. Chère tante, je vous pardonne de m'avoir fait vivre, et je m'afflige de ne pouvoir vous rendre à la fin de vos jours les tendres soins que vous m'avez prodigués au commencement des miens (\*\*). J'ai aussi ma mie Jacqueline encore vivante, saine et robuste. Les mains qui m'ouvrirent les yeux à ma naissance pourront me les fermer à ma mort.

Je sentis avant de penser : c'est le sort commun de l'humanité. Je l'éprouvai plus qu'un autre. J'ignore ce que je fis jusqu'à cinq ou six ans. Je ne sais comment j'appris à lire ; je ne me souviens que de mes premières lectures et de leur effet sur moi : c'est le temps d'où je date sans interruption la conscience de moi-même. Ma mère avait laissé des romans ; nous nous mîmes à les lire après souper, mon père et moi. Il n'était question d'abord que de m'exercer à la lecture par des livres amusants ; mais bientôt l'intérêt devint si vif, que nous lisions tour-à-tour sans relâche, et passions les nuits à cette occupation. Nous ne pouvions jamais quitter qu'à la fin du volume. Quelquefois mon père, entendant le matin les hirondelles, disait tout honteux : Allons nous coucher ; je suis plus enfant que toi.

En peu de temps j'acquis, par cette dangereuse méthode, non-seulement une extrême facilité à lire et à m'entendre, mais une intelligence unique à mon âge sur les passions. Je n'avais aucune idée des choses, que tous les sentiments m'étaient déjà connus. Je n'avais rien conçu, j'avais tout senti, et les malheurs imaginaires de mes héros m'ont tiré cent fois plus de larmes dans mon enfance, que les miens mêmes ne m'en ont jamais fait verser. Ces émotions confuses, que j'éprouvai coup sur coup, n'altéraient point la raison que je n'avais pas encore; mais elles m'en formèrent une d'un autre temps, et me donnèrent de la vie humaine des notions bizarres et romanesques, dont l'expérience et la réflexion n'ont jamais bien pu me guérir.

(1719-1723.) Les romans finirent avec l'été de 1719. L'hiver suivant, ce fut autre chose. La bibliothèque de ma mère fut épuisée, on eut recours à la portion de celle de son père qui nous était échue. Heureusement, il s'y trouva de bons livres ; et cela ne pouvait guère être autrement, cette bibliothèque ayant été formée par un ministre, à la vérité, et savant même, car c'était la mode alors,

---

(\*) Il était affligé d'une rétention d'urine presque continuelle, causée par un vice de conformation dans la vessie.

(\*\*) Cette tante s'appelait madame Goncerru. En mars 1767, Rousseau lui fit une rente de 100 livres, et, même dans la plus grande détresse, il la paya toujours avec exactitude.

mais homme de goût et d'esprit. L'histoire de l'Eglise et de l'Empire par Le Sueur, le Discours de Bossuet sur l'histoire universelle, les Hommes illustres de Plutarque, l'Histoire de Venise par Nani, les Métamorphoses d'Ovide, La Bruyère, les Mondes de Fontenelle, ses Dialogues des morts, et quelques tomes de Molière, furent transportés dans le cabinet de mon père, et je les lui lisais tous les jours durant son travail. J'y pris un goût rare et peut-être unique à cet âge. Plutarque surtout devint ma lecture favorite. Le plaisir que je prenais à le relire sans cesse me guérit un peu des romans, et je préférai bientôt Agésilas, Brutus, Aristide, à Orondate, Artamène et Juba. De ces intéressantes lectures, des entretiens qu'elles occasionnaient entre mon père et moi, se forma cet esprit libre et républicain, ce caractère indomptable et fier, impatient de joug et de servitude, qui m'a tourmenté tout le temps de ma vie dans les situations les moins propres à lui donner l'essor. Sans cesse occupé de Rome et d'Athènes, vivant pour ainsi dire avec leurs grands hommes, né moi-même citoyen d'une république, et fils d'un père dont l'amour de la patrie était la plus forte passion, je m'en enflammais à son exemple, je me croyais Grec ou Romain, je devenais le personnage dont je lisais la vie; le récit des traits de constance et d'intrépidité qui m'avaient frappé me rendait les yeux étincelants et la voix forte. Un jour que je racontais à table l'aventure de Scévola, on fut effrayé de me voir avancer et tenir la main sur un réchaud pour représenter son action.

J'avais un frère plus âgé que moi de sept ans. Il apprenait la profession de mon père. L'extrême affection qu'on avait pour moi le faisait un peu négliger; et ce n'est pas cela que j'approuve. Son éducation se sentit de cette négligence. Il prit le train du libertinage, même avant l'âge d'être un vrai libertin. On le mit chez un autre maître, d'où il faisait des escapades comme il en avait fait de la maison paternelle. Je ne le voyais presque point, à peine puis-je dire avoir fait connaissance avec lui; mais je ne laissais pas de l'aimer tendrement, et il m'aimait autant qu'un polisson peut aimer quelque chose. Je me souviens qu'une fois que mon père le châtiait rudement et avec colère, je me jetai impétueusement entre deux, l'embrassant étroitement. Je le couvris ainsi de mon corps, recevant les coups qui lui étaient portés, et je m'obstinai si bien dans cette attitude, qu'il allut enfin que mon père lui fît grâce, soit désarmé par mes cris et mes larmes, soit pour ne pas me maltraiter plus que lui. Enfin mon frère tourna si mal, qu'il s'enfuit tout-à-fait. Quelque temps après, on sut qu'il était en Allemagne. Il n'écrivit pas une seule fois. On n'a plus eu de ses nouvelles depuis ce temps-là; et voilà comme je suis demeuré fils unique.

Si ce pauvre garçon fut élevé négligemment, il n'en fut pas ainsi de son frère; et les enfants des rois ne sauraient être soignés avec plus de zèle que je le fus durant mes premiers ans, idolâtré de tout ce qui m'entourait, et toujours, ce qui est bien plus rare, traité en enfant chéri, jamais en enfant gâté. Jamais une seule fois, jusqu'à ma sortie de la maison paternelle, on ne m'a laissé courir seul dans la rue avec les autres enfants; jamais on n'eut à réprimer en moi ni à satisfaire aucune de ces humeurs qu'on impute à la nature, et qui naissent toutes de la seule éducation. J'avais les défauts de mon âge : j'étais babillard, gourmand, quelquefois menteur. J'aurais volé des fruits, des bonbons, de la mangeaille; mais jamais je n'ai pris plaisir à faire du mal, du dégât, à charger les autres, à tourmenter de pauvres animaux. Je me souviens pourtant d'avoir une fois pissé dans la marmite d'une de nos voisines appelée M$^{me}$ Clot, tandis qu'elle était au prêche. J'avoue même que ce souvenir me fait encore rire, parce que M$^{me}$ Clot, bonne femme au demeurant, était bien la vieille la plus grognon que je connus de ma vie. Voilà la courte et véridique histoire de tous mes méfaits enfantins.

Comment serais-je devenu méchant, quand je n'avais sous les yeux que des exemples de douceur, et autour de moi que les meilleures gens du monde? Mon père, ma tante, ma mie, mes parents, nos amis, nos voisins, tout ce qui m'environnait ne m'obéissait pas à la vérité, mais m'aimait; et moi je les aimais de même. Mes volontés étaient si peu excitées et si peu contrariées, qu'il ne me venait pas dans l'esprit d'en avoir. Je puis jurer que, jusqu'à mon asservissement

sous un maître, je n'ai pas su ce que c'était qu'une fantaisie. Hors le temps que je passais à lire ou écrire auprès de mon père, et celui où ma mie me menait promener, j'étais toujours auprès de ma tante, à la voir broder, à l'entendre chanter, assis ou debout à côté d'elle ; et j'étais content. Son enjouement, sa douceur, sa figure agréable, m'ont laissé de si fortes impressions, que je vois encore son air, son regard, son attitude : je me souviens de ses petits propos caressants ; je dirais comment elle était vêtue et coiffée, sans oublier les deux crochets que ses cheveux noirs faisaient sur ses tempes, selon la mode de ce temps-là.

Je suis persuadé que je lui dois le goût ou plutôt la passion pour la musique, qui ne s'est bien développé en moi que longtemps après. Elle savait une quantité prodigieuse d'airs et de chansons qu'elle chantait avec un filet de voix fort douce. La sérénité d'âme de cette excellente fille éloignait d'elle, et de tout ce qui l'environnait, la rêverie et la tristesse. L'attrait que son chant avait pour moi fut tel, que non-seulement plusieurs de ses chansons me sont toujours restées dans la mémoire, mais qu'il m'en revient même, aujourd'hui que je l'ai perdue, qui, totalement oubliées depuis mon enfance, se retracent à mesure que je vieillis, avec un charme que je ne puis exprimer. Dirait-on que moi, vieux radoteur, rongé de soucis et de peines, je me surprends quelquefois à pleurer comme un enfant en marmottant ces petits airs d'une voix déjà cassée et tremblante ? Il y en a un surtout qui m'est revenu tout entier quant à l'air ; mais la seconde moitié des paroles s'est constamment refusée à tous mes efforts pour me la rappeler, quoiqu'il m'en revienne confusément les rimes. Voici le commencement, et ce que j'ai pu me rappeler du reste :

> Tircis, je n'ose
> Ecouter ton chalumeau
> Sous l'ormeau ;
> Car on en cause
> Déjà dans notre hameau.
> . . . . . . . . . . .
> . . . . . un berger
> . . . . . s'engager
> . . . . . sans danger ;
> Et toujours l'épine est sous la rose (*).

Je cherche où est le calme attendrissant que mon cœur trouve à cette chanson c'est un caprice auquel je ne comprends rien ; mais il m'est de toute impossibilité de la chanter jusqu'à la fin sans être arrêté par mes larmes. J'ai cent fois projeté d'écrire à Paris pour faire chercher le reste des paroles, si tant est que quelqu'un les connaisse encore. Mais je suis presque sûr que le plaisir que je prends à me rappeler cet air s'évanouirait en partie, si j'avais la preuve que d'autres que ma pauvre tante Suson l'ont chanté.

Telles furent les premières affections de mon entrée à la vie : ainsi commençait à se former ou à se montrer en moi ce cœur à la fois si fier et si tendre, ce caractère efféminé, mais pourtant indomptable, qui, flottant toujours entre la faiblesse et le courage, entre la mollesse et la vertu, m'a jusqu'au bout mis en contradiction avec moi-même, et a fait que l'abstinence et la jouissance, le plaisir et la sagesse, m'ont également échappé.

Ce train d'éducation fut interrompu par un accident dont les suites ont influé sur le reste de ma vie. Mon père eut un démêlé avec un M. Gautier, capitaine en France, et apparenté dans le conseil. Ce Gautier, homme insolent et lâche, saigna du nez, et, pour se venger, accusa mon père d'avoir mis l'épée à la main dans la ville. Mon père, qu'on voulut envoyer en prison, s'obstinait à vouloir que, selon

---

(*) Voici la fin de cette chanson, qui était très connue à Paris :

> Un cœur s'expose
> A trop s'engager
> Avec un berger,
> Et toujours l'épine est sous la rose.

la loi, l'accusateur y entrât aussi bien que lui : n'ayant pu l'obtenir, il aima mieux sortir de Genève et s'expatrier pour le reste de sa vie, que de céder sur un point où l'honneur et la liberté lui paraissaient compromis.

Je restai sous la tutelle de mon oncle Bernard, alors employé aux fortifications de Genève. Sa fille aînée était morte, mais il avait un fils de même âge que moi. Nous fûmes mis ensemble à Bossey (*) en pension chez le ministre Lambercier, pour y apprendre, avec le latin, tout le menu fatras dont on l'accompagne sous le nom d'éducation.

Deux ans passés au village adoucirent un peu mon âpreté romaine et me ramenèrent à l'état d'enfant. A Genève, où l'on ne m'imposait rien, j'aimais l'application, la lecture ; c'était presque mon seul amusement : à Bossey, le travail me fit aimer les jeux qui lui servaient de relâche. La campagne était pour moi si nouvelle, que je ne pouvais me lasser d'en jouir. Je pris pour elle un goût si vif, qu'il n'a jamais pu s'éteindre. Le souvenir des jours heureux que j'y ai passés m'a fait regretter son séjour et ses plaisirs dans tous les âges, jusqu'à celui qui m'y a ramené. M. Lambercier était un homme fort raisonnable, qui, sans négliger notre instruction, ne nous chargeait point de devoirs extrêmes. La preuve qu'il s'y prenait bien est que, malgré mon aversion pour la gêne, je ne me suis jamais rappelé avec dégoût mes heures d'étude, et que, si je n'appris pas de lui beaucoup de choses, ce que j'appris je l'appris sans peine, et n'en ai rien oublié.

La simplicité de cette vie champêtre me fit un bien d'un prix inestimable en ouvrant mon cœur à l'amitié. Jusque alors je n'avais connu que des sentiments élevés, mais imaginaires. L'habitude de vivre ensemble dans un état paisible m'unit tendrement à mon cousin Bernard. En peu de temps, j'eus pour lui des sentiments plus affectueux que ceux que j'avais eus pour mon frère, et qui ne se sont jamais effacés. C'était un grand garçon fort efflanqué, fort fluet, aussi doux d'esprit que faible de corps, et qui n'abusait pas trop de la prédilection qu'on avait pour lui dans la maison, comme fils de mon tuteur. Nos travaux, nos amusements, nos goûts étaient les mêmes : nous étions seuls, nous étions de même âge, chacun des deux avait besoin d'un camarade ; nous séparer était, en quelque sorte, nous anéantir. Quoique nous eussions peu d'occasions de faire preuve de notre attachement l'un pour l'autre, il était extrême ; et non-seulement nous ne pouvions vivre un instant séparés, mais nous n'imaginions pas que nous pussions jamais l'être. Tous deux d'un esprit facile à céder aux caresses, complaisants quand on ne voulait pas nous contraindre, nous étions toujours d'accord sur tout. Si, par la faveur de ceux qui nous gouvernaient, il avait sur moi quelque ascendant sous leurs yeux, quand nous étions seuls j'en avais un sur lui qui rétablissait l'équilibre. Dans nos études, je lui soufflais sa leçon quand il hésitait ; quand mon thème était fait, je lui aidais à faire le sien, et dans nos amusements, mon goût plus actif lui servait toujours de guide. Enfin nos deux caractères s'accordaient si bien, et l'amitié qui nous unissait était si vraie, que, dans plus de cinq ans que nous fûmes inséparables, tant à Bossey qu'à Genève, nous nous battîmes souvent, je l'avoue, mais jamais on n'eut besoin de nous séparer, jamais une de nos querelles ne dura plus d'un quart d'heure, et jamais une seule fois nous ne portâmes l'un contre l'autre aucune accusation. Ces remarques sont, si l'on veut, puériles, mais il en résulte pourtant un exemple peut-être unique depuis qu'il existe des enfants.

La manière dont je vivais à Bossey me convenait si bien, qu'il ne lui a manqué que de durer plus longtemps pour fixer absolument mon caractère. Les sentiments tendres, affectueux, paisibles en faisaient le fond. Je crois que jamais individu de notre espèce n'eut naturellement moins de vanité que moi. Je m'élevais par élans à des mouvements sublimes, mais je retombais aussitôt dans ma langueur. Etre aimé de tout ce qui m'approchait était le plus vif de mes désirs. J'étais doux ; mon cousin l'était ; ceux qui nous gouvernaient l'étaient eux-

---

(*) Village situé à une lieue au sud de Genève et au pied du mont Salève.

mêmes. Pendant deux ans entiers, je ne fus ni témoin ni victime d'un sentiment violent. Tout nourrissait dans mon cœur les dispositions qu'il reçut de la nature. Je ne connaissais rien d'aussi charmant que de voir tout le monde content de moi et de toute chose. Je me souviendrai toujours qu'au temple, répondant au catéchisme, rien ne me troublait plus, quand il m'arrivait d'hésiter, que de voir sur le visage de M$^{lle}$ Lambercier des marques d'inquiétude et de peine. Cela seul m'affligeait plus que la honte de manquer en public, qui m'affligeait pourtant extrêmement : car, quoique peu sensible aux louanges, je le fus toujours beaucoup à la honte ; et je puis dire ici que l'attente des réprimandes de M$^{lle}$ Lambercier me donnait moins d'alarmes que la crainte de la chagriner.

Cependant elle ne manquait pas au besoin de sévérité, non plus que son frère ; mais comme cette sévérité, presque toujours juste, n'était jamais emportée, je m'en affligeais et ne m'en mutinais point. J'étais plus fâché de déplaire que d'être puni, et le signe du mécontentement m'était plus cruel que la peine afflictive. Il est embarrassant de m'expliquer mieux, mais cependant il le faut. Qu'on changerait de méthode avec la jeunesse, si l'on voyait mieux les effets éloignés de celle qu'on emploie toujours indistinctement, et souvent indiscrètement ! La grande leçon qu'on peut tirer d'un exemple aussi commun que funeste me fait résoudre à le donner.

Comme M$^{lle}$ Lambercier avait pour nous l'affection d'une mère, elle en avait aussi l'autorité, et la portait quelquefois jusqu'à nous infliger la punition des enfants quand nous l'avions méritée. Assez longtemps elle s'en tint à la menace, et cette menace d'un châtiment tout nouveau pour moi me semblait très effrayante ; mais après l'exécution, je la trouvai moins terrible à l'épreuve que l'attente ne l'avait été : et ce qu'il y a de plus bizarre, est que ce châtiment m'affectionna davantage encore à celle qui me l'avait imposé. Il fallait même toute la vérité de cette affection et toute ma douceur naturelle pour m'empêcher de chercher le retour du même traitement en le méritant ; car j'avais trouvé dans la douleur, dans la honte même, un mélange de sensualité qui m'avait laissé plus de désirs que de crainte de l'éprouver derechef par la même main. Il est vrai que, comme il se mêlait sans doute à cela quelque instinct précoce du sexe, le même châtiment reçu de son frère ne m'eût point du tout paru plaisant. Mais, de l'humeur dont il était, cette substitution n'était guère à craindre : et si je m'abstenais de mériter la correction, c'était uniquement de peur de fâcher M$^{lle}$ Lambercier ; car tel est en moi l'empire de la bienveillance, et même de celle que les sens ont fait naître, qu'elle leur donna toujours la loi dans mon cœur.

Cette récidive, que j'éloignais sans la craindre, arriva sans qu'il y eût de ma faute, c'est-à-dire de ma volonté, et j'en profitai, je puis dire, en sûreté de conscience. Mais cette seconde fois fût aussi la dernière ; car M$^{lle}$ Lambercier, s'étant sans doute aperçue à quelque signe que ce châtiment n'allait pas à son but, déclara qu'elle y renonçait et qu'il la fatiguait trop. Nous avions jusque-là couché dans sa chambre, et même en hiver quelquefois dans son lit. Deux jours après, on nous fit coucher dans une autre chambre, et j'eus désormais l'honneur, dont je me serais bien passé, d'être traité par elle en grand garçon.

Qui croirait que ce châtiment d'enfant, reçu à huit ans par la main d'une fille de trente, a décidé de mes goûts, de mes désirs, de mes passions, de moi pour le reste de ma vie, et cela précisément dans le sens contraire à ce qui devait s'ensuivre naturellement ? En même temps que mes sens furent allumés, mes désirs prirent si bien le change, que, bornés à ce que j'avais éprouvé, ils ne s'avisèrent point de chercher autre chose. Avec un sang brûlant de sensualité presque dès ma naissance, je me conservai pur de toute souillure jusqu'à l'âge où les tempéraments les plus froids et les plus tardifs se développent. Tourmenté longtemps sans savoir de quoi, je dévorais d'un œil ardent les belles personnes ; mon imagination me les rappelait sans cesse, uniquement pour les mettre en œuvre à ma mode, et en faire autant de demoiselles Lambercier.

Même après l'âge nubile, ce goût bizarre, toujours persistant et porté jusqu'à la dépravation, jusqu'à la folie, m'a conservé les mœurs honnêtes qu'il semblerait

avoir dû m'ôter. Si jamais éducation fut modeste et chaste, c'est assurément celle que j'ai reçue. Mes trois tantes n'étaient pas seulement des personnes d'une sagesse exemplaire, mais d'une réserve que depuis longtemps les femmes ne connaissent plus. Mon père, homme de plaisir, mais galant à la vieille mode, n'a jamais tenu, près des femmes qu'il aimait le plus, des propos dont une vierge eût pu rougir; et jamais on n'a poussé plus loin que dans ma famille et devant moi le respect qu'on doit aux enfants. Je ne trouvai pas moins d'attention chez M. Lambercier sur le même article, et une fort bonne servante y fut mise à la porte pour un mot un peu gaillard qu'elle avait prononcé devant nous. Non-seulement je n'eus jusqu'à mon adolescence aucune idée distincte de l'union des sexes, mais jamais cette idée confuse ne s'offrit à moi que sous une image odieuse et dégoûtante. J'avais pour les filles publiques une horreur qui ne s'est jamais effacée; je ne pouvais voir un débauché sans dédain, sans effroi même; car mon aversion pour la débauche allait jusque-là, depuis qu'allant un jour au petit Sacconex, par un chemin creux, je vis des deux côtés des cavités dans la terre, où l'on me dit que ces gens-là faisaient leurs accouplements. Ce que j'avais vu de ceux des chiennes me revenait aussi toujours à l'esprit en pensant aux autres, et le cœur me soulevait à ce seul souvenir.

Ces préjugés de l'éducation, propres par eux-mêmes à retarder les premières explosions d'un tempérament combustible, furent aidés, comme j'ai dit, par la diversion que firent sur moi les premières pointes de la sensualité. N'imaginant que ce que j'avais senti, malgré des effervescences de sang très incommodes, je ne savais porter mes désirs que vers l'espèce de volupté qui m'était connue, sans aller jamais jusqu'à celle qu'on m'avait rendue haïssable, et qui tenait de si près à l'autre sans que j'en eusse le moindre soupçon. Dans mes sottes fantaisies, dans mes érotiques fureurs, dans les actes extravagants auxquels elles me portaient quelquefois, j'empruntais imaginairement le secours de l'autre sexe, sans penser jamais qu'il fût propre à nul autre usage qu'à celui que je brûlais d'en tirer.

Non-seulement donc c'est ainsi qu'avec un tempérament très ardent, très lascif, très précoce, je passai toutefois l'âge de puberté sans désirer, sans connaître d'autres plaisirs des sens que ceux dont M$^{lle}$ Lambercier m'avait très innocemment donné l'idée : mais quand enfin le progrès des ans m'eut fait homme, c'est encore ainsi que ce qui devait me perdre me conserva. Mon ancien goût d'enfant, au lieu de s'évanouir, s'associa tellement à l'autre, que je ne pus jamais l'écarter des désirs allumés par mes sens; et cette folie, jointe à ma timidité naturelle, m'a toujours rendu très peu entreprenant près des femmes, faute d'oser tout dire ou de pouvoir tout faire : l'espèce de jouissance dont l'autre n'était pour moi que le dernier terme ne pouvant être usurpée par celui qui la désire, ni devinée par celle qui peut l'accorder. J'ai ainsi passé ma vie à convoiter et me taire auprès des personnes que j'aimais le plus. N'osant jamais dévoiler mon goût, je l'amusais du moins par des rapports qui m'en conservaient l'idée. Être aux genoux d'une maîtresse impérieuse, obéir à ses ordres, avoir des pardons à lui demander, étaient pour moi de très douces jouissances; et plus ma vive imagination m'enflammait le sang, plus j'avais l'air d'un amant transi. On conçoit que cette manière de faire l'amour n'amène pas des progrès bien rapides, et n'est pas fort dangereuse à la vertu de celles qui en sont l'objet. J'ai donc fort peu possédé, mais je n'ai pas laissé de jouir beaucoup à ma manière, c'est-à-dire par l'imagination. Voilà comment mes sens, d'accord avec mon humeur timide et mon esprit romanesque, m'ont conservé des sentiments purs et des mœurs honnêtes, par les mêmes goûts qui peut-être, avec un peu plus d'effronterie, m'auraient plongé dans les plus brutales voluptés.

J'ai fait le premier pas et le plus pénible, dans le labyrinthe obscur et fangeux de mes confessions. Ce n'est pas ce qui est criminel qui coûte le plus à dire, c'est ce qui est ridicule et honteux. Dès à présent je suis sûr de moi; après ce que je viens d'oser dire, rien ne peut plus m'arrêter. On peut juger de ce qu'ont pu me coûter de semblables aveux, sur ce que, dans tout le cours de ma vie, emporté quelquefois près de celles que j'aimais par les fureurs d'une passion qui m'ôtait

la faculté de voir, d'entendre, hors de sens et saisi d'un tremblement convulsif dans tout mon corps, jamais je n'ai pu prendre sur moi de leur déclarer ma folie, et d'implorer d'elles, dans la plus intime familiarité, la seule faveur qui manquait aux autres. Cela ne m'est jamais arrivé qu'une fois dans l'enfance avec un enfant de mon âge, encore fut-ce elle qui en fit la première proposition.

En remontant de cette sorte aux premières traces de mon être sensible, je trouve des éléments qui, semblant quelquefois incompatibles, n'ont pas laissé de s'unir pour produire avec force un effet uniforme et simple ; et j'en trouve d'autres qui, les mêmes en apparence, ont formé, par le concours de certaines circonstances, de si différentes combinaisons, qu'on n'imaginerait jamais qu'ils

Nous nous mettions tous deux à crier cent fois de toute notre force : *Carnifex! carnifex!*
(Page 10.)

eussent entre eux aucun rapport. Qui croirait, par exemple, qu'un des ressorts les plus vigoureux de mon âme fut trempé dans la même source d'où la luxure et la mollesse ont coulé dans mon sang? Sans quitter le sujet dont je viens de parler, on en va voir sortir une impression bien différente.

J'étudiais un jour seul ma leçon dans la chambre contiguë à la cuisine. La servante avait mis sécher à la plaque les peignes de M$^{lle}$ Lambercier. Quand elle revint les prendre, il s'en trouva un dont tout un côté de dents était brisé. A qui s'en prendre de ce dégât? personne autre que moi n'était entré dans la chambre. On m'interroge : je nie d'avoir touché le peigne. M. et M$^{lle}$ Lambercier se réunissent, m'exhortent, me pressent, me menacent : je persiste avec opiniâtreté; mais la conviction était trop forte : elle l'emporta sur toutes mes protestations, quoique ce fût la première fois qu'on m'eût trouvé tant d'audace à mentir. La chose fut prise au sérieux; elle méritait de l'être. La méchanceté, le mensonge,

l'obstination, parurent également dignes de punition ; mais pour le coup ce ne fut pas par M<sup>lle</sup> Lambercier qu'elle me fut infligée. On écrivit à mon oncle Bernard : il vint. Mon pauvre cousin était chargé d'un autre délit non moins grave ; nous fûmes enveloppés dans la même exécution. Elle fut terrible. Quand, cherchant le remède dans le mal même, on eût voulu pour jamais amortir mes sens dépravés, on n'aurait pu mieux s'y prendre. Aussi me laissèrent-ils en repos pour longtemps.

On ne put m'arracher l'aveu qu'on exigeait. Repris à plusieurs fois et mis dans l'état le plus affreux, je fus inébranlable. J'aurais souffert la mort, et j'y étais résolu. Il fallut que la force même cédât au diabolique entêtement d'un enfant ; car on n'appela pas autrement ma constance. Enfin je sortis de cette cruelle épreuve en pièces, mais triomphant.

Il y a maintenant près de cinquante ans de cette aventure, et je n'ai pas peur d'être puni de rechef pour le même fait. Hé bien ! je déclare à la face du ciel que j'en étais innocent, que je n'avais ni cassé ni touché le peigne, que je n'avais pas approché de la plaque, et que je n'y avais pas même songé. Qu'on ne me demande pas comment ce dégât se fit, je l'ignore et je ne le puis comprendre ; ce que je sais très certainement, c'est que j'en étais innocent.

Qu'on se figure un caractère timide et docile dans la vie ordinaire, mais ardent, fier, indomptable dans les passions ; un enfant toujours gouverné par la voix de la raison, toujours traité avec douceur, équité, complaisance, qui n'avait pas même l'idée de l'injustice, et qui, pour la première fois, en éprouve une si terrible de la part précisément des gens qu'il chérit et qu'il respecte le plus ; quel renversement d'idées ! quel désordre de sentiments ! quel bouleversement dans son cœur, dans sa cervelle, dans tout son petit être intelligent et moral ! Je dis qu'on s'imagine tout cela, s'il est possible ; car pour moi je ne me sens pas capable de démêler, de suivre la moindre trace de ce qui se passait alors en moi.

Je n'avais pas encore assez de raison pour sentir combien les apparences me condamnaient et pour me mettre à la place des autres. Je me tenais à la mienne, et tout ce que je sentais, c'était la rigueur d'un châtiment effroyable pour un crime que je n'avais pas commis. La douleur du corps, quoique vive, m'était peu sensible ; je ne sentais que l'indignation, la rage, le désespoir. Mon cousin, dans un cas à peu près semblable, et qu'on avait puni d'une faute involontaire comme d'un acte prémédité, se mettait en fureur à mon exemple, et se montait, pour ainsi dire, à mon unisson. Tous deux dans le même lit, nous nous embrassions avec des transports convulsifs, nous étouffions ; et quand nos jeunes cœurs un peu soulagés pouvaient exhaler leur colère, nous nous levions sur notre séant et nous nous mettions à crier cent fois de toute notre force : *Carnifex ! carnifex !*

Je sens en écrivant ceci que mon pouls s'élève encore : ces moments me seront toujours présents quand je vivrais cent mille ans. Ce premier sentiment de la violence et de l'injustice est resté si profondément gravé dans mon âme, que toutes les idées qui s'y rapportent me rendent ma première émotion ; et ce sentiment, relatif à moi dans son origine, a pris une telle consistance en lui-même, et s'est tellement détaché de tout intérêt personnel, que mon cœur s'enflamme au récit de toute action injuste, quel qu'en soit l'objet et en quelque lieu qu'elle se commette, comme si l'effet en retombait sur moi. Quand je lis les cruautés d'un tyran féroce, les subtiles noirceurs d'un fourbe de prêtre, je partirais volontiers pour aller poignarder ces misérables, dussé-je cent fois y périr. Je me suis souvent mis en nage à poursuivre à la course ou à coups de pierre un coq, une vache, un chien, un animal que je voyais en tourmenter un autre uniquement parce qu'il se sentait le plus fort. Ce mouvement peut m'être naturel, et je crois qu'il l'est, mais le souvenir profond de la première injustice que j'ai soufferte y fut trop longtemps et trop fortement lié pour ne l'avoir pas beaucoup renforcé.

Là fut le terme de la sérénité de ma vie enfantine. Dès ce moment, je cessai de jouir d'un bonheur pur, et je sens aujourd'hui même que le souvenir des

charmes de mon enfance s'arrête là. Nous restâmes encore à Bossey quelques mois. Nous y fûmes comme on nous représente le premier homme encore dans le paradis terrestre, mais ayant cessé d'en jouir : c'était en apparence la même situation, et en effet une tout autre manière d'être. L'attachement, le respect, l'intimité, la confiance, ne liaient plus les élèves à leurs guides; nous ne les regardions plus comme des dieux qui lisaient dans nos cœurs ; nous étions moins honteux de mal faire et plus craintifs d'être accusés; nous commencions à nous cacher, à nous mutiner, à mentir. Tous les vices de notre-âge corrompaient notre innocence et enlaidissaient nos jeux. La campagne même perdit à nos yeux cet attrait de douceur et de simplicité qui va au cœur : elle nous semblait déserte et sombre ; elle s'était comme couverte d'un voile qui nous en cachait les beautés. Nous cessâmes de cultiver nos petits jardins, nos herbes, nos fleurs. Nous n'allions plus gratter légèrement la terre, et crier de joie en découvrant le germe du grain que nous avions semé. Nous nous dégoûtâmes de cette vie; on se dégoûta de nous : mon oncle nous retira, et nous nous séparâmes de M. et M<sup>lle</sup> Lambercier, rassasiés les uns des autres, et regrettant peu de nous quitter.

Près de trente ans se sont passés depuis ma sortie de Bossey, sans que je m'en sois rappelé le séjour d'une manière agréable par des souvenirs un peu liés; mais depuis qu'ayant passé l'âge mûr je décline vers la vieillesse, je sens que ces mêmes souvenirs renaissent tandis que les autres s'effacent, et se gravent dans ma mémoire avec des traits dont le charme et la force augmentent de jour en jour; comme si, sentant déjà la vie qui s'échappe, je cherchais à la ressaisir par ses commencements. Les moindres faits de ce temps-là me plaisent par cela seul qu'ils sont de ce temps-là. Je me rappelle toutes les circonstances des lieux, des personnes, des heures. Je vois la servante ou le valet agissant dans la chambre, une hirondelle entrant par la fenêtre, une mouche se poser sur ma main tandis que je récitais ma leçon ; je vois tout l'arrangement de la chambre où nous étions : le cabinet de M. Lambercier à main droite, une estampe représentant tous les papes, un baromètre, un grand calendrier, des framboisiers qui, d'un jardin fort élevé dans lequel la maison s'enfonçait sur le derrière, venaient ombrager la fenêtre et passaient quelquefois jusqu'en dedans. Je sais bien que le lecteur n'a pas grand besoin de savoir tout cela, mais j'ai besoin, moi, de le lui dire. Que n'osé-je lui raconter de même toutes les petites anecdotes de cet heureux âge, qui me font encore tressaillir d'aise quand je me les rappelle! Cinq ou six surtout..... Composons. Je vous fais grâce des cinq; mais j'en veux une, une seule, pourvu qu'on me la laisse conter le plus longuement qu'il me sera possible, pour prolonger mon plaisir.

Si je ne cherchais que le vôtre, je pourrais choisir celle du derrière de M<sup>lle</sup> Lambercier, qui, par une malheureuse culbute au bas du pré, fut étalé tout en plein devant le roi de Sardaigne à son passage; mais celle du noyer de la terrasse est plus amusante pour moi, qui fus acteur, au lieu que je ne fus que spectateur de la culbute; et j'avoue que je ne trouvai pas le moindre mot pour rire à un accident qui, bien que comique en lui-même, m'alarmait pour une personne que j'aimais comme une mère, et peut-être plus.

O vous, lecteurs curieux de la grande histoire du noyer de la terrasse, écoutez-en l'horrible tragédie, et vous abstenez de frémir si vous pouvez !

Il y avait, hors la porte de la cour, une terrasse à gauche en entrant, sur laquelle on allait souvent s'asseoir l'après-midi, mais qui n'avait point d'ombre. Pour lui en donner, M. Lambercier y fit planter un noyer. La plantation de cet arbre se fit avec solennité : les deux pensionnaires en furent les parrains, et, tandis qu'on comblait le creux, nous tenions l'arbre chacun d'une main avec des chants de triomphe. On fit, pour l'arroser, une espèce de bassin tout autour du pied. Chaque jour, ardents spectateurs de l'arrosement, nous nous confirmions, mon cousin et moi, dans l'idée qu'il était plus beau de planter un arbre sur la terrasse qu'un drapeau sur la brèche, et nous résolûmes de nous procurer cette gloire sans la partager avec qui que ce fût.

Pour cela, nous allâmes couper une bouture d'un jeune saule, et nous la plan-

tâmes sur la terrasse, à huit ou dix pieds de l'auguste noyer. Nous n'oubliâmes pas de faire aussi un creux autour de notre arbre : la difficulté était d'avoir de quoi le remplir ; car l'eau venait d'assez loin, et on ne nous laissait pas courir pour en aller prendre. Cependant il en fallait absolument pour notre saule. Nous employâmes toutes sortes de ruses pour lui en fournir durant quelques jours ; et cela nous réussit si bien, que nous le vîmes bourgeonner et pousser de petites feuilles dont nous mesurions l'accroissement d'heure en heure, persuadés, quoiqu'il ne fût pas à un pied de terre, qu'il ne tarderait pas à nous ombrager.

Comme notre arbre, nous occupant tout entiers, nous rendait incapables de toute application, de toute étude, que nous étions comme en délire, et que, ne sachant à qui nous en avions, on nous tenait de plus court qu'auparavant, nous vîmes l'instant fatal où l'eau nous allait manquer, et nous nous désolions dans l'attente de voir notre arbre périr de sécheresse. Enfin la nécessité, mère de l'industrie, nous suggéra une invention pour garantir l'arbre et nous d'une mort certaine ; ce fut de faire par-dessous terre une rigole qui conduisît secrètement au saule une partie de l'eau dont on arrosait le noyer. Cette entreprise, exécutée avec ardeur, ne réussit pourtant pas d'abord. Nous avions si mal pris la pente, que l'eau ne coulait point ; la terre s'éboulait et bouchait la rigole ; l'entrée se remplissait d'ordures ; tout allait de travers. Rien ne nous rebuta : *labor omnia vincit improbus*. Nous creusâmes davantage la terre et notre bassin, pour donner à l'eau son écoulement ; nous coupâmes des fonds de boîtes en petites planches étroites, dont les unes mises de plat à la file, et d'autres posées en angle des deux côtés sur celles-là, nous firent un canal triangulaire pour notre conduite. Nous plantâmes à l'entrée de petits bouts de bois minces et à claire-voie, qui, faisant une espèce de grillage ou de crapaudine, retenaient le limon et les pierres sans boucher le passage à l'eau. Nous recouvrîmes soigneusement notre ouvrage de terre bien foulée, et le jour où tout fut fait, nous attendîmes dans des transes d'espérance et de crainte l'heure de l'arrosement. Après des siècles d'attente, cette heure vint enfin : M. Lambercier vint aussi à son ordinaire assister à l'opération, durant laquelle nous nous tenions tous deux derrière lui pour cacher notre arbre auquel très heureusement il tournait le dos.

A peine achevait-on de verser le premier seau d'eau, que nous commençâmes d'en voir couler dans notre bassin. A cet aspect, la prudence nous abandonna ; nous nous mîmes à pousser des cris de joie qui firent retourner M. Lambercier : et ce fut dommage, car il prenait grand plaisir à voir comment la terre du noyer était bonne, et buvait avidement son eau. Frappé de la voir se partager en deux bassins, il s'écrie à son tour, regarde, aperçoit la friponnerie, se fait brusquement apporter une pioche, donne un coup, fait voler deux ou trois éclats de nos planches, et criant à pleine tête : « Un aquéduc ! un aquéduc ! » il frappe de toutes parts des coups impitoyables dont chacun portait au milieu de nos cœurs. En un un moment, les planches, le conduit, le bassin, le saule, tout fut détruit, tout fut labouré sans qu'il y eût, durant cette expédition terrible, nul autre mot prononcé, sinon l'exclamation qu'il répétait sans cesse : « Un aquéduc ! » s'écriait-il en brisant tout, « Un aquéduc ! un aquéduc ! »

On croira que l'aventure finit mal pour les petits architectes ; on se trompera : tout fut fini. M. Lambercier ne nous dit pas un mot de reproche, ne nous fit pas plus mauvais visage et ne nous en parla plus ; nous l'entendîmes même un peu après rire auprès de sa sœur à gorge déployée, car le rire de M. Lambercier s'entendait de loin : et ce qu'il y a de plus étonnant encore, c'est que, passé le premier saisissement, nous ne fûmes pas nous mêmes fort affligés. Nous plantâmes ailleurs un autre arbre, et nous nous rappellions souvent la catastrophe du premier, en répétant entre nous avec emphase : « Un aquéduc ! un aquéduc ! » Jusque-là j'avais eu des accès d'orgueil par intervalles quand j'étais Aristide ou Brutus. Ce fut ici mon premier mouvement de vanité bien marquée. Avoir pu construire un aquéduc de nos mains, avoir mis une bouture en concurrence avec un grand arbre, me paraissait le suprême degré de la gloire. A dix ans, j'en jugeais mieux que César à trente.

L'idée de ce noyer et la petite histoire qui s'y rapporte m'est si bien restée ou revenue, qu'un de mes plus agréables projets dans mon voyage à Genève, en 1754, était d'aller à Bossey revoir les monuments des jeux de mon enfance, et surtout le cher noyer, qui devait alors avoir déjà le tiers d'un siècle. Je fus si continuellement obsédé, si peu maître de moi-même, que je ne pus trouver le moment de me satisfaire. Il y a peu d'apparence que cette occasion renaisse jamais pour moi; cependant je n'en ai pas perdu le désir avec l'espérance, et je suis presque sûr que si jamais, retournant dans ces lieux chéris, j'y retrouvais mon cher noyer encore en être, je l'arroserais de mes pleurs.

De retour à Genève, je passai deux ou trois ans chez mon oncle en attendant qu'on résolût ce que l'on ferait de moi. Comme il destinait son fils au génie, i

Un aqueduc! un aqueduc! (Page 12.)

lui fit apprendre un peu de dessin, et lui enseignait les éléments d'Euclide. J'apprenais tout cela par compagnie, et j'y pris goût, surtout au dessin. Cependant on délibérait si l'on me ferait horloger, procureur, ou ministre. J'aimais mieux être ministre, car je trouvais bien beau de prêcher; mais le petit revenu du bien de ma mère, à partager entre mon frère et moi, ne suffisait pas pour pousser mes études. Comme l'âge où j'étais ne rendait pas ce soin bien pressant encore, je restais en attendant chez mon oncle, perdant à peu près mon temps, et ne laissant pas de payer, comme il était juste, une assez forte pension.

Mon oncle, homme de plaisir ainsi que mon père, ne savait pas comme lui se captiver pour ses devoirs, et prenait assez peu soin de nous. Ma tante était une dévote un peu piétiste, qui aimait mieux chanter les psaumes que veiller à notre éducation. On nous laissait presque une liberté entière dont nous n'abusâmes jamais. Toujours inséparables, nous nous suffisions l'un à l'autre; et n'étant point tentés de fréquenter les polissons de notre âge, nous ne prîmes aucune des habi-

tudes libertines que l'oisiveté nous pouvait inspirer. J'ai même tort de nous supposer oisifs, car de la vie nous ne le fûmes moins, et ce qu'il y avait d'heureux était que tous les amusements dont nous nous passionnions successivement nous tenaient ensemble occupés dans la maison, sans que nous fussions même tentés de descendre à la rue. Nous faisions des cages, des flûtes, des volants, des tambours, des maisons, des *équiffles* (\*), des arbalètes. Nous gâtions les outils de mon bon vieux grand-père pour faire des montres à son imitation. Nous avions surtout un goût de préférence pour barbouiller du papier, dessiner, laver, enluminer, faire un dégât de couleurs. Il vint à Genève un charlatan italien appelé Gamba-Corta : nous allâmes le voir une fois, et puis nous n'y voulûmes plus aller ; mais il avait des marionnettes, et nous nous mîmes à faire des marionnettes : ses marionnettes jouaient des manières de comédies, et nous fîmes des comédies pour les nôtres. Faute de pratique, nous contrefaisions du gosier la voix de Polichinelle, pour jouer ces charmantes comédies que nos bons parents avaient la patience de voir et d'entendre. Mais mon oncle Bernard ayant un jour lu dans la famille un très beau sermon de sa façon, nous quittâmes les comédies, et nous nous mîmes à composer des sermons. Ces détails ne sont pas fort intéressants, je l'avoue ; mais ils montrent à quel point il fallait que notre première éducation eût été bien dirigée pour que, maîtres presque de notre temps et de nous dans un âge si tendre, nous fussions si peu tentés d'en abuser. Nous avions si peu besoin de nous faire des camarades, que nous en négligions même l'occasion. Quand nous allions nous promener, nous regardions en passant leurs jeux sans convoitise, sans songer même à y prendre part. L'amitié remplissait si bien nos cœurs, qu'il nous suffisait d'être ensemble pour que les plus simples goûts fissent nos délices.

A force de nous voir inséparables, on y prit garde ; d'autant plus que mon cousin étant très grand et moi très petit, cela faisait un couple assez plaisamment assorti. Sa longue figure effilée, son petit visage de pomme cuite, son air mou, sa démarche nonchâlante, excitaient les enfants à se moquer de lui. Dans le patois du pays on lui donna le surnom de *Barnâ Bredanna*, et sitôt que nous sortions, nous n'entendions que *Barnâ Bredanna* tout autour de nous. Il endurait cela plus tranquillement que moi. Je me fâchai, je voulus me battre ; c'était ce que les petits coquins demandaient : je battis, je fus battu. Mon pauvre cousin me soutenait de son mieux ; mais il était faible : d'un coup de poing on le renversait. Alors je devenais furieux. Cependant, quoique j'attrappasse force horions, ce n'était pas à moi qu'on en voulait, c'était à *Barnâ Bredanna* : mais j'augmentai tellement le mal par ma mutine colère, que nous n'osions plus sortir qu'aux heures où l'on était en classe, de peur d'être hués et suivis par les écoliers.

Me voilà déjà redresseur de torts. Pour être un paladin dans les formes, il ne me manquait que d'avoir une dame : j'en eus deux. J'allais de temps en temps voir mon père à Nyon, petite ville du pays de Vaud, où il s'était établi. Mon père était fort aimé, et son fils se sentait de cette bienveillance. Pendant le peu de séjour que je faisais près de lui, c'était à qui me fêterait. Une M$^{me}$ de Vulson surtout me faisait mille caresses ; et pour y mettre le comble, sa fille me prit pour son galant. On sent ce que c'est qu'un galant de onze ans pour une fille de vingt-deux. Mais toutes ces friponnes sont si aises de mettre ainsi de petites poupées en avant pour cacher les grandes ou pour les tenter par l'image d'un jeu qu'elles savent rendre attirant ! Pour moi, qui ne voyais point entre elle et moi de disconvenance, je pris la chose au sérieux ; je me livrais de tout mon cœur, ou plutôt de toute ma tête, car je n'étais guère amoureux que par là, quoique je le fusse à la folie, et que mes transports, mes agitations, mes fureurs, donnassent des scènes à pâmer de rire.

Je connais deux sortes d'amour très distincts, très réels, et qui n'ont presque rien de commun, quoique très vifs l'un et l'autre, et tous deux différents de la tendre amitié. Tout le cours de ma vie s'est partagé entre ces deux amours de

---

(\*) Terme en usage à Genève pour désigner ce que les écoliers en France appellent une *canonnière*.

si diverses natures, et je les ai même éprouvés tous deux à la fois ; car, par exemple, au moment dont je parle, tandis que je m'emparais de M<sup>lle</sup> de Vulson, si publiquement et si tyranniquement que je ne pouvais souffrir qu'aucun homme approchât d'elle, j'avais avec une petite M<sup>lle</sup> Goton des tête-à-tête assez courts, mais assez vifs, dans lesquels elle daignait faire la maîtresse d'école, et c'était tout ; mais ce tout, qui en effet était tout pour moi, me paraissait le bonheur suprême ; et sentant déjà le prix du mystère, quoique je n'en susse user qu'en enfant, je rendais à M<sup>lle</sup> Vulson, qui ne s'en doutait guère, le soin qu'elle prenait de m'employer à cacher d'autres amours. Mais à mon grand regret mon secret fut découvert, ou moins bien gardé de la part de ma petite maîtresse d'école que de la mienne, car on ne tarda pas à nous séparer ; et quelque temps après, de retour à Genève, j'entendis, en passant à Coutance, de petites filles me crier à demi-voix : *Goton tic-tac Rousseau.*

C'était en vérité une singulière personne que cette petite M<sup>lle</sup> Goton. Sans être belle, elle avait une figure difficile à oublier, et que je me rappelle encore, souvent beaucoup trop pour un vieux fou. Ses yeux surtout n'étaient pas de son âge, ni sa taille, ni son maintien. Elle avait un petit air imposant et fier très propre à son rôle, et qui en avait occasionné la première idée entre nous. Mais ce qu'elle avait de plus bizarre était un mélange d'audace et de réserve difficile à concevoir. Elle se permettait avec moi les plus grandes privautés sans jamais m'en permettre aucune avec elle, elle me traitait exactement en enfant : ce qui me fait croire ou qu'elle avait déjà cessé de l'être, ou qu'au contraire elle l'était encore assez elle-même pour ne voir qu'un jeu dans le péril auquel elle s'exposait.

J'étais tout entier, pour ainsi dire, à chacune de ces deux personnes, et si parfaitement, qu'avec aucune des deux il ne m'arrivait jamais de songer à l'autre. Mais du reste rien de semblable en ce qu'elles me faisaient éprouver. J'aurais passé ma vie entière avec M<sup>lle</sup> de Vulson sans songer à la quitter ; mais en l'abordant ma joie était tranquille et n'allait pas à l'émotion. Je l'aimais surtout en grande compagnie : les plaisanteries, les agaceries, les jalousies même, m'attachaient, m'intéressaient ; je triomphais avec orgueil de ses préférences près des grands rivaux qu'elle paraissait maltraiter. J'étais tourmenté, mais j'aimais ce tourment. Les applaudissements, les encouragements, les ris m'échauffaient, m'animaient. J'avais des emportements, des saillies ; j'étais transporté d'amour dans un cercle. Tête à tête, j'aurais été contraint, froid, peut-être ennuyé. Cependant je m'intéressais tendrement à elle : je souffrais quand elle était malade, j'aurais donné ma santé pour rétablir la sienne ; et notez que je savais très bien par expérience ce que c'était que maladie et ce que c'était que santé. Absent d'elle, j'y pensais, elle me manquait ; présent, ses caresses m'étaient douces au cœur, non aux sens. J'étais impunément familier avec elle ; mon imagination ne me demandait que ce qu'elle m'accordait : cependant je n'aurais pu supporter de lui en voir faire autant à d'autres. Je l'aimais en frère ; mais j'en étais jaloux en amant.

Je l'eusse été de M<sup>lle</sup> Goton en Turc, en furieux, en tigre, si j'avais seulement imaginé qu'elle pût faire à un autre le même traitement qu'elle m'accordait ; car cela même était une grâce qu'il fallait demander à genoux. J'abordais M<sup>lle</sup> de Vulson avec un plaisir très vif, mais sans trouble ; au lieu qu'en voyant seulement M<sup>lle</sup> Goton, je ne voyais plus rien, tous mes sens étaient bouleversés. J'étais familier avec la première sans avoir de familiarités ; au contraire, j'étais aussi tremblant qu'agité devant la seconde, même au fort des plus grandes familiarités. Je crois que si j'avais resté trop longtemps avec elle, je n'aurais pu vivre : les palpitations m'auraient étouffé. Je craignais également de leur déplaire ; mais j'étais plus complaisant pour l'une et plus obéissant pour l'autre. Pour rien au monde je n'aurais voulu fâcher M<sup>lle</sup> de Vulson ; mais si M<sup>lle</sup> Goton m'eût ordonné de me jeter dans les flammes, je crois qu'à l'instant j'aurais obéi.

Mes amours, ou plutôt mes rendez-vous avec celle-ci durèrent peu, très heureusement pour elle et pour moi. Quoique mes liaisons avec M<sup>lle</sup> de Vulson n'eussent pas le même danger, elles ne laissèrent pas d'avoir aussi leur cata-

strophe, après avoir un peu plus longtemps duré. Les fins de tout cela devaient toujours avoir l'air un peu romanesque et donner prise aux exclamations. Quoique mon commerce avec mademoiselle de Vulson fût moins vif, il était plus attachant peut être. Nos séparations ne se faisaient jamais sans larmes, et il est singulier dans quel vide accablant je me sentais plongé après l'avoir quittée. Je ne pouvais parler que d'elle, ni penser qu'à elle : mes regrets étaient vrais et vifs ; mais je crois qu'au fond ces héroïques regrets n'étaient pas tous pour elle, et que, sans que je m'en aperçusse, les amusements dont elle était le centre y avaient leur bonne part. Pour tempérer les douleurs de l'absence, nous nous écrivions des lettres d'un pathétique à faire fendre les rochers. Enfin j'eus la gloire qu'elle n'y put plus tenir et qu'elle vint me voir à Genève. Pour le coup, la tête acheva de me tourner ; je fus ivre et fou les deux jours qu'elle y resta. Quand elle partit, je voulais me jeter dans l'eau après elle, et je fis longtemps retentir l'air de mes cris. Huit jours après, elle m'envoya des bonbons et des gants ; ce qui m'eût paru fort galant, si je n'eusse appris en même temps qu'elle était mariée, et que ce voyage, dont il lui avait plu de me faire honneur, était pour acheter ses habits de noces. Je ne décrirai pas ma fureur ; elle se conçoit. Je jurai dans mon noble courroux de ne plus revoir la perfide, n'imaginant pas pour elle de plus terrible punition. Elle n'en mourut pas cependant ; car vingt ans après, étant allé voir mon père et me promenant avec lui sur le lac, je demandai qui étaient les dames que je voyais dans un bateau peu loin du nôtre. « Comment ! me dit mon père en souriant, le cœur ne te le dit pas ? ce sont tes anciennes amours ; c'est M$^{me}$ Cristin, c'est M$^{lle}$ de Vulson. » Je tressaillis à ce nom presque oublié ; mais je dis aux bateliers de changer de route, ne jugeant pas, quoique j'eusse assez beau jeu pour prendre alors ma revanche, que ce fût la peine d'être parjure, et de renouveler une querelle de vingt ans avec une femme de quarante.

(1723-1728.) Ainsi se perdait en niaiseries le plus précieux temps de mon enfance avant qu'on eût décidé de ma destination (*). Après de longues délibérations pour suivre mes dispositions naturelles, on prit enfin le parti pour lequel j'en avais le moins, et l'on me mit chez M. Masseron, greffier de la ville, pour apprendre sous lui, comme disait M. Bernard, l'utile métier de grapignan. Ce surnom me déplaisait souverainement : l'espoir de gagner force écus par une voie ignoble flattait peu mon humeur hautaine ; l'occupation me paraissait ennuyeuse, insupportable ; l'assiduité, l'assujettissement, achevèrent de m'en rebuter, et je n'entrais jamais au greffe qu'avec une horreur qui croissait de jour en jour. M. Masseron, de son côté, peu content de moi, me traitait avec mépris, me reprochant sans cesse mon engourdissement, ma bêtise ; me répétant tous les jours que mon oncle l'avait assuré *que je savais, que je savais*, tandis que dans le vrai je ne savais rien ; qu'il lui avait promis un joli garçon, et qu'il ne lui avait donné qu'un âne. Enfin je fus renvoyé du greffe ignominieusement pour mon ineptie, et il fut prononcé par les clercs de M. Masseron que je n'étais bon qu'à mener la lime.

Ma vocation ainsi déterminée, je fus mis en apprentissage, non toutefois chez un horloger, mais chez un graveur. Les dédains du greffier m'avaient extrêmement humilié, et j'obéis sans murmure. Mon maître, M. Ducommun, était un jeune homme rustre et violent, qui vint à bout, en très peu de temps, de ternir tout l'éclat de mon enfance, d'abrutir mon caractère aimant et vif, et de me réduire, par l'esprit ainsi que par la fortune, à mon véritable état d'apprenti. Mon latin, mes antiquités, mon histoire, tout fut pour longtemps oublié : je ne me souvenais pas même qu'il y eût eu des Romains au monde. Mon père, quand je l'allais voir, ne trouvait plus en moi son idole ; je n'étais plus pour les dames le galant Jean-Jacques, et je sentais si bien moi-même que M. et M$^{lle}$ Lambercier n'auraient plus reconnu en moi leur élève, que j'eus honte de me présenter à

---

(*) Voyez dans les *Rêveries*, 4$^e$ promenade, deux aventures qui font le plus grand honneur au caractère de Rousseau et qui se rapportent à cette époque de sa vie.

eux, et ne les ai plus revus depuis lors. Les goûts les plus vils, la plus basse polissonnerie, succédèrent à mes aimables amusements, sans m'en laisser même la moindre idée. Il faut que, malgré l'éducation la plus honnête, j'eusse un grand penchant à dégénérer; car cela se fit très rapidement, sans la moindre peine, et jamais César si précoce ne devint si promptement Laridon.

Le métier ne me déplaisait pas en lui-même : j'avais un goût vif pour le dessin, le jeu du burin m'amusait assez ; et comme le talent du graveur pour l'horlogerie est très borné, j'avais l'espoir d'en atteindre la perfection. J'y serais parvenu peut-être si la brutalité de mon maître et la gêne excessive ne m'avaient rebuté du travail. Je lui dérobais mon temps pour l'employer en occupations du même genre, mais qui avaient pour moi l'attrait de la liberté. Je gravais des

Adieu, rôti. (Page 18.)

espèces de médailles pour nous servir, à moi et à mes camarades, d'ordre de chevalerie. Mon maître me surprit à ce travail de contrebande, et me roua de coups, disant que je m'exerçais à faire de la fausse monnaie, parce que nos médailles avaient les armes de la république. Je puis bien jurer que je n'avais nulle idée de la fausse monnaie, et très peu de la véritable : je savais mieux comment se faisaient les as romains que nos pièces de trois sous.

La tyrannie de mon maître finit par me rendre insupportable le travail que j'aurais aimé, et par me donner des vices que j'aurais haïs, tels que le mensonge, la fainéantise, le vol. Rien ne m'a mieux appris la différence qu'il y a de la dépendance filiale à l'esclavage servile, que le souvenir des changements que produisit en moi cette époque. Naturellement timide et honteux, je n'eus jamais plus d'éloignement pour aucun défaut que pour l'effronterie ; mais j'avais joui d'une liberté honnête, qui seulement s'était restreinte jusque-là par degrés, et

J.-J. Rousseau, v. 1.

s'évanouit enfin tout-à-fait. J'étais hardi chez mon père, libre chez M. Lambercier, discret chez mon oncle : je devins craintif chez mon maître, et dès lors je fus un enfant perdu. Accoutumé à une égalité parfaite avec mes supérieurs dans la manière de vivre, à ne pas connaître un plaisir qui ne fût à ma portée, à ne pas voir un mets dont je n'eusse ma part, à n'avoir pas un désir que je ne témoignasse, à mettre enfin tous les mouvements de mon cœur sur mes lèvres ; qu'on juge de ce que je dus devenir dans une maison où je n'osais ouvrir la bouche, où il fallait sortir de table au tiers du repas, et de la chambre aussitôt que je n'y avais rien à faire ; où sans cesse enchaîné à mon travail, je ne voyais qu'objets de jouissances pour d'autres et de privations pour moi seul ; où l'image de la liberté du maître et des compagnons augmentait le poids de mon assujétissement ; où, dans les disputes sur ce que je savais le mieux, je n'osais ouvrir la bouche ; où enfin tout ce que je voyais devenait pour mon cœur un objet de convoitise, uniquement parce que j'étais privé de tout. Adieu l'aisance, la gaîté, les mots heureux qui jadis, souvent dans mes fautes, m'avaient fait échapper au châtiment. Je ne puis me rappeler sans rire qu'un soir chez mon père, étant condamné pour quelque espièglerie à m'aller coucher sans souper, et passant par la cuisine avec mon triste morceau de pain, je vis et flairai le rôti tournant à la broche. On était autour du feu : il fallut en passant saluer tout le monde. Quand la ronde fut faite, lorgnant du coin de l'œil ce rôti, qui avait si bonne mine et qui sentait si bon, je ne pus m'abstenir de lui faire aussi la révérence, et de lui dire d'un ton piteux : *Adieu, rôti*. Cette saillie de naïveté parut si plaisante, qu'on me fit rester à souper. Peut-être eût-elle eu le même bonheur chez mon maître, mais il est sûr qu'elle ne m'y serait pas venue, ou que je n'aurais osé m'y livrer.

Voilà comment j'appris à convoiter en silence, à me cacher, à dissimuler, à mentir, et à dérober enfin : fantaisie qui jusqu'alors ne m'était pas venue, et dont je n'ai pu depuis lors bien me guérir. La convoitise et l'impuissance mènent toujours là. Voilà pourquoi tous les laquais sont fripons, et pourquoi tous les apprentis doivent l'être : mais dans un état égal et tranquille, où tout ce qu'ils voient est à leur portée, ces derniers perdent en grandissant ce honteux penchant. N'ayant pas eu le même avantage, je n'en ai pu tirer le même profit.

Ce sont presque toujours de bons sentiments mal dirigés qui font faire aux enfants le premier pas vers le mal. Malgré les privations et les tentations continuelles, j'avais demeuré plus d'un an chez mon maître sans pouvoir me résoudre à rien prendre, pas même des choses à manger. Mon premier vol fut une affaire de complaisance ; mais il ouvrit la porte à d'autres qui n'avaient pas une si louable fin.

Il y avait chez mon maître un compagnon appelé M. Verrat, dont la maison, dans le voisinage, avait un jardin assez éloigné qui produisait de très belles asperges. Il prit envie à M. Verrat, qui n'avait pas beaucoup d'argent, de voler à sa mère des asperges dans leur primeur, et de les vendre pour quelques bons déjeuners. Comme il ne voulait pas s'exposer lui-même, et qu'il n'était pas fort ingambe, il me choisit pour cette expédition. Après quelques cajoleries préliminaires, qui me gagnèrent d'autant mieux que je n'en voyais pas le but, il me la proposa comme une idée qui lui venait sur-le-champ. Je disputai beaucoup ; il insista. Je n'ai jamais pu résister aux caresses : je me rendis. J'allais tous les matins moissonner les plus belles asperges ; je les portais au Molard (*), où quelque bonne femme, qui voyait que je venais de les voler, me le disait pour les avoir à meilleur compte. Dans ma frayeur, je prenais ce qu'elle voulait me donner, je le portais à M. Verrat. Cela se changeait promptement en un déjeuner dont j'étais le pourvoyeur, et qu'il partageait avec un autre camarade ; car pour moi, très content d'en avoir quelques bribes, je ne touchais pas même à leur vin.

Ce petit manège dura plusieurs jours sans qu'il me vînt même à l'esprit de voler le voleur, et de dîmer sur M. Verrat le produit de ses asperges. J'exécutais

---

(*) Place du marché, à Genève.

ma friponnerie avec la plus grande fidélité : mon seul motif était de complaire à celui qui me la faisait faire. Cependant si j'eusse été surpris, que de coups, que d'injures, quels traitements cruels n'eussé-je point essuyés, tandis que le misérable, en me démentant, eût été cru sur sa parole, et moi doublement puni pour avoir osé le charger, attendu qu'il était compagnon, et que je n'étais qu'apprenti ! Voilà comment en tout le fort coupable se sauve aux dépens du faible innocent.

J'appris ainsi qu'il n'était pas si terrible de voler que je l'avais cru ; et je tirai bientôt si bon parti de ma science, que rien de ce que je convoitais n'était à ma portée en sûreté. Je n'étais pas absolument mal nourri chez mon maître, et la sobriété ne m'était pénible qu'en la lui voyant si mal garder. L'usage de faire sortir de table les jeunes gens quand on y sert ce qui les tente le plus, me paraît très bien entendu pour les rendre aussi friands que fripons. Je devins en peu de temps l'un et l'autre ; et je m'en trouvais fort bien pour l'ordinaire, quelquefois fort mal quand j'étais surpris.

Un souvenir qui me fait frémir encore et rire tout à la fois, est celui d'une chasse aux pommes qui me coûta cher. Ces pommes étaient au fond d'une dépense qui, par une jalousie élevée, recevait du jour de la cuisine. Un jour que j'étais seul dans la maison, je montai sur la *may* (\*) pour regarder dans le jardin des Hespérides ce précieux fruit dont je ne pouvais approcher. J'allai chercher la broche pour voir si elle y pourrait atteindre : elle était trop courte. Je l'allongeai par une autre petite broche qui servait pour le menu gibier ; car mon maître aimait la chasse. Je piquai plusieurs fois sans succès ; enfin je sentis avec transport que j'amenais une pomme. Je tirai très doucement : déjà la pomme touchait à la jalousie ; j'étais prêt à la saisir. Qui dira ma douleur ? La pomme était trop grosse : elle ne put passer par le trou. Que d'inventions ne mis-je point en usage pour la tirer ! Il fallut trouver des supports pour tenir la broche en état, un couteau assez long pour fendre la pomme, une latte pour la soutenir. A force d'adresse et de temps, je parvins à la partager, espérant tirer ensuite les pièces l'une après l'autre : mais à peine furent-elles séparées qu'elles tombèrent toutes deux dans la dépense. Lecteur pitoyable, partagez mon affliction.

Je ne perdis point courage ; mais j'avais perdu beaucoup de temps. Je craignais d'être surpris ; je renvoie au lendemain une tentative plus heureuse, et je me remets à l'ouvrage tout aussi tranquillement que si je n'avais rien fait, sans songer aux deux témoins indiscrets qui déposaient contre moi dans la dépense.

Le lendemain, trouvant l'occasion belle, je tente un nouvel essai. Je monte sur mes tréteaux, j'allonge la broche, je l'ajuste ; j'étais prêt à piquer..... Malheureusement le dragon ne dormait pas : tout à coup la porte de la dépense s'ouvre ; mon maître en sort, croise les bras, me regarde, et me dit : Courage !... La plume me tombe des mains.

Bientôt, à force d'essuyer de mauvais traitements, j'y devins moins sensible : ils me parurent enfin une sorte de compensation du vol, qui me mettait en droit de le continuer. Au lieu de retourner les yeux en arrière et de regarder la punition, je les portais en avant et je regardais la vengeance. Je jugeais que me battre comme fripon, c'était m'autoriser à l'être. Je trouvais que voler et être battu allaient ensemble, et constituaient en quelque sorte un état, et qu'en remplissant la partie de cet état qui dépendait de moi, je pouvais laisser le soin de l'autre à mon maître. Sur cette idée, je me mis à voler plus tranquillement qu'auparavant. Je me disais : Qu'en arrivera-t-il enfin ? Je serai battu. Soit : je suis fait pour l'être.

J'aime à manger, sans être avide ; je suis sensuel et non pas gourmand. Trop d'autres goûts me distraient de celui-là. Je ne me suis jamais occupé de ma bouche que quand mon cœur était oisif ; et cela m'est si rarement arrivé dans ma vie, que je n'ai guère eu le temps de songer aux bons merceaux. Voilà pourquoi je ne bornai pas longtemps ma friponnerie au comestible, je l'étendis bien-

---

(\*) Nom par lequel les Génevois et les habitants de quelques provinces de France désignent le pétrin où l'on fait le pain.

tôt à tout ce qui me tentait; et si je ne devins pas un voleur en forme, c'est que je n'ai jamais été beaucoup tenté d'argent. Dans le cabinet commun mon maître avait un autre cabinet à part qui fermait à clef : je trouvai le moyen d'en ouvrir la porte et de la refermer sans qu'il y parût. Là je mettais à contribution ses bons outils, ses meilleurs dessins, ses empreintes, tout ce qui me faisait envie et qu'il affectait d'éloigner de moi. Dans le fond, ces vols étaient bien innocents, puisqu'ils n'étaient faits que pour être employés à son service : mais j'étais transporté de joie d'avoir ces bagatelles en mon pouvoir; je croyais voler le talent avec ses productions. Du reste, il y avait dans des boîtes des recoupes d'or et d'argent, de petits bijoux, des pièces de prix, de la monnaie. Quand j'avais quatre ou cinq sous dans ma poche, c'était beaucoup : cependant, loin de toucher à rien de tout cela, je ne me souviens pas même d'y avoir jeté de ma vie un regard de convoitise : je le voyais avec plus d'effroi que de plaisir. Je crois bien que cette horreur du vol de l'argent et de ce qui en produit me venait en grande partie de l'éducation. Il se mêlait à cela des idées secrètes d'infamie, de prison, de châtiment, de potence, qui m'auraient fait frémir si j'avais été tenté; au lieu que mes tours ne me semblaient que des espiègleries, et n'étaient pas autre chose en effet. Tout cela ne pouvait valoir que d'être bien étrillé par mon maître, et d'avance je m'arrangeais là-dessus.

Mais encore une fois, je ne convoitais pas même assez pour avoir à m'abstenir; je ne sentais rien à combattre. Une seule feuille de beau papier à dessiner me tentait plus que l'argent pour en payer une rame. Cette bizarrerie tient à une des singularités de mon caractère : elle a eu tant d'influence sur ma conduite qu'il importe de l'expliquer.

J'ai des passions très ardentes, et tandis qu'elles m'agitent, rien n'égale mon impétuosité : je ne connais plus ni ménagement, ni respect, ni crainte, ni bienséance; je suis cynique, effronté, violent, intrépide : il n'y a ni honte qui m'arrête, ni danger qui m'effraie : hors le seul objet qui m'occupe, l'univers n'est plus rien pour moi. Mais tout cela ne dure qu'un moment, et le moment qui suit me jette dans l'anéantissement. Prenez-moi dans le calme, je suis l'indolence et la timidité même; tout m'effarouche, tout me rebute : une mouche en volant me fait peur; un mot à dire, un geste à faire, épouvante ma paresse; la crainte et la honte me subjuguent à tel point que je voudrais m'éclipser aux yeux de tous les mortels. S'il faut agir, je ne sais que faire; s'il faut parler, je ne sais que dire; si l'on me regarde, je suis décontenancé. Quand je me passionne, je sais trouver quelquefois ce que j'ai à dire; mais dans les entretiens ordinaires, je ne trouve rien, rien du tout : ils me sont insupportables par cela seul que je suis obligé de parler.

Ajoutez qu'aucun de mes goûts dominants ne consiste en choses qui s'achètent. Il ne me faut que des plaisirs purs, et l'argent les empoisonne tous. J'aime par exemple ceux de la table; mais, ne pouvant souffrir ni la gêne de la bonne compagnie ni la crapule du cabaret, je ne puis les goûter qu'avec un ami; car seul, cela ne m'est pas possible : mon imagination s'occupe alors d'autre chose, et je n'ai pas le plaisir de manger. Si mon sang allumé me demande des femmes, mon cœur ému me demande encore plus de l'amour. Des femmes à prix d'argent perdraient pour moi tous leurs charmes; je doute même s'il serait en moi d'en profiter. Il en est ainsi de tous les plaisirs à ma portée; s'ils ne sont gratuits, je les trouve insipides. J'aime les seuls biens qui ne sont à personne qu'au premier qui sait les goûter.

Jamais l'argent ne me parut une chose aussi précieuse qu'on la trouve. Bien plus, il ne m'a même jamais paru fort commode : il n'est bon à rien par lui-même : il faut le transformer pour en jouir; il faut acheter, marchander, souvent être dupe, bien payer, être mal servi. Je voudrais une chose bonne dans sa qualité : avec mon argent, je suis sûr de l'avoir mauvaise. J'achète cher un œuf frais, il est vieux; un beau fruit, il est vert; une fille, elle est gâtée. J'aime le bon vin, mais où en prendre? Chez un marchand de vin? comme que je fasse, il m'empoisonnera. Veux-je absolument être bien servi? que de soins, que d'embarras!

avoir des amis, des correspondants, donner des commissions, écrire, aller, venir, attendre; et souvent au bout être encore trompé. Que de peine avec mon argent! je la crains plus que je n'aime le bon vin.

Mille fois, durant mon apprentissage et depuis, je suis sorti dans le dessein d'acheter quelque friandise. J'approche de la boutique d'un pâtissier; j'aperçois des femmes au comptoir; je crois déjà les voir rire et se moquer entre elles du petit gourmand. Je passe devant une fruitière, je lorgne du coin de l'œil de belles poires, leur parfum me tente; deux ou trois jeunes gens tout près de là me regardent; un homme qui me connaît est devant sa boutique; je vois de loin venir une fille : n'est-ce point la servante de la maison? Ma vue courte me fait mille illusions. Je prends tous ceux qui passent pour des gens de connaissance; partout je suis intimidé, retenu par quelque obstacle; mon désir croît avec ma honte, et je rentre enfin comme un sot, dévoré de convoitise, ayant dans ma poche de quoi la satisfaire, et n'ayant osé rien acheter.

J'entrerais dans les plus insipides détails, si je suivais dans l'emploi de mon argent, soit par moi, soit par d'autres, l'embarras, la honte, la répugnance, les inconvénients, les dégoûts de toute espèce que j'ai toujours éprouvés. A mesure qu'avançant dans ma vie le lecteur prendra connaissance de mon humeur, il sentira tout cela sans que je m'appesantisse à le lui dire.

Cela compris, on comprendra sans peine une de mes prétendues contradictions, celle d'allier une avarice presque sordide avec le plus grand mépris pour l'argent. C'est un meuble pour moi si peu commode, que je ne m'avise pas même de désirer celui que je n'ai pas, et que, quand j'en ai, je le garde longtemps sans le dépenser, faute de savoir l'employer à ma fantaisie : mais l'occasion commode et agréable se présente-t-elle, j'en profite si bien que ma bourse se vide avant que je m'en sois aperçu. Du reste, ne cherchez pas en moi le tic des avares, celui de dépenser pour l'ostentation; tout au contraire, je dépense en secret et pour le plaisir : loin de me faire gloire de dépenser, je m'en cache. Je sens si bien que l'argent n'est pas à mon usage, que je suis presque honteux d'en avoir, encore plus de m'en servir. Si j'avais eu jamais un revenu suffisant pour vivre commodément, je n'aurais point été tenté d'être avare, j'en suis très sûr; je dépenserais tout mon revenu sans chercher à l'augmenter : mais ma situation précaire me tient en crainte. J'adore la liberté; j'abhorre la gêne, la peine, l'assujétissement. Tant que dure l'argent que j'ai dans ma bourse, il assure mon indépendance; il me dispense de m'intriguer pour en trouver d'autre, nécessité que j'eus toujours en horreur : mais de peur de le voir finir, je le choie. L'argent qu'on possède est l'instrument de la liberté; celui qu'on pourchasse est l'instrument de la servitude. Voilà pourquoi je serre bien et ne convoite rien.

Mon désintéressement n'est donc que paresse; le plaisir d'avoir ne vaut pas la peine de l'acquérir; et ma dissipation n'est encore que paresse : quand l'occasion de dépenser agréablement se présente, on ne peut trop la mettre à profit. Je suis moins tenté de l'argent que des choses, parce qu'entre l'argent et la possession désirée il y a toujours un intermédiaire; au lieu qu'entre la chose même et sa jouissance il n'y en a point. Je vois la chose, elle me tente; si je ne vois que le moyen de l'acquérir, il ne me tente pas. J'ai donc été fripon, et quelquefois je le suis encore de bagatelles qui me tentent et que j'aime mieux prendre que demander : mais, petit ou grand, je ne me souviens pas d'avoir pris de ma vie un liard à personne; hors une seule fois, il n'y a pas quinze ans, que je volai sept livres dix sous. L'aventure vaut la peine d'être contée, car il s'y trouve un concours impayable d'effronterie et de bêtise, que j'aurais peine moi-même à croire s'il regardait un autre que moi.

C'était à Paris. Je me promenais avec M. de Francueil au Palais-Royal, sur les cinq heures. Il tire sa montre, la regarde, et me dit : Allons à l'Opéra. Je le veux bien; nous allons. Il prend deux billets d'amphithéâtre, m'en donne un, et passe le premier avec l'autre : je le suis, il entre. En entrant après lui, je trouve la porte embarrassée. Je regarde, je vois tout le monde debout; je juge que je pourrais bien me perdre dans cette foule, ou du moins laisser supposer à

M. de Francueil que j'y suis perdu. Je sors, je reprends ma contre-marque, puis mon argent, et je m'en vais, sans songer qu'à peine avais-je atteint la porte que tout le monde était assis, et qu'alors M. de Francueil voyait clairement que je n'y étais plus.

Comme jamais rien ne fut plus éloigné de mon humeur que ce trait-là, je le note, pour montrer qu'il y a des moments d'une espèce de délire où il ne faut point juger des hommes par leurs actions. Ce n'était pas précisément voler cet argent; c'était en voler l'emploi : moins c'était un vol, plus c'était une infamie.

Je ne finirais pas ces détails si je voulais suivre toutes les routes par lesquelles, durant mon apprentissage, je passai de la sublimité de l'héroïsme à la bassesse d'un vaurien. Cependant en prenant les vices de mon état, il me fut impossible d'en prendre tout-à-fait les goûts. Je m'ennuyais des amusements de mes camarades; et quand la trop grande gêne m'eut aussi rebuté du travail, je m'ennuyai de tout. Cela me rendit le goût de la lecture que j'avais perdu depuis longtemps. Ces lectures, prises sur mon travail, devinrent un nouveau crime qui m'attira de nouveaux châtiments. Ce goût irrité par la contrainte devint passion, bientôt fureur. La Tribu, fameuse loueuse de livres, m'en fournissait de toute espèce. Bons et mauvais, tout passait ; je ne choisissais point : je lisais tout avec une égale avidité. Je lisais à l'établi, je lisais en allant faire mes messages, je lisais à la garde-robe, et m'y oubliais des heures entières; la tête me tournait de la lecture, je ne faisais plus que lire. Mon maître m'épiait, me surprenait, me battait, me prenait mes livres. Que de volumes furent déchirés, brûlés, jetés par les fenêtres! que d'ouvrages restèrent dépareillés chez la Tribu! Quand je n'avais plus de quoi la payer, je lui donnais mes chemises, mes cravates, mes hardes; mes trois sous d'étrennes tous les dimanches lui étaient régulièrement portés.

Voilà donc, me dira-t-on, l'argent devenu nécessaire. Il est vrai, mais ce fut quand la lecture m'eut ôté toute activité. Livré tout entier à mon nouveau goût, je ne faisais plus que lire, je ne volais plus. C'est encore ici une de mes différences caractéristiques. Au fort d'une certaine habitude d'être, un rien me distrait, me change, m'attache, enfin me passionne : et alors tout est oublié; je ne songe plus qu'au nouvel objet qui m'occupe. Le cœur me battait d'impatience de feuilleter le nouveau livre que j'avais dans la poche; je le tirais aussitôt que j'étais seul, et ne songeais plus à fouiller le cabinet de mon maître. J'ai même peine à croire que j'eusse volé quand même j'aurais eu des passions plus coûteuses. Borné au moment présent, il n'était pas dans mon tour d'esprit de m'arranger ainsi pour l'avenir. La Tribu me faisait crédit : les avances étaient petites; et quand j'avais empoché mon livre, je ne songeais plus à rien. L'argent qui me venait naturellement passait de même à cette femme; et quand elle devenait pressante, rien n'était plus tôt sous ma main que mes propres effets. Voler par avance était trop de prévoyance, et voler pour payer n'était pas même une tentation.

A force de querelles, de coups, de lectures dérobées et mal choisies, mon humeur devint taciturne, sauvage; ma tête commençait à s'altérer, et je vivais en vrai loup-garou. Cependant si mon goût ne me préserva pas des livres plats et fades, mon bonheur me préserva des livres obscènes et licencieux : non que la Tribu, femme à tous égards très accommodante, se fît un scrupule de m'en prêter; mais, pour les faire valoir, elle me les nommait avec un air de mystère qui me forçait précisément à les refuser, tant par dégoût que par honte; et le hasard seconda si bien mon humeur pudique, que j'avais plus de trente ans avant que j'eusse jeté les yeux sur aucun de ces dangereux livres qu'une belle dame de par le monde trouve incommodes, en ce qu'on ne peut les lire que d'une main.

En moins d'un an, j'épuisai la mince boutique de la Tribu, et alors je me trouvai dans mes loisirs cruellement désœuvré. Guéri de mes goûts d'enfant et de polisson par celui de la lecture, et même par mes lectures, qui, bien que sans choix et souvent mauvaises, ramenaient pourtant mon cœur à des sentiments plus nobles que ceux que m'avait donnés mon état; dégoûté de tout ce qui était

à ma portée, et sentant trop loin de moi tout ce qui m'aurait tenté, je ne voyais rien de possible qui pût flatter mon cœur. Mes sens émus depuis longtemps me demandaient une jouissance dont je ne savais pas même imaginer l'objet. J'étais aussi loin du véritable que si je n'avais point eu de sexe; et déjà pubère et sensible, je pensais quelquefois à mes folies, mais je ne voyais rien au-delà. Dans cette étrange situation, mon inquiète imagination prit un parti qui me sauva de moi-même et calma ma naissante sensibilité; ce fut de se nourrir des situations qui m'avaient intéressé dans mes lectures, de les rappeler, de les varier, de les combiner, de me les approprier tellement que je devinsse un des personnages que j'imaginais, que je me visse toujours dans les positions les plus agréables selon mon goût, enfin que l'état fictif où je venais à bout de me mettre me fît oublier mon état réel dont j'étais si mécontent. Cet amour des objets imaginaires et cette facilité de m'en occuper achevèrent de me dégoûter de tout ce qui m'entourait, et déterminèrent ce goût pour la solitude qui m'est toujours resté depuis ce temps-là. On verra plus d'une fois dans la suite les bizarres effets de cette disposition si misanthrope et si sombre en apparence, mais qui vient en effet d'un cœur trop affectueux, trop aimant, trop tendre, qui, faute d'en trouver d'existants qui lui ressemblent, est forcé de s'alimenter de fictions. Il me suffit, quant à présent, d'avoir marqué l'origine et la première cause d'un penchant qui a modifié toutes mes passions, et qui, les contenant par elles-mêmes, m'a toujours rendu paresseux à faire, par trop d'ardeur à désirer.

J'atteignis ainsi ma seizième année, inquiet, mécontent de tout et de moi, sans goût de mon état, sans plaisirs de mon âge, dévoré de désirs dont j'ignorais l'objet, pleurant sans sujet de larmes, soupirant sans savoir de quoi, enfin caressant tendrement mes chimères, faute de rien voir autour de moi qui les valût. Les dimanches, mes camarades venaient me chercher après le prêche pour aller m'ébattre avec eux. Je leur aurais volontiers échappé si j'avais pu; mais une fois en train dans leurs jeux, j'étais plus ardent, et j'allais plus loin qu'aucun autre : difficile à ébranler et à retenir, ce fut là de tout temps ma disposition constante. Dans nos promenades hors de la ville, j'allais toujours en avant sans songer au retour, à moins que d'autres n'y songeassent pour moi. J'y fus pris deux fois; les portes furent fermées avant que je pusse arriver. Le lendemain je fus traité comme on s'imagine; et la seconde fois il me fut promis un tel accueil pour la troisième, que je résolus de ne m'y pas exposer. Cette troisième fois si redoutée arriva pourtant. Ma vigilance fut mise en défaut par un maudit capitaine appelé M. Minutoli, qui fermait toujours la porte où il était de garde une demi-heure avant les autres. Je revenais avec deux camarades. A demi-lieue de la ville j'entends sonner la retraite, je double le pas ; j'entends battre la caisse, je cours à toutes jambes : j'arrive essoufflé, tout en nage; le cœur me bat, je vois de loin les soldats à leur poste; j'accours, je crie d'une voix étouffée. Il était trop tard. A vingt pas de l'avancée, je vois lever le premier pont. Je frémis en voyant en l'air ces cornes terribles, sinistre et fatal augure du sort inévitable que ce moment commençait pour moi.

Dans le premier transport de ma douleur, je me jetai sur les glacis et mordis la terre. Mes camarades, riant de leur malheur, prirent à l'instant leur parti. Je pris aussi le mien; mais ce fut d'une autre manière. Sur le lieu même, je jurai de ne retourner jamais chez mon maître; et le lendemain, quand à l'heure de la découverte ils rentrèrent en ville, je leur dis adieu pour jamais, les priant seulement d'avertir en secret mon cousin Bernard de la résolution que j'avais prise, et du lieu où il pourrait me voir encore une fois.

A mon entrée en apprentissage, étant plus séparé de lui, je le vis moins : toutefois, durant quelque temps nous nous rassemblions les dimanches; mais insensiblement chacun prit d'autres habitudes, et nous nous vîmes plus rarement. Je suis persuadé que sa mère contribua beaucoup à ce changement. Il était lui un garçon *du haut*(\*), moi, chétif apprenti, je n'étais plus qu'un enfant de *Saint-*

---

(\*) « Genève est située sur un coteau, et le sommet de ce coteau, sur lequel on a construit, dans le

*Gervais.* Il n'y avait plus entre nous d'égalité malgré la naissance; c'était déroger que de me fréquenter. Cependant les liaisons ne cessèrent point tout-à-fait entre nous; et comme c'était un garçon d'un bon naturel, il suivait quelquefois son cœur malgré les leçons de sa mère. Instruit de ma résolution, il accourut, non pour m'en dissuader ou la partager, mais pour jeter, par de petits présents, quelque agrément dans ma fuite; car mes propres ressources ne pouvaient me mener fort loin. Il me donna entre autres une petite épée, dont j'étais fort épris, et que j'ai portée jusqu'à Turin, où le besoin m'en fit défaire, et où je me la passai, comme on dit, au travers du corps. Plus j'ai réfléchi depuis à la manière dont il se conduisit avec moi dans ce moment critique, plus je suis persuadé qu'il suivit les instructions de sa mère, et peut-être de son père; car il n'est pas

Je me jetai sur le glacis et mordis la terre. (Page 23.)

possible que de lui-même il n'eût fait quelque effort pour me retenir, ou qu'il n'eût été tenté de me suivre : mais point. Il m'engagea dans mon dessein plutôt qu'il ne m'en détourna; puis, quand il me vit bien résolu, il me quitta sans beaucoup de larmes. Nous ne nous sommes jamais écrit ni revus. C'est dommage : il était d'un caractère essentiellement bon; nous étions faits pour nous aimer.

Avant de m'abandonner à la fatalité de ma destinée, qu'on me permette de tourner un moment les yeux sur celle qui m'attendait naturellement si j'étais tombé dans les mains d'un meilleur maître. Rien n'était plus convenable à mon humeur, ni plus propre à me rendre heureux, que l'état tranquille et obscur

« dix-huitième siècle, de belles maisons, est devenu le quartier recherché; de là la distinction des « gens *du haut* et des gens *du bas*, et le reproche de vanité chez les uns et de jalousie chez les « autres; ce qui a fait dire que, si la ville eût été plate, il n'y aurait jamais eu de dissensions. » (*Histoire de Genève*, par Picot, *préface.*) Le quartier de Saint-Gervais, situé dans la partie basse, est un des plus considérables et des plus peuplés. Quant à la haute ville, elle pourrait s'appeler le fau-bourg *Saint-Germain* de Genève; car on y trouve, outre la cathédrale, une église de ce nom.

d'un bon artisan, dans certaines classes surtout, telle qu'est à Genève celle des graveurs. Cet état, assez lucratif pour donner une subsistance aisée, et pas assez pour mener à la fortune, eût borné mon ambition pour le reste de mes jours; et, me laissant un loisir honnête pour cultiver des goûts modérés, il m'eût contenu dans ma sphère sans m'offrir aucun moyen d'en sortir. Ayant une imagination assez riche pour orner de ses chimères tous les états, assez puissante pour me transporter, pour ainsi dire, à mon gré de l'un à l'autre, il m'importait peu dans lequel je fusse en effet. Il ne pouvait y avoir si loin du lieu où j'étais au premier château en Espagne, qu'il ne me fût aisé de m'y établir. De cela seul, il suivait que l'état le plus simple, celui qui donnait le moins de tracas et de soins, celui qui laissait l'esprit le plus libre, était celui qui me convenait le mieux; et c'était précisément le mien. J'aurais passé dans le sein de ma religion, de ma patrie, de ma famille et de mes amis, une vie paisible et douce, telle qu'il la fallait à mon caractère, dans l'uniformité d'un travail de mon goût et d'une société selon mon cœur. J'aurais été bon chrétien, bon citoyen, bon père de famille, bon ami, bon ouvrier, bon homme en toute chose. J'aurais aimé mon état, je l'aurais honoré peut-être; et après avoir passé une vie obscure et simple, mais égale et douce, je serais mort paisiblement dans le sein des miens. Bientôt oublié, sans doute, j'aurais été regretté du moins aussi longtemps qu'on se serait souvenu de moi.

Au lieu de cela... Quel tableau vais-je faire? Ah! n'anticipons point sur les misères de ma vie; je n'occuperai que trop mes lecteurs de ce triste sujet.

## LIVRE II.

(1728-1731.) Autant le moment où l'effroi me suggéra le projet de fuir m'avait paru triste, autant celui où je l'exécutai me parut charmant. Encore enfant, quitter mon pays, mes parents, mes appuis, mes ressources; laisser un apprentissage à moitié fait, sans savoir mon métier assez pour en vivre; me livrer aux horreurs de la misère, sans avoir aucun moyen d'en sortir; dans l'âge de la faiblesse et de l'innocence, m'exposer à toutes les tentations du vice et du désespoir; chercher au loin les maux, les erreurs, les pièges, l'esclavage et la mort, sous un joug bien plus inflexible que celui que je n'avais pu souffrir : c'était là ce que j'allais faire, c'était la perspective que j'aurais dû envisager. Que celle que je me peignais était différente! L'indépendance que je croyais avoir acquise était le seul sentiment qui m'affectait. Libre et maître de moi-même, je croyais pouvoir tout faire, atteindre à tout : je n'avais qu'à m'élancer pour m'élever et voler dans les airs. J'entrais avec sécurité dans le vaste espace du monde; mon mérite allait le remplir; à chaque pas j'allais trouver des festins, des trésors, des aventures, des amis prêts à me servir, des maîtresses empressées à me plaire : en me montrant, j'allais occuper de moi l'univers; non pas pourtant l'univers tout entier, je m'en dispensais en quelque sorte, il ne m'en fallait pas tant; une société charmante me suffisait sans m'embarrasser du reste. Ma modération m'inscrivait dans une sphère étroite, mais délicieusement choisie, où j'étais assuré de régner. Un seul château bornait mon ambition : favori du seigneur et de la dame, amant de la demoiselle, ami du frère et protecteur des voisins, j'étais content; il ne m'en fallait pas davantage.

En attendant ce modeste avenir, j'errai quelques jours autour de la ville, logeant chez des paysans de ma connaissance, qui tous me reçurent avec plus de bonté que n'auraient fait des urbains. Ils m'accueillaient, me logeaient, me nourrissaient trop bonnement pour en avoir le mérite. Cela ne pouvait pas s'appeler faire l'aumône; ils n'y mettaient pas assez l'air de la supériorité.

A force de voyager et de parcourir le monde, j'allai jusqu'à Confignon, terres de Savoie, à deux lieues de Genève. Le curé s'appelait M. de Pontverre. Ce nom fameux dans l'histoire de la république me frappa beaucoup. J'étais curieux de

voir comment étaient faits les descendants des gentilshommes de la Cuiller (*). J'allai voir M. de Pontverre. Il me reçut bien, me parla de l'hérésie de Genève, de l'autorité de la sainte mère Église, et me donna à dîner. Je trouvai peu de chose à répondre à des arguments qui finissaient ainsi, et jugeai que des curés chez qui l'on dînait si bien valaient tout au moins nos ministres. J'étais certainement plus savant que M. de Pontverre, tout gentilhomme qu'il était; mais j'étais trop bon convive pour être si bon théologien; et son vin de Frangy, qui me parut excellent, argumentait si victorieusement pour lui, que j'aurais rougi de fermer la bouche à un si bon hôte. Je cédais donc, ou du moins je ne résistais pas en face. A voir les ménagements dont j'usais, on m'aurait cru faux. On se fût trompé; je n'étais qu'honnête, cela est certain. La flatterie, ou plutôt la condescendance, n'est pas toujours un vice: elle est plus souvent une vertu, surtout dans les jeunes gens. La bonté avec laquelle un homme nous traite, nous attache à lui; ce n'est pas pour l'abuser qu'on lui cède, c'est pour ne pas l'attrister, pour ne pas lui rendre le mal pour le bien. Quel intérêt avait M. de Pontverre à m'accueillir, à me bien traiter, à vouloir me convaincre? nul autre que le mien propre. Mon jeune cœur se disait cela. J'étais touché de reconnaissance et de respect pour le bon prêtre. Je sentais ma supériorité, je ne voulais pas l'en accabler pour prix de son hospitalité. Il n'y avait point de motif hypocrite à cette conduite : je ne songeais point à changer de religion; et, bien loin de me familiariser si vite avec cette idée, je ne l'envisageais qu'avec une horreur qui devait l'écarter de moi pour longtemps : je voulais seulement ne point fâcher ceux qui me caressaient dans cette vue; je voulais cultiver leur bienveillance, et leur laisser l'espoir du succès en paraissant moins armé que je ne l'étais en effet. Ma faute en cela ressemblait à la coquetterie des honnêtes femmes, qui quelquefois, pour parvenir à leurs fins, savent, sans rien permettre ni rien promettre, faire espérer plus qu'elles ne veulent tenir.

La raison, la pitié, l'amour de l'ordre, exigeaient assurément que, loin de se prêter à ma folie, on m'éloignât de ma perte où je courais, en me renvoyant dans ma famille. C'est là ce qu'aurait fait ou tâché de faire tout homme vraiment vertueux. Mais quoique M. de Pontverre fût un bon homme, ce n'était assurément pas un homme vertueux; au contraire, c'était un dévot qui ne connaissait d'autre vertu que d'adorer les images et de dire le rosaire; une espèce de missionnaire qui n'imaginait rien de mieux, pour le bien de la foi, que de faire des libelles contre les ministres de Genève. Loin de penser à me renvoyer chez moi, il profita du désir que j'avais de m'en éloigner, pour me mettre hors d'état d'y retourner quand même il m'en prendrait envie. Il y avait tout à parier qu'il m'envoyait périr de misère ou devenir un vaurien. Ce n'était point là ce qu'il voyait. Il voyait une âme ôtée à l'hérésie et rendue à l'église. Honnête homme ou vaurien, qu'importait cela pourvu que j'allasse à la messe? Il ne faut pas croire, au reste, que cette façon de penser soit particulière aux catholiques, elle est celle de toute religion dogmatique où l'on fait l'essentiel, non de faire, mais de croire.

« Dieu vous appelle, me dit M. de Pontverre : allez à Annecy; vous y trouverez une bonne dame bien charitable, que les bienfaits du roi mettent en état de retirer d'autres âmes de l'erreur dont elle est sortie elle-même. » Il s'agissait de M^me de Warens, nouvelle convertie, que les prêtres forçaient en effet de partager, avec la canaille qui venait vendre sa foi, une pension de deux mille francs que lui donnait le roi de Sardaigne. Je me sentais fort humilié d'avoir besoin d'une bonne dame bien charitable. J'aimais fort qu'on me donnât mon nécessaire, mais non pas qu'on me fît la charité; et une dévote n'était pas pour moi fort

(*) Ces gentilshommes catholiques, sujets du duc de Savoie, et ennemis des Genevois, s'étaient vantés de manger ceux-ci *à la cuiller*; et ils portaient comme signe de ralliement une cuiller pendue à leur cou. De 1527 à 1530, ils firent beaucoup de mal à la ville, qu'ils tentèrent deux fois d'escalader, sous la conduite de François de Pontverre, leur capitaine; mais ils échouèrent dans toutes leurs entreprises : leur chef fut tué; tous leurs châteaux furent brûlés en 1530, et, depuis lors, il n'est plus question d'eux dans l'histoire de Genève.

attirante. Toutefois, pressé par M. de Pontverre, par la faim qui me talonnait, bien aise aussi de faire un voyage et d'avoir un but, je prends mon parti, quoique avec peine, et je pars pour Annecy. J'y pouvais être aisément en un jour; mais je ne me pressais pas, j'en mis trois. Je ne voyais pas un château à droite ou à gauche sans aller chercher l'aventure que j'étais sûr qui m'y attendait. Je n'osais entrer dans le château ni heurter, car j'étais fort timide, mais je chantais sous la fenêtre qui avait le plus d'apparence, fort surpris, après m'être longtemps époumonné, de ne voir paraître ni dame ni demoiselle qu'attirât la beauté de ma voix ou le sel de mes chansons, vu que j'en savais d'admirables que mes camarades m'avaient apprises, et que je chantais admirablement.

J'arrive enfin : je vois M<sup>me</sup> de Warens. Cette époque de ma vie a décidé de mon caractère : je ne puis me résoudre à la passer légèrement. J'étais au milieu de ma seizième année. Sans être ce qu'on appelle un beau garçon, j'étais bien pris dans ma petite taille, j'avais un joli pied, la jambe fine, l'air dégagé, la physionomie animée, la bouche mignonne avec de vilaines dents, les sourcils et les cheveux noirs, les yeux petits et même enfoncés, mais qui lançaient avec force le feu dont mon sang était embrasé. Malheureusement je ne savais rien de tout cela, et de ma vie il ne m'est arrivé de songer à ma figure que lorsqu'il n'était plus temps d'en tirer parti. Ainsi j'avais, avec la timidité de mon âge, celle d'un naturel très aimant, toujours troublé par la crainte de déplaire. D'ailleurs, quoique j'eusse l'esprit assez orné, n'ayant jamais vu le monde, je manquais totalement de manières; et mes connaissances, loin d'y suppléer, ne servaient qu'à m'intimider davantage en me faisant sentir combien j'en manquais.

Craignant donc que mon abord ne prévînt pas en ma faveur, je pris autrement mes avantages, et je fis une belle lettre en style d'orateur, où, cousant des phrases des livres avec des locutions d'apprenti, je déployais toute mon éloquence pour capter la bienveillance de M<sup>me</sup> de Warens. J'enfermai la lettre de M. de Pontverre dans la mienne, et je partis pour cette terrible audience. Je ne trouvai point M<sup>me</sup> de Warens : on me dit qu'elle venait de sortir pour aller à l'église. C'était le jour des Rameaux de l'année 1728. Je cours pour la suivre : je la vois, je l'atteins, je lui parle..... je dois me souvenir du lieu, je l'ai souvent depuis mouillé de mes larmes et couvert de mes baisers. Que ne puis-je entourer d'un balustre d'or cette heureuse place ! que n'y puis-je attirer les hommages de toute la terre ! Quiconque aime à honorer les monuments du salut des hommes n'en devrait approcher qu'à genoux.

C'était un passage derrière sa maison, entre un ruisseau à main droite qui la séparait du jardin, et le mur de la cour à gauche, conduisant par une fausse porte à l'église des cordeliers. Prête à entrer dans cette porte, M<sup>me</sup> de Warens se retourne à ma voix. Que devins-je à cette vue ! Je m'étais figuré une vieille dévote bien rechignée ; la bonne dame de M. de Pontverre ne pouvait être autre chose à mon avis. Je vois un visage pétri de grâces, de beaux yeux bleus pleins de douceur, un teint éblouissant, le contour d'une gorge enchanteresse. Rien n'échappa au rapide coup d'œil du jeune prosélyte ; car je devins à l'instant le sien, sûr qu'une religion prêchée par de tels missionnaires ne pouvait manquer de mener en paradis. Elle prend en souriant la lettre que je lui présente d'une main tremblante, l'ouvre, jette un coup d'œil sur celle de M. de Pontverre, revient à la mienne, qu'elle lit tout entière, et qu'elle eût relue encore si son laquais ne l'eût avertie qu'il était temps d'entrer. « Eh ! mon enfant, me dit-elle d'un ton qui me fit tressaillir, vous voilà courant le pays bien jeune ; c'est dommage en vérité. » Puis, sans attendre ma réponse, elle ajouta : « Allez chez moi m'attendre, dites qu'on vous donne à déjeuner ; après la messe, j'irai causer avec vous. »

Louise-Éléonore de Warens était une demoiselle de la Tour de Pil, noble et ancienne famille de Vévai (\*), ville du pays de Vaud. Elle avait épousé fort jeune M. de Warens, de la maison de Loys, fils aîné de M. Villardin, de Lausanne. Ce

---

(\*) Le bourg de la *Tour de Peilz* (et non de *Pil*) est situé au bord du Léman, aux portes de Vévay, ou mieux Vevey.

mariage, qui ne produisit point d'enfants, n'ayant pas trop réussi, M<sup>me</sup> de Warens, poussée par quelque chagrin domestique, prit le temps que le roi Victor-

Elle prend en souriant la lettre que je lui présente d'une main tremblante. (Page 27.)

Amédée était à Evian, pour passer le lac et venir se jeter aux pieds de ce prince, abandonnant ainsi son mari, sa famille et son pays par une étourderie assez semblable à la mienne, et qu'elle a eu tout le temps de pleurer aussi. Le roi, qui

aimait à faire le zélé catholique, la prit sous sa protection, lui donna une pension de quinze cents livres de Piémont, ce qui était beaucoup pour un prince aussi peu prodigue; et voyant que sur cet accueil on l'en croyait amoureux, il l'envoya à Annecy, escortée par un détachement de ses gardes, où, sous la direction de Michel-Gabriel de Bernex, évêque titulaire de Genève, elle fit abjuration au couvent de la Visitation.

Il y avait six ans qu'elle y était quand j'y vins, et elle en avait alors vingt-huit, étant née avec le siècle. Elle avait de ces beautés qui se conservent, parce qu'elles sont plus dans la physionomie que dans les traits; aussi la sienne était-elle encore dans tout son premier éclat. Elle avait un air caressant et tendre, un regard très doux, un sourire angélique, une bouche à la mesure de la mienne, des cheveux cendrés d'une beauté peu commune, et auxquels elle donnait un tour négligé qui la rendait très piquante. Elle était petite de stature, courte même, et ramassée un peu dans sa taille, quoique sans difformité; mais il était impossible de voir une plus belle tête, un plus beau sein, de plus belles mains et de plus beaux bras.

Son éducation avait été fort mêlée : elle avait ainsi que moi perdu sa mère dès sa naissance; et, recevant indifféremment des instructions comme elles s'étaient présentées, elle avait appris un peu de sa gouvernante, un peu de son père, un peu de ses maîtres, et beaucoup de ses amants, surtout d'un M. de Tavel (*), qui, ayant du goût et des connaissances, en orna la personne qu'il aimait. Mais tant de genres différents se nuisirent les uns aux autres, et le peu d'ordre qu'elle y mit empêcha que ses diverses études n'étendissent la justesse naturelle de son esprit. Ainsi, quoiqu'elle eût quelques principes de philosophie et de physique, elle ne laissa pas de prendre le goût que son père avait pour la médecine empirique et pour l'alchimie; elle faisait des élixirs, des teintures, des baumes, des magistères; elle prétendait avoir des secrets. Les charlatans, profitant de sa faiblesse, s'emparèrent d'elle, l'obsédèrent, la ruinèrent, et consumèrent, au milieu des fourneaux et des drogues, son esprit, ses talents et ses charmes, dont elle eût pu faire les délices des meilleures sociétés.

Mais si de vils fripons abusèrent de son éducation mal dirigée pour obscurcir les lumières de sa raison, son excellent cœur fut à l'épreuve et demeura toujours le même; son caractère aimant et doux, sa sensibilité pour les malheureux, son inépuisable bonté, son humeur gaie, ouverte et franche, ne s'altérèrent jamais; et même aux approches de la vieillesse, dans le sein de l'indigence, des maux, des calamités diverses, la sérénité de sa belle âme lui conserva jusqu'à la fin de sa vie toute la gaîté de ses plus beaux jours.

Ses erreurs lui vinrent d'un fonds d'activité inépuisable qui voulait sans cesse de l'occupation. Ce n'était pas des intrigues de femmes qu'il lui fallait, c'était des entreprises à faire et à diriger. Elle était née pour les grandes affaires. A sa place, M<sup>me</sup> de Longueville n'eût été qu'une tracassière; à la place de M<sup>me</sup> de Longueville, elle eût gouverné l'état. Ses talents ont été déplacés; et ce qui eût fait sa gloire dans une situation plus élevée, a fait sa perte dans celle où elle a vécu. Dans les choses qui étaient à sa portée, elle étendait toujours son plan dans sa tête et voyait toujours son objet en grand. Cela faisait qu'employant des moyens proportionnés à ses vues plus qu'à ses forces, elle échouait par la faute des autres; et, son projet venant à manquer, elle était ruinée où d'autres n'auraient presque rien perdu. Ce goût des affaires, qui lui fit tant de maux, lui fit du moins un grand bien dans son asile monastique, en l'empêchant de s'y fixer pour le reste de ses jours, comme elle en était tentée. La vie uniforme et simple des religieuses, leur petit cailletage de parloir, tout cela ne pouvait flatter un esprit toujours en mouvement, qui, formant chaque jour de nouveaux systèmes, avait besoin de liberté pour s'y livrer. Le bon évêque de Bernex, avec moins d'esprit que François de Sales, lui ressemblait sur bien des points; et M<sup>me</sup> de Warens, qu'il appelait sa fille, et qui ressemblait à M<sup>me</sup> de Chantal sur beaucoup

---

(*) La famille de Tavel est d'origine bernoise : elle s'était établie dans le pays de Vaud.

d'autres, eût pu lui ressembler encore dans sa retraite, si son goût ne l'eût détournée de l'oisiveté d'un couvent. Ce ne fut point manque de zèle si cette aimable femme ne se livra pas aux menues pratiques de dévotion qui semblaient convenir à une nouvelle convertie vivant sous la direction d'un prélat. Quel qu'eût été le motif de son changement de religion, elle fût sincère dans celle qu'elle avait embrassée. Elle a pu se repentir d'avoir commis la faute, mais non pas désirer d'en revenir. Elle n'est pas seulement morte bonne catholique, elle a vécu telle de bonne foi; et j'ose affirmer, moi qui pense avoir lu dans le fond de son âme, que c'était uniquement par aversion pour les simagrées qu'elle ne faisait point en public la dévote. Elle avait une piété trop solide pour affecter de la dévotion. Mais ce n'est pas ici le lieu de m'étendre sur ses principes; j'aurai d'autres occasions d'en parler.

Que ceux qui nient la sympathie des âmes expliquent, s'ils peuvent, comment, de la première entrevue, du premier mot, du premier regard, M$^{me}$ de Warens m'inspira non-seulement le plus vif attachement, mais une confiance parfaite et qui ne s'est jamais démentie. Supposons que ce que j'ai senti pour elle fût véritablement de l'amour, ce qui paraîtra tout au moins douteux à qui suivra l'histoire de nos liaisons : comment cette passion fut-elle accompagnée, dès sa naissance, des sentiments qu'elle inspire le moins, la paix du cœur, le calme, la sérénité, la sécurité, l'assurance? Comment, en approchant pour la première fois d'une femme aimable, polie, éblouissante, d'une dame d'un état supérieur au mien, dont je n'avais jamais abordé la pareille, de celle dont dépendait mon sort en quelque sorte par l'intérêt plus ou moins grand qu'elle y prendrait; comment, dis-je, tout cela, me trouvai-je à l'instant aussi libre, aussi à mon aise que si j'eusse été parfaitement sûr de lui plaire? Comment n'eus-je pas un moment d'embarras, de timidité, de gêne? Naturellement honteux, décontenancé, n'ayant jamais vu le monde, comment pris-je avec elle, du premier jour, du premier instant, les manières faciles, le langage tendre, le ton familier que j'avais dix ans après, lorsque la plus grande intimité l'eut rendu naturel? A-t-on de l'amour, je ne dis pas sans désirs, j'en avais; mais sans inquiétude, sans jalousie? Ne veut-on pas au moins apprendre de l'objet qu'on aime si l'on est aimé? C'est une question qu'il ne m'est pas plus venu dans l'esprit de lui faire une fois en ma vie que de me demander à moi-même si je m'aimais; et jamais elle n'a été plus curieuse avec moi. Il y eut certainement quelque chose de singulier dans mes sentiments pour cette charmante femme, et l'on y trouvera dans la suite des bizarreries auxquelles on ne s'attend pas.

Il fut question de ce que je deviendrais; et, pour en causer plus à loisir, elle me retint à dîner. Ce fut le premier repas de ma vie où j'eusse manqué d'appétit, et sa femme de chambre, qui nous servait, dit aussi que j'étais le premier voyageur de mon âge et de mon étoffe qu'elle en eût vu manquer. Cette remarque, qui ne me nuisit pas dans l'esprit de sa maîtresse, tombait un peu à plomb sur un gros manant qui dînait avec nous, et qui dévora lui tout seul un repas honnête pour six personnes. Pour moi, j'étais dans un ravissement qui ne me permettait pas de manger. Mon cœur se nourrissait d'un sentiment tout nouveau dont il occupait tout mon être; il ne me laissait des esprits pour nulle autre fonction.

M$^{me}$ de Warens voulut savoir les détails de ma petite histoire : je retrouvai pour la lui conter tout le feu que j'avais perdu chez mon maître. Plus j'intéressais cette excellente âme en ma faveur, plus elle plaignait le sort auquel j'allais m'exposer. Sa tendre compassion se marquait dans son air, dans son regard, dans ses gestes. Elle n'osait m'exhorter à retourner à Genève; dans sa position, c'eût été un crime de lèse-catholicité, et elle n'ignorait pas combien elle était surveillée et combien ses discours étaient pesés. Mais elle me parlait d'un ton si touchant de l'affliction de mon père, qu'on voyait bien qu'elle eût approuvé que j'allasse le consoler. Elle ne savait pas combien sans y songer elle plaidait contre elle-même. Outre que ma résolution était prise, comme je crois l'avoir dit, plus je la trouvais éloquente, persuasive, plus ses discours m'allaient au

cœur, et moins je pouvais me résoudre à me détacher d'elle. Je sentais que retourner à Genève était mettre entre elle et moi une barrière presque insurmontable, à moins de revenir à la démarche que j'avais faite, et à laquelle mieux valait me tenir tout d'un coup. Je m'y tins donc. M<sup>me</sup> de Warens, voyant ses efforts inutiles, ne les poussa pas jusqu'à se compromettre; mais elle me dit avec un regard de commisération : « Pauvre petit, tu dois aller où Dieu t'appelle; mais quand tu seras grand, tu te souviendras de moi. » Je crois qu'elle ne pensait pas elle-même que cette prédiction s'accomplirait si cruellement.

La difficulté restait tout entière. Comment subsister si jeune hors de mon pays? A peine à la moitié de mon apprentissage, j'étais bien loin de savoir mon métier. Quand je l'aurais su, je n'en aurais pu vivre en Savoie, pays trop pauvre pour avoir des arts. Le manant qui dînait pour nous, forcé de faire une pause pour reposer sa mâchoire, ouvrit un avis qu'il disait venir du ciel, et qui, à juger par les suites, venait bien plutôt du côté contraire; c'était que j'allasse à Turin, où, dans un hospice établi pour l'instruction des catéchumènes, j'aurais, dit-il, la vie temporelle et spirituelle, jusqu'à ce qu'entré dans le sein de l'église, je trouvasse, par la charité des bonnes âmes, une place qui me convînt. A l'égard des frais du voyage, continua mon homme, sa grandeur M<sup>gr</sup> l'évêque ne manquera pas, si madame lui propose cette sainte œuvre, de vouloir charitablement y pourvoir; et madame la baronne, qui est si charitable, dit-il en s'inclinant sur son assiette, s'empressera sûrement d'y contribuer aussi.

Je trouvais toutes ces charités bien dures : j'avais le cœur serré, je ne disais rien; et M<sup>me</sup> de Warens, sans saisir ce projet avec autant d'ardeur qu'il était offert, se contenta de répondre que chacun devait contribuer au bien selon son pouvoir, et qu'elle en parlerait à Monseigneur : mais mon diable d'homme, qui craignait qu'elle n'en parlât pas à son gré, et qui avait son petit intérêt dans cette affaire, courut prévenir les aumôniers, et emboucha si bien les bons prêtres, que quand M<sup>me</sup> de Warens, qui craignait pour moi ce voyage, en voulut parler à l'évêque, elle trouva que c'était une affaire arrangée, et il lui remit à l'instant l'argent destiné pour mon petit viatique. Elle n'osa insister pour me faire rester : j'approchais d'un âge où une femme du sien ne pouvait décemment vouloir retenir un jeune homme auprès d'elle.

Mon voyage étant ainsi réglé par ceux qui prenaient soin de moi, il fallut bien me soumettre, et c'est même ce que je fis sans beaucoup de répugnance. Quoique Turin fût plus loin que Genève, je jugeai qu'étant la capitale, elle avait avec Annecy des relations plus étroites qu'une ville étrangère d'état et de religion : et puis, partant pour obéir à M<sup>me</sup> de Warens, je me regardais comme vivant toujours sous sa direction : c'était plus que vivre à son voisinage. Enfin l'idée d'un grand voyage flattait ma manie ambulante qui déjà commençait à se déclarer. Il me paraissait beau de passer les monts à mon âge, et de m'élever au-dessus de mes camarades de toute la hauteur des Alpes; voir du pays est un appât auquel un Genevois ne résiste guère : je donnai mon consentement. Mon manant devait partir dans deux jours avec sa femme. Je leur fus confié et recommandé. Ma bourse leur fut remise, renforcée par M<sup>me</sup> de Warens, qui de plus me donna secrètement un petit pécule auquel elle joignit d'amples instructions; et nous partîmes le mercredi saint.

Le lendemain de mon départ d'Annecy, mon père y arriva, courant à ma piste avec un M. Rival, son ami, horloger comme lui, homme d'esprit, bel esprit même, qui faisait des vers mieux que La Motte, et parlait presque aussi bien que lui; de plus parfaitement honnête homme, mais dont la littérature déplacée n'aboutit qu'à faire un de ses fils comédien.

Ces messieurs virent M<sup>me</sup> de Warens, et se contentèrent de pleurer mon sort avec elle, au lieu de me suivre et de m'atteindre, comme ils l'auraient pu facilement, étant à cheval et moi à pied. La même chose était arrivée à mon oncle Bernard. Il était venu à Confignon; et de là, sachant que j'étais à Annecy, il s'en retourna à Genève. Il semblait que mes proches conspirassent avec mon étoile pour me livrer au destin qui m'attendait. Mon frère s'était perdu par une sem-

blable négligence, et si bien perdu, qu'on n'a jamais su ce qu'il était devenu.

Mon père n'était pas seulement un homme d'honneur : c'était un homme d'une probité sûre, et il avait une de ces âmes fortes qui font les grandes vertus ; de plus, il était bon père, surtout pour moi. Il m'aimait très tendrement ; mais il aimait aussi ses plaisirs, et d'autres goûts avaient un peu attiédi l'affection paternelle depuis que je vivais loin de lui. Il s'était remarié à Nyon ; et quoique sa femme ne fût plus en âge de me donner des frères, elle avait des parents : cela faisait une autre famille, d'autres objets, un nouveau ménage, qui ne rappelait plus si souvent mon souvenir. Mon père vieillissait, et n'avait aucun bien pour soutenir sa vieillesse. Nous avions, mon frère et moi, quelque bien de ma mère, dont le revenu devait appartenir à mon père durant notre éloignement. Cette idée ne s'offrait pas à lui directement, et ne l'empêchait pas de faire son devoir ; mais elle agissait sourdement sans qu'il s'en aperçût lui-même, et ralentissait quelquefois son zèle, qu'il eût poussé plus loin sans cela. Voilà, je crois, pourquoi, venu d'abord à Annecy sur mes traces, il ne me suivit pas jusqu'à Chambéry, où il était moralement sûr de m'atteindre. Voilà pourquoi encore, l'étant allé voir souvent depuis ma fuite, je reçus toujours de lui des caresses de père, mais sans grands efforts pour me retenir.

Cette conduite d'un père dont j'ai si bien connu la tendresse et la vertu m'a fait faire des réflexions sur moi-même qui n'ont pas peu contribué à me maintenir le cœur sain. J'en ai tiré cette grande maxime de morale, la seule peut-être d'usage dans la pratique, d'éviter les situations qui mettent nos devoirs en opposition avec nos intérêts, et qui nous montrent notre bien dans le mal d'autrui, sûr que, dans de telles situations, quelque sincère amour de la vertu qu'on y porte, on faiblit tôt ou tard sans s'en apercevoir ; et l'on devient injuste et méchant dans le fait, sans avoir cessé d'être juste et bon dans l'âme.

Cette maxime, fortement imprimée au fond de mon cœur, et mise en pratique, quoiqu'un peu tard, dans toute ma conduite, est une de celles qui m'ont donné l'air le plus bizarre et le plus fou dans le public, et surtout parmi mes connaissances. On m'a imputé de vouloir être original et faire autrement que les autres. En vérité, je ne songeais guère à faire ni comme les autres ni autrement qu'eux. Je désirais sincèrement de faire ce qui était bien. Je me dérobais de toute ma force à des situations qui me donnassent un intérêt contraire à l'intérêt d'un autre homme, et par conséquent un désir secret, quoique involontaire, du mal de cet homme-là.

Il y a deux ans (*) que mylord Maréchal voulut me mettre dans son testament. Je m'y opposai de toute ma force. Je lui marquai que je ne voudrais pour rien au monde me savoir dans le testament de qui que ce fût, et beaucoup moins dans le sien. Il se rendit : maintenant, il veut me faire une pension viagère, et je ne m'y oppose pas. On dira que je trouve mon compte à ce changement : cela peut être. Mais, ô mon bienfaiteur et mon père ! si j'ai le malheur de vous survivre, je sais qu'en vous perdant j'ai tout à perdre, et que je n'ai rien à gagner.

C'est là, selon moi, la bonne philosophie, la seule vraiment assortie au cœur humain. Je me pénètre chaque jour davantage de sa profonde solidité, et je l'ai retournée de différentes manières dans tous mes derniers écrits ; mais le public, qui est frivole, ne l'y a pas su remarquer. Si je survis assez à cette entreprise consommée pour en reprendre une autre, je me propose de donner dans la suite de l'*Émile* un exemple si charmant et si frappant de cette même maxime que mon lecteur soit forcé d'y faire attention (**). Mais c'est assez de réflexions pour un voyageur ; il est temps de reprendre ma route.

Je la fis plus agréablement que je n'aurais dû m'y attendre, et mon manant ne fut pas si bourru qu'il en avait l'air. C'était un homme entre deux âges, portant en queue ses cheveux noirs grisonnants, l'air grenadier, la voix forte, assez

---

(*) En 1764 ou 1765 ; Jean-Jacques ayant écrit ce livre à Wootton, où il passa les années 1766 et 1767.

(**) Voyez la *Nouvelle Héloïse* (IIIe partie, lettre xx) et la note de Rousseau.

gai, marchant bien, mangeant mieux, et qui faisait toutes sortes de métiers faute d'en savoir aucun. Il avait proposé, je crois, d'établir à Annecy je ne sais quelle manufacture. M^me de Warens n'avait pas manqué de donner dans le projet, et c'était pour tâcher de le faire agréer au ministre qu'il faisait, bien défrayé, le voyage de Turin. Notre homme avait le talent d'intriguer en se fourrant toujours avec les prêtres; et, faisant l'empressé pour les servir, il avait pris à leur école un certain jargon dévot dont il usait sans cesse, se piquant d'être un grand prédicateur. Il savait même un passage latin de la Bible; et c'était comme s'il en avait su mille, parce qu'il le répétait mille fois par jour. Du reste, manquant

Mon petit pécule était parti : j'avais jasé, et mon indiscrétion ne fut pas, pour mes conducteurs, à pure perte. (Page 35.)

rarement d'argent quand il en savait dans la bourse des autres; plus adroit pourtant que fripon, et qui, débitant d'un ton de raccoleur ses capucinades, ressemblait à l'ermite Pierre, prêchant la croisade le sabre au côté.

Pour M^me Sabran, son épouse, c'était une assez bonne femme, plus tranquille le jour que la nuit. Comme je couchais toujours dans leur chambre, ses bruyantes insomnies m'éveillaient souvent, et m'auraient éveillé bien davantage si j'en avais compris le sujet. Mais je ne m'en doutais pas même, et j'étais sur ce chapitre d'une bêtise qui a laissé à la seule nature tout le soin de mon instruction.

Je m'acheminais gaîment avec mon dévot guide et sa sémillante compagne. Nul accident ne troubla mon voyage : j'étais dans la plus heureuse situation de corps et d'esprit où j'aie été de mes jours. Jeune, vigoureux, plein de santé, de sécurité, de confiance en moi et aux autres, j'étais dans ce court mais précieux

moment de la vie où sa plénitude expansive étend pour ainsi dire notre être par toutes nos sensations, et embellit à nos yeux la nature entière du charme de notre existence. Ma douce inquiétude avait un objet qui la rendait moins errante et fixait mon imagination. Je me regardais comme l'ouvrage, l'élève, l'ami, presque l'amant de M$^{\text{me}}$ de Warens. Les choses obligeantes qu'elles m'avait dites, les petites caresses qu'elle m'avait faites, l'intérêt si tendre qu'elle avait paru prendre à moi, ses regards charmants, qui me semblaient pleins d'amour parce qu'ils m'en inspiraient; tout cela nourrissait mes idées durant la marche, et me faisait rêver délicieusement. Nulle crainte, nul doute sur mon sort ne troublait ces rêveries. M'envoyer à Turin, c'était, selon moi, s'engager à m'y faire vivre, à m'y placer convenablement. Je n'avais plus de souci sur moi-même; d'autres s'étaient chargés de ce soin. Ainsi je marchais légèrement, allégé de ce poids: les jeunes désirs, l'espoir enchanteur, les brillants projets remplissaient mon âme. Tous les objets que je voyais me semblaient les garants de ma prochaine félicité. Dans les maisons j'imaginais des festins rustiques; dans les prés, de folâtres jeux; le long des eaux, les bains, des promenades, la pêche; sur les arbres, des fruits délicieux; sous leur ombre, de voluptueux tête-à-tête; sur les montagnes, des cuves de lait et de crème, une oisiveté charmante, la paix, la simplicité, le plaisir d'aller sans savoir où. Enfin rien ne frappait mes yeux sans porter à mon cœur quelque attrait de jouissance. La grandeur, la variété, la beauté réelle du spectacle, rendaient cet attrait digne de la raison; la vanité même y mêlait sa pointe. Si jeune, aller en Italie, avoir déjà vu tant de pays, suivre Annibal à travers les monts, me paraissait une gloire au-dessus de mon âge. Joignez à tout cela des stations fréquentes et bonnes, un grand appétit et de quoi le contenter; car en vérité ce n'était pas la peine de m'en faire faute, et sur le dîner de M. Sabran, le mien ne paraissait pas.

Je ne me souviens pas d'avoir eu dans tout le cours de ma vie d'intervalle plus parfaitement exempt de soucis et de peine que celui des sept ou huit jours que nous mîmes à ce voyage; car le pas de M$^{\text{me}}$ Sabran, sur lequel il fallait régler le nôtre, n'en fit qu'une longue promenade. Ce souvenir m'a laissé le goût le plus vif pour tout ce qui s'y rapporte, surtout pour les montagnes et les voyages pédestres. Je n'ai voyagé à pied que dans mes beaux jours, et toujours avec délices. Bientôt les devoirs, les affaires, un bagage à porter, m'ont forcé de faire le monsieur et de prendre des voitures; les soucis rongeants, les embarras, la gêne, y sont montés avec moi; et dès lors, au lieu qu'auparavant dans mes voyages je ne sentais que le plaisir d'aller, je n'ai plus senti que le besoin d'arriver. J'ai cherché longtemps, à Paris, deux camarades du même goût que moi, qui voulussent consacrer chacun cinquante louis de sa bourse et un an de son temps à faire ensemble, à pied, le tour de l'Italie, sans autre équipage qu'un garçon qui portât avec nous un sac de nuit. Beaucoup de gens se sont présentés, enchantés de ce projet en apparence, mais au fond le prenant tous pour un pur château en Espagne, dont on cause en conversation sans vouloir l'exécuter en effet. Je me souviens que, parlant avec passion de ce projet avec Diderot et Grimm, je leur en donnai enfin la fantaisie. Je crus une fois l'affaire faite: le tout se réduisit à vouloir faire un voyage par écrit, dans lequel Grimm ne trouvait rien de si plaisant que de faire faire à Diderot beaucoup d'impiétés, et de me faire fourrer à l'inquisition à sa place.

Mon regret d'arriver si vite à Turin fut tempéré par le désir de voir une grande ville, et par l'espoir d'y faire bientôt une figure digne de moi; car déjà les fumées de l'ambition me montaient à la tête; déjà je me regardais comme infiniment au-dessus de mon ancien état d'apprenti: j'étais bien loin de prévoir que dans peu j'allais être fort au-dessous.

Avant que d'aller plus loin, je dois au lecteur mon excuse ou ma justification tant sur les menus détails où je viens d'entrer que sur ceux où j'entrerai dans la suite, et qui n'ont rien d'intéressant à ses yeux. Dans l'entreprise que j'ai faite de me montrer tout entier au public, il faut que rien de moi ne lui reste obscur ou caché: il faut que je me tienne incessamment sous ses yeux; qu'il me suive

dans tous les égarements de mon cœur, dans tous les recoins de ma vie; qu'il ne me perde pas de vue un seul instant, de peur que, trouvant dans mon récit la moindre lacune, le moindre vide, et se demandant : qu'a-t-il fait durant ce temps-là ? il ne m'accuse de n'avoir pas voulu tout dire. Je donne assez de prise à la malignité des hommes par mes récits, sans lui en donner encore par mon silence.

Mon petit pécule était parti : j'avais jasé, et mon indiscrétion ne fut pas pour mes conducteurs à pure perte. M$^{me}$ Sabran trouva le moyen de m'arracher jusqu'à un petit ruban glacé d'argent que M$^{me}$ de Warens m'avait donné pour ma petite épée, et que je regrettai plus que tout le reste; l'épée même eût resté dans leurs mains si je m'étais moins obstiné. Ils m'avaient fidèlement défrayé dans la route, mais ils ne m'avaient rien laissé. J'arrive à Turin sans habits, sans argent, sans linge, et laissant très exactement à mon seul mérite tout l'honneur de la fortune que j'allais faire.

J'avais des lettres, je les portai; et tout de suite je fus mené à l'hospice des catéchumènes pour y être instruit dans la religion pour laquelle on me vendait ma subsistance. En entrant, je vis une grosse porte à barreaux de fer, qui, dès que je fus passé, fut fermée à double tour sur mes talons. Ce début me parut plus imposant qu'agréable, et commençait à me donner à penser, quand on me fit entrer dans une assez grande pièce. J'y vis pour tout meuble un autel de bois surmonté d'un grand crucifix au fond de la chambre, et autour quatre ou cinq chaises aussi de bois, qui paraissaient avoir été cirées, mais qui seulement étaient luisantes à force de s'en servir et de les frotter. Dans cette salle d'assemblée étaient quatre ou cinq bandits, mes camarades d'instruction, et qui semblaient plutôt des archers du diable que des aspirants à se faire enfants de Dieu. Deux de ces coquins étaient des Esclavons, qui se disaient Juifs et Maures, et qui, comme ils me l'avouèrent, passaient leur vie à courir l'Espagne et l'Italie, embrassant le christianisme et se faisant baptiser partout où le produit en valait la peine. On ouvrit une autre porte de fer qui partageait en deux un grand balcon régnant sur la cour. Par cette porte entrèrent nos sœurs les catéchumènes, qui comme moi s'allaient régénérer, non par le baptême, mais par une solennelle abjuration. C'étaient bien les plus grandes salopes et les plus vilaines coureuses qui jamais aient empuanti le bercail du Seigneur. Une seule me parut jolie et assez intéressante. Elle était à peu près de mon âge, peut-être un an ou deux de plus. Elle avait des yeux fripons qui rencontraient quelquefois les miens. Cela m'inspira quelque désir de faire connaissance avec elle : mais, pendant près de deux mois qu'elle demeura encore dans cette maison, où elle était depuis trois, il me fut absolument impossible de l'accoster, tant elle était recommandée à notre vieille geôlière, et obsédée par le saint missionnaire, qui travaillait à sa conversion avec plus de zèle que de diligence. Il fallait qu'elle fût extrêmement stupide, quoiqu'elle n'en eût pas l'air, car jamais instruction ne fut plus longue. Le saint homme ne la trouvait toujours point en état d'abjurer. Mais elle s'ennuya de sa clôture, et dit qu'elle voulait sortir, chrétienne ou non. Il fallut la prendre au mot tandis qu'elle consentait encore à l'être, de peur qu'elle ne se mutinât et qu'elle ne le voulût plus.

La petite communauté fut assemblée en l'honneur du nouveau venu. On nous fit une courte exhortation; à moi, pour m'engager à répondre à la grâce que Dieu me faisait; aux autres, pour les inviter à m'accorder leurs prières et à m'édifier par leurs exemples. Après quoi, nos vierges étant rentrées dans leur clôture, j'eus le temps de m'étonner tout à mon aise de celle où je me trouvais.

Le lendemain matin, on nous assembla de nouveau pour l'instruction; et ce fut alors que je réfléchis pour la première fois sur le pas que j'allais faire et sur les démarches qui m'y avaient entraîné.

J'ai dit, je répète, et je répéterai peut-être encore une chose dont je suis tous les jours plus pénétré; c'est que si jamais enfant reçut une éducation raisonnable et saine, ç'a été moi. Né dans une famille que ses mœurs distinguaient du peuple, je n'avais reçu que des leçons de sagesse et des exemples d'honneur de tous mes parents. Mon père, quoique homme de plaisir, avait non-seulement une probité

sûre, mais beaucoup de religion. Galant homme dans le monde, et chrétien dans l'intérieur, il m'avait inspiré de bonne heure les sentiments dont il était pénétré. De mes trois tantes, toutes sages et vertueuses, les deux aînées étaient dévotes; et la troisième, fille à la fois pleine de grâce, d'esprit et de sens, l'était peut-être encore plus qu'elles, quoique avec moins d'ostentation. Du sein de cette estimable famille, je passai chez M. Lambercier, qui, bien qu'homme d'église et prédicateur, était croyant en dedans et faisait presque aussi bien qu'il disait. Sa sœur et lui cultivèrent, par des instructions douces et judicieuses, les principes de piété qu'ils trouvèrent dans mon cœur. Ces dignes gens employèrent pour cela des moyens si vrais, si discrets, si raisonnables, que, loin de m'ennuyer au sermon, je n'en sortais jamais sans être intérieurement touché et sans faire des résolutions de bien vivre, auxquelles je manquais rarement en y pensant. Chez ma tante Bernard, la dévotion m'ennuyait un peu plus, parce qu'elle en faisait un métier. Chez mon maître, je n'y pensais plus guère, sans pourtant penser différemment. Je ne trouvai point de jeunes gens qui me pervertissent. Je devins polisson, mais non libertin.

J'avais donc de la religion tout ce qu'un enfant à l'âge où j'étais en pouvait avoir. J'en avais même davantage, car pourquoi déguiser ici ma pensée? Mon enfance ne fut point d'un enfant : je sentis, je pensai toujours en homme. Ce n'est qu'en grandissant que je suis rentré dans la classe ordinaire; en naissant, j'en étais sorti. L'on rira de me voir me donner modestement pour un prodige. Soit : mais quand on aura bien ri, qu'on trouve un enfant qu'à six ans les romans attachent, intéressent, transportent au point d'en pleurer à chaudes larmes; alors je sentirai ma vanité ridicule, et je conviendrai que j'ai tort.

Ainsi, quand j'ai dit qu'il ne fallait point parler aux enfants de religion si l'on voulait qu'un jour ils en eussent, et qu'ils étaient incapables de connaître Dieu, même à notre manière, j'ai tiré mon sentiment de mes observations, non de ma propre expérience : je savais qu'elle ne concluait rien pour les autres. Trouvez des Jean-Jacques Rousseau à six ans, et parlez-leur de Dieu à sept : je vous réponds que vous ne courez aucun risque.

On sent, je crois, qu'avoir de la religion, pour un enfant, et même pour un homme, c'est suivre celle où il est né. Quelquefois on en ôte; rarement on y ajoute : la foi dogmatique est un fruit de l'éducation. Outre ce principe commun qui m'attachait au culte de mes pères, j'avais l'aversion particulière alors à notre ville pour le catholicisme, qu'on nous donnait pour une affreuse idolâtrie et dont on nous peignait le clergé sous les plus noires couleurs. Ce sentiment allait si loin chez moi, qu'au commencement je n'entrevoyais jamais le dedans d'une église, je ne rencontrais jamais un prêtre en surplis, je n'entendais jamais la sonnette d'une procession, sans un frémissement de terreur et d'effroi, qui me quitta bientôt dans les villes, mais qui souvent m'a repris dans les paroisses de campagne, plus semblables à celles où je l'avais d'abord éprouvé. Il est vrai que cette impression était singulièrement contrastée par le souvenir des caresses que les curés des environs de Genève font volontiers aux enfants de la ville. En même temps que la sonnette du viatique me faisait peur, la cloche de la messe et des vêpres me rappelait un déjeuner, un goûter, du beurre frais, des fruits, du laitage. Le bon dîner de M. de Pontverre avait produit encore un grand effet. Ainsi je m'étais facilement étourdi sur tout cela. N'envisageant le papisme que par ses liaisons avec les amusements et la gourmandise, je m'étais apprivoisé sans peine avec l'idée d'y vivre; mais celle d'y entrer solennellement ne s'était présentée à moi qu'en fuyant et dans un avenir éloigné. Dans ce moment, il n'y eut plus moyen de prendre le change : je vis avec l'horreur la plus vive l'espèce d'engagement que j'avais pris et sa suite inévitable. Les futurs néophytes que j'avais autour de moi n'étaient pas propres à soutenir mon courage par leur exemple, et je ne pus me dissimuler que la sainte œuvre que j'allais faire n'était au fond que l'action d'un bandit. Tout jeune encore, je sentis que quelque religion qui fût la vraie, j'allais vendre la mienne, et que, quand même je choisirais bien, j'allais au fond de mon cœur mentir au Saint-Esprit et mériter le mépris

des hommes. Plus j'y pensais, plus je m'indignais contre moi-même; et je gémissais du sort qui m'avait amené là, comme si ce sort n'eût pas été mon ouvrage. Il y eut des moments où ces réflexions devinrent si fortes, que si j'avais un instant trouvé la porte ouverte, je me serais certainement évadé; mais il ne me fut pas possible, et cette résolution ne tint pas non plus bien fortement.

Trop de désirs secrets la combattaient pour ne la pas vaincre. D'ailleurs l'obstination du dessein formé de ne pas retourner à Genève, la honte, la difficulté même de repasser les monts, l'embarras de me voir loin de mon pays, sans amis, sans ressources; tout cela concourait à me faire regarder comme un repentir tardif les remords de ma conscience : j'affectais de me reprocher ce que j'avais fait, pour excuser ce que j'allais faire. En aggravant les torts du passé, j'en regardais l'avenir comme une suite nécessaire. Je ne me disais pas : Rien n'est fait encore, et tu peux être innocent si tu veux; mais je me disais : Gémis du crime dont tu t'es rendu coupable et que tu t'es mis dans la nécessité d'achever.

En effet, quelle rare force d'âme ne me fallait-il point à mon âge pour révoquer tout ce que jusque-là j'avais pu promettre ou laisser espérer, pour rompre les chaînes que je m'étais données, pour déclarer avec intrépidité que je voulais rester dans la religion de mes pères, au risque de tout ce qui en pourrait arriver! Cette vigueur n'était pas de mon âge, et il est peu probable qu'elle eût eu un heureux succès. Les choses étaient trop avancées pour qu'on voulût en avoir le démenti; et plus ma résistance eût été grande, plus, de manière ou d'autre, on se fût fait une loi de la surmonter.

Le sophisme qui me perdit est celui de la plupart des hommes, qui se plaignent de manquer de force quand il est déjà trop tard pour en user. La vertu ne nous coûte que par notre faute; et, si nous voulions être toujours sages, rarement aurions-nous besoin d'être vertueux. Mais des penchants faciles à surmonter nous entraînent sans résistance; nous cédons à des tentations légères dont nous méprisons le danger. Insensiblement, nous tombons dans des situations périlleuses, dont nous pouvions aisément nous garantir, mais dont nous ne pouvons plus nous tirer sans des efforts héroïques qui nous effraient, et nous tombons enfin dans l'abîme en disant à Dieu : Pourquoi m'as-tu fait si faible? Mais malgré nous il répond à nos consciences : Je t'ai fait trop faible pour sortir du gouffre, parce que je t'ai fait assez fort pour n'y pas tomber.

Je ne pris pas précisément la résolution de me faire catholique; mais, voyant le terme encore éloigné, je pris le temps de m'apprivoiser à cette idée; et en attendant, je me figurais quelque événement imprévu qui me tirerait d'embarras. Je résolus, pour gagner du temps, de faire la plus belle défense qu'il me serait possible. Bientôt ma vanité me dispensa de songer à ma résolution ; et dès que je m'aperçus que j'embarrassais quelquefois ceux qui voulaient m'instruire; il ne m'en fallut pas davantage pour chercher à les terrasser tout-à-fait. Je mis même à cette entreprise un zèle bien ridicule; car, tandis qu'ils travaillaient sur moi, je voulus travailler sur eux. Je croyais bonnement qu'il ne fallait que les convaincre pour les engager à se faire protestants.

Ils ne trouvèrent donc pas en moi tout-à-fait autant de facilité qu'ils en attendaient ni du côté des lumières, ni du côté de la volonté. Les protestants sont généralement mieux instruits que les catholiques. Cela doit être : la doctrine des uns exige la discussion, celle des autres la soumission. Le catholique doit adopter la décision qu'on lui donne; le protestant doit apprendre à se décider. On savait cela; mais on n'attendait ni de mon état ni de mon âge de grandes difficultés pour des gens exercés. D'ailleurs, je n'avais point fait encore ma première communion ni reçu les instructions qui s'y rapportent : on le savait encore; mais on savait pas qu'en revanche, j'avais été bien instruit chez M. Lambercier, et que de plus j'avais par-devers moi un petit magasin fort incommode à ces messieurs dans l'histoire de l'église et de l'empire, que j'avais apprise presque par cœur chez mon père, et depuis à peu près oubliée, mais qui me revint à mesure que la dispute s'échauffait.

Un vieux prêtre, petit, mais assez vénérable, nous fit en commun la première

conférence. Cette conférence était pour mes camarades un catéchisme plutôt qu'une controverse, et il avait plus à faire à les instruire qu'à résoudre leurs objections. Il n'en fut pas de même avec moi. Quand mon tour vint, je l'arrêtai sur tout ; je ne lui sauvai pas une des difficultés que je pus lui faire. Cela rendit la conférence fort longue et fort ennuyeuse pour les assistants. Mon vieux prêtre parlait beaucoup, s'échauffait, battait la campagne, et se tirait d'affaire en disant qu'il n'entendait pas bien le français. Le lendemain, de peur que mes indiscrètes objections ne scandalisassent mes camarades, on me mit à part dans une autre chambre avec un autre prêtre, plus jeune, beau parleur, c'est-à-dire faiseur de longues phrases, et content de lui si jamais docteur le fut. Je ne me laissai pourtant pas trop subjuguer à sa mine imposante ; et, sentant qu'après tout je faisais ma tâche, je me mis à lui répondre avec assez d'assurance et à le bourrer par-ci par-là du mieux que je pus. Il croyait m'assommer avec saint Augustin, saint Grégoire et les autres pères, et il trouvait, avec une surprise incroyable, que je maniais tous ces pères-là presque aussi légèrement que lui : ce n'était pas que je les eusse jamais lus, ni lui peut-être ; mais j'en avais retenu beaucoup de passages tirés de mon Le Sueur ; et sitôt qu'il m'en citait un, sans disputer sur la citation, je lui ripostais par un autre du même père, et qui souvent l'embarrassait beaucoup. Il l'emportait pourtant à la fin, par deux raisons : l'une, qu'il était le plus fort, et que, me sentant pour ainsi dire à sa merci, je jugeais très bien, quelque jeune que je fusse, qu'il ne fallait pas le pousser à bout ; car je voyais assez que le vieux petit prêtre n'avait pris en amitié ni mon érudition ni moi. L'autre raison était que le jeune avait de l'étude et que je n'en avais point : cela faisait qu'il mettait dans sa manière d'argumenter une méthode que je ne pouvais pas suivre, et que, sitôt qu'il se sentait pressé d'une objection imprévue, il la remettait au lendemain, disant que je sortais du sujet présent. Il rejetait même quelquefois toutes mes citations, soutenant qu'elles étaient fausses ; et, s'offrant à m'aller chercher le livre, me défiait de les y trouver. Il sentait qu'il ne risquait pas grand'chose, et qu'avec toute mon érudition d'emprunt, j'étais trop peu exercé à manier les livres, et trop peu latiniste, pour trouver un passage dans un gros volume, quand même je serais assuré qu'il y est. Je le soupçonne même d'avoir usé de l'infidélité dont il accusait les ministres, et d'avoir fabriqué quelquefois des passages pour se tirer d'une objection qui l'incommodait.

Tandis que duraient ces petites ergoteries, et que les jours se passaient à disputer, à marmotter des prières, et à faire le vaurien, il m'arriva une petite vilaine aventure assez dégoûtante, et qui faillit même à tourner fort mal pour moi.

Il n'y a point d'âme si vile et de cœur si barbare qui ne soit susceptible de quelque sorte d'attachement. L'un de ces deux bandits qui se disaient Maures me prit en affection. Il m'accostait volontiers, causait avec moi dans son baragouin franc, me rendait de petits services, me faisait part quelquefois de sa portion à table, et me donnait surtout de fréquents baisers avec une ardeur qui m'était fort incommode. Quelque effroi que j'eusse naturellement de ce visage de pain d'épice orné d'une longue balafre, et de ce regard allumé qui semblait plutôt furieux que tendre, j'endurais ces baisers en me disant en moi-même : Le pauvre homme a conçu pour moi une amitié bien vive, j'aurais tort de le rebuter. Il passait par degrés à des manières plus libres, et me tenait quelquefois de si singuliers propos, que je croyais que la tête lui avait tourné. Un soir il voulut venir coucher avec moi ; je m'y opposai, disant que mon lit était trop petit. Il me pressa d'aller dans le sien ; je le refusai encore : car ce misérable était si malpropre et puait si fort le tabac mâché, qu'il me faisait mal au cœur.

Le lendemain, d'assez bon matin, nous étions tous deux seuls dans la salle d'assemblée ; il recommença ses caresses, mais avec des mouvements si violents qu'il en était effrayant. Enfin il voulut passer par degrés aux privautés les plus choquantes, et me forcer, en disposant de ma main, d'en faire autant. Je me dégageai impétueusement en poussant un cri et faisant un saut en arrière ; et, sans marquer ni indignation ni colère, car je n'avais pas la moindre idée de ce dont il s'agissait, j'exprimai ma surprise et mon dégoût avec tant d'énergie, qu'il

me laissa là : mais tandis qu'il achevait de se démener, je vis partir vers la cheminée et tomber à terre je ne sais quoi de gluant et de blanchâtre qui me fit soulever le cœur. Je m'élançai sur le balcon, plus ému, plus troublé, plus effrayé même que je ne l'avais été de ma vie, et prêt à me trouver mal.

Je ne pouvais comprendre ce qu'avait ce malheureux ; je le crus atteint du haut-mal, ou de quelque autre frénésie encore plus terrible ; et véritablement je ne sache rien de plus hideux à voir pour quelqu'un de sang-froid que cet obscène et sale maintien, et ce visage affreux enflammé de la plus brutale concupiscence. Je n'ai jamais vu d'autre homme en pareil état ; mais, si nous sommes ainsi près des femmes, il faut qu'elles aient les yeux bien fascinés pour ne pas nous prendre en horreur.

Je n'eus rien de plus pressé que d'aller conter à tout le monde ce qui venait de m'arriver. Notre vieille intendante me dit de me taire ; mais je vis que cette histoire l'avait fort affectée, et je l'entendais grommeler entre ses dents : *Can maladet'! bruta bestia!* Comme je ne comprenais pas pourquoi je devais me taire, j'allais toujours mon train malgré la défense, et je bavardai tant, que le lendemain un des administrateurs vint de bon matin m'adresser une mercuriale assez vive, m'accusant de commettre l'honneur d'une maison sainte, et de faire beaucoup de bruit pour peu de mal.

Il prolongea sa censure en m'expliquant beaucoup de choses que j'ignorais, mais qu'il ne croyait pas m'apprendre, persuadé que je m'étais défendu sachant ce qu'on me voulait, mais n'y voulant pas consentir. Il me dit gravement que c'était une œuvre défendue comme la paillardise, mais dont au reste l'intention n'était pas plus offensante pour la personne qui en était l'objet, et qu'il n'y avait pas de quoi s'irriter si fort pour avoir été trouvé aimable. Il me dit sans détour que lui-même, dans sa jeunesse, avait eu le même honneur, et qu'ayant été surpris hors d'état de faire résistance, il n'avait rien trouvé là de si cruel. Il poussa l'impudence jusqu'à se servir des propres termes ; et, s'imaginant que la cause de ma résistance était la crainte de la douleur, il m'assura que cette crainte était vaine, et qu'il ne fallait pas s'alarmer de rien.

J'écoutais cet infâme avec un étonnement d'autant plus grand, qu'il ne parlait point pour lui-même ; il semblait ne m'instruire que pour mon bien. Son discours lui paraissait si simple, qu'il n'avait pas même cherché le secret du tête à tête ; et nous avions en tiers un ecclésiastique que tout cela n'effarouchait pas plus que lui. Cet air naturel m'en imposa tellement, que j'en vins à croire que c'était sans doute un usage admis dans le monde, et dont je n'avais pas eu plus tôt occasion d'être instruit. Cela fit que je l'écoutai sans colère, mais non sans dégoût. L'image de ce qui m'était arrivé, mais surtout de ce que j'avais vu, restait si fortement empreinte dans ma mémoire, qu'en y pensant le cœur me soulevait encore. Sans que j'en susse davantage, l'aversion de la chose s'étendit à l'apologiste ; et je ne pus me contraindre assez pour qu'il ne vît pas le mauvais effet de ses leçons. Il me lança un regard peu caressant, et dès lors il n'épargna rien pour me rendre le séjour de l'hospice désagréable. Il y parvint si bien, que, n'apercevant pour en sortir qu'une seule voie, je m'empressai de la prendre, autant que jusque-là je m'étais efforcé de l'éloigner.

Cette aventure me mit pour l'avenir à couvert des entreprises des chevaliers de la manchette ; et la vue des gens qui passaient pour en être, me rappelant l'air et les gestes de mon effroyable Maure, m'a toujours inspiré tant d'horreur, que j'avais peine à la cacher. Au contraire, les femmes gagnèrent beaucoup dans mon esprit à cette comparaison : il me semblait que je leur devais en tendresse de sentiments, en hommage de ma personne, la réparation des offenses de mon sexe ; et la plus laide guenon devenait à mes yeux un objet adorable, par le souvenir de ce faux Africain.

Pour lui, je ne sais ce qu'on put lui dire ; il ne me parut pas que, excepté la dame Lorenza, personne le vît de plus mauvais œil qu'auparavant. Cependant il ne m'accosta ni ne me parla plus. Huit jours après, il fut baptisé en grande cérémonie, et habillé de blanc de la tête aux pieds, pour représenter la candeur

de son âme régénérée. Le lendemain, il sortit de l'hospice, et je ne l'ai jamais revu.

Mon tour vint un mois après; car il fallut tout ce temps-là pour donner à mes directeurs l'honneur d'une conversion difficile, et l'on me fit passer en revue tous les dogmes pour triompher de ma nouvelle docilité.

Enfin, suffisamment instruit et suffisamment disposé au gré de mes maîtres, je fus mené processionnellement à l'église métropolitaine de Saint-Jean pour y faire une abjuration solennelle et recevoir les accessoires du baptême, quoiqu'on ne me rebaptisât pas réellement : mais comme ce sont à peu près les mêmes cérémonies, cela sert à persuader au peuple que les protestants ne sont pas chrétiens. J'étais revêtu d'une certaine robe grise, garnie de brandebourgs blancs

Deux hommes portaient devant et derrière moi des bassins de cuivre sur lesquels ils frappaient avec une clef. (Page 40.)

et destiné pour ces sortes d'occasions. Deux hommes portaient, devant et derrière moi, des bassins de cuivre sur lesquels ils frappaient avec une clef, et où chacun mettait son aumône au gré de sa dévotion ou de l'intérêt qu'il prenait au nouveau converti. Enfin rien du faste catholique ne fut omis pour rendre la solennité plus édifiante pour le public, et plus humiliante pour moi. Il n'y eut que l'habit blanc qui m'eût été fort utile, et qu'on ne me donna pas comme au Maure, attendu que je n'avais pas l'honneur d'être Juif.

Ce ne fut pas tout : il fallut ensuite aller à l'inquisition recevoir l'absolution du crime d'hérésie, et rentrer dans le sein de l'église avec la même cérémonie à laquelle Henri IV fut soumis par son ambassadeur. L'air et les manières du

très révérend père inquisiteur n'étaient pas propres à dissiper la terreur secrète qui m'avait saisi en entrant dans cette maison. Après plusieurs questions sur ma foi, sur mon état, sur ma famille, il me demanda brusquement si ma mère était damnée. L'effroi me fit réprimer le premier mouvement de mon indignation ; je me contentai de répondre que je voulais espérer qu'elle ne l'était pas, et que Dieu avait pu l'éclairer à sa dernière heure. Le moine se tut, mais il fit une grimace qui ne me parut point du tout un signe d'approbation.

Tout cela fait, au moment où je pensais être enfin placé selon mes espérances, on me mit à la porte avec un peu plus de vingt francs de petite monnaie qu'avait produits ma quête. On me recommanda de vivre en bon chrétien, d'être fidèle à la grâce; on me souhaita bonne fortune ; on ferma sur moi la porte, et tout disparut.

Ainsi s'éclipsèrent en un instant toutes mes grandes espérances, et il ne me resta de la démarche intéressée que je venais de faire, que le souvenir d'avoir été apostat (*) et dupe tout à la fois. Il est aisé de juger quelle brusque révolution dut se faire dans mes idées, lorsque de mes brillants projets de fortune je me vis tomber dans la plus complète misère, et qu'après avoir délibéré le matin sur le choix du palais que j'habiterais, je me vis le soir réduit à coucher dans la rue. On croira que je commençai par me livrer à un désespoir d'autant plus cruel que le regret de mes fautes devait s'irriter en me reprochant que tout mon malheur était mon ouvrage. Rien de tout cela. Je venais pour la première fois de ma vie d'être enfermé pendant plus de deux mois. Le premier sentiment que je goûtai fut celui de la liberté que j'avais recouvrée. Après un long esclavage, redevenu maître de moi-même et de mes actions, je me voyais au milieu d'une grande ville abondante en ressources, pleine de gens de condition dont mes talents et mon mérite ne pouvaient manquer de me faire accueillir sitôt que j'en serais connu. J'avais de plus tout le temps d'attendre, et vingt francs que j'avais dans ma poche me semblaient un trésor qui ne pouvait s'épuiser. J'en pouvais disposer à mon gré sans rendre compte à personne. C'était la première fois que je m'étais vu si riche. Loin de me livrer au découragement et aux larmes, je ne fis que changer d'espérances, et l'amour-propre n'y perdit rien. Jamais je ne me sentis tant de confiance et de sécurité : je croyais déjà ma fortune faite, et je trouvais beau de n'en avoir l'obligation qu'à moi seul.

La première chose que je fis fut de satisfaire ma curiosité en parcourant toute la ville, quand ce n'eût été que pour faire un acte de ma liberté. J'allai voir monter la garde ; les instruments militaires me plaisaient beaucoup. Je suivis des processions ; j'aimais le faux bourdon des prêtres. J'allai voir le palais du roi : j'en approchais avec crainte ; mais voyant d'autres gens entrer, je fis comme eux ; on me laissa faire. Peut-être dus-je cette grâce au petit paquet que j'avais sous le bras. Quoi qu'il en soit, je conçus une grande opinion de moi-même en me trouvant dans ce palais ; déjà je m'en regardais presque comme un habitant. Enfin, à force d'aller et venir, je me lassai ; j'avais faim, il faisait chaud : j'entrai chez une marchande de laitage; on me donna de la *giuncà*, du lait caillé ; et avec deux *grisses* de cet excellent pain de Piémont, que j'aime plus qu'aucun autre, je fis pour mes cinq ou six sous un des bons dîners que j'aie faits de mes jours.

Il fallut chercher un gîte. Comme je savais déjà assez de piémontais pour me faire entendre, il ne fut pas difficile à trouver, et j'eus la prudence de le choisir plus selon ma bourse que selon mon goût. On m'enseigna dans la rue du Pô la femme d'un soldat qui retirait à un sou par nuit des domestiques hors de service. Je trouvai chez elle un grabat vide, et je m'y établis. Elle était jeune et nouvellement mariée, quoiqu'elle eût déjà cinq ou six enfants. Nous couchâmes tous dans la même chambre, la mère, les enfants, les hôtes ; et cela dura de cette façon tant que je restai chez elle. Au demeurant, c'était une bonne femme, jurant

---

(*) Rousseau était à peine âgé de seize ans. Il en avait quarante lorsqu'il rentra dans la religion de ses pères (voyez la *Correspondance*, octobre 1768).

comme un charretier, toujours débraillée et décoiffée, mais douce de cœur, officieuse, qui me prit en amitié, et qui même me fut utile.

Je passai plusieurs jours à me livrer uniquement au plaisir de l'indépendance et de la curiosité. J'allais errant dedans et dehors la ville, furetant, visitant tout ce qui me paraissait curieux et nouveau; et tout l'était pour un jeune homme sortant de sa niche, qui n'avait jamais vu de capitale. J'étais surtout fort exact à faire ma cour, et j'assistais régulièrement tous les matins à la messe du roi. Je trouvais beau de me voir dans la même chapelle avec ce prince et sa suite : mais ma passion pour la musique, qui commençait à se déclarer, avait plus de part à mon assiduité que la pompe de la cour, qui, bientôt vue et toujours la même, ne frappe pas longtemps. Le roi de Sardaigne avait alors la meilleure symphonie de l'Europe. Somis, Desjardins, les Bezuzzi y brillaient alternativement. Il n'en fallait pas tant pour attirer un jeune homme que le jeu du moindre instrument, pourvu qu'il fût juste, transportait d'aise. Du reste, je n'avais pour la magnificence qui frappait mes yeux qu'une admiration stupide et sans convoitise. La seule chose qui m'intéressât dans tout l'éclat de la cour était de voir s'il n'y aurait point là quelque jeune princesse qui méritât mon hommage, et avec laquelle je pusse faire un roman.

Je faillis en commencer un dans un état moins brillant, mais où, si je l'eusse mis à fin, j'aurais trouvé des plaisirs mille fois plus délicieux.

Quoique je vécusse avec beaucoup d'économie, ma bourse insensiblement s'épuisait. Cette économie, au reste, était moins l'effet de la prudence que d'une simplicité de goûts que même aujourd'hui l'usage des grandes tables n'a point altérée. Je ne connaissais pas, et je ne connais pas encore, de meilleure chère que celle d'un repas rustique. Avec du laitage, des œufs, des herbes, du fromage, du pain bis et du vin passable, on est toujours sûr de me bien régaler ; mon bon appétit fera le reste, quand un maître d'hôtel et des laquais autour de moi ne me rassasieront pas de leur importun aspect. Je faisais alors de beaucoup meilleurs repas avec six ou sept sous de dépense, que je ne les ai faits depuis à six ou sept francs. J'étais donc sobre faute d'être tenté de ne pas l'être : encore ai-je tort d'appeler tout cela sobriété, car j'y mettais toute la sensualité possible. Mes poires, ma giuncà, mon fromage, mes grisses, et quelques verres d'un gros vin de Montferrat à couper par tranches, me rendaient le plus heureux des gourmands. Mais encore avec tout cela pouvait-on voir la fin de vingt livres. C'était ce que j'apercevais plus sensiblement de jour en jour; et, malgré l'étourderie de mon âge, mon inquiétude sur l'avenir alla bientôt jusqu'à l'effroi. De tous mes châteaux en Espagne, il ne me resta que celui de trouver une occupation qui me fît vivre, encore n'était-il pas facile à réaliser. Je songeai à mon ancien métier; mais je ne le savais pas assez pour aller travailler chez un maître, et les maîtres même n'abondaient pas à Turin. Je pris donc, en attendant mieux, le parti d'aller m'offrir de boutique en boutique pour graver un chiffre ou des armes sur de la vaisselle, espérant tenter les gens par le bon marché en me mettant à leur discrétion. Cet expédient ne fut pas fort heureux. Je fus presque partout éconduit ; et ce que je trouvais à faire était si peu de chose, qu'à peine y gagnai-je quelques repas. Un jour cependant, passant d'assez bon matin dans la Contrà Nova, je vis, à travers les vitres d'un comptoir, une jeune marchande de si bonne grâce et d'un air si attirant, que, malgré ma timidité près des dames, je n'hésitai pas d'entrer, et de lui offrir mon petit talent. Elle ne me rebuta point, me fit asseoir, conter ma petite histoire, me plaignit, me dit d'avoir bon courage, et que les bons chrétiens ne m'abandonneraient pas ; puis, tandis qu'elle envoyait chercher chez un orfèvre du voisinage les outils dont j'avais dit avoir besoin, elle monta dans sa cuisine, et m'apporta elle-même à déjeuner. Ce début me parut de bon augure; la suite ne le démentit pas. Elle parut contente de mon petit travail, encore plus de mon petit babil quand je me fus un peu rassuré : car elle était brillante et parée ; et, malgré son air gracieux, cet éclat m'en avait imposé. Mais son accueil plein de bonté, son ton compatissant, ses manières douces et caressantes me mirent bientôt à mon aise. Je vis que je réussirais, et cela me fit

réussir davantage. Mais quoique Italienne, et trop jolie pour n'être pas un peu coquette, elle était pourtant si modeste, et moi si timide, qu'il était difficile que cela vînt sitôt à bien. On ne nous laissa pas le temps d'achever l'aventure. Je ne m'en rappelle qu'avec plus de charmes les courts moments que j'ai passé auprès d'elle; et je puis dire y avoir goûté dans leurs prémices les plus doux ainsi que les plus purs plaisirs de l'amour.

C'était une brune extrêmement piquante, mais dont le bon naturel, peint sur son joli visage, rendait la vivacité touchante. Elle s'appelait M$^{me}$ Basile. Son mari, plus âgé qu'elle et passablement jaloux, la laissait, durant ses voyages, sous la garde d'un commis trop maussade pour être séduisant, et qui ne laissait pas d'avoir pour son compte des prétentions, qu'il ne montrait guère que par sa mauvaise humeur. Il en prit beaucoup contre moi, quoique j'aimasse à l'entendre jouer de la flûte dont il jouait assez bien. Ce nouvel Egisthe grognait toujours quand il me voyait entrer chez sa dame : il me traitait avec un dédain qu'elle lui rendait bien. Il semblait même qu'elle se plût, pour le tourmenter, à me caresser en sa présence; et cette sorte de vengeance, quoique fort de mon goût, l'eût été bien plus dans le tête-à-tête. Mais elle ne la poussait pas jusque-là, ou du moins ce n'était pas de la même manière. Soit qu'elle me trouvât trop jeune, soit qu'elle ne sût point faire les avances, soit qu'elle voulût sérieusement être sage, elle avait alors une sorte de réserve qui n'était pas repoussante, mais qui m'intimidait sans que je susse pourquoi. Quoique je ne me sentisse pas pour elle ce respect aussi vrai que tendre que j'avais pour M$^{me}$ de Warens, je me sentais plus de crainte et bien moins de familiarité. J'étais embarrassé, tremblant; je n'osais la regarder, je n'osais respirer auprès d'elle : cependant je craignais plus que la mort de m'en éloigner. Je dévorais d'un œil avide tout ce que je pouvais regarder sans être aperçu, les fleurs de sa robe, le bout de son joli pied, l'intervalle d'un bras ferme et blanc qui paraissait entre son gant et sa manchette, et celui qui se faisait quelquefois entre son tour de gorge et son mouchoir. Chaque objet ajoutait à l'impression des autres. A force de regarder ce que je pouvais voir et même au-delà, mes yeux se troublaient, ma poitrine s'oppressait; ma respiration, d'instant en instant plus embarrassée, me donnait beaucoup de peine à gouverner, et tout ce que je pouvais faire était de filer sans bruit des soupirs fort incommodes dans le silence où nous étions assez souvent. Heureusement M$^{me}$ Basile, occupée à son ouvrage, ne s'en apercevait pas, à ce qu'il me semblait. Cependant je voyais quelquefois, par une sorte de sympathie, son fichu se renfler assez fréquemment. Ce dangereux spectacle achevait de me perdre; et, quand j'étais prêt à céder à mon transport, elle m'adressait quelque mot d'un ton tranquille qui me faisait rentrer en moi-même à l'instant.

Je la vis plusieurs fois seule de cette manière sans que jamais un mot, un geste, un regard même trop expressif marquât entre nous la moindre intelligence. Cet état, très tourmentant pour moi, faisait cependant mes délices, et à peine dans la simplicité de mon cœur, pouvais-je imaginer pourquoi j'étais si tourmenté. Il paraissait que ces petits tête-à-tête ne lui déplaisaient pas non plus, du moins elle en rendait les occasions assez fréquentes : soin bien gratuit assurément de sa part pour l'usage qu'elle en faisait et qu'elle m'en laissait faire.

Un jour qu'ennuyée des sots colloques du commis, elle avait monté dans sa chambre, je me hâtai, dans l'arrière-boutique où j'étais, d'achever ma petite tâche, et je la suivis. Sa chambre était entr'ouverte; j'y entrai sans être aperçu. Elle brodait près d'une fenêtre, ayant en face le côté de la chambre opposé à la porte. Elle ne pouvait me voir entrer, ni m'entendre, à cause du bruit que des chariots faisaient dans la rue. Elle se mettait toujours bien : ce jour-là, sa parure approchait de la coquetterie. Son attitude était gracieuse; sa tête un peu baissée laissait voir la blancheur de son cou; ses cheveux relevés avec élégance étaient ornés de fleurs. Il régnait dans toute sa figure un charme que j'eus le temps de considérer, et qui me mit hors de moi. Je me jetai à genoux à l'entrée de la chambre, en tendant les bras vers elle d'un mouvement passionné, bien sûr qu'elle ne pouvait m'entendre, et ne pensant pas qu'elle pût me voir : mais il y

avait à la cheminée une glace qui me trahit. Je ne sais quel effet ce transport fît sur elle : elle ne me regarda point, ne parla point; mais, tournant à demi la tête, d'un simple mouvement de doigt elle me montra la natte à ses pieds. Tressaillir, pousser un cri, m'élancer à la place qu'elle m'avait marquée, ne fut pour moi qu'une même chose : mais ce qu'on aurait peine à croire, est que dans cet état je n'osai rien entreprendre au delà, ni dire un seul mot, ni lever les yeux sur elle, ni la toucher même, dans une attitude aussi contrainte, pour m'appuyer un instant sur ses genoux. J'étais muet, immobile, mais non pas tranquille assurément : tout marquait en moi l'agitation, la joie, la reconnaissance, les ardents désirs incertains dans leur objet, et contenus par la frayeur de déplaire sur laquelle mon jeune cœur ne pouvait se rassurer.

Elle ne paraissait ni plus tranquille ni moins timide que moi. Troublée de me voir là, interdite de m'y avoir attirée, et commençant à sentir toute la conséquence d'un signe parti sans doute avant la réflexion, elle ne m'accueillait ni ne me repoussait; elle n'ôtait pas les yeux de dessus son ouvrage, elle tâchait de faire comme si elle ne m'eût pas vu à ses pieds : mais toute ma bêtise ne m'empêchait pas de juger qu'elle partageait mon embarras, peut-être mes désirs, et qu'elle était retenue par une honte semblable à la mienne, sans que cela me donnât la force de la surmonter. Cinq ou six ans qu'elle avait de plus que moi devaient, selon moi, mettre de son côté toute la hardiesse, et je me disais que puisqu'elle ne faisait rien pour exciter la mienne, elle ne voulait pas que j'en eusse. Même encore aujourd'hui je trouve que je pensais juste, et sûrement elle avait trop d'esprit pour ne pas voir qu'un novice tel que moi avait besoin non seulement d'être encouragé; mais d'être instruit.

Je ne sais comment eût fini cette scène vive et muette, ni combien de temps j'aurais demeuré immobile dans cet état ridicule et délicieux, si nous n'eussions été interrompus. Au plus fort de mes agitations, j'entendis ouvrir la porte de la cuisine qui touchait la chambre où nous étions, et M$^{me}$ Basile alarmée me dit vivement de la voix et du geste : « Levez-vous, voici Rosina. » En me levant en hâte, je saisis une main qu'elle me tendait, et j'y appliquai deux baisers brûlants, au second desquels je sentis une charmante main se presser un peu contre mes lèvres. De mes jours je n'eus un si doux moment : mais l'occasion que j'avais perdue ne revint plus, et nos jeunes amours en restèrent là.

C'est peut-être pour cela même que l'image de cette aimable femme est restée empreinte au fond de mon cœur en traits si charmants. Elle s'y est même embellie à mesure que j'ai mieux connu le monde et les femmes. Pour peu qu'elle eût eu d'expérience, elle s'y fût prise autrement pour animer un petit garçon : mais si son cœur était faible, il était honnête; elle cédait involontairement au penchant qui l'entraînait : c'était, selon toute apparence, sa première infidélité; et j'aurais peut-être eu plus à faire à vaincre sa honte que la mienne. Sans en être venu là, j'ai goûté près d'elle des douceurs inexprimables. Rien de tout ce que m'a fait sentir la possession des femmes ne vaut les deux minutes que j'ai passées à ses pieds sans même oser toucher à sa robe. Non, il n'y a point de jouissances pareilles à celles que peut donner une honnête femme qu'on aime; tout est faveur auprès d'elle. Un petit signe du doigt, une main légèrement pressée contre ma bouche, sont les seules faveurs que je reçus de M$^{me}$ Basile, et le souvenir de ces faveurs si légères me transporte encore en y pensant.

Les deux jours suivants j'eus beau guetter un nouveau tête-à-tête, il me fut impossible d'en trouver le moment, et je n'aperçus de sa part aucun soin pour le ménager. Elle eut même le maintien, non plus froid, mais plus retenu qu'à l'ordinaire; et je crois qu'elle évitait mes regards de peur de ne pouvoir assez gouverner les siens. Son maudit commis fut plus désolant que jamais : il devint même railleur, goguenard; il me dit que je ferais mon chemin près des dames. Je tremblais d'avoir commis quelque indiscrétion; et, me regardant déjà comme d'intelligence avec elle, je voulus couvrir du mystère un goût qui jusqu'alors n'en avait pas grand besoin. Cela me rendit plus circonspect à saisir les occasions de le satisfaire; et à force de les vouloir sûres, je n'en trouvai plus du tout.

Voici encore une autre folie romanesque dont jamais e n'ai pu me guérir, et qui, jointe à ma timidité naturelle, a beaucoup démenti les prédictions du commis. J'aimais trop sincèrement, trop parfaitement, j'ose dire, pour pouvoir aisé-

Levez-vous, voici Rosina. (Page 44.)

ment être heureux. Jamais passions ne furent en même temps plus vives et plus pures que les miennes ; jamais amour ne fut plus tendre, plus vrai, plus désintéressé. J'aurais mille fois sacrifié mon bonheur à celui de la personne que j'aimais ; sa réputation m'était plus chère que ma vie, et jamais, pour tous les plaisirs

de la jouissance, je n'aurais voulu compromettre un moment son repos. Cela m'a fait apporter tant de soins, tant de secret, tant de précautions dans mes entreprises, que jamais aucune n'a pu réussir. Mon peu de succès près des femmes est toujours venu de les trop aimer.

Pour revenir au flûteur Egisthe, ce qu'il y avait de singulier était qu'en devenant plus insupportable, le traître semblait devenir plus complaisant. Dès le premier jour que sa dame m'avait pris en affection, elle avait songé à me rendre utile dans le magasin. Je savais passablement l'arithmétique ; elle lui avait proposé de m'apprendre à tenir les livres : mais mon bourru reçut très mal la proposition, craignant peut-être d'être supplanté. Ainsi tout mon travail après mon burin était de transcrire quelques comptes et mémoires, de mettre au net quelques livres, et de traduire quelques lettres de commerce d'italien en français. Tout d'un coup, mon homme s'avisa de revenir à la proposition faite et rejetée, et dit qu'il m'apprendrait les comptes à parties doubles, et qu'il voulait me mettre en état d'offrir mes services à M. Basile quand il serait de retour. Il y avait dans son ton, dans son air, je ne sais quoi de faux, de malin, d'ironique, qui ne me donnait pas de la confiance. M$^{me}$ Basile, sans attendre ma réponse, lui dit sèchement que je lui étais obligé de ses offres, qu'elle espérait que la fortune favoriserait enfin mon mérite, et que ce serait grand dommage qu'avec tant d'esprit je ne fusse qu'un commis.

Elle m'avait dit plusieurs fois qu'elle voulait me faire faire une connaissance qui pourrait m'être utile. Elle pensait assez sagement pour sentir qu'il était temps de me détacher d'elle. Nos muettes déclarations s'étaient faites le jeudi. Le dimanche elle donna un dîner, où je me trouvai et où se trouva aussi un jacobin de bonne mine auquel elle me présenta. Le moine me traita très affectueusement, me félicita sur ma conversion, et me dit plusieurs choses sur mon histoire qui m'apprirent qu'elle la lui avait détaillée ; puis, me donnant deux petits coups d'un revers de main sur la joue, il me dit d'être sage, d'avoir bon courage, et de l'aller voir, que nous causerions plus à loisir ensemble. Je jugeai, par les égards que tout le monde avait pour lui, que c'était un homme de considération, et par le ton paternel qu'il prenait avec M$^{me}$ Basile, qu'il était son confesseur. Je me rappelle bien aussi que sa décente familiarité était mêlée de marques d'estime et même de respect pour sa pénitente, qui me firent alors moins d'impression qu'elles ne m'en font aujourd'hui. Si j'avais eu plus d'intelligence, combien j'eusse été touché d'avoir pu rendre sensible une jeune femme respectée par son confesseur.

La table ne se trouva pas assez grande pour ce que nous étions : il en fallut une petite, où j'eus l'agréable tête à tête de monsieur le commis. Je n'y perdis rien du côté des attentions et de la bonne chère ; il y eut bien des assiettes envoyées à la petite table, dont l'intention n'était sûrement pas pour lui. Tout allait très bien jusque-là : les femmes étaient fort gaies, les hommes fort galants ; M$^{me}$ Basile faisait ses honneurs avec une grâce charmante. Au milieu du dîner, l'on entend une chaise à la porte ; quelqu'un monte, c'est M. Basile. Je le vois comme s'il entrait actuellement, en habit d'écarlate à boutons d'or, couleur que j'ai prise en aversion depuis ce jour là. M. Basile était un grand et bel homme qui se présentait très bien. Il entre avec fracas, et de l'air de quelqu'un qui surprend son monde, quoiqu'il n'y eût là que de ses amis. Sa femme lui saute au cou, lui prend les mains, lui fait mille caresses qu'il reçoit sans les lui rendre. Il salue la compagnie, on lui donne un couvert, il mange. A peine avait-on commencé de parler de son voyage, que, jetant les yeux sur la petite table, il demande d'un ton sévère ce que c'est que ce petit garçon qu'il aperçoit là. M$^{me}$ Basile le lui dit tout naïvement. Il demande si je loge dans la maison. On lui dit que non. « Pourquoi non ? reprend-il grossièrement : puisqu'il s'y tient le jour, il peut bien y rester la nuit. » Le moine prit la parole ; et, après un éloge grave et vrai de M$^{me}$ Basile, il fit le mien en peu de mots ; ajoutant que, loin de blâmer la pieuse charité de sa femme, il devait s'empresser d'y prendre part, puisque rien n'y passait les bornes de la discrétion. Le mari répliqua d'un ton d'humeur, dont il ca-

chait la moitié, contenu par la présence du moine, mais qui suffît pour me faire sentir qu'il avait des instructions sur mon compte, et que le commis m'avait servi de sa façon.

A peine était-on hors de table, que celui-ci, dépêché par son bourgeois, vint en triomphe me signifier de sa part de sortir à l'instant de chez lui et de n'y remettre les pieds de ma vie. Il assaisonna sa commission de tout ce qui pouvait la rendre insultante et cruelle. Je partis sans rien dire, mais le cœur navré, moins de quitter cette aimable femme, que de la laisser en proie à la brutalité de son mari. Il avait raison sans doute de ne vouloir pas qu'elle fût infidèle; mais, quoique sage et bien née, elle était Italienne, c'est-à-dire sensible et vindicative; et il avait tort, ce me semble, de prendre avec elle les moyens les plus propres à s'attirer le malheur qu'il craignait.

Tel fut le succès de ma première aventure. Je voulus essayer de repasser deux ou trois fois dans la rue pour revoir au moins celle que mon cœur regrettait sans cesse; mais au lieu d'elle je ne vis que son mari et le vigilant commis, qui, m'ayant aperçu, me fit, avec l'aune de la boutique, un geste plus expressif qu'attirant. Me voyant si bien guetté, je perdis courage et n'y passai plus. Je voulus aller voir au moins le patron qu'elle m'avait ménagé. Malheureusement je ne savais pas son nom. Je rôdai plusieurs fois inutilement autour du couvent, pour tâcher de le rencontrer. Enfin d'autres événements m'ôtèrent les charmants souvenirs de M$^{me}$ Basile, et dans peu je l'oubliai si bien, qu'aussi simple et aussi novice qu'auparavant, je ne restai pas même affriandé de jolies femmes.

Cependant ses libéralités avaient un peu remonté mon petit équipage, très modestement toutefois, et avec la précaution d'une femme prudente, qui regardait plus à la propreté qu'à la parure, et qui voulait m'empêcher de souffrir, et non pas me faire briller. Mon habit, que j'avais apporté de Genève, était bon et portable encore; elle y ajouta seulement un chapeau et quelque linge. Je n'avais point de manchettes; elle ne voulut point m'en donner, quoique j'en eusse bonne envie. Elle se contenta de me mettre en état de me tenir propre, et c'est un soin qu'il ne fallut pas me recommander, tant que je parus devant elle.

Peu de jours après ma catastrophe, mon hôtesse, qui, comme j'ai dit, m'avait pris en amitié, me dit qu'elle m'avait peut-être trouvé une place, et qu'une dame de condition voulait me voir. A ce mot, je me crus tout de bon dans les hautes aventures : car j'en revenais toujours là. Celle-ci ne se trouva pas aussi brillante que je me l'étais figuré. Je fus chez cette dame avec le domestique qui lui avait parlé de moi. Elle m'interrogea, m'examina : je ne lui déplus pas; et tout de suite j'entrai à son service, non pas tout-à-fait en qualité de favori, mais en qualité de laquais. Je fus vêtu de la couleur de ses gens; la seule distinction fut qu'ils portaient l'aiguillette, et qu'on ne me la donna pas : comme il n'y avait point de galons à sa livrée, cela faisait à peu près un habit bourgeois. Voilà le terme inattendu auquel aboutirent enfin toutes mes grandes espérances.

M$^{me}$ la comtesse de Vercellis, chez qui j'entrai, était veuve et sans enfants : son mari était Piémontais; pour elle, je l'ai toujours crue Savoyarde, ne pouvant imaginer qu'une Piémontaise parlât si bien français et eût un accent si pur. Elle était entre deux âges, d'une figure fort noble, d'un esprit orné, aimant la littérature française, et s'y connaissant. Elle écrivait beaucoup et toujours en français. Ses lettres avaient le tour et presque la grâce de celles de M$^{me}$ de Sévigné; on aurait pu s'y tromper à quelques-unes. Mon principal emploi, et qui ne me déplaisait pas, était de les écrire sous sa dictée, un cancer au sein, qui la faisait beaucoup souffrir, ne lui permettant plus d'écrire elle-même.

M$^{me}$ de Vercellis avait non-seulement beaucoup d'esprit, mais une âme élevée et forte. J'ai suivi sa dernière maladie; je l'ai vue souffrir et mourir sans jamais marquer un instant de faiblesse, sans faire le moindre effort pour se contraindre, sans sortir de son rôle de femme, et sans se douter qu'il y eût à cela de la philosophie; mot qui n'était pas encore à la mode, et qu'elle ne connaissait même pas dans le sens qu'il porte aujourd'hui. Cette force de caractère allait quelquefois jusqu'à la sécheresse. Elle m'a toujours paru aussi peu sensible pour autrui

que pour elle-même ; et quand elle faisait du bien aux malheureux, c'était pour faire ce qui était bien en soi, plutôt que par une véritable commisération. J'ai un peu éprouvé de cette insensibilité pendant les trois mois que j'ai passés auprès d'elle. Il était naturel qu'elle prît en affection un jeune homme de quelque espérance, qu'elle avait incessamment sous les yeux, et qu'elle songeât, se sentant mourir, qu'après elle il aurait besoin de secours et d'appui : cependant, soit qu'elle ne me jugeât pas digne d'une attention particulière, soit que les gens qui l'obsédaient ne lui aient permis de songer qu'à eux, elle ne fit rien pour moi.

Je me rappelle pourtant fort bien qu'elle avait marqué quelque curiosité de me connaître. Elle m'interrogeait quelquefois ; elle était bien aise que je lui montrasse les lettres que j'écrivais à M$^{me}$ de Warens, que je lui rendisse compte de mes sentiments ; mais elle ne s'y prenait assurément pas bien pour les connaître, en ne me montrant jamais les siens. Mon cœur aimait à s'épancher, pourvu qu'il sentît que c'était dans un autre. Des interrogations sèches et froides, sans aucun signe d'approbation ni de blâme sur mes réponses, ne me donnaient aucune confiance. Quand rien ne m'apprenait si mon babil plaisait ou déplaisait, j'étais toujours en crainte, et je cherchais moins à montrer ce que je pensais qu'à ne rien dire qui pût me nuire. J'ai remarqué depuis que cette manière sèche d'interroger les gens pour les connaître est un tic assez commun chez les femmes qui se piquent d'esprit. Elles s'imaginent qu'en ne laissant point paraître leur sentiment elles parviendront à mieux pénétrer le vôtre ; mais elles ne voient pas qu'elles ôtent par là le courage de le montrer. Un homme qu'on interroge commence par cela seul à se mettre en garde ; et s'il croit que, sans prendre à lui un véritable intérêt, on ne veut que le faire jaser, il ment ou se tait, ou redouble d'attention sur lui-même, et aime encore mieux passer pour un sot que d'être dupe de votre curiosité. Enfin c'est toujours un mauvais moyen de lire dans le cœur des autres que d'affecter de cacher le sien.

M$^{me}$ de Vercellis ne m'a jamais dit un mot qui sentît l'affection, la pitié, la bienveillance. Elle m'interrogeait froidement ; je répondais avec réserve. Mes réponses étaient si timides qu'elle dut les trouver basses et s'en ennuya. Sur la fin, elle ne me questionnait plus, ne me parlait plus que pour son service. Elle me jugea moins sur ce que j'étais que sur ce qu'elle m'avait fait, et à force de ne voir en moi qu'un laquais, elle m'empêcha de lui paraître autre chose.

Je crois que j'éprouvai dès-lors ce jeu malin des intérêts cachés qui m'a traversé toute ma vie, et qui m'a donné une aversion bien naturelle pour l'ordre apparent qui les produit. M$^{me}$ de Vercellis, n'ayant point d'enfants, avait pour héritier son neveu, le comte de La Roque, qui lui faisait assidûment sa cour. Outre cela, ses principaux domestiques, qui la voyaient tirer à sa fin, ne s'oubliaient pas, et il y avait tant d'empressés autour d'elle, qu'il était difficile qu'elle eût du temps pour penser à moi. A la tête de sa maison était un nommé M. Lorenzi, homme adroit, dont la femme, encore plus adroite, s'était tellement insinuée dans les bonnes grâces de sa maîtresse, qu'elle était plutôt chez elle sur le pied d'une amie que d'une femme à ses gages. Elle lui avait donné pour femme de chambre une nièce à elle, appelée M$^{lle}$ Pontal, fine mouche, qui se donnait des airs de demoiselle suivante, et aidait sa tante à obséder si bien leur maîtresse, qu'elle ne voyait que par leurs yeux et n'agissait que par leurs mains. Je n'eus pas le bonheur d'agréer à ces trois personnes : je leur obéissais, mais je ne les servais pas ; je n'imaginais pas qu'outre le service de notre commune maîtresse je dusse être encore le valet de ses valets. J'étais d'ailleurs une espèce de personnage inquiétant pour eux. Ils voyaient bien que je n'étais pas à ma place ; ils craignaient que madame ne le vît aussi, et que ce qu'elle ferait pour m'y mettre ne diminuât leurs portions : car ces sortes de gens, trop avides pour être justes, regardent tous les legs qui sont pour d'autres comme pris sur leur propre bien. Ils se réunirent donc pour m'écarter de ses yeux. Elle aimait à écrire des lettres ; c'était un amusement pour elle dans son état : ils l'en dégoûtèrent et l'en firent détourner par le médecin, en la persuadant que cela la fatiguait. Sous prétexte que je n'entendais pas le service, on employait au lieu de moi deux gros

manants de porteurs de chaise autour d'elle : enfin l'on fit si bien, que, quand elle fit son testament, il y avait huit jours que je n'étais entré dans sa chambre. Il est vrai qu'après cela j'y entrai comme auparavant; et j'y fus même plus assidu que personne, car les douleurs de cette pauvre femme me déchiraient; la constance avec laquelle elle les souffrait me la rendait extrêmement respectable et chère, et j'ai bien versé dans sa chambre des larmes sincères, sans qu'elle ni personne s'en aperçût.

Je m'enfonçai davantage : un mur m'arrêta. (Page 52.)

Nous la perdîmes enfin. Je la vis expirer. Sa vie avait été celle d'une femme d'esprit et de sens : sa mort fut celle d'un sage. Je puis dire qu'elle me rendit la religion catholique aimable par la sérénité d'âme avec laquelle elle en remplit les devoirs sans négligence et sans affectation. Elle était naturellement sérieuse. Sur la fin de sa maladie, elle prit une sorte de gaîté trop égale pour être jouée, et qui n'était qu'un contre-poids donné par la raison même contre la tristesse de son état. Elle ne garda le lit que les deux derniers jours, et ne cessa de s'entretenir paisiblement avec tout le monde. Enfin, ne parlant plus, et déjà dans les com-

bats de l'agonie, elle fit un gros pet : « Bon ! dit-elle en se retournant, femme qui pète n'est pas morte. » Ce furent les derniers mots qu'elle prononça.

Elle avait légué un an de leurs gages à ses bas domestiques ; mais, n'étant point couché sur l'état de sa maison, je n'eus rien. Cependant le comte de La Roque me fit donner trente livres, et me laissa l'habit neuf que j'avais sur le corps, et que M. Lorenzi voulait m'ôter. Il promit même de chercher à me placer et me permit de l'aller voir. J'y fus deux ou trois fois sans pouvoir lui parler. J'étais facile à rebuter, je n'y retournai plus. On verra bientôt que j'eus tort.

Que n'ai-je achevé tout ce que j'avais à dire de mon séjour chez M<sup>me</sup> de Vercellis ! Mais, bien que mon apparente situation demeurât la même, je ne sortis pas de sa maison comme j'y étais entré. J'en emportai les longs souvenirs du crime et l'insupportable poids des remords dont, au bout de quarante ans, ma conscience est encore chargée, et dont l'amer sentiment, loin de s'affaiblir, s'irrite à mesure que je vieillis. Qui croirait que la faute d'un enfant pût avoir des suites aussi cruelles ? C'est de ces suites plus que probables que mon cœur ne saurait se consoler. J'ai peut-être fait périr dans l'opprobre et dans la misère une fille aimable, honnête, estimable, et qui sûrement valait beaucoup mieux que moi.

Il est bien difficile que la dissolution d'un ménage n'entraîne un peu de confusion dans la maison, et qu'il ne s'égare bien des choses : cependant, telle était la fidélité des domestiques et la vigilance de M. et M<sup>me</sup> Lorenzi, que rien ne se trouva de manque sur l'inventaire. La seule M<sup>lle</sup> Pontal perdit un petit ruban couleur de rose et argent, déjà vieux (*). Beaucoup d'autres meilleures choses étaient à ma portée ; ce ruban seul me tenta, je le volai ; et comme je ne le cachais guère, on me le trouva bientôt. On voulut savoir où je l'avais pris. Je me trouble, je balbutie, et enfin je dis, en rougissant, que c'est Marion qui me l'a donné. Marion était une jeune Mauriennoise (**) dont M<sup>me</sup> de Vercellis avait fait sa cuisinière, quand, cessant de donner à manger, elle avait renvoyé la sienne, ayant plus besoin de bons bouillons que de ragoûts fins. Non-seulement Marion était jolie, mais elle avait une fraîcheur de coloris qu'on ne trouve que dans les montagnes, et surtout un air de modestie et de douceur qui faisait qu'on ne pouvait la voir sans l'aimer ; d'ailleurs bonne fille, sage, et d'une fidélité à toute épreuve. C'est ce qui surprit quand je la nommai. L'on n'avait guère moins de confiance en moi qu'en elle, et l'on jugea qu'il importait de vérifier lequel était le fripon des deux. On la fit venir : l'assemblée était nombreuse, le comte de La Roque y était. Elle arrive, on lui montre le ruban : je la charge effrontément ; elle reste interdite, se tait, me jette un regard qui aurait désarmé les démons, et auquel mon barbare cœur résiste. Elle nie enfin avec assurance, mais sans emportement, m'apostrophe, m'exhorte à rentrer en moi-même, à ne pas déshonorer une fille innocente qui ne m'a jamais fait de mal ; et moi, avec une impudence infernale, je confirme ma déclaration, et lui soutiens en face qu'elle m'a donné le ruban. La pauvre fille se mit à pleurer, et ne me dit que ces mots : « Ah ! Rousseau, je vous croyais un bon caractère. Vous me rendez bien malheureuse, mais je ne voudrais pas être à votre place. » Voilà tout. Elle continua de se défendre avec autant de simplicité que de fermeté, mais sans se permettre jamais contre moi la moindre invective. Cette modération, comparée à mon ton décidé, lui fit tort. Il ne semblait pas naturel de supposer d'un côté une audace aussi diabolique, et de l'autre une aussi angélique douceur. On ne parut pas se décider absolument, mais les préjugés étaient pour moi. Dans le tracas où l'on était, on ne se donna pas le temps d'approfondir la chose ; et le comte de La Roque, en nous renvoyant tous deux, se contenta de dire que la conscience du coupable vengerait assez l'innocent. Sa prédiction n'a pas été vaine ; elle ne cesse pas un seul jour de s'accomplir.

(*) On a prétendu qu'il s'agissait d'un diamant au lieu d'un ruban : supposition aussi absurde qu'odieuse.

(**) La Maurienne était une province de la Savoie.

J'ignore ce que devint cette victime de ma calomnie; mais il n'y a pas d'apparence qu'elle ait, après cela, trouvé facilement à se bien placer. Elle emportait une imputation cruelle à son honneur de toutes manières. Le vol n'était qu'une bagatelle, mais enfin c'était un vol, et, qui pis est, employé à séduire un jeune garçon : enfin le mensonge et l'obstination ne laissaient rien à espérer de celle en qui tant de vices étaient réunis. Je ne regarde pas même la misère et l'abandon comme le plus grand danger auquel je l'aie exposée. Qui sait, à son âge, où le découragement de l'innocence avilie a pu la porter? Eh ! si le remords d'avoir pu la rendre malheureuse est insupportable, qu'on juge de celui d'avoir pu la rendre pire que moi !

Ce souvenir cruel me trouble quelquefois, et me bouleverse au point de voir, dans mes insomnies, cette pauvre fille venir me reprocher mon crime comme s'il n'était commis que d'hier. Tant que j'ai vécu tranquille, il m'a moins tourmenté; mais au milieu d'une vie orageuse, il m'ôte la plus douce consolation des innocents persécutés : il me fait bien sentir ce que je crois avoir dit dans quelque ouvrage, que le remords s'endort durant un destin prospère et s'aigrit dans l'adversité. Cependant je n'ai jamais pu prendre sur moi de décharger mon cœur de cet aveu dans le sein d'un ami. La plus étroite intimité ne me l'a jamais fait faire à personne, pas même à Mᵐᵉ de Warens. Tout ce que j'ai pu faire a été d'avouer que j'avais à me reprocher une action atroce, mais jamais je n'ai dit en quoi elle consistait. Ce poids est donc resté jusqu'à ce jour sans allégement sur ma conscience; et je puis dire que le désir de m'en délivrer en quelque sorte a beaucoup contribué à la résolution que j'ai prise d'écrire mes confessions.

J'ai procédé rondement dans celle que je viens de faire, et l'on ne trouvera sûrement pas que j'aie ici pallié la noirceur de mon forfait. Mais je ne remplirais pas non plus ma tâche si je n'exposais en même temps mes dispositions intérieures, et que je craignisse de m'excuser en ce qui est conforme à la vérité. Jamais la méchanceté ne fut plus loin de moi que dans ce cruel moment; et lorsque je chargeai cette malheureuse fille, il est bizarre, mais il est vrai que mon amitié pour elle en fut la cause. Elle était présente à ma pensée; je m'excusai sur le premier objet qui s'offrit. Je l'accusai d'avoir fait ce que je voulais faire, et de m'avoir donné le ruban, parce que mon intention était de le lui donner. Quand je la vis paraître ensuite, mon cœur fut déchiré, mais la présence de tant de monde fut plus forte que mon repentir. Je craignais peu la punition, je ne craignais que la honte; mais je la craignais plus que la mort, plus que le crime, plus que tout au monde. J'aurais voulu m'enfoncer, m'étouffer dans le centre de la terre : l'invincible honte l'emporta sur tout, la honte seule fit mon impudence; et plus je devenais criminel, plus l'effroi d'en convenir me rendait intrépide. Je ne voyais que l'horreur d'être reconnu, déclaré publiquement, moi présent, voleur, menteur, calomniateur. Un trouble universel m'ôtait tout autre sentiment. Si l'on m'eût laissé revenir à moi-même, j'aurais infailliblement tout déclaré. Si M. de La Roque m'eût pris à part, qu'il m'eût dit : « Ne perdez pas cette pauvre fille; si vous êtes coupable, avouez-le-moi ! » je me serais jeté à ses pieds dans l'instant, j'en suis parfaitement sûr. Mais on ne fit que m'intimider quand il fallait me donner du courage. L'âge est encore une attention qu'il est juste de faire : à peine étais-je sorti de l'enfance, ou plutôt j'y étais encore. Dans la jeunesse, les véritables noirceurs sont plus criminelles encore que dans l'âge mûr; mais ce qui n'est que faiblesse l'est beaucoup moins, et ma faute au fond n'était guère autre chose. Aussi son souvenir m'afflige-t-il moins à cause du mal en lui-même qu'à cause de celui qu'il a dû causer. Il m'a même fait ce bien, de me garantir, pour le reste de ma vie, de tout acte tendant au crime, par l'impression terrible qui m'est restée du seul que j'aie jamais commis; et je crois sentir que mon aversion pour le mensonge me vient en grande partie du regret d'en avoir pu faire un aussi noir. Si c'est un crime qui puisse être expié, comme j'ose le croire, il doit l'être par tant de malheurs dont la fin de ma vie est accablée, par quarante ans de droiture et d'honneur dans des occasions difficiles; et la pauvre Marion trouve tant de vengeurs en ce monde, que, quelque grande qu'ait

été mon offense envers elle, je crains peu d'en emporter la coulpe avec moi. Voilà ce que j'avais à dire sur cet article. Qu'il me soit permis de n'en reparler jamais.

## LIVRE III.

(1728-1731.) Sorti de chez M<sup>me</sup> de Vercellis, à peu près comme j'y étais entré, je retournai chez mon ancienne hôtesse, et j'y restai cinq ou six semaines, durant lesquelles la santé, la jeunesse et l'oisiveté, me rendirent souvent mon tempérament importun. J'étais inquiet, distrait, rêveur; je pleurais, je soupirais, je désirais un bonheur dont je n'avais pas d'idée, et dont je sentais pourtant la privation. Cet état ne peut se décrire; et peu d'hommes même le peuvent imaginer, parce que la plupart ont prévenu cette plénitude de vie, à la fois tourmentante et délicieuse, qui, dans l'ivresse du désir, donne un avant-goût de la jouissance. Mon sang allumé remplissait incessamment mon cerveau de filles et de femmes: mais n'en sentant pas le véritable usage, je les occupais bizarrement en idée à mes fantaisies, sans en savoir rien faire de plus; et ces idées tenaient mes sens dans une activité très incommode, dont par bonheur, elles ne m'apprenaient point à me délivrer. J'aurais donné ma vie pour retrouver un quart d'heure une demoiselle Goton. Mais ce n'était plus le temps où les jeux de l'enfance allaient là comme d'eux-mêmes. La honte, compagne de la conscience du mal, était venue avec les années; elle avait accru ma timidité naturelle au point de la rendre invincible; et jamais, ni dans ce temps-là, ni depuis, je n'ai pu parvenir à faire une proposition lascive, que celle à qui je la faisais ne m'y ait en quelque sorte contraint par ses avances, quoique sachant qu'elle n'était pas scrupuleuse, et presque assuré d'être pris au mot.

Mon agitation crut au point que, ne pouvant contenter mes désirs, je les attisais par les plus extravagantes manœuvres. J'allais chercher des allées sombres, des réduits cachés, où je pusse m'exposer de loin aux personnes du sexe dans l'état où j'aurais voulu être auprès d'elles. Ce qu'elles voyaient n'était pas l'objet obscène, je n'y songeais même pas; c'était l'objet ridicule. Le sot plaisir que j'avais de l'étaler à leurs yeux ne peut se décrire. Il n'y avait de là plus qu'un pas à faire pour sentir le traitement désiré, et je ne doute pas que quelque résolue ne m'en eût, en passant, donné l'amusement, si j'eusse eu l'audace d'attendre. Cette folie eut une catastrophe à peu près aussi comique, mais moins plaisante pour moi.

Un jour, j'allai m'établir au fond d'une cour dans laquelle était un puits où les filles de la maison venaient souvent chercher de l'eau. Dans ce fond il y avait une petite descente qui menait à des caves par plusieurs communications. Je sondai dans l'obscurité ces allées souterraines, et, les trouvant longues et obscures, je jugeai qu'elles ne finissaient point, et que, si j'étais vu et surpris, j'y trouverais un refuge assuré. Dans cette confiance, j'offrais aux filles qui venaient au puits un spectacle plus risible que séducteur. Les plus sages feignirent de ne rien voir; d'autres se mirent à rire; d'autres se crurent insultées et firent du bruit. Je me sauvai dans ma retraite: j'y fus suivi. J'entendis une voix d'homme sur laquelle je n'avais pas compté, et qui m'alarma. Je m'enfonçai dans les souterrains au risque de m'y perdre: le bruit, les voix, la voix d'homme, me suivaient toujours. J'avais compté sur l'obscurité, je vis de la lumière. Je frémis, je m'enfonçai davantage: un mur m'arrêta, et, ne pouvant aller plus loin, il fallut attendre là ma destinée. En un moment je fus atteint et saisi par un grand homme portant une grande moustache, un grand chapeau, un grand sabre, escorté de quatre ou cinq vieilles femmes armées chacune d'un manche à balai, parmi lesquelles j'aperçus la petite coquine qui m'avait décelé, et qui voulait sans doute me voir au visage.

L'homme au sabre, en me prenant par le bras, me demanda rudement ce que je faisais là. On conçoit que ma réponse n'était pas prête. Je me remis cependant;

et, m'évertuant dans ce moment critique, je tirai de ma tête un expédient romanesque qui me réussit. Je lui dis d'un ton supliant d'avoir pitié de mon âge et de mon état; que j'étais un jeune étranger de grande naissance, dont le cerveau s'était dérangé; que je m'étais échappé de la maison paternelle parce qu'on voulait m'enfermer; que j'étais perdu s'il me faisait connaître, mais que s'il voulait bien me laisser aller, je pourrais peut-être reconnaître cette grâce. Contre toute attente, mon discours et mon air firent effet : l'homme terrible en fut touché, et après une réprimande assez courte, il me laissa doucement aller sans me questionner davantage. A l'air dont la jeune et les vieilles me virent partir, je jugeai que l'homme que j'avais tant craint m'était fort utile, et qu'avec elles seules je n'en aurais pas été quitte à si bon marché. Je les entendis murmurer

Il me mena chez le comte de Gouvon. (Page 55.)

je ne sais quoi dont je ne me souciais guère; car, pourvu que le sabre et l'homme ne s'en mêlassent pas, j'étais bien sûr, leste et vigoureux comme j'étais, de me délivrer de leurs tricots et d'elles.

Quelques jours après, passant dans une rue avec un jeune abbé, mon voisin, j'allai donner du nez contre l'homme au sabre. Il me reconnut, et, me contrefaisant d'un ton railleur, « Je suis prince, me dit-il, je suis prince!... et moi je suis un coïon : mais que son altesse n'y revienne pas. » Il n'ajouta rien de plus, et je m'esquivai en baissant la tête et le remerciant dans mon cœur de sa discrétion. J'ai jugé que ces maudites vieilles lui avaient fait honte de sa crédulité. Quoi qu'il en soit, tout Piémontais qu'il était, c'était un bon homme, et jamais

je ne pense à lui sans un mouvement de reconnaissance : car l'histoire était si plaisante, que, pour le seul désir de faire rire, tout autre à sa place m'eût déshonoré. Cette aventure, sans avoir les suites que j'en pouvais craindre, ne laissa pas de me rendre sage pour longtemps.

Mon séjour chez M^me de Vercellis m'avait procuré quelques connaissances, que j'entretenais dans l'espoir qu'elles pourraient m'être utiles. J'allais voir quelquefois entre autres un abbé savoyard appelé M. Gaime, précepteur des enfants du comte de Mellarède. Il était jeune encore et peu répandu, mais plein de bon sens, de probité, de lumières, et l'un des plus honnêtes hommes que j'aie connus. Il ne me fut d'aucune ressource pour l'objet qui m'attirait chez lui, il n'avait pas assez de crédit pour me placer ; mais je trouvai près de lui des avantages plus précieux qui m'ont profité toute ma vie : les leçons de la saine morale, et les maximes de la droite raison. Dans l'ordre successif de mes goûts et de mes idées, j'avais toujours été trop haut où trop bas, Achille ou Thersite, tantôt héros et tantôt vaurien. M. Gaime prit le soin de me mettre à ma place et de me montrer à moi-même sans m'épargner ni me décourager. Il me parla très honorablement de mon naturel et de mes talents : mais il ajouta qu'il en voyait naître les obstacles qui m'empêcheraient d'en tirer parti ; de sorte qu'ils devaient, selon lui, bien moins me servir de degrés pour monter à la fortune que de ressources pour m'en passer. Il me fit un tableau vrai de la vie humaine, dont je n'avais que de fausses idées ; il me montra comment, dans un destin contraire, l'homme sage peut toujours tendre au bonheur et courir au plus près du vent pour y parvenir ; comment il n'y a point de vrai bonheur sans sagesse, et comment la sagesse est de tous les états. Il amortit beaucoup mon admiration pour la grandeur, en me prouvant que ceux qui dominaient les autres n'étaient ni plus sages ni plus heureux qu'eux. Il me dit une chose qui m'est souvent revenue à la mémoire, c'est que, si chaque homme pouvait lire dans les cœurs de tous les autres, il y aurait plus de gens qui voudraient descendre que de ceux qui voudraient monter. Cette réflexion, dont la vérité frappe, et qui n'a rien d'outré, m'a été d'un grand usage dans le cours de ma vie pour me faire tenir à ma place paisiblement. Il me donna les premières vraies idées de l'honnête, que mon génie ampoulé n'avait saisi que dans ses excès. Il me fit sentir que l'enthousiasme des vertus sublimes était peu d'usage dans la société ; qu'en s'élançant trop haut, on était sujet aux chutes ; que la continuité des petits devoirs toujours bien remplis ne demandait pas moins de force que les actions héroïques ; qu'on en tirait meilleur parti pour l'honneur et pour le bonheur ; et qu'il valait infiniment mieux avoir toujours l'estime des hommes, que quelquefois leur admiration.

Pour établir les devoirs de l'homme, il fallait bien remonter à leurs principes. D'ailleurs, le pas que je venais de faire, et dont mon état présent était la suite, nous conduisait à parler de la religion. L'on conçoit déjà que l'honnête M. Gaime est, du moins en grande partie, l'original du Vicaire savoyard. Seulement, la prudence l'obligea à parler avec plus de réserve, il s'expliqua moins ouvertement sur certains points ; mais au reste, ses maximes, ses sentiments, ses avis furent les mêmes, et, jusqu'au conseil de retourner dans ma patrie, tout fut comme je l'ai rendu depuis au public. Ainsi, sans m'étendre sur des entretiens dont chacun peut voir la substance, je dirai que ses leçons, sages, mais d'abord sans effet, furent dans mon cœur un germe de vertu et de religion qui ne s'y étouffa jamais, et qui n'attendait pour fructifier que les soins d'une main plus chérie.

Quoique alors ma conversion fût peu solide, je ne laissais pas d'être ému. Loin de m'ennuyer de ses entretiens, j'y pris goût à cause de leur clarté, de leur simplicité, et surtout d'un certain intérêt de cœur dont je sentais qu'ils étaient pleins. J'ai l'âme aimante, et je me suis toujours attaché aux gens moins à proportion du bien qu'ils m'ont fait que de celui qu'ils m'ont voulu, et c'est sur quoi mon tact ne me trompe guère. Aussi je m'affectionnais véritablement à M. Gaime ; j'étais pour ainsi dire son second disciple ; et cela me fit pour le moment même l'inestimable bien de me détourner de la pente au vice, où m'entraînait mon oisiveté.

Un jour que je ne pensais à rien moins, on vint me chercher de la part du comte de La Roque. A force d'y aller et de ne pouvoir lui parler, je m'étais ennuyé, et je n'y allais plus : je crus qu'il m'avait oublié, ou qu'il lui était resté de mauvaises impressions de moi. Je me trompais. Il avait été témoin plus d'une fois du plaisir avec lequel je remplissais mon devoir auprès de sa tante; il le lui avait même dit, et il m'en reparla quand moi-même je n'y songeais plus. Il me reçut bien, me dit que, sans m'amuser de promesses vagues, il avait cherché à me placer; qu'il avait réussi, qu'il me mettait en chemin de devenir quelque chose, que c'était à moi de faire le reste; que la maison où il me faisait entrer était puissante et considérée; que je n'avais pas besoin d'autres protecteurs pour m'avancer; et que, quoique traité d'abord en simple domestique, comme je venais de l'être, je pouvais être assuré que, si l'on me jugeait par mes sentiments et par ma conduite au-dessus de cet état, on était disposé à ne m'y pas laisser. La fin de ce discours démentit cruellement les brillantes espérances que le commencement m'avait données. Quoi! toujours laquais! me dis-je en moi-même avec un dépit amer que la confiance effaça bientôt. Je me sentais trop peu fait pour cette place pour craindre qu'on m'y laissât.

Il me mena chez le comte de Gouvon, premier écuyer de la reine, et chef de l'illustre maison de Solar. L'air de dignité de ce respectable vieillard me rendit plus touchante l'affabilité de son accueil. Il m'interrogea avec intérêt, et je lui répondis avec sincérité. Il dit au comte de La Roque que j'avais une physionomie agréable et qui promettait de l'esprit; qu'il lui paraissait qu'en effet je n'en manquais pas, mais que ce n'était pas là tout, et qu'il fallait voir le reste : puis, se tournant vers moi : « Mon enfant, me dit-il, presque en toutes choses les commencements sont rudes; les vôtres ne le seront pourtant pas beaucoup. Soyez sage, et cherchez à plaire ici à tout le monde; voilà, quant à présent, votre unique emploi : du reste, ayez bon courage; on veut prendre soin de vous. » Tout de suite il passa chez la marquise de Breil, sa belle-fille, et me présenta à elle, puis à l'abbé de Gouvon, son fils. Ce début me parut de bon augure. J'en savais assez déjà pour juger qu'on ne fait pas tant de façon à la réception d'un laquais. En effet, on ne me traita pas comme tel. J'eus la table de l'office; on ne me donna point d'habit de livrée, et le comte de Favria, jeune étourdi, m'ayant voulu faire monter derrière son carrosse, son grand-père défendit que je montasse derrière aucun carrosse, et que je suivisse personne hors de la maison. Cependant je servais à table, et je faisais à peu près au-dedans le service d'un laquais; mais je le faisais en quelque façon librement, sans être attaché nommément à personne. Hors quelques lettres qu'on me dictait, et des images que le comte de Favria me faisait découper, j'étais presque le maître de tout mon temps dans la journée. Cette épreuve, dont je ne m'apercevais pas, était assurément très dangereuse : elle n'était même pas fort humaine; car cette grande oisiveté pouvait me faire contracter des vices que je n'aurais pas eus sans cela.

Mais c'est ce qui, très heureusement, ne m'arriva point. Les leçons de M. Gaime avaient fait impression sur mon cœur, et j'y pris tant de goût que je m'échappais quelquefois pour aller les entendre encore. Je crois que ceux qui me voyaient sortir ainsi furtivement ne devinaient guère où j'allais. Il ne se peut rien de plus sensé que les avis qu'il me donna sur ma conduite. Mes commencements furent admirables : j'étais d'une assiduité, d'une attention, d'un zèle qui charmaient tout le monde. L'abbé Gaime m'avait sagement averti de modérer cette première ferveur, de peur qu'elle ne vînt à se relâcher et qu'on n'y prît garde. « Votre début, me dit-il, est la règle de ce qu'on exigera de vous : tâchez de vous ménager de quoi faire plus dans la suite, mais gardez-vous de faire jamais moins. »

Comme on ne m'avait guère examiné sur mes petits talents, et qu'on ne me supposait que ceux que m'avait donnés la nature, il ne paraissait pas, malgré ce que le comte de Gouvon m'avait pu dire, qu'on songeât à tirer parti de moi. Des affaires vinrent à la traverse, et je fus oublié. Le marquis de Breil, fils du comte de Gouvon, était alors ambassadeur à Vienne. Il survint des mouvements à la

cour qui se firent sentir dans la famille, et l'on y fut quelques semaines dans une agitation qui ne laissait guère le temps de penser à moi. Cependant jusque-là je m'étais peu relâché. Une chose me fit du bien et du mal, en m'éloignant de toute dissipation extérieure, mais en me rendant un peu plus distrait sur mes devoirs.

M<sup>lle</sup> de Breil était une jeune personne à peu près de mon âge, bien faite, assez belle, très blanche, avec des cheveux très noirs, et, quoique brune, portant sur son visage cet air de douceur des blondes auquel mon cœur n'a jamais résisté. L'habit de cour, si favorable aux jeunes personnes, marquait sa jolie taille, dégageait sa poitrine et ses épaules; et rendait son teint encore plus éblouissant par le deuil qu'on portait alors. On dira que ce n'est pas à un domestique de s'apercevoir de ces choses-là. J'avais tort sans doute, mais je m'en apercevais toutefois, et même je n'étais pas le seul. Le maître-d'hôtel et les valets de chambre en parlaient quelquefois à table avec une grossièreté qui me faisait cruellement souffrir. La tête ne me tournait pourtant pas au point d'être amoureux tout de bon. Je ne m'oubliais point ; je me tenais à ma place, et mes désirs même ne s'émancipaient pas. J'aimais à voir M<sup>lle</sup> de Breil, à lui entendre dire quelques mots qui marquaient de l'esprit, du sens, de l'honnêteté : mon ambition, bornée au plaisir de la servir, n'allait point au-delà de mes droits. A table j'étais attentif à chercher l'occasion de les faire valoir. Si son laquais quittait un moment sa chaise, à l'instant on m'y voyait établi : hors de là je me tenais vis-à-vis d'elle; je cherchais dans ses yeux ce qu'elle allait demander, j'épiais le moment de changer son assiette. Que n'aurais-je point fait pour qu'elle daignât m'ordonner quelque chose, me regarder, me dire un seul mot ! mais point : j'avais la mortification d'être nul pour elle; elle ne s'apercevait pas même que j'étais là. Cependant son frère, qui m'adressait quelquefois la parole à table, m'ayant dit je ne sais quoi de peu obligeant, je lui fis une réponse si fine et si bien tournée, qu'elle y fit attention, et jeta les yeux sur moi. Ce coup d'œil, qui fut court, ne laissa pas de me transporter. Le lendemain, l'occasion se présenta d'en obtenir un second, et j'en profitai. On donnait ce jour-là un grand dîner, où, pour la première fois, je vis avec beaucoup d'étonnement le maître-d'hôtel servir l'épée au côté et le chapeau sur la tête. Par hasard, on vint à parler de la devise de la maison de Solar, qui était sur la tapisserie avec les armoiries : *Tel fiert qui ne tue pas.* Comme les Piémontais ne sont pas pour l'ordinaire consommés dans la langue française, quelqu'un trouva dans cette devise une faute d'orthographe, et dit qu'au mot *fiert* il ne fallait pas de *t*.

Le vieux comte de Gouvon allait répondre; mais ayant jeté les yeux sur moi, il vit que je souriais sans oser rien dire : il m'ordonna de parler. Alors je dis que je ne ne croyais pas que le *t* fût de trop, que *fiert* était un vieux mot français qui ne venait pas du mot *ferus*, fier, menaçant, mais du verbe *ferit*, il frappe, il blesse; qu'ainsi la devise ne me paraissait pas dire Tel menace, mais *Tel frappe qui ne tue pas.*

Tout le monde me regardait et se regardait sans rien dire. On ne vit de la vie un pareil étonnement. Mais ce qui me flatta davantage fut de voir clairement sur le visage de M<sup>lle</sup> de Breil un air de satisfaction. Cette personne si dédaigneuse daigna me jeter un second regard qui valait tout au moins le premier; puis, tournant les yeux vers son grand-papa, elle semblait attendre avec une sorte d'impatience la louange qu'il me devait, et qu'il me donna en effet si pleine et entière et d'un air si positif, que toute la table s'empressa de faire chorus. Ce moment fut court, mais délicieux à tous égards. Ce fut un de ces moments trop rares qui replacent les choses dans leur ordre naturel, et vengent le mérite avili des outrages de la fortune. Quelques minutes après, M<sup>lle</sup> de Breil, levant derechef les yeux sur moi, me pria d'un ton de voix aussi timide qu'affable de lui donner à boire. On juge que je ne la fis pas attendre; mais en approchant je fus saisi d'un tel tremblement, qu'ayant trop rempli le verre, je répandis une partie de l'eau sur l'assiette et même sur elle. Son frère me demanda étourdiment pourquoi je tremblais si fort. Cette question ne servit pas à me rassurer, et M<sup>lle</sup> de Breil rougit jusqu'au blanc des yeux.

Ici finit le roman, où l'on remarquera, comme avec M<sup>me</sup> Basile et dans toute la suite de ma vie, que je ne suis pas heureux dans la conclusion de mes amours. Je m'affectionnai inutilement à l'antichambre de M<sup>me</sup> de Breil : je n'obtins plus une seule marque d'attention de la part de sa fille. Elle sortait et entrait sans me regarder, et moi j'osais à peine jeter les yeux sur elle. J'étais même si bête et si maladroit, qu'un jour qu'elle avait en passant laissé tomber son gant, au lieu de m'élancer sur ce gant que j'aurais voulu couvrir de baisers, je n'osai sortir de ma place, et je laissai ramasser le gant par un gros butor de valet que j'aurais volontiers écrasé. Pour achever de m'intimider, je m'aperçus que je n'avais pas le bonheur d'agréer à M<sup>me</sup> de Breil. Non-seulement elle ne m'ordonnait rien, mais elle n'acceptait jamais mon service ; et deux fois, passant avec sa fille et me trouvant dans son antichambre, elle me demanda d'un ton fort sec si je n'avais rien à faire. Il fallut renoncer à cette chère antichambre. J'en eus d'abord du regret ; mais les distractions vinrent à la traverse, et bientôt je n'y pensai plus.

J'eus de quoi me consoler du dédain de M<sup>me</sup> de Breil par les bontés de son beau-père, qui s'aperçut enfin que j'étais là. Le soir du dîner dont j'ai parlé, il eut avec moi un entretien d'une demi-heure, dont il parut content et dont je fus enchanté. Ce bon vieillard, quoique homme d'esprit, en avait moins que M<sup>me</sup> de Vercellis, mais il avait plus d'entrailles, et je réussis mieux auprès de lui. Il me dit de m'attacher à l'abbé de Gouvon son fils, qui m'avait pris en affection ; que cette affection, si j'en profitais, pouvait m'être utile, et me faire acquérir ce qui me manquait pour les vues qu'on avait sur moi. Dès le lendemain matin, je volai chez monsieur l'abbé. Il ne me reçut point en domestique ; il me fit asseoir au coin de son feu, et, m'interrogeant avec la plus grande douceur, il vit bientôt que mon éducation, commencée sur tant de choses, n'était achevée sur aucune. Trouvant surtout que j'avais peu de latin, il entreprit de m'en enseigner davantage. Nous convînmes que je me rendrais chez lui tous les matins, et je commençai dès le lendemain. Ainsi, par une de ces bizarreries qu'on trouvera souvent dans le cours de ma vie, en même temps au-dessus et au-dessous de mon état, j'étais disciple et valet dans la même maison, et dans ma servitude, j'avais cependant un précepteur d'une naissance à ne l'être que des enfants des rois.

M. l'abbé de Gouvon était un cadet destiné par sa famille à l'épiscopat, et dont, par cette raison, l'on avait poussé les études plus qu'il n'est ordinaire aux enfants de qualité. On l'avait envoyé à l'université de Sienne, où il avait resté plusieurs années, et dont il avait rapporté une assez forte dose de cruscantisme (*) pour être à peu près à Turin ce qu'était jadis à Paris l'abbé de Dangeau. Le dégoût de la théologie l'avait jeté dans les belles-lettres ; ce qui est très ordinaire en Italie à ceux qui courent la carrière de la prélature. Il avait bien lu les poëtes ; il faisait passablement des vers latins et italiens. En un mot, il avait le goût qu'il fallait pour former le mien et mettre quelque choix dans le fatras dont je m'étais farci la tête. Mais, soit que mon babil lui eût fait quelque illusion sur mon savoir, soit qu'il ne pût supporter l'ennui du latin élémentaire, il me mit d'abord beaucoup trop haut ; et à peine m'eut-il fait traduire quelques fables de Phèdre, qu'il me jeta dans Virgile, où je n'entendais presque rien. J'étais destiné, comme on verra dans la suite, à rapprendre souvent le latin et à ne le savoir jamais. Cependant je travaillais avec assez de zèle, et monsieur l'abbé me prodiguait ses soins avec une bonté dont le souvenir m'attendrit encore. Je passais avec lui une bonne partie de la matinée, tant pour mon instruction que pour son service ; non pour celui de sa personne, car il ne souffrit jamais que je lui en rendisse aucun, mais pour écrire sous sa dictée et pour copier ; et ma fonction de secrétaire me fut plus utile que celle d'écolier. Non seulement j'appris ainsi l'italien dans sa pureté ; mais je pris du goût pour la littérature et quelque discernement des bons livres qui ne s'acquérait pas chez la Tribu, et qui me servit beaucoup dans la suite quand je me mis à travailler seul.

(*) Le *cruscantisme* italien est une sorte de purisme, qui consiste à n'employer d'autres expressions que celles qui sont autorisées par le dictionnaire de l'académie *della Crusca*. — L'abbé Dangeau a publié quelques observations utiles sur la grammaire française.

Ce temps fut celui de ma vie où, sans projets romanesques, je pouvais le plus raisonnablement me livrer à l'espoir de parvenir. Monsieur l'abbé, très content de moi, le disait à tout le monde; et son père m'avait pris dans une affection si singulière, que le comte de Favria m'apprit qu'il avait parlé de moi au roi. M<sup>me</sup> de Breil elle-même avait quitté pour moi son air méprisant. Enfin je devins une espèce de favori dans la maison, à la grande jalousie des autres domestiques, qui, me voyant honoré des instructions du fils de leur maître, sentaient bien que ce n'était pas pour rester longtemps leur égal.

Autant que j'ai pu juger des vues qu'on avait sur moi par quelques mots lâchés à la volée, et auxquels je n'ai réfléchi qu'après coup, il m'a paru que la maison de Solar, voulant courir la carrière des ambassades, et peut-être s'ouvrir de loin celle du ministère, aurait été bien aise de se former d'avance un sujet qui eût du mérite et des talents, et qui, dépendant uniquement d'elle, eût pu dans la suite obtenir sa confiance et la servir utilement. Ce projet du comte de Gouvon était noble, judicieux, magnanime, et vraiment digne d'un grand seigneur bienfaisant et prévoyant : mais outre que je n'en voyais pas alors toute l'étendue, il était trop sensé pour ma tête et demandait un trop long assujétissement. Ma folle ambition ne cherchait la fortune qu'à travers les aventures; et, ne voyant point de femme à tout cela, cette manière de parvenir me paraissait lente, pénible et triste; tandis que j'aurais dû la trouver d'autant plus honorable et sûre que les femmes ne s'en mêlaient pas, l'espèce de mérite qu'elles protègent ne valant assurément pas celui qu'on me supposait.

Tout allait à merveille. J'avais obtenu, presque arraché l'estime de tout le monde : les épreuves étaient finies, et l'on me regardait généralement dans la maison comme un jeune homme de la plus grande espérance, qui n'était pas à sa place et qu'on s'attendait d'y voir arriver. Mais ma place n'était pas celle qui m'était assignée par les hommes, et j'y devais parvenir par des chemins bien différents. Je touche à un de ces traits caractéristiques qui me sont propres, et qu'il suffit de présenter au lecteur sans y ajouter de réflexion.

Quoiqu'il y eût à Turin beaucoup de nouveaux convertis de mon espèce, je ne les aimais pas et n'en avais jamais voulu voir aucun. Mais j'avais vu quelques Genevois qui ne l'étaient pas, entre autres un M. Mussard surnommé Tordgueule, peintre en miniature et un peu mon parent. Ce M. Mussard déterra ma demeure chez le comte de Gouvon, et vint m'y voir avec un autre Genevois appelé Bâcle, dont j'avais été camarade durant mon apprentissage. Ce Bâcle était un garçon très amusant, très gai, plein de saillies bouffonnes que son âge rendait agréables. Me voilà tout d'un coup engoué de M. Bâcle, mais engoué au point de ne pouvoir le quitter. Il allait partir bientôt pour s'en retourner à Genève. Quelle perte j'allais faire ! J'en sentis bien toute la grandeur. Pour mettre du moins à profit le temps qui m'était laissé, je ne le quittais plus : ou plutôt il ne me quittait pas lui-même, car la tête ne me tourna pas d'abord au point d'aller hors de l'hôtel passer la journée avec lui sans congé; mais bientôt, voyant qu'il m'obsédait entièrement, on lui défendit la porte; et je m'échauffai si bien, qu'oubliant tout, hors mon ami Bâcle, je n'allais ni chez monsieur l'abbé ni chez monsieur le comte, et l'on ne me voyait plus dans la maison. On me fit des réprimandes que je n'écoutai pas. On me menaça de me congédier. Cette menace fut ma perte: elle me fit entrevoir qu'il était possible que Bâcle ne s'en allât pas seul. Dès lors je ne vis plus d'autre plaisir, d'autre sort, d'autre bonheur, que celui de faire un pareil voyage, et je ne voyais à cela que l'ineffable félicité du voyage, au bout duquel pour surcroît j'entrevoyais M<sup>me</sup> de Warens, mais dans un éloignement immense; car pour retourner à Genève, c'est à quoi je ne pensai jamais. Les monts, les prés, les bois, les ruisseaux, les villages se succédaient sans fin et sans cesse avec de nouveaux charmes; ce bienheureux trajet semblait devoir absorber ma vie entière. Je me rappelais avec délices combien ce même voyage m'avait paru charmant en venant. Que devait-ce être lorsqu'à tout l'attrait de l'indépendance se joindrait celui de faire route avec un camarade de mon âge, de mon goût et de bonne humeur, sans gêne, sans devoir, sans contrainte, sans

obligation d'aller ou rester que comme il nous plairait ! Il fallait être bien fou pour sacrifier une pareille fortune à des projets d'ambition d'une exécution lente, difficile, incertaine, et qui, les supposant réalisés un jour, ne valaient pas dans tout leur éclat un quart d'heure de vrai plaisir et de liberté dans la jeunesse.

Plein de cette sage fantaisie, je me conduisis si bien que je vins à bout de me faire chasser, et en vérité ce ne fut pas sans peine. Un soir, comme je rentrais, le maître-d'hôtel me signifia mon congé de la part de monsieur le comte. C'était précisément ce que je demandais ; car, sentant malgré moi l'extravagance de ma conduite, j'y ajoutais, pour m'excuser, l'injustice et l'ingratitude, croyant mettre ainsi les gens dans leur tort, et me justifier à moi-même un parti pris par nécessité. On me dit de la part du comte de Favria d'aller lui parler le lendemain matin avant mon départ ; et comme on voyait que, la tête m'ayant tourné, j'étais capable de n'en rien faire, le maître-d'hôtel remit après cette visite à me donner quelque argent qu'on m'avait destiné, et qu'assurément j'avais fort mal gagné ; car, ne voulant pas me laisser dans l'état de valet, on ne m'avait pas fixé de gages.

Le comte de Favria, tout jeune et tout étourdi qu'il était, me tint en cette occasion les discours les plus sensés, et j'oserais presque dire les plus tendres, tant il m'exposa d'une manière flatteuse et touchante les soins de son oncle et les intentions de son grand-père. Enfin, après m'avoir mis vivement devant les yeux tout ce que je sacrifiais pour courir à ma perte, il m'offrit de faire ma paix, exigeant pour toute condition que je ne visse plus ce petit malheureux qui m'avait séduit.

Il était si clair qu'il ne disait pas tout cela de lui-même, que, malgré mon stupide aveuglement, je sentis toute la bonté de mon vieux maître, et j'en fus touché ; mais ce cher voyage était trop empreint dans mon imagination pour que rien pût en balancer le charme. J'étais tout-à-fait hors de sens : je me raffermis, je m'endurcis, je fis le fier, et je répondis arrogamment que, puisqu'on m'avait donné mon congé, je l'avais pris ; qu'il n'était plus temps de s'en dédire, et que, quoi qu'il pût m'arriver en ma vie, j'étais bien résolu de ne jamais me faire chasser deux fois d'une maison. Alors ce jeune homme, justement irrité, me donna les noms que je méritais, me mit hors de sa chambre par les épaules, et me ferma la porte aux talons. Moi, je sortis triomphant, comme si je venais d'emporter la plus grande victoire ; et, de peur d'avoir un second combat à soutenir, j'eus l'indignité de partir sans aller remercier M. l'abbé de ses bontés.

Pour concevoir jusqu'où mon délire allait dans ce moment, il faudrait connaître à quel point mon cœur est sujet à s'échauffer sur les moindres choses, et avec quelle force il se plonge dans l'imagination de l'objet qui l'attire, quelque vain que soit quelquefois cet objet. Les plans les plus bizarres, les plus enfantins, les plus fous, viennent caresser mon idée favorite, et me montrer de la vraisemblance à m'y livrer. Croirait-on qu'à près de dix-neuf ans, on puisse fonder sur une fiole vide la subsistance du reste de ses jours ? Or écoutez.

L'abbé de Gouvon m'avait fait présent, il y avait quelques semaines, d'une petite fontaine de héron fort jolie (*), et dont j'étais transporté. A force de faire jouer cette fontaine et de parler de notre voyage, nous pensâmes, le sage Bâcle et moi, que l'une pourrait bien servir à l'autre et le prolonger. Qu'y avait-il dans le monde d'aussi curieux qu'une fontaine de héron ? Ce principe fut le fondement sur lequel nous bâtîmes l'édifice de notre fortune. Nous devions dans chaque village assembler les paysans autour de notre fontaine, et là les repas et la bonne chère devaient nous tomber avec d'autant plus d'abondance, que nous étions persuadés l'un et l'autre que les vivres ne coûtent rien à ceux qui les recueillent, et que, quand ils n'en gorgent pas les passants, c'est par pure mauvaise volonté de leur part. Nous n'imaginions partout que festins et noces,

(*) Le véritable nom de cet appareil hydraulique est *fontaine de Hiéron* ; il est ainsi appelé d'après son inventeur, Hiéron d'Alexandrie. C'est une combinaison de tuyaux et de deux bassins superposés, dans laquelle l'air comprimé, agissant sur la surface de l'eau, l'élève sans cause apparente, et la fait jaillir en forme de jet.

comptant que, sans rien débourser que le vent de nos poumons et l'eau de notre fontaine, elle pouvait nous défrayer en Piémont, en Savoie, en France, et par tout le monde. Nous faisions des projets de voyages qui ne finissaient point, et nous dirigions d'abord notre course au nord, plutôt pour le plaisir de passer les Alpes que pour la nécessité supposée de nous arrêter quelque part.

(1731-1732.) Tel fut le plan sur lequel je me mis en campagne, abandonnant sans regret mon protecteur, mon précepteur, mes études, mes espérances, et l'attente d'une fortune presque assurée, pour commencer la vie d'un vrai vagabond. Adieu la capitale; adieu la cour, l'ambition, la vanité, l'amour, les belles, et toutes les grandes aventures dont l'espoir m'avait amené l'année précédente. Je pars avec ma fontaine et mon ami Bâcle, la bourse légèrement garnie, mais

Bien que notre fontaine amusât quelques moments dans les cabarets les hôtesses et les servantes, il n'en fallait pas moins payer en sortant. (Page 60.)

le cœur saturé de joie, et ne songeant qu'à jouir de cette ambulante félicité à laquelle j'avais tout-à-coup borné nos brillants projets.

Je fis cet extravagant voyage presque aussi agréablement toutefois que je m'y étais attendu, mais non pas tout-à-fait de la même manière; car bien que notre fontaine amusât quelques moments dans les cabarets les hôtesses et les servantes, il n'en fallait pas moins payer en sortant. Mais cela ne nous troublait guère, et nous ne songions à tirer parti tout de bon de cette ressource que quand l'argent viendrait à nous manquer. Un accident nous en évita la peine : la fontaine se cassa près de Bramant; et il en était temps, car nous sentions, sans oser nous le dire, qu'elle commençait à nous ennuyer. Ce malheur nous rendit plus gais qu'auparavant, et nous rîmes beaucoup de notre étourderie d'avoir oublié que nos habits et nos souliers s'useraient, ou d'avoir cru les renouveler avec le jeu de notre fontaine. Nous continuâmes notre voyage aussi allègrement que nous l'avions commencé, mais filant un peu plus droit vers le terme, où notre bourse tarissante nous faisait une nécessité d'arriver.

A Chambéry, je devins pensif, non sur la sottise que je venais de faire (jamais homme ne prit ni si tôt ni si bien son parti sur le passé), mais sur l'accueil qui m'attendait chez M^me de Warens ; car j'envisageais exactement sa maison comme ma maison paternelle. Je lui avais écrit mon entrée chez le comte de Gouvon ; elle savait sur quel pied j'y étais ; et, en m'en félicitant, elle m'avait donné des leçons très sages sur la manière dont je devais correspondre aux bontés qu'on avait pour moi. Elle regardait ma fortune comme assurée, si je ne la détruisais pas par ma faute. Qu'allait-elle dire en me voyant arriver? Il ne me vint pas même à l'esprit qu'elle pût me fermer sa porte ; mais je craignais le chagrin que j'allais lui donner ; je craignais ses reproches, plus durs pour moi que la misère. Je résolus de tout endurer en silence et de tout faire pour l'apaiser. Je ne voyais plus dans l'univers qu'elle seule : vivre dans sa disgrâce était une chose qui ne se pouvait pas.

Ce qui m'inquiétait le plus était mon compagnon de voyage, dont je ne voulais pas lui donner le surcroît, et dont je craignais de ne pouvoir me débarrasser aisément. Je préparai cette séparation en vivant assez froidement avec lui la dernière journée. Le drôle me comprit : il était plus fou que sot. Je crus qu'il s'affecterait de mon inconstance ; j'eus tort : mon ami Bâcle ne s'affectait de rien. A peine, en entrant à Annecy, avions-nous mis le pied dans la ville qu'il me dit : « Te voilà chez toi ! » m'embrassa, me dit adieu, fit une pirouette, et disparut. Je n'ai jamais plus entendu parler de lui. Notre connaissance et notre amitié durèrent en tout environ six semaines ; mais les suites en dureront autant que moi.

Que le cœur me battit en approchant de la maison de M^me de Warens ! mes jambes tremblaient sous moi, mes yeux se couvraient d'un voile ; je ne voyais rien, je n'entendais rien, je n'aurais reconnu personne ; je fus contraint de m'arrêter plusieurs fois pour respirer et reprendre mes sens. Était-ce la crainte de ne pas obtenir les secours dont j'avais besoin qui me troublait à ce point? A l'âge où j'étais, la peur de mourir de faim donne-t-elle de pareilles alarmes? Non, non, je le dis avec autant de vérité que de fierté : jamais, en aucun temps de ma vie, il n'appartint à l'intérêt ni à l'indigence de m'épanouir ou de me serrer le cœur. Dans le cours d'une vie inégale et mémorable par ses vicissitudes, souvent sans asile et sans pain, j'ai toujours vu du même œil l'opulence et la misère. Au besoin, j'aurais pu voler ou mendier comme un autre, mais non pas me troubler pour en être réduit là. Peu d'hommes ont autant gémi que moi, peu ont autant versé de pleurs dans leur vie ; mais jamais la pauvreté ni la crainte d'y tomber ne m'ont fait pousser un soupir ni répandre une larme. Mon âme, à l'épreuve de la fortune, n'a connu de vrais biens ni de vrais maux que ceux qui ne dépendent pas d'elle ; et c'est quand rien ne m'a manqué pour le nécessaire que je me suis senti le plus malheureux des mortels.

A peine parus-je aux yeux de M^me de Warens que son air me rassura. Je tressaillis au premier son de sa voix ; je me précipite à ses pieds, et, dans les transports de la plus vive joie, je colle ma bouche sur sa main. « Pauvre petit, me dit-elle d'un ton caressant, te revoilà donc? Je savais bien que tu étais trop jeune pour ce voyage ; je suis bien aise au moins qu'il n'ait pas aussi mal tourné que je l'avais craint. » Ensuite elle me fit conter mon histoire, qui ne fut pas longue, et que je lui fis très fidèlement, en supprimant cependant quelques articles, mais, au reste, sans m'épargner ni m'excuser.

Il fut question de mon gîte. Elle consulta sa femme de chambre. Je n'osais respirer durant cette délibération ; mais quand j'entendis que je coucherais dans la maison, j'eus peine à me contenir, et je vis porter mon petit paquet dans la chambre qui m'était destinée, à peu près comme Saint-Preux vit remiser sa chaise chez M^me de Wolmar. J'eus, pour surcroît, le plaisir d'apprendre que cette faveur ne serait pas passagère ; et, dans un moment où l'on me croyait attentif à tout autre chose, j'entendis qu'elle disait : « On dira ce qu'on voudra ; mais, puisque la Providence me le renvoie, je suis déterminée à ne pas l'abandonner. »

Me voilà donc enfin établi chez elle. Cet établissement ne fut pourtant pas

encore celui dont je date les jours heureux de ma vie, mais il servit à le préparer. Quoique cette sensibilité de cœur, qui nous fait vraiment jouir de nous, soit l'ouvrage de la nature, et peut-être un produit de l'organisation, elle a besoin de situations qui la développent. Sans ces causes occasionnelles, un homme né très sensible ne sentirait rien, et mourrait sans avoir connu son être. Tel à peu près j'avais été jusqu'alors, et tel j'aurais toujours été peut-être, si je n'avais jamais connu M<sup>me</sup> de Warens, ou si même, l'ayant connue, je n'avais pas vécu assez longtemps auprès d'elle pour contracter la douce habitude des sentiments affectueux qu'elle m'inspira. J'oserai le dire, qui ne sent que l'amour ne sent pas ce qu'il y a de plus doux dans la vie. Je connais un autre sentiment, moins impétueux peut-être, mais plus délicieux mille fois, qui quelquefois est joint à l'amour, et qui souvent en est séparé. Ce sentiment n'est pas non plus l'amitié seule ; il est plus voluptueux, plus tendre : je n'imagine pas qu'il puisse agir pour quelqu'un du même sexe ; du moins, je fus ami si jamais homme le fut, et je ne l'éprouvai jamais près d'aucun de mes amis. Ceci n'est pas clair, mais il le deviendra dans la suite : les sentiments ne se décrivent bien que par leurs effets.

Elle habitait une vieille maison, mais assez grande pour avoir une belle pièce de réserve, dont elle fit sa chambre de parade, et qui fut celle où l'on me logea. Cette chambre était sur le passage dont j'ai parlé, où se fit notre première entrevue ; et au-delà du ruisseau et des jardins, on découvrait la campagne. Cet aspect n'était pas pour le jeune habitant une chose indifférente. C'était, depuis Bossey, la première fois que j'avais du vert devant mes fenêtres. Toujours masqué par des murs, je n'avais eu sous les yeux que des toits ou le gris des rues. Combien cette nouveauté me fut sensible et douce ! elle augmenta beaucoup mes dispositions à l'attendrissement. Je faisais de ce charmant paysage encore un des bienfaits de ma chère patrone : il me semblait qu'elle l'avait mis là tout exprès pour moi ; je m'y plaçais paisiblement auprès d'elle ; je la voyais partout entre les fleurs et la verdure ; ses charmes et ceux du printemps se confondaient à mes yeux. Mon cœur, jusqu'alors comprimé, se trouvait plus au large dans cet espace, et mes soupirs s'exhalaient plus librement parmi ces vergers.

On ne trouvait pas chez M<sup>me</sup> de Warens la magnificence que j'avais vue à Turin ; mais on y trouvait la propreté, la décence, et une abondance patriarcale avec laquelle le faste ne s'allie jamais. Elle avait peu de vaisselle d'argent, point de porcelaine, point de gibier dans sa cuisine, ni dans sa cave de vins étrangers ; mais l'une et l'autre étaient bien garnies au service de tout le monde, et dans des tasses de faïence elle donnait d'excellent café. Quiconque la venait voir était invité à dîner avec elle ou chez elle ; et jamais ouvrier, messager ou passant ne sortait sans manger ou boire. Son domestique était composé d'une femme de chambre fribourgeoise assez jolie, appelée Merceret, d'un valet de son pays appelé Claude Anet, dont il sera question dans la suite, d'une cuisinière, et de deux porteurs de louage quand elle allait en visite, ce qu'elle faisait rarement. Voilà bien des choses pour deux mille livres de rente ; cependant son petit revenu bien ménagé eût pu suffire à tout cela dans un pays où la terre est très bonne et l'argent très rare. Malheureusement, l'économie ne fut jamais sa vertu favorite : elle s'endettait, elle payait ; l'argent faisait la navette, et tout allait.

La manière dont son ménage était monté était précisément celle que j'aurais choisie : on peut croire que j'en profitais avec plaisir. Ce qui m'en plaisait moins était qu'il fallait rester très longtemps à table. Elle supportait avec peine la première odeur du potage et des mets ; cette odeur la faisait presque tomber en défaillance, et ce dégoût durait longtemps. Elle se remettait peu à peu, causait, et ne mangeait point. Ce n'était qu'au bout d'une demi-heure qu'elle essayait le premier morceau. J'aurais dîné trois fois dans cet intervalle ; mon repas était fait longtemps avant qu'elle eût commencé le sien. Je recommençais de compagnie : ainsi je mangeais pour deux, et ne m'en trouvais pas plus mal. Enfin je me livrais d'autant plus au doux sentiment du bien-être que j'éprouvais auprès d'elle, que ce bien-être dont je jouissais n'était mêlé d'aucune inquiétude sur les moyens

de le soutenir. N'étant point encore dans l'étroite confidence de ses affaires, je les supposais en état d'aller toujours sur le même pied. J'ai retrouvé les mêmes agréments dans sa maison par la suite; mais, plus instruit de sa situation réelle, et voyant qu'ils anticipaient sur ses rentes, je ne les ai plus goûtés si tranquillement. La prévoyance a toujours gâté chez moi la jouissance. J'ai vu l'avenir à pure perte; je n'ai jamais pu l'éviter.

Dès le premier jour, la familiarité la plus douce s'établit entre nous au même degré où elle a continué tout le reste de sa vie. Petit fut mon nom, Maman fut le sien; et toujours nous demeurâmes Petit et Maman, même quand le nombre des années en eut presque effacé la différence entre nous. Je trouve que ces deux noms rendent à merveille l'idée de notre ton, la simplicité de nos manières, et surtout la relation de nos cœurs. Elle fut pour moi la plus tendre des mères, qui jamais ne chercha son plaisir, mais toujours mon bien; et si les sens entrèrent dans mon attachement pour elle, ce n'était pas pour en changer la nature, mais pour le rendre seulement plus exquis, pour m'enivrer du charme d'avoir une maman jeune et jolie qu'il m'était délicieux de caresser : je dis caresser au pied de la lettre, car jamais elle n'imagina de m'épargner les baisers ni les plus tendres caresses maternelles, et jamais il n'entra dans mon cœur d'en abuser. On dira que nous avons pourtant eu à la fin des relations d'une autre espèce : j'en conviens; mais il faut attendre, je ne puis tout dire à la fois.

Le coup d'œil de notre première entrevue fut le seul moment vraiment passionné qu'elle m'ait jamais fait sentir, encore ce moment fut-il l'ouvrage de la surprise. Mes regards indiscrets n'allaient jamais fureter sous son mouchoir, quoiqu'un embonpoint mal caché dans cette place eût bien pu les y attirer. Je n'avais ni transports ni désirs auprès d'elle; j'étais dans un calme ravissant, jouissant sans savoir de quoi. J'aurais ainsi passé ma vie et l'éternité même sans m'ennuyer un instant. Elle est la seule personne avec qui je n'ai jamais senti cette sécheresse de conversation qui me fait un supplice du devoir de la soutenir. Nos tête à tête étaient moins des entretiens qu'un babil intarissable, qui pour finir avait besoin d'être interrompu. Loin de me faire une loi de parler, il fallait plutôt m'en faire une de me taire. A force de méditer ses projets, elle tombait souvent dans la rêverie. Eh bien! je la laissais rêver; je me taisais, je la contemplais, et j'étais le plus heureux des hommes. J'avais encore un tic fort singulier. Sans prétendre aux faveurs du tête à tête, je le recherchais sans cesse, et j'en jouissais avec une passion qui dégénérait en fureur quand des importuns venaient le troubler. Sitôt que quelqu'un arrivait, homme ou femme, il n'importait pas, je sortais en murmurant, ne pouvant souffrir de rester en tiers auprès d'elle. J'allais compter les minutes dans son antichambre, maudissant mille fois ces éternels visiteurs, et ne pouvant concevoir ce qu'ils avaient tant à dire, parce que j'avais à dire encore plus.

Je ne sentais toute la force de mon attachement pour elle que quand je ne la voyais pas. Quand je la voyais, je n'étais que content; mais mon inquiétude en son absence allait au point d'être douloureuse. Le besoin de vivre avec elle me donnait des élans d'attendrissement qui souvent allaient jusqu'aux larmes. Je me souviendrai toujours qu'un jour de grande fête, tandis qu'elle était à vêpres, j'allai me promener hors de la ville, le cœur plein de son image et du désir ardent de passer mes jours auprès d'elle. J'avais assez de sens pour voir que quant à présent cela n'était pas possible, et qu'un bonheur que je goûtais si bien serait court. Cela donnait à ma rêverie une tristesse qui n'avait pourtant rien de sombre, et qu'un espoir flatteur tempérait. Le son des cloches, qui m'a toujours singulièrement affecté, le chant des oiseaux, la beauté du jour, la douceur du paysage, les maisons éparses et champêtres dans lesquelles je plaçais en idée notre commune demeure : tout cela me frappait tellement d'une impression vive, tendre, triste et touchante, que je me vis comme en extase transporté dans cet heureux temps et dans cet heureux séjour où mon cœur, possédant toute la félicité qui pouvait lui plaire, la goûtait dans des ravissements inexprimables, sans songer même à la volupté des sens. Je ne me souviens pas de m'être élancé

jamais dans l'avenir avec plus de force et d'illusion que je fis alors ; et ce qui m'a frappé le plus dans le souvenir de cette rêverie, quand elle s'est réalisée, c'est d'avoir retrouvé des objets tels exactement que je les avais imaginés. Si jamais rêve d'un homme éveillé eut l'air d'une vision prophétique, ce fut assurément celui-là (*). Je n'ai été déçu que dans sa durée imaginaire ; car les jours, et les ans, et la vie entière s'y passaient dans une inaltérable tranquillité ; au lieu qu'en effet tout cela n'a duré qu'un moment. Hélas ! mon plus constant bonheur fut un songe : son accomplissement fut presque à l'instant suivi du réveil.

Je ne finirais pas si j'entrais dans le détail de toutes les folies que le souvenir de cette chère maman me faisait faire quand je n'étais plus sous ses yeux. Combien de fois j'ai baisé mon lit en songeant qu'elle y avait couché ; mes rideaux, tous les meubles de ma chambre, en songeant qu'ils étaient à elle, que sa belle main les avait touchés ; le plancher même sur lequel je me prosternais en songeant qu'elle y avait marché ! Quelquefois, même en sa présence, il m'échappait des extravagances que le plus violent amour seul semblait pouvoir inspirer. Un jour à table, au moment qu'elle avait mis un morceau dans sa bouche, je m'écrie que j'y vois un cheveu : elle rejette le morceau sur son assiette ; je m'en saisis avidement et l'avale. En un mot, de moi à l'amant le plus passionné il n'y avait qu'une différence unique, mais essentielle, et qui rend mon état presque inconcevable à la raison.

J'étais revenu d'Italie, non tout-à-fait comme j'y étais allé, mais comme peut-être jamais à mon âge on n'en est revenu. J'en avais rapporté non ma virginité, mais mon pucelage. J'avais senti le progrès des ans ; mon tempéramment inquiet s'était enfin déclaré, et sa première éruption, très involontaire, m'avait donné sur ma santé des alarmes qui peignent mieux que toute autre autre chose l'innocence dans laquelle j'avais vécu jusqu'alors. Bientôt rassuré, j'appris ce dangereux supplément qui trompe la nature, et sauve aux jeunes gens de mon humeur beaucoup de désordres aux dépens de leur santé, de leur vigueur, et quelquefois de leur vie. Ce vice, que la honte et la timidité trouvent si commode, a de plus un grand attrait pour les imaginations vives : c'est de disposer, pour ainsi dire, à leur gré, de tout le sexe, et de faire servir à leurs plaisirs la beauté qui les tente sans avoir besoin d'obtenir son aveu. Séduit par ce funeste avantage, je travaillais à détruire la bonne constitution qu'avait rétablie en moi la nature, et à qui j'avais donné le temps de se bien former. Qu'on ajoute à cette disposition le local de ma situation présente, logé chez une jolie femme, caressant son image au fond de mon cœur, la voyant sans cesse dans la journée, le soir entouré d'objets qui me la rappellent, couché dans un lit où je sais qu'elle a couché. Que de stimulants ! Tel lecteur qui se les représente me regarde déjà comme à demi mort. Tout au contraire, ce qui devait me perdre fut précisément ce qui me sauva, du moins pour un temps. Enivré du charme de vivre auprès d'elle, du désir ardent d'y passer mes jours, absente ou présente, je voyais toujours en elle une tendre mère, une sœur chérie, une délicieuse amie, et rien de plus. Je la voyais toujours ainsi, toujours la même, et ne voyais jamais qu'elle. Son image, toujours présente à mon cœur, n'y laissait place à nulle autre ; elle était pour moi la seule femme qui fût au monde ; et l'extrême douceur des sentiments qu'elle m'inspirait, ne laissant pas à mes sens le temps de s'éveiller pour d'autres, me garantissait d'elle et de tout son sexe. En un mot, j'étais sage parce que je l'aimais. Sur ces effets, que je rends mal, dise qui pourra de quelle espèce était mon attachement pour elle. Pour moi, tout ce que j'en puis dire est que, s'il paraît déjà fort extraordinaire, dans la suite il le paraîtra beaucoup plus.

Je passais mon temps le plus agréablement du monde, occupé des choses qui me plaisaient le moins. C'étaient des projets à rédiger, des mémoires à mettre au net, des recettes à transcrire ; c'étaient des herbes à trier, des drogues à piler, des alambics à gouverner. Tout à travers tout cela venaient des foules de pas-

---

(*) Voyez, au livre VI, le récit d'une promenade faite avec madame de Warens un jour de Saint-Louis.

sants, de mendiants, de visites de toute espèce. Il fallait entretenir tout à la fois un soldat, un apothicaire, un chanoine, une belle dame, un frère lai. Je pestais,

Je colle ma bouche sur sa main. (Page 64.)

je grommelais, je jurais, je donnais au diable toute cette maudite cohue. Pour elle, qui prenait tout en gaîté, mes fureurs la faisaient rire aux larmes; et ce qui la faisait rire encore plus était de me voir d'autant plus furieux que je ne

pouvais moi-même m'empêcher de rire. Ces petits intervalles où j'avais le plaisir de grogner étaient charmants; et s'il survenait un nouvel importun durant la querelle, elle en savait encore tirer parti pour l'amusement en prolongeant malicieusement la visite, et me jetant des coups d'œil pour lesquels je l'aurais volontiers battue. Elle avait peine à s'abstenir d'éclater en me voyant, contraint et retenu par la bienséance, lui faire des yeux de possédé, tandis qu'au fond de mon cœur, et même en dépit de moi, je trouvais tout cela très comique.

Tout cela, sans me plaire en soi, m'amusait pourtant, parce qu'il faisait partie d'une manière d'être qui m'était charmante. Rien de ce qui se faisait autour de moi, rien de tout ce qu'on me faisait faire n'était selon mon goût; mais tout était selon mon cœur. Je crois que je serais parvenu à aimer la médecine, si mon dégoût pour elle n'eût fourni des scènes folâtres qui nous égayaient sans cesse : c'est peut-être la première fois que cet art a produit un pareil effet. Je prétendais connaître à l'odeur un livre de médecine, et ce qu'il y a de plaisant est que je m'y trompais rarement. Elle me faisait goûter des plus détestables drogues. J'avais beau fuir ou vouloir me défendre; malgré ma résistance et mes horribles grimaces, malgré moi et mes dents, quand je voyais ces jolis doigts barbouillés s'approcher de ma bouche, il fallait finir par l'ouvrir et sucer. Quand tout son petit ménage était rassemblé dans la même chambre, à nous entendre courir et crier au milieu des éclats de rire, on eût cru qu'on y jouait quelque farce, et non pas qu'on y faisait de l'opiat ou de l'élixir.

Mon temps ne se passait pourtant pas tout entier à ces polissonneries. J'avais trouvé quelques livres dans la chambre que j'occupais; le Spectateur, Puffendorf, Saint-Evremond, la Henriade. Quoique je n'eusse plus mon ancienne fureur de lecture, par désœuvrement je lisais un peu de tout cela. Le Spectateur surtout me plut beaucoup et me fit du bien. M. l'abbé de Gouvon m'avait appris à lire moins avidement et avec plus de réflexion; la lecture me profitait mieux. Je m'accoutumais à réfléchir sur l'élocution, sur les constructions élégantes; je m'exerçais à discerner le français pur de mes idiomes provinciaux. Par exemple, je fus corrigé d'une faute d'orthographe que je faisais avec tous nos Genevois, par ces deux vers de la Henriade :

> Soit qu'un ancien respect pour le sang de leurs maîtres,
> Parlât encor pour lui dans le cœur de ces traîtres.

Ce mot *parlât*, qui me frappa, m'apprit qu'il fallait un *t* à la troisième personne du subjonctif, au lieu qu'auparavant je l'écrivais et prononçais *parla* comme le parfait de l'indicatif.

Quelquefois je causais avec maman de mes lectures, quelquefois je lisais auprès d'elle : j'y prenais grand plaisir; je m'exerçais à bien lire, et cela me fut utile aussi. J'ai dit qu'elle avait l'esprit orné. Il était alors dans toute sa fleur. Plusieurs gens de lettres s'étaient empressés à lui plaire et lui avaient appris à juger des ouvrages d'esprit. Elle avait, si je puis parler ainsi, le goût un peu protestant; elle ne parlait que de Bayle, et faisait grand cas de Saint-Evremond, qui depuis longtemps était mort en France. Mais cela n'empêchait pas qu'elle ne connût la bonne littérature et qu'elle n'en parlât fort bien. Elle avait été élevée dans des sociétés choisies; et, venue en Savoie encore jeune, elle avait perdu, dans le commerce charmant de la noblesse du pays, ce ton maniéré du pays de Vaud, où les femmes prennent le bel esprit pour l'esprit du monde, et ne savent parler que par épigrammes.

Quoiqu'elle n'eût vu la cour qu'en passant, elle y avait jeté un coup d'œil rapide qui lui avait suffi pour la connaître. Elle s'y conserva toujours des amis, et, malgré de secrètes jalousies, malgré les murmures qu'excitaient sa conduite et ses dettes, elle n'a jamais perdu sa pension. Elle avait l'expérience du monde, et l'esprit de réflexion qui fait tirer parti de cette expérience. C'était le sujet favori de ses conversations, et c'était précisément, vu mes idées chimériques, la sorte d'instruction dont j'avais le plus grand besoin. Nous lisions ensemble La Bruyère : il lui plaisait plus que La Rochefoucauld, livre triste et désolant, princi-

palement dans la jeunesse, où l'on n'aime pas à voir l'homme comme il est. Quand elle moralisait, elle se perdait quelquefois un peu dans les espaces ; mais, en lui baisant de temps en temps la bouche ou les mains, je prenais patience, et ses longueurs ne m'ennuyaient pas.

Cette vie était trop douce pour pouvoir durer. Je le sentais, et l'inquiétude de la voir finir était la seule chose qui en troublait la jouissance. Tout en folâtrant, maman m'étudiait, m'observait, m'interrogeait, et bâtissait pour ma fortune force projets dont je me serais bien passé. Heureusement ce n'était pas le tout de connaître mes penchants, mes goûts, mes petits talents ; il fallait trouver ou faire naître les occasions d'en tirer parti, et tout cela n'était pas l'affaire d'un jour. Les préjugés même qu'avait conçus la pauvre femme en faveur de mon mérite reculaient les moments de le mettre en œuvre, en la rendant plus difficile sur le choix des moyens. Enfin tout allait au gré de mes désirs, grâce à la bonne opinion qu'elle avait de moi : mais il en fallut rabattre, et dès-lors adieu la tranquillité. Un de ses parents, appelé M. d'Aubonne, la vint voir. C'était un homme de beaucoup d'esprit, intrigant, génie à projets comme elle, mais qui ne s'y ruinait pas, une espèce d'aventurier. Il venait de proposer au cardinal de Fleury un plan de loterie très composée, qui n'avait pas été goûté. Il allait le proposer à la cour de Turin, où il fut adopté et mis en exécution. Il s'arrêta quelque temps à Annecy, et y devint amoureux de madame l'intendante, qui était une personne fort aimable, fort de mon goût, et la seule que je visse avec plaisir chez maman. M. d'Aubonne me vit ; sa parente lui parla de moi : il se chargea de m'examiner, de voir à quoi j'étais propre, et, s'il me trouvait de l'étoffe, de chercher à me placer.

M$^{me}$ de Warens m'envoya chez lui deux ou trois matins de suite, sous prétexte de quelque commission, et sans me prévenir de rien. Il s'y prit très bien pour me faire jaser, se familiarisa avec moi, me mit à mon aise autant qu'il était possible, me parla de niaiseries et de toutes sortes de sujets, le tout sans paraître m'observer, sans la moindre affectation, et comme si, se plaisant avec moi, il eût voulu converser sans gêne. J'étais enchanté de lui. Le résultat de ses observations fut que, malgré ce que promettaient mon extérieur et ma physionomie animée, j'étais, sinon tout-à-fait inepte, au moins un garçon de peu d'esprit, sans idées, presque sans acquis, très borné en un mot à tous égards, et que l'honneur de devenir quelque jour curé de village était la plus haute fortune à laquelle je dusse aspirer. Tel fut le compte qu'il rendit de moi à M$^{me}$ de Warens. Ce fut la seconde ou troisième fois que je fus ainsi jugé : ce ne fut pas la dernière, et l'arrêt de M. Masseron a souvent été confirmé.

La cause de ces jugements tient trop à mon caractère pour n'avoir pas ici besoin d'explication ; car en conscience on sent bien que je ne puis sincèrement y souscrire, et qu'avec toute l'impartialité possible, quoi qu'aient pu dire messieurs Masseron, d'Aubonne et beaucoup d'autres, je ne les saurais prendre au mot.

Deux choses presque inaliénables s'unissent en moi sans que j'en puisse concevoir la manière : un tempéramment très ardent, des passions vives, impétueuses, et des idées lentes à naître, embarrassées, et qui ne se présentent jamais qu'après coup. On dirait que mon cœur et mon esprit n'appartiennent pas au même individu. Le sentiment, plus prompt que l'éclair, vient remplir mon âme ; mais au lieu de m'éclairer, il me brûle et m'éblouit. Je sens tout et je ne vois rien. Je suis emporté, mais stupide ; il faut que je sois de sang-froid pour penser. Ce qu'il y a d'étonnant est que j'ai cependant le tact assez sûr, de la pénétration, de la finesse même, pourvu qu'on m'attende : je fais d'excellents impromptu à loisir, mais sur le temps je n'ai jamais rien fait ni dit qui vaille. Je ferais une fort jolie conversation par la poste, comme on dit que les Espagnols jouent aux échecs. Quand je lus le trait d'un duc de Savoie (*) qui se retourna, faisant route, pour crier : *A votre gorge, marchand de Paris*, je dis : Me voilà.

---

(*) Charles-Emmanuel I$^{er}$, qui visita la cour d'Henri IV en 1599.

Cette lenteur de penser, jointe à cette vivacité de sentir, je ne l'ai pas seulement dans la conversation, je l'ai même seul et quand je travaille. Mes idées s'arrangent dans ma tête avec la plus incroyable difficulté : elles y circulent sourdement, elles y fermentent jusqu'à m'émouvoir, m'échauffer, me donner des palpitations; et, au milieu de toute cette émotion, je ne vois rien nettement, je ne saurais écrire un seul mot; il faut que j'attende. Insensiblement ce grand mouvement s'apaise, ce chaos se débrouille, chaque chose vient se mettre à sa place, mais lentement, et après une longue et confuse agitation. N'avez-vous point vu quelquefois l'opéra en Italie ? Dans les changements de scène, il règne sur ces grands théâtres un désordre désagréable et qui dure assez longtemps : toutes les décorations sont entremêlées; on voit de toutes parts un tiraillement qui fait peine, on croit que tout va renverser; cependant peu à peu tout s'arrange, rien ne manque, et l'on est tout surpris de voir succéder à ce long tumulte un spectacle ravissant. Cette manœuvre est à peu près celle qui se fait dans mon cerveau quand je veux écrire. Si j'avais su premièrement attendre, et puis rendre dans leur beauté les choses qui s'y sont ainsi peintes, peu d'auteurs m'auraient surpassé.

De là vient l'extrême difficulté que je trouve à écrire. Mes manuscrits raturés, barbouillés, mêlés, indéchiffrables, attestent la peine qu'ils m'ont coûtée. Il n'y en a pas un qu'il ne m'ait fallu transcrire quatre ou cinq fois avant de le donner à la presse. Je n'ai jamais pu rien faire la plume à la main, vis-à-vis d'une table et de mon papier; c'est à la promenade, au milieu des rochers et des bois, c'est la nuit dans mon lit et durant mes insomnies, que j'écris dans mon cerveau : l'on peut juger avec quelle lenteur, surtout pour un homme absolument dépourvu de mémoire verbale, et qui de la vie n'a pu retenir six vers par cœur. Il y a telle de mes périodes que j'ai tournée et retournée cinq ou six nuits dans ma tête avant qu'elle fût en état d'être mise sur le papier. De là vient encore que je réussis mieux aux ouvrages qui demandent du travail qu'à ceux qui veulent être faits avec une certaine légèreté, comme les lettres ; genre dont je n'ai pu prendre le ton, et dont l'occupation me met au supplice. Je n'écris point de lettres sur les moindres sujets qui ne me coûtent des heures de fatigue, ou, si je veux écrire de suite ce qui me vient, je ne sais ni commencer ni finir; ma lettre est un long et confus verbiage; à peine m'entend-on quand on la lit.

Non-seulement les idées me coûtent à rendre, elles me coûtent même à recevoir. J'ai étudié les hommes et je me crois assez bon observateur : cependant je ne sais rien voir de ce que je vois ; je ne vois bien que ce que je me rappelle, et je n'ai de l'esprit que dans mes souvenirs. De tout ce qu'on dit, de tout ce qu'on fait, de tout ce qui se passe en ma présence, je ne sens rien, je ne pénètre rien. Le signe extérieur est tout ce qui me frappe. Mais ensuite tout cela me revient : je me rapppelle le lieu, le temps, le ton, le regard, le geste, la circonstance; rien ne m'échappe. Alors, sur ce qu'on a fait ou dit, je trouve ce qu'on a pensé; et il est rare que je me trompe.

Si peu maître de mon esprit, seul avec moi-même, qu'on juge de ce que je dois être dans la conversation, où, pour parler à propos, il faut penser à la fois et sur-le-champ à mille choses. La seule idée de tant de convenances, dont je suis sûr d'oublier au moins quelqu'une, suffit pour m'intimider. Je ne comprends pas même comment on ose parler dans un cercle; car à chaque mot il faudrait passer en revue tous les gens qui sont là : il faudrait connaître tous leurs caractères, savoir leurs histoires, pour être sûr de ne rien dire qui puisse offenser quelqu'un. Là-dessus, ceux qui vivent dans le monde ont un grand avantage : sachant mieux ce qu'il faut taire, ils sont plus sûrs de ce qu'ils disent; encore leur échappe-t-il souvent des balourdises. Qu'on juge de celui qui tombe là des nues : il lui est presque impossible de parler une minute impunément. Dans le tête à tête, il y a un autre inconvénient que je trouve pire : la nécessité de parler toujours. Quand on vous parle, il faut répondre; et si l'on ne dit mot, il faut relever la conversation. Cette insupportable contrainte m'eût seule dégoûté de la société. Je ne trouve point de gêne plus terrible que l'obligation de parler sur-le-champ

et toujours. Je ne sais si ceci tient à ma mortelle aversion pour tout assujétissement; mais c'est assez qu'il faille absolument que je parle pour que je dise une sottise infailliblement.

Ce qu'il y a de plus fatal est qu'au lieu de savoir me taire quand je n'ai rien à dire, c'est alors que, pour payer plus tôt ma dette, j'ai la fureur de vouloir parler. Je me hâte de balbutier promptement des paroles sans idées, trop heureux quand elles ne signifient rien du tout. En voulant vaincre ou cacher mon ineptie, je manque rarement de la montrer. Entre mille exemples que j'en pourrais citer, j'en prends un qui n'est pas de ma jeunesse, mais d'un temps où, ayant vécu plusieurs années dans le monde, j'en aurais pris l'aisance et le ton, si la chose eût été possible. J'étais un soir entre deux grandes dames et un homme qu'on peut nommer; c'était M. le duc de Goutaut. Il n'y avait personne autre dans la chambre, et je m'efforçais de fournir quelques mots, Dieu sait quels! à une conversation entre quatre personnes dont trois n'avaient assurément pas besoin de mon supplément. La maîtresse de la maison se fit apporter une opiate (*) dont elle prenait tous les jours deux fois pour son estomac. L'autre dame lui voyant faire la grimace, dit en riant : « Est-ce de l'opiate de M. Tronchin ? — Je ne crois pas, répondit sur le même ton la première. — Je crois qu'elle ne vaut guère mieux, ajouta galamment le spirituel Rousseau. » Tout le monde resta interdit; il n'échappa ni le moindre mot ni le moindre sourire, et l'instant d'après la conversation prit un autre tour. Vis-à-vis d'une autre la balourdise eût pu n'être que plaisante; mais adressée à une femme trop aimable pour n'avoir pas un peu fait parler d'elle, et qu'assurément je n'avais pas dessein d'offenser, elle était terrible; et je crois que les deux témoins, homme et femme, eurent bien de la peine à s'empêcher d'éclater. Voilà de ces traits d'esprit qui m'échappent pour vouloir parler sans trouver rien à dire. J'oublierai difficilement celui-là; car, outre qu'il est par lui-même très mémorable, j'ai dans la tête qu'il a eu des suites qui ne me le rappellent que trop souvent.

Je crois que voilà assez de quoi faire comprendre comment, n'étant pas un sot, j'ai cependant passé pour l'être, même chez des gens en état de bien juger : d'autant plus malheureux que ma physionomie et mes yeux promettent davantage, et que cette attente frustrée rend plus choquante aux autres ma stupidité. Ce détail, qu'une occasion particulière a fait naître, n'est pas inutile à ce qui doit suivre. Il contient la clef de bien des choses extraordinaires qu'on m'a vu faire, et qu'on attribue à une humeur sauvage que je n'ai point. J'aimerais la société comme un autre, si je n'étais sûr de m'y montrer non-seulement à mon désavantage, mais tout autre que je ne suis. Le parti que j'ai pris d'écrire et de me cacher est précisément celui qui me convenait. Moi présent, on n'aurait jamais su ce que je valais, on ne l'aurait pas soupçonné même; et c'est ce qui est arrivé à M<sup>me</sup> Dupin, quoique femme d'esprit, et quoique j'aie vécu dans sa maison plusieurs années : elle me l'a dit bien des fois elle-même depuis ce temps-là. Au reste, tout ceci souffre de certaines exceptions, et j'y reviendrai dans la suite (**).

La mesure de mes talents ainsi fixée, l'état qui me convenait ainsi désigné, il ne fut plus question, pour la seconde fois, que de remplir ma vocation. La difficulté fut que je n'avais pas fait mes études, et que je ne savais pas même assez de latin pour être prêtre. M<sup>me</sup> de Warens imagina de me faire instruire au séminaire pendant quelque temps. Elle en parla au supérieur. C'était un lazariste appelé M. Gros, bon petit homme à moitié borgne, maigre, grison, le plus spirituel et le moins pédant lazariste que j'aie connu; ce qui n'est pas beaucoup dire à la vérité.

---

(*) *Opiat* ne se dit plus aujourd'hui qu'au masculin. Celui de Tronchin était composé de pulpe de casse, de manne en larmes et d'huile d'amandes douces : il était légèrement purgatif. Il s'agit ici de mesdames de Luxembourg et de Mirepoix.

(**) Une de ces exceptions se trouve racontée au livre IV, à propos de l'audience obtenue du sénat de Berne pour l'archimandrite. Dussault, dans son ouvrage intitulé : *De mes rapports avec Rousseau*, rend d'ailleurs pleine justice au talent qu'il déployait parfois dans la conversation, lorsqu'il se croyait sûr de la bienveillance de ses interlocuteurs.

Il venait quelquefois chez maman, qui l'accueillait, le caressait, l'agaçait même, et se faisait quelquefois lacer par lui, emploi dont il se chargeait assez volontiers. Tandis qu'il était en fonction, elle courait par la chambre de côté et d'autre, faisait tantôt ceci, tantôt cela. Tiré par le lacet, M. le supérieur suivait en grondant, et disant à tout moment : « Mais, madame, tenez-vous donc. » Cela faisait un sujet assez pittoresque.

M. Gros se prêta de bon cœur au projet de maman. Il se contenta d'une pension très modique et se chargea de l'instruction. Il ne fut question que du consentement de l'évêque, qui non-seulement l'accorda, mais qui voulut payer la pension. Il permit aussi que je restasse en habit laïque jusqu'à ce qu'on pût juger, par un essai, du succès qu'on devait espérer.

Quel changement ! Il fallut m'y soumettre. J'allai au séminaire comme j'aurais été au supplice. La triste maison qu'un séminaire, surtout pour qui sort de celle d'une aimable femme ! J'y portai un seul livre, que j'avais prié maman de me prêter, et qui me fut d'une grande ressource. On ne devinera pas quelle sorte de livre : c'était un livre de musique. Parmi les talents qu'elle avait cultivés, la musique n'avait pas été oubliée. Elle avait de la voix, chantait passablement, et jouait un peu du clavecin : elle avait eu la complaisance de me donner quelques leçons de chant ; et il fallut commencer de loin, car à peine savais-je la musique de nos psaumes. Huit ou dix leçons de femme, et fort interrompues, loin de me mettre en état de solfier, ne m'apprirent pas le quart des signes de la musique. Cependant j'avais une telle passion pour cet art, que je voulus essayer de m'exercer seul. Le livre que j'emportai n'était pas même des plus faciles ; c'étaient les cantates de Clérambault. On concevra quelle fut mon application et mon obstination, quand je dirai que, sans connaître ni transposition ni quantité, je parvins à déchiffrer et chanter sans faute le premier récitatif et le premier air de la cantate d'*Alphée et Aréthuse* ; et il est vrai que cet air est scandé si juste, qu'il ne faut que réciter les vers avec leur mesure pour y mettre celle de l'air.

Il y avait au séminaire un maudit lazariste qui m'entreprit, et qui me fit prendre en horreur le latin, qu'il voulait m'enseigner. Il avait des cheveux plats, gras et noirs, un visage de pain d'épice, une voix de buffle, un regard de chat-huant, des crins de sanglier au lieu de barbe ; son sourire était sardonique ; ses membres jouaient comme les poulies d'un mannequin : j'ai oublié son odieux nom, mais sa figure effrayante et doucereuse m'est bien restée, et j'ai peine à me la rappeler sans frémir. Je crois le rencontrer encore dans les corridors, avançant gracieusement son crasseux bonnet carré pour me faire signe d'entrer dans sa chambre, plus affreuse pour moi qu'un cachot. Qu'on juge du contraste d'un pareil maître pour le disciple d'un abbé de cour !

Si j'étais resté deux mois à la merci de ce monstre, je suis persuadé que ma tête n'y aurait pas résisté. Mais le bon M. Gros, qui s'aperçut que j'étais triste, que je ne mangeais pas, que je maigrissais, devina le sujet de mon chagrin ; cela n'était pas difficile. Il m'ôta des griffes de ma bête, et, par un autre contraste encore plus marqué, me remit au plus doux des hommes : c'était un jeune abbé faucigneran (*), appelé M. Gâtier, qui faisait son séminaire, et qui, par complaisance pour M. Gros, et je crois par humanité, voulait bien prendre sur ses études le temps qu'il donnait à diriger les miennes. Je n'ai jamais vu de physionomie plus touchante que celle de M. Gâtier. Il était blond, et sa barbe tirait sur le roux ; il avait le maintien ordinaire aux gens de sa province, qui, sous une figure épaisse, cachent tous beaucoup d'esprit ; mais ce qui se marquait vraiment en lui était une âme sensible, affectueuse, aimante. Il y avait dans ses grands yeux bleus un mélange de douceur, de tendresse et de tristesse, qui faisait qu'on ne pouvait le voir sans s'intéresser à lui. Aux regards, au ton de ce pauvre jeune homme, on eût dit qu'il prévoyait sa destinée, et qu'il se sentait né pour être malheureux.

Son caractère ne démentait pas sa physionomie : plein de patience et de com-

---

(*) Du Faucigny, petite province du duché de Savoie, où se trouve Chamounix.

plaisance, il semblait plutôt étudier avec moi que m'instruire. Il n'en fallait pas tant pour me le faire aimer : son prédécesseur avait rendu cela très facile. Cependant, malgré tout le temps qu'il me donnait, malgré toute la bonne volonté que nous y mettions l'un et l'autre, et quoiqu'il s'y prît très bien, j'avançai peu en travaillant beaucoup. Il est singulier qu'avec assez de conception, je n'ai jamais pu rien apprendre avec des maîtres, excepté mon père et M. Lambercier. Le peu que je sais de plus, je l'ai appris seul, comme on verra ci-après. Mon esprit, impatient de toute espèce de joug, ne peut s'asservir à la loi du moment ; la crainte même de ne pas apprendre m'empêche d'être attentif : de peur d'impatienter celui qui me parle, je feins d'entendre ; il va en avant, et je n'entends rien. Mon esprit veut marcher à son heure ; il ne peut se soumettre à celle d'autrui.

Le temps des ordinations étant venu, M. Gâtier s'en retourna diacre dans sa province. Il emporta mes regrets, mon attachement, ma reconnaissance. Je fis pour lui des vœux qui n'ont pas été plus exaucés que ceux que j'ai faits pour moi-même. Quelques années après, j'appris qu'étant vicaire dans une paroisse, il avait fait un enfant à une fille, la seule dont, avec un cœur très tendre, il eût jamais été amoureux. Ce fut un scandale effroyable dans un diocèse administré très sévèrement. Les prêtres, en bonne règle, ne doivent faire des enfants qu'à des femmes mariées. Pour avoir manqué à cette loi de convenance, il fut mis en prison, diffamé, chassé. Je ne sais s'il aura pu dans la suite rétablir ses affaires : mais le sentiment de son infortune, profondément gravé dans mon cœur, me revint quand j'écrivis l'*Emile* ; et, réunissant M. Gâtier et M. Gaime, je fis de ces deux dignes prêtres l'original du vicaire savoyard. Je me flatte que l'imitation n'a pas déshonoré ses modèles.

Pendant que j'étais au séminaire, M. d'Aubonne fut obligé de quitter Annecy. Monsieur l'intendant s'avisa de trouver mauvais qu'il fît l'amour à sa femme. C'était faire comme le chien du jardinier, car, quoique M^me Corvezi fût aimable, il vivait fort mal avec elle : des goûts ultramontains la lui rendaient inutile, et il la traitait si brutalement qu'il fut question de séparation. M. Corvezi était un vilain homme, noir comme une taupe, fripon comme une chouette, et qui, à force de vexations, finit par se faire chasser lui-même. On dit que les Provençaux se vengent de leurs ennemis par des chansons : M. d'Aubonne se vengea du sien par une comédie ; il envoya cette pièce à M^me de Warens, qui me la fit voir. Elle me plut, et me fit naître la fantaisie d'en faire une pour essayer si j'étais en effet aussi bête que l'auteur l'avait prononcé : mais ce ne fut qu'à Chambéry que j'exécutai ce projet en écrivant l'*Amant de lui-même*. Ainsi, quand j'ai dit dans la préface de cette pièce que je l'avais écrite à dix-huit ans, j'ai menti de quelques années.

C'est à peu près à ce temps-ci que se rapporte un événement peu important en lui-même, mais qui a eu pour moi des suites, et qui a fait du bruit dans le monde quand je l'avais oublié. Toutes les semaines, j'avais une fois la permission de sortir : je n'ai pas besoin de dire quel usage j'en faisais. Un dimanche que j'étais chez maman, le feu prit au couvent des cordeliers attenant à la maison qu'elle occupait. Ce bâtiment, où était leur four, était plein jusqu'au comble de fascines sèches. Tout fut embrasé en très peu de temps : la maison était en grand péril et couverte par les flammes que le vent y portait. On se mit en devoir de déménager en hâte et de porter les meubles dans le jardin, qui était vis-à-vis mes anciennes fenêtres et au-delà du ruisseau dont j'ai parlé. J'étais si troublé, que je jetais indifféremment par la fenêtre tout ce qui me tombait sous la main, jusqu'à un gros mortier de pierre, qu'en tout autre temps j'aurais eu peine à soulever ; j'étais prêt à y jeter de même une grande glace, si quelqu'un ne m'eût retenu. Le bon évêque, qui était venu voir maman ce jour-là, ne resta pas non plus oisif : il l'emmena dans le jardin, où il se mit en prière avec elle et tous ceux qui étaient là ; en sorte qu'arrivant quelque temps après, je vis tout le monde à genoux et m'y mis comme les autres. Durant la prière du saint homme le vent changea, mais si brusquement et si à propos, que les flammes qui cou-

vraient la maison et entraient déjà par les fenêtres, furent portées de l'autre côté de la cour, et la maison n'eut aucun mal. Deux ans après, M. de Bernex étant mort, les antonins, ses anciens confrères, commencèrent à recueillir les pièces qui pouvaient servir à sa béatification. A la prière du P. Boudet, je joignis à ces pièces une attestation du fait que je viens de rapporter, en quoi je fis bien : mais en quoi je fis mal, ce fut de donner ce fait pour un miracle. J'avais vu l'évêque en prière, et durant sa prière j'avais vu le vent changer, et même très à propos; voilà ce que je pouvais dire et certifier : mais qu'une de ces deux choses fût la cause de l'autre, voilà ce que je ne devais pas attester, parce que je ne pouvais le savoir. Cependant, autant que je puis me rappeler mes idées, alors sincèrement catholique, j'étais de bonne foi. L'amour du merveilleux, si naturel au cœur humain; ma vénération pour ce vertueux prélat, l'orgueil secret d'avoir peut-être contribué moi-même au miracle, aidèrent à me séduire ; et ce qu'il y a de sûr est que, si ce miracle eût été l'effet des plus ardentes prières, j'aurais bien pu m'en attribuer ma part.

Plus de trente ans après, lorsque j'eus publié les *Lettres de la Montagne*, M. Fréron déterra ce certificat, je ne sais comment, et en fit usage dans ses feuilles. Il faut avouer que la découverte était heureuse, et l'à-propos me parut à moi-même très plaisant.

J'étais destiné à être le rebut de tous les états. Quoique M. Gâtier eût rendu de mes progrès le compte le moins défavorable qu'il lui fût possible, on voyait qu'ils n'étaient pas proportionnés à mon travail, et cela n'était pas encourageant pour me faire pousser mes études. Aussi l'évêque et le supérieur se rebutèrent-ils, et on me rendit à madame de Warens comme un sujet qui n'était pas même bon pour être prêtre; au reste assez bon garçon, disait-on, et point vicieux : ce qui fit que, malgré tant de préjugés rebutants sur mon compte, elle ne m'abandonna pas.

Je rapportai chez elle en triomphe son livre de musique, dont j'avais tiré si bon parti. Mon air d'*Alphée et Aréthuse* était à peu près tout ce que j'avais appris au séminaire. Mon goût marqué pour cet art lui fit naître la pensée de me faire musicien. L'occasion était commode : on faisait chez elle, au moins une fois la semaine, de la musique, et le maître de musique de la cathédrale, qui dirigeait ce petit concert, venoit la voir très souvent. C'était un Parisien nommé M. Le Maître, bon compositeur, fort vif, fort gai, jeune encore, assez bien fait, peu d'esprit, mais au demeurant très bon homme. Maman me fit faire sa connaissance : je m'attachai à lui, je ne lui déplaisais pas : on parla de pension, l'on en convint. Bref, j'entrai chez lui, et j'y passai l'hiver d'autant plus agréablement, que la maîtrise n'étant qu'à vingt pas de la maison de M$^{me}$ de Warens, nous étions chez elle en un moment, et nous y soupions très souvent ensemble.

On jugera bien que la vie de la maîtrise, toujours chantante et gaie, avec les enfants de chœur, me plaisait plus que celle du séminaire avec les pères de Saint-Lazare. Cependant cette vie, pour être plus libre, n'en était pas moins égale et réglée. J'étais fait pour aimer l'indépendance et pour n'en abuser jamais. Durant six mois entiers, je ne sortis pas une seule fois que pour aller chez maman ou à l'église, et je n'en fus pas même tenté. Cet intervalle est un de ceux où j'ai vécu dans le plus grand calme, et que je me suis rappelés avec le plus de plaisir. Dans les situations diverses où je me suis trouvé, quelques uns ont été marqués par un tel sentiment de bien-être, qu'en les remémorant j'en suis affecté comme si j'y étais encore. Non-seulement je me rappelle les temps, les lieux, les personnes, mais tous les objets environnants, la température de l'air, son odeur, sa couleur, une certaine impression locale qui ne s'est fait sentir que là, et dont le souvenir vif m'y transporte de nouveau. Par exemple, tout ce qu'on répétait à la maîtrise, tout ce qu'on chantait au chœur; tout ce qu'on y faisait, le bel habit des chanoines, les chasubles des prêtres, les mitres des chantres, la figure des musiciens, un vieux charpentier boiteux qui jouait de la contre-basse, un petit abbé blondin qui jouait du violon, le lambeau de soutane qu'après avoir posé son épée M. Le Maître endossait par dessus son habit laïque, et le beau surplis fin dont il

en couvrait les loques pour aller au chœur, l'orgueil avec lequel j'allais, tenant ma petite flûte à bec, m'établir dans l'orchestre à la tribune pour un petit bout de récit que M. Le Maître avait fait exprès pour moi, le bon dîner qui nous attendait ensuite, le bon appétit qu'on y portait : ce concours d'objets vivement retracé m'a cent fois charmé dans ma mémoire, autant et plus que dans la réalité. J'ai gardé toujours une affection tendre pour un certain air du *Conditor alme siderum* qui marche par ïambes, parce qu'un dimanche de l'Avent, j'entendis de mon lit chanter cette hymne avant le jour sur le perron de la cathédrale, selon un rite de cette église-là. M$^{lle}$ Merceret, femme de chambre de maman, savait un peu de musique : je n'oublierai jamais un petit motet *Afferte*, que M. Le Maître fit chanter avec elle, et que sa maîtresse écoutait avec tant de plaisir. Enfin tout, jusqu'à la bonne servante Perrine, qui était si bonne fille et que les enfants de chœur faisaient tant endêver, tout dans les souvenirs de ces temps de bonheur et d'innocence revient souvent me ravir et m'attrister.

Je vivais à Annecy depuis près d'un an, sans le moindre reproche : tout le monde était content de moi. Depuis mon départ de Turin, je n'avais point fait de sottise, et je n'en fis point tant que je fus sous les yeux de maman. Elle me conduisait, et me conduisait toujours bien : mon attachement pour elle était devenu ma seule passion; et ce qui prouve que ce n'était pas une passion folle, c'est que mon cœur formait ma raison. Il est vrai qu'un seul sentiment, absorbant pour ainsi dire toutes mes facultés, me mettait hors d'état de rien apprendre, pas même la musique, bien que j'y fisse tous mes efforts. Mais il n'y avait point de ma faute; la bonne volonté y était tout entière, l'assiduité y était. J'étais distrait, rêveur, je soupirais : qu'y pouvais-je faire? Il ne manquait à mes progrès rien qui dépendît de moi; mais pour que je fisse de nouvelles folies, il ne fallait qu'un sujet qui vînt me les inspirer. Ce sujet se présenta; le hasard arrangea les choses, et, comme on le verra dans la suite, ma mauvaise tête en tira parti.

Un soir du mois de février qu'il faisait bien froid, comme nous étions tous autour du feu, nous entendîmes frapper à la porte de la rue. Perrine prend sa lanterne, descend, ouvre : un jeune homme entre avec elle, monte, se présente d'un air aisé, et fait à M. Le Maître un compliment court et bien tourné, se donnant pour un musicien français que le mauvais état de ses finances forçait de vicarier pour passer son chemin. A ce mot de musicien français, le cœur tressaillit au bon Le Maître : il aimait passionnément son pays et son art. Il accueillit le jeune passager, lui offrit le gîte dont il paraissait avoir grand besoin, et qu'il accepta sans beaucoup de façons. Je l'examinai tandis qu'il se chauffait et qu'il jasait en attendant le souper. Il était court de stature, mais large de carrure; il avait je ne sais quoi de contrefait dans sa taille, sans aucune difformité particulière; c'était, pour ainsi dire, un bossu à épaules plates, mais je crois qu'il boitait un peu. Il avait un habit noir plutôt usé que vieux, et qui tombait par pièces, une chemise très fine et très sale, de belles manchettes d'effilé, des guêtres dans chacune desquelles il aurait mis ses deux jambes, et pour se garantir de la neige, un petit chapeau à porter sous le bras. Dans ce comique équipage il y avait pourtant quelque chose de noble que son maintien ne démentait pas; sa physionomie avait de la finesse et de l'agrément; il parlait facilement et bien, mais très peu modestement. Tout marquait en lui un jeune débauché qui avait eu de l'éducation, et qui n'allait pas gueusant comme un gueux, mais comme un fou. Il nous dit qu'il s'appelait Venture de Villeneuve, qu'il venait de Paris, qu'il s'était égaré dans sa route; et oubliant un peu son rôle de musicien, il ajoutait qu'il allait à Grenoble voir un parent qu'il avait dans le parlement.

Pendant le souper, on parla de musique, et il en parla bien. Il connaissait tous les grands virtuoses, tous les ouvrages célèbres, tous les acteurs, toutes les actrices, toutes les jolies femmes, tous les grands seigneurs. Sur tout ce qu'on disait il paraissait au fait; mais à peine un sujet était-il entamé, qu'il brouillait l'entretien par quelque polissonnerie qui faisait rire et oublier ce que l'on avait dit. C'était un samedi; il y avait le lendemain musique à la cathédrale. M. Le Maître lui propose d'y chanter : « Très volontiers; » lui demande quelle est sa

partie; « la haute-contre; » et il parle d'autre chose. Avant d'aller à l'église, on lui offrit sa partie à prévoir; il n'y jeta pas les yeux. Cette gasconnade surprit Le Maître : « Vous verrez, me dit-il à l'oreille, qu'il ne sait pas une note de musique. — J'en ai grand'peur, lui répondis-je. » Je les suivis très inquiet. Quand on commença, le cœur me battit d'une terrible force, car je m'intéressais beaucoup à lui.

J'eus bientôt de quoi me rassurer. Il chanta ses deux récits avec toute la justesse et tout le goût imaginables, et, qui plus est, avec une très jolie voix. Je n'ai guère eu de plus agréable surprise. Après la messe, M. Venture reçut des compliments à perte de vue des chanoines et des musiciens, auxquels il répondait en polissonnant, mais toujours avec beaucoup de grâce. M. Le Maître l'embrassa de bon cœur; j'en fis autant : il vit que j'étais bien aise, et cela parut lui faire plaisir.

On conviendra, je m'assure, qu'après m'être engoué de M. Bâcle, qui, tout compté, n'était qu'un manant, je pouvais m'engouer de M. Venture, qui avait de l'éducation, des talents, de l'esprit, de l'usage du monde, et qui pouvait passer pour un aimable débauché. C'est aussi ce qui m'arriva, et ce qui serait arrivé, je pense, à tout autre jeune homme à ma place, d'autant plus facilement encore qu'il aurait eu un meilleur tact pour sentir le mérite, et un meilleur goût pour s'y attacher; car Venture en avait, sans contredit, et il en avait surtout un bien rare à son âge, celui de n'être point pressé de montrer son acquis. Il est vrai qu'il se vantait de beaucoup de choses qu'il ne savait point; mais pour celles qu'il savait, et qui étaient en assez grand nombre, il n'en disait rien : il attendait l'occasion de les montrer; il s'en prévalait alors sans empressement, et cela faisait le plus grand effet. Comme il s'arrêtait après chaque chose, sans parler du reste, on ne savait plus quand il aurait tout montré. Badin, folâtre, inépuisable, séduisant dans la conversation, souriant toujours et ne riant jamais, il disait du ton le plus élégant les choses les plus grossières et les faisait passer. Les femmes même les plus modestes s'étonnaient de ce qu'elles enduraient de lui. Elles avaient beau sentir qu'il fallait se fâcher, elles n'en avaient pas la force. Il ne lui fallait que des filles perdues, et je ne crois pas qu'il fût fait pour avoir de bonnes fortunes; mais il était fait pour mettre un agrément infini dans la société des gens qui en avaient. Il était difficile qu'avec tant de talents agréables, dans un pays où l'on s'y connaît et où on les aime, il restât borné longtemps à la sphère des musiciens.

Mon goût pour M. Venture, plus raisonnable dans sa cause, fut aussi moins extravagant dans ses effets, quoique plus vif et plus durable que celui que j'avais pris pour M. Bâcle. J'aimais à le voir, à l'entendre; tout ce qu'il faisait me paraissait charmant; tout ce qu'il disait me paraissait des oracles; mais mon engouement n'allait point jusqu'à ne pouvoir me séparer de lui. J'avais à mon voisinage un bon préservatif contre cet excès. D'ailleurs, trouvant ses maximes très bonnes pour lui, je sentais qu'elles n'étaient pas à mon usage; il me fallait une autre sorte de volupté, dont il n'avait pas l'idée, et dont je n'osais même lui parler, bien sûr qu'il se serait moqué de moi. Cependant j'aurais voulu allier cet attachement avec celui qui me dominait. J'en parlais à maman avec transport; Le Maître lui en parlait avec éloges. Elle consentit qu'on le lui amenât. Mais cette entrevue ne réussit pas du tout : il la trouva précieuse, elle le trouva libertin; et, s'alarmant pour moi d'une aussi mauvaise connaissance, non-seulement elle me défendit de le lui ramener, mais elle me peignit si fortement les dangers que je courais avec ce jeune homme, que je devins un peu plus circonspect à m'y livrer; et très heureusement pour mes mœurs et pour ma tête, nous fûmes bientôt séparés.

M. Le Maître avait les goûts de son art : il aimait le vin. A table cependant il était sobre; mais, en travaillant dans son cabinet, il fallait qu'il bût. Sa servante le savait si bien, que, sitôt qu'il préparait son papier pour composer et qu'il prenait son violoncelle, son pot et son verre arrivaient l'instant d'après, et le pot se renouvelait de temps à autre. Sans jamais être absolument ivre, il était tou-

jours pris de vin; et, en vérité, c'était dommage, car c'était un garçon essentiellement bon, et si gai, que maman ne l'appelait que *petit-chat*. Malheureusement il aimait son talent, travaillait beaucoup, et buvait de même. Cela prit sur sa santé, et enfin sur son humeur : il était quelquefois ombrageux et facile à offenser. Incapable de grossièreté, incapable de manquer à qui que ce fût, il n'a jamais dit une mauvaise parole, même à un de ses enfants de chœur; mais il ne fallait pas non plus lui manquer, et cela était juste. Le mal était qu'ayant peu d'esprit, il ne discernait pas les tons et les caractères, et prenait souvent la mouche sur rien.

L'ancien chapitre de Genève, où jadis tant de princes et d'évêques se faisaient honneur d'entrer, a perdu dans son exil son ancienne splendeur, mais il a conservé sa fierté. Pour pouvoir y être admis, il faut toujours être gentilhomme ou docteur de Sorbonne, et s'il est un orgueil pardonnable, après celui qui se tire du mérite personnel, c'est celui qui se tire de la naissance. D'ailleurs, tous les prêtres qui ont des laïques à leurs gages les traitent d'ordinaire avec assez de hauteur. C'est ainsi que les chanoines traitaient souvent le pauvre Le Maître. Le chantre surtout, appelé M. l'abbé de Vidonne, qui du reste était un très galant homme, mais trop plein de sa noblesse, n'avait pas toujours pour lui les égards que méritaient ses talents; et l'autre n'endurait pas volontiers ces dédains. Cette année ils eurent, durant la semaine sainte, un démêlé plus vif qu'à l'ordinaire dans un dîner de règle que l'évêque donnait aux chanoines, et où Le Maître était toujours invité. Le chantre lui fit quelque passe-droit, et lui dit quelque parole dure que celui-ci ne put digérer. Il prit sur-le-champ la résolution de s'enfuir la nuit suivante; et rien ne put l'en faire démordre, quoique M$^{me}$ de Warens, à qui il alla faire ses adieux, n'épargnât rien pour l'apaiser. Il ne put renoncer au plaisir de se venger de ses tyrans en les laissant dans l'embarras aux fêtes de Pâques, temps où l'on avait le plus grand besoin de lui. Mais ce qui l'embarrassait lui-même était sa musique qu'il voulait emporter, ce qui n'était pas facile : elle formait une caisse assez grosse et fort lourde, qui ne s'emportait pas sous le bras.

Maman fit ce que j'aurais fait et ce que je ferais encore à sa place. Après bien des efforts inutiles pour le retenir, le voyant résolu de partir comme que ce fût, elle prit le parti de l'aider en tout ce qui dépendait d'elle. J'ose dire qu'elle le devait. Le Maître s'était consacré, pour ainsi dire, à son service : soit en ce qui tenait à son art, soit en ce qui tenait à ses soins, il était entièrement à ses ordres; et le cœur avec lequel il les suivait donnait à sa complaisance un nouveau prix. Elle ne faisait donc que rendre à un ami, dans une occasion essentielle, ce qu'il faisait pour elle en détail depuis trois ou quatre ans : mais elle avait une âme qui, pour remplir de pareils devoirs, n'avait pas besoin de songer que c'en étaient pour elle. Elle me fit venir, m'ordonna de suivre M. Le Maître au moins jusqu'à Lyon, et de m'attacher à lui aussi longtemps qu'il aurait besoin de moi. Elle m'a depuis avoué que le désir de m'éloigner de Venture était entré pour beaucoup dans cet arrangement. Elle consulta Claude Anet, son fidèle domestique, pour le transport de la caisse. Il fut d'avis qu'au lieu de prendre à Annecy une bête de somme, qui nous ferait infailliblement découvrir, il fallait, quand il serait nuit, porter la caisse à bras jusqu'à une certaine distance, et louer ensuite un âne dans un village pour la transporter jusqu'à Seyssel, où, étant sur terres de France, nous n'aurions plus rien à risquer. Cet avis fut suivi : nous partîmes le même soir à sept heures; et maman, sous prétexte de payer ma dépense, grossit la petite bourse du pauvre *petit-chat* d'un surcroît qui ne lui fut pas inutile. Claude Anet, le jardinier et moi, portâmes la caisse comme nous pûmes jusqu'au premier village, où un âne nous relaya, et la même nuit nous nous rendîmes à Seyssel.

Je crois avoir déjà remarqué qu'il y a des temps où je suis si peu semblable à moi-même qu'on me prendrait pour un autre homme de caractère tout opposé. On en va voir un exemple. M. Reydelet, curé de Seyssel, était chanoine de Saint-Pierre, par conséquent de la connaissance de M. Le Maître, et l'un des hommes

dont il devait le plus se cacher. Mon avis fut au contraire d'aller nous présenter à lui, et lui demander gîte sous quelque prétexte, comme si nous étions là du consentement du chapitre. Le Maître goûta cette idée, qui rendait sa vengeance moqueuse et plaisante. Nous allâmes donc effrontément chez M. Reydelet, qui nous reçut très bien. Le Maître lui dit qu'il allait à Bellay, à la prière de l'évêque, diriger sa musique aux fêtes de Pâques, qu'il comptait repasser dans peu de jours; et moi, à l'appui de ce mensonge, j'en enfilai cent autres si naturels, que M. Reydelet, me trouvant joli garçon, me prit en amitié et me fit mille caresses. Nous fûmes bien régalés, bien couchés; M. Reydelet ne savait quelle chère nous faire; et nous nous séparâmes les meilleurs amis du monde, avec promesse de nous arrêter plus longtemps au retour. A peine pûmes-nous attendre que nous fussions seuls pour commencer nos éclats de rire; et j'avoue qu'ils me reprennent encore en y pensant; car on ne saurait imaginer une espièglerie mieux soutenue ni plus heureuse. Elle nous eût égayés durant toute la route, si M. Le Maître, qui ne cessait de boire et de battre la campagne, n'eût été attaqué deux ou trois fois d'une atteinte à laquelle il devenait très sujet, et qui ressemblait fort à l'épilepsie. Cela me jeta dans des embarras qui m'effrayèrent, et dont je pensai bientôt à me tirer comme je pourrais.

Nous allâmes à Bellay passer les fêtes de Pâques, comme nous l'avions dit à M. Reydelet, et, quoique nous n'y fussions point attendus, nous fûmes reçus du maître de musique et accueillis de tout le monde avec grand plaisir. M. Le Maître avait de la considération dans son art et la méritait. Le maître de musique de Bellay se fit honneur de ses meilleurs ouvrages et tâcha d'obtenir l'approbation d'un si bon juge; car outre que Le Maître était connaisseur, il était équitable, point jaloux et point flagorneur. Il était si supérieur à tous ces maîtres de musique de province, et ils le sentaient si bien eux-mêmes, qu'ils le regardaient moins comme leur confrère que comme leur chef.

Après avoir passé très agréablement quatre ou cinq jours à Bellay, nous en repartîmes et continuâmes notre route sans aucun accident que ceux dont je viens de parler. Arrivés à Lyon, nous fûmes loger à Notre-Dame-de-Pitié; et, en attendant la caisse, qu'à la faveur d'un autre mensonge nous avions embarquée sur le Rhône, par les soins de notre bon patron M. Reydelet, M. Le Maître alla voir ses connaissances, entre autres le P. Caton, cordelier, dont il sera parlé dans la suite, et l'abbé Dortan, comte de Lyon. L'un et l'autre le reçurent bien; mais ils le trahirent, comme on verra tout à l'heure : son bonheur s'était épuisé chez M. Reydelet.

Deux jours après notre arrivée à Lyon, comme nous passions dans une petite rue non loin de notre auberge, Le Maître fut surpris d'une de ses atteintes, et celle-là fut si violente que j'en fus saisi d'effroi. Je fis des cris, appelai du secours, nommai son auberge, et suppliai qu'on l'y fît porter; puis, tandis qu'on s'assemblait et s'empressait autour d'un homme tombé sans sentiment et écumant au milieu de la rue, il fut délaissé du seul ami sur lequel il eût dû compter. Je pris l'instant où personne ne songeait à moi; je tournai le coin de la rue, et je disparus. Grâce au ciel, j'ai fini ce troisième aveu pénible. S'il m'en restait beaucoup de pareils à faire, j'abandonnerais le travail que j'ai commencé.

De tout ce que j'ai dit jusqu'à présent, il en est resté quelques traces dans tous les lieux où j'ai vécu; mais ce que j'ai à dire dans le Livre suivant est presque entièrement ignoré. Ce sont les plus grandes extravagances de ma vie, et il est heureux qu'elles n'aient pas plus mal fini. Mais ma tête, montée au ton d'un instrument étranger, était hors de son diapason : elle y revint d'elle-même; et alors je cessai mes folies, ou du moins j'en fis de plus accordantes à mon naturel. Cette époque de ma jeunesse est celle dont j'ai l'idée la plus confuse. Rien presque ne s'y est passé d'assez intéressant à mon cœur pour m'en retracer vivement le souvenir, et il est difficile que dans tant d'allées et venues, dans tant de déplacements successifs, je ne fasse pas quelques transpositions de temps ou de lieu. J'écris absolument de mémoire, sans monuments, sans matériaux qui puissent me la rappeler. Il y a des événements de ma vie qui me sont aussi

présents que s'ils venaient d'arriver ; mais il y a des lacunes et des vides que je ne peux remplir qu'à l'aide de récits aussi confus que le souvenir qui m'en est resté. J'ai donc pu faire des erreurs quelquefois, et j'en pourrai faire encore sur des bagatelles, jusqu'au temps où j'ai de moi des renseignements plus sûrs ; mais en ce qui importe vraiment au sujet, je suis assuré d'être exact et fidèle, comme je tâcherai toujours de l'être en tout : voilà sur quoi l'on peut compter.

Sitôt que j'eus quitté M. Le Maître, ma résolution fut prise, et je repartis pour Annecy. La cause et le mystère de notre départ m'avaient donné un grand intérêt pour la sûreté de notre retraite ; et cet intérêt, m'occupant tout entier, avait fait diversion durant quelques jours à celui qui me rappelait en arrière : mais dès que la sécurité me laissa plus tranquille, le sentiment dominant reprit sa place. Rien ne me flattait, rien ne me tentait ; je n'avais désir pour rien que pour retourner auprès de maman. La tendresse et la vérité de mon attachement pour elle avaient déraciné de mon cœur tous les projets imaginaires, toutes les folies de l'ambition. Je ne voyais plus d'autre bonheur que celui de vivre auprès d'elle, et je ne faisais pas un pas sans sentir que je m'éloignais de ce bonheur. J'y revins donc aussitôt que cela me fut possible. Mon retour fut si prompt et mon esprit si distrait, que, quoique je me rappelle avec tant de plaisir tous mes autres voyages, je n'ai pas le moindre souvenir de celui-là, je ne m'en rappelle rien du tout, sinon mon départ de Lyon et mon arrivée à Annecy. Qu'on juge surtout si cette dernière époque a dû sortir de ma mémoire ! En arrivant, je ne trouvai plus M<sup>me</sup> de Warens ; elle était partie pour Paris.

Je n'ai jamais bien su le secret de ce voyage. Elle me l'aurait dit, j'en suis très sûr, si je l'en avais pressée ; mais jamais homme ne fut moins curieux que moi du secret de ses amis : mon cœur, uniquement occupé du présent, en remplit toute sa capacité, tout son espace, et, hors les plaisirs passés, qui font désormais mes uniques jouissances, il n'y reste pas un coin de vide pour ce qui n'est plus. Tout ce que j'ai cru entrevoir dans le peu qu'elle m'en a dit est que, dans la révolution causée à Turin par l'abdication du roi de Sardaigne, elle craignit d'être oubliée, et voulut, à la faveur des intrigues de M. d'Aubonne, chercher le même avantage à la cour de France, où elle m'a souvent dit qu'elle l'eût préféré, parce que la multitude des grandes affaires fait qu'on n'y est pas si désagréablement surveillé. Si cela est, il est bien étonnant qu'à son retour on ne lui ait pas fait plus mauvais visage, et qu'elle ait toujours joui de sa pension sans aucune interruption. Bien des gens ont cru qu'elle avait été chargée de quelque commission secrète, soit de la part de l'évêque, qui avait alors des affaires à la cour de France où il fut lui-même obligé d'aller, soit de la part de quelqu'un plus puissant encore, qui sut lui ménager un heureux retour. Ce qu'il y a de sûr, si cela est, est que l'ambassadrice n'était pas mal choisie, et que, jeune et belle encore, elle avait tous les talents nécessaires pour se bien tirer d'une négociation.

## LIVRE IV.

(1731-1732.) J'arrive, et je ne la trouve plus. Qu'on juge de ma surprise et de ma douleur ! C'est alors que le regret d'avoir lâchement abandonné M. Le Maître commença de se faire sentir. Il fut plus vif encore quand j'appris le malheur qui lui était arrivé. Sa caisse de musique, qui contenait toute sa fortune, cette précieuse caisse, sauvée avec tant de fatigue, avait été saisie, en arrivant à Lyon, par les soins du comte Dortan, à qui le chapitre avait fait écrire pour le prévenir de cet enlèvement furtif. Le Maître avait en vain réclamé son bien, son gagne-pain, le travail de toute sa vie. La propriété de cette caisse était tout au moins sujette à litige : il n'y en eut point. L'affaire fut décidée à l'instant même par la loi du plus fort, et le pauvre Le Maître perdit ainsi le fruit de ses talents, l'ouvrage de sa jeunesse, et la ressource de ses vieux jours.

Il ne manqua rien au coup que je reçus pour le rendre accablant. Mais j'étais

dans un âge où les grands chagrins ont peu de prise, et je me forgeai bientôt des consolations. Je comptais avoir dans peu des nouvelles de M^me de Warens, quoique je ne susse pas son adresse et qu'elle ignorât que j'étais de retour : et quant à ma désertion, tout bien compté, je ne la trouvais pas si coupable. J'avais été utile à M. Le Maître dans sa retraite ; c'était le seul service qui dépendît de moi. Si j'avais resté avec lui en France, je ne l'aurais pas guéri de son mal, je n'aurais pas sauvé sa caisse, je n'aurais fait que doubler sa dépense sans lui pouvoir être bon à rien. Voilà comment alors je voyais la chose ; je la vois autrement aujourd'hui. Ce n'est pas quand une vilaine action vient d'être faite qu'elle nous tourmente, c'est quand, longtemps après, on se la rappelle ; car le souvenir ne s'en éteint point.

Le seul parti que j'avais à prendre pour avoir des nouvelles de maman était d'en attendre ; car où l'aller chercher à Paris, et avec quoi faire le voyage ? Il n'y avait point de lieu plus sûr qu'Annecy pour savoir tôt ou tard où elle était. J'y restai donc ; mais je me conduisis assez mal. Je n'allai point voir l'évêque qui m'avait protégé et qui me pouvait protéger encore : je n'avais plus ma patronne auprès de lui, et je craignais les réprimandes sur notre évasion. J'allai moins encore au séminaire : M. Gros n'y était plus. Je ne vis personne de ma connaissance : j'aurais pourtant bien voulu aller voir M^me l'intendante, mais je n'osai jamais. Je fis plus mal que tout cela : je retrouvai M. Venture, auquel, malgré mon enthousiasme, je n'avais même pas pensé depuis mon départ. Je le trouvai brillant et fêté dans tout Annecy ; les dames se l'arrachaient. Ce succès acheva de me tourner la tête ; je ne vis plus rien que M. Venture, et il me fit presque oublier M^me de Warens. Pour profiter de ses leçons plus à mon aise, je lui proposai de partager avec moi son gîte ; il y consentit. Il était logé chez un cordonnier, plaisant et bouffon personnage, qui dans son patois n'appelait pas sa femme autrement que *salopière*, nom qu'elle méritait assez. Il avait avec elle des prises que M. Venture avait soin de faire durer en paraissant vouloir faire le contraire. Il leur disait d'un ton froid, et dans son accent provençal, des mots qui faisaient le plus grand effet ; c'étaient des scènes à pâmer de rire. Les matinées se passaient ainsi sans qu'on y songeât : à deux ou trois heures, nous mangions un morceau ; Venture s'en allait dans ses sociétés où il soupait ; et moi j'allais me promener seul, méditant sur son grand mérite, admirant, convoitant ses rares talents, et maudissant ma maussade étoile qui ne m'appelait point à cette heureuse vie. Eh ! que je m'y connaissais mal ! la mienne eût été cent fois plus charmante, si j'avais été moins bête et si j'en avais su mieux jouir.

M^me de Warens n'avait emmené qu'Anet avec elle ; elle avait laissé Merceret, femme de chambre dont j'ai parlé : je la trouvai occupant encore l'appartement de sa maîtresse. M^lle Merceret était une fille un peu plus âgée que moi ; non pas jolie, mais assez agréable : une bonne Fribourgeoise sans malice, et à qui je n'ai connu d'autre défaut que d'être quelquefois un peu mutine avec sa maîtresse. Je l'allais voir assez souvent : c'était une ancienne connaissance, et sa vue m'en rappelait une plus chère qui me la faisait aimer. Elle avait plusieurs amies, entre autres une M^lle Giraud, Genevoise, qui, pour mes péchés, s'avisa de prendre du goût pour moi. Elle pressait toujours Merceret de m'amener chez elle : je m'y laissais mener, parce que j'aimais assez Merceret, et qu'il y avait là d'autres jeunes personnes que je voyais volontiers. Pour M^lle Giraud, qui me faisait toutes sortes d'agaceries, on ne peut rien ajouter à l'aversion que j'avais pour elle. Quand elle approchait de mon visage son museau sec et noir barbouillé de tabac d'Espagne, j'avais peine à m'abstenir d'y cracher. Mais je prenais patience : à cela près, je me plaisais fort au milieu de toutes ces filles ; et, soit pour faire leur cour à M^lle Giraud, soit pour moi-même, toutes me fêtaient à l'envi. Je ne voyais à tout cela que de l'amitié. J'ai pensé depuis qu'il ne tenait qu'à moi d'y voir davantage : mais je ne m'en avisais pas, je n'y pensais pas.

D'ailleurs, des couturières, des filles de chambre, de petites marchandes ne me tentaient guère : il me fallait des demoiselles. Chacun a ses fantaisies, ç'a toujours été la mienne, et je ne pense pas comme Horace sur ce point-là. Ce n'est pourtant

pas du tout la vanité de l'état et du rang, c'est la volupté qui m'attire (*) : c'est un teint mieux conservé, de plus belles mains, une parure plus gracieuse, un air de délicatesse et de propreté sur toute la personne, plus de goût dans la manière de se mettre et de s'exprimer, une robe plus fine et mieux faite, une chaussure plus mignonne, des rubans, de la dentelle, des cheveux mieux ajustés. Je préférerais toujours la moins jolie ayant plus de tout cela. Je trouve moi-même cette préférence très ridicule; mais mon cœur la donne malgré moi.

Hé bien! cet avantage se présentait encore, et il ne tint encore qu'à moi d'en profiter. Que j'aime à tomber de temps en temps sur les moments agréables de ma jeunesse! Ils m'étaient si doux; ils ont été si courts, si rares, et je les ai goûtés à si bon marché! Ah! leur seul souvenir rend encore à mon cœur une volupté pure dont j'ai besoin pour ranimer mon courage et soutenir les ennuis du reste de mes ans.

L'aurore un matin me parut si belle, que, m'étant habillé précipitamment, je me hâtai de gagner la campagne pour voir lever le soleil. Je goûtai ce plaisir dans tout son charme; c'était la semaine après la Saint-Jean. La terre, dans sa plus grande parure, était couverte d'herbe et de fleurs; les rossignols, presque à la fin de leur ramage, semblaient se plaire à le renforcer; tous les oiseaux, faisant en concert leurs adieux au printemps, chantaient la naissance d'un beau jour d'été, d'un de ces beaux jours qu'on ne voit plus à mon âge, et qu'on n'a jamais vus dans le triste sol où j'habite aujourd'hui (**).

Je m'étais insensiblement éloigné de la ville, la chaleur augmentait, et je me promenais sous des ombrages dans un vallon le long d'un ruisseau. J'entends derrière moi des pas de chevaux et des voix de filles, qui semblaient embarrassées, mais qui n'en riaient pas de moins bon cœur. Je me retourne; on m'appelle par mon nom; j'approche: je trouve deux jeunes personnes de ma connaissance, M<sup>lle</sup> de Graffenried et M<sup>lle</sup> Galley, qui, n'étant pas d'excellentes cavalières, ne savaient comment forcer leurs chevaux à passer le ruisseau. M<sup>lle</sup> de Graffenried(***) était une jeune Bernoise fort aimable, qui, par quelque folie de son âge, ayant été jetée hors de son pays, avait imité Madame de Warens, chez qui je l'avais vue quelquefois; mais n'ayant pas eu une pension comme elle, elle avait été trop heureuse de s'attacher à M<sup>lle</sup> Galley, qui, l'ayant prise en amitié, avait engagé sa mère à la lui donner pour compagne jusqu'à ce qu'on la pût placer de quelque façon. M<sup>lle</sup> Galley, d'un an plus jeune qu'elle, était encore plus jolie; elle avait je ne sais quoi de plus délicat, de plus fin; elle était en même temps très mignonne et très formée, ce qui est pour une fille le plus beau moment. Toutes deux s'aimaient tendrement, et leur bon caractère à l'une et à l'autre ne pouvait qu'entretenir longtemps cette union, si quelque amant ne venait la déranger. Elle me dirent qu'elles allaient à Toune(****), vieux château appartenant à M<sup>me</sup> Galley; elles implorèrent mon secours pour faire passer leurs chevaux, n'en pouvant venir à bout elles seules. Je voulus fouetter les chevaux; mais elles craignaient pour moi les ruades et pour elles les haut-le-corps. J'eus recours à un autre expédient; je pris par la bride le cheval de M<sup>lle</sup> Galley, puis, le tirant après moi, je traversai le ruisseau ayant de l'eau jusqu'à mi-jambes, et l'autre cheval suivit sans difficulté. Cela fait, je voulus saluer ces demoiselles et m'en aller comme un benêt: elles se dirent quelques mots tout bas; et M<sup>lle</sup> de Graffenried, s'adressant à moi: « Non pas, non pas, me dit-elle, on ne nous échappe pas comme cela. Vous vous êtes mouillé pour notre service, et nous devons en conscience avoir soin de vous sécher : il faut, s'il vous plaît, venir avec nous, nous vous arrêtons prisonnier. » Le cœur me battait; je regardais M<sup>lle</sup> Galley. « Oui, oui, ajouta-t-elle en riant de ma mine effarée, prisonnier de guerre; montez en croupe derrière elle, nous voulons rendre compte de vous. — Mais, mademoiselle, je n'ai

---

(*) Montaigne (liv. III, ch. 2) et Horace (sat. II, 2) s'écartent, dans deux sens opposés, du sentiment de Rousseau.
(**) A Wootton, dans le comté de Stafford.
(***) Il existait encore des Graffenried à Lausanne, il y a quelques années.
(****) Probablement à *Thône*, bourg qui a été incendié depuis.

point l'honneur d'être connu de madame votre mère : que dira-t-elle en me voyant arriver ? — Sa mère, reprit M<sup>lle</sup> de Graffenried, n'est pas à Toune, nous sommes seules : nous revenons ce soir, et vous reviendrez avec nous. »

Telle femme qui lira ceci me souffletterait volontiers, et elle n'aurait pas tort. (Page 84.)

L'effet de l'électricité n'est pas plus prompt que celui que ces mots firent sur moi. En m'élançant sur le cheval de M<sup>lle</sup> de Graffenried, je tremblais de joie; et quand il fallut l'embrasser pour me tenir, le cœur me battait si fort qu'elle s'en

aperçut : elle me dit que le sien lui battait aussi par la frayeur de tomber; c'était presque, dans ma posture, une invitation de vérifier la chose : je n'osai jamais;

Que mes lèvres ne sont-elles des cerises! Comme je les leur jetterais ainsi de bon cœur!
(Page 82.)

et durant tout le trajet, mes deux bras lui servirent de ceinture, très serrée à la vérité, mais sans se déplacer un moment. Telle femme qui lira ceci me souffletterait volontiers, et n'aurait pas tort.

La gaîté du voyage et le babil de ces filles aiguisèrent tellement le mien, que jusqu'au soir, et tant que nous fûmes ensemble, nous ne déparlâmes pas un moment. Elles m'avaient mis si bien à mon aise, que ma langue parlait autant que mes yeux, quoiqu'elle ne dît pas les mêmes choses. Quelques instants seulement, quand je me trouvais tête à tête avec l'une ou l'autre, l'entretien s'embarrassait un peu; mais l'absente revenait bien vite et ne nous laissait pas le temps d'éclaircir cet embarras.

Arrivés à Toune, et moi bien séché, nous déjeunâmes. Ensuite il fallut procéder à l'importante affaire de préparer le dîner. Les deux demoiselles, tout en cuisinant, baisaient de temps en temps les enfants de la grangère; et le pauvre marmiton regardait faire en rongeant son frein (*). On avait envoyé des provisions de la ville, et il y avait de quoi faire un très bon dîner, surtout en friandises: mais malheureusement on avait oublié du vin. Cet oubli n'était pas étonnant pour des filles qui n'en buvaient guère; mais j'en fus fâché, car j'avais un peu compté sur ce secours pour m'enhardir. Elles en furent fâchées aussi, par la même raison peut-être, mais je n'en crois rien. Leur gaîté vive et charmante était l'innocence même, et d'ailleurs qu'eussent-elles fait de moi entre elles deux? Elles envoyèrent chercher du vin partout aux environs : on n'en trouva point, tant les habitants de ce canton sont sobres et pauvres. Comme elles m'en marquaient leur chagrin, je leur dis de n'en pas être si fort en peine, et qu'elles n'avaient pas besoin de vin pour m'enivrer. Ce fut la seule galanterie que j'osai leur dire de la journée; mais je crois que les friponnes voyaient de reste que cette galanterie était une vérité.

Nous dînâmes dans la cuisine de la grangère, les deux amies assises sur des bancs aux deux côtés de la longue table, et leur hôte entre elles deux sur une escabelle à trois pieds. Quel dîner! quel souvenir plein de charmes! Comment, pouvant à si peu de frais goûter des plaisirs si purs et si vrais, vouloir en rechercher d'autres? Jamais souper des petites maisons de Paris n'approcha de ce repas; je ne dis pas seulement pour la gaîté, pour la douce joie, mais je dis pour la sensualité.

Après le dîner, nous fîmes une économie: au lieu de prendre le café qui nous restait du déjeuner, nous le gardâmes pour le goûter avec de la crème et des gâteaux qu'elles avaient apportés; et pour tenir notre appétit en haleine, nous allâmes dans le verger achever notre dessert avec des cerises. Je montai sur l'arbre, et je leur en jetais des bouquets dont elles me rendaient les noyaux à travers les branches. Une fois M<sup>lle</sup> Galley, avançant son tablier et reculant sa tête, se présentait si bien, et je visai si juste, que je lui fis tomber un bouquet dans le sein; et de rire. Je me disais en moi-même : Que mes lèvres ne sont-elles des cerises! comme je les leur jetterais ainsi de bon cœur!

La journée se passa de cette sorte à folâtrer avec la plus grande liberté, et toujours avec la plus grande décence. Pas un seul mot équivoque; pas une seule plaisanterie hasardée : et cette décence, nous ne nous l'imposions point du tout; elle venait toute seule, nous prenions le ton que nous donnaient nos cœurs. Enfin ma modestie, d'autres diront ma sottise, fut telle, que la plus grande privauté qui m'échappa fut de baiser une seule fois la main de M<sup>lle</sup> Galley. Il est vrai que la circonstance donnait du prix à cette légère faveur. Nous étions seuls, je respirais avec embarras, elle avait les yeux baissés; ma bouche, au lieu de trouver des paroles, s'avisa de se coller sur sa main, qu'elle retira doucement après qu'elle fut baisée, en me regardant d'un air qui n'était point irrité. Je ne sais ce que j'aurais pu lui dire : son amie entra, et me parut laide en ce moment.

Enfin elles se souvinrent qu'il ne fallait pas attendre la nuit pour rentrer en ville. Il ne nous restait que le temps qu'il fallait pour arriver de jour, et nous nous hâtâmes de partir en nous distribuant comme nous étions venus. Si j'avais osé, j'aurais transposé cet ordre; car le regard de M<sup>lle</sup> Galley m'avait vivement

---

(*) Le premier manuscrit portait : « En mangeant son pain à la fumée du rôti. »

ému le cœur : mais je n'osai rien dire, et ce n'était pas à elle de le proposer. En marchant, nous disions que la journée avait tort de finir; mais, loin de nous plaindre qu'elle eût été courte, nous trouvâmes que nous avions eu le secret de la faire longue par tous les amusements dont nous avions su la remplir.

Je les quittai à peu près au même endroit où elles m'avaient pris. Avec quel regret nous nous séparâmes! avec quel plaisir nous projetâmes de nous revoir! Douze heures passées ensemble nous valaient des siècles de familiarité. Le doux souvenir de cette journée ne coûtait rien à ces aimables filles; la tendre union qui régnait entre nous trois valait des plaisirs plus vifs, et n'eût pu subsister avec eux : nous nous aimions sans mystère et sans honte, et nous voulions nous aimer toujours ainsi. L'innocence des mœurs a sa volupté, qui vaut bien l'autre, parce qu'elle n'a point d'intervalle et qu'elle agit continuellement. Pour moi, je sais que la mémoire d'un si beau jour me touche plus, me charme plus, me revient plus au cœur que celle d'aucuns plaisirs que j'aie goûtés en ma vie. Je ne savais pas trop bien ce que je voulais à ces deux charmantes personnes, mais elles m'intéressaient beaucoup toutes deux. Je ne dis pas que, si j'eusse été le maître de mes arrangements, mon cœur se serait partagé : j'y sentais un peu de préférence. J'aurais fait mon bonheur d'avoir pour maîtresse M<sup>lle</sup> de Graffenried; mais à choix, je crois que je l'aurais mieux aimée pour confidente. Quoi qu'il en soit, il me semblait en les quittant que je ne pouvais plus vivre sans l'une et sans l'autre. Qui m'eût dit que je ne les reverrais de ma vie, et que là finiraient nos éphémères amours?

Ceux qui liront ceci ne manqueront pas de rire de mes aventures galantes, en remarquant qu'après beaucoup de préliminaires, les plus avancés finissent par baiser la main. O mes lecteurs! ne vous y trompez pas. J'ai peut-être eu plus de plaisir dans mes amours en finissant par cette main baisée, que vous n'en aurez jamais dans les vôtres en commençant tout au moins par là.

Venture, qui s'était couché fort tard la veille, rentra peu de temps après moi. Pour cette fois je ne le vis pas avec le même plaisir qu'à l'ordinaire, et je me gardai de lui dire comment j'avais passé ma journée. Ces demoiselles m'avaient parlé de lui avec peu d'estime, et m'avaient paru mécontentes de me savoir en si mauvaises mains : cela lui fit tort dans mon esprit; d'ailleurs tout ce qui me distrayait d'elles ne pouvait que m'être désagréable. Cependant il me rappela bientôt à lui et à moi en me parlant de ma situation. Elle était trop critique pour pouvoir durer. Quoique je dépensasse très peu de chose, mon petit pécule achevait de s'épuiser; j'étais sans ressource. Point de nouvelles de maman : je ne savais que devenir, et je sentais un cruel serrement de cœur de voir l'ami de M<sup>lle</sup> Galley réduit à l'aumône.

Venture me dit qu'il avait parlé de moi à M. le juge-mage, qu'il voulait m'y mener dîner le lendemain; que c'était un homme en état de me rendre service par ses amis; d'ailleurs une bonne connaissance à faire, un homme d'esprit et de lettres, d'un commerce fort agréable, qui avait des talents et qui les aimait : puis mêlant à son ordinaire, aux choses les plus sérieuses, la plus mince frivolité, il me fit voir un joli couplet, venu de Paris, sur un air d'un opéra de Mouret qu'on jouait alors. Ce couplet avait plu si fort à M. Simon (c'était le nom du juge-mage), qu'il voulait en faire un autre en réponse sur le même air; il avait dit à Venture d'en faire aussi un; et la folie prit à celui-ci de m'en faire faire un troisième : afin, disait-il, qu'on vît les couplets arriver le lendemain comme les brancards du Roman comique (*).

La nuit, ne pouvant dormir, je fis comme je pus mon couplet. Pour les premiers vers que j'eusse faits, ils étaient passables, meilleurs même, ou du moins faits avec plus de goût qu'ils n'auraient été la veille, le sujet roulant sur une situation fort tendre, à laquelle mon cœur était tout disposé. Je montrai le matin mon couplet à Venture, qui, le trouvant joli, le mit dans sa poche sans me dire

---

(*) Première partie, ch. IX. Voyez l'édition comprise dans les *Veillées littéraires*, la seule où l'on trouve tous les compléments de l'ouvrage de Scarron.

s'il avait fait le sien. Nous allâmes dîner chez M. Simon, qui nous reçut bien. La conversation fut agréable : elle ne pouvait manquer de l'être entre deux hommes d'esprit, à qui la lecture avait profité. Pour moi, je faisais mon rôle : j'écoutais et je me taisais. Ils ne parlèrent de couplet ni l'un ni l'autre ; je n'en parlai point non plus, et jamais, que je sache, il n'a été question du mien.

M. Simon parut content de mon maintien : c'est à peu près tout ce qu'il vit de moi dans cette entrevue. Il m'avait déjà vu plusieurs fois chez M$^{me}$ de Warens sans faire une grande attention à moi. Ainsi c'est depuis le dîner que je puis dater sa connaissance, qui ne me servit de rien pour l'objet qui me l'avait fait faire, mais dont je tirai dans la suite d'autres avantages qui me font rappeler sa mémoire avec plaisir.

J'aurais tort de ne pas parler de sa figure, que, sur sa qualité de magistrat, et sur le bel esprit dont il se piquait, on n'imaginerait pas si je n'en disais rien. M. le juge-mage Simon n'avait assurément pas trois pieds de haut. Ses jambes, menues et même assez longues, l'auraient agrandi si elles eussent été verticales ; mais elles posaient de biais comme celles d'un compas très ouvert. Son corps était non-seulement court, mais mince, et en tous sens d'une petitesse inconcevable. Il devait paraître une sauterelle quand il était nu. Sa tête, de grandeur naturelle, avec un visage bien formé, l'air noble, d'assez beaux yeux, semblait une tête postiche qu'on aurait plantée sur un moignon. Il eût pu s'exempter de faire de la dépense en parure, car sa grande perruque seule l'habillait parfaitement de pied en cap.

Il avait deux voix toutes différentes, qui s'entremêlaient sans cesse dans sa conversation avec un contraste d'abord très plaisant, mais bientôt très désagréable. L'une était grave et sonore; c'était, si j'ose ainsi parler, la voix de sa tête. L'autre, claire, aiguë et perçante, était la voix de son corps. Quand il s'écoutait beaucoup, qu'il parlait très posément, qu'il ménageait son haleine, il pouvait parler toujours de sa grosse voix ; mais pour peu qu'il s'animât et qu'un accent plus vif vint se présenter, cet accent devenait comme le sifflement d'une clef, et il avait toute la peine du monde à reprendre sa basse.

Avec la figure que je viens de peindre, et qui n'est point chargée, M. Simon était galant, grand conteur de fleurettes, et poussait jusqu'à la coquetterie le soin de son ajustement. Comme il cherchait à prendre ses avantages, il donnait volontiers ses audiences du matin dans son lit ; car, quand on voyait sur l'oreiller une belle tête, personne n'allait s'imaginer que c'était là tout. Cela donnait lieu quelquefois à des scènes dont je suis sûr que tout Annecy se souvient encore.

Un matin qu'il attendait dans ce lit, ou plutôt sur ce lit, les plaideurs, en belle coiffe de nuit bien fine et bien blanche, ornée de deux grosses bouffettes de ruban couleur de rose, un paysan arrive, heurte à la porte. La servante était sortie. M. le juge-mage, entendant redoubler, crie : « Entrez ! » et cela, comme dit un peu fort, partit de sa voix aiguë. L'homme entre, il cherche d'où vient cette voix de femme ; et voyant dans ce lit une cornette, une fontange, il veut ressortir en faisant à madame de grandes excuses. M. Simon se fâche et n'en crie que plus clair. Le paysan, confirmé dans son idée et se croyant insulté, lui dit qu'apparemment elle n'est qu'une coureuse, et que M. le juge-mage ne donne guère bon exemple chez lui. Le juge-mage, furieux et n'ayant pour toute arme que son pot de chambre, allait le jeter à la tête de ce pauvre homme, quand sa gouvernante entra.

Ce petit nain, si disgracié dans son corps par la nature, en avait été dédommagé du côté de l'esprit : il l'avait naturellement agréable, et il avait pris soin de l'orner. Quoiqu'il fût, à ce qu'on disait, assez bon jurisconsulte, il n'aimait pas son métier. Il s'était jeté dans la belle littérature, et il y avait réussi. Il en avait pris surtout cette brillante superficie, cette fleur qui jette de l'agrément dans le commerce, même avec les femmes. Il savait par cœur tous les petits traits des *ana* et autres semblables : il avait l'art de les faire valoir, en contant avec intérêt, avec mystère, et comme une anecdote de la veille, ce qui s'était passé il y avait

soixante ans. Il savait la musique, et chantait agréablement de sa voix d'homme : enfin il avait beaucoup de jolis talents pour un magistrat. A force de cajoler les dames d'Annecy, il s'était mis à la mode parmi elles; elles l'avaient à leur suite comme un petit sapajou. Il prétendait même à des bonnes fortunes, et cela les amusait beaucoup. Une M$^{me}$ d'Epagny disait que pour lui la dernière faveur était de baiser une femme au genou.

Comme il connaissait les bons livres, et qu'il en parlait volontiers, sa conversation était non-seulement amusante, mais instructive. Dans la suite, lorsque j'eus pris du goût pour l'étude, je cultivai sa connaissance, et je m'en trouvai très bien. J'allais quelquefois le voir de Chambéry, où j'étais alors. Il louait, animait mon émulation, et me donnait pour mes lectures de bons avis, dont j'ai souvent fait mon profit. Malheureusement, dans ce corps si fluet logeait une âme très sensible. Quelques années après, il eut je ne sais quelle mauvaise affaire qui le chagrina, et il en mourut. Ce fut dommage : c'était assurément un bon petit homme, dont on commençait par rire, et qu'on finissait par aimer. Quoique sa vie ait été peu liée à la mienne, comme j'ai reçu de lui des leçons utiles, j'ai cru pouvoir, par reconnaissance, lui consacrer un petit souvenir.

Sitôt que je fus libre, je courus dans la rue de M$^{lle}$ Galley, me flattant de voir entrer ou sortir quelqu'un, ou du moins ouvrir quelque fenêtre. Rien; pas un chat ne parut, et tout le temps que je fus là, la maison demeura aussi close que si elle n'eût point été habitée. La rue était petite et déserte, un homme s'y remarquait : de temps en temps quelqu'un passait, entrait ou sortait au voisinage. J'étais fort embarrassé de ma figure : il me semblait qu'on devinait pourquoi j'étais là; et cette idée me mettait au supplice, car j'ai toujours préféré à mes plaisirs l'honneur et le repos de celles qui m'étaient chères.

Enfin, las de faire l'amant espagnol, et n'ayant point de guitare, je pris le parti d'aller écrire à M$^{lle}$ de Graffenried. J'aurais préféré d'écrire à son amie; mais je n'osais, et il convenait de commencer par celle à qui je devais la connaissance de l'autre et avec qui j'étais plus familier. Ma lettre faite, j'allai la porter à M$^{lle}$ Giraud, comme j'en étais convenu avec ces demoiselles en nous séparant. Ce furent elles qui me donnèrent cet expédient. M$^{lle}$ Giraud était contre-pointière; et travaillant quelquefois chez M$^{me}$ Galley, elle avait l'entrée de sa maison. La messagère ne me parut pourtant pas trop bien choisie; mais j'avais peur, si je faisais des difficultés sur celle-là, qu'on ne m'en proposât point d'autre. De plus, je n'osai dire qu'elle voulait travailler pour son compte. Je me sentais humilié qu'elle osât se croire pour moi du même sexe que ces demoiselles. Enfin j'aimais mieux cet entrepôt-là que point, et je m'y tins à tout risque.

Au premier mot, la Giraud me devina : cela n'était pas difficile. Quand une lettre à porter à des jeunes filles n'aurait pas parlé d'elle-même, mon air sot et embarrassé m'aurait seul décelé. On peut croire que cette commission ne lui donna pas grand plaisir à faire : elle s'en chargea toutefois et l'exécuta fidèlement. Le lendemain matin, je courus chez elle et j'y trouvai ma réponse. Comme je me pressai de sortir pour l'aller lire et baiser à mon aise ! cela n'a pas besoin d'être dit; mais ce qui en a besoin davantage, c'est le parti que prit M$^{lle}$ Giraud, et où j'ai trouvé plus de délicatesse et de modération que je n'en aurais attendu d'elle. Ayant assez de bon sens pour voir qu'avec ses trente-sept ans, ses yeux de lièvre, son nez barbouillé, sa voix aigre et sa peau noire, elle n'avait pas beau jeu contre deux jeunes personnes pleines de grâces et dans tout l'éclat de la beauté, elle ne voulut ni les trahir ni les servir, et aima mieux me perdre que de me ménager pour elles.

(1732.) Il y avait déjà quelque temps que la Merceret, n'ayant aucune nouvelle de sa maîtresse, songeait à s'en retourner à Fribourg : elle l'y détermina tout-à-fait. Elle fit plus; elle lui fit entendre qu'il serait bien que quelqu'un la conduisît chez son père, et me proposa. La petite Merceret, à qui je ne déplaisais pas non plus, trouva cette idée fort bonne à exécuter. Elles m'en parlèrent dès le même jour comme d'une affaire arrangée; et, comme je ne trouvais rien qui me déplût dans cette manière de disposer de moi, j'y consentis, regardant ce voyage comme

une affaire de huit jours tout au plus. La Giraud, qui ne pensait pas de même, arrangea tout. Il fallut bien avouer l'état de mes finances. On y pourvut : la Merceret se chargea de me défrayer ; et, pour regagner d'un côté ce qu'elle dépensait de l'autre, à ma prière on décida qu'elle enverrait devant son petit bagage, et que nous irions à pied à petites journées. Ainsi fut fait.

Je suis fâché de faire tant de filles amoureuses de moi : mais, comme il n'y a pas de quoi être bien vain du parti que j'ai tiré de toutes ces amours-là, je crois pouvoir dire la vérité sans scrupule. La Merceret, plus jeune et moins déniaisée que la Giraud, ne m'a jamais fait des agaceries aussi vives ; mais elle imitait mes tons, mes accents, redisait mes mots, avait pour moi les attentions que j'aurais dû avoir pour elle, et prenait toujours grand soin, comme elle était très peureuse, que nous couchassions dans la même chambre ; identité qui se borne rarement là dans un voyage entre un garçon de vingt ans et une fille de vingt-cinq.

Elle s'y borna pourtant cette fois. Ma simplicité fut telle, que, quoique la Merceret ne fût pas désagréable, il ne me vint pas même à l'esprit durant tout le voyage, je ne dis pas la moindre tentation galante, mais même la moindre idée qui s'y rapportât ; et quand cette idée me serait venue, j'étais trop sot pour savoir en profiter. Je n'imaginais pas comment une fille et un garçon parvenaient à coucher ensemble ; je croyais qu'il fallait des siècles pour préparer ce terrible arrangement. Si la pauvre Merceret, en me défrayant, comptait sur quelque équivalent, elle en fut la dupe, et nous arrivâmes à Fribourg exactement comme nous étions partis d'Annecy.

En passant à Genève, je n'allai voir personne, mais je fus prêt à me trouver mal sur les ponts. Jamais je n'ai vu les murs de cette heureuse ville, jamais je n'y suis entré, sans sentir une certaine défaillance de cœur, qui venait d'un excès d'attendrissement. En même temps que la noble image de la liberté m'élevait l'âme, celles de l'égalité, de l'union, de la douceur des mœurs, me touchaient jusqu'aux larmes, et m'inspiraient un vif regret d'avoir perdu tous ces biens. Dans quelle erreur j'étais, mais qu'elle était naturelle ! Je croyais voir tout cela dans ma patrie, parce que je le portais dans mon cœur.

Il fallait passer à Nyon. Passer sans voir mon bon père ! Si j'avais eu ce courage, j'en serais mort de regret. Je laissai la Merceret à l'auberge, et je l'allai voir à tout risque. Eh ! que j'avais tort de le craindre ! Son âme, à mon abord, s'ouvrit aux sentiments paternels dont elle était pleine. Que de pleurs nous versâmes en nous embrassant ! Il crut d'abord que je revenais à lui. Je lui fis mon histoire, et je lui dis ma résolution. Il la combattit faiblement. Il me fit voir les dangers auxquels je m'exposais, me dit que les plus courtes folies étaient les meilleures. Du reste, il n'eut pas même la tentation de me retenir de force ; et, en cela, je trouve qu'il eut raison : mais il est certain qu'il ne fit pas, pour me ramener, tout ce qu'il aurait pu faire, soit qu'après le pas que j'avais fait, il jugeât lui-même que je n'en devais pas revenir, soit qu'il fût embarrassé peut-être à savoir ce qu'à mon âge il pourrait faire de moi. J'ai su depuis qu'il eut de ma compagne de voyage une opinion bien injuste et bien éloignée de la vérité, mais, du reste, assez naturelle. Ma belle-mère, bonne femme, un peu mielleuse, fit semblant de vouloir me retenir à souper. Je ne restai point ; mais je leur dis que je comptais m'arrêter avec eux plus longtemps au retour, et je leur laissai en dépôt mon petit paquet, que j'avais fait venir par le bateau, et dont j'étais embarrassé. Le lendemain, je partis de bon matin, bien content d'avoir vu mon père et d'avoir osé faire mon devoir.

Nous arrivâmes heureusement à Fribourg. Sur la fin du voyage, les empressements de M<sup>lle</sup> Merceret diminuèrent un peu. Après notre arrivée, elle ne me marqua plus que de la froideur ; et son père, qui ne nageait pas dans l'opulence, ne me fit pas non plus un bien grand accueil : je m'allai loger au cabaret. Je les fus voir le lendemain ; ils m'offrirent à dîner ; je l'acceptai. Nous nous séparâmes sans pleurs : je retournai le soir à ma gargotte, et je repartis le surlendemain de mon arrivée, sans trop savoir où j'avais dessein d'aller.

Voilà encore une circonstance de ma vie où la Providence m'offrait précisé-

ment ce qu'il me fallait pour couler des jours heureux. La Merceret était une très bonne fille, point brillante, point belle, mais point laide non plus ; peu vive, fort raisonnable, à quelques petites humeurs près, qui se passaient à pleurer, et qui n'avaient jamais de suite orageuse. Elle avait un vrai goût pour moi ; j'aurais pu l'épouser sans peine, et suivre le métier de son père (*). Mon goût pour la musique me l'aurait fait aimer. Je me serais établi à Fribourg, petite ville peu jolie, mais peuplée de bonnes gens. J'aurais perdu sans doute de grands plaisirs, mais j'aurais vécu en paix jusqu'à ma dernière heure ; et je dois savoir mieux que personne qu'il n'y avait pas à balancer sur ce marché.

Je revins, non pas à Nyon, mais à Lausanne. Je voulais me rassasier de la vue de ce beau lac qu'on voit là dans sa plus grande étendue. La plupart de mes secrets motifs déterminants n'ont pas été plus solides. Des vues éloignées ont rarement assez de force pour me faire agir. L'incertitude de l'avenir m'a toujours fait regarder les projets de longue exécution comme des leurres de dupe. Je me livre à l'espoir comme un autre, pourvu qu'il ne me coûte rien à nourrir ; mais, s'il faut prendre longtemps de la peine, je n'en suis plus. Le moindre petit plaisir qui s'offre à ma portée me tente plus que les joies du paradis. J'excepte pourtant le plaisir que la peine doit suivre : celui-là ne me tente pas, parce que je n'aime que des jouissances pures, et que jamais on n'en a de telles quand on sait qu'on s'apprête un repentir.

J'avais grand besoin d'arriver en quelque lieu que ce fût, et le plus proche était le mieux ; car m'étant égaré dans ma route, je me trouvai le soir à Moudon, où je dépensai le peu qui me restait, hors dix creutzer, qui partirent le lendemain à la dînée : et, arrivé le soir à un petit village auprès de Lausanne, j'y entrai dans un cabaret sans un sou pour payer ma couchée, et sans savoir que devenir. J'avais grand'faim ; je fis bonne contenance, et je demandai à souper, comme si j'eusse eu de quoi bien payer. J'allai me coucher sans songer à rien, je dormis tranquillement ; et après avoir déjeuné le matin et compté avec l'hôte, je voulus pour sept batz, à quoi montait ma dépense, lui laisser ma veste en gage. Ce brave homme la refusa, et me dit que grâce au ciel il n'avait jamais dépouillé personne et qu'il ne voulait pas commencer pour sept batz, que je gardasse ma veste, et que je payerais quand je pourrais. Je fus touché de sa bonté, mais moins que je devais l'être, et que je ne l'ai été depuis en y repensant. Je ne tardai guère à lui renvoyer son argent avec des remercîments par un homme sûr : mais quinze ans après, repassant par Lauzanne, à mon retour d'Italie, j'eus un vrai regret d'avoir oublié l'enseigne du cabaret et le nom de l'hôte. Je l'aurais été voir ; je me serais fait un vrai plaisir de lui rappeler sa bonne œuvre, et de lui prouver qu'elle n'avait pas été mal placée. Des services plus importants sans doute, mais rendus avec plus d'ostentation, ne m'ont pas paru si dignes de reconnaissance que l'humanité simple et sans éclat de cet honnête homme.

En approchant de Lausanne je rêvais à la détresse où je me trouvais, aux moyens de m'en tirer sans aller montrer ma misère à ma belle-mère ; et je me comparais dans ce pèlerinage pédestre à mon ami Venture arrivant à Annecy. Je m'échauffai si bien de cette idée, que, sans songer que je n'avais ni sa gentillesse ni ses talents, je me mis en tête de faire à Lausanne le petit Venture, d'enseigner la musique que je ne savais pas, de me dire de Paris, où je n'avais jamais été. En conséquence de ce beau projet, comme il n'y avait point là de maîtrise où je pusse vicarier, et que d'ailleurs je n'avais garde d'aller me fourrer parmi les gens de l'art, je commençai par m'informer d'une petite auberge où l'on pût être assez bien et à bon marché. On m'enseigna un nommé Perrotet, qui tenait des pensionnaires. Ce Perrotet se trouva être le meilleur homme du monde, et me reçut fort bien. Je lui contai mes petits mensonges comme je les avais arrangés. Il me promit de parler de moi, et de tâcher de me procurer des écoliers ; il ajouta qu'il ne me demanderait de l'argent que quand j'en aurais gagné. Sa pension était de cinq écus blancs ; ce qui était peu pour la chose, mais beaucoup

---

(*) M. Merceret était probablement musicien ou luthier.

pour moi. Il me conseilla de ne me mettre d'abord qu'à la demi-pension, qui consistait pour le dîner en une bonne soupe et rien de plus, mais bien à souper le soir. J'y consentis. Ce pauvre Perrotet me fit toutes ces avances du meilleur cœur du monde, et n'épargnait rien pour m'être utile.

Pourquoi faut-il qu'ayant trouvé tant de bonnes gens dans ma jeunesse, j'en trouve si peu dans un âge avancé? Leur race est-elle épuisée? Non; mais l'ordre où j'ai besoin de les chercher aujourd'hui n'est plus le même où je les trouvais alors. Parmi le peuple, où les grandes passions ne parlent que par intervalles, les sentiments de la nature se font plus souvent entendre. Dans les états les plus élevés, ils sont étouffés absolument, et, sous le masque du sentiment, il n'y a jamais que l'intérêt ou la vanité qui parle.

J'écrivis de Lausanne à mon père, qui m'envoya mon paquet, et me marqua d'excellentes choses, dont j'aurais dû mieux profiter. J'ai déjà noté des moments de délire inconcevables où je n'étais plus moi-même : en voici encore un des plus marqués. Pour comprendre à quel point la tête me tournait alors, à quel point je m'étais pour ainsi dire venturisé, il ne faut que voir combien tout à la fois j'accumulai d'extravagances. Me voilà maître à chanter sans déchiffrer un air ; car, quand les six mois que j'avais passés avec Le Maître m'auraient profité, jamais ils n'auraient pu suffire; mais outre cela j'apprenais d'un maître : c'en était assez pour apprendre mal. Parisien de Genève, et catholique en pays protestant, je crus devoir changer mon nom ainsi que ma religion et ma patrie. Je m'approchais toujours de mon grand modèle autant qu'il m'était possible. Il s'était appelé Venture de Villeneuve ; moi je fis l'anagramme du nom de Rousseau dans celui de Vaussore, et je m'appelai Vaussore de Villeneuve. Venture savait la composition, quoiqu'il n'en eût rien dit; moi, sans la savoir, je m'en vantai à tout le monde, et, sans pouvoir noter le moindre vaudeville, je me donnai pour compositeur. Ce n'est pas tout : ayant été présenté à M. de Treytorens, professeur en droit, qui aimait la musique et faisait des concerts chez lui, je voulus lui donner un échantillon de mon talent, et je me mis à composer une pièce pour son concert, aussi effrontément que si j'avais su comment m'y prendre. J'eus la constance de travailler pendant quinze jours à ce bel ouvrage, de le mettre au net, d'en tirer les parties, et de les distribuer avec autant d'assurance que si c'eût été un chef-d'œuvre d'harmonie. Enfin, ce qu'on aura peine à croire et qui est très vrai, pour couronner dignement cette sublime production, je mis à la fin un joli menuet, qui courait les rues, et que tout le monde se rappelle peut-être encore, sur ces paroles jadis si connues :

> Quel caprice!
> Quelle injustice!
> Quoi ! ta Clarice
> Trahirait tes feux! etc.

Venture m'avait appris cet air avec la basse sur d'autres paroles infâmes, à l'aide desquelles je l'avais retenu. Je mis donc à la fin de ma composition ce menuet et sa basse, en supprimant les paroles, et je le donnai pour être de moi, tout aussi résolûment que si j'avais parlé à des habitants de la lune.

On s'assemble pour exécuter ma pièce. J'explique à chacun le genre du mouvement, le goût de l'exécution, les renvois des parties : j'étais fort affairé. On s'accorde pendant cinq ou six minutes, qui furent pour moi cinq ou six siècles. Enfin, tout étant prêt, je frappe avec un beau rouleau de papier sur mon pupitre magistral les cinq ou six coups du *prenez garde à vous*. On fait silence ; je me mets gravement à battre la mesure; on commence...... Non, depuis qu'il existe des opéras français, de la vie on n'ouït un semblable charivari. Quoi qu'il eût pu penser de mon prétendu talent, l'effet fut pire que tout ce qu'on semblait attendre. Les musiciens étouffaient de rire; les auditeurs ouvraient de grands yeux et auraient bien voulu fermer les oreilles; mais il n'y avait pas moyen. Mes bourreaux de symphonistes, qui voulaient s'égayer, raclaient à percer le tympan d'un quinze-vingts. J'eus la constance d'aller toujours mon train, suant

il est vrai à grosses gouttes, mais retenu par la honte, n'osant m'enfuir et tout planter là. Pour ma consolation, j'entendais autour de moi les assistants se dire à leur oreille ou plutôt à la mienne, l'un : Il n'y a rien là de supportable! un autre : Quelle musique enragée! un autre : Quel diable de sabbat! Pauvre Jean-Jacques, dans ce cruel moment, tu n'espérais guère qu'un jour devant le roi de France et toute sa cour tes sons exciteraient des murmures de surprise et d'applaudissement, et que, dans toutes les loges autour de toi, les plus aimables femmes se diraient à demi-voix, Quels sons charmants! quelle musique enchanteresse! tous ces chants-là vont au cœur!

Je soupirais et pleurais comme un enfant. (Page 91.)

Mais ce qui mit tout le monde de bonne humeur fut le menuet. A peine en eut-on joué quelques mesures, que j'entendis partir de toutes parts les éclats de rire. Chacun me félicitait sur mon joli goût de chant ; on m'assurait que ce menuet ferait parler de moi, et que je méritais d'être chanté partout. Je n'ai pas besoin de dépeindre mon angoisse ni d'avouer que je la méritais bien.

Le lendemain, l'un de mes symphonistes, appelé Lutold, vint me voir, et fut assez bonhomme pour ne pas me féliciter sur mon succès. Le profond sentiment de ma sottise, la honte, le regret, le désespoir de l'état où j'étais réduit, l'impossibilité de tenir mon cœur fermé dans ses grandes peines, me firent ouvrir à lui ; je lâchai la bonde à mes larmes ; et, au lieu de me contenter de lui avouer mon ignorance, je lui dis tout, en lui demandant le secret, qu'il me promit, et qu'il me garda comme on peut le croire. Dès le même soir, tout Lausanne sut qui j'étais ; et, ce qui est remarquable, personne ne m'en fit semblant, pas même le bon Perrotet, qui pour tout cela ne se rebuta pas de me loger et de me nourrir.

Je vivais, mais bien tristement. Les suites d'un pareil début ne firent pas pour moi de Lausanne un séjour fort agréable. Les écoliers ne se présentaient pas en

foule; pas une seule écolière, et personne de la ville. J'eus en tout deux ou trois gros Teutches, aussi stupides que j'étais ignorant, qui m'ennuyaient à mourir, et qui, dans mes mains, ne devinrent pas de grands croque-notes. Je fus appelé dans une seule maison, où un petit serpent de fille se donna le plaisir de me montrer beaucoup de musique dont je ne pus pas lire une note, et qu'elle eut la malice de chanter ensuite devant monsieur le maître, pour lui montrer comment cela s'exécutait. J'étais si peu en état de lire un air de première vue, que, dans le brillant concert dont j'ai parlé, il ne me fut pas possible de suivre un moment l'exécution pour savoir si l'on jouait bien ce que j'avais sous les yeux et que j'avais composé moi-même.

Au milieu de tant d'humiliations, j'avais des consolations très douces dans les nouvelles que je recevais de temps en temps des deux charmantes amies. J'ai toujours trouvé dans le sexe une grande vertu consolatrice; et rien n'adoucit plus mes afflictions dans mes disgrâces que de sentir qu'une personne aimable y prend intérêt. Cette correspondance cessa pourtant bientôt après, et ne fut jamais renouée : mais ce fut ma faute. En changeant de lieu, je négligeai de leur donner mon adresse; et, forcé par la nécessité de songer continuellement à moi-même, je les oubliai bientôt entièrement.

Il y a longtemps que je n'ai parlé de ma pauvre maman : mais si l'on croit que je l'oubliais aussi, l'on se trompe fort. Je ne cessais de penser à elle, et de désirer de la retrouver, non-seulement pour le besoin de ma subsistance, mais bien plus pour le besoin de mon cœur. Mon attachement pour elle, quelque vif, quelque tendre qu'il fût, ne m'empêchait pas d'en aimer d'autres; mais ce n'était pas de la même façon. Toutes devaient également ma tendresse à leurs charmes : mais elle tenait uniquement à ceux des autres et ne leur eût pas survécu; au lieu que maman pouvait devenir vieille et laide sans que je l'aimasse moins tendrement. Mon cœur avait pleinement transmis à sa personne l'hommage qu'il fit d'abord à sa beauté ; et, quelque changement qu'elle éprouvât, pourvu que ce fût toujours elle, mes sentiments ne pouvaient changer. Je sais bien que je lui devais de la reconnaissance; mais en vérité je n'y songeais pas. Quoiqu'elle eût fait ou n'eût pas fait pour moi, c'eût été toujours la même chose. Je ne l'aimais ni par devoir, ni par intérêt, ni par convenance; je l'aimais parce que j'étais né pour l'aimer. Quand je devenais amoureux de quelque autre, cela faisait distraction, je l'avoue, et je pensais moins souvent à elle; mais j'y pensais avec le même plaisir, et jamais, amoureux ou non, je ne me suis occupé d'elle sans sentir qu'il ne pouvait y avoir pour moi de vrai bonheur dans la vie tant que j'en serais séparé.

N'ayant point de ses nouvelles depuis si longtemps, je ne crus jamais que je l'eusse tout-à-fait perdue, ni qu'elle eût pu m'oublier. Je me disais : Elle saura tôt ou tard que je suis errant, et me donnera quelque signe de vie, je la retrouverai, j'en suis certain. En attendant, c'était une douceur pour moi d'habiter son pays, de passer dans les rues où elle avait passé, devant les maisons où elle avait demeuré; et le tout par conjecture, car une de mes ineptes bizarreries était de n'oser m'informer d'elle ni prononcer son nom sans la plus absolue nécessité. Il me semblait qu'en la nommant je disais tout ce qu'elle m'inspirait, que ma bouche révélait le secret de mon cœur, que je la compromettais en quelque sorte. Je crois même qu'il se mêlait à cela quelque frayeur qu'on ne me dît du mal d'elle. On avait parlé beaucoup de sa démarche, et un peu de sa conduite. De peur qu'on n'en dît pas ce que je voulais entendre, j'aimais mieux qu'on n'en parlât point du tout.

Comme mes écoliers ne m'occupaient pas beaucoup, et que sa ville natale n'était qu'à quatre lieues de Lausanne, j'y fis une promenade de deux ou trois jours, durant lesquels la plus douce émotion ne me quitta point. L'aspect du lac de Genève et de ses admirables côtes eut toujours à mes yeux un attrait particulier [*] que je ne saurais expliquer, et qui ne tient pas seulement à la beauté du spec-

---

[*] De ces souvenirs sont nées les admirables descriptions de *la Nouvelle Héloïse*.

tacle, mais à je ne sais quoi de plus intéressant qui m'affecte et m'attendrit. Toutes les fois que j'approche du pays de Vaud, j'éprouve une impression composée du souvenir de Mᵐᵉ de Warens qui y est née, de mon père qui y vivait, de Mˡˡᵉ de Vulson qui y eut les prémices de mon cœur, de plusieurs voyages de plaisir que j'y fis dans mon enfance; et, ce me semble, de quelque autre cause encore plus secrète et plus forte que tout cela. Quand l'ardent désir de cette vie heureuse et douce qui me fuit et pour laquelle j'étais ne vient enflammer mon imagination, c'est toujours au pays de Vaud, près du lac, dans des campagnes charmantes, qu'elle se fixe. Il me faut absolument un verger au bord de ce lac, et non pas d'un autre; il me faut un ami sûr, une femme aimable, une vache et un petit bateau. Je ne jouirai d'un bonheur parfait sur la terre que quand j'aurai tout cela. Je ris de la simplicité avec laquelle je suis allé plusieurs fois dans ce pays-là, uniquement pour y chercher ce bonheur imaginaire. J'étais toujours surpris d'y trouver les habitants, surtout les femmes, d'un tout autre caractère que celui que j'y cherchais. Combien cela me semblait disparate! Le pays et le peuple dont il est couvert ne m'ont jamais paru faits l'un pour l'autre.

Dans ce voyage de Vevay, je me livrais, en suivant ce beau rivage, à la plus douce mélancolie : mon cœur s'élançait avec ardeur à mille félicités innocentes; je m'attendrissais, je soupirais et pleurais comme un enfant. Combien de fois, m'arrêtant pour pleurer à mon aise, assis sur une grosse pierre, je me suis amusé à voir tomber mes larmes dans l'eau!

J'allai à Vevay loger à la Clef; et pendant deux jours que j'y restai sans voir personne, je pris pour cette ville un amour qui m'a suivi dans tous mes voyages, et qui m'y a fait établir enfin les héros de mon roman. Je dirais volontiers à ceux qui ont du goût et qui sont sensibles : allez à Vevay, visitez le pays, examinez les sites, promenez-vous sur le lac, et dites si la nature n'a pas fait ce beau pays pour une Julie, pour une Claire et pour un Saint-Preux; mais ne les y cherchez pas. Je reviens à mon histoire.

Comme j'étais catholique et que je me donnais pour tel, je suivais sans mystère et sans scrupule le culte que j'avais embrassé. Les dimanches, quand il faisait beau, j'allais à la messe à Assens, à deux lieues de Lausanne. Je faisais ordinairement cette course avec d'autres catholiques, surtout avec un brodeur parisien dont j'ai oublié le nom. Ce n'était pas un Parisien comme moi, c'était un vrai Parisien de Paris, un archi-Parisien du bon Dieu, bonhomme comme un Champenois. Il aimait si fort son pays, qu'il ne voulut jamais douter que j'en fusse, de peur de perdre cette occasion d'en parler. M. de Crouzas, lieutenant-baillival, avait un jardinier de Paris aussi, mais moins complaisant, et qui trouvait la gloire de son pays compromise à ce qu'on osât se donner pour en être lorsqu'on n'avait pas cet honneur. Il me questionnait de l'air d'un homme sûr de me prendre en faute, et puis souriait malignement. Il me demanda une fois ce qu'il y avait de remarquable au Marché-Neuf. Je battis la campagne comme on peut croire. Après avoir passé vingt ans à Paris, je dois à présent connaître cette ville; cependant, si l'on me faisait aujourd'hui pareille question, je ne serais pas moins embarrassé d'y répondre, et de cet embarras on pourrait aussi bien conclure que je n'ai jamais été à Paris : tant, lors même qu'on rencontre la vérité, l'on est sujet à se fonder sur des principes trompeurs!

Je ne saurais dire exactement combien de temps je demeurai à Lausanne. Je n'emportai pas de cette ville des souvenirs bien rappelants. Je sais seulement que, n'y trouvant pas à vivre, j'allai de là à Neufchâtel, et que j'y passai l'hiver. Je réussis mieux dans cette dernière ville : j'y eus des écoliers, et j'y gagnai de quoi m'acquitter avec mon bon ami Perrotet, qui m'avait fidèlement envoyé mon petit bagage, quoique je lui redusse assez d'argent.

J'apprenais insensiblement la musique en l'enseignant. Ma vie était assez douce : un homme raisonnable eût pu s'en contenter; mais mon cœur inquiet me demandait autre chose. Les dimanches et les jours où j'étais libre, j'allais courir les campagnes et les bois des environs, toujours errant, rêvant, soupirant; et, quand j'étais une fois sorti de la ville, je n'y rentrais plus que le soir

Un jour, étant à Boudry, j'entrai pour dîner dans un cabaret : j'y vis un homme à grande barbe avec un habit violet à la grecque, un bonnet fourré, l'équipage et l'air assez noble, et qui souvent avait peine à se faire entendre, ne parlant qu'un jargon presque indéchiffrable, mais plus ressemblant à l'italien qu'à nulle autre langue. J'entendais presque tout ce qu'il disait, et j'étais le seul ; il ne pouvait s'énoncer que par signes avec l'hôte et les gens du pays. Je lui dis quelques mots en italien, qu'il entendit parfaitement : il se leva, et vint m'embrasser avec transport. La liaison fut bientôt faite, et, dès ce moment, je lui servis de truchement. Son dîner était bon, le mien était moins que médiocre ; il m'invita de prendre part au sien, je fis peu de façons. En buvant et baragouinant, nous achevâmes de nous familiariser, et, dès la fin du repas, nous devînmes inséparables. Il me conta qu'il était prélat grec et archimandrite de Jérusalem, qu'il était chargé de faire une quête en Europe pour le rétablissement du Saint-Sépulcre. Il me montra de belles patentes de la czarine et de l'empereur : il en avait beaucoup d'autres souverains. Il était assez content de ce qu'il avait amassé jusqu'alors ; mais il avait eu des peines incroyables en Allemagne, n'entendant pas un mot d'allemand, de latin ni de français, et réduit à son grec, au turc et à la langue franque pour toute ressource, ce qui ne lui en procurait pas beaucoup dans le pays où il s'était enfourné. Il me proposa de l'accompagner pour lui servir de secrétaire et d'interprète. Malgré mon petit habit violet, nouvellement acheté, et qui ne cadrait pas mal avec mon nouveau poste, j'avais l'air si peu étoffé, qu'il ne me crut pas difficile à gagner, et il ne se trompa point. Notre accord fut bientôt fait : je ne demandais rien, et il promettait beaucoup. Sans caution, sans sûreté, sans connaissance, je me livre à sa conduite, et, dès le lendemain, me voilà parti pour Jérusalem.

Nous commençâmes notre tournée par le canton de Fribourg, où il ne fit pas grand chose. La dignité épiscopale ne permettait pas de faire le mendiant, et de quêter aux particuliers ; mais nous présentâmes sa commission au sénat, qui lui donna une petite somme. De là, nous fûmes à Berne. Nous logeâmes au Faucon, bonne auberge alors, où l'on trouvait bonne compagnie. La table était nombreuse et bien servie. Il y avait longtemps que je faisais mauvaise chère : j'avais grand besoin de me refaire ; j'en avais l'occasion, et j'en profitai. M$^{gr}$ l'archimandrite était lui-même un homme de bonne compagnie, aimant assez à tenir table, gai, parlant bien pour ceux qui l'entendaient, ne manquant pas de certaines connaissances, et plaçant son érudition grecque avec assez d'agrément. Un jour, cassant au dessert des noisettes, il se coupa le doigt fort avant ; et, comme le sang sortait avec abondance, il montra son doigt à la compagnie, et dit en riant : *Mirate, signori ; questo è sangue pelasgo* (*).

A Berne, mes fonctions ne lui furent pas inutiles, et je ne m'en tirai pas aussi mal que je l'avais craint. J'étais bien plus hardi et mieux parlant que je n'aurais été pour moi-même. Les choses ne se passèrent pas aussi simplement qu'à Fribourg : il fallut de longues et fréquentes conférences avec les premiers de l'état, et l'examen de ses titres ne fut pas l'affaire d'un jour. Enfin, tout étant en règle, il fut admis à l'audience du sénat. J'entrai avec lui comme interprète, et l'on me dit de parler. Je ne m'attendais à rien moins, et il ne m'était pas venu à l'esprit qu'après avoir longtemps conféré avec les membres, il fallût s'adresser au corps comme si rien n'eût été dit. Qu'on juge de mon embarras ! Pour un homme aussi honteux, parler non-seulement en public, mais devant le sénat de Berne, et parler impromptu, sans avoir une seule minute pour me préparer : il y avait là de quoi m'anéantir. Je ne fus pas même intimidé. J'exposai succinctement et nettement la commission de l'archimandrite. Je louai la piété des princes qui avaient contribué à la collecte qu'il était venu faire. Piquant d'émulation celle de leurs excellences, je dis qu'il n'y avait pas moins à espérer de leur munificence accoutumée ; et puis, tâchant de prouver que cette bonne œuvre en était également une pour tous les chrétiens, sans distinction de secte, je finis par

---

(*) Voycz, messieurs : voilà du sang des anciens Grecs.

promettre les bénédictions du ciel à ceux qui voudraient y prendre part. Je ne dirai pas que mon discours fit effet; mais il est sûr qu'il fut goûté, et qu'au sortir de l'audience l'archimandrite reçut un présent fort honnête, et de plus, sur l'esprit de son secrétaire des compliments dont j'eus l'agréable emploi d'être le truchement, mais que je n'osai lui rendre à la lettre. Voilà la seule fois de ma vie que j'aie parlé en public et devant un souverain, et la seule fois aussi, peut-être, que j'ai parlé hardiment et bien. Quelle différence dans les dispositions du

Me jetant à ses pieds, je lui tins parole. (Page 94.)

même homme! Il y a trois ans, qu'étant allé voir à Yverdun mon vieux ami M. Roguin, je reçus une députation pour me remercier de quelques livres que j'avais donnés à la bibliothèque de cette ville. Les Suisses sont grands harangueurs: ces messieurs me haranguèrent. Je me crus obligé de répondre; mais je m'embarrassai tellement dans ma réponse, et ma tête se brouilla si bien, que je restai court, et me fis moquer de moi. Quoique timide naturellement, j'ai été hardi quelquefois dans ma jeunesse, jamais dans mon âge avancé. Plus j'ai vu le monde, moins j'ai pu me faire à son ton.

Partis de Berne, nous allâmes à Soleure; car le dessein de l'archimandrite

était de reprendre la route d'Allemagne, et de s'en retourner par la Hongrie ou par la Pologne, ce qui faisait une route immense : mais comme, chemin faisant, sa bourse s'emplissait plus qu'elle ne se vidait, il craignait peu les détours. Pour moi, qui me plaisais presque autant à cheval qu'à pied, je n'aurais pas mieux demandé que de voyager ainsi toute ma vie : mais il était écrit que je n'irais pas si loin.

La première chose que nous fîmes, arrivant à Soleure, fut d'aller saluer M. l'ambassadeur de France. Malheureusement pour mon évêque, cet ambassadeur était le marquis de Bonac, qui avait été ambassadeur à la Porte, et qui devait être au fait de tout ce qui regardait le Saint-Sépulcre. L'archimandrite eut une audience d'un quart d'heure, où je ne fus pas admis, parce que M. l'ambassadeur entendait la langue franque et parlait l'italien au moins aussi bien que moi. A la sortie de mon Grec, je voulus le suivre; on me retint : ce fut mon tour. M'étant donné pour Parisien, j'étais, comme tel, sous la juridiction de son excellence. Elle me demanda qui j'étais, m'exhorta de lui dire la vérité : je le lui promis, en lui demandant une audience particulière qui me fut accordée. M. l'ambassadeur m'emmena dans son cabinet dont il ferma sur nous la porte; et là, me jetant à ses pieds, je lui tins parole. Je n'aurais pas moins dit quand je n'aurais rien promis, car un continuel besoin d'épanchement met à tout moment mon cœur sur mes lèvres; et, après m'être ouvert sans réserve au musicien Lutold, je n'avais garde de faire le mystérieux avec le marquis de Bonac. Il fut si content de ma petite histoire et de l'effusion de cœur avec laquelle il vit que je l'avais contée, qu'il me prit par la main, entra chez M$^{me}$ l'ambassadrice, et me présenta à elle en lui faisant un abrégé de mon récit. M$^{me}$ de Bonac m'accueillit avec bonté, et dit qu'il ne fallait pas me laisser aller avec ce moine grec. Il fut résolu que je resterais à l'hôtel en attendant qu'on vît ce qu'on pourrait faire de moi. Je voulus aller faire mes adieux à mon pauvre archimandrite, pour lequel j'avais conçu de l'attachement : on ne me le permit pas. On envoya lui signifier mes arrêts; et un quart d'heure après, je vis arriver mon petit sac. M. de La Martinière, secrétaire d'ambassade, fut, en quelque façon, chargé de moi. En me conduisant dans la chambre qui m'était destinée, il me dit : « Cette chambre a été occupée par un homme célèbre du même nom que vous : il ne tient qu'à vous de le remplacer de toutes manières, et de faire dire un jour, Rousseau premier, Rousseau second. » Cette conformité, qu'alors je n'espérais guère, eût moins flatté mes désirs, si j'avais pu prévoir à quel prix je l'achèterais un jour.

Ce que m'avait dit M. de La Martinière me donna de la curiosité. Je lus les ouvrages de celui dont j'occupais la chambre; et, sur le compliment qu'on m'avait fait, croyant avoir du goût pour la poésie, je fis pour mon coup d'essai une cantate à la louange de M$^{me}$ de Bonac. Le goût ne se soutint pas. J'ai fait de temps en temps de médiocres vers : c'est un exercice assez bon pour se rompre aux inversions élégantes, et apprendre à mieux écrire en prose; mais je n'ai jamais trouvé dans la poésie française assez d'attrait pour m'y livrer tout-à-fait, et probablement j'y aurais peu réussi.

M. de La Martinière voulut voir de mon style, et me demanda par écrit le même détail que j'avais fait à M. l'ambassadeur. Je lui écrivis une longue lettre, que j'apprends avoir été conservée par M. de Marianne, qui était attaché depuis longtemps au marquis de Bonac, et qui depuis a succédé à M. de La Martinière sous l'ambassade de M. de Courteilles. J'ai prié M. de Malesherbes de tâcher de me procurer une copie de cette lettre dont il a connaissance. Si je puis l'avoir par lui ou par d'autres, on la trouvera dans le recueil qui doit accompagner mes Confessions.

L'expérience que je commençais d'avoir modérait peu à peu mes projets romanesques; et, par exemple, non-seulement je ne devins point amoureux de M$^{me}$ de Bonac, mais je sentis d'abord que je ne pouvais faire un grand chemin dans la maison de son mari. M. de La Martinière en place, et M. de Marianne pour ainsi dire en survivance, ne me laissaient espérer pour toute fortune qu'un emploi de sous-secrétaire qui ne me tentait pas infiniment. Cela fit que, quand on

me consulta sur ce que je voulais faire, je marquai beaucoup d'envie d'aller à Paris. M. l'ambassadeur goûta cette idée, qui tendait au moins à le débarrasser de moi. M. de Merveilleux, secrétaire interprète de l'ambassade, dit que son ami M. Godard, colonel suisse au service de France, cherchait quelqu'un pour le mettre auprès de son neveu, qui entrait fort jeune au service, et pensa que je pourrais lui convenir. Sur cette idée, assez légèrement prise, mon départ fut résolu ; et moi, qui voyais un voyage à faire et Paris au bout, j'en fus dans la joie de mon cœur. On me donna quelques lettres, cent francs pour mon voyage, accompagnés de fort bonnes leçons, et je partis.

Je mis à ce voyage une quinzaine de jours, que je peux compter parmi les heureux de ma vie. J'étais jeune, je me portais bien ; j'avais assez d'argent, beaucoup d'espérance ; je voyageais à pied, et je voyageais seul. On serait étonné de me voir compter un pareil avantage, si déjà l'on n'avait dû se familiariser avec mon humeur. Mes douces chimères me tenaient compagnie, et jamais la chaleur de mon imagination n'en enfanta de plus magnifiques. Quand on m'offrait quelque place vide dans une voiture, ou que quelqu'un m'accostait en route, je rechignais de voir renverser la fortune dont je bâtissais l'édifice en marchant. Cette fois mes idées étaient martiales. J'allais m'attacher à un militaire et devenir militaire moi-même ; car on avait arrangé que je commencerais par être cadet. Je croyais déjà me voir en habit d'officier avec un beau plumet blanc. Mon cœur s'enflait à cette noble idée. J'avais quelque teinture de géométrie et de fortifications ; j'avais un oncle ingénieur : j'étais en quelque sorte enfant de la balle. Ma vue courte offrait un peu d'obstacle, mais qui ne m'embarrassait pas ; et je comptais bien, à force de sangfroid et d'intrépidité, suppléer à ce défaut. J'avais lu que le maréchal Schomberg avait la vue très courte : pourquoi le maréchal Rousseau ne l'aurait-il pas ? Je m'échauffais tellement sur ces folies, que je ne voyais plus que troupes, remparts, gabions, batteries, et moi, au milieu du feu et de la fumée, donnant tranquillement mes ordres la lorgnette à la main. Cependant, quand je passais dans des campagnes agréables, que je voyais des bocages et des ruisseaux, ce touchant aspect me faisait soupirer de regret ; je sentais, au milieu de ma gloire, que mon cœur n'était pas fait pour tant de fracas ; et bientôt, sans savoir comment, je me retrouvais au milieu de mes chères bergeries, renonçant pour jamais aux travaux de Mars.

Combien l'abord de Paris démentit l'idée que j'en avais ! La décoration extérieure que j'avais vue à Turin, la beauté des rues, la symétrie et l'alignement des maisons, me faisaient chercher à Paris autre chose encore. Je m'étais figuré une ville aussi belle que grande, de l'aspect le plus imposant, où l'on ne voyait que de superbes rues, des palais de marbre et d'or. En entrant par le faubourg Saint-Marceau, je ne vis que de petites rues sales et puantes, de vilaines maisons noires, l'air de la malpropreté, de la pauvreté, des mendiants, des charretiers, des ravaudeuses, des crieuses de tisane et de vieux chapeaux. Tout cela me frappa d'abord à tel point, que tout ce que j'ai vu depuis à Paris de magnificence réelle n'a pu détruire cette première impression, et qu'il m'en est resté toujours un secret dégoût pour l'habitation de cette capitale. Je puis dire que tout le temps que j'y ai vécu dans la suite ne fut employé qu'à y chercher des ressources pour me mettre en état d'en vivre éloigné. Tel est le fruit d'une imagination trop active, qui exagère par dessus l'exagération des hommes, et voit toujours plus que ce qu'on lui dit. On m'avait tant vanté Paris, que je me l'étais figuré comme l'ancienne Babylone, dont je trouverais peut-être autant à rabattre, si je l'avais vue, du portrait que je m'en suis fait. La même chose m'arriva à l'Opéra, où je me pressai d'aller le lendemain de mon arrivée ; la même chose m'arriva dans la suite à Versailles ; dans la suite encore, en voyant la mer ; et la même chose m'arrivera toujours en voyant des spectacles qu'on m'aura trop annoncés : car il est impossible aux hommes et difficile à la nature elle-même de passer en richesse mon imagination.

A la manière dont je fus reçu de tous ceux pour qui j'avais des lettres, je crus ma fortune faite. Celui à qui j'étais le plus recommandé, et qui me caressa le

moins, était M. de Surbeck, retiré du service et vivant philosophiquement à Bagneux, où je fus le voir plusieurs fois, et où il ne m'offrit jamais un verre d'eau. J'eus plus d'accueil de M^me de Merveilleux, belle sœur de l'interprète, et de son neveu, officier aux gardes : non-seulement la mère et le fils me reçurent bien, mais ils m'offrirent leur table, dont je profitai souvent durant mon séjour à Paris. M^me de Merveilleux me parut avoir été belle; ses cheveux étaient encore d'un beau noir et faisaient, à la vieille mode, le crochet sur ses tempes. Il lui restait ce qui ne périt point avec les attraits, un esprit très agréable. Elle me parut goûter le mien, et fit tout ce qu'elle put pour me rendre service ; mais personne ne la seconda, et je fus bientôt désabusé de tout ce grand intérêt qu'on avait paru prendre à moi. Il faut pourtant rendre justice aux Français : ils ne s'épuisent point tant qu'on dit en protestations, et celles qu'ils font sont presque toujours sincères; mais ils ont une manière de paraître s'intéresser à vous qui vous trompe plus que des paroles. Les gros compliments des Suisses n'en peuvent imposer qu'à des sots. Les manières des Français sont plus séduisantes, en cela même qu'elles sont plus simples : on croirait qu'ils ne vous disent pas tout ce qu'ils veulent faire, pour vous surprendre plus agréablement. Je dirai plus: ils ne sont point faux dans leurs démonstrations; ils sont naturellement officieux, humains, bienveillants, et même, quoi qu'on en dise, plus vrais qu'aucune autre nation; mais ils sont légers et volages. Ils ont en effet le sentiment qu'ils vous témoignent; mais ce sentiment s'en va comme il est venu. En vous parlant, ils sont pleins de vous; ne vous voient-ils plus, ils vous oublient. Rien n'est permanent dans leur cœur : tout est chez eux l'œuvre du moment.

Je fus donc beaucoup flatté et peu servi. Ce colonel Godard, au neveu duquel on m'avait donné, se trouva un vilain vieux avare, qui, quoique tout cousu d'or, voyant ma détresse, me voulut avoir pour rien. Il prétendait que je fusse auprès de son neveu une espèce de valet sans gages plutôt qu'un gouverneur. Attaché continuellement à lui, et par là dispensé du service, il fallait que je vécusse de ma paie de cadet, c'est-à-dire de soldat; et à peine consentait-il à me donner l'uniforme : il aurait voulu que je me contentasse de celui du régiment. M^me de Merveilleux, indignée de ses propositions, me détourna elle-même de les accepter; son fils fut du même sentiment. On cherchait autre chose, et l'on ne trouvait rien. Cependant je commençais d'être pressé, et cent francs, sur lesquels j'avais fait mon voyage, ne pouvaient me mener bien loin. Heureusement je reçus de la part de M. l'ambassadeur encore une petite remise qui me fit grand bien; et je crois qu'il ne m'aurait pas abandonné si j'eusse eu plus de patience : mais languir, attendre, solliciter, sont pour moi choses impossibles. Je me rebutai, je ne parus plus, et tout fut fini. Je n'avais pas oublié ma pauvre maman; mais comment la trouver? où la chercher? M^me de Merveilleux, qui savait mon histoire, m'avait aidé dans cette recherche, et longtemps inutilement. Enfin elle m'apprit que M^me de Warens était repartie, il y avait plus de deux mois; mais qu'on ne savait si elle était allée en Savoie ou à Turin, et que quelques personnes la disaient retournée en Suisse. Il ne m'en fallut pas davantage pour me déterminer à la suivre, bien sûr qu'en quelque lieu qu'elle fût, je la trouverais plus aisément en province que je n'avais pu faire à Paris.

Avant de partir, j'exerçai mon nouveau talent poétique dans une épître au colonel Godard, où je le drapai de mon mieux. Je montrai mon barbouillage à M^me de Merveilleux, qui, au lieu de me censurer comme elle aurait dû faire, rit beaucoup de mes sarcasmes, de même que son fils, qui, je crois, n'aimait pas M. Godard; et il faut avouer qu'il n'était pas aimable. J'étais tenté de lui envoyer mes vers; ils m'y encouragèrent : j'en fis un paquet à son adresse, et comme il n'y avait point alors à Paris de petite poste, je le mis dans ma poche, et le lui envoyai d'Auxerre en passant. Je ris quelquefois encore en songeant aux grimaces qu'il dut faire en lisant ce panégyrique, où il était peint trait pour trait. Il commençait ainsi :

  Tu croyais, vieux penard, qu'une folle manie
  D'élever ton neveu m'inspirerait l'envie.

Cette petite pièce, mal faite à la vérité, mais qui ne manquait pas de sel et qui annonçait du talent pour la satire, est cependant le seul écrit satirique qui soit sorti de ma plume. J'ai le cœur trop peu haineux pour me prévaloir d'un pareil talent : mais je crois qu'on peut juger, par quelques écrits polémiques faits de temps à autre pour ma défense, que si j'avais été d'humeur batailleuse, mes agresseurs auraient eu rarement les rieurs de leur côté.

La chose que je regrette le plus dans les détails de ma vie dont j'ai perdu la mémoire, est de n'avoir pas fait des journaux de mes voyages. Jamais je n'ai tant pensé, tant existé, tant vécu, tant été moi, si j'ose ainsi dire, que dans ceux que j'ai faits seul et à pied. La marche a quelque chose qui anime et avive mes idées :

La saison était belle : un soir qu'il faisait fort chaud..... (Page 99.)

je ne puis presque penser quand je reste en place ; il faut que mon corps soit en branle pour y mettre mon esprit. La vue de la campagne, la succession des aspects agréables, le grand air, le grand appétit, la bonne santé que je gagne en marchant, la liberté du cabaret, l'éloignement de tout ce qui me fait sentir ma dépendance, de tout ce qui me rappelle à ma situation, tout cela dégage mon âme, me donne une plus grande audace de penser, me jette en quelque sorte dans l'immensité des êtres pour les combiner, les choisir, me les approprier à mon gré, sans gêne et sans crainte. Je dispose en maître de la nature entière ; mon cœur, errant d'objet en objet, s'unit, s'identifie à ceux qui le flattent, s'entoure d'images charmantes, s'enivre de sentiments délicieux. Si, pour les fixer, je m'amuse à les décrire en moi-même, quelle vigueur de pinceau, quelle fraîcheur de coloris, quelle énergie d'expression je leur donne ! On a, dit-on, trouvé de tout cela dans mes ouvrages, quoique écrits vers le déclin de mes ans. Oh ! si l'on eût vu ceux de ma première jeunesse, ceux que j'ai faits durant mes voyages, ceux

que j'ai composés et que je n'ai jamais écrits ?..... Pourquoi, direz-vous, ne les pas écrire ? Et pourquoi les écrire ? vous répondrai-je ; pourquoi m'ôter le charme actuel de la jouissance pour dire à d'autres que j'avais joui ? Que m'importaient les lecteurs, un public, et toute la terre, tandis que je planais dans le ciel ? D'ailleurs, portais-je avec moi du papier, des plumes ? Si j'avais pensé à tout cela, rien ne me serait venu. Je ne prévoyais pas que j'aurais des idées : elles viennent quand il leur plaît, non quand il me plaît. Elles ne viennent point ; ou elles viennent en foule, elles m'accablent de leur nombre et de leur force. Dix volumes par jour n'auraient pas suffi. Où prendre du temps pour les écrire ? En arrivant je ne songeais qu'à bien dîner. En partant je ne songeais qu'à bien marcher. Je sentais qu'un nouveau paradis m'attendait à la porte ; je ne songeais qu'à l'aller chercher.

Jamais je n'ai si bien senti tout cela que dans le retour dont je parle. En venant à Paris, je m'étais borné aux idées relatives à ce que j'y allais faire. Je m'étais élancé dans la carrière où j'allais entrer, et je l'avais parcourue avec assez de gloire : mais cette carrière n'était pas celle où mon cœur m'appelait, et les êtres réels nuisaient aux êtres imaginaires. Le colonel Godard et son neveu figuraient mal avec un héros tel que moi. Grâces au ciel, j'étais maintenant délivré de tous ces obstacles : je pouvais m'enfoncer à mon gré dans le pays des chimères, car il ne restait que cela devant moi. Aussi, je m'y égarai si bien, que je perdis plusieurs fois ma route ; et j'eusse été fort fâché d'aller plus droit, car, sentant qu'à Lyon j'allais me retrouver sur la terre, j'aurais voulu n'y jamais arriver.

Un jour entre autres, m'étant à dessein détourné pour voir de près un lieu qui me parut admirable, je m'y plus si fort et j'y fis tant de tours que je me perdis enfin tout-à-fait. Après plusieurs heures de course inutile, las et mourant de soif et de faim, j'entrai chez un paysan dont la maison n'avait pas belle apparence, mais c'était la seule que je visse aux environs. Je croyais que c'était comme à Genève ou en Suisse, où tous les habitants à leur aise sont en état d'exercer l'hospitalité. Je priai celui-ci de me donner à dîner en payant. Il m'offrit du lait écrémé et de gros pain d'orge, en me disant que c'était tout ce qu'il avait. Je buvais ce lait avec délices et je mangeais ce pain, paille et tout ; mais cela n'était pas fort restaurant pour un homme épuisé de fatigue. Ce paysan, qui m'examinait, jugea de la vérité de mon histoire par celle de mon appétit. Tout de suite, après avoir dit qu'il voyait bien (*) que j'étais un bon jeune honnête homme qui n'était pas là pour le vendre, il ouvrit une petite trappe à côté de sa cuisine, descendit, et revint un moment après avec un bon pain bis de pur froment, un jambon très appétissant, quoique entamé, et une bouteille de vin dont l'aspect me réjouit le cœur plus que tout le reste ; on joignit à cela une omelette assez épaisse, et je fis un dîner tel qu'autre qu'un piéton n'en connut jamais. Quand ce vint à payer, voilà son inquiétude et ses craintes qui le reprennent ; il ne voulait point de mon argent, il le repoussait avec un trouble extraordinaire ; et ce qu'il y avait de plaisant était que je ne pouvais imaginer de quoi il avait peur. Enfin il prononça en frémissant ces mots terribles de commis et de rats-de-cave. Il me fit entendre qu'il cachait son vin à cause des aides, qu'il cachait son pain à cause de la taille, et qu'il serait un homme perdu si l'on pouvait se douter qu'il ne mourût pas de faim. Tout ce qu'il me dit à ce sujet, et dont je n'avais pas la moindre idée, me fit une impression qui ne s'effacera jamais. Ce fut là le germe de cette haine inextinguible qui se développa dans mon cœur contre les vexations qu'éprouve le malheureux peuple et contre ses oppresseurs. Cet homme, quoique aisé, n'osait manger le pain qu'il avait gagné à la sueur de son front, et ne pouvait éviter sa ruine qu'en montrant la même misère qui régnait autour de lui. Je sortis de sa maison aussi indigné qu'attendri, et déplorant le sort de ces belles contrées, à qui la nature n'a prodigué ses dons que pour en faire la proie des barbares publicains.

(*) Apparemment je n'avais pas encore la physionomie qu'on m'a donnée depuis dans mes portraits.

Voilà le seul souvenir bien distinct qui me reste de ce qui m'est arrivé durant ce voyage. Je me rappelle seulement encore qu'en approchant de Lyon je fus tenté de prolonger ma route pour aller voir les bords du Lignon ; car, parmi les romans que j'avais lus avec mon père, l'*Astrée* n'avait pas été oubliée, et c'était celui qui me revenait au cœur le plus fréquemment. Je demandai la route du Forez ; et tout en causant avec une hôtesse, elle m'apprit que c'était un bon pays de ressource pour les ouvriers, qu'il y avait beaucoup de forges, et qu'on y travaillait fort bien en fer. Cet éloge calma tout-à-coup ma curiosité romanesque, et je ne jugeai pas à propos d'aller chercher des Dianes et des Sylvandres chez un peuple de forgerons. La bonne femme qui m'encourageait de la sorte m'avait sûrement pris pour un garçon serrurier.

Je n'allais pas tout-à-fait à Lyon sans vues. En arrivant, j'allai voir aux Chasottes M{lle} du Châtelet, amie de M{me} de Warens, et pour laquelle elle m'avait donné une lettre quand je vins avec M. Le Maître : ainsi c'était une connaissance déjà faite. M{lle} du Châtelet m'apprit qu'en effet son amie avait passé à Lyon, mais qu'elle ignorait si elle avait poussé sa route jusqu'en Piémont, et qu'elle était incertaine elle-même en partant si elle ne s'arrêterait point en Savoie; que si je voulais, elle écrirait pour en avoir des nouvelles, et que le meilleur parti que j'eusse à prendre était de les attendre à Lyon. J'acceptai l'offre ; mais je n'osai dire à M{lle} du Châtelet que j'étais pressé de la réponse, et que ma petite bourse épuisée ne me laissait pas en état de l'attendre longtemps. Ce qui me retint n'était pas qu'elle m'eût mal reçu ; au contraire, elle m'avait fait beaucoup de caresses, et me traitait sur un pied d'égalité qui m'ôtait le courage de lui laisser voir mon état, et de descendre du rôle de bonne compagnie à celui d'un malheureux mendiant.

Il me semble de voir assez clairement la suite de tout ce que j'ai marqué dans ce livre. Cependant je crois me rappeler, dans le même intervalle, un autre voyage de Lyon, dont je ne puis marquer la place, et où je me trouvai déjà fort à l'étroit. Une petite anecdote assez difficile à dire ne me permettra jamais de l'oublier. J'étais un soir assis en Bellecour après un très mince souper, rêvant aux moyens de me tirer d'affaire, quand un homme en bonnet vint s'asseoir à côté de moi. Cet homme avait l'air d'un de ces ouvriers en soie qu'on appelle, à Lyon, des taffetatiers. Il m'adresse la parole ; je lui réponds. A peine avions-nous causé un quart d'heure, que, toujours avec le même sangfroid et sans changer de ton, il me propose de nous amuser de compagnie. J'attendais qu'il m'expliquât quel était cet amusement ; mais, sans rien ajouter, il se mit en devoir de m'en donner l'exemple. Nous nous touchions presque, et la nuit n'était pas assez obscure pour m'empêcher de voir à quel exercice il se préparait. Il n'en voulait point à ma personne ; du moins rien ne m'annonçait cette intention, et le lieu ne l'eût pas favorisée : il ne voulait exactement, comme il me l'avait dit, que s'amuser et que je m'amusasse, chacun pour son compte ; et cela lui paraissait si simple, qu'il n'avait pas même supposé qu'il ne me parût pas comme à lui. Je fus si effrayé de cette impudence, que, sans lui répondre, je me levai précipitamment et me mis à fuir à toutes jambes, croyant avoir ce misérable à mes trousses. J'étais si troublé, qu'au lieu de gagner mon logis par la rue Saint-Dominique, je courus du côté du quai, et ne m'arrêtai qu'au-delà du pont de bois, aussi tremblant que si je venais de commettre un crime. J'étais sujet au même vice : ce souvenir m'en guérit pour longtemps.

A ce voyage-ci j'eus une aventure à peu près du même genre, mais qui me mit en plus grand danger. Sentant mes espèces tirer à leur fin, j'en ménageais le chétif reste. Je prenais moins souvent des repas à mon auberge, et bientôt je n'en pris plus du tout, pouvant pour cinq ou six sous, à la taverne, me rassasier tout aussi bien que je faisais là pour mes vingt-cinq. N'y mangeant plus, je ne savais comment y aller coucher, non que j'y dusse grand'chose, mais j'avais honte d'occuper une chambre sans rien faire gagner à mon hôtesse. La saison était belle. Un soir qu'il faisait fort chaud, je me déterminai à passer la nuit dans la place ; et déjà je m'étais établi sur un banc, quand un abbé qui passait,

me voyant ainsi couché, s'approcha, et me demanda si je n'avais point de gîte. Je lui avouai mon cas, et il en parut touché. Il s'assit à côté de moi, et nous causâmes. Il parlait agréablement: tout ce qu'il me dit me donna de lui la meilleure opinion du monde. Quand il me vit bien disposé, il me dit qu'il n'était pas logé fort au large, qu'il n'avait qu'une seule chambre, mais qu'assurément il ne me laisserait pas coucher ainsi dans la place; qu'il était tard pour trouver un gîte, et qu'il m'offrait, pour cette nuit, la moitié de son lit. J'accepte l'offre, espérant déjà me faire un ami qui pourrait m'être utile. Nous allons. Il bat le fusil. Sa chambre me parut propre dans sa petitesse : il m'en fit les honneurs fort poliment. Il tira d'un pot de verre des cerises à l'eau-de-vie ; nous en mangeâmes chacun deux, et nous fûmes nous coucher.

Cet homme avait les mêmes goûts que mon Juif de l'hospice; mais il ne les manifestait pas si brutalement. Soit que, sachant que je pouvais être entendu, il craignît de me forcer à me défendre, soit qu'en effet il fût moins confirmé dans ses projets, il n'osait m'en proposer ouvertement l'exécution, et cherchait à m'émouvoir sans m'inquiéter. Plus instruit que la première fois, je compris bientôt son dessein, et j'en frémis. Ne sachant ni dans quelle maison, ni entre les mains de qui j'étais, je craignis, en faisant du bruit, de le payer de ma vie. Je feignis d'ignorer ce qu'il me voulait; mais, paraissant très importuné de ses caresses et très décidé à n'en pas endurer le progrès, je fis si bien qu'il fut obligé de se contenir. Alors je lui parlai avec toute la douceur et toute la fermeté dont j'étais capable; et, sans paraître rien soupçonner, je m'excusai de l'inquiétude que je lui avais montrée sur mon ancienne aventure, que j'affectai de lui conter en termes si pleins de dégoût et d'horreur, que je lui fis, je crois, mal au cœur à lui-même, et qu'il renonça tout-à-fait à son sale dessein. Nous passâmes tranquillement le reste de la nuit : il me dit même beaucoup de choses très bonnes, très sensées; et ce n'était assurément pas un homme sans mérite, quoique ce fût un grand vilain.

Le matin, M. l'abbé, qui ne voulait pas avoir l'air mécontent, parla de déjeuner, et pria une des filles de son hôtesse, qui était jolie, d'en faire apporter. Elle lui dit qu'elle n'avait pas le temps. Il s'adressa à sa sœur, qui ne daigna pas lui répondre. Nous attendions toujours; point de déjeuner. Enfin nous passâmes dans la chambre de ces demoiselles. Elles reçurent M. l'abbé d'un air très peu caressant. J'eus encore moins à me louer de leur accueil. L'aînée, en se retournant, m'appuya son talon pointu sur le bout du pied, où un cor fort douloureux m'avait forcé de couper mon soulier; l'autre vint ôter brusquement de derrière moi une chaise sur laquelle j'étais prêt à m'asseoir ; leur mère, en jetant de l'eau par la fenêtre, m'en aspergea le visage ; en quelque place que je me misse, on m'en faisait ôter pour y chercher quelque chose; je n'avais été de ma vie à pareille fête. Je voyais dans leurs regards insultants et moqueurs une fureur cachée à laquelle j'avais la stupidité de ne rien comprendre. Ebahi, stupéfait, prêt à les croire toutes possédées, je commençais tout de bon à m'effrayer, quand l'abbé, qui ne faisait semblant de voir ni d'entendre, jugeant bien qu'il n'y avait point de déjeuner à espérer, prit le parti de sortir; et je me hâtai de le suivre, fort content d'échapper à ces trois furies. En marchant, il me proposa d'aller déjeuner au café. Quoique j'eusse grand'faim, je n'acceptai point cette offre, sur laquelle il n'insista pas beaucoup non plus, et nous nous séparâmes au trois ou quatrième coin de rue; moi, charmé de perdre de vue tout ce qui appartenait à cette maudite maison; et lui, fort aise, à ce que je crois, de m'en avoir assez éloigné pour qu'elle ne me fût pas aisée à reconnaître. Comme à Paris, ni dans aucune autre ville, jamais rien ne m'est arrivé de semblable à ces deux aventures, il m'en est resté une impression peu avantageuse au peuple de Lyon, et j'ai toujours regardé cette ville comme celle de l'Europe où règne la plus affreuse corruption.

Le souvenir des extrémités où j'y fus réduit ne contribue pas non plus à m'en rappeler agréablement la mémoire. Si j'avais été fait comme un autre, que j'eusse eu le talent d'emprunter et de m'endetter à mon cabaret, je me serais aisément

tiré d'affaire : mais c'est à quoi mon inaptitude égalait ma répugnance ; et, pour imaginer à quel point vont l'une et l'autre, il suffit de savoir qu'après avoir passé presque toute ma vie dans le mal-être, et souvent prêt à manquer de pain, il ne m'est jamais arrivé une seule fois de me faire demander de l'argent par un créancier sans lui en donner à l'instant même. Je n'ai jamais su faire de dettes criardes, et j'ai toujours mieux aimé souffrir que devoir.

C'était souffrir assurément que d'être réduit à passer la nuit dans la rue, et c'est ce qui m'est arrivé plusieurs fois à Lyon. J'aimais mieux employer quelques sous qui me restaient à payer mon pain que mon gîte, parce qu'après tout je risquais moins de mourir de sommeil que de faim. Ce qu'il y a d'étonnant, c'est que, dans ce cruel état, je n'étais ni inquiet ni triste. Je n'avais pas le moindre souci sur l'avenir, et j'attendais les réponses que devait recevoir M<sup>lle</sup> du Châtelet, couchant à la belle étoile, et dormant étendu par terre ou sur un banc, aussi tranquillement que sur un lit de roses. Je me souviens même d'avoir passé une nuit délicieuse hors de la ville, dans un chemin qui côtoyait le Rhône ou la Saône, car je ne me rappelle pas lequel des deux(*). Des jardins élevés en terrasse bordaient le chemin du côté opposé. Il avait fait très chaud ce jour-là ; la soirée était charmante ; la rosée humectait l'herbe flétrie ; point de vent, une nuit tranquille : l'air était frais sans être froid ; le soleil, après son coucher, avait laissé dans le ciel des vapeurs rouges dont la réflexion rendait l'eau couleur de rose ; les arbres des terrasses étaient chargés de rossignols qui se répondaient l'un à l'autre. Je me promenais dans une sorte d'extase, livrant mes sens et mon cœur à la jouissance de tout cela, et soupirant seulement un peu du regret d'en jouir seul. Absorbé dans ma douce rêverie, je prolongeai fort avant dans la nuit ma promenade, sans m'apercevoir que j'étais las. Je m'en aperçus enfin. Je me couchai voluptueusement sur la tablette d'une espèce de niche ou de fausse porte enfoncée dans un mur de terrasse ; le ciel de mon lit était formé par les têtes des arbres ; un rossignol était précisément au-dessus de moi : je m'endormis à son chant ; mon sommeil fut doux, mon réveil le fut davantage. Il était grand jour : mes yeux, en s'ouvrant, virent l'eau, la verdure, un paysage admirable. Je me levai, me secouai : la faim me prit ; je m'acheminai gaîment vers la ville, résolu de mettre à un bon déjeuner deux pièces de six blancs qui me restaient encore. J'étais de si bonne humeur, que j'allais chantant tout le long du chemin ; et je me souviens même que je chantais une cantate de Batistin, intitulée les *Bains de Thomery*, que je savais par cœur. Que béni soit le bon Batistin et sa bonne cantate, qui m'a valu un meilleur déjeuner que celui sur lequel je comptais, et un dîner bien meilleur encore, sur lequel je n'avais point compté du tout ! Dans mon meilleur train d'aller et de chanter, j'entends quelqu'un derrière moi : je me retourne ; je vois un antonin (**) qui me suivait et qui paraissait m'écouter avec plaisir. Il m'accoste, me salue, me demande si je connais la musique. Je réponds *un peu*, pour faire entendre beaucoup. Il continue à me questionner : je lui conte une partie de mon histoire. Il me demande si je n'ai jamais copié de la musique. « Souvent, lui dis-je. » Et cela était vrai : ma meilleure manière de l'apprendre était d'en copier. « Eh bien ! me dit-il, venez avec moi : je pourrai vous occuper quelques jours, durant lesquels rien ne vous manquera, pourvu que vous consentiez à ne pas sortir de la chambre. » J'acquiesçai très volontiers, et je le suivis.

Cet antonin s'appelait M. Rolichon ; il aimait la musique, il la savait, et chantait dans de petits concerts qu'il faisait avec ses amis. Il n'y avait rien là que d'innocent et d'honnête ; mais ce goût dégénérait probablement en fureur, dont il était obligé de cacher une partie. Il me conduisit dans une petite chambre que j'occupai, et où je trouvai beaucoup de musique qu'il avait copiée. Il m'en donna d'autre à copier, particulièrement la cantate que j'avais chantée, et qu'il devait

---

(*) Il s'agit probablement du lieu appelé *les Etroits*, entre la Saône et les coteaux, près du confluent des deux rivières.

(**) Les *antonins* formaient une communauté de moines séculiers : ils étaient décorés de la croix de Malte, comme ayant autrefois donné une partie de leurs biens à cet ordre militaire.

chanter lui-même dans quelques jours. J'en demeurai là trois ou quatre à copier tout le temps que je ne mangeais pas, car de ma vie je ne fus si affamé ni mieux nourri. Il apportait mes repas lui-même de leur cuisine; et il fallait qu'elle fût bonne, si leur ordinaire valait le mien. De mes jours je n'eus tant de plaisir à manger; et il faut avouer aussi que ces lippées me venaient fort à propos, car j'étais sec comme du bois. Je travaillais presque d'aussi bon cœur que je mangeais, et ce n'est pas peu dire. Il est vrai que je n'étais pas aussi correct que diligent. Quelques jours après, M. Rolichon, que je rencontrai dans la rue, m'apprit que mes parties avaient rendu la musique inexécutable, tant elles s'étaient trouvées pleines d'omissions, de duplications et de transpositions. Il faut avouer que j'ai choisi là dans la suite le métier du monde auquel j'étais le moins propre : non que ma note ne fût belle et que je ne copiasse fort nettement; mais l'ennui d'un long travail me donne des distractions si grandes, que je passe plus de temps à gratter qu'à noter, et que si je n'apporte la plus grande attention à collationner mes parties, elles font toujours manquer l'exécution. Je fis donc très mal en voulant bien faire, et, pour aller vite, j'allais tout de travers. Cela n'empêcha pas M. Rolichon de me bien traiter jusqu'à la fin, et de me donner encore en sortant un écu que je ne méritais guère, et qui me remit tout-à-fait en pied; car peu de jours après je reçus des nouvelles de maman, qui était à Chambéry, et de l'argent pour l'aller joindre, ce que je fis avec transport. Depuis lors, mes finances ont souvent été fort courtes, mais jamais assez pour être obligé de jeûner. Je marque cette époque avec un cœur sensible aux soins de la Providence. C'est la dernière fois de ma vie que j'ai senti la misère et la faim.

Je restai à Lyon sept à huit jours encore pour attendre les commissions dont maman avait chargé M$^{lle}$ du Châtelet, que je vis durant ce temps-là plus assidûment qu'auparavant, ayant le plaisir de parler avec elle de son amie, et n'étant plus distrait par ces cruels retours sur ma situation, qui me forçaient de la cacher. M$^{lle}$ du Châtelet n'était ni jeune ni jolie, mais elle ne manquait pas de grâce; elle était liante et familière, et son esprit donnait du prix à cette familiarité. Elle avait ce goût de morale observatrice qui porte à étudier les hommes; et c'est d'elle, en première origine, que ce même goût m'est venu. Elle aimait les romans de Le Sage, et particulièrement Gil Blas : elle m'en parla, me le prêta; je le lus avec plaisir; mais je n'étais pas mûr encore pour ces sortes de lectures: il me fallait des romans à grands sentiments. Je passais ainsi mon temps à la grille de M$^{lle}$ du Châtelet avec autant de plaisir que de profit; et il est certain que les entretiens intéressants et sensés d'une femme de mérite sont plus propres à former un jeune homme que toute la pédantesque philosophie des livres. Je fis connaissance aux Chasottes avec d'autres pensionnaires et de leurs amies, entre autres avec une jeune personne de quatorze ans, appelée M$^{lle}$ Serre, à laquelle je ne fis pas alors une grande attention, mais dont je me passionnai huit ou neuf ans après, et avec raison, car c'était une charmante fille(*).

Occupé de l'attente de revoir bientôt ma bonne maman, je fis un peu de trêve à mes chimères, et le bonheur réel qui m'attendait me dispensa d'en chercher dans mes visions. Non-seulement je la retrouvais, mais je retrouvais près d'elle et par elle un état agréable; car elle marquait m'avoir trouvé une occupation qu'elle espérait qui me conviendrait, et qui ne m'éloignerait pas d'elle. Je m'épuisais en conjectures pour deviner quelle pouvait être cette occupation, et il aurait fallu deviner en effet pour rencontrer juste. J'avais suffisamment d'argent pour faire commodément la route. M$^{lle}$ du Châtelet voulait que je prisse un cheval : je n'y pus consentir, et j'eus raison; j'aurais perdu le plaisir du dernier voyage pédestre que j'ai fait en ma vie; car je ne peux donner ce nom aux excursions que je faisais souvent à mon voisinage tandis que je demeurais à Motiers.

C'est une chose bien singulière que mon imagination ne se monte jamais plus agréablement que quand mon état est le moins agréable; et qu'au contraire elle est moins riante lorsque tout rit autour de moi. Ma mauvaise tête ne peut s'as-

---

(*) Voyez plus loin, livre VII, année 1744.

sujétir aux choses. Elle ne saurait embellir, elle veut créer. Les objets réels s'y peignent tout au plus tels qu'ils sont ; elle ne sait parer que les objets imaginaires. Si je veux peindre le printemps, il faut que je sois en hiver ; si je veux décrire un beau paysage, il faut que je sois dans des murs ; et j'ai dit cent fois que si jamais j'étais mis à la Bastille, j'y ferais le tableau de la liberté. Je ne voyais en partant de Lyon qu'un avenir agréable : j'étais aussi content, et j'avais tout lieu de l'être, que je l'étais peu quand je partis de Paris. Cependant, je n'eus point, durant ce voyage, ces rêveries délicieuses qui m'avaient suivi dans l'autre. J'avais le cœur serein, mais c'était tout. Je me rapprochais avec attendrissement de l'excellente amie que j'allais revoir. Je goûtais d'avance, mais sans ivresse, le plaisir de vivre auprès d'elle : je m'y étais toujours attendu ; c'était comme s'il ne m'était rien arrivé de nouveau. Je m'inquiétais de ce que j'allais faire, comme si cela eût été fort inquiétant. Mes idées étaient paisibles et douces, non célestes et ravissantes. Les objets frappaient ma vue ; je donnais de l'attention aux paysages ; je remarquais les arbres, les maisons, les ruisseaux ; je délibérais aux croisées des chemins ; j'avais peur de me perdre, et je ne me perdais point. En un mot, je n'étais plus dans l'empyrée, j'étais tantôt où j'étais, tantôt où j'allais, jamais plus loin.

Je suis, en racontant mes voyages, comme j'étais en les faisant : je ne saurais arriver. Le cœur me battait de joie en approchant de ma chère maman, et je n'en allais pas plus vite. J'aime à marcher à mon aise, et m'arrêter quand il me plaît. La vie ambulante est celle qu'il me faut. Faire route à pied par un beau temps, dans un beau pays, sans être pressé, et avoir pour terme de ma course un objet agréable, voilà, de toutes les manières de vivre, celle qui est le plus de mon goût. Au reste, on sait déjà ce que j'entends par un beau pays. Jamais pays de plaine, quelque beau qu'il fût, ne parut tel à mes yeux. Il me faut des torrents, des rochers, des sapins, des bois noirs, des montagnes, des chemins raboteux à monter et à descendre, des précipices à mes côtés, qui me fassent bien peur. J'eus ce plaisir, et je le goûtai dans tout son charme, en approchant de Chambéry. Non loin d'une montagne coupée, qu'on appelle le Pas-de-l'Echelle, au-dessous du grand chemin taillé dans le roc, à l'endroit appelé Chailles, court et bouillonne, dans des gouffres affreux, une petite rivière qui paraît avoir mis à les creuser des milliers de siècles. On a bordé le chemin d'un parapet pour prévenir les malheurs : cela faisait que je pouvais contempler au fond et gagner des vertiges tout à mon aise ; car ce qu'il y a de plaisant, dans mon goût pour les lieux escarpés, est qu'ils me font tourner la tête ; et j'aime beaucoup ce tournoiement, pourvu que je sois en sûreté. Bien appuyé sur le parapet, j'avançais le nez, et je restais là des heures entières, entrevoyant de temps en temps cette écume et cette eau bleue dont j'entendais le mugissement à travers les cris des corbeaux et des oiseaux de proie qui volaient de roche en roche et de broussailles en broussailles, à cent toises au-dessous de moi. Dans les endroits où la pente était assez unie et la broussaille assez claire pour laisser passer des cailloux, j'en allais chercher au loin d'aussi gros que je les pouvais porter, je les rassemblais sur le parapet en pile ; puis, les lançant l'un après l'autre, je me délectais à les voir rouler, bondir et voler en mille éclats avant que d'atteindre le fond du précipice.

Plus près de Chambéry, j'eus un spectacle semblable en sens contraire. Le chemin passe au pied de la plus belle cascade que je vis de mes jours. La montagne est tellement escarpée, que l'eau se détache net et tombe en arcade assez loin pour qu'on puisse passer entre la cascade et la roche, quelquefois sans être mouillé : mais si l'on ne prend bien ses mesures, on y est aisément trompé comme je le fus ; car, à cause de l'extrême hauteur, l'eau se divise et tombe en poussière, et lorsqu'on s'approche un peu trop de ce nuage, sans s'apercevoir d'abord qu'on se mouille, à l'instant on est tout trempé.

J'arrive enfin ; je la revois. Elle n'était pas seule. Monsieur l'intendant-général était chez elle au moment que j'entrai. Sans me parler, elle me prend par la main et me présente à lui avec cette grâce qui lui ouvrait tous les cœurs : « Le

voilà, monsieur, ce pauvre jeune homme ; daignez le protéger aussi longtemps qu'il le méritera, je ne suis plus en peine de lui pour le reste de sa vie. » Puis, m'adressant la parole : « Mon enfant, me dit-elle, vous appartenez au roi ; remerciez M. l'intendant qui vous donne du pain. » J'ouvrais de grands yeux, sans rien dire, sans savoir trop qu'imaginer : il s'en fallut de peu que l'ambition naissante ne me tournât la tête, et que je ne fisse déjà le petit intendant. Ma fortune se trouva moins brillante que, sur ce début, je ne l'avais imaginée; mais, quant à présent, c'était assez pour vivre, et pour moi c'était beaucoup. Voici de quoi il s'agissait.

Le roi Victor Amédée, jugeant, par les guerres précédentes et par la position de l'ancien patrimoine de ses pères, qu'il lui échapperait quelque jour, ne cherchait qu'à l'épuiser. Il y avait peu d'années qu'ayant résolu d'en mettre la noblesse à la taille, il avait ordonné un cadastre général de tout le pays, afin que, rendant l'imposition réelle, on pût la répartir avec plus d'équité. Ce travail, commencé sous le père, fut achevé sous le fils (\*). Deux ou trois cents hommes, tant arpenteurs, qu'on appelait géomètres, qu'écrivains, qu'on appelait secrétaires, furent employés à cet ouvrage, et c'était parmi ces derniers que maman m'avait fait inscrire. Le poste, sans être fort lucratif, donnait de quoi vivre au large dans ce pays-là. Le mal était que cet emploi n'était qu'à temps, mais il me mettait en état de chercher et d'attendre, et c'était par prévoyance qu'elle tâchait de m'obtenir de l'intendant une protection particulière pour pouvoir passer à quelque emploi plus solide, quand le temps de celui-là serait fini.

J'entrai en fonction peu de jours après mon arrivée. Il n'y avait à ce travail rien de difficile, et je fus bientôt au fait. C'est ainsi, qu'après quatre ou cinq ans de courses, de folies et de souffrances, depuis ma sortie de Genève, je commençai, pour la première fois, de gagner mon pain avec honneur.

Ces longs détails de ma première jeunesse auront paru bien puérils, et j'en suis fâché : quoique né homme à certains égards, j'ai été longtemps enfant, et je le suis encore à beaucoup d'autres. Je n'ai pas promis d'offrir au public un grand personnage : j'ai promis de me peindre tel que je suis ; et, pour me connaître dans mon âge avancé, il faut m'avoir bien connu dans ma jeunesse. Comme en général les objets font moins d'impression sur moi que leurs souvenirs, et que toutes mes idées sont en images, les premiers traits qui se sont gravés dans ma tête y sont demeurés, et ceux qui s'y sont empreints dans la suite se sont plutôt combinés avec eux qu'ils ne les ont effacés. Il y a une certaine succession d'affections et d'idées qui modifient celles qui les suivent, et qu'il faut connaître pour en bien juger. Je m'applique à bien développer partout les premières causes pour faire sentir l'enchaînement des effets. Je voudrais pouvoir, en quelque façon, rendre mon âme transparente aux yeux du lecteur ; et pour cela je cherche à la lui montrer sous tous les points de vue, à l'éclairer par tous les jours, à faire en sorte qu'il ne s'y passe pas un mouvement qu'il n'aperçoive, afin qu'il puisse juger par lui-même du principe qui les produit.

Si je me chargeais du résultat et que je lui disse : Tel est mon caractère ; il pourrait croire, sinon que je le trompe, au moins que je me trompe : mais en lui détaillant avec simplicité tout ce qui m'est arrivé, tout ce que j'ai fait, tout ce que j'ai pensé, tout ce que j'ai senti, je ne puis l'induire en erreur, à moins que je ne le veuille ; encore même, en le voulant, n'y parviendrais-je pas aisément de cette façon. C'est à lui d'assembler ces éléments et de déterminer l'être qu'ils composent : le résultat doit être son ouvrage ; et, s'il se trompe alors, toute l'erreur sera de son fait. Or il ne suffit pas, pour cette fin, que mes récits soient fidèles, il faut aussi qu'ils soient exacts. Ce n'est pas à moi de juger de l'importance des faits ; je les dois tous dire, et lui laisser le soin de choisir. C'est à quoi je me suis appliqué jusqu'ici de tout mon courage, et je ne me relâcherai pas dans la suite. Mais les souvenirs de l'âge moyen sont toujours moins vifs que ceux de la première jeunesse. J'ai commencé par tirer de ceux-ci le meilleur

---

(\*) Charles-Emmanuel III, sous lequel Rousseau fut employé au cadastre.

parti qu'il m'était possible. Si les autres me reviennent avec la même force, des lecteurs impatients s'ennuieront peut-être, mais moi je ne serai pas mécontent de mon travail. Je n'ai qu'une chose à craindre dans cette entreprise : ce n'est pas de trop dire ou de dire des mensonges, mais c'est de ne pas tout dire et de taire des vérités.

## LIVRE V.

Ce fut, ce me semble, en 1732 que j'arrivai à Chambéry, comme je viens de le dire, et que je commençai d'être employé au cadastre pour le service du roi. J'avais vingt ans passés, près de vingt et un. J'étais, du côté de l'esprit, assez formé pour mon âge ; mais le jugement ne l'était guère, et j'avais grand besoin des mains dans lesquelles je tombai pour apprendre à me conduire. Car quelques années d'expériences n'avaient pu me guérir encore radicalement de mes visions romanesques ; et, malgré tous les maux que j'avais soufferts, je connaissais aussi peu le monde et les hommes que si je n'avais pas acheté ces instructions.

Je logeai chez moi, c'est-à-dire chez maman ; mais je ne retrouvai pas ma chambre d'Annecy. Plus de jardin, plus de ruisseau, plus de paysage. La maison qu'elle occupait était sombre et triste, et ma chambre était la plus sombre et la plus triste de la maison. Un mur pour vue, un cul-de-sac pour rue, peu d'air, peu de jour, peu d'espace, des grillons, des rats, des planches pourries : tout cela ne faisait pas une plaisante habitation. Mais j'étais chez elle, auprès d'elle ; sans cesse à mon bureau ou dans sa chambre, je m'apercevais peu de la laideur de la mienne ; je n'avais pas le temps d'y rêver. Il paraîtra bizarre qu'elle se fût fixée à Chambéry tout exprès pour habiter cette vilaine maison : cela même fut un trait d'habileté de sa part que je ne dois pas taire. Elle allait à Turin avec répugnance, sentant bien qu'après des révolutions toutes récentes et dans l'agitation où l'on était encore à la cour, ce n'était pas le moment de s'y présenter. Cependant ses affaires demandaient qu'elle s'y montrât : elle craignait d'être oubliée ou desservie ; elle savait surtout que le comte de Saint-Laurent, intendant-général des finances, ne la favorisait pas. Il avait à Chambéry une maison vieille, mal bâtie, et dans une si vilaine position qu'elle restait toujours vide : elle la loua et s'y établit (*). Cela lui réussit mieux qu'un voyage : sa pension ne fut point supprimée, et depuis lors le comte Saint-Laurent fut toujours de ses amis.

J'y trouvai son ménage à peu près monté comme auparavant, le fidèle Claude Anet toujours avec elle. C'était, comme je crois l'avoir dit, un paysan de Montru (**), qui, dans son enfance, herborisait dans le Jura pour faire du thé de Suisse, et qu'elle avait pris à son service, à cause de ses drogues, trouvant commode d'avoir un herboriste dans son laquais. Il se passionna si bien pour l'étude des plantes, et elle favorisa si bien son goût, qu'il devint un vrai botaniste, et que, s'il ne fût mort jeune, il se serait fait un nom dans cette science, comme il en méritait un parmi les honnêtes gens. Comme il était sérieux, même grave, et que j'étais plus jeune que lui, il devint pour moi une espèce de gouverneur, qui me sauva beaucoup de folies ; car il m'en imposait, et je n'osais m'oublier devant lui. Il en imposait même à sa maîtresse, qui connaissait son grand sens, sa droiture, son inviolable attachement pour elle, et qui le lui rendait bien. Claude Anet était, sans contredit, un homme rare, et le seul même de son espèce que j'aie jamais vu. Lent, posé, réfléchi, circonspect dans sa conduite, froid dans ses manières, laconique et sentencieux dans ses propos, il était dans ses passions d'une impétuosité qu'il ne laissait jamais paraître, mais qui le dévorait en dedans, et qui ne lui a fait faire en sa vie qu'une sottise, mais terrible, c'est de s'être empoisonné.

---

(*) Cette maison appartient aujourd'hui à la famille de Savoiroux.
(**) Ce village vaudois, dont le nom véritable est *Montreux*, est formé des deux hameaux de Sales et des Planches, réunis par un pont jeté sur un torrent.

Cette scène tragique se passa peu après mon arrivée : et il le fallait pour m'apprendre l'intimité de ce garçon avec sa maîtresse; car si elle ne me l'eût dit elle-même, jamais je ne m'en serais douté. Assurément, si l'attachement, le zèle et la fidélité peuvent mériter une pareille récompense, elle lui était bien due; et ce qui prouve qu'il en était digne, il n'en abusa jamais. Ils avaient rarement des querelles, et elles finissaient toujours bien. Il en vint pourtant une qui finit mal : sa maîtresse lui dit dans la colère un mot outrageant qu'il ne put digérer. Il ne consulta que son désespoir, et trouvant sous sa main une fiole de laudanum, il l'avala, puis fut se coucher tranquillement, comptant ne se réveiller jamais. Heureusement M$^{me}$ de Warens, inquiète, agitée elle-même, errant dans sa maison, trouva la fiole vide, et devina le reste. En volant à son secours, elle poussa des cris qui m'attirèrent. Elle m'avoua tout, implora mon assistance, et parvint, avec beaucoup de peine, à lui faire vomir l'opium. Témoin de cette scène, j'admirai ma bêtise de n'avoir jamais eu le moindre soupçon des liaisons qu'elle m'apprenait. Mais Claude Anet était si discret que de plus clairvoyants que moi auraient pu s'y méprendre. Le raccommodement fut tel que j'en fus vivement touché moi-même; et, depuis ce temps, ajoutant pour lui le respect à l'estime, je devins en quelque façon son élève, et je ne m'en trouvai pas plus mal.

Je n'appris pourtant pas sans peine que quelqu'un pouvait vivre avec elle dans une plus grande intimité que moi. Je n'avais pas songé même à désirer pour moi cette place; mais il m'était dur de la voir remplir par un autre : cela était fort naturel. Cependant, au lieu de prendre en aversion celui qui me l'avait soufflée, je sentis réellement s'étendre à lui l'attachement que j'avais pour elle. Je désirais sur toute chose qu'elle fût heureuse; et, puisqu'elle avait besoin de lui pour l'être, j'étais content qu'il fût heureux aussi. De son côté, il entrait parfaitement dans les vues de sa maîtresse, et prit en sincère amitié l'ami qu'elle s'était choisi. Sans affecter avec moi l'autorité que son poste le mettait en droit de prendre, il prit naturellement celle que son jugement lui donnait sur le mien. Je n'osais rien faire qu'il parût désapprouver, et il ne désapprouvait que ce qui était mal. Nous vivions ainsi dans une union qui nous rendait tous heureux, et que la mort seule a pu détruire. Une des preuves de l'excellence du caractère de cette aimable femme est que tous ceux qui l'aimaient s'aimaient entre eux. La jalousie, la rivalité même cédait au sentiment dominant qu'elle inspirait, et je n'ai vu jamais aucun de ceux qui l'entouraient se vouloir du mal l'un à l'autre. Que ceux qui me lisent suspendent un moment leur lecture à cet éloge; et s'ils trouvent en y pensant quelque autre femme dont ils puissent dire la même chose, qu'ils s'attachent à elle pour le repos de leur vie, fût-elle au reste la dernière des catins.(*)

Ici commence, depuis mon arrivée à Chambéry jusqu'à mon départ pour Paris, en 1741, un intervalle de huit à neuf ans, durant lequel j'ai peu d'événements à dire, parce que ma vie a été aussi simple que douce; et cette uniformité était précisément ce dont j'avais le plus grand besoin pour achever de former mon caractère, que des troubles continuels empêchaient de se fixer. C'est durant ce précieux intervalle que mon éducation mêlée et sans suite, ayant pris de la consistance, m'a fait ce que je n'ai plus cessé d'être, à travers les orages qui m'attendaient. Ce progrès fut insensible et lent, chargé de peu d'événements mémorables; mais il mérite cependant d'être suivi et développé.

Au commencement, je n'étais guère occupé que de mon travail; la gêne du bureau ne me laissait pas songer à autre chose. Le peu de temps que j'avais de libre se passait auprès de ma bonne maman; et n'ayant pas même celui de lire, la fantaisie ne m'en prenait pas. Mais quand ma besogne, devenue une espèce de routine, occupa moins mon esprit, il reprit ses inquiétudes : la lecture me redevint nécessaire; et, comme si ce goût se fût toujours irrité par la difficulté de m'y livrer, il serait redevenu passion comme chez mon maître, si d'autres goûts, venus à la traverse, n'eussent fait diversion à celui-là.

Quoiqu'il ne fallût pas à nos opérations une arithmétique bien transcendante,

---

(*) Ce dernier membre de phrase n'est pas dans l'édition de Genève.

il en fallait assez pour m'embarrasser quelquefois. Pour vaincre cette difficulté, j'achetai des livres d'arithmétique; et je l'appris bien, car je l'appris seul. L'arithmétique pratique s'étend plus loin qu'on ne pense quand on veut y mettre l'exacte précision. Il y a des opérations d'une longueur extrême, au milieu desquelles j'ai vu quelquefois de bons géomètres s'égarer. La réflexion jointe à l'usage donne des idées nettes; et alors on trouve des méthodes abrégées, dont l'invention flatte l'amour-propre, dont la justesse satisfait l'esprit, et qui font faire avec plaisir un travail ingrat par lui-même. Je m'y enfonçai si bien qu'il n'y avait point de question soluble par les seuls chiffres qui m'embarrassât : et maintenant que tout ce que j'ai su s'efface journellement de ma mémoire, cet acquis y demeure encore en partie au bout de trente ans d'interruption. Il y a quelques jours que, dans un voyage que j'ai fait à Davenport, chez mon hôte, assistant à la leçon d'arithmétique de ses enfants, j'ai fait sans faute, avec un plaisir incroyable, une opération des plus composées. Il me semblait, en posant mes chiffres, que j'étais encore à Chambéry dans mes heureux jours. C'était revenir de loin sur mes pas.

Le lavis des mappes de nos géomètres m'avait aussi rendu le goût du dessin. J'achetai des couleurs, et je me mis à faire des fleurs et des paysages. C'est dommage que je me sois trouvé peu de talent pour cet art : l'inclination y était tout entière. Au milieu de mes crayons et de mes pinceaux j'aurais passé des mois entiers sans sortir. Cette occupation devenant pour moi trop attachante, on était obligé de m'en arracher. Il en est ainsi de tous les goûts auxquels je commence à me livrer; ils augmentent, deviennent passion, et bientôt je ne vois plus rien au monde que l'amusement où je suis occupé. L'âge ne m'a pas guéri de ce défaut; il ne l'a pas diminué même; et maintenant que j'écris ceci, me voilà comme un vieux radoteur engoué d'une autre étude inutile où je n'entends rien (*), et que ceux même qui s'y sont livrés dans leur jeunesse sont forcés d'abandonner à l'âge où je la veux commencer.

C'était alors qu'elle eût été à sa place. L'occasion était belle, et j'eus quelque tentation d'en profiter. Le contentement que je voyais dans les yeux d'Anet, revenant chargé de plantes nouvelles, me mit deux ou trois fois sur le point d'aller herboriser avec lui. Je suis presque assuré que, si j'y avais été une seule fois, cela m'aurait gagné; et je serais peut-être aujourd'hui un grand botaniste; car je ne connais point d'étude au monde qui s'associe mieux avec mes goûts naturels que celle des plantes; et la vie que je mène depuis dix ans à la campagne n'est guère qu'une herborisation continuelle, à la vérité sans objet et sans progrès; mais n'ayant alors aucune idée de la botanique, je l'avais prise en une sorte de mépris et même de dégoût; je ne la regardais, comme font tous les ignorants, que comme une étude d'apothicaire. Maman, qui l'aimait, n'en faisait pas elle-même un autre usage; elle ne recherchait que les plantes usuelles pour les appliquer à ses drogues. Ainsi la botanique, la chimie et l'anatomie, confondues dans mon esprit sous le nom de médecine, ne servaient qu'à me fournir des sarcasmes plaisants toute la journée, et m'attirer des soufflets de temps en temps. D'ailleurs un goût différent et trop contraire à celui-là croissait par degrés, et bientôt absorba tous les autres. Je parle de la musique. Il faut assurément que je sois né pour cet art, puisque j'ai commencé de l'aimer dès mon enfance, et qu'il est le seul que j'aie aimé constamment dans tous les temps. Ce qu'il y a d'étonnant, est qu'un art pour lequel j'étais né m'ait néanmoins tant coûté de peine à apprendre, et avec des succès si lents, qu'après une pratique de toute ma vie, jamais je n'ai pu parvenir à chanter sûrement tout à livre ouvert. Ce qui me rendait surtout alors cette étude agréable était que je la pouvais faire avec maman. Ayant des goûts d'ailleurs fort différents, la musique était pour nous un point de réunion dont j'aimais à faire usage. Elle ne s'y refusait pas : j'étais alors à peu près aussi avancé qu'elle; en deux ou trois fois nous déchiffrions un air. Quelquefois, la voyant empressée autour d'un fourneau, je lui disais : « Maman, voici un duo

(*) La botanique.

108 LES CONFESSIONS.

charmant qui m'a bien l'air de faire sentir l'empyreume à vos drogues.—Ah! par ma foi, me disait-elle, si tu me les fais brûler, je te les ferai manger. » Tout en

Elle m'en barbouillait le visage, et tout cela était délicieux. (Page 108.)

disputant, je l'entraînais à son clavecin : on s'y oubliait; l'extrait de genièvre ou l'absinthe était calciné : elle m'en barbouillait le visage, et tout cela était délicieux.

On voit qu'avec peu de temps de reste j'avais beaucoup de choses à quoi l'employer. Il me vint pourtant encore un amusement de plus qui fit bien valoir les autres.

Nous occupions un cachot si étouffé, qu'on avait besoin quelquefois d'aller prendre l'air sur la terre. Anet engagea maman à louer, dans un faubourg, un jardin pour y mettre des plantes. A ce jardin était jointe une guinguette assez jolie qu'on meubla suivant l'ordonnance : on y mit un lit. Nous allions souvent y dîner, et j'y couchais quelquefois. Insensiblement je m'engouai de cette petite retraite : j'y mis quelques livres, beaucoup d'estampes ; je passais une partie de mon temps à l'orner et à y préparer à maman quelque surprise agréable lorsqu'elle s'y venait promener. Je la quittais pour venir m'occuper d'elle, pour y penser avec plus de plaisir : autre caprice que je n'excuse ni n'explique, mais que j'avoue parce que la chose était ainsi. Je me souviens qu'une fois M<sup>me</sup> de Luxembourg me parlait en raillant d'un homme qui quittait sa maîtresse pour lui écrire. Je lui dis que j'aurais bien été cet homme-là, et j'aurais pu ajouter que je l'avais été quelquefois. Je n'ai pourtant jamais senti près de maman ce besoin de m'éloigner d'elle pour l'aimer davantage ; car tête à tête avec elle j'étais aussi parfaitement à mon aise que si j'eusse été seul ; et cela ne m'est jamais arrivé près de personne autre, ni homme ni femme, quelque attachement que j'aie eu pour eux. Mais elle était si souvent entourée, et de gens qui me convenaient si peu, que le dépit et l'ennui me chassaient dans mon asile, où je l'avais comme je la voulais, sans crainte que les importuns vinssent nous y suivre.

Tandis qu'ainsi partagé entre le travail, le plaisir et l'instruction, je vivais dans le plus doux repos, l'Europe n'était pas si tranquille que moi. La France et l'empereur venaient de s'entre-déclarer la guerre (*) : le roi de Sardaigne était entré dans la querelle, et l'armée française filait en Piémont pour entrer dans le Milanais. Il en passa une colonne par Chambéry, et entre autres le régiment de Champagne, dont était colonel M. le duc de La Trimouille, auquel je fus présenté, qui me promit beaucoup de choses, et qui sûrement n'a jamais repensé à moi. Notre petit jardin était précisément au haut du faubourg par lequel entraient les troupes, de sorte que je me rassasiais du plaisir d'aller les voir passer, et je me passionnais pour le succès de cette guerre comme s'il m'eût beaucoup intéressé. Jusque-là je ne m'étais pas encore avisé de songer aux affaires publiques ; et je me mis à lire les gazettes pour la première fois, mais avec une telle partialité pour la France, que le cœur me battait de joie à ses moindres avantages, et que ses revers m'affligeaient comme s'ils fussent tombés sur moi. Si cette folie n'eût été que passagère, je ne daignerais pas en parler ; mais elle s'est tellement enracinée dans mon cœur sans aucune raison, que, lorsque j'ai fait dans la suite, à Paris, l'antidespote et le fier républicain, je sentais en dépit de moi-même une prédilection secrète pour cette même nation que je trouvais servile et pour ce gouvernement que j'affectais de fronder. Ce qu'il y avait de plaisant était qu'ayant honte d'un penchant si contraire à mes maximes, je n'osais l'avouer à personne, et je raillais les Français de leurs défaites, tandis que le cœur m'en saignait plus qu'à eux. Je suis sûrement le seul qui, vivant chez une nation qui le traitait bien et qu'il adorait, se soit fait chez elle un faux air de la dédaigner. Enfin ce penchant s'est trouvé si désintéressé de ma part, si fort, si constant, si invincible, que même depuis ma sortie du royaume, depuis que le gouvernement, les magistrats, les auteurs, s'y sont à l'envi déchaînés contre moi, depuis qu'il est devenu du bon air de m'accabler d'injustices et d'outrages, je n'ai pu me guérir de ma folie. Je les aime en dépit de moi, quoiqu'ils me maltraitent. En voyant déjà commencer la décadence de l'Angleterre, que j'ai prédite au milieu de ses triomphes, je me laisse bercer au fol espoir que la nation française, à son tour victorieuse, viendra peut-être un jour me tirer de la triste captivité où je vis (**).

J'ai cherché longtemps la cause de cette partialité, et je n'ai pu la trouver que

---

(*) La France déclara la guerre le 10 octobre 1733.
(**) Cette dernière phrase a été supprimée par Rousseau dans son dernier manuscrit.

dans l'occasion qui la vit naître. Un goût croissant pour la littérature m'attachait aux livres français, aux auteurs de ces livres, et au pays de ces auteurs. Au moment même que défilait sous mes yeux l'armée française, je lisais les grands capitaines de Brantôme. J'avais la tête pleine des Clisson, des Bayard, des Lautrec, des Coligny, des Montmorency, des La Trimouille, et je m'affectionnais à leurs descendants comme aux héritiers de leur mérite et de leur courage. A chaque régiment qui passait je croyais revoir ces fameuses bandes noires qui jadis avaient fait tant d'exploits en Piémont. Enfin j'appliquais à ce que je voyais les idées que je puisais dans les livres : mes lectures continuées et toujours tirées de la même nation nourrissaient mon affection pour elle, et m'en firent une passion aveugle que rien n'a pu surmonter. J'ai eu dans la suite occasion de remarquer dans mes voyages que cette impression ne m'était pas particulière, et qu'agissant plus ou moins dans tous les pays sur la partie de la nation qui aimait la lecture et qui cultivait les lettres, elle balançait la haine générale qu'inspire l'air avantageux des Français. Les romans plus que les hommes leur attachent les femmes de tous les pays; leurs chefs-d'œuvre dramatiques affectionnent la jeunesse à leurs théâtres. La célébrité de celui de Paris y attire des foules d'étrangers qui en reviennent enthousiastes. Enfin l'excellent goût de leur littérature leur soumet tous les esprits qui en ont; et, dans la guerre si malheureuse dont ils sortent, j'ai vu leurs amateurs et leurs philosophes soutenir la gloire du nom français ternie par leurs guerriers (*).

J'étais donc Français ardent, et cela me rendit nouvelliste. J'allais avec la foule des gobe-mouches attendre sur la place l'arrivée des courriers; et, plus bête que l'âne de la fable, je m'inquiétais beaucoup pour savoir de quel maître j'aurais l'honneur de porter le bât : car on prétendait alors que nous appartiendrions à la France, et l'on faisait de la Savoie un échange pour le Milanais. Il faut pourtant convenir que j'avais quelques sujets de craintes; car, si cette guerre eût mal tourné pour les alliés, la pension de maman courait un grand risque. Mais j'étais plein de confiance dans mes bons amis; et pour le coup, malgré la surprise de M. de Broglie, cette confiance ne fut pas trompée, grâce au roi de Sardaigne, à qui je n'avais pas pensé.

Tandis qu'on se battait en Italie, on chantait en France. Les opéras de Rameau commençaient à faire du bruit, et relevèrent ses ouvrages théoriques que leur obscurité mettait à la portée de peu de gens. Par hasard, j'entendis parler de son Traité de l'Harmonie, et je n'eus point de repos que je n'eusse acquis ce livre. Par un autre hasard, je tombai malade. La maladie était inflammatoire : elle fut vive et courte; mais ma convalescence fut longue, et je ne fus d'un mois en état de sortir. Durant ce temps, j'ébauchai, je dévorai mon Traité de l'Harmonie; mais il était si long, si diffus, si mal arrangé, que je sentis qu'il me fallait un temps considérable pour l'étudier et le débrouiller. Je suspendais mon application et je récréais mes yeux avec de la musique. Les cantates de Bernier, sur lesquelles je m'exerçais, ne me sortaient pas de l'esprit. J'en appris par cœur quatre ou cinq, entre autres celle des *Amours dormants*, que je n'ai pas revue depuis ce temps-là, et que je sais encore presque tout entière, de même que l'*Amour piqué par une abeille*, très jolie cantate de Clérambault, que j'appris à peu près dans le même temps.

Pour m'achever, il arriva de la Val-d'Aost un jeune organiste appelé l'abbé Palais, bon musicien, bon homme, et qui accompagnait très bien du clavecin. Je fais connaissance avec lui; nous voilà inséparables. Il était l'élève d'un moine Italien, grand organiste. Il me parlait de ses principes : je les comparais avec ceux de mon Rameau; je remplissais ma tête d'accompagnements, d'accords, d'harmonie. Il fallait se former l'oreille à tout cela. Je proposai à maman un petit concert tous les mois : elle y consentit. Me voilà si plein de ce concert, que ni jour ni nuit je ne m'occupais d'autre chose; et réellement cela m'occupait, et beaucoup, pour rassembler la musique, les concertants, les instruments, tirer

---

(*) Voyez, au livre VII, la note relative à la comédie intitulée *les Prisonniers de guerre*.

les parties, etc. Maman chantait; le P. Caton, dont j'ai parlé et dont j'ai à parler encore, chantait aussi; un maître à danser, appelé Roche, et son fils, jouaient du violon; Canavas, musicien piémontais, qui travaillait au cadastre, et qui depuis s'est marié à Paris, jouait du violoncelle; l'abbé Palais accompagnait du clavecin; j'avais l'honneur de conduire la musique, sans oublier le bâton du bûcheron. On peut juger combien tout cela était beau : pas tout-à-fait comme chez M. de Treytorens, mais il ne s'en fallait guère.

Le petit concert de M<sup>me</sup> de Warens, nouvelle convertie, et vivant, disait-on, des charités du roi, faisait murmurer la séquelle dévote; mais c'était un amusement agréable pour plusieurs honnêtes gens. On ne devinerait pas qui je mets à leur tête en cette occasion : un moine, mais un moine homme de mérite, et même aimable, dont les infortunes m'ont, dans la suite, bien affecté, et dont la mémoire, liée à celle de mes beaux jours, m'est encore chère. Il s'agit du P. Caton, cordelier, qui, conjointement avec le comte Dortan, avait fait saisir à Lyon la musique du pauvre *petit-chat;* ce qui n'est pas le plus beau trait de sa vie. Il était bachelier de Sorbonne; il avait vécu longtemps à Paris dans le plus grand monde, et très faufilé surtout chez le marquis d'Antremont, alors ambassadeur de Sardaigne. C'était un grand homme, bien fait, le visage plein, les yeux à fleur de tête, des cheveux noirs qui faisaient sans affectation le crochet aux côtés du front, l'air à la fois noble, ouvert, modeste; se présentant simplement et bien, n'ayant ni le maintien cafard ou effronté des moines, ni l'abord cavalier d'un homme à la mode, quoiqu'il le fût, mais l'assurance d'un honnête homme qui, sans rougir de sa robe, s'honore lui-même et se sent toujours à sa place parmi les honnêtes gens. Quoique le P. Caton n'eût pas beaucoup d'étude pour un docteur, il en avait beaucoup pour un homme du monde; et n'étant point pressé de montrer son acquis, il le plaçait si à propos qu'il en paraissait davantage. Ayant beaucoup vécu dans la société, il s'était plus attaché aux talents agréables qu'à un solide savoir. Il avait de l'esprit, faisait des vers, parlait bien, chantait mieux, avait la voix belle, touchait l'orgue et le clavecin. Il n'en fallait pas tant pour être recherché : aussi l'était-il; mais cela lui fit si peu négliger les soins de son état, qu'il parvint, malgré des concurrents très jaloux, à être élu définiteur de sa province, ou, comme on dit, un des grands colliers de l'ordre.

Ce P. Caton fit connaissance avec maman chez le marquis d'Antremont. Il entendit parler de nos concerts, il voulut en être; il en fut, et les rendit brillants. Nous fûmes bientôt liés par notre goût commun pour la musique, qui, chez l'un et chez l'autre, était une passion très vive, avec cette différence qu'il était vraiment musicien, et que je n'étais qu'un barbouillon. Nous allions avec Canavas et l'abbé Palais faire de la musique dans sa chambre, et quelquefois à son orgue les jours de fête. Nous dînions souvent à son petit couvert; car ce qu'il y avait encore d'étonnant pour un moine, est qu'il était généreux, magnifique, et sensuel sans grossièreté. Les jours de nos concerts, il soupait chez maman. Ces soupers étaient très gais, très agréables : on y disait le mot et la chose; on y chantait des duo; j'étais à mon aise; j'avais de l'esprit, des saillies; le P. Caton était charmant; maman était adorable; l'abbé Palais, avec sa voix de bœuf, était le plastron. Moments si doux de la folâtre jeunesse, qu'il y a de temps que vous êtes partis !

Comme je n'aurai plus à parler de ce pauvre P. Caton, que j'achève ici en deux mots sa triste histoire. Les autres moines, jaloux ou plutôt furieux de lui voir un mérite, une élégance de mœurs qui n'avaient rien de la crapule monastique, le prirent en haine, parce qu'il n'était pas aussi haïssable qu'eux. Les chefs se liguèrent contre lui, et ameutèrent les moinillons envieux de sa place, et qui n'osaient auparavant le regarder. On lui fit mille affronts, on le destitua, on lui ôta sa chambre, qu'il avait meublée avec goût quoique avec simplicité; on le relégua je ne sais où; enfin, ces misérables l'accablèrent de tant d'outrages que son âme honnête, et fière avec justice, n'y put résister; et, après avoir fait les délices des sociétés les plus aimables, il mourut de douleur sur un vil grabat, dans quelque fond de cellule ou de cachot, regretté, pleuré de tous les honnêtes

gens dont il fut connu, et qui ne lui ont trouvé d'autre défaut que d'être moine.

Avec ce petit train de vie, je fis si bien en très peu de temps, qu'absorbé tout entier par la musique, je me trouvai hors d'état de penser à autre chose. Je n'allais plus à mon bureau qu'à contre-cœur; la gêne et l'assiduité au travail m'en firent un supplice insupportable, et j'en vins enfin à vouloir quitter mon emploi, pour me livrer totalement à la musique. On peut croire que cette folie ne passa pas sans opposition. Quitter un poste honnête et d'un revenu fixe pour courir après des écoliers incertains, était un parti trop peu sensé pour plaire à maman. Même en supposant mes progrès futurs aussi grands que je me les figurais, c'était borner bien modestement mon ambition que de me réduire pour la vie à l'état de musicien. Elle, qui ne formait que des projets magnifiques, et qui ne me prenait plus tout-à-fait au mot de M. d'Aubonne, me voyait avec peine occupé sérieusement d'un talent qu'elle trouvait si frivole, et me répétait souvent ce proverbe de province, un peu moins juste à Paris, que « qui bien chante et bien danse, fait un métier qui peu avance. » Elle me voyait d'un autre côté entraîné par un goût irrésistible; ma passion de musique devenait une fureur; et il était à craindre que mon travail, se sentant de mes distractions, ne m'attirât un congé qu'il valait beaucoup mieux prendre de moi-même. Je lui représentais encore que cet emploi n'avait pas longtemps à durer, qu'il me fallait un talent pour vivre, et qu'il était plus sûr d'achever d'acquérir par la pratique celui auquel mon goût me portait, et qu'elle m'avait choisi, que de me mettre à la merci des protections, ou de faire de nouveaux essais qui pouvaient mal réussir, et me laisser, après avoir passé l'âge d'apprendre, sans ressource pour gagner mon pain. Enfin j'extorquai son consentement, plus à force d'importunités et de caresses, que de raisons dont elle se contentât. Aussitôt je courus remercier fièrement M. Coccelli, directeur-général du cadastre, comme si j'avais fait l'acte le plus héroïque, et je quittai volontairement mon emploi, sans sujet, sans raison, sans prétexte, avec autant et plus de joie que je n'en avais eu à le prendre il n'y avait pas deux ans.

Cette démarche, toute folle qu'elle était, m'attira, dans le pays, une sorte de considération qui me fut utile. Les uns me supposèrent des ressources que je n'avais pas; d'autres, me voyant livré tout-à-fait à la musique, jugèrent de mon talent par mon sacrifice, et crurent qu'avec tant de passion pour cet art je devais le posséder supérieurement. Dans le royaume des aveugles les borgnes sont rois: je passai là pour un bon maître, parce qu'il n'y en avait que de mauvais. Ne manquant pas, au reste, d'un certain goût de chant, favorisé d'ailleurs par mon âge et par ma figure, j'eus bientôt plus d'écolières qu'il ne m'en fallait pour remplacer ma place de secrétaire.

Il est certain que, pour l'agrément de la vie, on ne pouvait passer plus rapidement d'une extrémité à l'autre. Au cadastre, occupé huit heures par jour du plus maussade travail, avec des gens encore plus maussades, enfermé dans un triste bureau empuanti de l'haleine et de la sueur de tous ces manants, la plupart fort mal peignés et fort malpropres, je me sentais quelquefois accablé jusqu'au vertige par l'attention, l'odeur, la gêne et l'ennui. Au lieu de cela, me voilà tout à coup jeté parmi le beau monde, admis, recherché dans les meilleures maisons; partout un accueil gracieux, caressant, un air de fête: d'aimables demoiselles bien parées m'attendent, me reçoivent avec empressement, je ne vois que des objets charmants, je ne sens que la rose et la fleur d'orange; on chante, on cause, on rit, on s'amuse; je ne sors de là que pour aller ailleurs en faire autant. On conviendra qu'à égalité dans les avantages, il n'y avait pas à balancer dans le choix. Aussi me trouvai-je si bien du mien, qu'il ne m'est arrivé jamais de m'en repentir; et je ne m'en repens pas même en ce moment où je pèse au poids de la raison les actions de ma vie, et où je suis délivré des motifs peu sensés qui m'ont entraîné.

Voilà presque l'unique fois qu'en n'écoutant que mes penchants je n'ai pas vu tromper mon attente. L'accueil aisé, l'esprit liant, l'humeur facile des habitants du pays, me rendit le commerce du monde aimable: et le goût que j'y pris alors

m'a bien prouvé que, si je n'aime pas à vivre parmi les hommes, c'est moins ma faute que la leur.

C'est dommage que les Savoyards ne soient pas riches, ou peut-être serait-ce dommage qu'ils le fussent; car, tels qu'ils sont, c'est le meilleur et le plus sociable peuple que je connaisse. S'il est une petite ville au monde où l'on goûte la douceur de la vie, dans un commerce agréable et sûr, c'est Chambéry. La noblesse de la province, qui s'y rassemble, n'a que ce qu'il faut de bien pour vivre: elle n'en a pas assez pour parvenir; et, ne pouvant se livrer à l'ambition, elle suit, par nécessité, le conseil de Cinéas. Elle dévoue sa jeunesse à l'état militaire, puis revient vieillir paisiblement chez soi. L'honneur et la raison président à ce partage. Les femmes sont belles, et pourraient se passer de l'être; elles ont tout

Celle-ci prit son temps pour passer derrière sa rivale. (Page 115.)

ce qui peut faire valoir la beauté, et même y suppléer. Il est singulier, qu'appelé par mon état à voir beaucoup de jeunes filles, je ne me rappelle pas d'en avoir vu, à Chambéry, une seule qui ne fût pas charmante. On dira que j'étais disposé à les trouver belles, et l'on peut avoir raison; mais je n'avais pas besoin d'y mettre du mien pour cela. Je ne puis, en vérité, me rappeler sans plaisir le souvenir de mes jeunes écolières. Que ne puis-je, en nommant ici les plus aimables, les rappeler de même, et moi avec elles, à l'âge heureux où nous étions lors des moments aussi doux qu'innocents que j'ai passés auprès d'elles! La première fut M$^{lle}$ de Mellarède, ma voisine, sœur de l'élève de M. Gaime. C'était une brune très vive, mais d'une vivacité caressante, pleine de grâces, et sans étourderie. Elle était un peu maigre, comme sont la plupart des filles à son âge; mais ses yeux brillants, sa taille fine, son air attirant, n'avaient pas besoin d'embonpoint pour plaire. J'y allais le matin, et elle était encore ordinairement en déshabillé, sans autre coiffure que ses cheveux négligemment relevés, ornés de quelque fleur qu'on mettait à mon arrivée, et qu'on ôtait après mon départ pour se coiffer.

Je ne crains rien tant dans le monde qu'une jolie personne en déshabillé ; je la redouterais cent fois moins parée. M{lle} de Menthon, chez qui j'allais l'après-midi, l'était toujours, et me faisait une impression toute aussi douce, mais différente. Ses cheveux étaient d'un blond cendré : elle était très mignonne, très timide, et très blanche ; une voix nette, juste et flutée, mais qui n'osait se développer. Elle avait au sein la cicatrice d'une brûlure d'eau bouillante, qu'un fichu de chenille ne cachait pas extrêmement. Cette marque attirait quelquefois de ce côté mon attention, qui bientôt n'était plus pour la cicatrice. M{lle} de Challes, une autre de mes voisines, était une fille faite, grande, belle carrure, de l'embonpoint : elle avait été très bien. Ce n'était plus une beauté, mais c'était une personne à citer pour la bonne grâce, pour l'humeur égale, pour le bon naturel. Sa sœur, M{me} de Charly, la plus belle femme de Chambéry, n'apprenait plus la musique ; mais elle la faisait apprendre à sa fille, toute jeune encore, mais dont la beauté naissante eût promis d'égaler celle de sa mère, si malheureusement elle n'eût été un peu rousse. J'avais à la Visitation une petite demoiselle française, dont j'ai oublié le nom, mais qui mérite une place dans la liste de mes préférences. Elle avait pris le ton lent et traînant des religieuses, et sur ce ton traînant elle disait des choses très saillantes, qui ne semblaient point aller avec son maintien. Au reste elle était paresseuse, n'aimant pas à prendre la peine de montrer son esprit, et c'était une faveur qu'elle n'accordait pas à tout le monde. Ce ne fut qu'après un mois ou deux de leçons et de négligence qu'elle s'avisa de cet expédient pour me rendre plus assidu ; car je n'ai jamais pu prendre sur moi de l'être. Je me plaisais à mes leçons quand j'y étais, mais je n'aimais pas être obligé de m'y rendre ni que l'heure me commandât : en toutes choses, la gêne et l'assujétissement me sont insupportables : ils me feraient prendre en haine le plaisir même. On dit que chez les mahométans un homme passe au point du jour dans les rues pour ordonner aux maris de rendre le devoir à leurs femmes. Je serais un mauvais Turc à ces heures-là.

J'avais quelques écolières aussi dans la bourgeoisie, et une entre autres qui fut la cause indirecte d'un changement de relation, dont j'ai à parler, puisque enfin je dois tout dire. Elle était fille d'un épicier, et se nommait M{lle} Lard, vrai modèle d'une statue grecque, et que je citerais pour la plus belle fille que j'aie jamais vue, s'il y avait quelque véritable beauté sans vie et sans âme. Son indolence, sa froideur, son insensibilité, allaient à un point incroyable. Il était également impossible de lui plaire et de la fâcher ; et je suis persuadé que si l'on eût fait sur elle quelque entreprise, elle aurait laissé faire, non par goût, mais par stupidité. Sa mère, qui n'en voulait pas courir le risque, ne la quittait pas d'un pas. En lui faisant apprendre à chanter, en lui donnant un jeune maître, elle faisait tout de son mieux pour l'émoustiller ; mais cela ne réussit point. Tandis que le maître agaçait la fille, la mère agaçait le maître, et cela ne réussissait pas beaucoup mieux. M{me} Lard ajoutait à sa vivacité naturelle toute celle que sa fille aurait dû avoir. C'était un petit minois éveillé, chiffonné, marqué de petite-vérole. Elle avait de petits yeux très ardents, et un peu rouges, parce qu'elle y avait presque toujours mal. Tous les matins, quand j'arrivais, je trouvais prêt mon café à la crème ; et la mère ne manquait jamais de m'accueillir par un baiser bien appliqué sur la bouche, et que par curiosité j'aurais bien voulu rendre à la fille, pour voir comment elle l'aurait pris. Au reste, tout cela se faisait si simplement et si fort sans conséquence, que quand M. Lard était là, les agaceries et les baisers n'en allaient pas moins leur train. C'était une bonne pâte d'homme, le vrai père de sa fille, et que sa femme ne trompait pas, parce qu'il n'en était pas besoin.

Je me prêtais à toutes ces caresses avec ma balourdise ordinaire, les prenant tout bonnement pour des marques de pure amitié. J'en étais pourtant importuné quelquefois, car la vive M{me} Lard ne laissait pas d'être exigeante ; et si j'avais passé devant la boutique sans m'arrêter, il y aurait eu du bruit. Il fallait, quand j'étais pressé, que je prisse un détour pour passer dans une autre rue, sachant bien qu'il n'était pas aussi aisé de sortir de chez elle que d'y entrer.

M<sup>me</sup> Lard s'occupait trop de moi pour que je ne m'occupasse point d'elle. Ses attentions me touchaient beaucoup. J'en parlais à maman comme d'une chose sans mystère : et quand il y en aurait eu, je ne lui en aurais pas moins parlé ; car lui faire un secret de quoi que ce fût ne m'eût pas été possible ; mon cœur était ouvert devant elle comme devant Dieu. Elle ne prit pas tout-à-fait la chose avec la même simplicité que moi. Elle vit des avances où je n'avais vu que des amitiés : elle jugea que M<sup>me</sup> Lard, se faisant un point d'honneur de me laisser moins sot qu'elle ne m'avait trouvé, parviendrait de manière ou d'autre à se faire entendre ; et, outre qu'il n'était pas juste qu'une autre femme se chargeât de l'instruction de son élève, elle avait des motifs plus dignes d'elle pour me garantir des pièges auxquels mon âge et mon état m'exposaient. Dans le même temps, on m'en tendit un d'une espèce plus dangereuse, auquel j'échappai, mais qui lui fit sentir que les dangers qui me menaçaient sans cesse rendaient nécessaires tous les préservatifs qu'elle y pouvait apporter.

M<sup>me</sup> la comtesse de Menthon, mère d'une de mes écolières, était une femme de beaucoup d'esprit, et passait pour n'avoir pas moins de méchanceté. Elle avait été cause, à ce qu'on disait, de bien des brouilleries, et d'une entre autre qui avait eu des suites fatales à la maison d'Antremont. Maman avait été assez liée avec elle pour connaître son caractère : ayant très innocemment inspiré du goût à quelqu'un sur qui M<sup>me</sup> de Menthon avait des prétentions, elle resta chargée auprès d'elle du crime de cette préférence, quoiqu'elle n'eût été ni recherchée ni acceptée ; et M<sup>me</sup> de Menthon chercha depuis lors à jouer à sa rivale plusieurs tours dont aucun ne réussit. J'en rapporterai un des plus comiques par manière d'échantillon. Elles étaient ensemble à la campagne avec plusieurs gentilshommes du voisinage, et entre autres l'aspirant en question. M<sup>me</sup> de Menthon dit un jour à un de ces messieurs que M<sup>me</sup> de Warens n'était qu'une précieuse, qu'elle n'avait point de goût, qu'elle se mettait mal, qu'elle couvrait sa gorge comme une bourgeoise. « Quant à ce dernier article, lui dit l'homme, qui était un plaisant, elle a ses raisons, et je sais qu'elle a un gros vilain rat empreint sur le sein, mais si ressemblant, qu'on dirait qu'il court. » La haine ainsi que l'amour rend crédule. M<sup>me</sup> de Menthon résolut de tirer parti de cette découverte ; et un jour que maman était au jeu avec l'ingrat favori de la dame, celle-ci prit son temps pour passer derrière sa rivale, puis renversant à demi sa chaise elle découvrit adroitement son mouchoir : mais, au lieu du gros rat, le monsieur ne vit qu'un objet fort différent, qu'il n'était pas plus aisé d'oublier que de voir, et cela ne fit pas le compte de la dame.

Je n'étais pas un personnage à occuper M<sup>me</sup> de Menthon, qui ne voulait que des gens brillants autour d'elle : cependant elle fit quelque attention à moi, non pour ma figure, dont assurément elle ne se souciait point du tout, mais pour l'esprit qu'on me supposait, et qui m'eût pu rendre utile à ses goûts. Elle en avait un assez vif pour la satire. Elle aimait à faire des chansons et des vers sur les gens qui lui déplaisaient. Si elle m'eût trouvé assez de talent pour lui aider à tourner ses vers, et assez de complaisance pour les écrire, entre elle et moi nous aurions bientôt mis Chambéry sens dessus dessous. On serait remonté à la source de ces libelles : M<sup>me</sup> de Menthon se serait tirée d'affaire en me sacrifiant, et j'aurais été enfermé pour le reste de mes jours peut-être, pour m'apprendre à faire le Phébus avec les dames.

Heureusement rien de tout cela n'arriva. M<sup>me</sup> de Menthon me retint à dîner deux ou trois fois pour me faire causer, et trouva que je n'étais qu'un sot. Je le sentais moi-même et j'en gémissais, enviant les talents de mon ami Venture, tandis que j'aurais dû remercier ma bêtise des périls dont elle me sauvait. Je demeurai pour M<sup>me</sup> de Menthon le maître à chanter de sa fille et rien de plus ; mais je vécus tranquille et toujours bien voulu dans Chambéry. Cela valait mieux que d'être un bel esprit pour elle et un serpent pour le reste du pays.

Quoiqu'il en soit, maman vit que, pour m'arracher aux périls de ma jeunesse, il était temps de me traiter en homme ; et c'est ce qu'elle fit, mais de la façon la plus singulière dont jamais femme se soit avisée en pareille occasion. Je lui

trouvai l'air plus grave et le propos plus moral qu'à son ordinaire. A la gaîté folâtre dont elle entremêlait ordinairement ses instructions, succéda tout à coup un ton toujours soutenu, qui n'était ni familier ni sévère, mais qui semblait préparer une explication. Après avoir cherché vainement en moi-même la raison de ce changement, je la lui demandai: c'est ce qu'elle attendait. Elle me proposa une promenade au petit jardin pour le lendemain : nous y fûmes dès le matin. Elle avait pris ses mesures pour qu'on nous laissât seuls toute la journée : elle l'employa à me préparer aux bontés qu'elle voulait avoir pour moi, non, comme une autre femme, par du manège et des agaceries, mais par des entretiens de sentiment et de raison, plus faits pour m'instruire que pour me séduire, et qui parlaient plus à mon cœur qu'à mes sens. Cependant, quelque excellents et utiles que fussent les discours qu'elle me tint, et quoiqu'ils ne fussent rien moins que froids et tristes, je n'y fis pas toute l'attention qu'ils méritaient, et je ne les gravai pas dans ma mémoire comme j'aurais fait dans tout autre temps. Son début, cet air de préparatif, m'avaient donné de l'inquiétude : tandis qu'elle parlait, rêveur et distrait malgré moi, j'étais moins occupé de ce qu'elle disait que de chercher à quoi elle en voulait venir ; et sitôt que je l'eus compris, ce qui ne me fut pas facile, la nouveauté de cette idée, qui depuis que je vivais auprès d'elle ne m'était pas venue une seule fois dans l'esprit, m'occupant alors tout entier, ne me laissa plus le maître de penser à ce qu'elle me disait. Je ne pensais qu'à elle et je ne l'écoutais pas.

Vouloir rendre les jeunes gens attentifs à ce qu'on leur veut dire, en leur montrant au bout un objet très intéressant pour eux, est un contre-sens très ordinaire aux instituteurs, et que je n'ai pas évité moi-même dans mon *Emile*. Le jeune homme, frappé de l'objet qu'on lui présente, s'en occupe uniquement, et saute à pieds joints par dessus vos discours préliminaires pour aller d'abord où vous le menez trop lentement à son gré. Quand on veut le rendre attentif, il ne faut pas se laisser pénétrer d'avance ; et c'est en quoi maman fut maladroite. Par une singularité qui tenait à son esprit systématique, elle prit la précaution très vaine de faire ses conditions ; mais sitôt que j'en vis le prix, je ne les écoutai pas même, et je me dépêchai de consentir à tout. Je doute même qu'en pareil cas il y ait sur la terre entière un homme assez franc ou assez courageux pour oser marchander, et une seule femme qui pût pardonner de l'avoir fait. Par une suite de la même bizarrerie, elle mit à cet accord les formalités les plus graves, et me donna, pour y penser, huit jours, dont je l'assurai faussement que je n'avais pas besoin : car, pour comble de singularité, je fus très aise de les avoir, tant la nouveauté de ces idées m'avait frappé, et tant je sentais un bouleversement dans les miennes qui me demandait du temps pour les arranger !

On croira que ces huit jours me durèrent huit siècles : tout au contraire, j'aurais voulu qu'ils les eussent duré en effet. Je ne sais comment décrire l'état où je me trouvais, plein d'un certain effroi mêlé d'impatience, redoutant ce que je désirais, jusqu'à chercher quelquefois tout de bon dans ma tête quelque honnête moyen d'éviter d'être heureux. Qu'on se représente mon tempérament ardent et lascif, mon sang enflammé, mon cœur enivré d'amour, ma vigueur, ma santé, mon âge. Qu'on pense que dans cet état, altéré de la soif des femmes, je n'avais encore approché d'aucune ; que l'imagination, le besoin, la vanité, la curiosité, se réunissaient pour me dévorer de l'ardent désir d'être homme et de le paraître. Qu'on ajoute surtout, car c'est ce qu'il ne faut pas qu'on oublie, que mon vif et tendre attachement pour elle, loin de s'attiédir, n'avait fait qu'augmenter de jour en jour ; que je n'étais bien qu'auprès d'elle ; que je ne m'en éloignais que pour y penser ; que j'avais le cœur plein, non-seulement de ses bontés, de son caractère aimable, mais de son sexe, de sa figure, de sa personne, d'elle, en un mot, par tous les rapports sous lesquels elle pouvait m'être chère. Et qu'on n'imagine pas que, pour dix ou douze ans que j'avais de moins qu'elle, elle fût vieille ou me parût l'être. Depuis cinq ou six ans que j'avais éprouvé des transports si doux à sa première vue, elle était réellement très peu changée, et ne m' le paraissait point du tout. Elle a toujours été charmante pour moi, et l'étai

encore pour tout le monde. Sa taille seule avait pris un peu plus de rondeur. Du reste, c'était le même œil, le même teint, le même sein, les mêmes traits, les mêmes beaux cheveux blonds, la même gaîté, tout jusqu'à la même voix, cette voix argentée de la jeunesse, qui fit toujours sur moi tant d'impression, qu'encore aujourd'hui je ne puis entendre sans émotion le son d'une jolie voix de fille.

Naturellement, ce que j'avais à craindre dans l'attente de la possession d'une personne si chérie était de l'anticiper, et de ne pouvoir assez gouverner mes désirs et mon imagination pour rester maître de moi-même. On verra que, dans un âge avancé, la seule idée de quelques légères faveurs qui m'attendaient près de la personne aimée allumait mon sang à tel point qu'il m'était impossible de faire impunément le court trajet qui me séparait d'elle. Comment, par quel prodige, dans la fleur de ma jeunesse, eus-je si peu d'empressement pour la première jouissance? Comment pus-je en voir approcher l'heure avec plus de peine que de plaisir? Comment, au lieu des délices qui devaient m'enivrer, sentais-je presque de la répugnance et des craintes? Il n'y a point à douter que si j'avais pu me dérober à mon bonheur avec bienséance, je ne l'eusse fait de tout mon cœur. J'ai promis des bizarreries dans l'histoire de mon attachement pour elle: en voilà sûrement une à laquelle on ne s'attendait pas.

Le lecteur, déjà révolté, juge qu'étant possédée par un autre homme, elle se dégradait à mes yeux en se partageant, et qu'un sentiment de mésestime attiédissait ceux qu'elle m'avait inspirés: il se trompe. Ce partage, il est vrai, me faisait une cruelle peine, tant par une délicatesse très naturelle, que parce qu'en effet je le trouvais peu digne d'elle et de moi; mais quant à mes sentiments pour elle, il ne les altérait point, et je peux jurer que jamais je ne l'aimai plus tendrement que quand je désirais si peu de la posséder. Je connaissais trop son cœur chaste et son tempérament de glace pour croire un moment que le plaisir des sens eût aucune part à cet abandon d'elle-même: j'étais parfaitement sûr que le seul soin de m'arracher à des dangers autrement presque inévitables, et de me conserver tout entier à moi et à mes devoirs, lui en faisait enfreindre un qu'elle ne regardait pas du même œil que les autres femmes, comme il sera dit ci-après. Je la plaignais et je me plaignais. J'aurais voulu lui dire: « Non, maman, il n'est pas nécessaire; je vous réponds de moi sans cela. » Mais je n'osais, premièrement parce que ce n'était pas une chose à dire, et puis parce qu'au fond je sentais que cela n'était pas vrai, et qu'en effet il n'y avait qu'une femme qui pût me garantir des autres femmes et mettre à l'épreuve des tentations. Sans désirer de la posséder, j'étais bien aise qu'elle m'ôtât le désir d'en posséder d'autres; tant je regardais tout ce qui pouvait me distraire d'elle comme un malheur.

La longue habitude de vivre ensemble et d'y vivre innocemment, loin d'affaiblir mes sentiments pour elle, les avait renforcés, mais leur avait en même temps donné une autre tournure qui les rendait plus affectueux, plus tendres peut-être, mais moins sensuels. A force de l'appeler maman, à force d'user avec elle de la familiarité d'un fils, je m'étais accoutumé à me regarder comme tel. Je crois que voilà la véritable cause du peu d'empressement que j'eus de la posséder, quoiqu'elle me fût si chère. Je me souviens très bien que mes premiers sentiments, sans être plus vifs, étaient plus voluptueux. A Annecy, j'étais dans l'ivresse; à Chambéry, je n'y étais plus. Je l'aimais toujours aussi passionnément qu'il fût possible, mais je l'aimais plus pour elle et moins pour moi, ou du moins je cherchais plus mon bonheur que mon plaisir auprès d'elle: elle était pour moi plus qu'une sœur, plus qu'une mère, plus qu'une amie, plus même qu'une maîtresse. Enfin, je l'aimais trop pour la convoiter: voilà ce qu'il y a de plus clair dans mes idées.

Ce jour, plutôt redouté qu'attendu, vint enfin. Je promis tout, et je ne mentis pas. Mon cœur confirmait mes engagements sans en désirer le prix. Je l'obtins pourtant. Je me vis pour la première fois dans les bras d'une femme, et d'une femme que j'adorais. Fus-je heureux? non: je goûtai le plaisir. Je ne sais quelle invincible tristesse en empoisonnait le charme, j'étais comme si j'avais commis

un inceste. Deux ou trois fois, en la pressant avec transport dans mes bras, j'inondai son sein de mes larmes. Pour elle, elle n'était ni triste ni vive; elle était caressante et tranquille. Comme elle était peu sensuelle, et n'avait point recherché la volupté, elle n'en eut pas les délices et n'en a jamais eu les remords.

Je le répète, toutes ses fautes lui vinrent de ses erreurs, jamais de ses passions. Elle était bien née, son cœur était pur, elle aimait les choses honnêtes, ses penchants étaient droits et vertueux, son goût était délicat; elle était faite pour une élégance de mœurs qu'elle a toujours aimée et qu'elle n'a jamais suivie, parce qu'au lieu d'écouter son cœur qui la menait bien, elle écouta sa raison qui la menait mal. Quand des principes faux l'ont égarée, ses vrais sentiments les ont toujours démentis : mais malheureusement, elle se piquait de philosophie, et la morale qu'elle s'était faite gâta celle que son cœur lui dictait.

M. de Tavel, son premier amant, fut son maître de philosophie, et les principes qu'il lui donna furent ceux dont il avait besoin pour la séduire. La trouvant attachée à son mari, à ses devoirs, toujours froide, raisonnante et inattaquable par les sens, il l'attaqua par des sophismes, et parvint à lui montrer ses devoirs, auxquels elle était si attachée, comme un bavardage de catéchisme fait uniquement pour amuser les enfants; l'union des sexes, comme l'acte le plus indifférent en soi; la fidélité conjugale, comme une apparence obligatoire dont toute la moralité regardait l'opinion; le repos des maris, comme la seule règle du devoir des femmes; en sorte que des infidélités ignorées, nulles pour celui qu'elles offensaient, l'étaient aussi pour la conscience : enfin il lui persuada que la chose en elle-même n'était rien, qu'elle ne prenait d'existence que par le scandale, et que toute femme qui paraissait sage, par cela seul l'était en effet. C'est ainsi que le malheureux parvint à son but en corrompant la raison d'une enfant dont il n'avait pu corrompre le cœur. Il en fut puni par la plus dévorante jalousie, persuadé qu'elle le traitait lui-même comme il lui avait appris à traiter son mari. Je ne sais s'il se trompait sur ce point. Le ministre Perret passa pour son successeur. Ce que je sais, c'est que le tempérament froid de cette jeune femme, qui l'aurait dû garantir de ce système, fut ce qui l'empêcha dans la suite d'y renoncer. Elle ne pouvait concevoir qu'on donnât tant d'importance à ce qui n'en avait point pour elle. Elle n'honora jamais du nom de vertu une abstinence qui lui coûtait si peu.

Elle n'eût donc guère abusé de ce faux principe pour elle-même; mais elle en abusa pour autrui, et cela, par une autre maxime presque aussi fausse, mais plus d'accord avec la bonté de son cœur. Elle a toujours cru que rien n'attachait tant un homme à une femme que la possession; et quoiqu'elle n'aimât ses amis que d'amitié, c'était d'une amitié si tendre, qu'elle employait tous les moyens qui dépendaient d'elle pour se les attacher plus fortement. Ce qu'il y a d'extraordinaire est qu'elle a presque toujours réussi. Elle était si réellement aimable, que plus l'intimité dans laquelle on vivait avec elle était grande, plus on y trouvait de nouveaux sujets de l'aimer. Une autre chose digne de remarque est qu'après sa première faiblesse, elle n'a guère favorisé que des malheureux; les gens brillants ont tous perdu leur peine auprès d'elle : mais il fallait qu'un homme qu'elle commençait par plaindre fût bien peu aimable si elle ne finissait par l'aimer. Quand elle se fit des choix peu dignes d'elle, bien loin que ce fût par des inclinations basses, qui n'approchèrent jamais de son noble cœur, ce fut uniquement par son caractère trop généreux, trop humain, trop compatissant, trop sensible, qu'elle ne gouverna pas toujours avec assez de discernement.

Si quelques principes faux l'ont égarée, combien n'en avait-elle pas d'admirables dont elle ne se départait jamais ! Par combien de vertus ne rachetait-elle pas ses faiblesses, si l'on peut appeler de ce nom des erreurs où les sens avaient si peu de part ! Ce même homme qui la trompa sur un point l'instruisit excellemment sur mille autres; et ses passions, qui n'étaient pas fougueuses, lui permettant de suivre toujours ses lumières, elle allait bien quand ses sophismes ne l'égaraient pas. Ses motifs étaient louables jusque dans ses fautes : en s'abusant, elle pouvait mal faire, mais elle ne pouvait vouloir rien qui fût mal. Elle abhor-

rait la duplicité, le mensonge : elle était juste, équitable, humaine, désintéressée, fidèle à sa parole, à ses amis, à ses devoirs qu'elle reconnaissait pour tels, incapable de vengeance et de haine, et ne concevant pas même qu'il y eût le moindre mérite à pardonner. Enfin, pour revenir à ce qu'elle avait de moins excusable, sans estimer ses faveurs ce qu'elles valaient, elle n'en fit jamais un vil commerce : elle les prodiguait mais elle ne les vendait pas, quoiqu'elle fût sans cesse aux expédients pour vivre ; et j'ose dire que si Socrate put estimer Aspasie, il eût respecté M<sup>me</sup> de Warens.

Je sais d'avance qu'en lui donnant un caractère sensible et un tempérament froid, je serai accusé de contradiction comme à l'ordinaire et avec autant de raison. Il se peut que la nature ait eu tort, et que cette combinaison n'ait pas dû être ; je sais seulement qu'elle a été. Tous ceux qui ont connu M<sup>me</sup> de Warens, et dont un si grand nombre existe encore, ont pu savoir qu'elle était ainsi ; j'ose même ajouter qu'elle n'a connu qu'un seul vrai plaisir au monde, c'était d'en faire à ceux qu'elle aimait. Toutefois, permis à chacun d'argumenter là-dessus tout à son aise, et de prouver doctement que cela n'est pas vrai. Ma fonction est de dire la vérité, mais non pas de la faire croire.

J'appris peu à peu tout ce que je viens de dire dans les entretiens qui suivirent notre union, et qui seuls la rendirent délicieuse. Elle avait eu raison d'espérer que sa complaisance me serait utile ; j'en tirai pour mon instruction de grands avantages. Elle m'avait jusqu'alors parlé de moi seul comme à un enfant. Elle commença de me traiter en homme, et me parla d'elle. Tout ce qu'elle me disait m'était si intéressant, je m'en sentais si touché, que, me repliant sur moi-même, j'appliquais à mon profit ses confidences plus que je n'avais fait ses leçons. Quand on sent vraiment que le cœur parle, le nôtre s'ouvre pour recevoir ses épanchements ; et jamais toute la morale d'un pédagogue ne vaudra le bavardage affectueux et tendre d'une femme sensée pour qui l'on a de l'attachement.

L'intimité dans laquelle je vivais avec elle l'ayant mise à portée de m'apprécier plus avantageusement qu'elle n'avait fait, elle jugea que, malgré mon air gauche, je valais la peine d'être cultivé pour le monde, et que si je m'y montrais un jour sur un certain pied, je serais en état d'y faire mon chemin. Sur cette idée, elle s'attachait non-seulement à former mon jugement, mais mon extérieur, mes manières, à me rendre aimable autant qu'estimable ; et s'il est vrai qu'on puisse allier les succès dans le monde avec la vertu, ce que pour moi je ne crois pas, je suis sûr au moins qu'il n'y a pour cela d'autre route que celle qu'elle avait prise, et qu'elle voulait m'enseigner. Car M<sup>me</sup> de Warens connaissait les hommes, et savait supérieurement l'art de traiter avec eux sans mensonge et sans imprudence, sans les tromper et sans les fâcher. Mais cet art était dans son caractère bien plus que dans ses leçons ; elle savait mieux le mettre en pratique que l'enseigner, et j'étais l'homme du monde le moins propre à l'apprendre. Aussi tout ce qu'elle fit à cet égard fut-il, peu s'en fallut, peine perdue, de même que le soin qu'elle prit de me donner des maîtres pour la danse et pour les armes. Quoique leste et bien pris dans ma taille, je ne pus apprendre à danser un menuet. J'avais tellement pris, à cause de mes cors, l'habitude de marcher du talon, que Roche ne put me la faire perdre ; et jamais, avec l'air assez ingambe, je n'ai pu sauter un médiocre fossé. Ce fut encore pis à la salle d'armes. Après trois mois de leçon, je tirais encore à la muraille, hors d'état de faire assaut, et jamais je n'eus le poignet assez souple ou le bras assez ferme pour retenir mon fleuret quand il plaisait au maître de le faire sauter. Ajoutez que j'avais un dégoût mortel pour cet exercice et pour le maître qui tâchait de me l'enseigner. Je n'aurais jamais cru qu'on pût être si fier de l'art de tuer un homme. Pour mettre son vaste génie à ma portée, il ne s'exprimait que par des comparaisons tirées de la musique qu'il ne savait point. Il trouvait des analogies frappantes entre les bottes de tierce et de quarte et les intervalles musicaux du même nom. Quand il voulait faire une feinte, il me disait de prendre garde à ce dièse, parce qu'anciennement les dièses s'appelaient *des feintes ;* quand il m'avait fait sauter de la main mon fleuret, il disait en ricanant que c'était *une pause.* Enfin je ne vis de ma vie un

pédant plus insupportable que ce pauvre homme avec son plumet et son plastron.

Je fis donc peu de progrès dans mes exercices, que je quittai bientôt par pur dégoût; mais j'en fis davantage dans un art plus utile, celui d'être content de mon sort, et de n'en pas désirer un plus brillant pour lequel je commençais à sentir que je n'étais pas né. Livré tout entier au désir de rendre à maman la vie heureuse, je me plaisais toujours plus auprès d'elle; et quand il fallait m'en éloigner pour courir en ville, malgré ma passion pour la musique, je commençais à sentir la gêne de mes leçons.

J'ignore si Claude Anet s'aperçut de l'intimité de notre commerce. J'ai lieu de croire qu'il ne lui fut pas caché. C'était un garçon très clairvoyant, mais très discret, qui ne parlait jamais contre sa pensée, mais qui ne la disait pas toujours.

Ajoutez que j'avais un dégoût mortel pour cet exercice. (Page 119.)

Sans me faire le moindre semblant qu'il fût instruit, par sa conduite il paraissait l'être; et cette conduite ne venait certainement pas de bassesse d'âme, mais de ce qu'étant entré dans les principes de sa maîtresse, il ne pouvait désapprouver qu'elle agît conséquemment. Quoique aussi jeune qu'elle, il était si mûr et si grave, qu'il nous regardait presque comme deux enfants dignes d'indulgence, et nous le regardions l'un et l'autre comme un homme respectable dont nous avions l'estime à ménager. Ce ne fut qu'après qu'elle lui fut infidèle que je connus bien tout l'attachement qu'elle avait pour lui. Comme elle savait que je ne pensais, ne sentais, ne respirais que par elle, elle me montrait combien elle l'aimait, afin que je l'aimasse de même, et elle appuyait encore moins sur son amitié pour lui que sur son estime, parce que c'était le sentiment que je pouvais partager le plus pleinement. Combien de fois elle attendrit nos cœurs et nous fit embrasser avec larmes, en nous disant que nous étions nécessaires tous deux au bonheur de sa vie? Et que les femmes qui liront ceci ne sourient pas malignement. Avec le tem-

pérament qu'elle avait, ce besoin n'était pas équivoque ; c'était uniquement celu de son cœur.

Ainsi s'établit entre nous trois une société sans autre exemple peut-être sur la terre. Tous nos vœux, nos soins, nos cœurs, étaient en commun ; rien n'en passait au-delà de ce petit cercle. L'habitude de vivre ensemble et d'y vivre exclusivement devint si grande, que si dans nos repas un des trois manquait ou qu'il vînt un quatrième, tout était dérangé ; et, malgré nos liaisons particulières, les tête à tête nous étaient moins doux que la réunion. Ce qui prévenait entre nous la gêne était une extrême confiance réciproque ; et ce qui prévenait l'ennui était que nous étions tous fort occupés. Maman, toujours projetante et toujours agissante, ne nous laissait guère oisifs ni l'un ni l'autre, et nous avions encore chacun pour notre compte de quoi bien remplir notre temps. Selon moi, le désœuvrement n'est pas moins le fléau de la société que celui de la solitude. Rien ne rétrécit plus l'esprit, rien n'engendre plus de riens, de rapports, de caquets, de tracasseries, de mensonges, que d'être éternellement renfermés vis-à-vis les uns des autres dans une chambre, réduits pour tout ouvrage à la nécessité de babiller continuellement. Quand tout le monde est occupé, l'on ne parle que quand on a quelque chose à dire : mais quand on ne fait rien, il faut absolument parler toujours, et voilà de toutes les gênes la plus incommode et la plus dangereuse. J'ose même aller plus loin, et je soutiens que pour rendre un cercle agréable, il faut non-seulement que chacun y fasse quelque chose, mais quelque chose qui demande un peu d'attention. Faire des nœuds, ce n'est rien faire : et il faut tout autant de soin pour amuser une femme qui fait des nœuds que celle qui tient les bras croisés. Mais quand elle brode, c'est autre chose : elle s'occupe assez pour remplir les intervalles du silence. Ce qu'il y a de choquant, de ridicule, est de voir pendant ce temps une douzaine de flandrins se lever, s'asseoir, aller, venir, pirouetter sur leurs talons, retourner deux cents fois les magots de la cheminée, et fatiguer leur minerve à maintenir un intarissable flux de paroles : la belle occupation ! Ces gens-là, quoi qu'ils fassent, seront toujours à charge aux autres et à eux-mêmes. Quand j'étais à Motiers, j'allais faire des lacets chez mes voisines ; si je retournais dans le monde, j'aurais toujours dans ma poche un bilboquet, et j'en jouerais toute la journée pour me dispenser de parler quand je n'aurais rien à dire. Si chacun en faisait autant, les hommes deviendraient moins méchants, leur commerce deviendrait plus sûr, et, je pense, plus agréable. Enfin, que les plaisants rient s'ils veulent, mais je soutiens que la seule morale à la portée du présent siècle est la morale du bilboquet.

Au reste, on ne nous laissait guère le soin d'éviter l'ennui par nous-mêmes, et les importuns nous en donnaient trop par leur affluence, pour nous en laisser quand nous restions seuls. L'impatience qu'ils m'avaient donnée autrefois n'était pas diminuée, et toute la différence était que j'avais moins de temps pour m'y livrer. La pauvre maman n'avait point perdu son ancienne fantaisie d'entreprises et de systèmes : au contraire, plus ses besoins domestiques devenaient pressants, plus pour y pourvoir elle se livrait à ses visions ; moins elle avait de ressources présentes, plus elle s'en forgeait dans l'avenir. Le progrès des ans ne faisait qu'augmenter en elle cette manie ; et, à mesure qu'elle perdait le goût des plaisirs du monde et de la jeunesse, elle le remplaçait par celui des secrets et des projets. La maison ne désemplissait pas de charlatans, de fabricants, de souffleurs, d'entrepreneurs de toute espèce, qui, distribuant par millions la fortune, finissaient par avoir besoin d'un écu. Aucun ne sortait de chez elle à vide, et l'un de mes étonnements est qu'elle ait pu suffire aussi longtemps à tant de profusions sans épuiser la source, et sans lasser ses créanciers.

Le projet dont elle était le plus occupée au temps dont je parle, et qui n'était pas le plus déraisonnable qu'elle eût formé, était de faire établir à Chambéry un jardin royal de plantes, avec un démonstrateur appointé ; et l'on comprend d'avance à qui cette place était destinée. La position de cette ville, au milieu des Alpes, était très favorable à la botanique ; et maman, qui facilitait toujours un projet par un autre, y joignait celui d'un collège de pharmacie, qui véritablement

paraissait très utile dans un pays aussi pauvre, où les apothicaires sont presque les seuls médecins. La retraite du proto-médecin Grossi à Chambéry, après la mort du roi Victor, lui parut favoriser beaucoup cette idée, et la lui suggéra peut-être. Quoi qu'il en soit, elle se mit à cajoler Grossi, qui pourtant n'était pas trop cajolable, car c'était bien le plus caustique et le plus brutal monsieur que j'aie jamais connu. On en jugera par deux ou trois traits que je vais citer pour échantillon.

Un jour, il était en consultation avec d'autres médecins, un entre autres qu'on avait fait venir d'Annecy, et qui était le médecin ordinaire du malade. Ce jeune homme, encore mal appris pour un médecin, osa n'être pas de l'avis de M. le proto. Celui-ci, pour toute réponse, lui demanda quand il s'en retournait, par où il passait, et quelle voiture il prenait. L'autre, après l'avoir satisfait, lui demande à son tour s'il y a quelque chose pour son service. « Rien, rien, dit Grossi, sinon que je veux m'aller mettre à une fenêtre sur votre passage, pour avoir le plaisir de voir passer un âne à cheval. » Il était aussi avare que riche et dur. Un de ses amis lui voulut un jour emprunter de l'argent avec de bonnes sûretés : « Mon ami, lui dit-il en lui serrant le bras et en grinçant les dents, quand saint Pierre descendrait du ciel pour m'emprunter dix pistoles, et qu'il me donnerait la Trinité pour caution, je ne les lui prêterais pas. » Un jour, invité à dîner chez M. le comte Picon, gouverneur de Savoie, et très dévot, il arrive avant l'heure ; et S. E., alors occupée à dire le rosaire, lui en propose l'amusement. Ne sachant trop que répondre, il fait une grimace affreuse et se met à genoux ; mais à peine avait-il récité deux *Ave*, que, n'y pouvant plus tenir, il se lève brusquement, prend sa canne et s'en va sans mot dire. Le comte Picon court après lui et lui crie : « Monsieur Grossi ! monsieur Grossi ! restez donc ; vous avez là-bas à la broche une excellente bartavelle. — Monsieur le comte, lui répond l'autre en se retournant, vous me donneriez un ange rôti que je ne resterais pas. »

Voilà quel était M. le proto-médecin Grossi, que maman entreprit et vint à bout d'apprivoiser. Quoique extrêmement occupé, il s'accoutuma à venir très souvent chez elle, prit Anet en amitié, marqua faire cas de ses connaissances, en parlait avec estime, et, ce qu'on n'aurait pas attendu d'un pareil ours, affectait de le traiter avec considération, pour effacer les impressions du passé. Car, quoique Anet ne fût plus sur le pied d'un domestique, on savait qu'il l'avait été, et il ne fallait pas moins que l'exemple de M. le proto-médecin pour donner à son égard le ton qu'on n'aurait pas pris de tout autre. Claude Anet, avec un habit noir, une perruque bien peignée, un maintien grave et décent, une conduite sage et circonspecte, des connaissances assez étendues en matière médicale et en botanique, et la faveur du chef de la faculté, pouvait raisonnablement espérer de remplir avec applaudissement la place de démonstrateur royal des plantes, si l'établissement projeté avait lieu ; et réellement Grossi en avait goûté le plan, l'avait adopté, et n'attendait, pour le proposer à la cour, que le moment où la paix permettrait de songer aux choses utiles, et laisserait disposer de quelque argent pour y pourvoir.

Mais ce projet, dont l'exécution m'eût probablement jeté dans la botanique, pour laquelle il me semble que j'étais né, manqua par un de ces coups inattendus qui renversent les desseins les mieux concertés. J'étais destiné à devenir par degrés un exemple des misères humaines. On dirait que la providence, qui m'appelait à ces grandes épreuves, écartait de sa main tout ce qui m'eût empêché d'y arriver. Dans une course qu'Anet avait faite au haut des montagnes pour aller chercher du génipi, plante rare qui ne croît que sur les Alpes, et dont M. Grossi avait besoin, ce pauvre garçon s'échauffa tellement, qu'il gagna une pleurésie dont le génipi ne put le sauver, quoiqu'il y soit, dit-on, spécifique ; et, malgré tout l'art de Grossi, qui certainement était fort habile homme, malgré les soins infinis que nous prîmes de lui, sa bonne maîtresse et moi, il mourut le cinquième jour entre nos mains, après la plus cruelle agonie, durant laquelle il n'eut d'autres exhortations que les miennes ; et je les lui prodiguai avec des élans de douleur

et de zèle qui, s'il était en état de m'entendre, devaient être de quelque consolation pour lui. Voilà comment je perdis le plus solide ami que j'eus en toute ma vie; homme estimable et rare, en qui la nature tint lieu d'éducation, qui nourrit dans la servitude toutes les vertus des grands hommes, et à qui peut-être il ne manqua, pour se montrer tel à tout le monde, que de vivre et d'être placé.

Le lendemain, j'en parlais avec maman dans l'affliction la plus vive et la plus sincère; et tout d'un coup, au milieu de l'entretien, j'eus la vile et indigne pensée que j'héritais de ses nippes, et surtout d'un bel habit noir qui m'avait donné dans la vue. Je le pensai, par conséquent je le dis; car, près d'elle, c'était pour moi la même chose. Rien ne lui fit mieux sentir la perte qu'elle avait faite que ce lâche et odieux mot : le désintéressement et la noblesse d'âme étant des qualités que le défunt avait éminemment possédées. La pauvre femme, sans rien répondre, se tourna de l'autre côté, et se mit à pleurer. Chères et précieuses larmes! Elles furent entendues et coulèrent toutes dans mon cœur; elles y lavèrent jusqu'aux dernières traces d'un sentiment bas et malhonnête. Il n'y en est jamais entré depuis ce temps-là.

Cette perte causa à maman autant de préjudice que de douleur. Depuis ce moment, ses affaires ne cessèrent d'aller en décadence. Anet était un garçon exact et rangé, qui maintenait l'ordre dans la maison de sa maîtresse. On craignait sa vigilance, et le gaspillage était moindre. Elle-même craignait sa censure et se contenait davantage dans ses dissipations. Ce n'était pas assez pour elle de son attachement, elle voulait conserver son estime, et elle redoutait le juste reproche qu'il osait quelquefois lui faire qu'elle prodiguait le bien d'autrui autant que le sien. Je pensais comme lui, je le disais même; mais je n'avais pas le même ascendant sur elle, et mes discours n'en imposaient pas comme les siens. Quand il ne fut plus, je fus bien forcé de prendre sa place, pour laquelle j'avais aussi peu d'aptitude que de goût; je la remplis mal. J'étais peu soigneux, j'étais fort timide : tout en grondant à part moi, je laissais tout aller comme il allait. D'ailleurs, j'avais bien obtenu la même confiance, mais non pas la même autorité. Je voyais le désordre, j'en gémissais, je m'en plaignais, et je n'étais pas écouté. J'étais trop jeune et trop vif pour avoir le droit d'être raisonnable; et quand je voulais me mêler de faire le censeur, maman me donnait de petits soufflets de caresses, m'appelait son petit Mentor, et me forçait à reprendre le rôle qui me convenait.

Le sentiment profond de la détresse où ses dépenses peu mesurées devaient nécessairement la jeter tôt ou tard me fit une impression d'autant plus forte, qu'étant devenu l'inspecteur de sa maison, je jugeais par moi-même de l'inégalité de la balance entre le *doit* et l'*avoir*. Je date de cette époque le penchant à l'avarice que je me suis toujours senti depuis ce temps-là. Je n'ai jamais été follement prodigue que par bourrasques; mais jusqu'alors je ne m'étais jamais beaucoup inquiété si j'avais peu ou beaucoup d'argent. Je commençai à faire cette attention et à prendre du souci de ma bourse. Je devenais vilain par un motif très noble; car, en vérité, je ne songeais qu'à ménager à maman quelque ressource dans la catastrophe que je prévoyais. Je craignais que ses créanciers ne fissent saisir sa pension, qu'elle ne fût tout-à-fait supprimée; et je m'imaginais, selon mes vues étroites, que mon petit magot lui serait alors d'un grand secours. Mais pour le faire, et surtout pour le conserver, il fallait me cacher d'elle; car il n'eût pas convenu, tandis qu'elle était aux expédients, qu'elle eût su que j'avais de l'argent mignon. J'allais donc cherchant par-ci par-là de petites caches où je fourrais quelques louis en dépôt, comptant augmenter ce dépôt sans cesse jusqu'au moment de le mettre à ses pieds. Mais j'étais si maladroit dans le choix de mes cachettes, qu'elle les éventait toujours; puis, pour m'apprendre qu'elle les avait trouvées, elle ôtait l'or que j'y avais mis, et en mettait davantage en autres espèces. Je venais tout honteux rapporter à la bourse commune mon petit trésor, et jamais elle ne manquait de l'employer en nippes ou meubles à mon profit, comme épée d'argent, montre ou autre chose pareille.

Bien convaincu qu'accumuler ne me réussirait jamais et serait pour elle une

mince ressource, je sentis enfin que je n'en avais point d'autre contre le malheur que je craignais, que de me mettre en état de pourvoir par moi-même à sa subsistance, quand, cessant de pourvoir à la mienne, elle verrait le pain prêt à lui manquer. Malheureusement, jetant mes projets du côté de mes goûts, je m'obstinais à chercher follement ma fortune dans la musique; et sentant naître des idées et des chants dans ma tête, je crus qu'aussitôt que je serais en état d'en tirer parti, j'allais devenir un homme célèbre, un Orphée moderne, dont les sons devaient attirer tout l'argent du Pérou. Ce dont il s'agissait pour moi, commençant à lire passablement la musique, était d'apprendre la composition. La difficulté était de trouver quelqu'un pour me l'enseigner; car, avec mon Rameau seul, je n'espérais pas y parvenir par moi-même, et depuis le départ de M. Le Maître, il n'y avait personne en Savoie qui entendît rien à l'harmonie.

Il mourut le cinquième jour entre nos mains. (Page 122.)

Ici l'on va voir encore une des inconséquences dont ma vie est remplie, et qui m'ont fait si souvent aller contre mon but, lors même que j'y pensais tendre directement. Venture m'avait beaucoup parlé de l'abbé Blanchard, son maître de composition, homme de mérite et d'un grand talent, qui pour lors était maître de musique de la cathédrale de Besançon et qui l'est maintenant de la chapelle de Versailles. Je me mis en tête d'aller à Besançon, prendre leçon de l'abbé Blanchard; et cette idée me parut si raisonnable que je parvins à la faire trouver telle à maman. La voilà travaillant à mon petit équipage, et cela avec la profusion qu'elle mettait à toute chose. Ainsi, toujours avec le projet de prévenir une banqueroute, et de réparer dans l'avenir l'ouvrage de sa dissipation, je commençai dans le moment même par lui causer une dépense de huit cents francs : j'accélérais sa ruine pour me mettre en état d'y remédier. Quelque folle que fût cette conduite, l'illusion était entière de ma part, et même de la sienne. Nous étions

persuadés l'un et l'autre, moi que je travaillais utilement pour elle, elle que je travaillais utilement pour moi.

J'avais compté trouver Venture encore à Annecy, et lui demander une lettre pour l'abbé Blanchard. Il n'y était plus. Il fallut, pour tout renseignement, me contenter d'une messe à quatre parties, de sa composition et de sa main, qu'il m'avait laissée. Avec cette recommandation, je vais à Besançon, passant par Genève, où je fus voir mes parents, et par Nyon, où je fus voir mon père, qui me reçut comme à son ordinaire, et se chargea de me faire parvenir ma malle, qui ne venait qu'après moi, parce que j'étais à cheval. J'arrive à Besançon. L'abbé Blanchard me reçoit bien, me promet ses instructions et m'offre ses services. Nous étions prêts à commencer, quand j'apprends par mon père que ma malle a été saisie et confisquée aux Rousses, bureau de France sur les frontières de Suisse. Effrayé de cette nouvelle, j'emploie les connaissances que je m'étais faites à Besançon pour savoir le motif de cette confiscation ; car, bien sûr de n'avoir pas de contrebande, je ne pouvais concevoir sur quel prétexte on l'avait pu fonder. Je l'apprends enfin ; il faut le dire, car c'est un fait curieux.

Je voyais à Chambéry un vieux Lyonnais, fort bon homme, appelé M. Duvivier, qui avait travaillé au *visa* sous la régence, et qui, faute d'emploi, était venu travailler au cadastre. Il avait vécu dans le monde ; il avait des talents, quelque savoir, de la douceur, de la politesse ; il savait la musique : et comme j'étais de chambrée avec lui, nous nous étions liés de préférence au milieu des ours mal léchés qui nous entouraient. Il avait à Paris des correspondances qui lui fournissaient ces petits riens, ces nouveautés éphémères, qui courent on ne sait pourquoi, qui meurent on ne sait comment, sans que jamais personne y repense quand on a cessé d'en parler. Comme je le menais dîner quelquefois chez maman, il me faisait sa cour en quelque sorte, et, pour se rendre agréable, il tâchait de me faire aimer ses fadaises, pour lesquelles j'eus toujours un tel dégoût, qu'il ne m'est arrivé de la vie d'en lire une à moi seul. Malheureusement un de ces maudits papiers resta dans la poche de veste d'un habit neuf que j'avais porté deux ou trois fois, pour être en règle avec les commis. Ce papier était une parodie janséniste, assez plate, de la belle scène du Mithridate de Racine. Je n'en avais pas lu dix vers, et l'avais laissée par oubli dans ma poche. Voilà ce qui fit confisquer mon équipage. Les commis firent, à la tête de l'inventaire de cette malle, un magnifique procès-verbal, où, supposant que cet écrit venait de Genève pour être imprimé et distribué en France, ils s'étendaient en saintes invectives contre les ennemis de Dieu et de l'église, et en éloges de leur pieuse vigilance, qui avait arrêté l'exécution de ce projet infernal. Ils trouvèrent sans doute que mes chemises sentaient aussi l'hérésie, car, en vertu de ce terrible papier, tout fut confisqué sans que jamais, comme que j'aie pu m'y prendre, j'aie eu ni raison ni nouvelle de ma pauvre pacotille. Les gens des fermes à qui l'on s'adressa demandaient tant d'instructions, de renseignements, de certificats, de mémoires, que, me perdant mille fois dans ce labyrinthe, je fus contraint de tout abandonner. J'ai un vrai regret de n'avoir pas conservé le procès-verbal du bureau des Rousses : c'était une pièce à figurer avec distinction parmi celles dont le recueil doit accompagner cet écrit.

Cette perte me fit revenir à Chambéry tout de suite sans avoir rien fait avec l'abbé Blanchard, et, tout bien pesé, voyant le malheur me suivre dans toutes mes entreprises, je résolus de m'attacher uniquement à maman, de courir sa fortune, et de ne plus m'inquiéter inutilement d'un avenir auquel je ne pouvais rien. Elle me reçut comme si j'avais rapporté des trésors, remonta peu à peu ma petite garde-robe ; et mon malheur, assez grand pour l'un et pour l'autre, fut presque aussitôt oublié qu'arrivé.

Quoique ce malheur m'eût refroidi sur mes projets de musique, je ne laissais pas d'étudier toujours mon Rameau ; et à force d'efforts, je parvins enfin à l'entendre et à faire quelques petits essais de composition, dont le succès m'encouragea. Le comte de Bellegarde, fils du marquis d'Antremont, était revenu de Dresde après la mort du roi Auguste. Il avait vécu longtemps à Paris : il aimait

extrêmement la musique, et avait pris en passion celle de Rameau. Son frère le comte de Nangis jouait du violon, M^me la comtesse de La Tour leur sœur chantait un peu. Tout cela mit à Chambéry la musique à la mode, et l'on établit une manière de concert public, dont on voulut d'abord me donner la direction : mais on s'aperçut bientôt qu'elle passait mes forces, et l'on s'arrangea autrement. Je ne laissais pas d'y donner quelques petits morceaux de ma façon, et entre autres une cantate qui plut beaucoup. Ce n'était pas une pièce bien faite, mais elle était pleine de chants nouveaux et de choses d'effet que l'on n'attendait pas de moi. Ces messieurs ne purent croire que, lisant si mal la musique, je fusse en état d'en composer de passable, et ils ne doutèrent pas que je ne me fusse fait honneur du travail d'autrui. Pour vérifier la chose, un matin M. de Nangis vint me trouver avec une cantate de Clérambault, qu'il avait transposée, me disait-il, pour la commodité de la voix, et à laquelle il fallait faire une autre basse, la transposition rendant celle de Clérambault impraticable sur l'instrument. Je répondis que c'était un travail considérable, et qui ne pouvait être fait sur-le-champ. Il crut que je cherchais une défaite, et me pressa de lui faire au moins la basse d'un récitatif. Je la fis donc, mal sans doute, parce qu'en toute chose il me faut, pour bien faire, mes aises et ma liberté; mais je la fis du moins dans les règles : et comme il était présent, il ne put douter que je ne susse les éléments de la composition. Ainsi je ne perdis pas mes écolières, mais je me refroidis un peu sur la musique, voyant que l'on faisait un concert et que l'on s'y passait de moi.

Ce fut à peu près dans ce temps-là que, la paix étant faite, l'armée française repassa les monts. Plusieurs officiers vinrent voir maman, entre autres M. le comte de Lautrec, colonel du régiment d'Orléans, depuis plénipotentiaire à Genève, et enfin maréchal de France, auquel elle me présenta. Sur ce qu'elle lui dit, il parut s'intéresser beaucoup à moi, et me promit beaucoup de choses, dont il ne s'est souvenu que la dernière année de sa vie, lorsque je n'avais plus besoin de lui. Le jeune marquis de Sennecterre, dont le père était alors ambassadeur à Turin, passa dans le même temps à Chambéry. Il dîna chez M^me de Menthon : j'y dînais aussi ce jour-là. Après le dîner, il fut question de musique : il la savait très bien. L'opéra de Jephté(*) était alors dans sa nouveauté; il en parla : on le fit apporter. Il me fit frémir en me proposant d'exécuter à nous deux cet opéra, et, tout en ouvrant le livre, il tomba sur ce morceau célèbre à deux chœurs :

> La terre, l'enfer, le ciel même,
> Tout tremble devant le Seigneur.

Il me dit : « Combien voulez-vous faire de parties? je ferai pour ma part ces six-là. » Je n'étais pas encore accoutumé à cette pétulance française, et, quoique j'eusse quelquefois ânonné des partitions, je ne comprenais pas comment le même homme pouvait faire en même temps six parties ni même deux. Rien ne m'a plus coûté dans la pratique de la musique que de sauter ainsi légèrement d'une partie à l'autre, et d'avoir l'œil à la fois sur toute une partition. A la manière dont je me tirai de cette entreprise, M. de Sennecterre dut être tenté de croire que je ne savais pas la musique. Ce fut peut-être pour vérifier ce doute qu'il me proposa de noter une chanson qu'il voulait donner à M^lle de Menthon. Je ne pouvais m'en défendre. Il chanta la chanson; je l'écrivis, même sans le faire beaucoup répéter. Il la lut ensuite, et trouva, comme il était vrai, qu'elle était très correctement notée. Il avait vu mon embarras, il prit plaisir à faire valoir ce petit succès. C'était pourtant une chose très simple. Au fond, je savais fort bien la musique; je ne manquais que de cette vivacité du premier coup d'œil que je n'eus jamais sur rien, et qui ne s'acquiert en musique que par une pratique consommée. Quoi qu'il en soit, je fus sensible à l'honnête soin qu'il prit d'effacer dans l'esprit des autres et dans le mien la petite honte que j'avais eue; et douze ou quinze ans après, me rencontrant avec lui dans diverses maisons de Paris, je fus tenté plusieurs fois de lui rappeler cette anecdote, et de lui montrer que j'en

---

(*) Tragédie lyrique de l'abbé Pellegrin, musique de Monteclaire, représentée le 4 mars 1732.

gardais le souvenir. Mais il avait perdu les yeux depuis ce temps-là : je craignis de renouveler ses regrets en lui rappelant l'usage qu'il en avait su faire, et je me tus.

Je touche au moment qui commence à lier mon existence passée avec la présente. Quelques amitiés de ce temps-là prolongées jusqu'à celui-ci me sont devenues bien précieuses. Elles m'ont souvent fait regretter cette heureuse obscurité où ceux qui se disaient mes amis l'étaient et m'aimaient pour moi, par pure bienveillance, non par la vanité d'avoir des liaisons avec un homme connu, ou par le désir secret de trouver ainsi plus d'occasions de lui nuire. C'est d'ici que date ma première connaissance avec mon vieux ami Gauffecourt, qui m'est toujours resté, malgré les efforts qu'on a faits pour me l'ôter. Toujours resté ! non. Hélas ! je viens de le perdre. Mais il n'a cessé de m'aimer qu'en cessant de vivre, et notre amitié n'a fini qu'avec lui. M. de Gauffecourt était un des hommes les plus aimables qui aient existé. Il était impossible de le voir sans l'aimer, et de vivre avec lui sans s'y attacher tout-à-fait. Je n'ai vu de ma vie une physionomie plus ouverte, plus caressante, qui eût plus de sérénité, qui marquât plus de sentiment et d'esprit, qui inspirât plus de confiance. Quelque réservé qu'on pût être, on ne pouvait, dès la première vue, se défendre d'être aussi familier avec lui que si on l'eût connu depuis vingt ans ; et moi, qui avais tant de peine d'être à mon aise avec les nouveaux visages, j'y fus avec lui du premier moment. Son ton, son accent, son propos, accompagnaient parfaitement sa physionomie. Le son de sa voix était net, plein, bien timbré, une belle voix de basse, étoffée et mordante, qui remplissait l'oreille et sonnait au cœur. Il est impossible d'avoir une gaîté plus égale et plus douce, des grâces plus vraies et plus simples, des talents plus naturels et cultivés avec plus de goût. Joignez à cela un cœur aimant, mais aimant un peu trop tout le monde, un caractère officieux avec peu de choix, servant ses amis avec zèle, ou plutôt se faisant l'ami des gens qu'il pouvait servir, et sachant faire très adroitement ses propres affaires en faisant très chaudement celles d'autrui. Gauffecourt était fils d'un simple horloger, et avait été horloger lui-même. Mais sa figure et son mérite l'appelaient dans une autre sphère, où il ne tarda pas d'entrer. Il fit connaissance avec M. de La Closure, résident de France à Genève, qui le prit en amitié. Il lui procura à Paris d'autres connaissances qui lui furent utiles, et par lesquelles il parvint à avoir la fourniture des sels du Valais, qui lui valait vingt mille livres de rente. Sa fortune, assez belle, se borna là du côté des hommes ; mais du côté des femmes la presse y était : il eut à choisir, il choisit tout, et fit ce qu'il voulut. Ce qu'il y eut de plus rare et de plus honorable pour lui fut qu'ayant des liaisons dans tous les états, il fut partout chéri, recherché de tout le monde, sans jamais être envié ni haï de personne, et je crois qu'il est mort sans avoir eu de sa vie un seul ennemi. Heureux homme ! Il venait tous les ans aux bains d'Aix, où se rassemble la bonne compagnie des pays voisins. Lié avec toute la noblesse de Savoie, il venait d'Aix à Chambéry voir le comte de Bellegarde, et son père le marquis d'Antremont, chez qui maman fit et me fit faire connaissance avec lui. Cette connaissance, qui semblait devoir n'aboutir à rien, et fut nombre d'années interrompue, se renouvela dans l'occasion que je dirai, et devint un véritable attachement. C'est assez pour m'autoriser à parler d'un ami avec qui j'ai été si étroitement lié ; mais quand je ne prendrais aucun intérêt personnel à sa mémoire, c'était un homme si aimable et si heureusement né, que, pour l'honneur de l'espèce humaine, je la croirais toujours bonne à conserver. Cet homme si charmant avait pourtant ses défauts ainsi que les autres, comme on pourra voir ci-après ; mais s'il ne les eût pas eus, peut-être eût-il été moins aimable. Pour le rendre intéressant autant qu'il pouvait l'être, il fallait qu'on eût quelque chose à lui pardonner.

Une autre liaison du même temps n'est pas éteinte, et me leurre encore de cet espoir du bonheur temporel qui meurt si difficilement dans le cœur de l'homme. M. de Conzié, gentilhomme savoyard, alors jeune et aimable, eut la fantaisie d'apprendre la musique, ou plutôt de faire connaissance avec celui qui l'enseignait. Avec de l'esprit et du goût pour les belles connaissances, M. de Conzié avait une

douceur de caractère qui le rendait très liant, et je l'étais beaucoup moi-même pour les gens en qui je la trouvais. La liaison fut bientôt faite (*). Le germe de littérature et de philosophie qui commençait à fermenter dans ma tête, et qui n'attendait qu'un peu de culture et d'émulation pour se développer tout-à-fait, les trouvait en lui. M. de Conzié avait peu de dispositions pour la musique : ce fut un bien peu pour moi ; les heures des leçons se passaient à tout autre chose qu'à solfier. Nous déjeunions, nous causions, nous lisions quelques nouveautés, et pas un mot de musique. La correspondance de Voltaire avec le prince royal de Prusse faisait du bruit alors : nous nous entretenions souvent de ces deux hommes célèbres, dont l'un, depuis peu sur le trône, s'annonçait déjà tel qu'il devait dans peu se montrer ; et dont l'autre, aussi décrié qu'il est admiré maintenant, nous faisait plaindre sincèrement le malheur qui semblait le poursuivre, et qu'on voit si souvent être l'apanage des grands talents. Le prince de Prusse avait été peu heureux dans sa jeunesse ; et Voltaire semblait fait pour ne l'être jamais. L'intérêt que nous prenions à l'un et à l'autre s'étendait à tout ce qui s'y rapportait. Rien de tout ce qu'écrivait Voltaire ne nous échappait. Le goût que je pris à ces lectures m'inspira le désir d'apprendre à écrire avec élégance, et de tâcher d'imiter le beau coloris de cet auteur, dont j'étais enchanté (**). Quelque temps après parurent ses *Lettres philosophiques*. Quoiqu'elles ne soient assurément pas son meilleur ouvrage, ce fut celui qui m'attira le plus vers l'étude, et ce goût naissant ne s'éteignit plus depuis ce temps-là.

Mais le moment n'était pas venu de m'y livrer tout de bon. Il me restait encore un penchant un peu volage, un désir d'aller et venir, qui s'était plutôt borné qu'éteint, et que nourrissait le train de la maison de M^me de Warens, trop bruyant pour mon humeur solitaire. Ce tas d'inconnus qui lui affluaient journellement de toutes parts, et la persuasion où j'étais que ces gens-là ne cherchaient qu'à la duper chacun à sa manière, me faisaient un vrai tourment de mon habitation. Depuis qu'ayant succédé à Claude Anet dans la confidence de sa maîtresse, je suivais de plus près l'état de ses affaires, j'y voyais un progrès en mal dont j'étais effrayé. J'avais cent fois remontré, prié, pressé, conjuré, et toujours inutilement. Je m'étais jeté à ses pieds, je lui avais fortement représenté la catastrophe qui la menaçait ; je l'avais vivement exhortée à réformer sa dépense, à commencer par moi, à souffrir plutôt un peu tandis qu'elle était encore jeune, que, multipliant toujours ses dettes et ses créanciers, de s'exposer sur ses vieux jours à leurs vexations et à la misère. Sensible à la sincérité de mon zèle, elle s'attendrissait avec moi, et me promettait les plus belles choses du monde. Un croquant arrivait-il, à l'instant tout était oublié. Après mille épreuves de l'inutilité de mes remontrances, que me restait-il à faire, que de détourner les yeux du mal que je ne pouvais prévenir ? Je m'éloignais de la maison dont je ne pouvais garder la porte : je faisais de petits voyages à Nyon, à Genève, à Lyon, qui, m'étourdissant sur ma peine secrète, en augmentaient en même temps le sujet par ma dépense. Je puis jurer que j'en aurais souffert tous les retranchements avec joie, si maman eût vraiment profité de cette épargne ; mais certain que ce que je me refusais passait à des fripons, j'abusais de la facilité pour partager avec eux, et, comme le chien qui revient de la boucherie, j'emportais mon lopin du morceau que je n'avais pu sauver.

Les prétextes ne me manquaient pas pour tous ces voyages, et maman seule m'en eût fourni de reste, tant elle avait de liaisons, de négociations, d'affaires, de commissions à donner à quelqu'un de sûr. Elle ne demandait qu'à m'envoyer, je ne demandais qu'à aller : cela ne pouvait manquer de faire une vie assez ambulante. Ces voyages me mirent à portée de faire quelques bonnes connaissances, qui m'ont été dans la suite agréables ou utiles ; entre autres, à Lyon, celle de M. Perrichon, que je me reproche de n'avoir pas assez cultivée, vu les bontés

---

(*) Je l'ai revu depuis, et je l'ai trouvé totalement transformé. O le grand magicien que M. de Choiseul ! Aucune de mes anciennes connaissances n'a échappé à ses métamorphoses.

(**) Hommage souvent répété, qui prouve que Rousseau n'était nullement jaloux de Voltaire.

qu'il a eues pour moi; celle du bon Parisot, dont je parlerai dans son temps; à Grenoble, celle de M{me} Deybens et de M{me} la présidente de Bardonanche, femme

Assis sur son lit, et tenant ses mains dans les miennes. (Page 133.)

de beaucoup d'esprit, et qui m'eût pris en amitié, si j'avais été à portée de la voir plus souvent; à Genève, celle de M. de la Closure, résident de France, qui me parlait souvent de ma mère, dont, malgré la mort et le temps, son cœur n'avait

pu se déprendre; celle des deux Barillot, dont le père, qui m'appelait son petit-fils, était d'une société très aimable, et l'un des plus dignes hommes que j'aie jamais connus. Durant les troubles de la république, ces deux citoyens se jetèrent dans les deux partis contraires : le fils, dans celui de la bourgeoisie; le père, dans celui des magistrats : et lorsqu'on prit les armes en 1737, je vis, étant à Genève, le père et le fils sortir armés de la même maison, l'un pour monter à l'hôtel-de-ville, l'autre pour se rendre à son quartier, sûrs de se trouver deux heures après l'un vis-à-vis de l'autre exposés à s'entr'égorger. Ce spectacle affreux me fit une impression si vive, que je jurai de ne tremper jamais dans aucune guerre civile, et de ne soutenir jamais au dedans la liberté par les armes, ni de ma personne ni de mon aveu, si jamais je rentrais dans mes droits de citoyen. Je me rends le témoignage d'avoir tenu ce serment dans une occasion délicate; et l'on trouvera, du moins je le pense, que cette modération fut de quelque prix.

Mais je n'en étais pas encore à cette première fermentation de patriotisme que Genève en armes excita dans mon cœur. On jugera combien j'en étais loin par un fait très grave à ma charge, que j'ai oublié de mettre à sa place, et qui ne doit pas être omis.

Mon oncle Bernard était, depuis plusieurs années, passé dans la Caroline pour y faire bâtir la ville de Charlestown, dont il avait donné le plan : il y mourut peu après. Mon pauvre cousin était aussi mort au service du roi de Prusse, et ma tante perdit ainsi son fils et son mari en même temps. Ces pertes réchauffèrent un peu son amitié pour le plus proche parent qui lui restât et qui était moi. Quand j'allais à Genève, je logeais chez elle, et je m'amusais à fureter et feuilleter les livres et papiers que mon oncle avait laissés. J'y trouvai beaucoup de pièces curieuses, et des lettres dont assurément on ne se douterait pas. Ma tante, qui faisait peu de cas de ces paperasses, m'eût laissé tout emporter si j'avais voulu. Je me contentai de deux ou trois livres commentés de la main de mon grand-père Bernard le ministre, et entre autres les OEuvres posthumes de Rohault; in-4º, dont les marges étaient pleines d'excellentes scholies qui me firent aimer les mathématiques. Ce livre est resté parmi ceux de M$^{me}$ de Warens : j'ai toujours été fâché de ne l'avoir pas gardé. A ces livres je joignis cinq ou six mémoires manuscrits, et un seul imprimé, qui était du fameux Micheli Ducret, homme d'un grand talent, savant, éclairé, mais trop remuant, traité bien cruellement par les magistrats de Genève, et mort dernièrement dans la forteresse d'Arberg, où il était enfermé depuis longues années, pour avoir, disait-on, trempé dans la conspiration de Berne.

Ce mémoire était une critique assez judicieuse de ce grand et ridicule plan de fortification qu'on a exécuté en partie à Genève, à la grande risée des gens du métier, qui ne savent pas le but secret qu'avait le conseil dans l'exécution de cette magnifique entreprise. M. Micheli, ayant été exclu de la chambre des fortifications pour avoir blâmé ce plan, avait cru, comme membre des deux cents, et même comme citoyen, pouvoir en dire son avis plus au long; et c'était ce qu'il avait fait par ce mémoire, qu'il eut l'imprudence de faire imprimer, mais non pas publier, car il n'en fit tirer que le nombre d'exemplaires qu'il envoyait aux Deux-Cents, et qui furent tous interceptés à la poste par ordre du petit Conseil. Je trouvai ce mémoire parmi les papiers de mon oncle avec la réponse qu'il avait été chargé d'y faire, et j'emportai l'un et l'autre. J'avais fait ce voyage peu après ma sortie du cadastre, et j'étais demeuré en quelque liaison avec l'avocat Coccelli, qui en était le chef. Quelque temps après, le directeur de la douane s'avisa de me prier de lui tenir un enfant, et me donna M$^{me}$ Coccelli pour commère. Les honneurs me tournaient la tête; et, fier d'appartenir de si près à M. l'avocat, je tâchais de faire l'important pour me montrer digne de cette gloire.

Dans cette idée, je crus ne pouvoir rien faire de mieux que de lui faire voir mon mémoire imprimé de M. Micheli, qui réellement était une pièce rare, pour lui prouver que j'appartenais à des notables de Genève qui savaient les secrets de l'état. Cependant, par une demi-réserve dont j'aurais peine à rendre raison,

je ne lui montrai point la réponse de mon oncle à ce mémoire, peut-être parce qu'elle était manuscrite, et qu'il ne fallait à M. l'avocat que du moulé. Il sentit pourtant si bien le prix de l'écrit que j'eus la bêtise de lui confier, que je ne pus jamais ni le ravoir ni le revoir; et, bien convaincu de l'inutilité de mes efforts, je me fis un mérite de la chose et transformai ce vol en présent. Je ne doute pas un moment qu'il n'ait bien fait valoir à la cour de Turin cette pièce, plus curieuse cependant qu'utile, et qu'il n'ait eu grand soin de se faire rembourser de manière ou d'autre de l'argent qu'il lui en avait dû coûter pour l'acquérir. Heureusement, de tous les futurs contingents, un des moins probables est qu'un jour le roi de Sardaigne assiégera Genève. Mais comme il n'y avait pas d'impossibilité à la chose, j'aurai toujours à reprocher à ma sotte vanité d'avoir montré les plus grands défauts de cette place à son plus ancien ennemi.

Je passai deux ou trois ans de cette façon entre la musique, les magistères, les projets, les voyages, flottant incessamment d'une chose à l'autre, cherchant à me fixer sans savoir à quoi, mais entraîné pourtant par degrés vers l'étude, voyant des gens de lettres, entendant parler de littérature, me mêlant quelquefois d'en parler moi-même, et prenant plutôt le jargon des livres que la connaissance de leur contenu. Dans mes voyages de Genève, j'allais de temps en temps voir en passant mon ancien bon ami M. Simon, qui fomentait beaucoup mon émulation naissante par des nouvelles toutes fraîches de la république des lettres, tirées de Baillet ou de Colomiés. Je voyais aussi beaucoup à Chambéry un jacobin, professeur de physique, bon homme de moine, dont j'ai oublié le nom, et qui faisait souvent de petites expériences qui m'amusaient extrêmement. Je voulus, à son exemple, et aidé des *Récréations mathématiques d'Ozanam*, faire de l'encre de sympathie. Pour cet effet, après avoir rempli une bouteille plus qu'à demi de chaux vive, d'orpiment et d'eau, je la bouchai bien. L'effervescence commença presque à l'instant très violemment. Je courus à la bouteille pour la déboucher, mais je n'y fus pas à temps; elle me sauta au visage comme une bombe. J'avalai de l'orpiment, de la chaux; j'en faillis mourir. Je restai aveugle plus de six semaines; et j'appris ainsi à ne pas me mêler de physique expérimentale sans en savoir les éléments (*).

Cette aventure m'arriva mal à propos pour ma santé, qui depuis quelque temps s'altérait sensiblement. Je ne sais d'où venait, qu'étant bien conformé par le coffre, et ne faisant d'excès d'aucune espèce, je déclinais à vue d'œil. J'ai une assez bonne carrure, la poitrine large, mes poumons doivent y jouer à l'aise; cependant j'avais la courte haleine, je me sentais oppressé, je soupirais involontairement, j'avais des palpitations, je crachais du sang, la fièvre lente survint, et je n'en ai jamais été bien quitte. Comment peut-on tomber dans cet état, à la fleur de l'âge, sans avoir aucun viscère vicié, sans avoir rien fait pour détruire sa santé?

L'épée use le fourreau, dit-on quelquefois. Voilà mon histoire. Mes passions m'ont fait vivre, et mes passions m'ont tué. Quelles passions? dira-t-on. Des riens. les choses du monde les plus puériles, mais qui m'affectaient comme s'il se fût agi de la possession d'Hélène ou du trône de l'univers. D'abord les femmes. Quand j'en eus une, mes sens furent tranquilles, mais mon cœur ne le fut jamais. Les besoins de l'amour me dévoraient au sein de la jouissance. J'avais une tendre mère, une amie chérie; mais il me fallait une maîtresse. Je me la figurais à sa place; je me la créais de mille façons pour me donner le change à moi-même. Si j'avais cru tenir maman dans mes bras quand je l'y tenais, mes étreintes n'auraient pas été moins vives, mais tous mes désirs se seraient éteints; j'aurais sangloté de tendresse, mais je n'aurais pas joui. Jouir ! ce sort est-il fait pour l'homme? Ah ! si jamais une seule fois en ma vie j'avais goûté dans leur plénitude toutes les délices de l'amour, je n'imagine pas que ma frêle existence y eût pu suffire, je serais mort sur le fait.

(*) On a rapporté à cette époque (1736) un testament de Rousseau retrouvée depuis dans les combles d'un grenier ; cette disposition, datée du 27 juin 1737, fut occasionnée en réalité par une chute qu'il fit à cette date, dans un escalier, et dont il n'a point parlé dans ses *Confessions*.

J'étais donc brûlant d'amour sans objet; et c'est peut-être ainsi qu'il épuise le plus. J'étais inquiet, tourmenté du mauvais état des affaires de ma pauvre maman, et de son imprudente conduite, qui ne pouvait manquer d'opérer sa ruine totale en peu de temps. Ma cruelle imagination, qui va toujours au-devant des malheurs, me montrait celui-là sans cesse dans tout son excès et dans toutes ses suites. Je me voyais d'avance forcément séparé par la misère de celle à qui j'avais consacré ma vie, et sans qui je n'en pouvais jouir. Voilà comment j'avais toujours l'âme agitée. Les désirs et les craintes me dévoraient alternativement.

La musique était pour moi une autre passion moins fougueuse, mais non moins consumante par l'ardeur avec laquelle je m'y livrais, par l'étude opiniâtre des obscurs livres de Rameau, par mon invincible obstination à vouloir en charger ma mémoire, qui s'y refusait toujours; par les compilations immenses que j'entassais, passant très souvent à copier des nuits entières. Et pourquoi m'arrêter aux choses permanentes, tandis que toutes les folies qui passaient dans mon inconstante tête, les goûts fugitifs d'un seul jour, un voyage, un concert, un souper, une promenade à faire, un roman à lire, une comédie à voir, tout ce qui était le moins du monde prémédité dans mes plaisirs ou dans mes affaires, devenait pour moi autant de passions violentes, qui, dans leur impétuosité ridicule, me donnaient le plus vrai tourment? La lecture des malheurs imaginaires de Cléveland, faite avec fureur et souvent interrompue, m'a fait faire, je crois, plus de mauvais sang que les miens.

Il y avait un Genevois, nommé M. Bagueret, lequel avait été employé sous Pierre-le-Grand à la cour de Russie; un des plus vilains hommes, malgré sa belle figure, et des plus grands fous que j'aie jamais vus, toujours plein de projets aussi fous que lui, qui faisait tomber les millions comme la pluie, et à qui les zéros ne coûtaient rien. Cet homme, étant venu à Chambéry pour quelque procès au sénat, s'empara de maman comme de raison, et, pour ses trésors de zéros qu'il lui prodiguait généreusement, il lui tirait ses pauvres écus pièce à pièce. Je ne l'aimais point : il le voyait; avec moi, cela n'est pas difficile : il n'y avait sorte de bassesse qu'il n'employât pour me cajoler. Il s'avisa de me proposer d'apprendre les échecs qu'il jouait un peu. J'essayai presque malgré moi; et, après avoir tant bien que mal appris la marche, mon progrès fut si rapide, qu'avant la fin de la première séance, je lui donnai la tour qu'il m'avait donnée en commençant. Il ne m'en fallut pas davantage : me voilà forcené des échecs. J'achète un échiquier, j'achète le *Calabrais;* je m'enferme dans ma chambre, j'y passe les jours et les nuits à vouloir apprendre par cœur toutes les parties, à les fourrer dans ma tête bon gré mal gré, à jouer seul sans relâche et sans fin. Après deux ou trois mois de ce beau travail et d'efforts inimaginables, je vais au café, maigre, jaune et presque hébété. Je m'essaie, je rejoue avec M. Bagueret : il me bat une fois, deux fois, vingt fois; tant de combinaisons s'étaient brouillées dans ma tête, et mon imagination s'était si bien amortie, que je ne voyais plus qu'un nuage devant moi. Toutes les fois qu'avec le livre de Philidor ou celui de Stamma j'ai voulu m'exercer à étudier des parties, la même chose m'est arrivée; et après m'être épuisé de fatigue, je me suis trouvé plus faible qu'auparavant. Du reste, que j'aie abandonné les échecs, ou qu'en jouant je me sois remis en haleine, je n'ai jamais avancé d'un cran depuis cette première séance, et je me suis toujours retrouvé au même point où j'étais en la finissant. Je m'exercerais des milliers de siècles, que je finirais par pouvoir donner la tour à Bagueret, et rien de plus. Voilà du temps bien employé ! direz-vous. Et je n'y en ai pas employé peu. Je ne finis ce premier essai que quand je n'eus plus la force de continuer. Quand j'allai me montrer sortant de ma chambre, j'avais l'air d'un déterré, et suivant le même train, je n'aurais pas resté déterré longtemps. On conviendra qu'il est difficile et surtout dans l'ardeur de la jeunesse, qu'une pareille tête laisse toujours l corps en santé.

L'altération de la mienne agit sur mon humeur et tempéra l'ardeur de m fantaisies. Me sentant affaiblir, je devins plus tranquille et perdis un peu la fu reur des voyages. Plus sédentaire, je fus pris, non de l'ennui, mais de la mélan

colie; les vapeurs succédèrent aux passions; ma langueur devint tristesse : je pleurais et soupirais à propos de rien; je sentais la vie m'échapper sans l'avoir goûtée; je gémissais sur l'état où je laissais ma pauvre maman, sur celui où je la voyais prête à tomber; je puis dire que la quitter et la laisser à plaindre était mon unique regret. Enfin, je tombai tout-à-fait malade. Elle me soigna comme jamais mère n'a soigné son enfant; et cela lui fit du bien à elle-même en faisant diversion aux projets et tenant écartés les projeteurs. Quelle douce mort, si alors elle fût venue! Si j'avais peu goûté les biens de la vie, j'en avais peu senti les malheurs. Mon âme paisible pouvait partir sans le sentiment cruel de l'injustice des hommes, qui empoisonne la vie et la mort. J'avais la consolation de me survivre dans la meilleure moitié de moi-même; c'était à peine mourir. Sans les inquiétudes que j'avais sur son sort, je serais mort comme j'aurais pu m'endormir, et ces inquiétudes mêmes avaient un objet affectueux et tendre qui en tempérait l'amertume. Je lui disais : « Vous voilà dépositaire de tout mon être; faites en sorte qu'il soit heureux. » Deux ou trois fois, quand j'étais le plus mal, il m'arriva de me lever dans la nuit et de me traîner à sa chambre pour lui donner, sur sa conduite, des conseils, j'ose dire pleins de justesse et de sens, mais où l'intérêt que je prenais à son sort se marquait mieux que toute autre chose. Comme si les pleurs étaient ma nourriture et mon remède, je me fortifiais de ceux que je versais auprès d'elle, avec elle, assis sur son lit, et tenant ses mains dans les miennes. Les heures coulaient dans ces entretiens nocturnes, et je m'en retournais en meilleur état que je n'étais venu; content et calme dans les promesses qu'elle m'avait faites, dans les espérances qu'elle m'avait données, je m'endormais là-dessus avec la paix du cœur et la résignation à la Providence. Plaise à Dieu qu'avec tant de sujets de haïr la vie, après tant d'orages qui ont agité la mienne, et qui ne m'en font plus qu'un fardeau, la mort qui doit la terminer me soit aussi peu cruelle qu'elle me l'eût été dans ce moment-là!

A force de soins, de vigilance et d'incroyables peines, elle me sauva; et il est certain qu'elle seule pouvait me sauver. J'ai peu de foi à la médecine des médecins, mais j'en ai beaucoup à celle des vrais amis; les choses dont notre bonheur dépend se font toujours beaucoup mieux que toutes les autres. S'il y a dans la vie un sentiment délicieux, c'est celui que nous éprouvâmes d'être rendus l'un à l'autre. Notre attachement mutuel n'en augmenta pas, cela n'était pas possible; mais il prit je ne sais quoi de plus intime, de plus touchant dans sa grande simplicité. Je devenais tout-à-fait son œuvre, tout-à-fait son enfant, et plus que si elle eût été ma vraie mère. Nous commençâmes, sans y songer, à ne plus nous séparer l'un de l'autre, à mettre en quelque sorte toute notre existence en commun; et, sentant que réciproquement nous nous étions non-seulement nécessaires, mais suffisants, nous nous accoutumâmes à ne plus penser à rien d'étranger à nous, à borner absolument notre bonheur et tous nos désirs à cette possession mutuelle, et peut-être unique parmi les humains, qui n'était point, comme je l'ai dit, celle de l'amour, mais une possession plus essentielle, qui, sans tenir aux sens, au sexe, à l'âge, à la figure, tenait à tout ce par quoi l'on est soi, et qu'on ne peut perdre qu'en cessant d'être.

A quoi tient-il que cette précieuse crise n'amenât le bonheur du reste de ses jours et des miens? Ce ne fut pas à moi, je m'en rends le consolant témoignage. Ce ne fut pas non plus à elle, du moins à sa volonté. Il était écrit que bientôt l'invincible nature reprendrait son empire. Mais ce fatal retour ne se fit pas tout d'un coup. Il y eut, grâces au ciel, un intervalle, court et précieux intervalle, qui n'a pas fini par ma faute, et dont je ne me reprocherai pas d'avoir mal profité!

Quoique guéri de ma grande maladie, je n'avais pas repris ma vigueur. Ma poitrine n'était pas rétablie; un reste de fièvre durait toujours, et me tenait en langueur. Je n'avais plus de goût à rien qu'à finir mes jours près de celle qui m'était chère, à la maintenir dans ses bonnes résolutions, à lui faire sentir en quoi consistait le vrai charme d'une vie heureuse, à rendre la sienne telle, autant qu'il dépendait de moi. Mais je voyais, je sentais même que, dans une

maison sombre et triste, la continuelle solitude du tête-à-tête deviendrait à la fin triste aussi. Le remède à cela se présente comme de lui-même. Maman m'avait ordonné le lait et voulait que j'allasse le prendre à la campagne. J'y consentis pourvu qu'elle y vînt avec moi. Il n'en fallut pas davantage pour la déterminer : il ne s'agit plus que du choix du lieu. Le jardin du faubourg n'était pas proprement à la campagne : entouré de maisons et d'autres jardins, il n'avait pas les attraits d'une retraite champêtre. D'ailleurs, après la mort d'Anet, nous avions quitté ce jardin pour raison d'économie, n'ayant plus à cœur d'y tenir des plantes, et d'autres vues nous faisant peu regretter ce réduit.

Profitant alors du dégoût que je lui trouvai pour la ville, je lui proposai de l'abandonner tout-à-fait et de nous établir dans une solitude agréable, dans quelque petite maison assez éloignée pour dérouter les importuns. Elle l'eût fait, et ce parti que son bon ange et le mien me suggéraient nous eût vraisemblablement assuré des jours heureux et tranquilles jusqu'au moment où la mort devait nous séparer. Mais cet état n'était pas celui où nous étions appelés. Maman devait éprouver toutes les peines de l'indigence et du mal-être, après avoir passé sa vie dans l'abondance, pour la lui faire quitter avec moins de regret; et moi, par un assemblage de maux de toute espèce, je devais être un jour un exemple à quiconque, inspiré du seul amour du bien public et de la justice, ose, fort de sa seule innocence, dire ouvertement la vérité aux hommes, sans s'étayer par des cabales, sans s'être fait des partis pour le protéger.

Une malheureuse crainte la retint. Elle n'osa quitter sa vilaine maison de peur de fâcher le propriétaire. « Ton projet de retraite est charmant, me dit-elle, et fort de mon goût; mais dans cette retraite il faut vivre. En quittant ma prison, je risque de perdre mon pain; et quand nous n'en aurons plus dans les bois, il en faudra bien retourner chercher à la ville. Pour avoir moins besoin d'y venir, ne la quittons pas tout-à-fait. Payons cette petite pension au comte de Saint-Laurent pour qu'il me laisse la mienne. Cherchons quelque réduit assez loin de la ville pour vivre en paix, et assez près pour y revenir toutes les fois qu'il sera nécessaire. » Ainsi fut fait. Après avoir un peu cherché, nous nous fixâmes aux Charmettes, une terre de M. de Conzié, à la porte de Chambéry, mais retirée et solitaire comme si l'on était à cent lieues. Entre deux coteaux assez élevés est un petit vallon nord et sud, au fond duquel coule une rigole entre des cailloux et des arbres. Le long de ce vallon, à mi-côte, sont quelques maisons éparses, fort agréables pour quiconque aime un asile un peu sauvage et retiré. Après avoir essayé deux ou trois de ces maisons, nous choisîmes enfin la plus jolie, appartenant à un gentilhomme qui était au service, appelé M. Noiret. La maison était très logeable. Au devant était un jardin en terrasse, une vigne au-dessus, un verger au-dessous; vis-à-vis, un petit bois de châtaigniers, une fontaine à portée; plus haut, dans la montagne, des prés pour l'entretien du bétail, enfin tout ce qu'il fallait pour le petit ménage champêtre que nous y voulions établir(*). Autant que je puis me rappeler les temps et les dates, nous en prîmes possession vers la fin de l'été de 1736. J'étais transporté le premier jour que nous y couchâmes. « O maman! dis-je à cette chère amie en l'embrassant et l'inondant de larmes

(*) La maison qu'habita Rousseau avec madame de Warens, aux Charmettes, appartient maintenant à M. Raimond, connu par quelques ouvrages littéraires et scientifiques, et par une *Notice sur les Charmettes* (in-8, Chambéry, 1817), dans laquelle il décrit en détail cette maison, qui subsiste telle qu'elle était au temps de Rousseau. L'aspect du lieu est un peu mélancolique. Auprès de la porte d'entrée de la maison, est une pierre incrustée dans le mur, que Hérault de Séchelles fit placer en 1792. Elle porte l'inscription suivante :

> Réduit par Jean-Jacque habité,
> Tu me rappelles son génie,
> Sa solitude, sa fierté,
> Et ses malheurs et sa folie.
>
> A la gloire, à la vérité
> Il osa consacrer sa vie,
> Et fut toujours persécuté
> Ou par lui-même, ou par l'envie.

d'attendrissement et de joie, ce séjour est celui du bonheur et de l'innocence. Si nous ne les trouvons pas ici l'un avec l'autre, il ne les faut chercher nulle part. »

## LIVRE VI.

### 1736.

*Hoc erat in votis : modus agri non ita magnus,*
*Hortus ubi, et tecto vicinus jugis aquæ fons;*
*Et paulum sylvæ super his foret........* (\*).

Je ne puis pas ajouter.....

*Auctius atque*
*Di melius fecere* (\*\*);

mais n'importe, il ne m'en fallait pas davantage; il ne m'en fallait pas même la propriété : c'était assez pour moi de la jouissance; et il y a longtemps que j'ai dit et senti que le propriétaire et le possesseur sont souvent deux personnes très différentes, même en laissant à part les maris et les amants.

Ici commence le court bonheur de ma vie; ici viennent les paisibles, mais rapides moments qui m'ont donné le droit de dire que j'ai vécu. Moments précieux et si regrettés! ah! recommencez pour moi votre aimable cours; coulez plus lentement dans mon souvenir, s'il est possible, que vous ne fîtes réellement dans votre fugitive succession. Comment ferai-je pour prolonger à mon gré ce récit si touchant et si simple, pour redire toujours les mêmes choses, et n'ennuyer pas plus mes lecteurs en les recommençant sans cesse? Encore si tout cela consistait en faits, en actions, en paroles, je pourrais le décrire et le rendre en quelque façon; mais comment dire ce qui n'était ni dit ni fait, ni pensé même, mais goûté, mais senti, sans que je puisse énoncer d'autre objet de mon bonheur que ce sentiment même? Je me levais avec le soleil, et j'étais heureux; je me promenais, et j'étais heureux; je voyais maman, et j'étais heureux; je la quittais, et j'étais heureux; je parcourais les bois, les coteaux, j'errais dans les vallons, je lisais, j'étais oisif, je travaillais au jardin, je cueillais les fruits, j'aidais au ménage, et le bonheur me suivait partout : il n'était dans aucune chose assignable, il était tout en moi-même, il ne pouvait me quitter un seul instant.

Rien de tout ce qui m'est arrivé durant cette époque chérie, rien de ce que j'ai fait, dit et pensé tout le temps qu'elle a duré n'est échappé de ma mémoire. Les temps qui précèdent et qui suivent me reviennent par intervalles; je me les rappelle inégalement et confusément; mais je me rappelle celui-là tout entier comme s'il durait encore. Mon imagination, qui dans ma jeunesse allait toujours en avant, et maintenant rétrograde, compense par ces doux souvenirs l'espoir que j'ai pour jamais perdu. Je ne vois plus rien dans l'avenir qui me tente : les seuls retours du passé peuvent me flatter, et ces retours si vifs et si vrais dans l'époque dont je parle me font souvent vivre heureux malgré mes malheurs.

Je donnerai de ces souvenirs un seul exemple qui pourra faire juger de leur force et de leur vérité. Le premier jour que nous allâmes aux Charmettes, maman était en chaise à porteurs, et je la suivais à pied. Le chemin monte : elle était assez pesante, et craignant de trop fatiguer ses porteurs, elle voulut descendre à peu près à moitié chemin pour faire le reste à pied. En marchant, elle vit quelque chose de bleu dans la haie, et me dit : « Voilà de la pervenche encore en fleur. » Je n'avais jamais vu de la pervenche, je ne me baissai pas

---

(\*) Tels étaient mes vœux : un champ d'une étendue médiocre, avec un jardin, une source d'eau vive auprès de la maison, et pardessus un petit coin de forêt (Hor., sat. II, 6).

(\*\*) Les dieux ont fait plus et mieux pour moi (*Id., ibid.*)

pour l'examiner, et j'ai la vue trop courte pour distinguer à terre les plantes de ma hauteur. Je jetai seulement en passant un coup d'œil sur celle-là, et près de trente ans se sont passés sans que j'aie revu de la pervenche ou que j'y aie fait attention. En 1764, étant à Cressier avec mon ami M. Du Peyrou, nous montions une petite montagne au sommet de laquelle il a un joli salon qu'il appelle avec raison Belle-Vue. Je commençais alors d'herboriser un peu. En montant et regardant parmi les buissons, je pousse un cri de joie : « Ah! voilà de la pervenche! » et c'en était en effet. Du Peyrou s'aperçut du transport, mais il en ignorait la cause; il l'apprendra, je l'espère, lorsqu'un jour il lira ceci. Le lecteur peut juger, par l'impression d'un si petit objet, de celle que m'ont faite tous ceux qui se rapportent à la même époque.

Cependant l'air de la campagne ne me rendit point ma première santé. J'étais languissant; je le devins davantage. Je ne pus supporter le lait; il fallut le quitter. C'était alors la mode de l'eau pour tout remède; je me mis à l'eau, et si peu discrètement, qu'elle faillit me guérir, non de mes maux, mais de la vie. Tous les matins en me levant, j'allais à la fontaine avec un grand gobelet, et j'en buvais successivement, en me promenant, la valeur de deux bouteilles. Je quittai tout-à-fait le vin à mes repas. L'eau que je buvais était un peu crue et difficile à passer, comme sont la plupart des eaux des montagnes. Bref, je fis si bien, qu'en moins de deux mois je me détruisis totalement l'estomac, que j'avais eu très bon jusqu'alors. Ne digérant plus, je compris qu'il ne fallait plus espérer de guérir. Dans ce même temps, il m'arriva un accident aussi singulier par lui-même que par ses suites, qui ne finiront qu'avec moi.

Un matin que je n'étais pas plus mal qu'à l'ordinaire, en dressant une petite table sur son pied, je sentis dans tout mon corps une révolution subite et presque inconcevable. Je ne saurais mieux la comparer qu'à une espèce de tempête qui s'éleva dans mon sang et gagna dans l'instant tous mes membres. Mes artères se mirent à battre d'une si grande force, que non-seulement je sentais leur battement, mais que je l'entendais même, et surtout celui des carotides (*). Un grand bruit d'oreilles se joignit à cela, et ce bruit était triple ou plutôt quadruple, savoir : un bourdonnement grave et sourd, un murmure plus clair comme d'une eau courante, un sifflement très aigu, et le battement que je viens de dire, et dont je pouvais aisément compter les coups sans me tâter le pouls ni toucher mon corps de mes mains. Ce bruit interne était si grand, qu'il m'ôta la finesse d'ouïe que j'avais auparavant, et me rendit non tout-à-fait sourd, mais dur d'oreille, comme je le suis depuis ce temps-là.

On peut juger de ma surprise et de mon effroi. Je me crus mort; je me mis au lit : le médecin fut appelé; je lui contai mon cas en frémissant et le jugeant sans remède. Je crois qu'il en pensa de même; mais il fit son métier. Il m'enfila de longs raisonnements où je ne compris rien du tout; puis, en conséquence de sa sublime théorie, il commença *in anima vili* la cure expérimentale qu'il lui plut de tenter. Elle était si pénible, si dégoûtante, et opérait si peu, que je m'en lassai bientôt; et, au bout de quelques semaines, voyant que je n'étois ni mieux ni pis, je quittai le lit et repris ma vie ordinaire avec mon battement d'artères et mes bourdonnements, qui depuis ce temps-là, c'est-à-dire depuis trente ans, ne m'ont pas quitté une minute.

J'avais été jusqu'alors grand dormeur. La totale privation du sommeil qui se joignit à tous ces symptômes, et qui les a constamment accompagnés jusqu'ici, acheva de me persuader qu'il me restait peu de temps à vivre. Cette persuasion me tranquillisa pour un temps sur le soin de guérir. Ne pouvant prolonger ma vie, je résolus de tirer du peu qu'il m'en restait tout le parti qu'il était possible; et cela se pouvait, par une singulière faveur de la nature, qui, dans un état si funeste, m'exemptait des douleurs qu'il semblait devoir m'attirer. J'étais importuné de ce bruit, mais je n'en souffrais pas : il n'était accompagné d'aucune autre incommodité habituelle que de l'insomnie durant les nuits, et en tout temps

---

(*) Deux artères qui conduisent le sang au cerveau.

d'une courte haleine qui n'allait pas jusqu'à l'asthme, et ne se faisait sentir que quand je voulais courir ou agir un peu fortement.

Cet accident, qui devait tuer mon corps, ne tua que mes passions ; et j'en bénis le ciel chaque jour par l'heureux effet qu'il produisit sur mon âme. Je puis bien dire que je ne commençai de vivre que quand je me regardai comme un homme mort. Donnant leur véritable prix aux choses que j'allais quitter, je commençai de m'occuper de soins plus nobles, comme par anticipation sur ceux que j'avais bientôt à remplir et que j'avais fort négligés jusqu'alors. J'avais souvent travesti la religion à ma mode, mais je n'avais jamais été tout-à-fait sans religion. Il m'en coûta moins de revenir à ce sujet, si triste pour tant de gens, mais si doux pour qui s'en fait un objet de consolation et d'espoir. Maman me fut, en cette occasion, beaucoup plus utile que tous les théologiens ne me l'auraient été.

Elle, qui mettait toute chose en système, n'avait pas manqué d'y mettre aussi la religion ; et ce système était composé d'idées très disparates, les unes très saines, les autres très folles, de sentiments relatifs à son caractère et de préjugés venus de son éducation. En général, les croyants font Dieu comme ils sont eux-mêmes : les bons le font bon, les méchants le font méchant ; les dévots, haineux et bilieux, ne voient que l'enfer, parce qu'ils voudraient damner tout le monde ; les âmes aimantes et douces n'y croient guère ; et l'un des étonnements dont je ne reviens point est de voir le bon Fénelon en parler dans son *Télémaque* comme s'il y croyait tout de bon : mais j'espère qu'il mentait alors ; car enfin, quelque véridique qu'on soit, il faut bien mentir quelquefois quand on est évêque. Maman ne mentait pas avec moi ; et cette âme sans fiel, qui ne pouvait imaginer un Dieu vindicatif et toujours courroucé, ne voyait que clémence et miséricorde où les dévots ne voient que justice et punition. Elle disait souvent qu'il n'y aurait point de justice en Dieu d'être juste envers nous, parce que, ne nous ayant pas donné ce qu'il faut pour l'être, ce serait redemander plus qu'il n'a donné. Ce qu'il y avait de bizarre était que, sans croire à l'enfer, elle ne laissait pas de croire au purgatoire. Cela venait de ce qu'elle ne savait que faire des âmes des méchants, ne pouvant ni les damner ni les mettre avec les bons jusqu'à ce qu'ils le fussent devenus : et il faut avouer qu'en effet, et dans ce monde et dans l'autre, les méchants sont toujours bien embarrassants.

Autre bizarrerie. On voit que toute la doctrine du péché originel et de la rédemption est détruite par ce système, que la base du christianisme vulgaire en est ébranlée, et que le catholicisme au moins ne peut subsister. Maman, cependant, était bonne catholique, ou prétendait l'être, et il est sûr qu'elle le prétendait de très bonne foi. Il lui semblait qu'on expliquait trop littéralement et trop durement les Écritures. Tout ce qu'on y lit des tourments éternels lui paraissait comminatoire ou figuré. La mort de Jésus-Christ lui paraissait un exemple de charité vraiment divine pour apprendre aux hommes à aimer Dieu et à s'aimer entre eux de même. En un mot, fidèle à la religion qu'elle avait embrassée, elle en admettait sincèrement toute la profession de foi ; mais quand on venait à la discussion de chaque article, il se trouvait qu'elle croyait tout autrement que l'église, toujours en s'y soumettant. Elle avait là-dessus une simplicité de cœur, une franchise plus éloquente que des ergoteries, et qui souvent embarrassait jusqu'à son confesseur ; car elle ne lui déguisait rien. « Je suis bonne catholique, lui disait-elle, je veux toujours l'être ; j'adopte de toutes les puissances de mon âme les décisions de la sainte mère Église. Je ne suis pas maîtresse de ma foi, mais je le suis de ma volonté. Je la soumets sans réserve, et je veux tout croire. Que me demandez-vous de plus ? »

Quand il n'y aurait point eu de morale chrétienne, je crois qu'elle l'aurait suivie, tant elle s'adaptait bien à son caractère. Elle faisait tout ce qui était ordonné ; mais elle l'eût fait de même quand il n'aurait pas été ordonné. Dans les choses indifférentes, elle aimait à obéir ; et s'il ne lui eût pas été permis, prescrit même, de faire gras, elle aurait fait maigre entre Dieu et elle, sans que la prudence eût eu besoin d'y entrer pour rien. Mais toute cette morale était subordonnée aux principes de M. de Tavel, ou plutôt elle prétendait n'y voir rien de

contraire. Elle eût couché tous les jours avec vingt hommes en repos de conscience, et sans même en avoir plus de scrupule que de désir. Je sais que force dévotes ne sont pas, sur ce point, plus scrupuleuses ; mais la différence est qu'elles sont séduites par leurs passions, et qu'elle ne l'était que par ses sophismes. Dans les conversations les plus touchantes, et j'ose dire les plus édifiantes, elle fût tombée sur ce point sans changer d'air ni de ton, sans se croire en contradiction avec elle-même. Elle l'eût même interrompue au besoin pour le fait, et puis l'eût reprise avec la même sérénité qu'auparavant : tant elle était intimement persuadée que tout cela n'était qu'une maxime de police sociale, dont toute personne sensée pouvait faire l'interprétation, l'application, l'exception, selon l'esprit de la chose, sans le moindre risque d'offenser Dieu. Quoique, sur ce point, je ne fusse assurément pas de son avis, j'avoue que je n'osais le combattre, honteux du rôle peu galant qu'il m'eût fallu faire pour cela. J'aurais bien cherché d'établir la règle pour les autres, en tâchant de m'en excepter ; mais, outre que son tempérament prévenait assez l'abus de ses principes, je sais qu'elle n'était pas femme à prendre le change, et que réclamer l'exception pour moi c'était la lui laisser pour tous ceux qu'il lui plairait. Au reste, je compte ici par occasion cette inconséquence avec les autres, quoiqu'elle ait eu toujours peu d'effet dans sa conduite, et qu'alors elle n'en eût point du tout ; mais j'ai promis d'exposer fidèlement ses principes, et je veux tenir cet engagement. Je reviens à moi.

Trouvant en elle toutes les maximes dont j'avais besoin pour garantir mon âme des terreurs de la mort et de ses suites, je puisais avec sécurité dans cette source de confiance. Je m'attachais à elle plus que je n'avais jamais fait ; j'aurais voulu transporter tout en elle ma vie que je sentais prête à m'abandonner. De ce redoublement d'attachement pour elle, de la persuasion qu'il me restait peu de temps à vivre, de ma profonde sécurité sur mon sort à venir, résultait un état habituel très calme, et sensuel même ; en ce qu'amortissant toutes les passions qui portent au loin nos craintes et nos espérances, il me laissait jouir sans inquiétude et sans trouble du peu de jours qui m'étaient laissés. Une chose contribuait à les rendre plus agréables : c'était le soin de nourrir son goût pour la campagne par tous les amusements que j'y pouvais rassembler. En lui faisant aimer son jardin, sa basse-cour, ses pigeons, ses vaches, je m'affectionnais moi-même à tout cela ; et ces petites occupations, qui remplissaient ma journée sans troubler ma tranquillité, me valurent mieux que le lait et tous les remèdes pour conserver ma pauvre machine, et la rétablir même autant que cela se pouvait.

Les vendanges, la récolte des fruits, nous amusèrent le reste de cette année, et nous attachèrent de plus en plus à la vie rustique, au milieu des bonnes gens dont nous étions entourés. Nous vîmes arriver l'hiver avec grand regret, et nous retournâmes à la ville comme nous serions allés en exil ; moi surtout, qui, doutant de revoir le printemps, croyais dire adieu pour toujours aux Charmettes. Je ne les quittai pas sans baiser la terre et les arbres, et sans me retourner plusieurs fois en m'éloignant. Ayant quitté depuis longtemps mes écolières, ayant perdu le goût des amusements et des sociétés de la ville, je ne sortais plus, je ne voyais plus personne, excepté maman, et M. Salomon, devenu depuis peu son médecin et le mien, honnête homme, homme d'esprit, grand cartésien, qui parlait assez bien du système du monde, et dont les entretiens agréables et instructifs me valurent mieux que toutes ses ordonnances. Je n'ai jamais pu supporter ce sot et niais remplissage des conversations ordinaires ; mais des conversations utiles et solides m'ont toujours fait grand plaisir, et je ne m'y suis jamais refusé. Je pris beaucoup de goût à celles de M. Salomon : il me semblait que j'anticipais avec lui sur ces hautes connaissances que mon âme allait acquérir quand elle aurait perdu ses entraves. Ce goût que j'avais pour lui s'étendit aux sujets qu'il traitait, et je commençai de rechercher les livres qui pouvaient m'aider à le mieux entendre. Ceux qui mêlaient la dévotion aux sciences m'étaient les plus convenables : tels étaient particulièrement ceux de l'Oratoire et de Port-Royal. Je me mis à les lire, ou plutôt à les dévorer. Il m'en tomba

dans les mains un du P. Lamy, intitulé : *Entretiens sur les Sciences* (\*). C'était une espèce d'introduction à la connaissance des livres qui en traitent. Je le lus et relus cent fois ; je résolus d'en faire mon guide. Enfin je me sentis entraîné peu à peu, malgré mon état, ou plutôt par mon état, vers l'étude avec une force irrésistible ; et, tout en regardant chaque jour comme le dernier de mes jours, j'étudiais avec autant d'ardeur que si j'avais dû toujours vivre. On disait que cela me faisait du mal : je crois, moi, que cela me fit du bien, et non-seulement à mon âme, mais à mon corps ; car cette application, pour laquelle je me passionnais, me devint si délicieuse, que, ne pensant plus à mes maux, j'en étais beaucoup moins affecté. Il est pourtant vrai que rien ne me procurait un soulagement réel ; mais, n'ayant pas de douleurs vives, je m'accoutumais à languir, à ne pas dormir, à penser au lieu d'agir, et enfin à regarder le dépérissement successif et lent de ma machine comme un progrès inévitable que la mort seule pouvait arrêter.

Non-seulement cette opinion me détacha de tous les vains soins de la vie, mais elle me délivra de l'importunité des remèdes, auxquels on m'avait jusqu'alors soumis malgré moi. Salomon, convaincu que ses drogues ne pouvaient me sauver, m'en épargna le déboire, et se contenta d'amuser la douleur de ma pauvre maman avec quelques-unes de ces ordonnances indifférentes qui leurrent l'espoir du malade, et maintiennent le crédit du médecin. Je quittai l'étroit régime : je repris l'usage du vin et tout le train de vie d'un homme en santé, selon la mesure de mes forces, sobre sur toute chose, mais ne m'abstenant de rien. Je sortis même et recommençai d'aller voir mes connaissances, surtout M. de Conzié, dont le commerce me plaisait fort. Enfin, soit qu'il me parût beau d'apprendre jusqu'à ma dernière heure, soit qu'un reste d'espoir de vivre se cachât au fond de mon cœur, l'attente de la mort, loin d'attiédir mon goût pour l'étude, semblait l'animer ; et je me pressais d'amasser un peu d'acquis pour l'autre monde, comme si j'avais cru n'y avoir que celui que j'aurais emporté. Je pris en affection la boutique d'un libraire appelé Bouchard, où se rendaient quelques gens de lettres ; et le printemps que j'avais cru ne pas revoir étant proche, je m'assortis de quelques livres pour les Charmettes, en cas que j'eusse le bonheur d'y retourner.

J'eus ce bonheur, et j'en profitai de mon mieux. La joie avec laquelle je vis les premiers bourgeons est inexprimable. Revoir le printemps était pour moi ressusciter en paradis. A peine les neiges commençaient à fondre que nous quittâmes notre cachot ; et nous fûmes assez tôt aux Charmettes pour y avoir les prémices dr rossignol. Dès lors, je ne crus plus mourir ; et réellement il est singulier que je n'aie jamais fait de grandes maladies à la campagne. J'y ai beaucoup souffert, mais je n'y ai jamais été alité. Souvent j'ai dit, me sentant plus mal qu'à l'ordinaire : « Quand vous me verrez prêt à mourir, portez-moi à l'ombre d'un chêne, je vous promets que j'en reviendrai. »

Quoique faible, je repris mes fonctions champêtres, mais d'une manière proportionnée à mes forces. J'eus un vrai chagrin de ne pouvoir faire le jardin tout seul ; mais, quand j'avais donné six coups de bêche, j'étais hors d'haleine, la sueur me ruisselait, je n'en pouvais plus. Quand j'étais baissé, mes battements redoublaient, et le sang me montait à la tête avec tant de force qu'il fallait bien vite me redresser. Contraint de me borner à des soins moins fatigants, je pris entre autres celui du colombier, et je m'y affectionnai si fort que j'y passais souvent plusieurs heures de suite sans m'ennuyer un moment. Le pigeon est fort timide et difficile à apprivoiser ; cependant je vins à bout d'inspirer aux miens tant de confiance qu'ils me suivaient partout et se laissaient prendre quand je voulais. Je ne pouvais paraître au jardin ni dans la cour sans en avoir à l'instant deux ou trois sur les bras, sur la tête ; et enfin, malgré le plaisir que j'y prenais, ce cortège me devint si incommode que je fus obligé de leur ôter cette familiarité.

---

(\*) Il s'agit ici, comme plus loin (p. 143), du P. *Lamy*, oratorien, mort en 1715 et non du P. *Lami*, de la congrégation de Saint-Maur, auteur de plusieurs ouvrages de théologie.

J'ai toujours pris un singulier plaisir à apprivoiser les animaux, surtout ceux qui sont craintifs et sauvages. Il me paraissait charmant de leur inspirer une confiance que je n'ai jamais trompée : je voulais qu'ils m'aimassent en liberté.

J'ai dit que j'avais apporté des livres : j'en fis usage, mais d'une manière moins propre à m'instruire qu'à m'accabler. La fausse idée que j'avais des choses me persuadait que, pour lire un livre avec fruit, il fallait avoir toutes les connaissances qu'il supposait, bien éloigné de penser que souvent l'auteur ne les avait pas lui-même, et qu'il les puisait dans d'autres livres à mesure qu'il en avait besoin. Avec cette folle idée, j'étais arrêté à chaque instant, forcé de courir incessamment d'un livre à l'autre; et quelquefois, avant d'être à la dixième page de celui que je voulais étudier, il m'eût fallu épuiser des bibliothèques. Cependant je m'obstinai si bien à cette extravagante méthode, que j'y perdis un temps infini, et faillis à me brouiller la tête au point de ne pouvoir plus ni rien voir ni rien savoir. Heureusement, je m'aperçus que j'enfilais une fausse route qui m'égarait dans un labyrinthe immense, et j'en sortis avant d'y être tout-à-fait perdu.

Pour peu qu'on ait un vrai goût pour les sciences, la première chose qu'on sent en s'y livrant c'est leur liaison, qui fait qu'elles s'attirent, s'aident, s'éclairent mutuellement, et que l'une ne peut se passer de l'autre. Quoique l'esprit humain ne puisse suffire à toutes, et qu'il en faille toujours préférer une comme la principale, si l'on n'a quelque notion des autres, dans la sienne même on se trouve souvent dans l'obscurité. Je sentis que ce que j'avais entrepris était bon et utile en lui même, qu'il n'y avait que la méthode à changer. Prenant d'abord l'Encyclopédie, j'allais la divisant dans ses branches. Je vis qu'il fallait faire tout le contraire, les prendre chacune séparément, et les poursuivre ainsi jusqu'au point où elles se réunissent. Ainsi, je revins à la synthèse ordinaire; mais j'y revins en homme qui sait ce qu'il fait. La méditation me tenait en cela lieu de connaissances, et une réflexion très naturelle aidait à me guider. Soit que je vécusse ou que je mourusse, je n'avais point de temps à perdre. Ne rien savoir à près de vingt-cinq ans, et vouloir tout apprendre, c'est s'engager à bien mettre le temps à profit. Ne sachant à quel point le sort ou la mort pouvaient arrêter mon zèle, je voulais, à tout événement, acquérir des idées de toutes choses, tant pour sonder mes dispositions naturelles que pour juger par moi-même de ce qui méritait le mieux d'être cultivé.

Je trouvai dans l'exécution de ce plan un autre avantage auquel je n'avais pas pensé, celui de mettre beaucoup de temps à profit. Il faut que je ne sois pas né pour l'étude, car une longue application me fatigue à tel point qu'il m'est impossible de m'occuper une demi-heure de suite avec force du même sujet, surtout en suivant les idées d'autrui; car il m'est arrivé quelquefois de me livrer plus longtemps aux miennes, et même avec assez de succès. Quand j'ai suivi durant quelques pages un auteur qu'il faut lire avec application, mon esprit l'abandonne et se perd dans les nuages. Si je m'obstine, je m'épuise inutilement, les éblouissements me prennent, je ne vois plus rien; mais, que des sujets différents se succèdent, même sans interruption, l'un me délasse de l'autre, et, sans avoir besoin de relâche, je les suis plus aisément. Je mis à profit cette observation dans mon plan d'études, et je les entremêlai tellement que je m'occupais tout le jour, et ne me fatiguais jamais. Il est vrai que les soins champêtres et domestiques faisaient des diversions utiles; mais, dans ma ferveur croissante, je trouvai bientôt le moyen d'en ménager encore le temps pour l'étude, et de m'occuper à la fois de deux choses, sans songer que chacune en allait moins bien.

Dans tant de menus détails qui me charment et dont j'excède souvent mon lecteur, je mets pourtant une discrétion dont il ne se douterait guère, si je n'avais soin de l'en avertir. Ici, par exemple, je me rappelle avec délices tous les différents essais que je fis pour distribuer mon temps de façon que j'y trouvasse à la fois autant d'agrément et d'utilité qu'il était possible ; et je puis dire que ce temps, où je vivais dans la retraite et toujours malade, fut celui de ma vie où je fus le moins oisif et le moins ennuyé. Deux ou trois mois se passèrent ainsi à tâter la pente de mon esprit, et à jouir, dans la plus belle saison de l'année et dans un lieu

qu'elle rendait enchanté, du charme de la vie dont je sentais si bien le prix, de celui d'une société aussi libre que douce, si l'on peut donner le nom de société à une aussi parfaite union, et de celui des belles connaissances que je me proposais

Nous déjeunions ordinairement avec du café au lait. (142.)

d'acquérir ; car c'était pour moi comme si je les avais déjà possédées, ou plutôt c'était mieux encore, puisque le plaisir d'apprendre était pour beaucoup dans mon bonheur.

Il faut passer sur ces essais, qui tous étaient pour moi des jouissances, mais

trop simples pour pouvoir être expliquées. Encore un coup, le vrai bonheur ne se décrit pas : il se sent, et se sent d'autant mieux qu'il peut le moins se décrire, parce qu'il est un état permanent Je me répète souvent ; mais je me répéterais bien davantage, si je disais la même chose autant de fois qu'elle me vient dans l'esprit. Quand enfin mon train de vie souvent changé eut pris un cours uniforme, voici à peu près quelle en fut la distribution.

Je me levais tous les matins avant le soleil ; je montais par un verger voisin dans un très joli chemin qui était au-dessus de la vigne, et suivait la côte jusqu'à Chambéry. Là, tout en me promenant, je faisais ma prière, qui ne consistait pas en un vain balbutiement de lèvres, mais dans une sincère élévation de cœur à l'auteur de cette aimable nature dont les beautés étaient sous mes yeux. Je n'ai jamais aimé à prier dans la chambre ; il me semble que les murs et tous ces petits ouvrages des hommes s'interposent entre Dieu et moi. J'aime à le contempler dans ses œuvres tandis que mon cœur s'élève à lui. Mes prières étaient pures, je puis le dire, et dignes par là d'être exaucées. Je ne demandais pour moi et pour celle dont mes vœux ne me séparaient jamais, qu'une vie innocente et tranquille, exempte du vice, de la douleur, des pénibles besoins ; la mort des justes, et leur sort dans l'avenir. Du reste, cet acte se passait plus en admiration et en contemplation qu'en demandes ; et je savais qu'auprès du dispensateur des vrais biens, le meilleur moyen d'obtenir ceux qui nous sont nécessaires est moins de les demander que de les mériter. Je revenais en me promenant, par un assez grand tour, occupé à considérer avec intérêt et volupté les objets champêtres dont j'étais environné, les seuls dont l'œil et le cœur ne se lassent jamais. Je regardais de loin s'il faisait jour chez maman : quand je voyais son contrevent ouvert, je tressaillais d'aise et j'accourais ; s'il était fermé, j'entrais au jardin en attendant qu'elle fût réveillée, m'amusant à repasser ce que j'avais appris la veille, ou à jardiner. Le contrevent s'ouvrait, j'allais l'embrasser dans son lit, souvent encore à moitié endormie, et cet embrassement, aussi pur que tendre, tirait de son innocence même un charme qui n'est jamais joint à la volupté des sens.

Nous déjeunions ordinairement avec du café au lait. C'était le temps de la journée où nous étions le plus tranquilles, où nous causions le plus à notre aise. Ces séances, pour l'ordinaire assez longues, m'ont laissé un goût vif pour les déjeuners ; et je préfère infiniment l'usage d'Angleterre et de Suisse, où le déjeuner est un vrai repas qui rassemble tout le monde, à celui de France, où chacun déjeune seul dans sa chambre, ou le plus souvent ne déjeune point du tout. Après une heure ou deux de causerie, j'allais à mes livres jusqu'au dîner. Je commençais par quelque livre de philosophie, comme la *Logique* de Port-Royal, l'*Essai* de Locke, Malebranche, Leibnitz, Descartes, etc. Je m'aperçus bientôt que tous ces auteurs étaient entre eux en contradiction presque perpétuelle, et je formai le chimérique projet de les accorder, qui me fatigua beaucoup et me fit perdre bien du temps. Je me brouillais la tête et je n'avançais point. Enfin, renonçant encore à cette méthode, j'en pris une infiniment meilleure, et à laquelle j'attribue tout le progrès que je puis avoir fait, malgré mon défaut de capacité ; car il est certain que j'en eus toujours fort peu pour l'étude. En lisant chaque auteur, je me fis une loi d'adopter et suivre toutes ses idées, sans y mêler les miennes ni celles d'un autre, et sans jamais disputer avec lui. Je me dis : Commençons par me faire un magasin d'idées, vraies ou fausses, mais nettes, en attendant que ma tête en soit assez fournie pour pouvoir les comparer et choisir. Cette méthode n'est pas sans inconvénient, je le sais, mais elle m'a réussi dans l'objet de m'instruire. Au bout de quelques années passées à ne penser exactement que d'après autrui, sans réfléchir pour ainsi dire et presque sans raisonner, je me suis trouvé un assez grand fonds d'acquis pour me suffire à moi-même, et penser sans le secours d'autrui. Alors, quand les voyages et les affaires m'ont ôté les moyens de consulter les livres, je me suis amusé à repasser et comparer ce que j'avais lu, à peser chaque chose à la balance de la raison, et à juger quelquefois mes maîtres. Pour avoir commencé tard à mettre en exercice ma faculté

judiciaire, je n'ai pas trouvé qu'elle eût perdu sa vigueur; et quand j'ai publié mes propres idées, on ne m'a pas accusé d'être un disciple servile et de jurer *in verba magistri*.

Je passais de là à la géométrie élémentaire; car je n'ai jamais été plus loin, m'obstinant à vouloir vaincre mon peu de mémoire à force de revenir cent et cent fois sur mes pas et de recommencer incessamment la même marche. Je ne goûtai pas celle d'Euclide, qui cherche plutôt la chaîne des démonstrations que la liaison des idées; je préférai la géométrie du P. Lamy, qui dès lors devint un de mes auteurs favoris, et dont je relis encore avec plaisir les ouvrages. L'algèbre suivait, et ce fut toujours le P. Lamy que je pris pour guide. Quand je fus plus avancé, je pris la *Science du calcul* du P. Reynaud, puis son *Analyse démontrée*; que je n'ai fait qu'effleurer. Je n'aimais point cette manière d'opérer sans voir ce qu'on fait, et il me semblait que résoudre un problème de géométrie par les équations, c'était jouer un air en tournant une manivelle. La première fois que je trouvai par le calcul que le carré d'un binome était composé du carré de chacune de ses parties et du double produit de l'une par l'autre, malgré la justesse de ma multiplication, je n'en voulus rien croire jusqu'à ce que j'eusse fait la figure. Ce n'était pas que je n'eusse un grand goût pour l'algèbre, en n'y considérant que la quantité abstraite; mais appliquée à l'étendue, je voulais voir l'opération sur les lignes : autrement, je n'y comprenais plus rien.

Après cela venait le latin. C'était mon étude la plus pénible, et dans laquelle je n'ai jamais fait de grands progrès. Je me mis d'abord à la méthode latine de Port-Royal, mais sans fruit. Ces vers ostrogoths me faisaient mal au cœur, et ne pouvaient entrer dans mon oreille. Je me perdais dans ces foules de règles, et, en apprenant la dernière, j'oubliais tout ce qui avait précédé. Une étude de mots n'est pas ce qu'il faut à un homme sans mémoire; et c'était précisément pour forcer ma mémoire à prendre de la capacité que je m'obstinais à cette étude. Il fallut l'abandonner à la fin. J'entendais assez la construction pour pouvoir lire un auteur facile, à l'aide d'un dictionnaire. Je suivis cette route et je m'en trouvai bien. Je m'appliquai à la traduction, non par écrit, mais mentale, et je m'en tins là. A force de temps et d'exercice, je suis parvenu à lire assez couramment les auteurs latins, mais jamais à pouvoir ni parler ni écrire dans cette langue : ce qui m'a souvent mis dans l'embarras, quand je me suis trouvé, je ne sais comment, enrôlé parmi les gens de lettres. Un autre inconvénient, conséquent à cette manière, est que je n'ai jamais su la prosodie, encore moins les règles de la versification. Désirant pourtant de sentir l'harmonie de la langue en vers et en prose, j'ai fait bien des efforts pour y parvenir; mais je suis convaincu que sans maître cela est presque impossible. Ayant appris la composition du plus facile de tous les vers, qui est l'hexamètre, j'eus la patience de scander presque tout Virgile, et d'y marquer les pieds et la quantité; puis, quand j'étais en doute si une syllabe était longue ou brève, c'était mon Virgile que j'allais consulter. On sent que cela me faisait faire bien des fautes, à cause des altérations permises par les règles de la versification. Mais s'il y a de l'avantage à étudier seul, il y a aussi de grands inconvénients, et surtout une peine incroyable. Je sais cela mieux que qui que ce soit.

Avant midi je quittais mes livres, et si le dîner n'était pas prêt, j'allais faire visite à mes amis les pigeons, ou travailler au jardin en attendant l'heure. Quand je m'entendais appeler, j'accourais fort content et muni d'un grand appétit; car c'est encore une chose à noter, que quelque malade que je puisse être, l'appétit ne me manque jamais. Nous dînions très agréablement, en causant de nos affaires, en attendant que maman pût manger. Deux ou trois fois la semaine, quand il faisait beau, nous allions derrière la maison prendre le café dans un cabinet frais et touffu, que j'avais garni de houblon et qui nous faisait grand plaisir durant la chaleur : nous passions là une petite heure à visiter nos légumes, nos fleurs, à des entretiens relatifs à notre manière de vivre, et qui nous en faisaient mieux goûter la douceur. J'avais une autre petite famille au bout du jardin : c'étaient des abeilles. Je ne manquais guère, et souvent maman avec moi, d'aller leur rendre

visite. Je m'intéressais beaucoup à leur ouvrage; je m'amusais infiniment à les voir revenir de la picorée, leurs petites cuisses quelquefois si chargées qu'elles avaient peine à marcher. Les premiers jours, la curiosité me rendit indiscret, et elles me piquèrent deux ou trois fois : mais ensuite, nous fîmes si bien connaissance, que quelque près que je vinsse, elles me laissaient faire; et quelques pleines que fussent les ruches prêtes à jeter leur essaim, j'en étais quelquefois entouré, j'en avais sur les mains, sur le visage, sans qu'aucune me piquât jamais. Tous les animaux se défient de l'homme et n'ont pas tort; mais sont-ils sûrs une fois qu'il ne leur veut pas nuire, leur confiance devient si grande qu'il faut être plus que barbare pour en abuser.

Je retournais à mes livres; mais mes occupations de l'après-midi devaient moins porter le nom de travail et d'étude que de récréations et d'amusement. Je n'ai jamais pu supporter l'application du cabinet après mon dîner, et en général toute peine me coûte durant la chaleur du jour. Je m'occupais pourtant, mais sans gêne et presque sans règle, à lire sans étudier. La chose que je suivais le plus exactement était l'histoire et la géographie; et comme cela ne demandait point de contention d'esprit, j'y fis autant de progrès que le permettait mon peu de mémoire. Je voulus étudier le P. Pétau, et je m'enfonçai dans les ténèbres de la chronologie; mais je me dégoûtai de la partie critique, qui n'a ni fond ni rive, et je m'affectionnai par préférence à l'exacte mesure des temps et à la marche des corps célestes. J'aurais même pris du goût pour l'astronomie si j'avais eu des instruments; mais il fallut me contenter de quelques éléments pris dans les livres, et de quelques observations grossières faites avec une lunette d'approche, seulement pour connaître la situation générale du ciel; car ma vue courte ne me permet pas de distinguer, à yeux nus, assez nettement les astres. Je me rappelle à ce sujet une aventure dont le souvenir m'a souvent fait rire.

J'avais acheté un planisphère céleste pour étudier les constellations. J'avais attaché ce planisphère sur un châssis; et les nuits où le ciel était serein, j'allais dans le jardin poser mon châssis sur quatre piquets de ma hauteur, le planisphère tourné en dessous; et pour l'éclairer sans que le vent soufflât ma chandelle, je la mis dans un seau à terre entre les quatre piquets; puis, regardant alternativement le planisphère avec mes yeux et les astres avec ma lunette, je m'exerçais à connaître les étoiles et à discerner les constellations. Je crois avoir dit que le jardin de M. Noiret était en terrasse; on voyait du chemin tout ce qui s'y faisait. Un soir, des paysans passant assez tard, me virent dans un grotesque équipage occupé à mon opération. La lueur qui donnait sur mon planisphère, et dont ils ne voyaient pas la cause, parce que la lumière était cachée à leurs yeux par les bords du seau, ces quatre piquets, ce grand papier barbouillé de figures, ce cadre, et le jeu de ma lunette, qu'ils voyaient aller et venir, donnaient à cet objet un air de grimoire qui les effraya. Ma parure n'était pas propre à les rassurer : un chapeau clabaud par dessus mon bonnet, et un pet-en-l'air ouaté de maman qu'elle m'avait obligé de mettre, offraient à leurs yeux l'image d'un vrai sorcier; et comme il était près de minuit, ils ne doutèrent point que ce ne fût le commencement du sabbat. Peu curieux d'en voir davantage, ils se sauvèrent très alarmés, éveillèrent leurs voisins pour leur conter leur vision; et l'histoire courut si bien, que dès le lendemain chacun sut dans le voisinage que le sabbat se tenait chez M. Noiret. Je ne sais ce qu'eût produit enfin cette rumeur, si l'un des paysans, témoin de mes conjurations, n'en eût le même jour porté sa plainte à deux jésuites qui venaient nous voir, et qui, sans savoir de quoi il s'agissait, les désabusèrent par provision. Ils nous contèrent l'histoire; je leur en dis la cause, et nous rîmes beaucoup. Cependant il fut résolu, crainte de récidive, que j'observerais désormais sans lumière, et que j'irais consulter le planisphère dans la maison. Ceux qui ont lu dans les *Lettres de la Montagne* ma magie de Venise, trouveront, je m'assure, que j'avais de longue main une grande vocation pour être sorcier (*).

---

(*) *Lettres de la Montagne*, première partie, lettre III.

Tel était mon train de vie aux Charmettes, quand je n'étais occupé d'aucuns soins champêtres; car ils avaient toujours la préférence, et dans ce qui n'excédait pas mes forces, je travaillais comme un paysan : mais il est vrai que mon extrême faiblesse ne me laissait guère alors sur cet article que le mérite de la bonne volonté. D'ailleurs, je voulais faire à la fois deux ouvrages, et par cette raison je n'en faisais bien aucun. Je m'étais mis dans la tête de me donner par force de la mémoire; je m'obstinais à vouloir beaucoup apprendre par cœur. Pour cela, je portais toujours avec moi quelque livre, qu'avec une peine incroyable j'étudiais et repassais tout en travaillant. Je ne sais pas comment l'opiniâtreté de ces vains et continuels efforts ne m'a pas enfin rendu stupide. Il faut que j'aie appris et rappris bien vingt fois les Eglogues de Virgile, dont je ne sais pas un seul mot. J'ai perdu ou dépareillé des multitudes de livres, par l'habitude que j'avais d'en

Adieu le pauvre Jean-Jacques. (Page 149.)

porter partout avec moi, au colombier, au jardin, au verger, à la vigne. Occupé d'autre chose, je posais mon livre au pied d'un arbre ou sur la haie; partout j'oubliais de le reprendre, et souvent au bout de quinze jours je le retrouvais pourri ou rongé des fourmis et des limaçons. Cette ardeur d'apprendre devint une manie qui me rendait comme hébété, tout occupé que j'étais sans cesse à marmotter quelque chose entre mes dents.

Les écrits de Port-Royal et de l'Oratoire, étant ceux que je lisais le plus fréquemment, m'avaient rendu demi-janséniste; et, malgré toute ma confiance, leur théologie m'épouvantait quelquefois. La terreur de l'enfer, que jusque-là j'avais très peu crainte, troublait peu à peu ma sécurité; et si maman ne m'eût tranquillisé l'âme, cette effrayante doctrine m'eût enfin tout-à-fait bouleversé. Mon confesseur, qui était aussi le sien, contribuait pour sa part à me maintenir dans une bonne assiette. C'était le P. Hemet, jésuite, bon et sage vieillard dont la mémoire me sera toujours en vénération. Quoique jésuite, il avait la simplicité

d'un enfant; et sa morale, moins relâchée que douce, était précisément ce qu'il me fallait pour balancer les tristes impressions du jansénisme. Ce bonhomme et son compagnon, le P. Coppier, venaient souvent nous voir aux Charmettes, quoique le chemin fût fort rude et assez long pour des gens de leur âge. Leurs visites me faisaient grand bien : que Dieu veuille le rendre à leurs âmes! car ils étaient trop vieux alors pour que je les présume en vie encore aujourd'hui. J'allais aussi les voir à Chambéry; je me familiarisais peu à peu avec leur maison; leur bibliothèque était à mon service. Le souvenir de cet heureux temps se lie avec celui des jésuites, au point de me faire aimer l'un par l'autre; et, quoique leur doctrine m'ait toujours paru dangereuse, je n'ai jamais pu trouver en moi le pouvoir de les haïr sincèrement.

Je voudrais savoir s'il passe quelquefois dans les cœurs des autres hommes des puérilités pareilles à celles qui passent quelquefois dans le mien. Au milieu de mes études et d'une vie innocente autant qu'on la puisse mener, et malgré tout ce qu'on m'avait pu dire, la peur de l'enfer m'agitait encore souvent. Je me demandais : En quel état suis-je? si je mourais à l'instant même, serais-je damné? Selon mes jansénistes, la chose était indubitable; mais selon ma conscience il me paraissait que non. Toujours craintif et flottant dans cette cruelle incertitude, j'avais recours, pour en sortir, aux expédients les plus risibles et pour lesquels je ferais volontiers enfermer un homme si je lui en voyais faire autant. Un jour, rêvant à ce triste sujet, je m'exerçais machinalement à lancer des pierres contre les troncs des arbres, et cela avec mon adresse ordinaire, c'est-à-dire sans presque en toucher aucun. Tout au milieu de ce bel exercice, je m'avisai de m'en faire une espèce de pronostic pour calmer mon inquiétude. Je me dis : Je m'en vais jeter cette pierre contre l'arbre qui est vis-à-vis de moi; si je le touche, signe de salut; si je le manque, signe de damnation. Tout en disant ainsi, je jette ma pierre d'une main tremblante et avec un horrible battement de cœur, mais si heureusement qu'elle va frapper au beau milieu de l'arbre; ce qui véritablement n'était pas difficile, car j'avais eu soin de le choisir fort gros et fort près. Depuis lors, je n'ai plus douté de mon salut. Je ne sais, en me rappelant ce trait, si je dois rire ou gémir sur moi-même. Vous autres grands hommes, qui riez sûrement, félicitez-vous; mais n'insultez pas à ma misère, car je vous jure que je la sens bien.

Au reste, ces troubles, ces alarmes, inséparables peut-être de la dévotion, n'étaient pas un état permanent. Communément j'étais assez tranquille, et l'impression que l'idée d'une mort prochaine faisait sur mon âme était moins de la tristesse qu'une langueur paisible, et qui même avait ses douceurs. Je viens de retrouver parmi de vieux papiers une espèce d'exhortation que je me faisais à moi-même; et où je me félicitais de mourir à l'âge où l'on trouve assez de courage en soi pour envisager la mort, et sans avoir éprouvé de grands maux ni de corps ni d'esprit durant ma vie. Que j'avais bien raison! Un pressentiment me faisait craindre de vivre pour souffrir. Il semblait que je prévoyais le sort qui m'attendait sur mes vieux jours. Je n'ai jamais été si près de la sagesse que durant cette heureuse époque. Sans grands remords sur le passé, délivré des soucis de l'avenir, le sentiment qui dominait constamment dans mon âme était de jouir du présent. Les dévots ont pour l'ordinaire une petite sensualité très vive qui leur fait savourer avec délices les plaisirs innocents qui leur sont permis. Les mondains leur en font un crime, je ne sais pourquoi; ou plutôt je le sais bien : c'est qu'ils envient aux autres la jouissance des plaisirs simples dont eux-mêmes ont perdu le goût. Je l'avais, ce goût, et je trouvais charmant de le satisfaire en sûreté de conscience. Mon cœur, neuf encore, se livrait à tout avec un plaisir d'enfant, ou plutôt, si je l'ose dire, avec une volupté d'ange, car en vérité ces tranquilles jouissances ont la sérénité de celles du paradis. Des dîners faits sur l'herbe, à Montagnole, des soupers sous le berceau, la récolte des fruits, les veillées à teiller avec nos gens, tout cela faisait pour nous autant de fêtes auxquelles maman prenait le même plaisir que moi. Des promenades plus solitaires avaient un charme plus grand encore, parce que le cœur s'épanchait plus en li-

berté. Nous en fîmes une entre autres qui fait époque dans ma mémoire, un jour de Saint-Louis, dont maman portait le nom. Nous partîmes ensemble et seuls de bon matin, après la messe qu'un carme était venu nous dire, à la pointe du jour, dans une chapelle attenante à la maison. J'avais proposé d'aller parcourir la côte opposée à celle où nous étions, et que nous n'avions point visitée encore. Nous avions envoyé nos provisions d'avance, car la course devait durer tout le jour. Maman, quoiqu'un peu ronde et grasse, ne marchait pas mal : nous allions de colline en colline et de bois en bois, quelquefois au soleil et souvent à l'ombre, nous reposant de temps en temps, et nous oubliant des heures entières; causant de nous, de notre union, de la douceur de notre sort, et faisant pour sa durée des vœux qui ne furent pas exaucés. Tout semblait conspirer au bonheur de cette journée. Il avait plu depuis peu; point de poussière, et des ruisseaux bien courants ; un petit vent frais agitait les feuilles, l'air était pur, l'horizon sans nuage; la sérénité brillait au ciel comme dans nos cœurs. Notre dîner fut fait chez un paysan, et partagé avec sa famille qui nous bénissait de bon cœur. Ces pauvres Savoyards sont de si bonnes gens ! Après le dîner, nous gagnâmes l'ombre sous de grands arbres, où, tandis que j'amassais des brins de bois sec pour faire notre café, maman s'amusait à herboriser parmi les broussailles; et avec les fleurs du bouquet que chemin faisant je lui avais ramassé, elle me fit remarquer dans leur structure mille choses curieuses, qui m'amusèrent beaucoup et qui devaient me donner du goût pour la botanique : mais le moment n'était pas venu, j'étais distrait par trop d'autres études. Une idée qui vint me frapper fit diversion aux fleurs et aux plantes. La situation d'âme où je me trouvais, tout ce que nous avions dit et fait ce jour-là, tous les objets qui m'avaient frappé, me rappelèrent l'espèce de rêve que, tout éveillé, j'avais fait à Annecy sept ou huit ans auparavant, et dont j'ai rendu compte en son lieu (*). Les rapports en étaient si frappants, qu'en y pensant j'en fus ému jusqu'aux larmes. Dans un transport d'attendrissement j'embrassai cette chère amie : « Maman, maman, lui dis-je avec passion, ce jour m'a été promis depuis longtemps, et je ne vois rien au-delà. Mon bonheur, grâce à vous, est à son comble ; puisse-t-il ne pas décliner désormais ! puisse-t-il durer aussi longtemps que j'en conserverai le goût ! il ne finira qu'avec moi. »

Ainsi coulèrent mes jours heureux, et d'autant plus heureux que, n'apercevant rien qui les dût troubler, je n'envisageais en effet leur fin qu'avec la mienne. Ce n'était pas que la source de mes soucis fût absolument tarie ; mais je lui voyais prendre un autre cours que je dirigeais de mon mieux sur des objets utiles, afin qu'elle portât son remède avec elle. Maman aimait naturellement la campagne, et ce goût ne s'attiédissait pas avec moi. Peu à peu elle prit celui des soins champêtres; elle aimait à faire valoir les terres, et elle avait sur cela des connaissances dont elle faisait usage avec plaisir. Non contente de ce qui dépendait de la maison qu'elle avait prise, elle louait tantôt un champ, tantôt un pré. Enfin, portant son humeur entreprenante sur des objets d'agriculture, au lieu de rester oisive dans sa maison, elle prenait le train de devenir bientôt une grosse fermière. Je n'aimais pas trop à la voir ainsi s'étendre, et je m'y opposais tant que je pouvais, bien sûr qu'elle serait toujours trompée, et que son humeur libérale et prodigue porterait toujours la dépense au-delà du produit : toutefois, je me consolais en pensant que ce produit du moins ne serait pas nul et lui aiderait à vivre. De toutes les entreprises qu'elle pouvait former, celle-là me paraissait la moins ruineuse, et, sans y envisager comme elle un objet de profit, j'y envisageais une occupation continuelle, qui la garantirait des mauvaises affaires et des escrocs. Dans cette idée, je désirais ardemment de recouvrer autant de force et de santé qu'il m'en fallait pour veiller à ses affaires, pour être piqueur de ses ouvriers ou son premier ouvrier; et naturellement l'exercice que cela me faisait faire, m'arrachant souvent à mes livres et me distrayant sur mon état, devait le rendre meilleur.

(*) Voyez plus haut, livre III, page 64.

(1737-1741.) L'hiver suivant, Barillot, revenant d'Italie, m'apporta quelques livres : entre autres le *Bontempi* et la *Cartella per musica* du père Banchieri, qui me donnèrent du goût pour l'histoire de la musique et pour les recherches théoriques de ce bel art. Barillot resta quelque temps avec nous ; et comme j'étais majeur depuis plusieurs mois, il fut convenu que j'irais le printemps suivant à Genève redemander le bien de ma mère, ou du moins la part qui m'en revenait, en attendant qu'on sût ce que mon frère était devenu. Cela s'exécuta comme il avait été résolu. J'allai à Genève, mon père y vint de son côté. Depuis longtemps il y revenait sans qu'on lui cherchât querelle, quoiqu'il n'eût jamais purgé son décret : mais, comme on avait de l'estime pour son courage et du respect pour sa probité, on feignait d'avoir oublié son affaire, et les magistrats, occupés du grand projet qui éclata peu après, ne voulaient pas effaroucher avant le temps la bourgeoisie, en lui rappelant mal à propos leur ancienne partialité.

Je craignais qu'on ne me fit des difficultés sur mon changement de religion ; l'on n'en fit aucune. Les lois de Genève sont à cet égard moins dures que celles de Berne, où quiconque change de religion perd non-seulement son état, mais son bien. Le mien ne me fut donc pas disputé, mais se trouva, je ne sais comment, réduit à fort peu de chose. Quoiqu'on fût à peu près sûr que mon frère était mort, on n'en avait point de preuve juridique. Je manquais de titres suffisants pour réclamer sa part, et je la laissai sans regret pour aider à vivre à mon père, qui en a joui tant qu'il a vécu. Sitôt que les formalités de justice furent faites et que j'eus reçu mon argent, j'en mis quelque partie en livres, et je volai porter le reste aux pieds de maman. Le cœur me battait de joie durant la route, et le moment où je déposai cet argent dans ses mains me fut mille fois plus doux que celui où il entra dans les miennes. Elle le reçut avec cette simplicité des belles âmes, qui, faisant ces choses-là sans effort, les voient sans admiration. Cet argent fut employé presque tout entier à mon usage, et cela avec une égale simplicité. L'emploi en eût été exactement le même s'il lui fût venu d'autre part.

Cependant ma santé ne se rétablissait point ; je dépérissais au contraire à vue d'œil, j'étais pâle comme un mort et maigre comme un squelette ; mes battements d'artères étaient terribles, mes palpitations plus fréquentes ; j'étais continuellement oppressé, et ma faiblesse enfin devint telle que j'avais peine à me mouvoir ; je ne pouvais presser le pas sans étouffer, je ne pouvais soulever le plus léger fardeau ; j'étais réduit à l'inaction la plus tourmentante pour un homme aussi remuant que moi. Il est certain qu'il se mêlait à tout cela beaucoup de vapeurs. Les vapeurs sont les maladies des gens heureux, c'était la mienne : les pleurs que je versais souvent sans raison de pleurer, les frayeurs vives au bruit d'une feuille ou d'un oiseau, l'inégalité d'humeur dans le calme de la plus douce vie, tout cela marquait cet ennui du bien-être qui fait pour ainsi dire extravaguer la sensibilité. Nous sommes si peu faits pour être heureux ici-bas, qu'il faut nécessairement que l'âme ou le corps souffre quand ils ne souffrent pas tous les deux, et que le bon état de l'un fait presque toujours tort à l'autre. Quand j'aurais pu jouir délicieusement de la vie, ma machine en décadence m'en empêchait, sans qu'on pût dire où la cause du mal avait son vrai siège. Dans la suite, malgré le déclin des ans, et des maux très réels et très graves, mon corps semble avoir repris des forces pour mieux sentir mes malheurs ; et maintenant que j'écris ceci, infirme et presque sexagénaire, accablé de douleurs de toute espèce, je me sens, pour souffrir, plus de vigueur et de vie que je n'en eus pour jouir à la fleur de mon âge et dans le sein du plus vrai bonheur.

Pour m'achever, ayant fait entrer un peu de physiologie dans mes lectures, je m'étais mis à étudier l'anatomie ; et passant en revue la multitude et le jeu des pièces qui composaient ma machine, je m'attendais à sentir détraquer tout cela vingt fois le jour : loin d'être étonné de me trouver mourant, je l'étais que je pusse encore vivre, et je ne lisais pas la description d'une maladie que je ne crusse être la mienne. Je suis sûr que, si je n'avais pas été malade, je le serais devenu par cette fatale étude. Trouvant dans chaque maladie des symptômes de

la mienne, je croyais les avoir toutes ; et j'en gagnai par dessus une plus cruelle encore dont je m'étais cru délivré, la fantaisie de guérir : c'en est une difficile à éviter quand on se met à lire des livres de médecine. A force de chercher, de réfléchir, de comparer, j'allai m'imaginer que la base de mon mal était un polype au cœur ; et Salomon lui-même parut frappé de cette idée. Raisonnablement je devais partir de cette opinion pour me confirmer dans ma résolution précédente. Je ne fis point ainsi. Je tendis tous les ressorts de mon esprit pour chercher comment on pouvait guérir d'un polype au cœur, résolu d'entreprendre cette merveilleuse cure. Dans un voyage qu'Anet avait fait à Montpellier pour aller voir le jardin des plantes et le démonstrateur, M. Sauvages, on lui avait dit que M. Fizes avait guéri un pareil polype. Maman s'en souvint et m'en parla. Il n'en fallut pas davantage pour m'inspirer le désir d'aller consulter M. Fizes. L'espoir de guérir me fait retrouver du courage et des forces pour entreprendre ce voyage. L'argent venu de Genève en fournit le moyen. Maman, loin de m'en détourner, m'y exhorte ; et me voilà parti pour Montpellier.

Je n'eus pas besoin d'aller si loin pour trouver le médecin qu'il me fallait. Le cheval me fatiguant trop, j'avais pris une chaise à Grenoble. A Moirans, cinq ou six autres chaises arrivèrent à la file après la mienne. Pour le coup, c'était vraiment l'aventure des brancards. La plupart de ces chaises étaient le cortége d'une nouvelle mariée appelée M$^{me}$ du Colombier. Avec elle était une autre femme appelée M$^{me}$ de Larnage (*), moins jeune et moins belle que M$^{me}$ du Colombier, mais non moins aimable, et qui de Romans, où s'arrêtait celle-ci, devait poursuivre sa route jusqu'au bourg St-Andiol, près le Pont-Saint-Esprit. Avec la timidité qu'on me connaît, on s'attend que la connaissance ne fut pas sitôt faite avec des femmes brillantes et la suite qui les entourait : mais enfin, suivant la même route, logeant dans les mêmes auberges, et, sous peine de passer pour un loup-garou, forcé de me présenter à la même table, il fallait bien que cette connaissance se fît. Elle se fit donc, et même plus tôt que je n'aurais voulu ; car tout ce fracas ne convenait guère à un malade, et surtout à un malade de mon humeur. Mais la curiosité rend ces coquines de femmes si insinuantes, que, pour parvenir à connaître un homme, elles commencent par lui faire tourner la tête. Ainsi arriva de moi. M$^{me}$ du Colombier, trop entourée de ses jeunes roquets, n'avait guère le temps de m'agacer, et d'ailleurs ce n'en était pas la peine, puisque nous allions nous quitter ; mais M$^{me}$ de Larnage, moins obsédée, avait des provisions à faire pour sa route : voilà M$^{me}$ de Larnage qui m'entreprend ; et adieu le pauvre Jean-Jacques, ou plutôt adieu la fièvre, les vapeurs, le polype ; tout part auprès d'elle, hors certaines palpitations qui me restèrent et dont elle ne voulait pas me guérir. Le mauvais état de ma santé fut le premier prétexte de notre connaissance. On voyait que j'étais malade, on savait que j'allais à Montpellier ; et il faut que mon air et mes manières n'annonçassent pas un débauché, car il fut clair dans la suite qu'on ne m'avait pas soupçonné d'y aller faire un tour de casserole. Quoique l'état de maladie ne soit pas pour un homme une grande recommandation près des dames, il me rendit toutefois intéressant pour celles-ci. Le matin elles envoyaient savoir de mes nouvelles et m'inviter à prendre le chocolat avec elles ; elles s'informaient comment j'avais passé la nuit. Une fois, selon ma louable coutume de parler sans penser, je répondis que je ne savais pas. Cette réponse leur fit croire que j'étais fou : elles m'examinèrent davantage, et cet examen ne me nuisit pas. J'entendis une fois M$^{me}$ du Colombier dire à son amie : « Il manque de monde, mais il est aimable. » Ce mot me rassura beaucoup, et fit que je le devins en effet.

En se familiarisant, il fallait parler de soi, dire d'où l'on venait, qui l'on était. Cela m'embarrassait ; car je sentais très bien que parmi la bonne compagnie, et avec des femmes galantes, ce mot de nouveau converti m'allait tuer. Je ne sais par quelle bizarrerie je m'avisai de passer pour Anglais ; je me donnai pour jacobite, on me prit pour tel ; je m'appelai Dudding, et l'on m'appela Dudding. Un

(*) Nom d'une famille du Dauphiné.

maudit marquis de Torignan qui était là, malade ainsi que moi, vieux au par dessus et d'assez mauvaise humeur, s'avisa de lier conversation avec M. Dudding. Il me parla du roi Jacques, du prétendant, de l'ancienne cour de Saint-Germain. J'étais sur les épines : je ne savais de tout cela que le peu que j'en avais lu dans le comte Hamilton et dans les gazettes ; cependant je fis de ce peu si bon usage, que je me tirai d'affaire : heureux qu'on ne se fût pas avisé de me questionner sur la langue anglaise, dont je ne connaissais pas un seul mot.

Toute la compagnie se convenait et voyait à regret le moment de se quitter. Nous faisions des journées de limaçon. Nous nous trouvâmes un dimanche à Saint-Marcellin. M$^{me}$ de Larnage voulut aller à la messe, j'y fus avec elle : cela faillit à gâter mes affaires. Je me comportai comme j'ai toujours fait. Sur ma contenance modeste et recueillie, elle me crut dévot, et prit de moi la plus mauvaise opinion du monde, comme elle me l'avoua deux jours après. Il me fallut ensuite beaucoup de galanterie pour effacer cette mauvaise impression ; ou plutôt M$^{me}$ de Larnage, en femme d'expérience et qui ne se rebutait pas aisément, voulut bien courir les risques de ses avances, pour voir comment je m'en tirerais. Elle m'en fit beaucoup, et de telles, que, bien éloigné de présumer de ma figure, je crus qu'elle se moquait de moi. Sur cette folie, il n'y eut sorte de bêtise que je ne fisse ; c'était pis que le marquis du *Legs*. M$^{me}$ de Larnage tint bon, me fit tant d'agaceries et me dit des choses si tendres, qu'un homme beaucoup moins sot eût eu bien de la peine à prendre tout cela sérieusement. Plus elle en faisait, plus elle me confirmait dans mon idée ; et ce qui me tourmentait davantage était qu'à bon compte je me prenais d'amour tout de bon. Je me disais, et je lui disais en soupirant : « Ah ! que tout cela n'est-il vrai ! je serais le plus heureux des hommes. » Je crois que ma simplicité de novice ne fit qu'irriter sa fantaisie ; elle n'en voulut pas avoir le démenti.

Nous avions laissé à Romans M$^{me}$ du Colombier et sa suite. Nous continuions notre route le plus lentement et le plus agréablement du monde, M$^{me}$ de Larnage, le marquis de Torignan et moi. Le marquis, quoique malade et grondeur, était un assez bon homme, mais qui n'aimait pas trop à manger son pain à la fumée du rôti. M$^{me}$ de Larnage cachait si peu le goût qu'elle avait pour moi, qu'il s'en aperçut plus tôt que moi-même ; et ses sarcasmes malins auraient dû me donner au moins la confiance que je n'osais prendre aux bontés de la dame, si, par un travers d'esprit dont moi seul étais capable, je ne m'étais imaginé qu'ils s'entendaient pour me persifler. Cette sotte idée acheva de me renverser la tête, et me fit faire le plus plat personnage dans une situation où mon cœur, étant réellement pris, m'en pouvait dicter un assez brillant. Je ne conçois pas comment M$^{me}$ de Larnage ne se rebuta pas de ma maussaderie, et ne me congédia pas avec le dernier mépris. Mais c'était une femme d'esprit qui savait discerner son monde, et qui voyait bien qu'il y avait plus de bêtise que de tiédeur dans mes procédés.

Elle parvint enfin à se faire entendre, et ce ne fut pas sans peine. A Valence, nous étions arrivés pour dîner ; et, selon notre louable coutume, nous y passâmes le reste du jour. Nous étions logés hors de la ville, à Saint-Jacques ; je me souviendrai toujours de cette auberge ainsi que de la chambre que M$^{me}$ de Larnage y occupait. Après le dîner, elle voulut se promener : elle savait que le marquis n'était pas allant ; c'était le moyen de se ménager un tête-à-tête dont elle avait bien résolu de tirer parti, car il n'y avait plus de temps à perdre pour en avoir à mettre à profit. Nous nous promenions autour de la ville, le long des fossés. Là je repris la longue histoire de mes complaintes, auxquelles elle répondait d'un ton si tendre, en pressant quelquefois contre son cœur le bras qu'elle tenait, qu'il fallait une stupidité pareille à la mienne pour m'empêcher de vérifier si elle parlait sérieusement. Ce qu'il y avait d'impayable était que j'étais moi-même excessivement ému. J'ai dit qu'elle était aimable : l'amour la rendait charmante ; il lui rendait tout l'éclat de la première jeunesse, et elle ménageait ses agaceries avec tant d'art qu'elle aurait séduit un homme à l'épreuve. J'étais donc fort mal à mon aise, et toujours sur le point de m'émanciper. Mais la crainte d'offenser

ou de déplaire, la frayeur plus grande encore d'être hué, sifflé, berné; de fournir une histoire à table, et d'être complimenté sur mes entreprises par l'impitoyable Torignan, me retinrent au point d'être indigné moi-même de ma sotte honte, et de ne la pouvoir vaincre en me la reprochant. J'étais au supplice; j'avais déjà quitté mes propos de Céladon, dont je sentais tout le ridicule en si beau chemin ; ne sachant plus quelle contenance tenir, ni que dire, je me taisais, j'avais l'air boudeur : enfin je faisais tout ce qu'il fallait pour m'attirer le traitement que j'avais redouté. Heureusement M$^{me}$ de Larnage prit un parti plus humain. Elle interrompit ce silence en passant un bras autour de mon cou, et dans l'instant sa bouche parla trop clairement sur la mienne pour me laisser mon erreur. La crise ne pouvait se faire plus à propos. Je devins aimable : il en était temps. Elle m'avait donné cette confiance dont le défaut m'a toujours empêché d'être moi. Je le fus alors. Jamais mes yeux, mes sens, mon cœur et ma bouche n'ont si bien parlé; jamais je n'ai si pleinement réparé mes torts, et si cette petite conquête avait coûté des soins à M$^{me}$ de Larnage, j'eus lieu de croire qu'elle n'y avait pas regret.

Quand je vivrais cent ans, je ne me rappellerais jamais sans plaisir le souvenir de cette charmante femme. Je dis charmante, quoiqu'elle ne fût ni belle ni jeune; mais n'étant non plus ni laide ni vieille, elle n'avait rien dans sa figure qui empêchât son esprit et ses grâces de faire tout leur effet. Tout au contraire des autres femmes, ce qu'elle avait de moins frais était le visage, et je crois que le rouge le lui avait gâté. Elle avait ses raisons pour être facile, c'était le moyen de valoir tout son prix. On pouvait la voir sans l'aimer, mais non pas la posséder sans l'adorer. Et cela prouve, ce me semble, qu'elle n'était pas toujours aussi prodigue de ses bontés qu'elle le fut avec moi. Elle s'étoit prise d'un goût trop prompt et trop vif pour être excusable, mais où le cœur entrait du moins autant que les sens ; et durant le temps court et délicieux que je passai auprès d'elle, j'eus lieu de croire, aux ménagements forcés qu'elle m'imposait, que, quoique sensuelle et voluptueuse, elle aimait encore mieux ma santé que ses plaisirs.

Notre intelligence n'échappa pas au marquis. Il n'en tirait pas moins sur moi ; au contraire, il me traitait plus que jamais en pauvre amoureux transi, martyr des rigueurs de sa dame. Il ne lui échappa jamais un mot, un sourire, un regard, qui pût me faire soupçonner qu'il nous eût devinés ; et je l'aurais cru notre dupe, si M$^{me}$ de Larnage, qui voyait mieux que moi, ne m'eût dit qu'il ne l'était pas, mais qu'il était galant homme; et en effet on ne saurait avoir des attentions plus honnêtes, ni se comporter plus poliment qu'il fit toujours, même envers moi, sauf ses plaisanteries, surtout depuis mon succès. Il m'en attribuait l'honneur peut-être, et me supposait moins sot que je ne l'avais paru. Il se trompait, comme on a vu ; mais n'importe, je profitais de son erreur; et il est vrai qu'alors les rieurs étant pour moi, je prêtais le flanc de bon cœur et d'assez bonne grâce à ses épigrammes, et j'y ripostais quelquefois, même assez heureusement, tout fier de me faire honneur auprès de M$^{me}$ de Larnage de l'esprit qu'elle m'avait donné. Je n'étais plus le même homme.

Nous étions dans un pays et dans une saison de bonne chère; nous la faisions partout excellente, grâce aux bons soins du marquis. Je me serais pourtant passé qu'il les étendît jusqu'à nos chambres ; mais il envoyait devant son laquais pour les retenir ; et le coquin, soit de son chef, soit par l'ordre de son maître, le logeait toujours à côté de M$^{me}$ de Larnage, et me fourrait à l'autre bout de la maison. Mais cela ne m'embarrassait guère, et nos rendez-vous n'en étaient que plus piquants. Cette vie délicieuse dura quatre ou cinq jours, pendant lesquels je m'enivrai des plus douces voluptés. Je les goûtai pures, vives, sans aucun mélange de peines : ce sont les premières et les seules que j'aie ainsi goûtées ; et je puis dire que je dois à M$^{me}$ de Larnage de ne pas mourir sans connaître le plaisir.

Si ce que je sentais pour elle n'était pas précisément de l'amour, c'était du moins un retour si tendre pour celui qu'elle me témoignait, c'était une sensualité si brûlante dans le plaisir, et une intimité si douce dans les entretiens, qu'elle

avait tout le charme de la passion sans en avoir le délire, qui tourne la tête et fait qu'on ne sait pas jouir. Je n'ai senti l'amour vrai qu'une seule fois en ma

Elle interrompit brusquement ce silence en passant un bras autour de mon cou. (Page 151.)

vie, et ce ne fut pas auprès d'elle. Je ne l'aimais pas non plus comme j'avais aimé et comme j'aimais M<sup>me</sup> de Warens; mais c'était pour cela même que je la

possédais cent fois mieux. Près de maman, mon plaisir était troublé par un sentiment de tristesse, par un secret serrement de cœur que je ne surmontais pas sans peine; au lieu de me féliciter de la posséder, je me reprochais de l'avilir. Près de M^me de Larnage, au contraire, fier d'être homme et d'être heureux, je me livrais à mes sens avec joie, avec confiance; je partageais l'impression que je faisais sur les siens ; j'étais assez à moi pour contempler avec autant de vanité que de volupté mon triomphe, et pour tirer de là de quoi le redoubler.

Je ne me souviens pas de l'endroit où nous quitta le marquis, qui était du pays; mais nous nous trouvâmes seuls avant d'arriver à Montelimar, et dès lors M^me de Larnage établit sa femme de chambre dans ma chaise, et je passai dans la sienne avec elle. Je puis assurer que la route ne nous ennuyait pas de cette manière,

Car ce prétendu pont n'était qu'un aquéduc. (Page 154.)

et j'aurais bien de la peine à dire comment le pays que nous parcourions était fait. A Montélimar, elle eut des affaires qui l'y retinrent trois jours, durant lesquels elle ne me quitta pourtant qu'un quart d'heure pour une visite qui lui attira des importunités désolantes et des invitations qu'elle n'eut garde d'accepter. Elle prétexta des incommodités, qui ne nous empêchèrent pourtant pas d'aller nous promener tous les jours tête à tête dans le plus beau pays et sous le plus beau ciel du monde. Oh! ces trois jours! j'ai dû les regretter quelquefois : il n'en est plus revenu de semblables.

Des amours de voyage ne sont pas faits pour durer. Il fallut nous séparer; et j'avoue qu'il en était temps, non que je fusse rassasié ni prêt à l'être, je m'attachais chaque jour davantage; mais, malgré toute la discrétion de la dame, il ne me restait guère que la bonne volonté, et avant de nous séparer je voulus jouir de ce reste, ce qu'elle endura par précaution contre les filles de Montpellier (*). Nous donnâmes le change à nos regrets par des projets pour notre réunion. Il fut dé-

---

(*) Ce dernier trait, un peu leste, a été supprimé dans le second manuscrit.

cidé que, puisque ce régime me faisait du bien, j'en userais, et que j'irais passer l'hiver au bourg Saint-Andiol, sous la direction de M^me de Larnage. Je devais seulement rester à Montpellier cinq ou six semaines, pour lui laisser le temps de préparer les choses de manière à prévenir les caquets. Elle me donna d'amples instructions sur ce que je devais savoir, sur ce que je devais dire, sur la manière dont je devais me comporter. En attendant, nous devions nous écrire. Elle me parla beaucoup et sérieusement du soin de ma santé; m'exhorta de consulter d'habiles gens, d'être attentif à tout ce qu'ils me prescriraient, et se chargea, quelque sévère que pût être leur ordonnance, de me la faire exécuter tandis que je serais auprès d'elle. Je crois qu'elle parlait sincèrement, car elle m'aimait : elle m'en donna mille preuves plus sûres que des faveurs. Elle jugea par mon équipage que je ne nageais pas dans l'opulence; quoiqu'elle ne fût pas riche elle-même, elle voulut, à notre séparation, me forcer de partager sa bourse, qu'elle apportait de Grenoble assez bien garnie; et j'eus beaucoup de peine à m'en défendre. Enfin je la quittai le cœur tout plein d'elle, et lui laissant, ce me semble, un véritable attachement pour moi.

J'achevai ma route en la recommençant dans mes souvenirs, et pour le coup très content d'être dans une bonne chaise pour y rêver plus à mon aise aux plaisirs que j'avais goûtés et à ceux qui m'étaient promis. Je ne pensais qu'au bourg Saint-Andiol et à la charmante vie qui m'y attendait; je ne voyais que M^me de Larnage et ses entours : tout le reste de l'univers n'était rien pour moi; maman même était oubliée. Je m'occupais à combiner dans ma tête tous les détails dans lesquels M^me de Larnage était entrée pour me faire d'avance une idée de sa demeure, de son voisinage, de ses sociétés, de toute sa manière de vivre. Elle avait une fille dont elle m'avait parlé très souvent en mère idolâtre. Cette fille avait quinze ans passés; elle était vive, charmante et d'un caractère aimable. On m'avait promis que j'en serais caressé : je n'avais pas oublié cette promesse, et j'étais fort curieux d'imaginer comment M^lle de Larnage traiterait le bon ami de sa maman. Tels furent les sujets de mes rêveries depuis le Pont-Saint-Esprit jusqu'à Remoulin. On m'avait dit d'aller voir le pont du Gard; je n'y manquai pas. Après un déjeûner d'excellentes figues, je pris un guide et j'allai voir le pont du Gard. C'était le premier ouvrage des Romains que j'eusse vu. Je m'attendais à voir un monument digne des mains qui l'avaient construit. Pour le coup, l'objet passa mon attente, et ce fut la seule fois de ma vie. Il n'appartenait qu'aux Romains de produire cet effet. L'aspect de ce simple et noble ouvrage me frappa d'autant plus qu'il est au milieu d'un désert où le silence et la solitude rendent l'objet plus frappant et l'admiration plus vive, car ce prétendu pont n'était qu'un aqueduc. On se demande quelle force a transporté ces pierres énormes si loin de toute carrière, et a réuni les bras de tant de milliers d'hommes dans un lieu où il n'en habite aucun. Je parcourus les trois étages de ce superbe édifice que le respect m'empêchait presque d'oser fouler sous mes pieds. Le retentissement de mes pas sous ses immenses voûtes me faisait croire entendre la forte voix de ceux qui les avaient bâties. Je me perdais comme un insecte dans cette immensité. Je sentais, tout en me faisant petit, je ne sais quoi qui m'élevait l'âme; et je me disais en soupirant : Que ne suis-je né Romain ! Je restai là plusieurs heures dans une contemplation ravissante. Je m'en revins distrait et rêveur, et cette rêverie ne fut pas favorable à M^me de Larnage. Elle avait bien songé à me prémunir contre les filles de Montpellier, mais non pas contre le pont du Gard. On ne s'avise jamais de tout.

A Nîmes, j'allai voir les Arènes : c'est un ouvrage beaucoup plus magnifique que le pont du Gard, et qui me fit beaucoup moins d'impression, soit que mon admiration se fût épuisée sur le premier objet, soit que la situation de l'autre, au milieu d'une ville, fût moins propre à l'exciter. Ce vaste et superbe cirque est entouré de vilaines petites maisons, et d'autres maisons plus petites et plus vilaines encore en remplissent l'arène, de sorte que le tout ne produit qu'un effet disparate et confus, où le regret et l'indignation étouffent le plaisir et la surprise. J'ai vu depuis le cirque de Vérone, infiniment plus petit et moins beau

que celui de Nîmes, mais entretenu et conservé avec toute la décence et la propreté possibles, et qui par cela même me fit une impression plus forte et plus agréable. Les Français n'ont soin de rien et ne respectent aucun monument. Ils sont tout feu pour entreprendre, et ne savent rien finir ni rien entretenir (*).

J'étais changé à tel point, et ma sensualité, mise en exercice, s'était si bien éveillée, que je m'arrêtai un jour au pont de Lunel, pour y faire bonne chère avec de la compagnie qui s'y trouva. Ce cabaret, le plus estimé de l'Europe, méritait alors de l'être. Ceux qui le tenaient avaient su tirer parti de son heureuse situation pour le tenir abondamment approvisionné et avec choix. C'était réellement une chose curieuse de trouver, dans une maison seule et isolée au milieu de la campagne, une table fournie en poisson de mer et d'eau douce, en gibier excellent, en vins fins, servie avec ces attentions et ces soins qu'on ne trouve que chez les grands et les riches, et tout cela pour vos trente-cinq sous. Mais le pont de Lunel ne resta pas longtemps sur ce pied, et, à force d'user sa réputation, il la perdit enfin tout-à-fait.

J'avais oublié, durant ma route, que j'étais malade ; je m'en souvins en arrivant à Montpellier. Mes vapeurs étaient bien guéries, mais tous mes autres maux me restaient ; et, quoique l'habitude m'y rendît moins sensible, c'en serait assez pour se croire mort à qui s'en trouverait attaqué tout d'un coup. En effet, ils étaient moins douloureux qu'effrayants, et faisaient plus souffrir l'esprit que le corps, dont ils semblaient annoncer la destruction. Cela faisait que, distrait par des passions vives, je ne songeais plus à mon état ; mais, comme il n'était pas imaginaire, je le sentais sitôt que j'étais de sangfroid. Je songeai donc sérieusement aux conseils de M$^{me}$ de Larnage et au but de mon voyage. J'allai consulter les praticiens les plus illustres, surtout M. Fizes, et, pour surabondance de précaution, je me mis en pension chez un médecin. C'était un Irlandais appelé Fitz-Moris, qui tenait une table assez nombreuse d'étudiants en médecine ; et il y avait cela de commode pour un malade à s'y mettre, que M. Fitz-Moris se contentait d'une pension honnête pour la nourriture, et ne prenait rien de ses pensionnaires pour ses soins comme médecin. Il se chargea de l'exécution des ordonnances de M. Fizes et de veiller sur ma santé. Il s'acquitta fort bien de cet emploi quant au régime : on ne gagnait pas d'indigestions à cette pension-là ; et, quoique je ne sois pas fort sensible aux privations de cette espèce, les objets de comparaison étaient si proches, que je ne pouvais m'empêcher de trouver quelquefois en moi-même que M. de Torignan était un meilleur pourvoyeur que M. Fitz-Moris. Cependant, comme on ne mourait pas de faim non plus, et que toute cette jeunesse était fort gaie, cette manière de vivre me fit du bien réellement, et m'empêcha de retomber dans mes langueurs. Je passais la matinée à prendre des drogues, surtout je ne sais quelles eaux, je crois les eaux de Vals, et à écrire à M$^{me}$ de Larnage ; car la correspondance allait son train, et Rousseau se chargeait de retirer les lettres de son ami Dudding. A midi, j'allais faire un tour à la Canourgue avec quelqu'un de nos jeunes commensaux, qui tous étaient de très bons enfants : on se rassemblait ; on allait dîner. Après dîner, une importante affaire occupait la plupart d'entre nous jusqu'au soir, c'était d'aller hors de la ville jouer le goûter en deux ou trois parties de mail. Je ne jouais pas : je n'en avais ni la force ni l'adresse ; mais je pariais ; et suivant, avec l'intérêt du pari, nos joueurs et leurs boules à travers des chemins raboteux et pleins de pierres, je faisais un exercice agréable et salutaire, qui me convenait tout-à-fait. On goûtait dans un cabaret hors de la ville. Je n'ai pas besoin de dire que ces goûters étaient gais ; mais j'ajouterai qu'ils étaient assez décents, quoique les filles du cabaret fussent jolies. M. Fitz-Moris, grand joueur de mail, était notre président ; et je puis dire, malgré la mauvaise réputation des étudiants, que je trouvai plus de mœurs et d'honnêteté parmi toute cette jeunesse qu'il ne serait aisé d'en trouver dans le même nombre d'hommes faits. Ils étaient plus bruyants que cra-

---

(*) En 1810, un acte du gouvernement ordonna la démolition de toutes les *vilaines petites maisons* qui déshonoraient ce beau monument.

puleux, plus gais que libertins ; et je me monte si aisément à un train de vie, quand il est volontaire, que je n'aurais pas mieux demandé que de voir durer celui-là toujours. Il y avait, parmi ces étudiants, plusieurs Irlandais, avec lesquels je tâchais d'apprendre quelques mots d'anglais, par précaution pour le bourg Saint-Andiol ; car le temps approchait de m'y rendre. M$^{me}$ de Larnage m'en pressait chaque ordinaire, et je me préparais à lui obéir. Il était clair que mes médecins, qui n'avaient rien compris à mon mal, me regardaient comme un malade imaginaire, et me traitaient sur ce pied avec leur squine, leurs eaux et leur petit-lait. Tout au contraire des théologiens, les médecins et les philosophes n'admettent pour vrai que ce qu'ils peuvent expliquer, et font de leur intelligence la mesure des possibles. Ces messieurs ne connaissaient rien à mon mal : donc je n'étais pas malade ; car comment supposer que des docteurs ne sussent pas tout ? Je vis qu'ils ne cherchaient qu'à m'amuser et me faire manger mon argent ; et, jugeant que leur substitut du bourg Saint-Andiol ferait cela tout aussi bien qu'eux, mais plus agréablement, je résolus de lui donner la préférence, et je quittai Montpellier dans cette sage intention.

Je partis vers la fin de novembre, après six semaines ou deux mois de séjour dans cette ville, où je laissai une douzaine de louis sans aucun profit pour ma santé ni pour mon instruction, si ce n'est un cours d'anatomie commencé sous M. Fitz-Moris, et que je fus obligé d'abandonner par l'horrible puanteur des cadavres qu'on disséquait, et qu'il me fut impossible de supporter.

Mal à mon aise au dedans de moi sur la résolution que j'avais prise, j'y réfléchissais en m'avançant toujours vers le Pont-Saint-Esprit, qui était également la route du bourg Saint-Andiol et de Chambéry. Les souvenirs de maman, et ses lettres, quoique moins fréquentes que celles de M$^{me}$ de Larnage, réveillaient dans mon cœur des remords que j'avais étouffés durant ma première route. Ils devinrent si vifs au retour, que, balançant l'amour du plaisir, ils me mirent en état d'écouter la raison seule. D'abord, dans le rôle d'aventurier que j'allais recommencer, je pouvais être moins heureux que la première fois : il ne fallait, dans tout le bourg Saint-Andiol, qu'une seule personne qui eût été en Angleterre, qui connût les Anglais, ou qui sût leur langue, pour me démasquer. La famille de M$^{me}$ de Larnage pouvait se prendre de mauvaise humeur contre moi et me traiter peu honnêtement. Sa fille, à laquelle malgré moi je pensais plus qu'il n'eût fallu, m'inquiétait encore : je tremblais d'en devenir amoureux, et cette peur faisait déjà la moitié de l'ouvrage. Allais-je donc, pour prix des bontés de la mère, chercher à corrompre sa fille, à lier le plus détestable commerce, à mettre la dissension, le déshonneur, le scandale et l'enfer dans sa maison ? Cette idée me fit horreur : je pris bien la ferme résolution de me combattre et de me vaincre, si ce malheureux penchant venait à se déclarer. Mais pourquoi m'exposer à ce combat ? Quel misérable état de vivre avec la mère, dont je serais rassasié, et de brûler pour la fille sans oser lui montrer mon cœur ! Quelle nécessité d'aller chercher cet état, et m'exposer aux malheurs, aux affronts, aux remords, pour des plaisirs dont j'avais d'avance épuisé le plus grand charme ? car il est certain que ma fantaisie avait perdu sa première vivacité. Le goût du plaisir y était encore, mais la passion n'y était plus. A cela se mêlaient des réflexions relatives à ma situation, à mes devoirs, à cette maman si bonne, si généreuse, qui, déjà chargée de dettes, l'était encore de mes folles dépenses ; qui s'épuisait pour moi, et que je trompais si indignement. Ce reproche devint si vif, qu'il l'emporta à la fin. En approchant du Saint-Esprit, je pris la résolution de brûler l'étape du bourg Saint-Andiol, et de passer tout droit. Je l'exécutai courageusement, avec quelques soupirs, je l'avoue, mais aussi avec cette satisfaction intérieure, que je goûtais pour la première fois de ma vie, de me dire : Je mérite ma propre estime, je sais préférer mon devoir à mon plaisir. Voilà la première obligation véritable que j'aie à l'étude : c'était elle qui m'avait appris à réfléchir, à comparer. Après les principes si purs que j'avais adoptés il y avait peu de temps, après les règles de sagesse et de vertu que je m'étais faites, et que je m'étais senti si fier de suivre, la honte d'être si peu conséquent à moi-même, de démentir si tôt et si

haut mes propres maximes, l'emporta sur la volupté. L'orgueil eut peut-être autant de part à ma résolution que la vertu ; mais si cet orgueil n'est pas la vertu même, il a des effets si semblables qu'il est pardonnable de s'y tromper.

L'un des avantages des bonnes actions est d'élever l'âme et de la disposer à en faire de meilleures : car telle est la faiblesse humaine, qu'on doit mettre au nombre des bonnes actions l'abstinence du mal qu'on est tenté de commettre. Sitôt que j'eus pris ma résolution, je devins un autre homme, ou plutôt je redevins celui que j'étais auparavant, et que ce moment d'ivresse avait fait disparaître. Plein de bons sentiments et de bonnes résolutions, je continuai ma route dans la ferme intention d'expier ma faute, ne pensant qu'à régler désormais ma conduite sur les lois de la vertu, à me consacrer sans réserve au service de la meilleure des mères, à lui vouer autant de fidélité que j'avais d'attachement pour elle, et à n'écouter plus d'autre amour que celui de mes devoirs. Hélas ! la sincérité de mon retour au bien semblait me promettre une autre destinée : mais la mienne était écrite et déjà commencée ; et quand mon cœur, plein d'amour pour les choses bonnes et honnêtes, ne voyait plus qu'innocence et bonheur dans la vie, je touchais au moment funeste qui devait traîner à sa suite la longue chaîne de mes malheurs.

L'empressement d'arriver me fit faire plus de diligence que je n'avais compté. Je lui avais annoncé de Valence le jour et l'heure de mon arrivée. Ayant gagné une demi-journée sur mon calcul, je restai autant de temps à Chaparillan, afin d'arriver juste au moment que j'avais marqué. Je voulais goûter dans tout son charme le plaisir de la revoir. J'aimais mieux le différer un peu pour y joindre celui d'être attendu. Cette précaution m'avait toujours réussi. J'avais vu toujours marquer mon arrivée par une espèce de petite fête : je n'en attendais pas moins cette fois ; et ces empressements, qui m'étaient si sensibles, valaient bien la peine d'être ménagés.

J'arrivai donc exactement à l'heure. De tout loin je regardais si je ne la verrais point sur le chemin ; le cœur me battait de plus en plus à mesure que j'approchais. J'arrive essoufflé, car j'avais quitté ma voiture en ville : je ne vois personne dans la cour, sur la porte, à la fenêtre : je commence à me troubler, je redoute quelque accident. J'entre : tout est tranquille ; des ouvriers goûtaient dans la cuisine ; du reste, aucun apprêt. La servante parut surprise de me voir ; elle ignorait que je dusse arriver. Je monte, je la vois enfin cette chère maman, si tendrement, si vivement, si purement aimée ; j'accours, je m'élance à ses pieds. « Ah ! te voilà, petit, me dit-elle en m'embrassant ; as-tu fait bon voyage ? comment te portes-tu ? » Cet accueil m'interdit un peu. Je lui demandai si elle n'avait pas reçu ma lettre. Elle me dit que oui. « J'aurais cru que non, lui dis-je ; » et l'éclaircissement finit là. Un jeune homme était avec elle. Je le connaissais pour l'avoir vu déjà dans la maison avant mon départ ; mais cette fois il y paraissait établi : il l'était. Bref, je trouvai ma place prise.

Ce jeune homme était du pays de Vaud : son père, appelé Vintzenried, était concierge ou soi-disant capitaine du château de Chillon. Le fils de M. le capitaine était garçon perruquier, et courait le monde en cette qualité quand il vint se présenter à M$^{me}$ de Warrens, qui le reçut bien, comme elle faisait à tous les passants, et surtout ceux de son pays. C'était un grand fade blondin, assez bien fait, le visage plat, l'esprit de même, parlant comme le beau Liandre ; mêlant tous les tons, tous les goûts de son état avec la longue histoire de ses bonnes fortunes ; ne nommant que la moitié des marquises avec lesquelles il avait couché, et prétendant n'avoir point coiffé de jolies femmes dont il n'eût aussi coiffé les maris ; vain, sot, ignorant, insolent ; au demeurant le meilleur fils du monde. Tel fut le substitut qui me fut donné durant mon absence, et l'associé qui me fut offert après mon retour.

Oh ! si les âmes dégagées de leurs terrestres entraves voient encore du sein de l'éternelle lumière ce qui se passe chez les mortels, pardonnez, ombre chère et respectable, si je ne fais pas plus de grâce à vos fautes qu'aux miennes, si je dévoile également les unes et les autres aux yeux des lecteurs. Je dois, je veux

être vrai pour vous comme pour moi-même : vous y perdrez toujours beaucou moins que moi. Eh! combien votre aimable et doux caractère, votre inépuisable bonté de cœur, votre franchise et toutes vos excellentes vertus ne rachètent-elles pas de faiblesses, si l'on peut appeler ainsi les torts de votre seule raison! Vous eûtes des erreurs et non pas des vices; votre conduite fut répréhensible, mais votre cœur fut toujours pur.

Le nouveau venu s'était montré zélé, diligent, exact pour toutes ses petites commissions, qui étaient toujours en grand nombre; il s'était fait le piqueur de ses ouvriers. Aussi bruyant que je l'étais peu, il se faisait voir et surtout entendre à la fois à la charrue, aux foins, aux bois, à l'écurie, à la basse-cour. Il n'y avait que le jardin qu'il négligeait, parce que c'était un travail trop paisible et qui ne faisait point de bruit. Son grand plaisir était de charger et charrier, de scier ou fendre du bois; on le voyait toujours la hache ou la pioche à la main; on l'entendait courir, cogner, crier à pleine tête. Je ne sais de combien d'hommes il faisait le travail, mais il faisait toujours le bruit de dix ou douze. Tout ce tintamare en imposa à ma pauvre maman; elle crut ce jeune homme un trésor pour ses affaires. Voulant se l'attacher, elle employa pour cela tous les moyens qu'elle y crut propres, et n'oublia pas celui sur lequel elle comptait le plus.

On a dû connaître mon cœur, ses sentiments les plus constants, les plus vrais, ceux surtout qui me ramenaient auprès d'elle. Quel prompt et plein bouleversement dans tout mon être! Qu'on se mette à ma place pour en juger. En un moment, je vis évanouir pour jamais tout l'avenir de félicité que je m'étais peint. Toutes les douces idées que je caressais si affectueusement disparurent; et moi, qui depuis mon enfance ne savais voir mon existence qu'avec la sienne, je me vis seul pour la première fois. Ce moment fut affreux: ceux qui le suivirent furent toujours sombres. J'étais jeune encore, mais ce doux sentiment de jouissance et d'espérance qui vivifie la jeunesse me quitta pour jamais. Dès lors, l'être sensible fut mort à demi. Je ne vis plus devant moi que les tristes restes d'une vie insipide; et si quelquefois encore une image de bonheur effleura mes désirs, ce bonheur n'était plus celui qui m'était propre; je sentais qu'en l'obtenant je ne serais pas vraiment heureux.

J'étais si bête et ma confiance était si pleine, que, malgré le ton familier du nouveau venu, que je regardais comme un effet de cette facilité d'humeur de maman qui rapprochait tout le monde d'elle, je ne me serais pas avisé d'en soupçonner la véritable cause si elle ne me l'eût dite elle-même; mais elle se pressa de me faire cet aveu avec une franchise capable d'ajouter à ma rage, si mon cœur eût pu se tourner de ce côté-là : trouvant quant à elle la chose toute simple, me reprochant ma négligence dans la maison, et m'alléguant mes fréquentes absences, comme si elle eût été d'un tempérament fort pressé d'en remplir les vides. « Ah ! maman, lui dis-je, le cœur serré de douleur, qu'osez-vous m'apprendre! quel prix d'un attachement pareil au mien! Ne m'avez-vous tant de fois conservé la vie que pour m'ôter tout ce qui me la rendait chère? J'en mourrai, mais vous me regretterez. » Elle me répondit, d'un ton tranquille à me rendre fou, que j'étais un enfant; qu'on ne mourait point de ces choses-là; que je ne perdrais rien; que nous n'en serions pas moins bons amis, pas moins intime dans tous les sens; que son tendre attachement pour moi ne pouvait ni diminuer ni finir qu'avec elle. Elle me fit entendre, en un mot, que tous mes droits demeuraient les mêmes, et qu'en les partageant avec un autre je n'en étais pas privé pour cela.

Jamais la pureté, la vérité, la force de mes sentiments pour elle, jamais la sincérité, l'honnêteté de mon âme, ne se firent mieux sentir à moi que dans ce moment. Je me précipitai à ses pieds, j'embrassai ses genoux en versant des torrents de larmes. « Non, maman, lui dis-je avec transport; je vous aime trop pour vous avilir; votre possession m'est trop chère pour la partager: les regrets qui l'accompagnèrent quand je l'acquis se sont accrus avec mon amour; non, je ne la puis conserver au même prix. Vous aurez toujours mes adorations : soyez-en toujours digne; il m'est plus nécessaire encore de vous honorer que de vous

posséder. C'est à vous, ô maman! que je vous cède; c'est à l'union de nos cœurs que je sacrifie tous mes plaisirs. Puissé-je périr mille fois avant d'en goûter qui dégradent ce que j'aime! »

Je tins cette résolution avec une constance digne, j'ose le dire, du sentiment qui me l'avait fait former. Dès ce moment, je ne vis plus cette maman si chérie que des yeux d'un véritable fils; et il est à noter que, bien que ma résolution n'eût point son approbation secrète, comme je m'en suis trop aperçu, elle n'employa jamais pour m'y faire renoncer ni propos insinuants, ni caresses, ni aucune de ces adroites agaceries dont les femmes savent user sans se commettre, et qui manquent rarement de leur réussir. Réduit à me chercher un sort indépendant d'elle, et n'en pouvant même imaginer, je passai bientôt à l'autre extrémité, et le cherchai tout en elle. Je l'y cherchai si parfaitement que je parvins presque à m'oublier moi-même. L'ardent désir de la voir heureuse, à quelque prix que ce fût, absorbait toutes mes affections : elle avait beau séparer son bonheur du mien, je le voyais mien, en dépit d'elle.

Ainsi commencèrent à germer, avec mes malheurs, les vertus dont la semence était au fond de mon âme, que l'étude avait cultivées, et qui n'attendaient pour éclore que le ferment de l'adversité. Le premier fruit de cette disposition si désintéressée fut d'écarter de mon cœur tout sentiment de haine et d'envie contre celui qui m'avait supplanté, je voulus, au contraire, et je voulus sincèrement m'attacher à ce jeune homme, le former, travailler à son éducation, lui faire sentir son bonheur, l'en rendre digne, s'il était possible, et faire en mot pour lui tout ce qu'Anet avait fait pour moi dans une occasion pareille. Mais la parité manquait entre les personnes. Avec plus de douceur et de lumières, je n'avais pas le sangfroid et la fermeté d'Anet, ni cette force de caractère qui en imposait, et dont j'aurais eu besoin pour réussir. Je trouvai encore moins dans le jeune homme les qualités qu'Anet avait trouvées en moi : la docilité, l'attachement, la reconnaissance, surtout le sentiment du besoin que j'avais de ses soins, et l'ardent désir de les rendre utiles. Tout cela manquait ici. Celui que je voulais former ne voyait en moi qu'un pédant importun qui n'avait que du babil. Au contraire, il s'admirait lui-même comme un homme important dans la maison, et, mesurant les services qu'il y croyait rendre sur le bruit qu'il y faisait, il regardait ses haches et ses pioches comme infiniment plus utiles que tous mes bouquins. A quelque égard il n'avait pas tort, mais il partait de là pour se donner des airs à faire mourir de rire. Il tranchait avec les paysans du gentilhomme campagnard; bientôt il en fit autant avec moi, et enfin avec maman elle-même. Son nom de Vintzenried ne lui paraissant pas assez noble, il le quitta pour celui de M. de Courtilles; et c'est sous ce dernier nom qu'il a été connu depuis à Chambéry, et en Maurienne, où il s'est marié.

Enfin, tant fit l'illustre personnage qu'il fut tout dans la maison, et moi rien. Comme, lorsque j'avais le malheur de lui déplaire, c'était maman et non pas moi qu'il grondait, la crainte de l'exposer à ses brutalités me rendait docile à tout ce qu'il désirait; et chaque fois qu'il fendait du bois, emploi qu'il remplissait avec une fierté sans égale, il fallait que je fusse là spectateur oisif et tranquille admirateur de sa prouesse. Ce garçon n'était pourtant pas absolument d'un mauvais naturel : il aimait maman, parce qu'il était impossible de ne la pas aimer; il n'avait même pas pour moi de l'aversion; et quand les intervalles de ses fougues permettaient de lui parler, il nous écoutait quelquefois assez docilement, convenant franchement qu'il n'était qu'un sot : après quoi, il n'en faisait pas moins de nouvelles sottises. Il avait d'ailleurs une intelligence si bornée et des goûts si bas, qu'il était difficile de lui parler raison et presque impossible de se plaire avec lui. A la possession d'une femme pleine de charmes, il ajouta le ragoût d'une femme de chambre vieille, rousse, édentée, dont maman avait la patience d'endurer le dégoûtant service, quoiqu'elle lui fît mal au cœur. Je m'aperçus de ce nouveau manège et j'en fus outré d'indignation : mais je m'aperçus d'une autre chose qui m'affecta bien plus vivement encore, et qui me jeta dans un plus pro-

fond découragement que tout ce qui s'était passé jusqu'alors; ce fut le refroidissement de maman envers moi.

La privation que je m'étais imposée, et qu'elle avait fait semblant d'approuver, est une de ces choses que les femmes ne pardonnent point, quelque mine qu'elles fassent, moins par la privation qui en résulte pour elles-mêmes, que par l'indifférence qu'elles y voient pour leur possession. Prenez la femme la plus sensée, la plus philosophe, la moins attachée à ses sens; le crime le plus irrémissible que l'homme, dont au reste elle se soucie le moins, puisse commettre envers elle, est d'en pouvoir jouir et de n'en rien faire. Il faut bien que ceci soit sans exception, puisqu'une sympathie si naturelle et si forte fut altérée en elle par une abstinence qui n'avait que des motifs de vertu, d'attachement et d'estime. Dès-lors, je cessai de trouver en elle cette intimité des cœurs qui fit toujours la plus douce jouissance du mien. Elle ne s'épanchait plus avec moi que quand elle avait à se plaindre du nouveau venu : quand ils étaient bien ensemble, j'entrais peu dans ses confidences. Enfin elle prenait peu à peu une manière d'être dont je ne faisais plus partie. Ma présence lui faisait plaisir encore, mais elle ne lui faisait plus besoin; et j'aurais passé des jours entiers sans la voir, qu'elle ne s'en serait pas aperçue.

Insensiblement je me sentis isolé et seul dans cette même maison dont auparavant j'étais l'âme et où je vivais pour ainsi dire à double. Je m'accoutumai peu à peu à me séparer de tout ce qui s'y faisait, de ceux même qui l'habitaient; et pour m'épargner de continuels déchirements, je m'enfermais avec mes livres, ou bien j'allais soupirer et pleurer à mon aise au milieu des bois. Cette vie me devint bientôt tout-à-fait insupportable. Je sentis que la présence personnelle et l'éloignement de cœur d'une femme qui m'était si chère irritaient ma douleur, et qu'en cessant de la voir je m'en sentirais moins cruellement séparé. Je formai le projet de quitter sa maison, je le lui dis, et, loin de s'y opposer, elle le favorisa. Elle avait, à Grenoble, une amie appelée M$^{me}$ Deybens, dont le mari était ami de M. de Mably, grand-prévôt à Lyon. M. Deybens me proposa l'éducation des enfants de M. de Mably : j'acceptai, et je partis pour Lyon, sans laisser ni presque sentir le moindre regret d'une séparation dont auparavant la seule idée nous eût donné les angoisses de la mort.

J'avais à peu près les connaissances nécessaires pour un précepteur, et j'en croyais avoir le talent. Durant un an que je passai chez M. de Mably, j'eus le temps de me désabuser. La douceur de mon naturel m'eût rendu très propre à ce métier, si l'emportement n'y eût mêlé ses orages. Tant que tout allait bien et que je voyais réussir mes soins et mes peines, qu'alors je n'épargnais point, j'étais un ange; j'étais un diable quand les choses allaient de travers. Quand mes élèves ne m'entendaient pas, j'extravaguais; et quand ils marquaient de la méchanceté, je les aurais tués : ce n'était pas le moyen de les rendre savants et sages. J'en avais deux; ils étaient d'humeurs très différentes. L'un de huit à neuf ans, appelé Sainte-Marie, était d'une jolie figure, l'esprit assez ouvert, assez vif, étourdi, badin, malin, mais d'une malignité gaie. Le cadet, appelé Condillac, du nom de son oncle devenu depuis si célèbre, paraissait presque stupide, musard, têtu comme une mule, et ne pouvant rien apprendre. On peut juger qu'entre ces deux sujets je n'avais pas besogne faite. Avec de la patience et du sangfroid peut-être aurais-je pu réussir; mais faute de l'une et de l'autre je ne fis rien qui vaille, et mes élèves tournaient très mal. Je ne manquais pas d'assiduité, mais je manquais d'égalité, surtout de prudence.

Je ne savais employer auprès d'eux que trois instruments, toujours inutiles et souvent pernicieux auprès des enfants : le sentiment, le raisonnement, la colère. Tantôt je m'attendrissais avec Sainte-Marie jusqu'à pleurer; je voulais l'attendrir lui-même, comme si l'enfant était susceptible d'une véritable émotion du cœur : tantôt je m'épuisais à lui parler raison, comme s'il avait pu m'entendre; et comme il me faisait quelquefois des arguments très subtils, je le prenais tout de bon pour raisonnable, parce qu'il était raisonneur. Le petit Condillac était encore plus embarrassant, parce que n'entendant rien, ne s'émouvant de rien, et

d'une opiniâtreté à toute épreuve, il ne triomphait jamais mieux de moi que quand il m'avait mis en fureur; alors c'était lui qui était le sage, et c'était moi qui étais l'enfant. Je voyais toutes mes fautes, je les sentais; j'étudiais l'esprit de mes élèves, je les pénétrais très bien, et je ne crois pas que jamais une seule fois j'aie été dupe de leurs ruses. Mais que me servait de voir le mal sans savoir appliquer le remède ? En pénétrant tout, je n'empêchais rien, je ne réussissais à rien, et tout ce que je faisais était précisément ce qu'il ne fallait pas faire.

Je ne réussissais guère mieux pour moi que pour mes élèves. J'avais été recommandé par M$^{me}$ Deybens à M$^{me}$ de Mably. Elle l'avait priée de former mes manières et de me donner le ton du monde. Elle y prit quelques soins et voulut que j'apprisse à faire les honneurs de sa maison; mais je m'y pris si gauchement, j'étais si honteux, si sot, qu'elle se rebuta et me planta là. Cela ne m'empêcha pas de devenir, selon ma coutume, amoureux d'elle. J'en fis assez pour qu'elle s'en aperçût, mais je n'osai jamais me déclarer. Elle ne se trouva pas d'humeur à faire les avances, et j'en fus pour mes lorgneries et mes soupirs, dont même je m'ennuyai bientôt, voyant qu'ils n'aboutissaient à rien.

J'avais tout-à-fait perdu chez maman le goût des petites friponneries, parce que, tout étant à moi, je n'avais rien à voler. D'ailleurs, les principes élevés que je m'étais faits devaient me rendre désormais bien supérieur à de telles bassesses, et il est certain que depuis lors je l'ai d'ordinaire été : mais c'est moins pour avoir appris à vaincre mes tentations que pour en avoir coupé la racine; et j'aurais grand'peur de voler comme dans mon enfance, si j'étais sujet aux mêmes désirs. J'eus la preuve de cela chez M. de Mably. Environné de petites choses volables que je ne regardais même pas, je m'avisai de convoiter un certain petit vin blanc d'Arbois très joli, dont quelques verres que par-ci par-là je buvais à table m'avaient fort affriandé. Il était un peu louche; je croyais savoir bien coller le vin, je m'en vantai : on me confia celui-là; je le collai et le gâtai, mais aux yeux seulement; il resta toujours agréable à boire, et l'occasion fit que je m'en accommodai de temps en temps de quelques bouteilles pour boire à mon aise en mon petit particulier. Malheureusement, je n'ai jamais pu boire sans manger. Comment faire pour avoir du pain ? Il m'était impossible d'en mettre en réserve. En faire acheter par les laquais, c'était me déceler, et presque insulter le maître la maison. En acheter moi-même, je n'osai jamais. Un beau monsieur, l'épée au côté, aller chez un boulanger acheter un morceau de pain, cela se pouvait-il ? Enfin je me rappelai le pis-aller d'une grande princesse à qui l'on disait que les paysans n'avaient pas de pain, et qui répondit : « Qu'ils mangent de la brioche. » J'achetai de la brioche. Encore que de façons pour en venir là ! Sorti seul à ce dessein, je parcourais quelquefois toute la ville et passais devant trente pâtissiers avant d'entrer chez aucun. Il fallait qu'il n'y eût qu'une seule personne dans la boutique, et que sa physionomie m'attirât beaucoup, pour que j'osasse franchir le pas. Mais aussi, quand j'avais une fois ma chère petite brioche, et que, bien enfermé dans ma chambre, j'allais trouver une bouteille au fond d'une armoire, quelles bonnes petites buvettes je faisais là tout seul, en lisant quelques pages de roman ! Car lire en mangeant fut toujours ma fantaisie, au défaut d'un tête à tête : c'est le supplément de la société qui me manque. Je dévore alternativement une page et un morceau : c'est comme si mon livre dînait avec moi.

Je n'ai jamais été dissolu ni crapuleux, et ne me suis enivré de ma vie. Ainsi mes petits vols n'étaient pas fort indiscrets : cependant ils se découvrirent; les bouteilles me décelèrent. On ne m'en fit pas semblant, mais je n'eus plus la direction de la cave. En tout cela, M. de Mably se conduisit honnêtement et prudemment. C'était un très galant homme, qui, sous un air aussi dur que son emploi, avait une véritable douceur de caractère et une rare bonté de cœur. Il était judicieux, équitable, et, ce qu'on n'attendrait pas d'un officier de maréchaussée, même très humain. En sentant son indulgence, je lui en devins plus attaché, et cela me fit prolonger mon séjour dans sa maison plus que je n'aurais fait sans cela. Mais enfin, dégoûté d'un métier auquel je n'étais pas propre et d'une situation très gênante, qui n'avait rien d'agréable pour moi, après un an d'essai,

durant lequel je n'épargnai point mes soins, je me déterminai à quitter mes disciples, bien convaincu que je ne parviendrais jamais à les bien élever. M. de Mably lui-même voyait tout cela aussi bien que moi. Cependant je crois qu'il n'eût jamais pris sur lui de me renvoyer si je ne lui en eusse épargné la peine, et cet excès de condescendance en pareil cas n'est assurément pas ce que j'approuve.

Ce qui me rendait mon état plus insupportable était la comparaison continuelle que j'en faisais avec celui que j'avais quitté ; c'était le souvenir de mes chères Charmettes, de mon jardin, de mes arbres, de ma fontaine, de mon verger, et surtout de celle pour qui j'étais né, qui donnait de l'âme à tout cela. En repensant à elle, à nos plaisirs, à notre innocente vie, il me prenait des serrements de cœur, des étouffements qui m'ôtaient le courage de rien faire. Cent fois j'ai été violemment tenté de partir à l'instant et à pied pour retourner auprès d'elle ; pourvu que je la revisse encore une fois, j'aurais été content de mourir à l'instant même. Enfin je ne pus résister à ces souvenirs si tendres, qui me rappelaient auprès d'elle à quelque prix que ce fût. Je me disais que je n'avais pas été assez patient, assez complaisant, assez caressant, que je pouvais encore vivre heureux dans une amitié très douce, en y mettant du mien plus que je n'avais fait. Je forme les plus beaux projets du monde, je brûle de les exécuter. Je quitte tout, je renonce à tout, je pars, je vole, j'arrive dans tous les mêmes transports de ma première jeunesse, et je me revois à ses pieds. Ah ! j'y serais mort de joie si j'avais retrouvé dans son accueil, dans ses yeux, dans ses caresses, dans son cœur enfin, le quart de ce que j'y trouvais autrefois, et que j'y reportais encore.

Affreuse illusion des choses humaines ! Elle me reçut toujours avec son excellent cœur, qui ne pouvait mourir qu'avec elle ; mais je venais rechercher le passé qui n'était plus et qui ne pouvait renaître. A peine eus-je resté une demi-heure avec elle, que je sentis mon ancien bonheur mort pour toujours. Je me retrouvai dans la même situation désolante que j'avais été forcé de fuir, et cela sans que je pusse dire qu'il y eût de la faute de personne ; car au fond Courtilles n'était pas mauvais, et parut me revoir avec plus de plaisir que de chagrin. Mais comment me souffrir surnuméraire près de celle pour qui j'avais été tout, et qui ne pouvait cesser d'être tout pour moi ? Comment vivre étranger dans la maison dont j'étais l'enfant ? L'aspect des objets témoins de mon bonheur passé me rendait la comparaison plus cruelle. J'aurais moins souffert dans une autre habitation. Mais me voir rappeler incessamment tant de doux souvenirs, c'était irriter le sentiment de mes pertes. Consumé de vains regrets, livré à la plus noire mélancolie, je repris le train de rester seul hors les heures des repas. Enfermé avec mes livres, j'y cherchais des distractions utiles ; et sentant le péril imminent que j'avais tant craint autrefois, je me tourmentais derechef à chercher en moi-même les moyens d'y pourvoir quand maman n'aurait plus de ressource. J'avais mis les choses dans sa maison sur le pied d'aller sans empirer ; mais depuis moi tout était changé. Son économe était un dissipateur. Il voulait briller : bon cheval, bon équipage ; il aimait à s'étaler noblement aux yeux des voisins : il faisait des entreprises continuelles en choses où il n'entendait rien. La pension se mangeait d'avance, les quartiers en étaient engagés, les loyers étaient arriérés, et les dettes allaient leur train. Je prévoyais que cette pension ne tarderait pas d'être saisie et peut-être supprimée. Enfin je n'envisageais que ruine et désastres, et le moment m'en semblait si proche, que j'en sentais d'avance toutes les horreurs.

Mon cher cabinet était ma seule distraction. A force d'y chercher des remèdes contre le trouble de mon âme, je m'avisai d'y en chercher contre les maux que je prévoyais ; et revenant à mes anciennes idées, me voilà bâtissant de nouveaux châteaux en Espagne pour tirer cette pauvre maman des extrémités cruelles où je la voyais prête à tomber. Je ne me sentais pas assez savant et ne me croyais pas assez d'esprit pour briller dans la république des lettres et faire une fortune par cette voie. Une nouvelle idée qui se présenta m'inspira la confiance que la médiocrité de mes talents ne pouvait me donner. Je n'avais pas abandonné la

musique en cessant de l'enseigner; au contraire, j'en avais assez étudié la théorie pour pouvoir me regarder au moins comme savant dans cette partie. En réfléchissant à la peine que j'avais eue d'apprendre à déchiffrer la note, et à celle que j'avais encore à chanter à livre ouvert, je vins à penser que cette difficulté pouvait bien venir de la chose autant que de moi, sachant surtout qu'en général apprendre la musique n'était pour personne une chose aisée. En examinant la constitution des signes, je les trouvais souvent fort mal inventés. Il y avait longtemps que j'avais pensé à noter l'échelle par chiffres, pour éviter d'avoir toujours à tracer des lignes et portées, lorsqu'il fallait noter le moindre petit air. J'avais été arrêté par les difficultés des octaves et par celles de la mesure et des valeurs. Cette ancienne idée me revint dans l'esprit, et je vis, en y repensant, que ces difficultés n'étaient pas insurmontables. J'y rêvai avec succès, et je parvins à noter quelque musique que ce fût par mes chiffres avec la plus grande exactitude, et je puis dire avec la plus grande simplicité. Dès ce moment, je crus ma fortune faite; et, dans l'ardeur de la partager avec celle à qui je devais tout, je ne songeai qu'à partir pour Paris, ne doutant pas qu'en présentant mon projet à l'Académie je ne fisse une révolution. J'avais rapporté de Lyon quelque argent; je vendis mes livres. En quinze jours, ma résolution fut prise et exécutée. Enfin, plein des idées magnifiques qui me l'avaient inspirée, et toujours le même dans tous les temps, je partis de Savoie avec mon système de musique, comme autrefois j'étais parti de Turin avec ma fontaine de héron.

Telles ont été les erreurs et les fautes de ma jeunesse. J'en ai narré l'histoire avec une fidélité dont mon cœur est content. Si dans la suite j'honorai mon âge mur de quelques vertus, je les aurais dites avec la même franchise, et c'était mon dessein; mais il faut m'arrêter ici. Le temps peut lever bien des voiles. Si ma mémoire parvient à la postérité, peut-être un jour elle apprendra ce que j'avais à dire. Alors on saura pourquoi je me tais.

## DEUXIÈME PARTIE. — LIVRE VII.

(1741.) Après deux ans de silence et de patience, malgré mes résolutions, je reprends la plume. Lecteur, suspendez votre jugement sur les raisons qui m'y forcent : vous n'en pouvez juger qu'après m'avoir lu.

On a vu s'écouler ma paisible jeunesse dans une vie égale, assez douce, sans de grandes traverses ni de grandes prospérités. Cette médiocrité fut en grande partie l'ouvrage de mon naturel ardent, mais faible, moins prompt encore à entreprendre que facile à décourager, sortant du repos par secousses, mais y rentrant par lassitude et par goût, et qui, me ramenant toujours, loin des grandes vertus et plus loin des grands vices, à la vie oiseuse et tranquille pour laquelle je me sentais né, ne m'a jamais permis d'aller à rien de grand, soit en bien soit en mal.

Quel tableau différent j'aurai bientôt à développer! Le sort, qui durant trente ans favorisa mes penchants, les contraria durant trente autres; et, de cette opposition continuelle entre ma situation et mes inclinations, on verra naître des fautes énormes, des malheurs inouïs, et toutes les vertus, excepté la force, qui peuvent honorer l'adversité.

Ma première partie a été toute écrite de mémoire; j'y ai dû faire beaucoup d'erreurs(*). Forcé d'écrire la seconde de mémoire aussi, j'y en ferai probablement beaucoup davantage. Les doux souvenirs de mes beaux ans, passés avec autant de tranquillité que d'innocence, m'ont laissé mille impressions charmantes que j'aime sans cesse à me rappeler. On verra bientôt combien sont différents ceux du reste de ma vie. Le rappeler, c'est en renouveler l'amertume. Loin d'aigrir celle de ma situation par ces tristes retours, je les écarte autant qu'il m'est possible; et souvent j'y réussis au point de ne les pouvoir plus retrouver au besoin. Cette facilité d'oublier les maux est une consolation que le ciel m'a

---

(*) Il n'y a d'erreurs que dans quelques dates; mais l'exactitude des faits est incontestable.

ménagée dans ceux que le sort devait un jour accumuler sur moi. Ma mémoire, qui me retrace uniquement les objets agréables, est l'heureux contre-poids de mon imagination effarouchée, qui ne me fait prévoir que de cruels avenirs.

Tous les papiers que j'avais rassemblés pour suppléer à ma mémoire et me guider dans cette entreprise, passés en d'autres mains, ne rentreront plus dans les miennes.

Je n'ai qu'un guide fidèle sur lequel je puisse compter : c'est la chaîne des sentiments qui ont marqué la succession de mon être, et par eux celle des événements qui en ont été la cause ou l'effet. J'oublie aisément mes malheurs; mais je ne puis oublier mes fautes, et j'oublie encore moins mes bons sentiments. Leur souvenir m'est trop cher pour s'effacer jamais de mon cœur. Je puis faire des omissions dans les faits, des transpositions, des erreurs de dates; mais je ne puis me tromper sur ce que j'ai senti ni sur ce que mes sentiments m'ont fait faire : et voilà de quoi principalement il s'agit. L'objet propre de mes Confessions est de faire connaître exactement mon intérieur dans toutes les situations de ma vie. C'est l'histoire de mon âme que j'ai promise : et pour l'écrire fidèlement, je n'ai pas besoin d'autres mémoires ; il me suffit, comme j'ai fait jusqu'ici, de rentrer au dedans de moi (*).

Il y a cependant, et très heureusement, un intervalle de six à sept ans dont j'ai des renseignements sûrs dans un recueil transcrit de lettres dont les originaux sont dans les mains de M. du Peyrou. Ce recueil, qui finit en 1760, comprend tout le temps de mon séjour à l'Ermitage et de ma grande brouillerie avec mes soi-disant amis : époque mémorable dans ma vie et qui fut la source de tous mes autres malheurs. A l'égard des lettres originales plus récentes qui peuvent me rester, et qui sont en très petit nombre, au lieu de les transcrire à la suite du recueil, trop volumineux pour que je puisse espérer de le soustraire à la vigilance de mes Argus, je les transcrirai dans cet écrit même, lorsqu'elles me paraîtront fournir quelque éclaircissement, soit à mon avantage, soit à ma charge : car je n'ai pas peur que le lecteur oublie jamais que je fais mes Confessions pour croire que je fais mon apologie; mais il ne doit pas s'attendre non plus que je taise la vérité lorsqu'elle parle en ma faveur.

Au reste, cette seconde partie n'a que cette même vérité de commune avec la première, ni d'avantage sur elle que par l'importance des choses. A cela près, elle ne peut que lui être inférieure en tout. J'écrivais la première avec plaisir, avec complaisance, à mon aise, à Wootton ou dans le château de Trye (**); tous les souvenirs que j'avais à me rappeler étaient autant de nouvelles jouissances. J'y revenais sans cesse avec un nouveau plaisir, et je pouvais tourner mes descriptions sans gêne jusqu'à ce que j'en fusse content. Aujourd'hui, ma mémoire et ma tête affaiblies me rendent presque incapable de tout travail; je ne m'occupe de celui-ci que par force et le cœur serré de détresse. Il ne m'offre que malheurs, trahisons, perfidies, que souvenirs attristants et déchirants. Je voudrais pour tout au monde pouvoir ensevelir dans la nuit des temps ce que j'ai à dire; et, forcé de parler malgré moi, je suis réduit encore à me cacher, à ruser, à tâcher de donner le change, à m'avilir aux choses pour lesquelles j'étais le moins né. Les planchers sous lesquels je suis ont des yeux, les murs qui m'entourent ont des oreilles : environné d'espions et de surveillants malveillants et vigilants, inquiet et distrait, je jette à la hâte sur le papier quelques mots interrompus

---

(*) Dans le premier manuscrit, après ces mots qui commencent l'alinéa : « Je n'ai qu'un guide..... c'est la chaîne des sentiments qui ont marqué la succession de mon être! » tout le reste de l'alinéa se lit ainsi qu'il suit : « et dont l'impression ne s'efface point de mon cœur. Ces sentiments me rappelleront assez les événements qui les ont fait naître, pour pouvoir me flatter de les narrer fidèlement; et s'il se trouve quelque omission, quelque transposition de faits ou de dates, ce qui ne peut avoir lieu qu'en choses indifférentes et qui m'ont fait peu d'impression, il reste assez de monuments de chaque fait pour le remettre aisément à sa place dans l'ordre de ceux que j'aurai marqués. »

(**) Cette habitation, offerte à Rousseau par M. Davenport, n'était point située, comme on l'a dit, dans le comté de Stafford, mais bien dans celui de Derby.— Le château de Trye appartenait au prince de Conti; il n'en reste aujourd'hui qu'une tour et des ruines. Le village de Trye est à quinze lieues de Paris, près de Gisors (département de l'Oise).

qu'à peine j'ai le temps de relire, encore moins de corriger. Je sais que, malgré les barrières immenses qu'on entasse sans cesse autour de moi, l'on craint toujours que la vérité ne s'échappe par quelque fissure. Comment m'y prendre pour la faire percer? Je le tente avec peu d'espoir de succès. Qu'on juge si c'est là de quoi faire des tableaux agréables et leur donner un coloris bien attrayant. J'avertis donc ceux qui voudront commencer cette lecture, que rien, en la poursuivant, ne peut les garantir de l'ennui, si ce n'est le désir d'achever de connaître un homme, et l'amour sincère de la justice et de la vérité,

Je me suis laissé, dans ma première partie, partant à regret pour Paris, déposant mon cœur aux Charmettes, y fondant mon dernier château en Espagne, projetant d'y rapporter un jour aux pieds de maman, rendue à elle-même, les trésors que j'aurais acquis, et comptant sur mon système de musique comme sur une fortune assurée.

Je m'arrêtai quelque temps à Lyon pour y voir mes connaissances, pour m'y procurer quelques recommandations pour Paris, et pour vendre mes livres de géométrie, que j'avais apportés avec moi. Tout le monde m'y fit accueil. M. et M$^{me}$ de Mably marquèrent du plaisir à me revoir et me donnèrent à dîner plusieurs fois. Je fis chez eux connaissance avec l'abbé de Mably, comme je l'avais déjà faite avec l'abbé de Condillac, qui tous deux étaient venus voir leur frère. L'abbé de Mably me donna des lettres pour Paris, entre autres une pour M. de Fontenelle et une autre pour le comte de Caylus. L'un et l'autre me furent des connaissances très agréables, surtout le premier, qui, jusqu'à sa mort, n'a point cessé de me marquer de l'amitié, et de me donner dans nos tête à tête des conseils dont j'aurais dû mieux profiter.

Je revis M. Bordes, avec lequel j'avais depuis longtemps fait connaissance, et qui m'avait souvent obligé de grand cœur et avec le plus vrai plaisir. En cette occasion je le retrouvai toujours le même. Ce fut lui qui me fit vendre mes livres, et il me donna par lui-même ou me procura de bonnes recommandations pour Paris. Je revis M. l'intendant, dont je devais la connaissance à M. Bordes, et à qui je dus celle de M. le duc de Richelieu, qui passa à Lyon dans ce temps-là. M. Pallu me présenta à lui. M. de Richelieu me reçut bien, et me dit de l'aller voir à Paris, ce que je fis plusieurs fois, sans pourtant que cette haute connaissance, dont j'aurai souvent à parler dans la suite, m'ait jamais été utile à rien.

Je revis le musicien David, qui m'avait rendu service dans ma détresse à un de mes précédents voyages. Il m'avait prêté ou donné un bonnet et des bas que je ne lui ai jamais rendus, et qu'il ne m'a jamais redemandés, quoique nous nous soyons revus souvent depuis ce temps-là. Je lui ai pourtant fait dans la suite un présent à peu près équivalent. Je dirais mieux que cela, s'il s'agissait ici de ce que j'ai dû; mais il s'agit de ce que j'ai fait, et malheureusement ce n'est pas la même chose.

Je revis le noble et généreux Perrichon, et ce ne fut pas sans me ressentir de sa magnificence ordinaire; car il me fit le même cadeau qu'il avait fait auparavant au gentil Bernard, en me défrayant de ma place à la diligence. Je revis le chirurgien Parisot, le meilleur et le mieux faisant des hommes; je revis sa chère Godefroi, qu'il entretenait depuis dix ans, et dont la douceur de caractère et la bonté de cœur faisaient à peu près tout le mérite, mais qu'on ne pouvait aborder sans intérêt ni quitter sans attendrissement; car elle était au dernier terme d'une étisie dont elle mourut peu après. Rien ne montre mieux les vrais penchants d'un homme que l'espèce de ses attachements (*). Quand on avait vu la douce Godefroi, on connaissait le bon Parisot.

(*) A moins qu'il ne se soit d'abord trompé dans son choix, ou que celle à laquelle il s'était attaché n'ait ensuite changé de caractère par un concours de causes extraordinaires; ce qui n'est pas impossible absolument. Si l'on voulait admettre sans modification cette conséquence, il faudrait donc juger de Socrate par sa femme Xantippe, et de Dion par son ami Calippus : ce qui serait le plus faux jugement qu'on ait jamais porté. Au reste, qu'on écarte ici toute application injurieuse à ma femme. Elle est, il est vrai, plus bornée et plus facile à tromper que je ne l'avais cru; mais pour son caractère pur, excellent, sans malice, il est digne de toute mon estime, et l'aura tant que je vivrai.

J'avais obligation à tous ces honnêtes gens. Dans la suite, je les négligeai tous, non certainement par ingratitude, mais par cette invincible paresse qui m'en a souvent donné l'air. Jamais le sentiment de leurs services n'est sorti de mon cœur : mais il m'en eût moins coûté de leur prouver ma reconnaissance que de la leur témoigner assidûment. L'exactitude à écrire a toujours été au-dessus de mes forces ; sitôt que je commence à me relâcher, la honte et l'embarras de réparer ma faute me la font aggraver, et je n'écris plus du tout. J'ai donc gardé le silence et j'ai paru les oublier. Parisot et Perrichon n'y ont pas même fait attention, et je les ai toujours trouvés les mêmes : mais on verra vingt ans après, dans M. Bordes, jusqu'où l'amour-propre d'un bel esprit peut porter la vengeance lorsqu'il se croit négligé.

Avant de quitter Lyon, je ne dois pas oublier une aimable personne que j'y revis avec plus de plaisir que jamais, et qui laissa dans mon cœur des souvenirs bien tendres : c'est M<sup>lle</sup> Serre, dont j'ai parlé dans ma première partie (*), et avec laquelle j'avais renouvelé connaissance tandis que j'étais chez M. de Mably. A ce voyage, ayant plus de loisir, je la vis davantage ; mon cœur se prit, et très vivement. J'eus quelque lieu de penser que le sien ne m'était pas contraire ; mais elle m'accorda une confiance qui m'ôta la tentation d'en abuser. Elle n'avait rien ni moi non plus ; nos situations étaient trop semblables pour que nous pussions nous unir ; et, dans les vues qui m'occupaient, j'étais bien éloigné de songer au mariage. Elle m'apprit qu'un jeune négociant, appelé M. Genève, paraissait vouloir s'attacher à elle. Je le vis chez elle une fois ou deux ; il me parut honnête homme, il passait pour l'être. Persuadé qu'elle serait heureuse avec lui, je désirai qu'il l'épousât, comme il a fait dans la suite ; et pour ne pas troubler leurs innocentes amours, je me hâtai de partir, faisant pour le bonheur de cette charmante personne des vœux qui n'ont été exaucés ici-bas que pour un temps, hélas ! bien court ; car j'appris dans la suite qu'elle était morte au bout de deux ou trois ans de mariage. Occupé de mes tendres regrets durant toute ma route, je sentis et j'ai souvent senti depuis lors, en y repensant, que si les sacrifices que l'on fait au devoir et à la vertu coûtent à faire, on est bien payé par les doux souvenirs qu'ils laissent au fond du cœur.

Autant à mon précédent voyage j'avais vu Paris par son côté défavorable, autant à celui-ci je le vis par son côté brillant ; non pas toutefois quant à mon logement ; car, sur une adresse que m'avait donnée M. Bordes, j'allai loger à l'hôtel Saint-Quentin, rue des Cordiers, proche la Sorbonne, vilaine rue, vilain hôtel, vilaine chambre, mais où cependant avaient logé des hommes de mérite, tels que Gresset, Bordes, les abbés de Mably, de Condillac, et plusieurs autres dont malheureusement je n'y trouvai plus aucun ; mais j'y trouvai un M. de Bonnefond, hobereau boiteux, plaideur, faisant le puriste, auquel je dus la connaissance de M. Roguin, maintenant le doyen de mes amis, et par lui celle du philosophe Diderot, dont j'aurai beaucoup à parler dans la suite.

J'arrivai à Paris dans l'automne de 1741, avec quinze louis d'argent comptant, ma comédie de *Narcisse* et mon projet de musique pour toute ressource, et ayant par conséquent peu de temps à perdre pour tâcher d'en tirer parti. Je me pressai de faire valoir mes recommandations. Un jeune homme qui arrive à Paris avec une figure passable, et qui s'annonce par des talents, est toujours sûr d'être accueilli. Je le fus ; cela me procura des agréments sans me mener à grand'chose. De toutes les personnes à qui je fus recommandé, trois seules me furent utiles : M. Damesin, gentilhomme savoyard, alors écuyer, et, je crois, favori de M<sup>me</sup> la princesse de Carignan ; M. de Boze, secrétaire de l'Académie des Inscriptions, et garde des médailles du Cabinet du roi ; et le P. Castel, jésuite, auteur du clavecin oculaire. Toutes ces recommandations, excepté celle de M. Damesin, me venaient de l'abbé de Mably.

---

(*) Voyez livre IV, p. 102. — Voyez aussi dans la *Correspondance*, en date de 1741 la seule lettre vraiment passionnée que Rousseau ait écrite : ce fut sans doute à Lyon même qu'il l'adressa à mademoiselle de Serre.

M. Damesin pourvut au plus pressé par deux connaissances qu'il me procura : l'une de M. de Gasc, président à mortier au parlement de Bordeaux, et qui jouait très bien du violon; l'autre, de M. l'abbé de Léon, qui logeait alors en Sorbonne, jeune seigneur très aimable, qui mourut à la fleur de son âge après avoir brillé quelques instants dans le monde sous le nom de chevalier de Rohan. L'un et l'autre eurent la fantaisie d'apprendre la composition. Je leur en donnai quelques mois de leçons qui soutinrent un peu ma bourse tarissante. L'abbé de Léon me prit en amitié, et voulait m'avoir pour son secrétaire; mais il n'était pas riche, et ne put m'offrir en tout que huit cents francs, que je refusai bien à regret, mais qui ne pouvaient me suffire pour mon logement, ma nourriture et mon entretien.

M. de Boze me reçut fort bien. Il aimait le savoir, il en avait; mais il était un peu pédant. M$^{me}$ de Boze aurait été sa fille; elle était brillante et petite maîtresse. J'y dînais quelquefois. On ne saurait avoir l'air plus gauche et plus sot que je l'avais vis-à-vis d'elle. Son maintien dégagé m'intimidait et rendait le mien plus plaisant. Quand elle me présentait une assiette, j'avançais ma fourchette pour piquer modestement un petit morceau de ce qu'elle m'offrait; de sorte qu'elle rendait à son laquais l'assiette qu'elle m'avait destinée, en se tournant pour que je ne la visse pas rire. Elle ne se doutait guère que, dans la tête de ce campagnard, il ne laissait pas d'y avoir quelque esprit. M. de Boze me présenta à M. de Réaumur, son ami, qui venait dîner chez lui tous les vendredis, jours d'Académie des Sciences. Il lui parla de mon projet et du désir que j'avais de le soumettre à l'examen de l'Académie. M. de Réaumur se chargea de la proposition, qui fut agréée. Le jour donné, je fus introduit et présenté par M. de Réaumur; et le même jour, 22 août 1742, j'eus l'honneur de lire à l'Académie le Mémoire que j'avais préparé pour cela. Quoique cette illustre assemblée fût assurément très imposante, j'y fus bien moins intimidé que devant M$^{me}$ de Boze, et je me tirai passablement de mes lectures et de mes réponses. Le Mémoire réussit, et m'attira des compliments, qui me surprirent autant qu'ils me flattèrent, imaginant à peine que devant une Académie quiconque n'en était pas pût avoir le sens commun. Les commissaires qu'on me donna furent MM. de Mairan, Hellot et de Fouchy, tous trois gens de mérite assurément, mais dont pas un ne savait la musique, assez du moins pour être en état de juger de mon projet.

(1742.) Durant mes conférences avec ces messieurs, je me convainquis, avec autant de certitude que de surprise, que si quelquefois les savants ont moins de préjugés que les autres hommes, ils tiennent, en revanche, encore plus fortement à ceux qu'ils ont. Quelque faibles, quelque fausses que fussent la plupart de leurs objections, et quoique j'y répondisse timidement, je l'avoue, et en mauvais termes, mais par des raisons péremptoires, je ne vins pas une fois à bout de me faire entendre et de les contenter. J'étais toujours ébahi de la facilité avec laquelle, à l'aide de quelques phrases sonores, ils me réfutaient sans m'avoir compris. Ils déterrèrent, je ne sais où, qu'un moine appelé le P. Souhaitti avait jadis imaginé la gamme par chiffres. C'en fut assez pour prétendre que mon système n'était pas neuf. Et passe pour cela; car bien que je n'eusse jamais ouï parler du P. Souhaitti, et bien que sa manière d'écrire les sept notes du plainchant sans même songer aux octaves ne méritât en aucune sorte d'entrer en parallèle avec ma simple et commode invention pour noter aisément par chiffres toute musique imaginable, clefs, silences, octaves, mesures, temps et valeurs des notes, choses auxquelles Souhaitti n'avait pas même songé, il était néanmoins très vrai de dire que, quant à l'élémentaire expression des sept notes, il en était le premier inventeur. Mais outre qu'ils donnèrent à cette invention primitive plus d'importance qu'elle n'en avait, ils ne s'en tinrent pas là; et, sitôt qu'ils voulurent parler du fond du système, ils ne firent plus que déraisonner. Le plus grand avantage du mien était d'abroger les transpositions et les clefs, en sorte que le même morceau se trouvait noté et transposé à volonté, dans quelque ton qu'on voulût, au moyen du changement supposé d'une seule lettre initiale à la tête de l'air. Ces messieurs avaient ouï dire aux croque-sol de Paris que la mé-

thode d'exécuter par transposition ne valait rien : ils partirent de là pour tourner en invincible objection, contre mon système, son avantage le plus marqué ; et ils décidèrent que ma note était bonne pour la vocale, et mauvaise pour l'instrumentale ; au lieu de décider, comme ils l'auraient dû, qu'elle était bonne pour la vocale, et meilleure pour l'instrumentale. Sur leur rapport, l'Académie m'accorda un certificat plein de très beaux compliments, à travers lesquels on démêlait, pour le fond, qu'elle ne jugeait mon système ni neuf ni utile. Je ne crus pas devoir orner d'une pareille pièce l'ouvrage intitulé *Dissertation sur la musique moderne*, par lequel j'en appelais au public.

J'eus lieu de remarquer en cette occasion combien, même avec un esprit borné, la connaissance unique, mais profonde, de la chose est préférable, pour en bien juger, à toutes les lumières que donne la culture des sciences, lorsqu'on n'y a pas joint l'étude particulière de celle dont il s'agit. La seule objection solide qu'il y eût à faire à mon système y fut faite par Rameau. A peine le lui eus-je expliqué qu'il en vit le côté faible. « Vos signes, me dit-il, sont très bons en ce qu'ils déterminent simplement et clairement les valeurs, en ce qu'ils représentent nettement les intervalles et montrent toujours le simple dans le redoublé, toutes choses que ne fait pas la note ordinaire ; mais ils sont mauvais en ce qu'ils exigent, pour chaque intervalle, une opération de l'esprit qui ne peut toujours suivre la rapidité de l'exécution. La position de nos notes, continua-t-il, se peint à l'œil sans le concours de cette opération. Si deux notes, l'une très haute, l'autre très basse, sont jointes par une tirade de notes intermédiaires, je vois du premier coup d'œil le progrès de l'une à l'autre par degrés conjoints ; mais, pour m'assurer chez vous de cette tirade, il faut nécessairement que j'épelle tous vos chiffres l'un après l'autre : le coup d'œil ne peut suppléer à rien. » L'objection me parut sans réplique, et j'en convins à l'instant : quoique simple et frappante, il n'y a qu'une grande pratique de l'art qui puisse la suggérer, et il n'est pas étonnant qu'elle ne soit venue à aucun académicien ; mais il l'est que tous ces grands savants, qui savent tant de choses, sachent si peu que chacun ne devrait juger que de son métier.

Mes fréquentes visites à mes commissaires et à d'autres académiciens me mirent à portée de faire connaissance avec tout ce qu'il y avait à Paris de plus distingué dans la littérature ; et par là cette connaissance se trouva toute faite lorsque je me vis dans la suite inscrit tout d'un coup parmi eux. Quant à présent, concentré dans mon système de musique, je m'obstinai à vouloir par là faire une révolution dans cet art, et parvenir de la sorte à une célébrité qui, dans les beaux-arts, se joint toujours à Paris avec la fortune. Je m'enfermai dans ma chambre et travaillai deux ou trois mois avec une ardeur inexprimable à refondre, dans un ouvrage destiné pour le public, le mémoire que j'avais lu à l'Académie. La difficulté fut de trouver un libraire qui voulût se charger de mon manuscrit, vu qu'il y avait quelque dépense à faire pour les nouveaux caractères, que les libraires ne jettent pas leurs écus à la tête des débutants, et qu'il me semblait cependant bien juste que mon ouvrage me rendît le pain que j'avais mangé en l'écrivant.

Bonnefond me procura Quillau le père, qui fit avec moi un traité à moitié profit, sans compter le privilège que je payai seul. Tant fut opéré par ledit Quillau, que j'en fus pour mon privilège, et n'ai tiré jamais un liard de cette édition, qui vraisemblablement eut un débit médiocre, quoique l'abbé Desfontaines m'eût promis de la faire aller (*), et que les autres journalistes en eussent dit assez de bien.

Le plus grand obstacle à l'essai de mon système était la crainte que, s'il n'était pas admis, on ne perdît le temps qu'on mettrait à l'apprendre. Je disais à cela que la pratique de ma note rendait les idées si claires, que, pour apprendre la musique par les caractères ordinaires, on gagnerait encore du temps à commencer

---

(*) Voyez dans la *Correspondance* (février 1743) une lettre qui montre comment l'abbé Desfontaine s'acquitta de sa promesse.

par les miens. Pour en donner la preuve par l'expérience, j'enseignai gratuitement la musique à une jeune Américaine, appelée M^lle^ Des Roulins, dont M. Roguin m'avait procuré la connaissance. En trois mois, elle fut en état de déchiffrer sur ma note quelque musique que ce fût, et même de chanter à livre ouvert mieux que moi-même toute celle qui n'était pas chargée de difficultés. Ce succès fut frappant, mais ignoré. Un autre en aurait rempli les journaux ; mais, avec quelque talent pour trouver des choses utiles, je n'en eus jamais pour les faire valoir.

Voilà comment ma fontaine de héron fut encore cassée : mais cette seconde fois j'avais trente ans, et je me trouvais sur le pavé de Paris où l'on ne vit pas pour rien. Le parti que je pris dans cette extrémité n'étonnera que ceux qui n'auront pas bien lu la première partie de ces Mémoires. Je venais de me donner des mouvements aussi grands qu'inutiles ; j'avais besoin de reprendre haleine. Au lieu de me livrer au désespoir, je me livrai tranquillement à ma paresse et aux soins de la Providence ; et, pour lui donner le temps de faire son œuvre, je me mis à manger, sans me presser, quelques louis qui me restaient encore, réglant la dépense de mes nonchalants plaisirs sans la retrancher, n'allant plus au café que de deux jours l'un, et au spectacle que deux fois la semaine. A l'égard de la dépense des filles, je n'eus aucune réforme à y faire, n'ayant de ma vie mis un sou à cet usage, si ce n'est une seule fois, dont j'aurai bientôt à parler.

La sécurité, la volupté, la confiance avec laquelle je me livrais à cette vie indolente et solitaire, que je n'avais pas de quoi faire durer trois mois, est une des singularités de ma vie et une des bizarreries de mon humeur. L'extrême besoin que j'avais qu'on pensât à moi était précisément ce qui m'ôtait le courage de me montrer, et la nécessité de faire des visites me les rendit insupportables, au point que je cessai même de voir les académiciens et autres gens de lettres avec lesquels j'étais déjà faufilé. Marivaux, l'abbé de Mably, Fontenelle, furent presque les seuls chez qui je continuai d'aller quelquefois. Je montrai même au premier ma comédie de *Narcisse*. Elle lui plut, et il eut la complaisance de la retoucher. Diderot, plus jeune qu'eux, était à peu près de mon âge. Il aimait la musique, il en savait la théorie ; nous en parlions ensemble : il me parlait aussi de ses projets d'ouvrages. Cela forma bientôt entre nous des liaisons plus intimes, qui ont duré quinze ans, et qui probablement dureraient encore, si malheureusement, et bien par sa faute, je n'eusse été jeté dans son même métier.

On n'imaginerait pas à quoi j'employais ce court et précieux intervalle qui me restait encore avant d'être obligé de mendier mon pain : à étudier par cœur des passages de poètes, que j'avais appris cent fois et autant de fois oubliés. Tous les matins, vers les dix heures, j'allais me promener au Luxembourg, un Virgile ou un Rousseau dans ma poche ; et là, jusqu'à l'heure du dîner, je remémorais tantôt une ode sacrée et tantôt une bucolique, sans me rebuter de ce qu'en repassant celle du jour, je ne manquais pas d'oublier celle de la veille. Je me rappelais qu'après la défaite de Nicias à Syracuse, les Athéniens captifs gagnaient leur vie à réciter les poèmes d'Homère. Le parti que je tirai de ce trait d'érudition, pour me prémunir contre la misère, fut d'exercer mon heureuse mémoire à retenir tous les poètes par cœur.

J'avais un autre expédient non moins solide dans les échecs, auxquels je consacrais régulièrement, chez Maugis, les après-midi des jours que je n'allais pas au spectacle. Je fis là connaissance avec M. de Légal, avec un M. Husson, avec Philidor, avec tous les grands joueurs d'échecs de ce temps-là, et n'en devins pas plus habile. Je ne doutai pas cependant que je ne devinsse à la fin plus fort qu'eux tous ; et c'en était assez, selon moi, pour me servir de ressource. De quelque folie que je m'engouasse, j'y portais toujours la même manière de raisonner. Je me disais : « Quiconque prime en quelque chose est toujours sûr d'être recherché. Primons donc, n'importe en quoi ; je serai recherché, les occasions se présenteront, et mon mérite fera le reste. » Cet enfantillage n'était pas le sophisme de ma raison, c'était celui de mon indolence. Effrayé des grands et rapides

efforts qu'il aurait fallu faire pour m'évertuer, je tâchais de flatter ma paresse, et je m'en voilais la honte par des arguments dignes d'elle.

J'attendais ainsi tranquillement la fin de mon argent; et je crois que je serais arrivé au dernier sou sans m'en émouvoir davantage, si le P. Castel, que j'allais voir quelquefois en allant au café, ne m'eût arraché de ma léthargie. Le P. Castel était fou, mais bon homme au demeurant : il était fâché de me voir consumer ainsi sans rien faire. « Puisque les musiciens, me dit-il, puisque les savants ne chantent pas à votre unisson, changez de corde, et voyez les femmes. Vous réussirez peut-être mieux de ce côté-là. J'ai parlé de vous à M$^{me}$ de Beuzenval; allez la voir de ma part. C'est une bonne femme qui verra avec plaisir un pays de son fils et de son mari. Vous verrez chez elle M$^{me}$ de Broglie sa fille, qui est une femme d'esprit. M$^{me}$ Dupin en est une autre à qui j'ai aussi parlé de vous : portez-lui votre ouvrage; elle a envie de vous voir, et vous recevra bien. On ne fait rien dans Paris que par les femmes : ce sont comme des courbes dont les sages sont les asymptotes; ils s'en approchent sans cesse, mais ils n'y touchent jamais. »

Après avoir remis d'un jour à l'autre ces terribles corvées, je pris enfin courage, et j'allai voir M$^{me}$ de Beuzenval. Elle me reçut avec bonté. M$^{me}$ de Broglie étant entrée dans sa chambre, elle lui dit : « Ma fille, voilà M. Rousseau, dont le P. Castel nous a parlé. » M$^{me}$ de Broglie me fit compliment sur mon ouvrage, et, me menant à son clavecin, me fit voir qu'elle s'en était occupée. Voyant à sa pendule qu'il était près d'une heure, je voulus m'en aller. M$^{me}$ de Beuzenval me dit : « Vous êtes bien loin de votre quartier, restez; vous dînerez ici. » Je ne me fis pas prier. Un quart d'heure après, je compris par quelques mots que le dîner auquel elle m'invitait était celui de son office. M$^{me}$ de Beuzenval était une très bonne femme, mais bornée, et trop pleine de son illustre noblesse polonaise; elle avait peu d'idée des égards qu'on doit aux talents. Elle me jugeait même en cette occasion sur mon maintien plus que sur mon équipage, qui, quoique très simple, était fort propre, et n'annonçait point du tout un homme fait pour dîner à l'office. J'en avais oublié le chemin depuis trop longtemps pour vouloir le rapprendre. Sans laisser voir tout mon dépit, je dis à M$^{me}$ de Beuzenval qu'une petite affaire qui me revenait en mémoire me rappelait dans mon quartier, et je voulus partir. M$^{me}$ de Broglie s'approcha de sa mère, et lui dit à l'oreille quelques mots qui firent effet. M$^{me}$ de Beuzenval se leva pour me retenir et me dit : « Je compte que c'est avec nous que vous nous ferez l'honneur de dîner. » Je crus que faire le fier serait faire le sot, et je restai. D'ailleurs, la bonté de M$^{me}$ de Broglie m'avait touché et me la rendait intéressante. Je fus fort aise de dîner avec elle, et j'espérai qu'en me connaissant davantage elle n'aurait pas regret à m'avoir procuré cet honneur. M. le président de Lamoignon, grand ami de la maison, y dîna aussi. Il avait, ainsi que M$^{me}$ de Broglie, ce petit jargon de Paris, tout en petits mots, tout en petites allusions fines. Il n'y avait pas là de quoi briller pour le pauvre Jean-Jacques. J'eus le bon sens de ne vouloir pas faire le gentil malgré Minerve, et je me tus. Heureux si j'eusse toujours été aussi sage ! je ne serais pas dans l'abîme où je suis aujourd'hui.

J'étais désolé de ma lourdise, et de ne pouvoir justifier aux yeux de M$^{me}$ de Broglie ce qu'elle avait fait en ma faveur. Après le dîner, je m'avisai de ma ressource ordinaire. J'avais dans ma poche une épître en vers, écrite à Parisot pendant mon séjour à Lyon. Ce morceau ne manquait pas de chaleur; j'en mis dans la façon de le réciter, et je les fis pleurer tous trois. Soit vanité, soit vérité dans mes interprétations, je crus voir que les regards de M$^{me}$ de Broglie disaient à sa mère : « Hé bien, maman, avais-je tort de vous dire que cet homme était plus fait pour dîner avec vous qu'avec vos femmes ? » Jusqu'à ce moment j'avais eu le cœur un peu gros; mais après m'être ainsi vengé, je fus content. M$^{me}$ de Broglie, poussant un peu trop loin le jugement avantageux qu'elle avait porté de moi, crut que j'allais faire sensation dans Paris et devenir un homme à bonnes fortunes. Pour guider mon inexpérience, elle me donna les *Confessions du comte de\*\*\**. « Ce livre, me dit-elle, est un Mentor dont vous aurez besoin dans le

monde : vous ferez bien de le consulter quelquefois. » J'ai gardé plus de vingt ans cet exemplaire avec reconnaissance pour la main dont il me venait, mais en riant souvent de l'opinion que paraissait avoir cette dame de mon mérite galant. Du moment que j'eus lu cet ouvrage, je désirai d'obtenir l'amitié de l'auteur. Mon penchant m'inspirait très bien : c'est le seul ami vrai que j'ai eu parmi les gens de lettres (*).

Dès lors, j'osai compter que M<sup>me</sup> la baronne de Beuzenval et M<sup>me</sup> la marquise de Broglie, prenant intérêt à moi, ne me laisseraient pas longtemps sans res-

Elle accueillit le livre et l'auteur. (Page 173.)

source, et je ne me trompai pas. Parlons maintenant de mon entrée chez M<sup>me</sup> Dupin, qui a eu de plus longues suites.

M<sup>me</sup> Dupin était, comme on sait, fille de Samuel Bernard et de M<sup>me</sup> Fontaine. Elles étaient trois sœurs, qu'on pouvait appeler les trois Grâces : M<sup>me</sup> de La Touche, qui fit une escapade en Angleterre avec le duc de Kingston ; M<sup>me</sup> d'Arty, la maîtresse, et bien plus, l'amie, l'unique et sincère amie de M. le prince de Conti, femme adorable autant par la douceur, par la bonté de son charmant caractère, que par l'agrément de son esprit et par l'inaltérable gaîté de son humeur ; enfin M<sup>me</sup> Dupin, la plus belle des trois, et la seule à qui l'on n'ait point reproché d'écart dans sa conduite. Elle fut le prix de l'hospitalité de M. Dupin, à qui sa mère la donna avec une place de fermier-général et une fortune immense, en reconnaissance du bon accueil qu'il lui avait fait dans sa province. Elle était

---

(*) Je l'ai cru si longtemps et si parfaitement, que c'est à lui que, depuis mon retour à Paris, je confiai le manuscrit de mes *Confessions*. Le défiant Jean-Jacques n'a jamais pu croire à la perfidie et à la fausseté qu'après en avoir été la victime. — Au lieu de cette note, on lit celle-ci dans le premier manuscrit : « Voilà ce que j'aurais pensé toujours, si je n'étais jamais revenu à Paris. »

encore, quand je la vis pour la première fois, une des plus belles femmes de Paris. Elle me reçut à sa toilette. Elle avait les bras nus, les cheveux épars, son peignoir mal arrangé. Cet abord m'était très nouveau ; ma pauvre tête n'y tint pas ; je me trouble, je m'égare ; et bref me voilà épris de M$^{me}$ Dupin.

Mon trouble ne parut pas me nuire auprès d'elle ; elle ne s'en aperçut point. Elle accueillit le livre et l'auteur, me parla de mon projet en personne instruite, chanta, s'accompagna du clavecin, me retint à dîner, me fit mettre à table à côté d'elle. Il n'en fallait pas tant pour me rendre fou ; je le devins. Elle me permit de la venir voir ; j'usai, j'abusai de la permission. J'y allais presque tous les jours, j'y dînais deux ou trois fois la semaine. Je mourais d'envie de parler ; je n'osai jamais. Plusieurs raisons renforçaient ma timidité naturelle. L'entrée d'une maison opulente était une porte ouverte à la fortune ; je ne voulais pas, dans ma situation, risquer de me la fermer. M$^{me}$ Dupin, tout aimable qu'elle était, était sérieuse et froide ; je ne trouvais rien dans ses manières d'assez agaçant pour m'enhardir. Sa maison, aussi brillante alors qu'aucune autre dans Paris, rassemblait des sociétés auxquelles il ne manquait que d'être un peu moins nombreuses pour être d'élite dans tous les genres. Elle aimait à voir tous les gens qui jetaient de l'éclat : les grands, les gens de lettres, les belles femmes. On ne voyait chez elle que ducs, ambassadeurs, cordons-bleus. M$^{me}$ la princesse de Rohan, M$^{me}$ la comtesse de Forcalquier, M$^{me}$ de Mirepoix, M$^{me}$ de Brignolé, mylady Hervey, pouvaient passer pour ses amies. M. de Fontenelle, l'abbé de Saint-Pierre, l'abbé Sallier, M. de Fourmont, M. de Bernis, M. de Buffon, M. de Voltaire, étaient de son cercle et de ses dîners. Si son maintien réservé n'attirait pas beaucoup les jeunes gens, sa société, d'autant mieux composée, n'en était que plus imposante ; et le pauvre Jean-Jacques n'avait pas de quoi se flatter de briller beaucoup au milieu de tout cela. Je n'osai donc parler ; mais, ne pouvant plus me taire, j'osai écrire. Elle garda ma lettre deux jours sans m'en parler. Le troisième jour, elle me la rendit, m'adressant verbalement quelques mots d'exhortation d'un ton froid qui me glaça. Je voulus parler, la parole expira sur mes lèvres : ma subite passion s'éteignit avec l'espérance ; et, après une déclaration dans les formes, je continuai de vivre avec elle comme auparavant, sans plus lui parler de rien, même des yeux.

Je crus ma sottise oubliée : je me trompai. M. de Francueil, fils de M. Dupin et beau-fils de madame, était à peu près de son âge et du mien. Il avait de l'esprit, de la figure ; il pouvait avoir des prétentions ; on disait qu'il en avait auprès d'elle, uniquement peut-être parce qu'elle lui avait donné une femme très laide, bien douce, et qu'elle vivait parfaitement bien avec tous les deux. M. de Francueil aimait et cultivait les talents. La musique, qu'il savait fort bien, fut entre nous un moyen de liaison. Je le vis beaucoup ; je m'attachais à lui : tout d'un coup il me fit entendre que M$^{me}$ Dupin trouvait mes visites trop fréquentes, et me priait de les discontinuer. Ce compliment aurait pû être à sa place quand elle me rendit ma lettre ; mais huit ou dix jours après, et sans aucune autre cause, il venait, ce me semble, hors de propos. Cela faisait une position d'autant plus bizarre, que je n'en étais pas moins bien venu qu'auparavant chez M. et M$^{me}$ de Francueil. J'y allai cependant plus rarement ; et j'aurais cessé d'y aller tout-à-fait, si, par un autre caprice imprévu, M$^{me}$ Dupin ne m'avait fait prier de veiller pendant huit ou dix jours à son fils, qui, changeant de gouverneur, restait seul durant cet intervalle. Je passai ces huit jours dans un supplice que le plaisir d'obéir à M$^{me}$ Dupin pouvait seul me rendre souffrable ; car le pauvre Chenonceaux avait dès lors cette mauvaise tête qui a failli déshonorer sa famille, et qui l'a fait mourir dans l'île de Bourbon. Pendant que je fus auprès de lui, je l'empêchai de faire du mal à lui-même ou à d'autres, et voilà tout : encore ne fut-ce pas une médiocre peine, et je ne m'en serais pas chargé huit autres jours de plus quand M$^{me}$ Dupin se serait donnée à moi pour récompense.

M. de Francueil me prenait en amitié : je travaillais avec lui ; nous commençâmes ensemble un cours de chimie chez Rouelle. Pour me rapprocher de lui, je quittai mon hôtel Saint-Quentin, et vins me loger au jeu de paume de la rue

Verdelet, qui donne dans la rue Plâtrière, où logeait M. Dupin. Là, par la suite d'un rhume négligé, je gagnai une fluxion de poitrine dont je faillis mourir. J'ai eu souvent dans ma jeunesse de ces maladies inflammatoires, des pleurésies, et surtout des esquinancies auxquelles j'étais très sujet, dont je ne tiens pas ici le registre, et qui toutes m'ont fait voir la mort d'assez près pour me familiariser avec son image. Durant ma convalescence, j'eus le temps de réfléchir sur mon état, et de déplorer ma timidité, ma faiblesse, et mon indolence qui, malgré le feu dont je me sentais embrasé, me laissaient languir dans l'oisiveté d'esprit, toujours à la porte de la misère. La veille du jour où j'étais tombé malade, j'étais allé à un opéra de Royer, qu'on donnait alors, et dont j'ai oublié le titre. Malgré ma prévention pour les talents des autres, qui m'a toujours fait défier des miens, je ne pouvais m'empêcher de trouver cette musique faible, sans chaleur, sans invention. J'osais quelquefois me dire : Il me semble que je ferais mieux que cela. Mais la terrible idée que j'avais de la composition d'un opéra, et l'importance que j'entendais donner par les gens de l'art à cette entreprise, m'en rebutait à l'instant même, et me faisait rougir d'oser y penser. D'ailleurs, où trouver quelqu'un qui voulut me fournir des paroles et prendre la peine de les tourner à mon gré! Ces idées de musique et d'opéra me revinrent durant ma maladie ; et, dans le transport de ma fièvre, je composais des vers, des chants, des duo, des chœurs. Je suis certain d'avoir fait deux ou trois morceaux *di prima intenzione* dignes peut-être de l'admiration des maîtres s'ils avaient pu les entendre exécuter. O si l'on pouvait tenir registre des rêves d'un fiévreux, quelles grandes et sublimes choses on verrait sortir quelquefois de son délire!

Ces sujets de musique et d'opéra m'occupèrent encore pendant ma convalescence, mais plus tranquillement. A force d'y penser, et même malgré moi, je voulus en avoir le cœur net, et tenter de faire à moi seul un opéra, paroles et musique. Ce n'était pas tout-à-fait mon coup d'essai. J'avais fait à Chambéry un opéra-tragédie, intitulé *Iphis et Anaxarète*, que j'avais eu le bon sens de jeter au feu. J'en avais fait à Lyon un autre, intitulé *la Découverte du Nouveau-Monde*, dont, après l'avoir lu à M. Bordes, à l'abbé de Mably, à l'abbé Trublet et à d'autres, j'avais fini par faire le même usage, quoique j'eusse déjà fait la musique du prologue et du premier acte, et que David m'eût dit, en voyant cette musique, qu'il y avait des morceaux dignes du *Buononcini*.

Cette fois, avant de mettre la main à l'œuvre, je me donnai le temps de méditer mon plan. Je projetai, dans un ballet héroïque, trois sujets différents en trois actes détachés, chacun dans un différent caractère de musique; et, prenant pour chaque sujet les amours d'un poète, j'intitulai cet opéra *les Muses galantes*. Mon premier acte, en genre de musique forte, était le Tasse : le second, en genre de musique tendre, était Ovide; et le troisième, intitulé Anacréon, devait respirer la gaîté du dithyrambe. Je m'essayai d'abord sur le premier acte, et je m'y livrai avec une ardeur qui, pour la première fois, me fit goûter les délices de la verve dans la composition. Un soir, près d'entrer à l'Opéra, me sentant tourmenté, maîtrisé par mes idées, je remets mon argent dans ma poche, je cours m'enfermer chez moi, je me mets au lit, après avoir bien fermé mes rideaux pour empêcher le jour d'y pénétrer; et là, me livrant à tout l'œstre poétique et musical, je composai rapidement, en sept ou huit heures, la meilleure partie de mon acte. Je puis dire que mes amours pour la princesse de Ferrare (car j'étais le Tasse pour lors) et mes nobles et fiers sentiments vis-à-vis de son injuste frère, me donnèrent une nuit cent fois plus délicieuse que je ne l'aurais trouvée dans les bras de la princesse elle-même. Il ne resta le matin dans ma tête qu'une bien petite partie de ce que j'avais fait; mais ce peu, presque effacé par la lassitude et le sommeil, ne laissait pas de marquer encore l'énergie des morceaux dont il offrait les débris.

Pour cette fois, je ne poussai pas fort loin ce travail, en ayant été détourné par d'autres affaires. Tandis que je m'attachais à la maison Dupin, M$^{me}$ de Beuzenval et M$^{me}$ de Broglie, que je continuai de voir quelquefois, ne m'avaient pas oublié. M. le comte de Montaigu, capitaine aux gardes, venait d'être nomm

ambassadeur à Venise. C'était un ambassadeur de la façon de Barjac (*), auquel il faisait assidûment sa cour. Son frère, le chevalier de Montaigu, gentilhomme de la manche de M<sup>gr</sup> le Dauphin, était de la connaissance de ces deux dames et de celle de l'abbé Alary, de l'Académie française, que je voyais aussi quelquefois. M<sup>me</sup> de Broglie, sachant que l'ambassadeur cherchait un secrétaire, me proposa. Nous entrâmes en pourparler. Je demandais cinquante louis d'appointements, ce qui était bien peu dans une place où l'on est obligé de figurer. Il ne voulait me donner que cent pistoles, et que je fisse le voyage à mes frais. La proposition était ridicule. Nous ne pûmes nous accorder. M. de Francueil, qui faisait ses efforts pour me retenir, l'emporta. Je restai, et M. de Montaigu partit, emmenant un autre secrétaire appelé M. Follau, qu'on lui avait donné au bureau des affaires étrangères. A peine furent-ils arrivés à Venise qu'ils se brouillèrent. Follau, voyant qu'il avait affaire à un fou, le planta là; et M. de Montaigu, n'ayant qu'un jeune abbé appelé M. de Binis, qui écrivait sous le secrétaire et n'était pas en état d'en remplir la place, eut recours à moi. Le chevalier son frère, homme d'esprit, me tourna si bien, me faisant entendre qu'il y avait des droits attachés à la place de secrétaire, qu'il me fit accepter les mille francs. J'eus vingt louis pour mon voyage, et je partis.

(1743-1744.) A Lyon, j'aurais bien voulu prendre la route du Mont-Cenis pour voir en passant ma pauvre maman; mais je descendis le Rhône et fus m'embarquer à Toulon, tant à cause de la guerre et par raison d'économie, que pour prendre un passeport de M. de Mirepoix, qui commandait alors en Provence, et à qui j'étais adressé. M. de Montaigu, ne pouvant se passer de moi, m'écrivait lettres sur lettres pour presser mon voyage. Un incident le retarda.

C'était le temps de la peste de Messine. La flotte anglaise y avait mouillé, et visita la felouque sur laquelle j'étais. Cela nous assujétit, en arrivant à Gênes, après une longue et pénible traversée, à une quarantaine de vingt et un jours. On donna le choix aux passagers de la faire à bord ou au lazaret, dans lequel on nous prévint que nous ne trouverions que les quatre murs, parce qu'on n'avait pas encore eu le temps de le meubler. Tous choisirent la felouque. L'insupportable chaleur, l'espace étroit, l'impossibilité d'y marcher, la vermine, me firent préférer le lazaret, à tout risque. Je fus conduit dans un grand bâtiment à deux étages absolument nu, où je ne trouvai ni fenêtre, ni table, ni lit, ni chaise, pas même un escabeau pour m'asseoir, ni une botte de paille pour me coucher. On m'apporta mon manteau, mon sac de nuit, mes deux malles; on ferma sur moi de grosses portes à grosses serrures, et je restai là, maître de me promener à mon aise de chambre en chambre et d'étage en étage, trouvant partout la même solitude et la même nudité.

Tout cela ne me fit pas repentir d'avoir choisi le lazaret plutôt que la felouque; et, comme un nouveau Robinson, je me mis à m'arranger pour mes vingt et un jours comme j'aurais fait pour toute ma vie. J'eus d'abord l'amusement d'aller à la chasse aux poux que j'avais gagnés dans la felouque. Quand, à force de changer de linge et de hardes, je me fus enfin rendu net, je procédai à l'ameublement de la chambre que je m'étais choisie. Je me fis un bon matelas de mes vestes et de mes chemises, des draps de plusieurs serviettes que je cousis, une couverture de ma robe de chambre, un oreiller de mon manteau roulé. Je me fis un siège d'une malle posée à plat, et une table de l'autre que je mis de champ. Je tirai du papier, une écritoire; j'arrangeai en manière de bibliothèque une douzaine de livres que j'avais. Bref, je m'accommodai si bien, qu'à l'exception des rideaux et des fenêtres, j'étais presque aussi commodément à ce lazaret absolument nu qu'à mon jeu de paume de la rue Verdelet. Mes repas étaient servis avec beaucoup de pompe; deux grenadiers, la baïonnette au bout du fusil, les escortaient : l'escalier était ma salle à manger, le palier me servait de table, la marche inférieure me servait de siège; et quand mon dîner était servi, l'on sonnait en se retirant une clochette pour m'avertir de me mettre à table. Entre mes

---

(*) Valet de chambre et confident du cardinal de Fleury.

repas, quand je ne lisais ni n'écrivais, ou que je ne travaillais pas à mon ameublement, j'allais me promener dans le cimetière des protestants, qui me servait de cour, ou je montais dans une lanterne qui donnait sur le port et d'où je pou-

Je me fis un siége d'une malle posée à plat. (Page 175.)

vais voir entrer et sortir les navires. Je passai de la sorte quatorze jours; et j'y aurais passé la vingtaine entière sans m'ennuyer un moment, si M. de Joinville, envoyé de France, à qui je fis parvenir une lettre vinaigrée, parfumée et demi-brûlée, n'eût fait abréger mon temps de huit jours : je les allai passer chez lui,

et je me trouvai mieux, je l'avoue, du gîte de sa maison que de celui du lazaret. Il me fit force caresses. Dupont, son secrétaire, était un brave garçon, qui me mena, tant à Gênes qu'à la campagne, dans plusieurs maisons où l'on s'amusait assez; et je liai avec lui connaissance et correspondance, que nous entretînmes fort longtemps. Je poursuivis agréablement ma route à travers la Lombardie. Je vis Milan, Vérone, Bresse, Padoue, et j'arrivai enfin à Venise, impatiemment attendu par M. l'ambassadeur.

Je trouvai des tas de dépêches, tant de la cour que des autres ambassadeurs, dont il n'avait pu lire ce qui était chiffré, quoiqu'il eût tous les chiffres nécessaires pour cela. N'ayant jamais travaillé dans aucun bureau ni vu de ma vie un chiffre de ministre, je craignis d'abord d'être embarrassé, mais je trouvai que rien n'était plus simple, et en moins de huit jours j'eus déchiffré le tout, qui assurément n'en valait pas la peine; car, outre que l'ambassade de Venise est toujours assez oisive, ce n'était pas à un pareil homme qu'on eût voulu confier la moindre négociation. Il s'était trouvé dans un grand embarras jusqu'à mon arrivée, ne sachant ni dicter, ni écrire lisiblement. Je lui étais très utile; il le sentait, et me traita bien. Un autre motif l'y portait encore. Depuis M. de Froulay, son prédécesseur, dont la tête s'était dérangée, le consul de France, appelé M. Le Blond, était resté chargé des affaires de l'ambassade, et depuis l'arrivée de M. de Montaigu, il continuait de les faire jusqu'à ce qu'il l'eût mis au fait. M. de Montaigu, jaloux qu'un autre fît son métier, quoique lui-même en fût incapable, prit en guignon le consul; et sitôt que je fus arrivé, il lui ôta les fonctions de secrétaire d'ambassade pour me les donner. Elles étaient inséparables du titre; il me dit de le prendre. Tant que je restai près de lui, jamais il n'envoya que moi sous ce titre au sénat et à son conférent; et dans le fond, il était fort naturel qu'il aimât mieux avoir pour secrétaire d'ambassade un homme à lui, qu'un consul ou un commis des bureaux nommé par la cour.

Cela rendit ma situation assez agréable, et empêcha ses gentilshommes, qui étaient Italiens ainsi que ses pages et la plupart de ses gens, de me disputer la primauté de sa maison. Je me servis avec succès de l'autorité qui y était attachée, pour maintenir son droit de liste, c'est-à-dire la franchise de son quartier contre les tentatives qu'on fit plusieurs fois pour l'enfreindre, et auxquelles ses officiers vénitiens n'avaient garde de résister. Mais aussi je ne souffris jamais qu'il s'y réfugiât des bandits, quoiqu'il m'en eût pu revenir des avantages dont S. E. n'aurait pas dédaigné sa part.

Elle osa même la réclamer sur les droits du secrétariat qu'on appelait la chancellerie. On était en guerre; il ne laissait pas d'y avoir bien des expéditions de passeports. Chacun de ces passeports payait un sequin au secrétaire qui l'expédiait et le contre-signait. Tous mes prédécesseurs s'étaient fait payer indistinctement ce sequin tant des Français que des étrangers. Je trouvai cet usage injuste; et, sans être Français, je l'abrogeai pour les Français; mais j'exigeai si rigoureusement mon droit de tout autre, que le marquis Scotti, frère du favori de la reine d'Espagne, m'ayant fait demander un passeport sans m'envoyer le sequin, je le lui fis demander : hardiesse que le vindicatif Italien n'oublia pas. Dès qu'on sut la réforme que j'avais faite dans la taxe des passeports, il ne se présenta plus, pour en avoir, que des foules de prétendus Français, qui, dans des baragouins abominables, se disaient l'un Provençal, l'autre Picard, l'autre Bourguignon. Comme j'ai l'oreille assez fine, je n'en fus guère la dupe, et je doute qu'un seul Italien m'ait soufflé mon sequin et qu'un seul Français l'ait payé. J'eus la bêtise de dire à M. de Montaigu, qui ne savait rien de rien, ce que j'avais fait. Ce mot de sequin lui fit ouvrir les oreilles; et sans me dire son avis sur la suppression de ceux des Français, il prétendit que j'entrasse en compte avec lui sur les autres, me promettant des avantages équivalents. Plus indigné de cette bassesse qu'affecté par mon propre intérêt, je rejetai hautement sa proposition. Il insista, je m'échauffai : « Non, monsieur, lui dis-je très vivement; que votre excellence garde ce qui est à elle et me laisse ce qui est à moi : je ne lui en céderai jamais un

sou. » Voyant qu'il ne gagnait rien par cette voie, il en prit une autre, et n'eut pas honte de me dire que, puisque j'avais des profits à sa chancellerie, il était juste que j'en fisse les frais. Je ne voulus pas chicaner sur cet article ; et depuis lors j'ai fourni de mon argent encre, papier, cire, bougie, non-pareille, jusqu'au sceau, que je fis refaire, sans qu'il m'en ait remboursé jamais un liard. Cela ne m'empêcha pas de faire une petite part du produit des passeports à l'abbé de Binis, bon garçon, et bien éloigné de prétendre à rien de semblable. S'il était complaisant envers moi, je n'étais pas moins honnête envers lui, et nous avons toujours bien vécu ensemble.

Sur l'essai de ma besogne, je la trouvai moins embarrassante que je n'avais craint pour un homme sans expérience, auprès d'un ambassadeur qui n'en avait pas davantage, et dont, pour surcroît, l'ignorance et l'entêtement contrariaient comme à plaisir tout ce que le bon sens et quelques lumières m'inspiraient de bien pour son service et celui du roi. Ce qu'il fit de plus raisonnable fut de se lier avec le marquis de Mari, ambassadeur d'Espagne, homme adroit et fin, qui l'eût mené par le nez s'il l'eût voulu, mais qui, vu l'union d'intérêt des deux couronnes, le conseillait d'ordinaire assez bien, si l'autre n'eût gâté ses conseils en fourrant toujours du sien dans leur exécution. La seule chose qu'ils eussent à faire de concert était d'engager les Vénitiens à maintenir la neutralité. Ceux-ci ne manquaient pas de protester de leur fidélité à l'observer, tandis qu'ils fournissaient publiquement des munitions aux troupes autrichiennes, et même des recrues, sous prétexte de désertion. M. de Montaigu, qui, je crois, voulait plaire à la république, ne manquait pas aussi, malgré mes représentations, de me faire assurer dans toutes ses dépêches qu'elle n'enfreindrait jamais la neutralité. L'entêtement et la stupidité de ce pauvre homme me faisaient écrire et faire à tout moment des extravagances dont j'étais bien forcé d'être l'agent puisqu'il le voulait, mais qui me rendaient quelquefois mon métier insupportable et même presque impraticable. Il voulait absolument, par exemple, que la plus grande partie de sa dépêche au roi et de celle au ministre fût en chiffres, quoique l'une et l'autre ne continssent absolument rien qui demandât cette précaution. Je lui représentai qu'entre le vendredi qu'arrivaient les dépêches de la cour, et le samedi que partaient les nôtres, il n'y avait pas assez de temps pour l'employer à tant de chiffres et à la forte correspondance dont j'étais chargé pour le même courrier. Il trouva à cela un expédient admirable, ce fut de faire dès le jeudi la réponse aux dépêches qui devaient arriver le lendemain. Cette idée lui parut même si heureusement trouvée, quoi que je pusse lui dire sur l'impossibilité, sur l'absurdité de son exécution, qu'il en fallut passer par là ; et tout le temps que j'ai demeuré chez lui, après avoir tenu note de quelques mots qu'il me disait dans la semaine à la volée, et de quelques nouvelles triviales que j'allais écumant par-ci par-là, muni de ces uniques matériaux, je ne manquais jamais, le jeudi matin, de lui porter le brouillon des dépêches qui devaient partir le samedi, sauf quelques additions ou corrections que je faisais à la hâte sur celles qui devaient venir le vendredi, et auxquelles les nôtres servaient de réponses. Il avait un autre tic fort plaisant, et qui donnait à sa correspondance un ridicule difficile à imaginer, c'était de renvoyer chaque nouvelle à sa source, au lieu de lui faire suivre son cours. Il marquait à M. Amelot les nouvelles de la cour, à M. de Maurepas celles de Paris, à M. d'Havrincourt celles de Suède, à M. de La Chétardie celles de Pétersbourg, et quelquefois à chacun celles qui venaient de lui-même, et que j'habillais en termes un peu différents. Comme de tout ce que je lui portais à signer il ne parcourait que les dépêches de la cour, et signait celles des autres ambassadeurs sans les lire, cela me rendait un peu plus le maître de tourner ces dernières à ma mode, et j'y fis au moins croiser les nouvelles. Mais il me fut impossible de donner un tour raisonnable aux dépêches essentielles : heureux encore quand il ne s'avisait pas d'y larder impromptu quelques lignes de son estoc, qui me forçaient de retourner transcrire en hâte toute la dépêche ornée de cette nouvelle impertinence, à laquelle il fallait donner l'honneur du chiffre, sans quoi il ne l'aurait pas signée. Je fus tenté vingt fois, pour l'amour de sa gloire, de

chiffrer autre chose que ce qu'il avait dit; mais sentant que rien ne pouvait autoriser une pareille infidélité, je le laissai délirer à ses risques, content de lui parler avec franchise, et de remplir au moins mon devoir auprès de lui.

C'est ce que je fis toujours avec une droiture, un zèle et un courage qui méritaient de sa part une autre récompense que celle que j'en reçus à la fin. Il était temps que je fusse une fois ce que le ciel, qui m'avait doué d'un heureux naturel, ce que l'éducation que j'avais reçue de la meilleure des femmes, ce que celle que je m'étais donnée à moi-même, m'avait fait être; et je le fus. Livré à moi seul, sans amis, sans conseil, sans expérience, en pays étranger, servant une nation étrangère, au milieu d'une foule de fripons, qui, pour leur intérêt et pour écarter le scandale du bon exemple, m'excitaient à les imiter; loin d'en rien faire, je servis bien la France, à qui je ne devais rien, et mieux l'ambassadeur, comme il était juste, en tout ce qui dépendait de moi. Irréprochable dans un poste assez en vue, je méritai, j'obtins l'estime de la république, celle de tous les ambassadeurs avec qui nous étions en correspondance, et l'affection de tous les Français établis à Venise, sans en excepter le consul même, que je supplantais à regret dans les fonctions que je savais lui être dues, et qui me donnaient plus d'embarras que de plaisir.

M. de Montaigu, livré sans réserve au marquis de Mari, qui n'entrait pas dans le détail de ses devoirs, les négligeait à tel point que, sans moi, les Français qui étaient à Venise ne se seraient pas aperçus qu'il y eût un ambassadeur de leur nation. Toujours éconduits sans qu'il voulût les entendre lorsqu'ils avaient besoin de sa protection, ils se rebutèrent, et l'on n'en voyait plus aucun ni à sa suite ni à sa table, où il ne les invita jamais. Je fis souvent de mon chef ce qu'il aurait dû faire : je rendis aux Français qui avaient recours à lui ou à moi tous les services qui étaient en mon pouvoir. En tout autre pays, j'aurais fait davantage; mais ne pouvant voir personne en place à cause de la mienne, j'étais forcé de recourir souvent au consul : et le consul, établi dans le pays où il avait sa famille, avait des ménagements à garder qui l'empêchaient de faire ce qu'il aurait voulu. Quelquefois cependant, le voyant mollir et n'oser parler, je m'aventurais à des démarches hasardeuses, dont plusieurs m'ont réussi. Je m'en rappelle une dont le souvenir me fait encore rire : on ne se douterait guère que c'est à moi que les amateurs du spectacle à Paris ont dû Coralline et sa sœur Camille : rien cependant n'est plus vrai. Véronèse, leur père, s'était engagé avec ses enfants pour la troupe italienne, et après avoir reçu deux mille francs pour son voyage, au lieu de partir, il s'était tranquillement mis à Venise au théâtre de Saint-Luc (*), où Coralline, tout enfant qu'elle était encore, attirait beaucoup de monde. M. le duc de Gesvres, comme premier gentilhomme de la chambre, écrivit à l'ambassadeur pour réclamer le père et sa fille. M. de Montaigu, me donnant la lettre, me dit pour toute instruction : « Voyez cela. » J'allai chez M. Le Blond le prier de parler au patricien à qui appartenait le théâtre de Saint-Luc, et qui était, je crois, un Zustiniani, afin qu'il renvoyât Véronèse, qui était engagé au service du roi. Le Blond, qui ne se souciait pas trop de la commission, la fit mal. Zustiniani battit la campagne, et Véronèse ne fut point renvoyé. J'étais piqué. L'on était en carnaval : ayant pris la bahute et le masque, je me fis mener au palais Zustiniani. Tous ceux qui virent entrer ma gondole avec la livrée de l'ambassadeur furent frappés; Venise n'avait jamais vu pareille chose. J'entre, je me fais annoncer sous le nom d'*una siora maschera*. Sitôt que je fus introduit, j'ôte mon masque et je me nomme. Le sénateur pâlit et reste stupéfait. « Monsieur, lui dis-je en vénitien, c'est à regret que j'importune votre excellence de ma visite, mais vous avez à votre théâtre de Saint-Luc un homme, nommé Véronèse, qui est engagé au service du roi, et qu'on vous a fait demander inutilement : je viens le réclamer au nom de sa majesté. » Ma courte harangue fit effet. A peine étais-je parti, que mon homme courut rendre compte de son aventure aux inquisiteurs d'état, qui lui lavèrent la tête. Véronèse fut congédié le

---

(*) Je suis en doute si ce n'était point *Saint-Samuel*. Les noms propres m'échappent absolument.

jour même. Je lui fis dire que s'il ne partait dans la huitaine je le ferais arrêter; et il partit.

Dans une autre occasion, je tirai de peine un capitaine de vaisseau marchand, par moi seul et presque sans le secours de personne. Il s'appelait le capitaine Olivet de Marseille; j'ai oublié le nom du vaisseau. Son équipage avait pris querelle avec des Esclavons au service de la république : il y avait eu des voies de fait, et le vaisseau avait été mis aux arrêts avec une telle sévérité, que personne, excepté le seul capitaine, n'y pouvait aborder ni en sortir sans permission. Il eut recours à l'ambassadeur, qui l'envoya promener; il fut au consul, qui lui dit que ce n'était pas une affaire de commerce, et qu'il ne pouvait s'en mêler. Ne sachant plus que faire, il revint à moi. Je représentai à M. de Montaigu qu'il devait me permettre de donner sur cette affaire un mémoire au sénat. Je ne me rappelle pas s'il y consentit et si je présentai le mémoire; mais je me rappelle bien que, mes démarches n'aboutissant à rien, et l'embargo durant toujours, je pris un parti qui me réussit. J'insérai la relation de cette affaire dans une dépêche à M. de Maurepas, et j'eus même assez de peine à faire consentir M. de Montaigu à passer cet article. Je savais que nos dépêches, sans valoir trop la peine d'être ouvertes, l'étaient à Venise; j'en avais la preuve dans les articles que j'en trouvais mot pour mot dans la gazette : infidélité dont j'avais inutilement voulu porter l'ambassadeur à se plaindre. Mon objet, en parlant de cette vexation dans la dépêche, était de tirer parti de leur curiosité pour leur faire peur et les engager à délivrer le vaisseau; car s'il eût fallu attendre pour cela la réponse de la cour, le capitaine était ruiné avant qu'elle fût venue. Je fis plus, je me rendis au vaisseau pour interroger l'équipage. Je pris avec moi l'abbé Patizel, chancelier du consulat, qui ne vint qu'à contre-cœur; tant tous ces pauvres gens craignaient de déplaire au sénat. Ne pouvant monter à bord à cause de la défense, je restai dans ma gondole, et j'y dressai mon verbal, interrogeant à haute voix et successivement tous les gens de l'équipage, et dirigeant mes questions de manière à tirer des réponses qui leur fussent avantageuses. Je voulus engager Patizel à faire les interrogations et le verbal lui-même, ce qui en effet était plus de son métier que du mien. Il n'y voulut jamais consentir, ne dit pas un seul mot, et voulut à peine signer le verbal après moi. Cette démarche un peu hardie eut cependant un heureux succès, et le vaisseau fut délivré longtemps avant la réponse du ministre. Le capitaine voulut me faire un présent. Sans me fâcher je lui dis, en lui frappant sur l'épaule : « Capitaine Olivet, crois-tu que celui qui ne reçoit pas des Français un droit de passeport qu'il trouve établi, soit homme à leur vendre la protection du roi ? » Il voulut au moins me donner sur son bord un dîner, que j'acceptai, et où je menai le secrétaire d'ambassade d'Espagne, nommé Carrio, homme d'esprit et très estimable, qu'on a vu depuis secrétaire d'ambassade à Paris et chargé des affaires, avec lequel je m'étais intimement lié, à l'exemple de nos ambassadeurs.

Heureux si, lorsque je faisais avec le plus parfait désintéressement tout le bien que je pouvais faire, j'avais su mettre assez d'ordre et d'attention dans tous ces menus détails pour n'en pas être la dupe et servir les autres à mes dépens ! Mais dans les places comme celle que j'occupais, où les moindres fautes ne sont point sans conséquence, j'épuisais toute mon attention pour n'en point faire contre mon service. Je fus jusqu'à la fin du plus grand ordre et de la plus grande exactitude en tout ce qui regardait mon devoir essentiel. Hors quelques erreurs qu'une précipitation forcée me fit faire en chiffrant, et dont les commis de M. Amelot se plaignirent une fois, ni l'ambassadeur, ni personne, n'eut jamais à me reprocher une seule négligence dans aucune de mes fonctions : ce qui est à noter pour un homme aussi négligent et aussi étourdi que moi; mais je manquais parfois de mémoire et de soin dans les affaires particulières dont je me chargeais; et l'amour de la justice m'en a toujours fait supporter le préjudice de mon propre mouvement, avant que personne songeât à se plaindre. Je n'en citerai qu'un seul trait, qui se rapporte à mon départ de Venise, et dont j'ai senti le contre-coup dans la suite à Paris.

Notre cuisinier, appelé Rousselot, avait apporté de France un ancien billet de deux cents francs, qu'un perruquier de ses amis avait d'un noble vénitien appelé Zanetto Nani pour fournitures de perruques. Rousselot m'apporta ce billet en me priant de tâcher d'en faire quelque chose par accommodement. Je savais, il savait aussi que l'usage constant des nobles vénitiens est de ne jamais payer, de retour dans leur patrie, les dettes qu'ils ont contractées en pays étranger : quand on veut les y contraindre, ils consument en tant de longueurs et de frais le malheureux créancier, qu'il se rebute, et finit par tout abandonner, ou s'accommoder presque pour rien. Je priai M. Le Blond de parler à Zanetto. Celui-ci convint du billet, non du paiement. A force de batailler, il promit enfin trois sequins. Quand Le Blond lui porta le billet, les trois sequins ne se trouvèrent pas prêts ; il fallut attendre. Durant cette attente, survint ma querelle avec l'ambassadeur et ma sortie de chez lui. Je laissai les papiers de l'ambassade dans le plus grand ordre, mais le billet de Rousselot ne se trouva point. M. Le Blond m'assura me l'avoir rendu. Je le connaissais trop honnête homme pour en douter ; mais il me fut impossible de me rappeler ce qu'était devenu ce billet. Comme Zanetto avait reconnu la dette, je priai M. Le Blond de tâcher de tirer les trois sequins sur un reçu, ou de l'engager à renouveler le billet par un duplicata. Zanetto, sachant le billet perdu, ne voulut faire ni l'un ni l'autre. J'offris à Rousselot les trois sequins de ma bourse pour l'acquit du billet. Il les refusa, et me dit que je m'accommoderais à Paris avec le créancier, dont il me donna l'adresse. Le perruquier, sachant ce qui s'était passé, voulut son billet ou son argent en entier. Que n'aurais-je point donné dans mon indignation pour retrouver ce maudit billet ! Je payai les deux cents francs, et cela dans ma plus grande détresse. Voilà comment la perte du billet valut au créancier le paiement de la somme entière, tandis que si, malheureusement pour lui, ce billet se fût retrouvé, il en aurait difficilement tiré les dix écus promis par S. E. Zanetto Nani.

Le talent que je me crus sentir pour mon emploi me le fit remplir avec goût ; et hors la société de mon ami Carrio, celle du vertueux Altuna, dont j'aurai bientôt à parler, hors les récréations bien innocentes de la place Saint-Marc, du spectacle, et de quelques visites que nous faisions presque toujours ensemble, je fis mes seuls plaisirs de mes devoirs. Quoique mon travail ne fût pas fort pénible, surtout avec l'aide de l'abbé de Binis, comme la correspondance était très étendue, et qu'on était en temps de guerre, je ne laissais pas d'être occupé raisonnablement. Je travaillais tous les jours une bonne partie de la matinée, et les jours de courrier quelquefois jusqu'à minuit. Je consacrais le reste du temps à l'étude du métier que je commençais, et dans lequel je comptais bien, par le succès de mon début, être employé plus avantageusement dans la suite. En effet, il n'y avait qu'une voix sur mon compte, à commencer par celle de l'ambassadeur, qui se louait hautement de mon service, qui ne s'en est jamais plaint, et dont toute la fureur ne vint dans la suite que de ce que, m'étant plaint inutilement moi-même, je voulus enfin avoir mon congé. Les ambassadeurs et ministres du roi, avec qui nous étions en correspondance, lui faisaient, sur le mérite de son secrétaire, des compliments qui devaient le flatter, et qui, dans sa mauvaise tête, produisaient un effet tout contraire. Il en reçut un surtout, dans une circonstance essentielle, qu'il ne m'a jamais pardonné. Ceci vaut la peine d'être expliqué.

Il pouvait si peu se gêner, que, le samedi même, jour de presque tous les courriers, il ne pouvait attendre pour sortir que le travail fût achevé ; et, me talonnant sans cesse pour expédier les dépêches du roi et des ministres, il les signait en hâte, et puis courait je ne sais où, laissant la plupart des autres lettres sans signature : ce qui me forçait, quand ce n'étaient que des nouvelles, de les tourner en bulletin ; mais lorsqu'il s'agissait d'affaires qui regardaient le service du roi, il fallait bien que quelqu'un signât, et je signais. J'en usai ainsi pour un avis important que nous venions de recevoir de M. Vincent, chargé des affaires du roi à Vienne. C'était dans le temps que le prince de Lobkowitz marchait à

Naples, et que le comte de Gages (*) fît cette mémorable retraite, la plus belle manœuvre de guerre de tout le siècle, et dont l'Europe a trop peu parlé. L'avis portait qu'un homme, dont M. Vincent nous envoyait le signalement, partait de Vienne et devait passer à Venise, allant furtivement dans l'Abruzze, chargé d'y faire soulever le peuple à l'approche des Autrichiens. En l'absence de M. le comte de Montaigu, qui ne s'intéressait à rien, je fis passer à M. le marquis de l'Hôpital cet avis si à propos, que c'est peut-être à ce pauvre Jean-Jacques, si bafoué, que la maison de Bourbon doit la conservation du royaume de Naples (**).

Le marquis de l'Hôpital, en remerciant son collègue, comme il était juste, lui parla de son secrétaire et du service qu'il venait de rendre à la cause commune. Le comte de Montaigu, qui avait à se reprocher sa négligence dans cette affaire, crut entrevoir dans ce compliment un reproche, et m'en parla avec humeur. J'avais été dans le cas d'en user avec le comte de Castellane, ambassadeur à Constantinople, comme avec le marquis de l'Hôpital, quoiqu'en chose moins importante. Comme il n'y avait point d'autre poste pour Constantinople, que les courriers que le sénat envoyait à son bayle, on donnait avis du départ de ces courriers à l'ambassadeur de France, pour qu'il pût écrire par cette voie à son collègue, s'il le jugeait à propos. Cet avis venait d'ordinaire un jour ou deux à l'avance : mais on faisait si peu de cas de M. de Montaigu, qu'on se contentait d'envoyer chez lui, pour la forme, une heure ou deux avant le départ du courrier ; ce qui me mit plusieurs fois dans le cas de faire la dépêche en son absence. M. de Castellane, en y répondant, faisait mention de moi en termes honnêtes ; autant en faisait à Gênes M. de Joinville : autant de nouveaux griefs.

J'avoue que je ne fuyais pas l'occasion de me faire connaître, mais je ne la cherchais pas non plus hors de propos ; et il me paraissait fort juste, en servant bien, d'aspirer au prix naturel des bons services, qui est l'estime de ceux qui sont en état d'en juger et de les récompenser. Je ne dirai pas si mon exactitude à remplir mes fonctions était, de la part de l'ambassadeur, un légitime sujet de plainte ; mais je dirai bien que c'est le seul qu'il ait articulé jusqu'au jour de notre séparation.

Sa maison, qu'il n'avait jamais mise sur un bon pied, se remplissait de canaille : les Français y étaient maltraités, les Italiens y prenaient de l'ascendant ; et même parmi eux, les bons serviteurs attachés depuis longtemps à l'ambassade furent tous malhonnêtement chassés, entre autres son premier gentilhomme, qui l'avait été du comte de Froulay, et qu'on appelait, je crois, le comte Peati, ou d'un nom très approchant. Le second gentilhomme, du choix de M. de Montaigu, était un bandit de Mantoue, appelé Dominique Vitali, à qui l'ambassadeur confia le soin de sa maison, et qui, à force de patelinage et de basse lésine, obtint sa confiance et devint son favori, au grand préjudice du peu d'honnêtes gens qui y étaient encore, et du secrétaire qui était à leur tête. L'œil intègre d'un honnête homme est toujours inquiétant pour les fripons. Il n'en aurait pas fallu davantage pour que celui-ci me prît en haine ; mais cette haine avait une autre cause encore qui la rendit bien plus cruelle. Il faut dire cette cause, afin qu'on me condamne si j'avais tort.

L'ambassadeur avait, selon l'usage, une loge à chacun des cinq spectacles. Tous les jours à dîner, il nommait le théâtre où il voulait aller ce jour-là ; je choisissais après lui, et les gentilshommes disposaient des autres loges. Je prenais en sortant la clef de la loge que j'avais choisie. Un jour, Vitali, qui tenait les clefs, n'étant pas là, je chargeai le valet de pied qui me servait de m'apporter la

(*) Dumont, comte de Gages, commandait l'armée espagnole en 1742 ; l'année suivante, il battit les Autrichiens dans la Lombardie. Forcé de se retirer devant des forces supérieures, il conserva sa petite armée intacte.

(**) A cette époque, en effet, don Carlos, fils de Philippe V, n'était pas encore reconnu des puissances de l'Europe, et l'Autriche, qui avait été forcée de céder, en 1736, par le traité de Vienne, le royaume de Naples à la maison de Bourbon, voulait reprendre ce pays. Si l'agent autrichien fût parvenu à faire soulever les Abruzzes, la cause du fils du roi d'Espagne eût été perdue, parce que l'armée du comte de Gages, en Lombardie, était toute composée de Napolitains, qui auraient abandonné leur général.

mienne dans une maison que je lui indiquai. Vitali, au lieu de m'envoyer ma clef, dit qu'il en avait disposé. J'étais d'autant plus outré, que le valet de pied m'avait rendu compte de ma commission devant tout le monde. Le soir, Vitali voulut me dire quelques mots d'excuse que je ne reçus point : « Demain, monsieur, lui dis-je, vous viendrez me les faire à telle heure dans la maison où j'ai reçu l'affront et devant les gens qui en ont été les témoins; ou après-demain, quoi qu'il arrive, je vous déclare que vous ou moi sortirons d'ici. » Ce ton décidé lui en imposa. Il vint au lieu et à l'heure me faire des excuses publiques, avec une bassesse digne de lui; mais il prit à loisir ses mesures, et, tout en me faisant de grandes courbettes, il travailla tellement à l'italienne, que, ne pouvant porter l'ambassadeur à me donner mon congé, il me mit dans la nécessité de le prendre.

Un pareil misérable n'était assurément pas fait pour me connaître; mais il connaissait de moi ce qui servait à ses vues; il me connaissait bon et doux à l'excès pour supporter des torts involontaires, fier et peu endurant pour des offenses préméditées, aimant la décence et la dignité dans les choses convenables, et non moins exigeant pour l'honneur qui m'était dû qu'attentif à rendre celui que je devais aux autres, C'est par là qu'il entreprit et vint à bout de me rebuter. Il mit la maison sens dessus dessous; il en ôta ce que j'avais tâché d'y maintenir de règle, de subordination, de propreté, d'ordre. Une maison sans femme a besoin d'une discipline un peu sévère pour y faire régner la modestie inséparable de la dignité. Il fit bientôt de la nôtre un lieu de crapule et de licence, un repaire de fripons et de débauchés. Il donna pour second gentilhomme à son excellence, à la place de celui qu'il avait fait chasser, un autre maquereau comme lui, qui tenait bordel public à la Croix-de-Malte; et ces deux coquins bien d'accord étaient d'une indécence égale à leur insolence. Hors la seule chambre de l'ambassadeur, qui même n'était pas trop en règle, il n'y avait pas un seul coin dans la maison souffrable pour un honnête homme.

Comme son excellence ne soupait pas, nous avions le soir, les gentilshommes et moi, une table particulière, où mangeaient aussi l'abbé de Binis et les pages. Dans la plus vilaine gargotte, on est servi plus proprement, plus décemment, en linge moins sale, et l'on a mieux à manger. On nous donnait une seule petite chandelle bien noire, des assiettes d'étain, des fourchettes de fer. Passe encore pour ce qui se faisait en secret : mais on m'ôta ma gondole; seul de tous les secrétaires d'ambassadeur, j'étais forcé d'en louer une, ou d'aller à pied, et je n'avais plus la livrée de son excellence que quand j'allais au sénat. D'ailleurs, rien de ce qui se passait au-dedans n'était ignoré dans la ville. Tous les officiers de l'ambassadeur jetaient les hauts cris. Dominique, la seule cause de tout, criait le plus haut, sachant bien que l'indécence avec laquelle nous étions traités m'était plus sensible qu'à tous les autres. Seul de la maison, je ne devais rien au dehors; mais je me plaignais vivement à l'ambassadeur et du reste et de lui-même, qui, secrètement excité par son âme damnée, me faisait chaque jour quelque nouvel affront. Forcé de dépenser beaucoup pour me tenir au pair avec mes confrères et convenablement à mon poste; je ne pouvais arracher un sou de mes appointements; et, quand je lui demandais de l'argent, il me parlait de son estime et de sa confiance, comme si elle eût dû remplir ma bourse et pourvoir à tout.

Ces deux bandits finirent par faire tourner tout-à-fait la tête à leur maître, qui ne l'avait déjà pas trop droite, et le ruinaient dans un brocantage continuel par des marchés de dupe, qu'ils lui persuadaient être des marchés d'escroc. Ils lui firent louer, sur la Brenta, un palazzo le double de sa valeur, dont ils partagèrent le surplus avec le propriétaire. Les appartements en étaient incrustés en mosaïque et garnis de colonnes et de pilastres de très beaux marbres à la mode du pays. M. de Montaigu fit superbement masquer tout cela d'une boiserie de sapin, par l'unique raison qu'à Paris les appartements sont ainsi boisés. Ce fut par une raison semblable que, seul de tous les ambassadeurs qui étaient à Venise, il ôta l'épée à ses pages et la canne à ses valets de pied. Voilà quel était l'homme

qui, toujours par le même motif peut-être, me prit en grippe, uniquement sur ce que je le servais fidèlement.

J'endurai patiemment ses dédains, sa brutalité, ses mauvais traitements, tant qu'en y voyant de l'humeur je crus n'y pas voir de haine ; mais, dès que je vis le dessein formé de me priver de l'honneur que je méritais par mon bon service, je résolus d'y renoncer. La première marque que je reçus de sa mauvaise volonté fut à l'occasion d'un dîner qu'il devait donner à M. le duc de Modène et à sa famille, qui étaient à Venise, et dans lequel il me signifia que je n'aurais pas place à sa table. Je lui répondis, piqué, mais sans me fâcher, qu'ayant l'honneur d'y dîner journellement, si M. le duc de Modène exigeait que je m'en abstinsse quand il y viendrait, il était de la dignité de son excellence et de mon devoir de n'y pas consentir. « Comment ! dit-il avec emportement, mon secrétaire, qui même n'est pas gentilhomme, prétend dîner avec un souverain, quand mes gentilshommes n'y dînent pas ! — Oui, monsieur, lui répliquai-je ; le poste dont m'a honoré votre excellence m'ennoblit si bien tant que je le remplis, que j'ai même le pas sur vos gentilshommes ou soi-disant tels, et suis admis où ils ne peuvent l'être. Vous n'ignorez pas que, le jour que vous ferez votre entrée publique, je suis appelé par l'étiquette, et par un usage immémorial, à vous y suivre en habit de cérémonie et à l'honneur d'y dîner avec vous au palais de Saint-Marc ; et je ne vois pas pourquoi un homme qui peut et doit manger en public avec le doge et le sénat de Venise, ne pourrait pas manger en particulier avec M. le duc de Modène. » Quoique l'argument fût sans réplique, l'ambassadeur ne s'y rendit point : mais nous n'eûmes pas occasion de renouveler la dispute, M. le duc de Modène n'étant point venu dîner chez lui.

Dès lors il ne cessa de me donner des désagréments, de me faire des passe-droits, s'efforçant de m'ôter les petites prérogatives attachées à mon poste pour les transmettre à son cher Vitali ; et je suis sûr que s'il eût osé l'envoyer au sénat à ma place il l'aurait fait. Il employait ordinairement l'abbé de Binis pour écrire dans son cabinet ses lettres particulières : il se servit de lui pour écrire à M. de Maurepas une relation de l'affaire du capitaine Olivet, dans laquelle, loin de lui faire aucune mention de moi qui seul m'en étais mêlé, il m'ôtait même l'honneur du verbal, dont il lui envoyait un double, pour l'attribuer à Patizel qui n'avait pas dit un seul mot. Il voulait me mortifier et complaire à son favori, mais non pas se défaire de moi. Il sentait qu'il ne lui serait plus aussi aisé de me trouver un successeur qu'à M. Follau, qui l'avait déjà fait connaître. Il lui fallait absolument un secrétaire qui sût l'italien, à cause des réponses du sénat ; qui fit toutes ses dépêches, toutes ses affaires, sans qu'il se mêlât de rien ; qui joignît au mérite de bien servir la bassesse d'être le complaisant de messieurs ses faquins de gentilshommes. Il voulait donc me garder et me mater en me tenant loin de mon pays et du sien, sans argent pour y retourner : et il aurait réussi peut-être s'il s'y fût pris modérément. Mais Vitali, qui avait d'autres vues, et qui voulait me forcer de prendre mon parti, en vint à bout. Dès que je vis que je perdais toutes mes peines, que l'ambassadeur me faisait des crimes de mes services au lieu de m'en savoir gré, que je n'avais plus à espérer chez lui que désagréments au-dedans, injustice au dehors, et que, dans le décri général où il s'était mis, ses mauvais offices pouvaient me nuire sans que les bons pussent me servir, je pris mon parti et lui demandai mon congé, lui laissant le temps de se pourvoir d'un secrétaire. Sans me dire ni oui ni non, il alla toujours son train. Voyant que rien n'allait mieux et qu'il ne se mettait en devoir de chercher personne, j'écrivis à son frère, et, lui détaillant mes motifs, je le priai d'obtenir mon congé de son excellence, ajoutant que de manière ou d'autre il m'était impossible de rester. J'attendis longtemps et n'eus point de réponse. Je commençais d'être fort embarrassé ; mais l'ambassadeur reçut enfin une lettre de son frère. Il fallait qu'elle fût vive ; car, quoiqu'il fût sujet à des emportements très féroces, je ne lui en vis jamais un pareil. Après des torrents d'injures abominables, ne sachant plus que dire, il m'accusa d'avoir vendu ses chiffres. Je me mis à rire, et lui demandai d'un ton moqueur s'il croyait qu'il y eût dans tout

Venise un homme assez sot pour en donner un écu. Cette réponse le fit écumer de rage. Il fit mine d'appeler ses gens pour me faire, dit-il, jeter par la fenêtre. Jusque-là j'avais été fort tranquille; mais à cette menace la colère et l'indignation me transportèrent à mon tour. Je m'élançai vers la porte : et après avoir tiré le bouton qui la fermait en dedans : « Non pas, monsieur le comte, lui dis-je en revenant à lui d'un pas grave, vos gens ne se mêleront pas de cette affaire; trouvez bon qu'elle se passe entre nous. » Mon action, mon air, le calmèrent à l'instant même; la surprise et l'effroi se marquèrent dans son maintien. Quand je le vis revenu de sa furie, je lui fis mes adieux en peu de mots; puis, sans

J'allai rouvrir la porte, je sortis. (Page 185.)

attendre sa réponse, j'allai rouvrir la porte, je sortis, et passai posément dans l'antichambre au milieu de ses gens, qui se levèrent à l'ordinaire, et qui, je crois, m'auraient plutôt prêté main-forte contre lui, qu'à lui contre moi. Sans remonter chez moi, je descendis l'escalier tout de suite, et sortis sur-le-champ du palais pour n'y plus rentrer.

J'allai droit chez M. Le Blond lui conter l'aventure. Il en fut peu surpris; il connaissait l'homme. Il me retint à dîner. Ce dîner, quoique impromptu, fut brillant; tous les Français de considération qui étaient à Venise s'y trouvèrent : l'ambassadeur n'eut pas un chat. Le consul conta mon cas à la compagnie. A ce récit il n'y eut qu'un cri, qui ne fut pas en faveur de son excellence. Elle n'avait point réglé mon compte, ne m'avait pas donné un sou; et, réduit pour toute ressource à quelques louis que j'avais sur moi, j'étais dans l'embarras pour mon retour. Toutes les bourses me furent ouvertes. Je pris une vingtaine de sequins dans celle de M. Le Blond, autant dans celle de M. de Saint-Cyr, avec lequel, après lui, j'avais le plus de liaison. Je remerciai tous les autres; et en attendant mon départ, j'allai loger chez le chancelier du consulat, pour bien prouver au

public que la nation n'était pas complice des injustices de l'ambassadeur. Celui-ci, furieux de me voir fêté dans mon infortune, et lui délaissé, tout ambassadeur qu'il était, perdit tout-à-fait la tête et se comporta comme un forcené. Il s'oublia jusqu'à présenter un mémoire au sénat pour me faire arrêter. Sur l'avis que m'en donna l'abbé de Binis, je résolus de rester encore quinze jours, au lieu de partir le surlendemain comme j'avais compté. On avait vu et approuvé ma conduite; j'étais universellement estimé. La seigneurie ne daigna pas même répondre à l'extravagant mémoire de l'ambassadeur, et me fit dire par le consul que je pouvais rester à Venise aussi longtemps qu'il me plairait, sans m'inquiéter des démarches d'un fou. Je continuai de voir mes amis : j'allai prendre congé de M. l'ambassadeur d'Espagne, qui me reçut très bien, et du comte de Finochetti, ministre de Naples, que je ne trouvai pas, mais à qui j'écrivis, et qui me répondit la lettre du monde la plus obligeante. Je partis enfin, ne laissant, malgré mes embarras, d'autres dettes que les emprunts dont je viens de parler, et une cinquantaine d'écus chez un marchand, nommé Morandi, que Carrio se chargea de payer, et que je ne lui ai jamais rendus, quoique nous nous soyons souvent revus depuis ce temps-là : mais quant aux deux emprunts dont j'ai parlé, je les remboursai très exactement sitôt que la chose me fut possible.

Ne quittons pas Venise sans dire un mot des célèbres amusements de cette ville, ou du moins de la très petite part que j'y pris durant mon séjour. On a vu dans le cours de ma jeunesse combien peu j'ai couru les plaisirs de cet âge, ou du moins ceux qu'on nomme ainsi. Je ne changeai pas de goût à Venise; mais mes occupations, qui d'ailleurs m'en auraient empêché, rendirent plus piquantes les récréations simples que je me permettais. La première et la plus douce était la société des gens de mérite, MM. Le Blond, de Saint Cyr, Carrio, Altuna, et un gentilhomme forlan (*), dont j'ai grand regret d'avoir oublié le nom, et dont je ne me rappelle point sans émotion l'aimable souvenir : c'était, de tous les hommes que j'ai connus dans ma vie, celui dont le cœur ressemblait le plus au mien. Nous étions liés aussi avec deux ou trois Anglais pleins d'esprit et de connaissances, passionnés de la musique ainsi que nous. Tous ces messieurs avaient leurs femmes, ou leurs amies, ou leurs maîtresses; ces dernières presque toutes filles à talents, chez lesquelles on faisait de la musique ou des bals. On y jouait aussi, mais très peu ; les goûts vifs, les talents, les spectacles nous rendaient cet amusement insipide. Le jeu n'est que la ressource des gens ennuyés. J'avais apporté de Paris le préjugé qu'on a dans ce pays-là contre la musique italienne : mais j'avais aussi reçu de la nature cette sensibilité de tact contre laquelle les préjugés ne tiennent pas. J'eus bientôt pour cette musique la passion qu'elle inspire à ceux qui sont faits pour en juger. En écoutant les barcarolles, je trouvais que je n'avais pas ouï chanter jusqu'alors ; et bientôt je m'engouai tellement de l'opéra, qu'ennuyé de babiller, manger et jouer dans les loges, quand je n'aurais voulu qu'écouter, je me dérobais souvent à la compagnie pour aller d'un autre côté. Là, tout seul, enfermé dans ma loge, je me livrais, malgré la longueur du spectacle, au plaisir d'en jouir à mon aise jusqu'à la fin. Un jour, et au théâtre de Saint-Chrysostôme, je m'endormis, et bien plus profondément que je n'aurais fait dans mon lit. Les airs bruyants et brillants ne me réveillèrent point ; mais qui pourrait exprimer la sensation délicieuse que me firent la douce harmonie et les chants angéliques de celui qui me réveilla ! Quel réveil, quel ravissement, quelle extase, quand j'ouvris au même instant les oreilles et les yeux ! Ma première idée fut de me croire en paradis. Ce morceau ravissant, que je me rappelle encore et que je n'oublierai de ma vie, commençait ainsi :

*Conservami la bella*
*Che si m'accende il cor* (**).

Je voulus avoir ce morceau : je l'eus, et je l'ai gardé longtemps ; mais il

(*) Nom par lequel on désigne les habitants du Frioul : de là est venue la danse appelée *forlane*.
(**) Conservez-moi la beauté qui m'enflamme ainsi le cœur.

n'était pas sur mon papier comme dans ma mémoire. C'était bien la même note, mais ce n'était pas la même chose. Jamais cet air divin ne peut être exécuté que dans ma tête, comme il le fut en effet le jour qu'il me réveilla.

Une musique, à mon gré, bien supérieure à celle des opéra, et qui n'a pas sa semblable en Italie, ni dans le reste du monde, est celle des *scuole*. Les *scuole* sont des maisons de charité établies pour donner l'éducation à de jeunes filles sans bien, et que la république dote ensuite, soit pour le mariage, soit pour le cloître. Parmi les talents qu'on cultive dans ces jeunes filles, la musique est au premier rang. Tous les dimanches, à l'église de chacune de ces quatre *scuole*, on a durant les vêpres des motets à grand chœur et en grand orchestre, composés et dirigés par les plus grands maîtres de l'Italie, exécutés dans des tribunes grillées, uniquement par des filles dont la plus vieille n'a pas vingt ans. Je n'ai l'idée de rien d'aussi voluptueux, d'aussi touchant que cette musique : les richesses de l'art, le goût exquis des chants, la beauté des voix, la justesse de l'exécution, tout, dans ces délicieux concerts, concourt à produire une impression qui n'est assurément pas du bon costume, mais dont je doute qu'aucun cœur d'homme soit à l'abri. Jamais Carrio ni moi ne manquions ces vêpres aux *Mendicanti*, et nous n'étions pas les seuls. L'église était toujours pleine d'amateurs ; les acteurs même de l'Opéra venaient se former au vrai goût du chant sur ces excellents modèles. Ce qui me désolait était ces maudites grilles, qui ne laissaient passer que des sons, et me cachaient les anges de beauté dont ils étaient dignes. Je ne parlais d'autre chose. Un jour que j'en parlais chez M. Le Blond : « Si vous êtes si curieux, me dit-il, de voir ces petites filles, il est aisé de vous contenter. Je suis un des administrateurs de la maison ; je veux vous y donner à goûter avec elles. » Je ne le laissai pas en repos qu'il ne m'eût tenu parole. En entrant dans le salon qui renfermait ces beautés si convoitées, je sentis un frémissement d'amour que je n'avais jamais éprouvé. M. Le Blond me présenta l'une après l'autre ces chanteuses célèbres, dont la voix et le nom étaient tout ce qui m'était connu. Venez, Sophie.... Elle était horrible. Venez, Cattina.... Elle était borgne. Venez, Bettina..... La petite-vérole l'avait défigurée. Presque pas une n'était sans quelque notable défaut. Le bourreau riait de ma cruelle surprise. Deux ou trois cependant me parurent passables : elles ne chantaient que dans les chœurs. J'étais désolé. Durant le goûter, on les agaça, elles s'égayèrent. La laideur n'exclut pas les grâces ; je leur en trouvai. Je me disais : On ne chante pas ainsi sans âme : elles en ont. Enfin ma façon de les voir changea si bien, que je sortis presque amoureux de tous ces laiderons. J'osais à peine retourner à leurs vêpres. J'eus de quoi me rassurer. Je continuai de trouver leurs chants délicieux, et leurs voix fardaient si bien leurs visages, que tant qu'elles chantaient je m'obstinais, en dépit de mes yeux, à les trouver belles.

La musique, en Italie, coûte si peu de chose, que ce n'est pas la peine de s'en faire faute quand on a du goût pour elle. Je louai un clavecin ; et, pour un petit écu j'avais chez moi quatre ou cinq symphonistes, avec lesquels je m'exerçais une fois la semaine à exécuter les morceaux qui m'avaient fait le plus de plaisir à l'Opéra. J'y fis essayer aussi quelques symphonies de mes *Muses galantes*. Soit qu'elles plussent, ou qu'on me voulût cajoler, le maître des ballets de Saint-Jean-Chrysostôme m'en fit demander deux, que j'eus le plaisir d'entendre exécuter par cet admirable orchestre, et qui furent dansées par une Bettina, jolie et surtout aimable fille, entretenue par un Espagnol de nos amis, appelé Fagoaga, et chez laquelle nous allions passer la soirée assez souvent.

Mais, à propos de filles, ce n'est pas dans une ville comme Venise qu'on s'en abstient : N'avez-vous rien, pourrait-on me dire, à confesser sur cet article ?—Oui, j'ai quelque chose à dire en effet, et je vais procéder à cette confession avec la même naïveté que j'ai mise à toutes les autres.

J'ai toujours eu du dégoût pour les filles publiques, et je n'avais pas à Venise autre chose à ma portée, l'entrée de la plupart des maisons du pays m'étant interdite à cause de ma place. Les filles de M. Le Blond étaient très aimables,

mais d'un difficile abord, et je considérais trop le père et la mère pour penser même à les convoiter.

J'aurais eu plus de goût pour une jeune personne appelée M<sup>lle</sup> de Cataneo, fille de l'agent du roi de Prusse ; mais Carrio était amoureux d'elle, il a même été question de mariage. Il était à son aise, et je n'ai rien ; il avait cent louis d'appointements, je n'avais que cent pistoles ; et, outre que je ne voulais pas aller sur les brisées d'un ami, je savais que partout, et surtout à Venise, avec une bourse aussi mal garnie, on ne doit pas se mêler de faire le galant. Je n'avais pas perdu la funeste habitude de donner le change à mes besoins ; et, trop occupé pour sentir vivement ceux que le climat donne, je vécus près d'un an dans cette ville aussi sage que j'avais fait à Paris, et j'en suis reparti au bout de dix-huit mois sans avoir approché du sexe que deux seules fois par les singulières occasions que je vais dire.

La première me fut procurée par l'honnête gentilhomme Vitali, quelque temps après l'excuse que je l'obligeai de me demander dans toutes les formes. On parlait à table des amusements de Venise. Ces messieurs me reprochaient mon indifférence pour le plus piquant de tous, vantant la gentillesse des courtisanes vénitiennes, et disant qu'il n'y en avait point au monde qui les valussent. Dominique dit qu'il fallait que je fisse connaissance avec la plus aimable de toutes ; qu'il voulait m'y mener, et que j'en serais content. Je me mis à rire de cette offre obligeante ; et le comte Paeti, homme déjà vieux et vénérable, dit avec plus de franchise que je n'en aurais attendu d'un Italien, qu'il me croyait trop sage pour me laisser mener chez des filles par mon ennemi. Je n'en avais en effet ni l'intention ni la tentation ; et malgré cela, par une de ces inconséquences que j'ai peine à comprendre moi-même, je finis par me laisser entraîner, contre mon goût, mon cœur, ma raison, ma volonté même, uniquement par faiblesse, par honte de marquer de la défiance, et, comme on dit dans ce pays-là, *per non parer troppo coglione*. La *padoana*, chez qui nous allâmes, était d'une assez jolie figure, belle même, mais non pas d'une beauté qui me plût. Dominique me laissa chez elle. Je fis venir des sorbetti ; je la fis chanter, et au bout d'une demi-heure je voulus m'en aller, en laissant sur la table un ducat ; mais elle eut le singulier scrupule de n'en vouloir point qu'elle ne l'eût gagné, et moi la singulière bêtise de lever son scrupule. Je m'en revins au palais, si persuadé que j'étais poivré, que la première chose que je fis en arrivant, fut d'envoyer chercher le chirurgien pour lui demander des tisanes. Rien ne peut égaler le malaise d'esprit que je souffris durant trois semaines, sans qu'aucune incommodité réelle, aucun signe apparent le justifiât. Je ne pouvais concevoir qu'on pût sortir impunément des bras de la padoana. Le chirurgien lui-même eut toute la peine imaginable à me rassurer. Il n'en put venir à bout qu'en me persuadant que j'étais conformé d'une façon particulière à ne pouvoir pas aisément être infecté ; et, quoique je me sois moins exposé peut-être qu'aucun autre homme à cette expérience, ma santé de ce côté n'ayant jamais reçu d'atteinte, m'est une preuve que le chirurgien avait raison. Cette opinion cependant ne m'a jamais rendu téméraire, et, si je tiens en effet cet avantage de la nature, je puis dire que je n'en ai pas abusé.

Mon autre aventure, quoique avec une fille aussi, fut d'une espèce bien différente, et quant à son origine, et quant à ses effets. J'ai dit que le capitaine Olivet m'avait donné à dîner sur son bord, et que j'y avais mené le secrétaire d'Espagne. Je m'attendais au salut du canon. L'équipage nous reçut en haie ; mais il n'y eut pas une amorce brûlée ; ce qui me mortifia beaucoup, à cause de Carrio, que je vis en être un peu piqué ; et il était vrai que sur les vaisseaux marchands on accordait le salut du canon à des gens qui ne nous valaient certainement pas : d'ailleurs, je croyais avoir mérité quelque distinction du capitaine. Je ne pus me déguiser, parce que cela m'est toujours impossible ; et, quoique le dîner fût très bon, et qu'Olivet en fît très bien les honneurs, je le commençai de mauvaise humeur, mangeant peu, et parlant encore moins.

A la première santé, du moins, j'attendais une salve : rien. Carrio, qui me lisait dans l'âme, riait de me voir grogner comme un enfant. Au tiers du dîner,

je vois approcher une gondole. « Ma foi, monsieur, me dit le capitaine, prenez
garde à vous, voici l'ennemi. » Je lui demande ce qu'il veut dire : il répond en

Elle se jette dans mes bras, colle sa bouche contre la mienne, et me serre à m'étouffer. (Page 190).

plaisantant. La gondole aborde, et j'en vois sortir une jeune personne éblouissante, fort coquettement mise et fort leste, qui dans trois sauts fut dans la chambre ; et je la vis établie à côté de moi avant que j'eusse aperçu qu'on y avait mis un couvert. Elle était aussi charmante que vive, une brunette de vingt ans

au plus. Elle ne parlait qu'italien ; son accent seul eût suffi pour me tourner la tête. Tout en mangeant, tout en causant, elle me regarde, me fixe un moment, puis s'écriant : « Bonne Vierge ! ah ! mon cher Brémond, qu'il y a de temps que je ne t'ai vu ! » se jette entre mes bras, colle sa bouche contre la mienne, et me serre à m'étouffer. Ses grands yeux noirs à l'orientale lançaient dans mon cœur des traits de feu ; et, quoique la surprise fît d'abord quelque diversion, la volupté me gagna très rapidement, au point que, malgré les spectateurs, il fallut bientôt que cette belle me contînt elle-même, car j'étais ivre, ou plutôt furieux. Quand elle me vit au point où elle me voulait, elle mit plus de modération dans ses caresses, mais non dans sa vivacité ; et quand il lui plut de nous expliquer la cause vraie ou fausse de toute cette pétulance, elle nous dit que je ressemblais, à s'y tromper, à M. de Brémond, directeur des douanes de Toscane ; qu'elle avait raffolé de ce M. de Brémond ; qu'elle en raffolait encore ; qu'elle l'avait quitté parce qu'elle était une sotte ; qu'elle me prenait à sa place ; qu'elle voulait m'aimer parce que cela lui convenait ; qu'il fallait, par la même raison, que je l'aimasse tant que cela lui conviendrait ; et que, quand elle me planterait là, je prendrais patience comme avait fait son cher Brémond. Ce qui fut dit fut fait. Elle prit possession de moi comme d'un homme à elle, me donnait à garder ses gants, son éventail, son *cinda*, sa coiffe ; m'ordonnait d'aller ici ou là, de faire ceci ou cela, et j'obéissais. Elle me dit d'aller renvoyer sa gondole, parce qu'elle voulait se servir de la mienne, et j'y fus ; elle me dit de m'ôter de ma place, et de prier Carrio de s'y mettre, parce qu'elle avait à lui parler, et je le fis. Ils causèrent très longtemps ensemble et tout bas ; je les laissai faire. Elle m'appela, je revins. « Ecoute, Zanetto, me dit-elle, je ne veux point être aimée à la française, et même il n'y ferait pas bon : au premier moment d'ennui, va-t'en. Mais ne reste pas à demi, je t'en avertis. » Nous allâmes après le dîner voir la verrerie à Murano. Elle acheta beaucoup de petites breloques, qu'elle nous laissa payer sans façon ; mais elle donna partout des tringueltes beaucoup plus forts que tout ce que nous avions dépensé. Par l'indifférence avec laquelle elle jetait son argent et nous laissait jeter le nôtre, on voyait qu'il n'était d'aucun prix pour elle. Quand elle se faisait payer, je crois que c'était par vanité plus que par avarice : elle s'applaudissait du prix qu'on mettait à ses faveurs.

Le soir nous la ramenâmes chez elle. Tout en causant, je vis deux pistolets sur sa toilette : « Ah ! ah ! dis-je en en prenant un, voici une boîte à mouches de nouvelle fabrique ; pourrait-on savoir quel en est l'usage ? Je vous connais d'autres armes qui font feu mieux que celles-là. » Après quelques plaisanteries sur le même ton, elle nous dit, avec une naïve fierté qui la rendait encore plus charmante : « Quand j'ai des bontés pour des gens que je n'aime point, je leur fais payer l'ennui qu'ils me donnent ; rien n'est plus juste : mais en endurant leurs caresses, je ne veux pas endurer leurs insultes, et je ne manquerai pas le premier qui me manquera. »

En la quittant, j'avais pris son heure pour le lendemain. Je ne la fis pas attendre. Je la trouvai *in vestito di confidenza ;* dans un déshabillé plus que galant, qu'on ne connaît que dans les pays méridionaux, et que je ne m'amuserai pas à décrire, quoique je me le rappelle trop bien. Je dirai seulement que ses manchettes et son tour de gorge étaient bordés d'un fil de soie garni de pompons couleur de rose. Cela me parut animer une fort belle peau. Je vis ensuite que c'était la mode à Venise ; et l'effet en est si charmant, que je suis surpris que cette mode n'ait jamais passé en France. Je n'avais point d'idée des voluptés qui m'attendaient. J'ai parlé de M$^{me}$ de Larnage, dans les transports que son souvenir me rend quelquefois encore ; mais qu'elle était vieille, et laide, et froide auprès de ma Zulietta ! Ne tâchez pas d'imaginer les charmes et les grâces de cette fille enchanteresse ; vous resteriez trop loin de la vérité ; les jeunes vierges des cloîtres sont moins fraîches, les beautés du sérail sont moins vives, les houris du paradis sont moins piquantes. Jamais si douce jouissance ne s'offrit au cœur et aux sens d'un mortel ! Ah ! du moins, si je l'avais su goûter pleine et entière un seul moment !... Je la goûtai, mais sans charme ; j'en émoussai toutes les délices ; je

les tuai comme à plaisir. Non, la nature ne m'a point fait pour jouir. Elle a mis dans ma mauvaise tête le poison de ce bonheur ineffable, dont elle a mis l'appétit dans mon cœur.

S'il est une circonstance de ma vie qui peigne bien mon naturel, c'est celle que je vais raconter. La force avec laquelle je me rappelle en ce moment l'objet de mon livre me fera mépriser ici la fausse bienséance qui m'empêcherait de le remplir. Qui que vous soyez, qui voulez connaître un homme, osez lire les deux ou trois pages suivantes : vous allez connaître à plein Jean-Jacques Rousseau.

J'entrai dans la chambre d'une courtisane comme dans le sanctuaire de l'amour et de la beauté; j'en crus voir la divinité dans sa personne. Je n'aurais jamais cru que, sans respect et sans estime, on pût rien sentir de pareil à ce qu'elle me fit éprouver. A peine eus-je connu, dans les premières familiarités, le prix de ses charmes et de ses caresses, que de peur d'en perdre le fruit d'avance, je voulus me hâter de le cueillir. Tout-à-coup, au lieu de flammes qui me dévoraient, je sens un froid mortel couler dans mes veines; les jambes me flageolent, et prêt à me trouver mal, je m'assieds, et je pleure comme un enfant.

Qui pourrait deviner la cause de mes larmes, et ce qui me passait par la tête en ce moment ? Je me disais : Cet objet dont je dispose est le chef-d'œuvre de la nature et de l'amour ; l'esprit, le corps, tout en est parfait ; elle est aussi bonne et généreuse qu'elle est aimable et belle ; les grands, les princes, devraient être ses esclaves ; les sceptres devraient être à ses pieds. Cependant la voilà, misérable coureuse, livrée au public; un capitaine de vaisseau marchand dispose d'elle; elle vient se jeter à ma tête, à moi qu'elle sait qui n'ai rien, à moi dont le mérite, qu'elle ne peut connaître, est nul à ses yeux. Il y a là quelque chose d'inconcevable. Ou mon cœur me trompe, fascine mes sens et me rend la dupe d'une indigne salope, ou il faut que quelque défaut secret que j'ignore détruise l'effet de ses charmes, et la rende odieuse à ceux qui devraient se la disputer. Je me mis à chercher ce défaut avec une contention d'esprit singulière, et il ne me vint pas même à l'esprit que la v...... pût y avoir part. La fraîcheur de ses chairs, l'éclat de son coloris, la blancheur de ses dents, la douceur de son haleine, l'air de propreté répandu sur toute sa personne, éloignaient de moi si parfaitement cette idée, qu'en doute encore sur mon état depuis la padoana, je me faisais plutôt un scrupule de n'être pas assez sain pour elle; et je suis très persuadé qu'en cela ma confiance ne me trompait pas.

Ces réflexions, si bien placées, m'agitèrent au point d'en pleurer. Zulietta, pour qui cela faisait sûrement un spectacle tout nouveau dans la circonstance, fut un moment interdite; mais ayant fait un tour de chambre et passé devant son miroir, elle comprit et mes yeux lui confirmèrent que le dégoût n'avait point de part à ce rat. Il ne lui fut pas difficile de m'en guérir et d'effacer cette petite honte; mais, au moment que j'étais prêt à me pâmer sur cette gorge qui semblait pour la première fois souffrir la bouche et la main d'un homme, je m'aperçus qu'elle avait un téton borgne. Je me frappe, j'examine, je crois voir que ce téton n'est pas conformé comme l'autre. Me voilà cherchant dans ma tête comment on peut avoir un téton borgne; et, persuadé que cela tenait à quelque notable vice naturel, à force de tourner et retourner cette idée, je vis clair comme le jour que dans la plus charmante personne dont je pusse me former l'image, je ne tenais dans mes bras qu'une espèce de monstre, le rebut de la nature, des hommes et de l'amour. Je poussai la stupidité jusqu'à lui parler de ce téton borgne. Elle prit d'abord la chose en plaisantant, et, dans son humeur folâtre, dit et fit des choses à me faire mourir d'amour : mais gardant un fonds d'inquiétude que je ne pus lui cacher, je la vis enfin rougir, se rajuster, se redresser, et, sans dire un seul mot, s'aller mettre à sa fenêtre. Je voulus m'y mettre à côté d'elle; elle s'en ôta, fut s'asseoir sur un lit de repos, se leva 'e moment d'après; et, se promenant par la chambre en s'éventant, me dit d'un ton froid et dédaigneux : « *Zanetto, lascia le donne, e studia la matematica.* »

Avant de la quitter, je lui demandai pour le lendemain un autre rendez-vous, qu'elle remit au troisième jour, en ajoutant, avec un sourire ironique, que je

devais avoir besoin de repos. Je passai ce temps mal à mon aise, le cœur plein de ses charmes et de ses grâces, sentant mon extravagance, me la reprochant, regrettant les moments si mal employés, qu'il n'avait tenu qu'à moi de rendre les plus doux de ma vie; attendant avec la plus vive impatience celui d'en réparer la perte, et néanmoins inquiet encore, malgré que j'en eusse, de concilier les perfections de cette adorable fille avec l'indignité de son état. Je courus, je volai chez elle à l'heure dite. Je ne sais si son tempérament ardent eût été plus content de cette visite; son orgueil l'eût été du moins, et je me faisais d'avance une jouissance délicieuse de lui montrer de toutes manières comment je savais réparer mes torts. Elle m'épargna cette épreuve. Le gondolier, qu'en abordant j'envoyai chez elle, me rapporta qu'elle était partie la veille pour Florence. Si je n'avais pas senti tout mon amour en la possédant, je le sentis bien cruellement en la perdant. Mon regret insensé ne m'a point quitté. Tout aimable, toute charmante qu'elle était à mes yeux, je pouvais me consoler de la perdre; mais de quoi je n'ai pu me consoler, je l'avoue, c'est qu'elle n'ait emporté de moi qu'un souvenir méprisant.

Voilà mes deux histoires. Les dix-huit mois que j'ai passés à Venise ne m'ont fourni de plus à dire qu'un simple projet tout au plus. Carrio était galant : ennuyé de n'aller toujours que chez des filles engagées à d'autres, il eut la fantaisie d'en avoir une à son tour; et comme nous étions inséparables, il me proposa l'arrangement, peu rare à Venise, d'en avoir une à nous deux. J'y consentis. Il s'agissait de la trouver sûre. Il chercha tant qu'il déterra une petite fille de onze à douze ans, que son indigne mère cherchait à vendre. Nous fûmes la voir ensemble. Mes entrailles s'émurent en voyant cette enfant : elle était blonde et douce comme un agneau; on ne l'aurait jamais crue Italienne. On vit pour très peu de chose à Venise : nous donnâmes quelque argent à la mère, et pourvûmes à l'entretien de la fille. Elle avait de la voix : pour lui procurer un talent de ressource, nous lui donnâmes une épinette et un maître à chanter. Tout cela nous coûtait à peine à chacun deux sequins par mois, et nous en épargnait davantage en autres dépenses : mais comme il fallait attendre qu'elle fût mûre, c'était semer beaucoup avant que de recueillir. Cependant, contents d'aller là passer les soirées, causer et jouer très innocemment avec cette enfant, nous nous amusions plus agréablement peut-être que si nous l'avions possédée : tant il est vrai que ce qui nous attache le plus aux femmes est moins la débauche qu'un certain agrément de vivre auprès d'elles ! Insensiblement mon cœur s'attachait à la petite Anzoletta, mais d'un attachement paternel, auquel les sens avaient si peu de part, qu'à mesure qu'il augmentait, il m'aurait été moins possible de les y faire entrer; et je sentais que j'aurais eu horreur d'approcher de cette fille, devenue nubile, comme d'un inceste abominable. Je voyais les sentiments du bon Carrio prendre, à son insu, le même tour. Nous nous ménagions, sans y penser, des plaisirs non moins doux, mais bien différents de ceux dont nous avions d'abord eu l'idée; et je suis certain que, quelque belle qu'eût pu devenir cette pauvre enfant, loin d'être jamais les corrupteurs de son innocence, nous en aurions été les protecteurs. Ma catastrophe, arrivée peu de temps après, ne me laissa pas celui d'avoir part à cette bonne œuvre; et je n'ai à me louer dans cette affaire que du penchant de mon cœur. Revenons à mon voyage.

Mon premier projet, en sortant de chez M. de Montaigu, était de me retirer à Genève, en attendant qu'un meilleur sort, écartant les obstacles, pût me réunir à ma pauvre maman. Mais l'éclat qu'avait fait notre querelle, et la sottise qu'il fit d'en écrire à la cour, me fit prendre le parti d'aller moi-même y rendre compte de ma conduite, et me plaindre de celle d'un forcené. Je marquai de Venise ma résolution à M. du Theil, chargé par intérim des affaires étrangères, après la mort de M. Amelot (*). Je partis aussitôt que ma lettre : je pris ma

---

(*) Rousseau se trompe : Amelot, protégé du cardinal de Fleury, ne mourut pas à cette époque, mais fut seulement mis en retraite à la mort du premier ministre et par l'influence de la duchesse de Châteauroux, en février 1743.

route par Bergame, Côme et Domo d'Ossola; je traversai le Simplon. A Sion, M. de Chaignon, chargé des affaires de France, me fit mille amitiés; à Genève, M. de La Closure m'en fit autant. J'y renouvelai connaissance avec M. de Gauffecourt, dont j'avais quelque argent à recevoir. J'avais traversé Nyon sans voir mon père : non qu'il ne m'en coutât extrêmement, mais je n'avais pu me résoudre à me montrer à ma belle-mère après mon désastre, certain qu'elle me jugerait sans vouloir m'écouter. Le libraire Duvillard, ancien ami de mon père, me reprocha vivement ce tort. Je lui en dis la cause; et, pour le réparer sans m'exposer à voir ma belle-mère, je pris une chaise, et nous fûmes ensemble à Nyon descendre au cabaret. Duvillard s'en fut chercher mon pauvre père, qui vint tout courant m'embrasser. Nous soupâmes ensemble, et, après avoir passé une soirée bien douce à mon cœur, je retournai le lendemain matin à Genève avec

On agaça la petite; je pris sa défense. (Page 197.)

Duvillard, pour qui j'ai toujours conservé de la reconnaissance du bien qu'il me fit en cette occasion.

Mon plus court chemin n'était pas Lyon, mais j'y voulus passer pour vérifier une friponnerie bien basse de M. de Montaigu. J'avais fait venir de Paris une petite caisse contenant une veste brodée en or, quelques paires de manchettes et six paires de bas de soie blancs; rien de plus. Sur la proposition qu'il m'en fit lui-même, je fis ajouter cette caisse, ou plutôt cette boîte, à son bagage. Dans le mémoire d'apothicaire qu'il voulut me donner en paiement de mes appointements, et qu'il avait écrit de sa main, il avait mis que cette boîte, qu'il appelait ballot, pesait onze quintaux, et il m'en avait passé le port à un prix énorme. Par les soins de M. Boy-de-la-Tour, auquel j'étais recommandé par M. Roguin, son oncle, il fut vérifié sur les registres des douanes de Lyon et de Marseille, que ledit ballot ne pesait que quarante-cinq livres, et n'avait payé le port qu'à raison de ce poids. Je joignis cet extrait authentique au mémoire de M. de Montaigu;

et, muni de ces pièces et de plusieurs autres de la même force, je me rendis à Paris, très impatient d'en faire usage. J'eus, durant toute cette longue route, de petites aventures à Côme, en Valais et ailleurs. Je vis plusieurs choses, entre autres les îles Borromées, qui mériteraient d'être décrites; mais le temps me gagne, les espions m'obsèdent : je suis forcé de faire à la hâte et mal un travail qui demanderait le loisir et la tranquillité qui me manquent. Si jamais la Providence, jetant les yeux sur moi, me procure enfin des jours plus calmes, je les destine à refondre, si je puis, cet ouvrage, ou à y faire du moins un supplément dont je sens qu'il a grand besoin (\*).

Le bruit de mon histoire m'avait devancé; et en arrivant, je trouvai que dans les bureaux et dans le public tout le monde était scandalisé des folies de l'ambassadeur. Malgré cela, malgré le cri public dans Venise, malgré les preuves sans réplique que j'exhibais, je ne pus obtenir aucune justice. Loin d'avoir ni satisfaction ni réparation, je fus même laissé à la discrétion de l'ambassadeur pour mes appointements, et cela par l'unique raison que, n'étant pas Français, je n'avais pas droit à la protection nationale, et que c'était une affaire particulière entre lui et moi. Tout le monde convint avec moi que j'étais offensé, lésé, malheureux; que l'ambassadeur était un extravagant cruel, inique, et que toute cette affaire le déshonorait à jamais. Mais quoi! il était l'ambassadeur; je n'étais, moi, que le secrétaire. Le bon ordre, ou ce qu'on appelle ainsi, voulait que je n'obtinsse aucune justice, et je n'en obtins aucune. Je m'imaginai qu'à force de crier et de traiter publiquement ce fou comme il le méritait, on me dirait à la fin de me taire; et c'était ce que j'attendais, bien résolu de n'obéir qu'après qu'on aurait prononcé. Mais il n'y avait point alors de ministre des affaires étrangères. On me laissa clabauder, on m'encouragea même, on faisait chorus; mais l'affaire en resta toujours là, jusqu'à ce que, las d'avoir toujours raison et jamais justice, je perdis enfin courage, et plantai là tout (\*\*).

La seule personne qui me reçut mal, et dont j'aurais le moins attendu cette injustice, fut M$^{me}$ de Beuzenval. Toute pleine des prérogatives du rang et de la noblesse, elle ne put jamais se mettre dans la tête qu'un ambassadeur pût avoir tort avec son secrétaire. L'accueil qu'elle me fit fut conforme à ce préjugé. J'en fus si piqué, qu'en sortant de chez elle je lui écrivis une des fortes et vives lettres que j'aie peut-être écrites (\*\*\*), et n'y suis jamais retourné. Le P. Castel me reçut mieux; mais à travers le patelinage jésuitique, je le vis suivre assez fidèlement une des grandes maximes de la société, qui est d'immoler toujours le plus faible au plus puissant. Le vif sentiment de la justice naturelle ne me laissèrent pas endurer patiemment cette partialité. Je cessai de voir le P. Castel, et par là d'aller aux Jésuites, où je ne connaissais que lui seul. D'ailleurs l'esprit tyrannique et intrigant de ses confrères, si différent de la bonhomie du bon P. Hemet, me donnait tant d'éloignement pour leur commerce, que je n'en ai vu aucun depuis ce temps-là, si ce n'est le P. Berthier, que je vis deux ou trois fois chez M. Dupin, avec lequel il travaillait de toute sa force à la réfutation de Montesquieu.

Achevons, pour n'y plus revenir, ce qui me reste à dire de M. de Montaigu. Je lui avais dit dans nos démêlés qu'il ne lui fallait pas un secrétaire, mais un clerc de procureur. Il suivit cet avis, et me donna réellement pour successeur un vrai procureur, qui, dans moins d'un an, lui vola vingt ou trente mille livres. Il le chassa, le fit mettre en prison, chassa ses gentilshommes avec esclandre et scandale, se fit partout des querelles, reçut des affronts qu'un valet n'endurerait

---

(\*) J'ai renoncé à ce projet.

(\*\*) En parlant de cette affaire, Rousseau disait à madame d'Epinay que ce qui l'avait ramené à Paris, c'était la nécessité d'essuyer une injustice et la perspective d'y être pendu.

(\*\*\*) Voici un fragment de cette lettre : « J'ai tort, madame, je me suis mépris : je vous croyais juste, vous êtes noble, j'aurais dû m'en souvenir; j'aurais dû sentir qu'il est inconvenant à moi, plébéien, de réclamer contre un gentilhomme. Ai-je des aïeux, des titres? L'équité sans parchemin est-elle l'équité?... S'il (M. de Montaigu) est sans élévation dans l'âme, c'est que sa noblesse l'en dispense; s'il est affilié à tout ce qu'il y a d'immonde dans la ville la plus immorale; s'il hante les escrocs, s'il l'est lui-même, c'est que ses aïeux ont eu de l'honneur pour lui. »

pas, et finit, à force de folies, par se faire rappeler et renvoyer planter ses choux. Apparemment que, parmi les réprimandes qu'il reçut à la cour, son affaire avec moi ne fut pas oubliée : du moins, peu de temps après son retour, il m'envoya son maître-d'hôtel pour solder mon compte et me donner de l'argent. J'en manquais dans ce moment-là : mes dettes de Venise, dettes d'honneur si jamais il en fut, me pesaient sur le cœur. Je saisis le moyen qui se présentait de les acquitter, de même que le billet de Zanetto Nani. Je reçus ce qu'on voulut me donner ; je payai toutes mes dettes, et je restai sans un sou, comme auparavant, mais soulagé d'un poids qui m'était insupportable. Depuis lors, je n'ai plus entendu parler de M. de Montaigu qu'à sa mort que j'appris par la voix publique. Que Dieu fasse paix à ce pauvre homme ! il était aussi propre au métier d'ambassadeur que je l'avais été dans mon enfance à celui de grapignan. Cependant il n'avait tenu qu'à lui de se soutenir honorablement par mes services, et de me faire avancer rapidement dans l'état auquel le comte de Gouvon m'avait destiné dans ma jeunesse, et dont par moi seul je m'étais rendu capable dans un âge plus avancé.

La justice et l'inutilité de mes plaintes me laissèrent dans l'âme un germe d'indignation contre nos sottes institutions civiles, où le vrai bien public et la véritable justice sont toujours sacrifiés à je ne sais quel ordre apparent, destructif en effet de tout ordre, et qui ne fait qu'ajouter la sanction de l'autorité publique à l'oppression du faible et à l'iniquité du fort. Deux choses empêchèrent ce germe de se développer pour lors comme il a fait dans la suite : l'une, qu'il s'agissait de moi dans cette affaire, et que l'intérêt privé, qui n'a jamais rien produit de grand et de noble, ne saurait tirer de mon cœur les divins élans qu'il n'appartient qu'au plus pur amour du juste et du beau d'y produire ; l'autre fut le charme de l'amitié, qui tempérait et calmait ma colère par l'ascendant d'un sentiment plus doux. J'avais fait connaissance à Venise avec un Biscayen, ami de mon ami De Carrio, et digne de l'être de tout homme de bien. Cet aimable jeune homme, né pour tous les talents et pour toutes les vertus, venait de faire le tour de l'Italie pour prendre le goût des beaux-arts ; et, n'imaginant rien de plus à acquérir, il voulait s'en retourner en droiture dans sa patrie. Je lui dis que les arts n'étaient que le délassement d'un génie comme le sien, fait pour cultiver les sciences ; et je lui conseillai, pour en prendre le goût, un voyage et six mois de séjour à Paris. Il me crut et fut à Paris. Il y était et m'attendait quand j'y arrivai. Son logement était trop grand pour lui ; il m'en offrit la moitié ; je l'acceptai (*). Je le trouvai dans la ferveur des hautes connaissances. Rien n'était au-dessus de sa portée ; il dévorait et digérait tout avec une prodigieuse rapidité. Comme il me remercia d'avoir procuré cet aliment à son esprit, que le besoin de savoir tourmentait sans qu'il s'en doutât lui-même ! Quels trésors de lumières et de vertus je trouvai dans cette âme forte ! Je sentis que c'était l'ami qu'il me fallait : nous devînmes intimes. Nos goûts n'étaient pas les mêmes ; nous disputions toujours. Tous deux opiniâtres, nous n'étions jamais d'accord sur rien. Avec cela nous ne pouvions nous quitter ; et, tout en nous contrariant sans cesse, aucun des deux n'eût voulu que l'autre fût autrement.

Ignacio Emmanuel de Altuna était un de ces hommes rares que l'Espagne seule produit, et dont elle produit trop peu pour sa gloire. Il n'avait pas ces violentes passions nationales communes dans son pays ; l'idée de la vengeance ne pouvait pas plus entrer dans son esprit que le désir dans son cœur. Il était trop fier pour être vindicatif, et je lui ai souvent ouï dire avec beaucoup de sangfroid qu'un mortel ne pouvait pas offenser son âme. Il était galant sans être tendre. Il jouait avec les femmes comme avec de jolis enfants. Il se plaisait avec les maîtresses de ses amis ; mais je ne lui en ai jamais vu aucune, ni aucun désir d'en avoir. Les flammes de la vertu dont son cœur était dévoré ne permirent jamais à celles de ses sens de naître.

Après ses voyages, il s'est marié ; il est mort jeune ; il a laissé des enfants ; et

---

(*) En arrivant de Venise, Rousseau logea quelques jours à l'hôtel d'Orléans, près le Palais-Royal, dans la petite rue du Chantre, qui a été supprimée en 1853.

je suis persuadé, comme de mon existence, que sa femme est la première et la seule qui lui ait fait connaître les plaisirs de l'amour. A l'extérieur, il était dévot comme un Espagnol, mais en dedans c'était la piété d'un ange. Hors moi, je n'ai vu que lui seul de tolérant depuis que j'existe. Il ne s'est jamais informé d'aucun homme comment il pensait en matière de religion. Que son ami fût juif, protestant, Turc, bigot, athée, peu lui importait, pourvu qu'il fût honnête homme. Obstiné, têtu pour des opinions indifférentes, dès qu'il s'agissait de religion, même de morale, il se recueillait, se taisait, ou disait simplement : « Je ne suis chargé que de moi. » Il est incroyable qu'on puisse associer autant d'élévation d'âme avec un esprit de détail porté jusqu'à la minutie. Il partageait et fixait d'avance l'emploi de sa journée par heures, quarts d'heure et minutes, et suivait cette distribution avec un tel scrupule, que si l'heure eût sonné tandis qu'il lisait sa phrase, il eût fermé le livre sans achever. De toutes ces mesures de temps ainsi rompues, il y en avait pour telle étude, il y en avait pour telle autre; il y en avait pour la réflexion, pour la conversation, pour l'office, pour Locke, pour le rosaire, pour les visites, pour la musique, pour la peinture; et il n'y avait ni plaisir, ni tentation, ni complaisance, qui pût intervertir cet ordre; un devoir à remplir seul l'aurait pu. Quand il me faisait la liste de ses distributions afin que je m'y conformasse, je commençais par rire, et je finissais par pleurer d'admiration. Jamais il ne gênait personne, ni ne supportait la gêne; il brusquait les gens qui, par politesse, voulaient le gêner. Il était emporté sans être bouderur. Je l'ai vu souvent en colère, mais je ne l'ai jamais vu fâché. Rien n'était si gai que son humeur : il entendait raillerie et il aimait à railler; il y brillait même, et il avait le talent de l'épigramme. Quand on l'animait, il était bruyant et tapageur en paroles, sa voix s'entendait de loin; mais, tandis qu'il criait, on le voyait sourire, et, tout à travers ses emportements, il lui venait quelque mot plaisant qui faisait éclater tout le monde. Il n'avait pas plus le teint espagnol que le phlegme. Il avait la peau blanche, les joues colorées, les cheveux d'un châtain presque blond. Il était grand et bien fait. Son corps fut formé pour loger son âme.

Ce sage de cœur, ainsi que de tête, se connaissait en hommes et fut mon ami. C'est toute ma réponse à quiconque ne l'est pas. Nous nous liâmes si bien que nous fîmes le projet de passer nos jours ensemble. Je devais, dans quelques années, aller à Ascoytia pour vivre avec lui dans sa terre. Toutes les parties de ce projet furent arrangées entre nous la veille de son départ. Il n'y manqua que ce qui ne dépend pas des hommes dans les projets les mieux concertés. Les événements postérieurs, mes désastres, son mariage, sa mort enfin, nous ont séparés pour toujours.

On dirait qu'il n'y a que les noirs complots des méchants qui réussissent; les projets innocents des bons n'ont presque jamais d'accomplissement.

Ayant senti l'inconvénient de la dépendance, je me promis bien de ne m'y plus exposer. Ayant vu renverser dès leur naissance les projets d'ambition que l'occasion m'avait fait former, rebuté de rentrer dans la carrière que j'avais si bien commencée, et dont je venais d'être expulsé, je résolus de ne plus m'attacher à personne, mais de rester dans l'indépendance en tirant parti de mes talents, dont enfin je commençais à sentir la mesure, et dont j'avais trop modestement pensé jusque alors. Je repris le travail de mon opéra, que j'avais interrompu pour aller à Venise; et pour m'y livrer plus tranquillement, après le départ d'Altuna, je retournai loger à mon ancien hôtel Saint-Quentin, qui, dans un quartier solitaire et peu loin du Luxembourg, m'était plus commode pour travailler à mon aise que la bruyante rue Saint-Honoré. Là m'attendait la seule consolation réelle que le ciel m'ait fait goûter dans ma misère, et qui seule me la rend supportable. Ceci n'est pas une connaissance passagère; je dois entrer dans quelque détail sur la manière dont elle se fit.

Nous avions une nouvelle hôtesse qui était d'Orléans. Elle prit pour travailler en linge une fille de son pays, d'environ vingt-deux à vingt-trois ans, qui mangeait avec nous ainsi que l'hôtesse. Cette fille, appelée Thérèse Le Vasseur, était

de bonne famille : son père était officier de la monnaie d'Orléans, sa mère était marchande. Ils avaient beaucoup d'enfants. La monnaie d'Orléans n'allant plus, le père se trouva sur le pavé; la mère, ayant essuyé des banqueroutes, fit mal ses affaires, quitta le commerce et vint à Paris avec son mari et sa fille, qui les nourrissait tous trois de son travail.

La première fois que je vis paraître cette fille à table, je fus frappé de son maintien modeste et plus encore de son regard vif et doux, qui pour moi n'eut jamais son semblable. La table était composée, outre M. de Bonnefond, de plusieurs abbés irlandais, gascons et autres de pareille étoffe. Notre hôtesse elle-même avait rôti le balai : il n'y avait là que moi qui parlât et se comportât décemment. On agaça la petite; je pris sa défense. Aussitôt les lardons tombèrent sur moi. Quand je n'aurais eu naturellement aucun goût pour cette pauvre fille, la compassion, la contradiction, m'en auraient donné. J'ai toujours aimé l'honnêteté dans les manières et dans les propos, surtout avec le sexe. Je devins hautement son champion. Je la vis sensible à mes soins; et ses regards, animés par la reconnaissance, qu'elle n'osait exprimer de bouche, n'en devenaient que plus pénétrants.

Elle était très timide; je l'étais aussi. La liaison, que cette disposition commune semblait éloigner, se fit pourtant très rapidement. L'hôtesse, qui s'en aperçut, devint furieuse; et ses brutalités avancèrent encore mes affaires auprès de la petite, qui, n'ayant que moi seul d'appui dans la maison, me voyait sortir avec peine et soupirait après le retour de son protecteur. Le rapport de nos cœurs, le concours de nos dispositions eut bientôt son effet ordinaire. Elle crut voir en moi un honnête homme, elle ne se trompa pas. Je crus voir en elle une fille sensible, simple et sans coquetterie; je ne me trompai pas non plus. Je lui déclarai d'avance que je ne l'abandonnerais ni ne l'épouserais jamais. L'amour, l'estime, la sincérité naïve, furent les ministres de mon triomphe; et c'était parce que son cœur était tendre et honnête que je fus heureux sans être entreprenant.

La crainte qu'elle eut que je ne me fâchasse de ne pas trouver en elle ce qu'elle croyait que j'y cherchais, recula mon bonheur plus que toute autre chose. Je la vis interdite et confuse avant de se rendre, vouloir se faire entendre, et n'oser s'expliquer. Loin d'imaginer la véritable cause de son embarras, j'en imaginai une bien fausse et bien insultante pour ses mœurs; et, croyant qu'elle m'avertissait que ma santé courait des risques, je tombai dans des perplexités qui ne me retinrent pas, mais qui durant plusieurs jours empoisonnèrent mon bonheur. Comme nous ne nous entendions point l'un l'autre, nos entretiens à ce sujet étaient autant d'énigmes et d'amphigouris plus que risibles. Elle fut prête à me croire absolument fou; je fus prêt à ne savoir plus que penser d'elle. Enfin, nous nous expliquâmes : elle me fit en pleurant l'aveu d'une faute unique au sortir de l'enfance, fruit de son ignorance et de l'adresse de son séducteur. Sitôt que je la compris, je fis un cri de joie : « Pucelage! m'écriai-je : c'est bien à Paris, c'est bien à vingt ans qu'on en cherche! Ah! ma Thérèse, je suis trop heureux de te posséder sage et saine, et de ne pas trouver ce que je ne cherchais pas. »

Je n'avais cherché d'abord qu'à me donner un amusement. Je vis que j'avais plus fait, et que je m'étais donné une compagne. Un peu d'habitude avec cette excellente fille, un peu de réflexion sur ma situation, me firent sentir qu'en ne songeant qu'à mes plaisirs, j'avais beaucoup fait pour mon bonheur. Il me fallait, à la place de l'ambition éteinte, un sentiment vif qui remplît mon cœur. Il fallait, pour tout dire, un successeur à maman : puisque je ne devais plus vivre avec elle, il me fallait quelqu'un qui vécût avec son élève, et en qui je trouvasse la simplicité, la docilité de cœur qu'elle avait trouvées en moi. Il fallait que la douceur de la vie privée et domestique me dédommageât du sort brillant auquel je renonçais. Quand j'étais absolument seul, mon cœur était vide; mais il n'en fallait qu'un pour le remplir. Le sort m'avait ôté, m'avait aliéné, du moins en partie, celui pour lequel la nature m'avait fait. Dès lors j'étais seul; car il n'y eut jamais pour moi d'intermédiaire entre tout et rien. Je trouvais dans Thérèse

le supplément dont j'avais besoin ; par elle, je vécus heureux autant que je pouvais l'être selon le cours des événements.

Je voulus d'abord former son esprit : j'y perdis ma peine. Son esprit est ce que l'a fait la nature ; la culture et les soins n'y prennent point. Je ne rougis point d'avouer qu'elle n'a jamais bien su lire, quoiqu'elle écrive passablement. Quand j'allai loger dans la rue Neuve-des-Petits-Champs, j'avais à l'hôtel de Pontchartrain, vis-à-vis de mes fenêtres, un cadran sur lequel je m'efforçai durant plus d'un mois à lui faire connaître les heures. A peine les connaît-elle encore à présent. Elle n'a jamais pu suivre l'ordre des douze mois de l'année, et ne connaît pas un seul chiffre, malgré tous les soins que j'ai pris pour les lui montrer. Elle ne sait ni compter l'argent ni le prix d'aucune chose. Le mot qui lui vient en parlant est souvent l'opposé de celui qu'elle veut dire. Autrefois j'avais fait un dictionnaire de ses phrases pour amuser M$^{me}$ de Luxembourg, et ses quiproquo sont devenus célèbres dans les sociétés où j'ai vécu. Mais cette personne si bornée, et, si l'on veut, si stupide, est d'un conseil excellent dans les occasions difficiles. Souvent, en Suisse, en Angleterre, en France, dans les catastrophes où je me trouvais, elle a vu ce que je ne voyais pas moi-même ; elle m'a donné les avis les meilleurs à suivre ; elle m'a tiré des dangers où je me précipitais aveuglément ; et devant les dames du plus haut rang, devant les grands et les princes, ses sentiments, son bon sens, ses réponses et sa conduite, lui ont attiré l'estime universelle, et à moi, sur son mérite, des compliments dont je sentais la sincérité.

Auprès des personnes qu'on aime, le sentiment nourrit l'esprit ainsi que le cœur, et l'on a peu besoin de chercher ailleurs des idées. Je vivais avec ma Thérèse aussi agréablement qu'avec le plus beau génie de l'univers. Sa mère, fière d'avoir été jadis élevée auprès de la marquise de Monpipeau, faisait le bel esprit, voulait diriger le sien, et gâtait, par son astuce, la simplicité de notre commerce. L'ennui de cette importunité me fit un peu surmonter la sotte honte de n'oser me montrer avec Thérèse en public, et nous faisions tête à tête de petites promenades champêtres et de petits goûtés qui m'étaient délicieux. Je voyais qu'elle m'aimait sincèrement, et cela redoublait ma tendresse. Cette intimité me tenait lieu de tout : l'avenir ne me touchait plus, ou ne me touchait que comme le présent prolongé ; je ne désirais rien que d'en assurer la durée.

Cet attachement me rendit toute autre dissipation superflue et insipide. Je ne sortais plus que pour aller chez Thérèse ; sa demeure devint presque la mienne. Cette vie retirée devint si avantageuse à mon travail, qu'en moins de trois mois mon opéra tout entier fut fait, paroles et musique. Il restait seulement quelques accompagnements et remplissages à faire. Ce travail de manœuvre m'ennuyait fort. Je proposai à Philidor de s'en charger en lui donnant part au bénéfice. Il vint deux fois, et fit quelques remplissages dans l'acte d'Ovide ; mais il ne put se captiver à ce travail assidu pour un profit éloigné et même incertain. Il ne revint plus, et j'achevai ma besogne moi-même.

Mon opéra fait, il s'agit d'en tirer parti : c'était un autre opéra bien plus difficile. On ne vient à bout de rien à Paris quand on y vit isolé. Je pensai à me faire jour par M. de La Poplinière, chez qui Gauffecourt, de retour de Genève, m'avait introduit. M. de La Poplinière était le Mécène de Rameau : M$^{me}$ de La Poplinière était sa très humble écolière. Rameau faisait, comme on dit, la pluie et le beau temps dans cette maison. Jugeant qu'il protégerait avec plaisir l'ouvrage d'un de ses disciples, je voulus lui montrer le mien. Il refusa de le voir, disant qu'il ne pouvait lire des partitions, et que cela le fatiguait trop. La Poplinière dit là-dessus qu'on pouvait le lui faire entendre, et m'offrit de rassembler des musiciens pour en exécuter des morceaux. Je ne demandais pas mieux. Rameau consentit en grommelant, et répétant sans cesse que ce devait être une belle chose que de la composition d'un homme qui n'était pas enfant de la balle, et qui avait appris la musique tout seul. Je me hâtai de tirer en parties cinq ou six morceaux choisis. On me donna une dizaine de symphonistes, et pour chanteurs, Albert, Bérard et M$^{lle}$ Bourbonnais. Rameau commença, dès l'ouverture, à faire

entendre, par ses éloges outrés, qu'elle ne pouvait être de moi. Il ne laissa passer aucun morceau sans donner des signes d'impatience ; mais à un air de haute-contre, dont le chant était mâle et sonore et l'accompagnement très brillant, il ne put plus se contenir ; il m'apostropha avec une brutalité qui scandalisa tout le monde, soutenant qu'une partie de ce qu'il venait d'entendre était d'un homme consommé dans l'art, et le reste d'un ignorant qui ne savait pas même la musique. Et il est vrai que mon travail, inégal et sans règle, était tantôt sublime et tantôt très plat, comme doit être celui de quiconque ne s'élève que par quelques élans de génie, et que la science ne soutient point. Rameau prétendit ne voir en moi qu'un petit pillard sans talent et sans goût. Les assistants, et surtout le maître de la maison, ne pensèrent pas de même. M. de Richelieu, qui, dans ce temps-là, voyait beaucoup monsieur, et, comme on sait, M<sup>me</sup> de La Poplinière, ouït parler de mon ouvrage, et voulut l'entendre en entier, avec le projet de le faire donner à la cour s'il en était content. Il fut exécuté à grand chœur et à grand orchestre, aux frais du roi, chez M. Bonneval, intendant des menus. Francœur dirigeait l'exécution. L'effet en fut surprenant : M. le duc ne cessait de s'écrier et d'applaudir ; et à la fin d'un chœur, dans l'acte du Tasse, il se leva, vint à moi, et me serrant la main : « Monsieur Rousseau, me dit-il, voilà de l'harmonie qui transporte ; je n'ai jamais rien entendu de plus beau : je veux faire donner cet ouvrage à Versailles. » M<sup>me</sup> de La Poplinière qui était là ne dit pas un mot. Rameau, quoique invité, n'y avait pas voulu venir. Le lendemain M<sup>me</sup> de la Poplinière me fit à sa toilette un accueil fort dur, affecta de me rabaisser ma pièce, et me dit que, quoiqu'un peu de clinquant eût d'abord ébloui M. de Richelieu, il en était bien revenu, et qu'elle ne me conseillait pas de compter sur mon opéra. M. le duc arriva peu après, et me tint un tout autre langage, me dit des choses flatteuses sur mes talents, et me parut toujours disposé à faire donner ma pièce devant le roi. « Il n'y a, dit-il, que l'acte du Tasse qui ne peut passer à la cour : il en faut faire un autre. » Sur ce seul mot, j'allai m'enfermer chez moi ; et dans trois semaines j'eus fait, à la place du Tasse, un autre acte, dont le sujet était Hésiode inspiré par une muse. Je trouvai le secret de faire passer dans cet acte une partie de l'histoire de mes talents, et de la jalousie dont Rameau voulait bien les honorer. Il y avait dans ce nouvel acte une élévation moins gigantesque et mieux soutenue que celle du Tasse ; la musique en était aussi noble et beaucoup mieux faite ; et si les deux autres actes avaient valu celui-là, la pièce entière eût avantageusement soutenu la représentation : mais tandis que j'achevais de le mettre en état, une autre entreprise suspendit l'exécution de celle-là.

(1745-1747.) L'hiver qui suivit la bataille de Fontenoi, il y eut beaucoup de fêtes à Versailles, entre autres plusieurs opéras au théâtre des Petites-Écuries. De ce nombre fut le drame de Voltaire intitulé *la Princesse de Navarre*, dont Rameau avait fait la musique, et qui venait d'être changé et réformé sous le nom des *Fêtes de Ramire*. Ce nouveau sujet demandait plusieurs changements aux divertissements de l'ancien, tant dans les vers que dans la musique. Il s'agissait de trouver quelqu'un qui pût remplir ce double objet. Voltaire, alors en Lorraine, et Rameau, tous deux occupés pour lors à l'opéra du *Temple de la Gloire*, ne pouvant donner des soins à celui-là, M. de Richelieu pensa à moi, me fit proposer de m'en charger : et, pour que je pusse examiner mieux ce qu'il y avait à faire, il m'envoya séparément le poëme et la musique. Avant toute chose, je ne voulus toucher aux paroles que de l'aveu de l'auteur ; et je lui écrivis à ce sujet une lettre très honnête, et même respectueuse, comme il convenait (*). Voici sa réponse, dont l'original est dans la liasse A, n° 1.

<div style="text-align:right">15 décembre 1745.</div>

« Vous réunissez, monsieur, deux talents qui ont toujours été séparés jusqu'à présent. Voilà déjà deux bonnes raisons pour moi de vous estimer et de chercher à vous aimer. Je suis fâché pour vous que vous employiez ces deux talents

---

(*) Voyez la *Correspondance*, 11 décembre 1745.

à un ouvrage qui n'en est pas trop digne. Il y a quelques mois que M. le duc de Richelieu m'ordonna absolument de faire dans un clin d'œil une petite et mauvaise esquisse de quelques scènes insipides et tronquées, qui devaient s'ajuster à des divertissements qui ne sont point faits pour elles. J'obéis avec la plus grande exactitude ; je fis très vite et très mal. J'envoyai ce misérable croquis à M. le duc de Richelieu, comptant qu'il ne servirait pas, ou que je le corrigerais. Heureusement il est entre vos mains, vous en êtes le maître absolu ; j'ai perdu entièrement tout cela de vue. Je ne doute pas que vous n'ayez rectifié toutes les fautes échappées nécessairement dans une composition si rapide d'une simple esquisse, que vous n'ayez suppléé à tout.

« Je me souviens qu'entre autres balourdises, il n'est pas dit, dans ces scènes qui lient les divertissements, comment la princesse Grenadine passe tout d'un coup d'une prison dans un jardin ou dans un palais. Comme ce n'est point un magicien qui lui donne des fêtes, mais un seigneur espagnol, il me semble que rien ne doit se faire par enchantement. Je vous prie, monsieur, de vouloir bien revoir cet endroit, dont je n'ai qu'une idée confuse. Voyez s'il est nécessaire que la prison s'ouvre et qu'on fasse passer notre princesse de cette prison dans un beau palais doré et verni, préparé pour elle. Je sais très bien que tout cela est fort misérable, et qu'il est au-dessous d'un être pensant de faire une affaire sérieuse de ces bagatelles ; mais enfin, puisqu'il s'agit de déplaire le moins qu'on pourra, il faut mettre le plus de raison qu'on peut, même dans un mauvais divertissement d'opéra.

« Je me rapporte de tout à vous et à M. Ballod, et je compte avoir bientôt l'honneur de vous faire mes remercîments, et de vous assurer, monsieur, à quel point j'ai celui d'être, etc. »

Qu'on ne soit pas surpris de la grande politesse de cette lettre, comparée aux autres lettres demi-cavalières qu'il m'a écrites depuis ce temps-là. Il me crut en grande faveur auprès de M. de Richelieu ; et la souplesse courtisane qu'on lui connaît l'obligeait à beaucoup d'égards pour un nouveau venu, jusqu'à ce qu'il connût mieux la mesure de son crédit.

Autorisé par M. de Voltaire et dispensé de tous égards pour Rameau, qui ne cherchait qu'à me nuire, je me mis au travail, et en deux mois ma besogne fut faite. Elle se borna, quant aux vers, à très peu de chose. Je tâchai seulement qu'on n'y sentît pas la différence des styles ; et j'eus la présomption de croire avoir réussi. Mon travail en musique fut plus long et plus pénible : outre que j'eus à faire plusieurs morceaux d'appareil, et entre autres l'ouverture, tout le récitatif dont j'étais chargé se trouva d'une difficulté extrême, en ce qu'il fallait lier, souvent en peu de vers et par des modulations très rapides, des symphonies et des chœurs dans des tons fort éloignés : car, pour que Rameau ne m'accusât pas d'avoir défiguré ses airs, je n'en voulus changer ni transposer aucun. Je réussis à ce récitatif. Il était bien accentué, plein d'énergie, et surtout excellemment modulé. L'idée des deux hommes supérieurs auxquels on daignait m'associer m'avait élevé le génie ; et je puis dire que, dans ce travail ingrat et sans gloire, dont le public ne pouvait pas même être informé, je me tins presque toujours à côté de mes modèles.

La pièce, dans l'état où je l'avais mise, fut répétée au grand théâtre de l'Opéra. Des trois auteurs, je m'y trouvai seul. Voltaire était absent ; et Rameau n'y vint pas, ou se cacha.

Les paroles du premier monologue étaient très lugubres ; en voici le début :

O mort ! viens terminer les malheurs de ma vie.

Il avait bien fallu faire une musique assortissante. Ce fut pourtant là-dessus que M<sup>me</sup> de La Poplinière fonda sa censure, en m'accusant, avec beaucoup d'aigreur, d'avoir fait une musique d'enterrement. M. de Richelieu commença judicieusement par s'informer de qui étaient les vers de ce monologue. Je lui présentai le manuscrit qu'il m'avait envoyé, et qui faisait foi qu'ils étaient de

Voltaire: « En ce cas, dit-il, c'est Voltaire seul qui a tort. » Durant la répétition, tout ce qui était de moi fut successivement improuvé par M#{me} de La Poplinière, et justifié par M. de Richelieu. Mais enfin j'avais affaire à trop forte partie, et il me fut signifié qu'il y avait à refaire à mon travail plusieurs choses sur lesquelles il fallait consulter M. Rameau. Navré d'une conclusion pareille, au lieu des éloges que j'attendais, et qui certainement m'étaient dus, je rentrai chez moi la mort dans le cœur. J'y tombai malade, épuisé de fatigue, dévoré de chagrin; et de six semaines je ne fus en état de sortir.

Rameau, qui fut chargé des changements indiqués par M#{me} de La Poplinière,

Elle fit venir toute sa famille, pour en partager le fruit. (Page 203.)

m'envoya demander l'ouverture de mon grand opéra pour la substituer à celle que je venais de faire. Heureusement je sentis le croc-en-jambe, et je la refusai. Comme il n'y avait plus que cinq ou six jours jusqu'à la représentation, il n'eut pas le temps d'en faire une, et il fallut laisser la mienne. Elle était à l'italienne et d'un style très nouveau pour lors en France. Cependant elle fut goûtée, et j'appris par M. de Valmalette, maître-d'hôtel du roi, et gendre de M. Mussard, mon parent et mon ami, que les amateurs avaient été très contents de mon ouvrage, et que le public ne l'avait pas distingué de celui de Rameau. Mais celui-ci, de concert avec M#{me} de La Poplinière, prit des mesures pour qu'on ne sût pas même que j'avais travaillé. Sur les livres qu'on distribue aux spectateurs, et où les auteurs sont toujours nommés, il n'y eut de nommé que Voltaire; et Rameau aima mieux que son nom fût supprimé que d'y voir associer le mien (*).

---

(*) L'imprimé ne porte les noms ni de l'auteur des paroles, ni de celui de la musique, mais seule-

Sitôt que je fus en état de sortir, je voulus aller chez M. de Richelieu. Il n'était plus temps; il venait de partir pour Dunkerque, où il devait commander le débarquement destiné pour l'Ecosse. A son retour, je me dis, pour autoriser ma paresse, qu'il était trop tard. Ne l'ayant plus revu depuis lors, j'ai perdu l'honneur que méritait mon ouvrage, l'honoraire qu'il devait me produire; et mon temps, mon travail, mon chagrin, ma maladie et l'argent qu'elle me coûta, tout cela fut à mes frais, sans me rendre un sou de bénéfice, ou plutôt de dédommagement. Il m'a cependant toujours paru que M. de Richelieu avait naturellement de l'inclination pour moi et pensait avantageusement de mes talents; mais mon malheur et M$^{me}$ de La Poplinière empêchèrent tout l'effet de sa bonne volonté.

Je ne pouvais rien comprendre à l'aversion de cette femme à qui je m'étais efforcé de plaire, et à qui je faisais assez régulièrement ma cour. Gauffecourt m'en expliqua les causes : « D'abord, me dit-il, son amitié pour Rameau, dont elle est la prôneuse en titre, et qui ne veut souffrir aucun concurrent; et, de plus, un péché originel qui vous damne auprès d'elle, et qu'elle ne vous pardonnera jamais, c'est d'être Genevois. » Là-dessus, il m'expliqua que l'abbé Hubert, qui l'était, et sincère ami de M. de La Poplinière, avait fait ses efforts pour l'empêcher d'épouser cette femme qu'il connaissait bien, et qu'après le mariage, elle lui avait voué une haine implacable ainsi qu'à tous les Genevois. « Quoique La Poplinière, ajouta-t-il, ait de l'amitié pour vous, et que je le sache, ne comptez pas sur son appui. Il est amoureux de sa femme : elle vous hait; elle est méchante, elle est adroite : vous ne ferez jamais rien dans cette maison. » Je me le tins pour dit.

Ce même Gauffecourt me rendit, à peu près dans le même temps, un service dont j'avais grand besoin. Je venais de perdre mon vertueux père, âgé d'environ soixante ans. Je sentis moins cette perte que je n'aurais fait en d'autres temps, où les embarras de ma situation m'auraient moins occupé. Je n'avais point voulu réclamer, de son vivant, ce qui restait du bien de ma mère, et dont il tirait le petit revenu : je n'eus plus là-dessus de scrupule après sa mort. Mais le défaut de preuve juridique de la mort de mon frère faisait une difficulté que Gauffecourt se chargea de lever, et qu'il leva en effet par les soins de l'avocat De Lolme. Comme j'avais le plus grand besoin de cette petite ressource, et que l'événement était douteux, j'en attendais la nouvelle définitive avec le plus vif empressement. Un soir, en rentrant chez moi, je trouvai la lettre qui devait contenir cette nouvelle, et je la pris pour l'ouvrir avec un tremblement d'impatience dont j'eus honte au dedans de moi. Eh quoi! me dis-je avec dédain, Jean-Jacques se laisserait-il subjuguer à ce point par l'intérêt et par la curiosité ? Je remis sur-le-champ la lettre sur ma cheminée; je me déshabillai, me couchai tranquillement, dormis mieux qu'à mon ordinaire, et me levai le lendemain assez tard sans plus penser à ma lettre. En m'habillant, je l'aperçus; je l'ouvris sans me presser; j'y trouvai une lettre de change. J'eus bien des plaisirs à la fois; mais je puis jurer que le plus vif fut celui d'avoir su me vaincre. J'aurais vingt traits pareils à citer dans ma vie, mais je suis trop pressé pour pouvoir tout dire. J'envoyai une petite partie de cet argent à ma pauvre maman, regrettant avec larmes l'heureux temps où j'aurais mis le tout à ses pieds. Toutes ses lettres se sentaient de sa détresse. Elle m'envoyait des tas de recettes et de secrets dont elle prétendait que je fisse ma fortune et la sienne. Déjà le sentiment de sa misère lui resserrait le cœur et lui rétrécissait l'esprit. Le peu que je lui envoyai fut la proie des fripons qui l'obsédaient. Elle ne profita de rien. Cela me dégoûta de partager mon nécessaire avec ces misérables, surtout après l'inutile tentative que je fis pour la leur arracher, comme il sera dit ci-après.

Le temps s'écoulait et l'argent avec lui. Nous étions deux, même quatre, ou, pour mieux dire, nous étions sept ou huit. Car, quoique Thérèse fût d'un désintéressement qui a peu d'exemples, sa mère n'était pas comme elle. Sitôt qu'elle

---

ment le nom de Laval, auteur du ballet. — Les *Fêtes de Ramire* furent représentées à Versailles le 22 décembre 1745.

se vit un peu remontée par mes soins, elle fit venir toute sa famille pour en partager le fruit. Sœurs, fils, filles, petites-filles, tout vint, hors sa fille aînée, mariée au directeur des carrosses d'Angers. Tout ce que je faisais pour Thérèse était détourné par sa mère en faveur de ces affamés. Comme je n'avais pas affaire à une personne avide, et que je n'étais pas subjugué par une passion folle, je ne faisais pas des folies. Content de tenir Thérèse honnêtement, mais sans luxe, à l'abri des pressants besoins, je consentais que ce qu'elle gagnait par son travail fût tout entier au profit de sa mère, et je ne me bornais pas à cela; mais, par une fatalité qui me poursuivait, tandis que maman était en proie à ses croquants, Thérèse était en proie à sa famille, et je ne pouvais rien faire d'aucun côté qui profitât à celle pour qui je l'avais destiné. Il était singulier que la cadette des enfants de M<sup>me</sup> Le Vasseur, la seule qui n'eût point été dotée, était la seule qui nourrissait son père et sa mère, et qu'après avoir été longtemps battue par ses frères, par ses sœurs, même par ses nièces, cette pauvre fille en était maintenant pillée sans qu'elle pût mieux se défendre de leurs vols que de leurs coups. Une seule de ses nièces, appelée Goton Leduc, était assez aimable et d'un caractère assez doux, quoique gâtée par l'exemple et les leçons des autres. Comme je les voyais souvent ensemble, je leur donnais les noms qu'elles s'entre-donnaient : j'appelais la nièce *ma nièce,* et la tante *ma tante.* Toutes deux m'appelaient leur oncle. De là le nom de *tante* duquel j'ai continué d'appeler Thérèse, et que mes amis répétaient quelquefois en plaisantant.

On sent que, dans une pareille situation, je n'avais pas un moment à perdre pour tâcher de m'en tirer. Jugeant que M. de Richelieu m'avait oublié, et n'espérant plus rien du côté de la cour, je fis quelques tentatives pour faire passer à Paris mon opéra; mais j'éprouvai des difficultés qui demandaient bien du temps pour les vaincre, et j'étais de jour en jour plus pressé. Je m'avisai de présenter ma petite comédie de *Narcisse* aux Italiens. Elle y fut reçue, et j'eus les entrées, qui me firent grand plaisir; mais ce fut tout. Je ne pus jamais parvenir à faire jouer ma pièce; et, ennuyé de faire ma cour à des comédiens, je les plantai là. Je revins enfin au dernier expédient qui me restait, et le seul que j'aurais dû prendre. En fréquentant la maison de M. de La Poplinière, je m'étais éloigné de celle de M. Dupin. Les deux dames, quoique parentes, étaient mal ensemble et ne se voyaient point; il n'y avait aucune société entre les deux maisons, et Thieriot seul vivait dans l'une et dans l'autre. Il fut chargé de tâcher de me ramener chez M. Dupin. M. de Francueil suivait alors l'histoire naturelle et la chimie, et faisait un cabinet. Je crois qu'il aspirait à l'Académie des Sciences; il voulait pour cela faire un livre, et il jugeait que je pouvais lui être utile dans ce travail. M<sup>me</sup> Dupin, qui de son côté méditait un autre livre, avait sur moi des vues à peu près semblables. Ils auraient voulu m'avoir en commun pour une espèce de secrétaire, et c'était là l'objet des semonces de Thieriot. J'exigeais préalablement que M. de Francueil emploierait son crédit avec celui de Jelyotte pour faire répéter mon ouvrage à l'Opéra. Il y consentit. *Les Muses galantes* furent répétées d'abord plusieurs fois au magasin, puis au grand théâtre. Il y avait beaucoup de monde à la grande répétition, et plusieurs morceaux furent très applaudis. Cependant je sentis moi-même durant l'exécution, fort mal conduite par Rebel, que la pièce ne passerait pas, et même qu'elle n'était pas en état de paraître sans de grandes corrections (\*). Ainsi je la retirai sans mot dire et sans m'exposer au refus; mais je vis clairement, par plusieurs indices, que l'ouvrage, eût-il été parfait, n'aurait pas passé. M. de Francueil m'avait bien promis de le faire répéter, mais non pas de le faire recevoir. Il me tint exactement parole. J'ai toujours cru voir, dans cette occasion et dans beaucoup d'autres, que ni lui ni M<sup>me</sup> Dupin ne se souciaient de me laisser acquérir une certaine réputation dans le monde, de peur peut-être qu'on ne supposât, en voyant leurs livres, qu'ils avaient greffé mes talents sur les leurs. Cependant, comme

---

(\*) Le manuscrit original et unique des *Muses galantes,* paroles et musique, se trouvait encore, dans les dernières années du siècle, entre les mains de la veuve de Rousseau. Il a entièrement disparu.

M^me Dupin m'en a toujours supposé de très médiocres, et qu'elle ne m'a jamais employé qu'à écrire sous sa dictée, ou à des recherches de pure érudition, ce reproche, surtout à son égard, eût été bien injuste.

(1747-1749.) Ce dernier mauvais succès acheva de me décourager. J'abandonnai tout projet d'avancement et de gloire; et, sans plus songer à des talents vrais ou vains qui me prospéraient si peu, je consacrai mon temps et mes soins à me procurer ma subsistance et celle de ma Thérèse comme il plairait à ceux qui se chargeraient d'y pourvoir. Je m'attachai donc tout-à-fait à M^me Dupin et à M. de Francueil. Cela ne me jeta pas dans une grande opulence; car, avec huit à neuf cents francs par an que j'eus les deux premières années, à peine avais-je de quoi fournir à mes premiers besoins, forcé de me loger à leur voisinage, en chambre garnie, dans un quartier assez cher, et payant un autre loyer à l'extrémité de Paris, tout au haut de la rue Saint-Jacques, où, quelque temps qu'il fît, j'allais souper presque tous les soirs. Je pris bientôt le train et même le goût de mes nouvelles occupations. Je m'attachai à la chimie; j'en fis plusieurs cours avec M. de Francueil chez M. Rouelle, et nous nous mîmes à barbouiller du papier tant bien que mal sur cette science dont nous possédions à peine les éléments.

En 1747, nous allâmes passer l'automne en Touraine, au château de Chenonceaux, maison royale sur le Cher, bâtie par Henri second pour Diane de Poitiers, dont on y voit encore les chiffres, et maintenant possédée par M. Dupin, fermier-général. On s'amusa beaucoup dans ce beau lieu; on y faisait très bonne chère; j'y devins gras comme un moine. On y fit beaucoup de musique. J'y composai plusieurs trios à chanter, pleins d'une assez forte harmonie, et dont je reparlerai peut-être dans mon supplément, si jamais j'en fais un. On y joua la comédie. J'en fis, en quinze jours, une en trois actes, intitulée *l'Engagement téméraire,* qu'on trouvera parmi mes papiers, et qui n'a d'autre mérite que beaucoup de gaîté. J'y composai d'autres petits ouvrages, entre autres une pièce en vers intitulée *l'Allée de Sylvie,* nom d'une allée du parc qui bordait le Cher (*); et tout cela se fit sans discontinuer mon travail sur la chimie et celui que je faisais auprès de M^me Dupin.

Tandis que j'engraissais à Chenonceaux, ma pauvre Thérèse engraissait à Paris d'une autre manière; et quand j'y revins, je trouvai l'ouvrage que j'avais mis sur le métier plus avancé que je ne l'avais cru. Cela m'eût jeté, vu ma situation, dans un embarras extrême, si des camarades de table ne m'eussent fourni la seule ressource qui pouvait m'en tirer. C'est un de ces récits essentiels que je ne puis faire avec trop de simplicité, parce qu'il faudrait, en les commentant, m'excuser ou me charger, et que je ne dois faire ici ni l'un ni l'autre.

Durant le séjour d'Altuna à Paris, au lieu d'aller manger chez un traiteur, nous mangions ordinairement lui et moi à notre voisinage, presque vis-à-vis le cul-de-sac de l'Opéra, chez une M^me La Selle, femme d'un tailleur, qui donnait assez mal à manger, mais dont la table ne laissait pas d'être recherchée à cause de la bonne et sûre compagnie qui s'y trouvait; car on n'y recevait aucun inconnu, et il fallait être introduit par quelqu'un de ceux qui y mangeaient d'ordinaire. Le commandeur de Graville, vieux débauché, plein de politesse et d'esprit, mais ordurier, y logeait, et y attirait une folle et brillante jeunesse en officiers aux gardes et mousquetaires. Le commandeur de Nonant, chevalier de toutes les filles de l'Opéra, y apportait journellement toutes les nouvelles de ce tripot. MM. Duplessis, lieutenant-colonel retiré, bon et sage vieillard, et Ancelet (**),

---

(*) Il y a une vingtaine d'années qu'un propriétaire vandale a fait abattre cette allée.

(**) Ce fut à M. Ancelet que je donnai une petite comédie de ma façon, intitulée *les Prisonniers de guerre,* que j'avais faite après les désastres des Français en Bavière et en Bohême, et que je n'osai jamais avouer ni montrer, et cela par la singulière raison que jamais le roi, ni la France, ni les Français, ne furent peut-être mieux loués, ni de meilleur cœur que dans cette pièce; et que, républicain et frondeur en titre, je n'osais m'avouer panégyriste d'une nation dont toutes les maximes étaient contraires aux miennes. Plus navré des malheurs de la France que les Français mêmes, j'avais peur qu'on ne taxât de flatterie et de lâcheté les marques d'un sincère attachement, dont j'ai dit l'époque et la cause dans ma première partie (livre V), et que j'étais honteux de montrer.

officier des mousquetaires, y maintenaient un certain ordre parmi ces jeunes gens. Il y venait aussi des commerçants, des financiers, des vivriers, mais polis, honnêtes, et de ceux qu'on distinguait dans leur métier : M. de Besse, M. de Forcade, et d'autres dont j'ai oublié les noms. Enfin, l'on y voyait des gens de mise de tous les états, excepté des abbés et des gens de robe que je n'y ai jamais vus ; et c'était une convention de n'y en point introduire. Cette table, assez nombreuse, était très gaie sans être bruyante, et l'on y polissonnait beaucoup sans grossièreté. Le vieux commandeur, avec tous ses contes gras quant à la substance, ne perdait jamais sa politesse de la vieille cour, et jamais un mot de gueule ne sortait de sa bouche qu'il ne fût si plaisant que des femmes l'auraient pardonné. Son ton servait de règle à toute la table : tous ces jeunes gens contaient leurs aventures galantes avec autant de licence que de grâce : et les contes de filles manquaient d'autant moins que le magasin était à la porte ; car l'allée par où l'on allait chez M$^{me}$ La Selle était la même où donnait la boutique de la Duchapt, célèbre marchande de modes, qui avait alors de très jolies filles avec lesquelles nos messieurs allaient causer avant ou après le dîner. Je m'y serais amusé comme les autres si j'eusse été plus hardi. Il ne fallait qu'entrer comme eux ; je n'osai jamais. Quant à M$^{me}$ La Selle, je continuai d'y aller manger assez souvent après le départ d'Altuna. J'y apprenais des foules d'anecdotes très amusantes, et j'y pris aussi peu à peu, non, grâces au ciel, jamais les mœurs, mais les maximes que j'y vis établies. D'honnêtes personnes mises à mal, des maris trompés, des femmes séduites, des accouchements clandestins, étaient là les textes les plus ordinaires ; et celui qui peuplait le mieux les Enfants-Trouvés était toujours le plus applaudi. Cela me gagna ; je formai ma façon de penser sur celle que je voyais en règne chez des gens très aimables, et dans le fond très honnêtes gens ; et je me dis : Puisque c'est l'usage du pays, quand on y vit on peut le suivre. Voilà l'expédient que je cherchais. Je m'y déterminai gaillardement sans le moindre scrupule ; et le seul que j'eus à vaincre fut celui de Thérèse, à qui j'eus toutes les peines du monde à faire adopter cet unique moyen de sauver son honneur. Sa mère, qui de plus craignait ce nouvel embarras de marmaille, étant venue à mon secours, elle se laissa vaincre. On choisit une sage-femme prudente et sûre, appelée M$^{lle}$ Gouin, qui demeurait à la pointe Sainte-Eustache, pour lui confier ce dépôt, et quand le temps fut venu, Thérèse fut menée par sa mère chez la Gouin, pour y faire ses couches. J'allai l'y voir plusieurs fois, et je lui portai un chiffre que j'avais fait à double sur deux cartes, dont une fut mise dans les langes de l'enfant ; et il fut déposé par la sage-femme au bureau des Enfants-Trouvés, dans la forme ordinaire. L'année suivante, même inconvénient et même expédient, au chiffre près qui fut négligé. Pas plus de réflexion de ma part, pas plus d'approbation de celle de la mère : elle obéit en gémissant. On verra successivement toutes les vicissitudes que cette fatale conduite a produites dans ma façon de penser, ainsi que dans ma destinée. Quant à présent, tenons-nous à cette première époque. Ses suites, aussi cruelles qu'imprévues, ne me forceront que trop d'y revenir.

Je marque ici celle de ma première connaissance avec M$^{me}$ d'Epinay, dont le nom reviendra souvent dans ces mémoires : elle s'appelait M$^{lle}$ d'Esclavelles, et venait d'épouser M. d'Epinay, fils de M. de Lalive de Bellegarde, fermier-général. Son mari était musicien, ainsi que M. de Francueil. Elle était musicienne aussi, et la passion de cet art mit entre ces trois personnes une grande intimité. M. de Francueil m'introduisit chez M$^{me}$ d'Epinay ; j'y soupais quelquefois avec lui. Elle était aimable, avait de l'esprit, des talents ; c'était assurément une bonne connaissance à faire. Mais elle avait une amie, appelée M$^{lle}$ d'Ette, qui passait pour méchante, et qui vivait avec le chevalier de Valory, qui ne passait pas pour bon. Je crois que le commerce de ces deux personnes fit tort à M$^{me}$ d'Epinay, à qui la nature avait donné, avec un tempérament très exigeant, des qualités excellentes pour en régler ou racheter les écarts. M. de Francueil lui communiqua une partie de l'amitié qu'il avait pour moi, et m'avoua ses liaisons avec elle, dont, par cette raison, je ne parlerais pas ici si elles ne fussent devenues publiques au

point de n'être pas même cachées à M. d'Epinay. M. de Francueil me fit même sur cette dame des confidences bien singulières, qu'elle ne m'a jamais faites elle-même et dont elle ne m'a jamais cru instruit; car je n'en ouvris ni n'en ouvrirai de ma vie la bouche ni à elle ni à qui que ce soit (*). Toute cette confiance de part et d'autre rendait ma situation très embarrassante, surtout avec M<sup>me</sup> de Francueil, qui me connaissait assez pour ne pas se défier de moi, quoiqu'en liaison avec sa rivale. Je consolais de mon mieux cette pauvre femme, à qui son mari ne rendait assurément pas l'amour qu'elle avait pour lui. J'écoutais séparément ces trois personnes; je gardais leurs secrets avec la plus grande fidélité, sans qu'aucune des trois m'en arrachât jamais aucun de ceux des deux autres, et sans dissimuler à chacune des deux femmes mon attachement pour sa rivale. M<sup>me</sup> de Francueil, qui voulait se servir de moi pour bien des choses, essuya des refus formels; et M<sup>me</sup> d'Epinay, m'ayant voulu charger une fois d'une lettre pour Francueil, non-seulement en reçut un pareil, mais encore une déclaration très nette que si elle voulait me chasser pour jamais de chez elle, elle n'avait qu'à me faire une seconde fois pareille proposition. Il faut rendre justice à M<sup>me</sup> d'Epinay: loin que ce procédé parût lui déplaire, elle en parla à Francueil avec éloge, et ne m'en reçut pas moins bien. C'est ainsi que, dans des relations orageuses entre trois personnes que j'avais à ménager, dont je dépendais en quelque sorte, et pour qui j'avais de l'attachement, je conservai jusqu'à la fin leur amitié, leur estime, leur confiance, en me conduisant avec douceur et complaisance, mais toujours avec droiture et fermeté. Malgré ma bêtise et ma gaucherie, M<sup>me</sup> d'Epinay voulut me mettre des amusements de la Chevrette, château près de Saint-Denis, appartenant à M. de Bellegarde. Il y avait un théâtre où l'on jouait souvent des pièces. On me chargea d'un rôle, que j'étudiai six mois sans relâche, et qu'il fallut me souffler d'un bout à l'autre à la représentation. Après cette épreuve, on ne me proposa plus de rôle (**).

En faisant la connaissance de M<sup>me</sup> d'Epinay, je fis aussi celle de sa belle-sœur M<sup>lle</sup> de Bellegarde, qui devint bientôt comtesse d'Houdetot. La première fois que je la vis, elle était à la veille de son mariage: elle me fit voir l'appartement qu'on lui préparait, et me causa longtemps (***) avec cette familiarité charmante qui lui est naturelle. Je la trouvai très aimable; mais j'étais bien éloigné de prévoir que cette jeune personne ferait un jour le destin de ma vie, et m'entraînerait, quoique bien innocemment, dans l'abîme où je suis aujourd'hui.

Quoique je n'aie pas parlé de Diderot depuis mon retour de Venise, non plus que de mon ami Roguin, je n'avais pourtant négligé ni l'un ni l'autre, et je m'étais surtout lié de jour en jour plus intimement avec le premier. Il avait une Nanette ainsi que j'avais une Thérèse: c'était entre nous une conformité de plus. Mais la différence était que ma Thérèse, aussi bien tout au moins de figure que sa Nanette, avait une humeur douce et un caractère aimable, fait pour attacher un honnête homme; au lieu que la sienne, pie-grièche et harengère, ne montrait rien aux yeux des autres qui pût racheter la mauvaise éducation. Il l'épousa toutefois. Ce fut fort bien fait, s'il avait promis. Pour moi, qui n'avais rien promis de semblable, je ne me pressai pas de l'imiter.

Je m'étais aussi lié avec l'abbé de Condillac, qui n'était rien, non plus que moi, dans la littérature, mais qui était fait pour devenir ce qu'il est aujourd'hui. Je suis le premier peut-être qui ai vu sa portée, et qui l'ai estimé ce qu'il valait. Il paraissait aussi se plaire avec moi; et tandis qu'enfermé dans ma chambre, rue Jean-Saint-Denis, près l'Opéra, je faisais mon acte d'*Hésiode*, il venait quelquefois dîner avec moi tête à tête en pique-nique. Il travaillait alors à l'*Essai sur l'Origine des Connaissances humaines*, qui est son premier ouvrage (****). Quand

---

(*) Selon les Mémoires mêmes de cette dame, M. d'Epinay avait donné à sa femme une maladie honteuse, et celle-ci l'avait transmise à son amant, qui faillit en mourir.

(**) La pièce quel'on joua était l'*Engagement téméraire*, par Jean-Jacques.

(***) Cette locution provinciale, *me causa*, pour *causa avec moi*, se trouve en effet dans les manuscrits.

(****) Il parut en 1747, 2 vol. in-12.

il fut achevé, l'embarras fut de trouver un libraire qui voulût s'en charger. Les libraires de Paris sont arrogants et durs pour tout homme qui commence ; et la métaphysique, alors très peu à la mode, n'offrait pas un sujet bien attrayant. Je parlai à Diderot de Condillac et de son ouvrage ; je leur fis faire connaissance. Ils étaient faits pour se convenir ; ils se convinrent. Diderot engagea le libraire Durant à prendre le manuscrit de l'abbé, et ce grand métaphysicien eut de son premier livre, et presque par grâce, cent écus qu'il n'aurait peut-être pas trouvés sans moi. Comme nous demeurions dans des quartiers fort éloignés les uns des autres, nous nous rassemblions tous trois une fois la semaine au Palais-Royal, et nous allions dîner ensemble à l'hôtel du Panier-Fleuri. Il fallait que ces petits dîners hebdomadaires plussent extrêmement à Diderot, car lui, qui manquait à presque tous ses rendez-vous, fussent-ils même avec des femmes, ne manqua jamais à aucun de ceux-là. Je formai là le projet d'une feuille périodique, intitulée le *Persifleur*, que nous devions faire alternativement, Diderot et moi. J'en esquissai la première feuille, et cela me fit faire connaissance avec D'Alembert, à qui Diderot en avait parlé. Des événements imprévus nous barrèrent, et ce projet en demeura là.

Ces deux auteurs venaient d'entreprendre le *Dictionnaire encyclopédique*, qui ne devait d'abord être qu'une espèce de traduction de Chambers, semblable à celle du *Dictionnaire de Médecine* de James, que Diderot venait d'achever. Celui-ci voulait me faire entrer pour quelque chose dans cette seconde entreprise, et me proposa la partie de la musique, que j'acceptai, et que j'exécutai très à la hâte et très mal, dans les trois mois qu'il m'avait donnés, comme à tous les auteurs qui devaient concourir à cette entreprise. Mais je fus le seul qui fus prêt au terme prescrit. Je lui remis mon manuscrit, que j'avais fait mettre au net par un laquais de M. de Francueil, appelé Dupont, qui écrivait très bien, et à qui je payai dix écus, tirés de ma poche, qui ne m'ont jamais été remboursés. Diderot m'avait promis, de la part des libraires, une rétribution, dont il ne m'a jamais reparlé, ni moi à lui.

Cette entreprise de l'*Encyclopédie* fut interrompue par sa détention. Les *Pensées philosophiques* lui avaient attiré quelques chagrins qui n'eurent point de suite. Il n'en fut pas de même de la *Lettre sur les Aveugles*, qui n'avait rien de répréhensible que quelques traits personnels, dont M$^{me}$ Dupré de Saint-Maur et M. de Réaumur furent choqués, et pour lesquels il fut mis au donjon de Vincennes. Rien ne peindra jamais les angoisses que me fit sentir le malheur de mon ami. Ma funeste imagination, qui porte toujours le mal au pis, s'effaroucha. Je le crus là pour le reste de sa vie. La tête faillit à m'en tourner. J'écrivis à M$^{me}$ de Pompadour pour la conjurer de le faire relâcher, ou d'obtenir qu'on m'enfermât avec lui. Je n'eus aucune réponse à ma lettre : elle était trop peu raisonnable pour être efficace ; et je ne me flatte pas qu'elle ait contribué aux adoucissements qu'on mit quelque temps après à la captivité du pauvre Diderot. Mais si elle eût duré quelque temps encore avec la même rigueur, je crois que je serais mort de désespoir au pied de ce malheureux donjon. Au reste, si ma lettre a produit peu d'effet, je ne m'en suis pas non plus beaucoup fait valoir ; car je n'en parlai qu'à très peu de gens, et jamais à Diderot lui-même.

## LIVRE VIII.

(1749.) J'ai dû faire une pause à la fin du précédent Livre. Avec celui-ci commence, dans sa première origine, la longue chaîne de mes malheurs.

Ayant vécu dans deux des plus brillantes maisons de Paris, je n'avais pas laissé, malgré mon peu d'entregent, d'y faire quelques connaissances. J'avais fait, entre autres, chez M$^{me}$ Dupin, celle du jeune prince héréditaire de Saxe-Gotha, et du baron de Thun, son gouverneur. J'avais fait, chez M. de La Poplinière, celle de M. Seguy, ami du baron de Thun, et connu dans le monde litté-

ra're par sa belle édition de Rousseau. Le baron nous invita, M. Seguy et moi, d'aller passer un jour ou deux à Fontenay-sous-Bois (*), où le prince avait une

Vous voyez, Monsieur, comment m'aiment mes amis. (Page 209.)

maison. Nous y fûmes. En passant devant Vincennes, je sentis, à la vue du donjon, un déchirement de cœur dont le baron remarqua l'effet sur mon visage.

(*) Un des manuscrits porte *Fontenay-aux-Roses*, mais évidemment par erreur; puisqu'en allant dans le village désigné, Rousseau passe devant le château de Vincennes

A souper, le prince parla de la détention de Diderot. Le baron, pour me faire parler, accusa le prisonnier d'imprudence : j'en mis dans la manière impétueuse dont je le défendis. L'on pardonna cet excès de zèle à celui qu'inspire un ami malheureux, et l'on parla d'autre chose. Il y avait là deux Allemands attachés au prince : l'un appelé M. Klupffel, homme de beaucoup d'esprit, était son chapelain, et devint ensuite son gouverneur, après avoir supplanté le baron ; l'autre était un jeune homme appelé M. Grimm, qui lui servait de lecteur en attendant qu'il trouvât quelque place, et dont l'équipage très mince annonçait le pressant besoin de la trouver. Dès ce même soir, Klupffel et moi commençâmes une liaison qui devint bientôt amitié. Celle avec le sieur Grimm n'alla pas tout-à-fait si vite : il ne se mettait guère en avant, bien éloigné de ce ton avantageux que la prospérité lui donna dans la suite. Le lendemain à dîner, on parla de musique : il en parla bien. Je fus transporté d'aise en apprenant qu'il accompagnait du clavecin. Après le dîner, on fit apporter de la musique. Nous musiquâmes tout le jour au clavecin du prince. Et ainsi commença cette amitié qui d'abord me fut si douce, enfin si funeste, et dont j'aurai tant à parler désormais.

En revenant à Paris, j'y appris l'agréable nouvelle que Diderot était sorti du donjon, et qu'on lui avait donné le château et le parc de Vincennes pour prison, sur sa parole, avec permission de voir ses amis. Qu'il me fut dur de n'y pouvoir courir à l'instant même ! mais retenu deux ou trois jours chez M<sup>me</sup> Dupin par des soins indispensables, après trois ou quatre siècles d'impatience, je volai dans les bras de mon ami. Moment inexprimable ! Il n'était pas seul ; D'Alembert et le trésorier de la Sainte-Chapelle étaient avec lui. En entrant, je ne vis que lui ; je ne fis qu'un saut, un cri ; je collai mon visage sur le sien, je le serrai étroitement sans lui parler autrement que par mes pleurs et mes sanglots ; j'étouffais de tendresse et de joie. Son premier mouvement, sorti de mes bras, fut de se tourner vers l'ecclésiastique, et de lui dire : « Vous voyez, monsieur, comment m'aiment mes amis. » Tout entier à mon émotion, je ne réfléchis pas alors à cette manière d'en tirer avantage ; mais en y pensant quelquefois depuis ce temps-là, j'ai toujours jugé qu'à la place de Diderot, ce n'eût pas été là la première idée qui me serait venue.

Je le trouvai très affecté de sa prison. Le donjon lui avait fait une impression terrible ; et quoiqu'il fût agréablement au château et maître de ses promenades dans un parc qui n'est pas même fermé de murs, il avait besoin de la société de ses amis pour ne pas se livrer à son humeur noire. Comme j'étais assurément celui qui compatissait le plus à sa peine, je crus être aussi celui dont la vue lui serait la plus consolante, et tous les deux jours au plus tard, malgré des occupations très exigeantes, j'allais, soit seul, soit avec sa femme, passer avec lui les après-midi.

Cette année 1749, l'été fut d'une chaleur excessive. On compte deux lieues de Paris à Vincennes. Peu en état de payer des fiacres, à deux heures après midi j'allais à pied quand j'étais seul, et j'allais vite pour arriver plus tôt. Les arbres de la route, toujours élagués à la mode du pays, ne donnaient presque aucune ombre : et souvent, rendu de chaleur et de fatigue, je m'étendais par terre n'en pouvant plus. Je m'avisai, pour modérer mon pas, de prendre quelque livre. Je pris un jour le *Mercure de France*, et tout en marchant et le parcourant, je tombai sur cette question proposée par l'Académie de Dijon pour le prix de l'année suivante : « Si le progrès des sciences et des arts a contribué à corrompre ou à épurer les mœurs. »

A l'instant de cette lecture, je vis un autre univers et je devins un autre homme. Quoique j'aie un souvenir vif de l'impression que j'en reçus, les détails m'en sont échappés depuis que je les ai déposés dans une de mes quatre lettres à M. de Malesherbes. C'est une des singularités de ma mémoire qui mérite d'être dite. Quand elle me sert, ce n'est qu'autant que je me suis reposé sur elle : sitôt que j'en confie le dépôt au papier, elle m'abandonne ; et dès qu'une fois j'ai écrit une chose, je ne m'en souviens plus du tout. Cette singularité me suit jusque dans la musique. Avant de l'apprendre, je savais par cœur des multitudes de chansons :

sitôt que j'ai su chanter des airs notés, je n'en ai pu retenir aucun ; et je doute que de ceux que j'ai le plus aimés, j'en pusse aujourd'hui redire un seul tout entier.

Ce que je me rappelle bien distinctement dans cette occasion, c'est qu'arrivant à Vincennes, j'étais dans une agitation qui tenait du délire. Diderot l'aperçut ; je lui en dis la cause, et je lui lus la prosopopée de Fabricius, écrite en crayon sous un chêne. Il m'exhorta de donner l'essor à mes idées, et de concourir au prix. Je le fis, et dès cet instant je fus perdu. Tout le reste de ma vie et de mes malheurs fut l'effet inévitable de cet instant d'égarement(*).

Mes sentiments se montèrent, avec la plus inconcevable rapidité, au ton de de mes idées. Toutes mes petites passions furent étouffées par l'enthousiasme de la vérité, de la liberté, de la vertu ; et ce qu'il y a de plus étonnant, c'est que cette effervescence se soutint dans mon cœur, durant plus de quatre ou cinq ans, à un aussi haut degré peut-être qu'elle ait jamais été dans le cœur d'aucun autre homme.

Je travaillai ce discours d'une façon bien singulière, et que j'ai presque toujours suivie dans mes autres ouvrages. Je méditais dans mon lit à yeux fermés : et je tournais et retournais mes périodes dans ma tête avec des peines incroyables ; puis, quand j'étais parvenu à en être content, je les déposais dans ma mémoire jusqu'à ce que je pusse les mettre sur le papier : mais le temps de me lever et de m'habiller me faisait tout perdre ; et quand je m'étais mis à mon papier, il ne me venait presque plus rien de ce que j'avais composé. Je m'avisai de prendre pour secrétaire M$^{me}$ Le Vasseur. Je l'avais logée avec sa fille et son mari plus près de moi ; et c'était elle qui, pour m'épargner un domestique, venait tous les matins allumer mon feu et faire mon petit service. A son arrivée, je lui dictais de mon lit mon travail de la nuit, et cette pratique, que j'ai longtemps suivie, m'a sauvé bien des oublis.

Quand ce discours fut fait, je le montrai à Diderot, qui en fut content, et m'indiqua quelques corrections. Cependant cet ouvrage, plein de chaleur et de force, manque absolument de logique et d'ordre ; de tous ceux qui sont sortis de ma plume, c'est le plus faible de raisonnement et le plus pauvre de nombre et d'harmonie : mais avec quelque talent qu'on puisse être né, l'art d'écrire ne s'apprend pas tout d'un coup.

Je fis partir cette pièce sans en parler à personne autre, si ce n'est, je pense, à Grimm, avec lequel, depuis son entrée chez le comte de Friese, je commençais à vivre dans la plus grande intimité. Il avait un clavecin qui nous servait de point de réunion, et autour duquel je passais avec lui tous les moments que j'avais de libres, à chanter des airs italiens et des barcarolles sans trêve et sans relâche du matin au soir, ou plutôt du soir au matin ; et sitôt qu'on ne me trouvait pas chez M$^{me}$ Dupin, on était sûr de me trouver chez M. Grimm, ou du moins avec lui, soit à la promenade, soit au spectacle. Je cessai d'aller à la Comédie-Italienne, où j'avais mes entrées, mais qu'il n'aimait pas, pour aller avec lui, en payant, à la Comédie-Française, dont il était passionné. Enfin, un attrait si puissant me liait à ce jeune homme, et j'en devins tellement inséparable, que la pauvre tante elle-même en était négligée, c'est-à-dire que je la voyais moins ; car jamais un moment de ma vie mon attachement pour elle ne s'est affaibli.

(*) Voyez, dans la *Correspondace*, les lettres à Malesherbes. Marmontel, dans ses *Mémoires*, rapporte tout autrement cette anecdote, qu'il met en ces termes dans la bouche de Diderot : « Un jour, nous promenant ensemble, il me dit que l'Académie de Dijon venait de proposer une question intéressante, et qu'il se proposait de la traiter. Cette question était... Quel parti prendrez-vous ? lui demandai-je. — Celui de l'affirmative. — C'est le pont aux ânes. Tous les talents médiocres prendront ce chemin-là... le parti contraire présente à la philosophie et à l'éloquence un champ nouveau, riche et fécond. — Vous avez raison, me dit-il, après y avoir réfléchi un moment, et je suivrai votre conseil. » Cette version, peu favorable à Rousseau, tombe devant le témoignage de Diderot lui-même, qui, après avoir violemment invectivé son ancien ami dans sa *Vie de Sénèque* (§§ 64-68), rappelle cette circonstance en peu de mots que voici littéralement : « Lorsque le programme de l'Académie de Dijon parut, il vint me consulter sur le parti qu'il prendrait. Le parti que vous prendrez, lui dis-je, c'est celui que personne ne prendra. — Vous avez raison, répliqua-t-il. »

Cette impossibilité de partager à mes inclinations le peu de temps que j'avais de libre renouvela plus vivement que jamais le désir que j'avais depuis longtemps de ne faire qu'un ménage avec Thérèse : mais l'embarras de sa nombreuse famille, et surtout le défaut d'argent pour acheter des meubles, m'avaient jusque alors retenu. L'occasion de faire un effort se présenta, et j'en profitai. M. de Francueil et M<sup>me</sup> Dupin, sentant bien que huit à neuf cents francs par an ne pouvaient me suffire, portèrent de leur propre mouvement mon honoraire annuel jusqu'à cinquante louis; et de plus, M<sup>me</sup> Dupin, apprenant que je cherchais à me mettre dans mes meubles, m'aida de quelques secours pour cela. Avec les meubles qu'avait déjà Thérèse, nous mîmes tout en commun ; et ayant loué un petit appartement à l'hôtel de Languedoc, rue de Grenelle-Saint-Honoré, chez de très bonnes gens, nous nous y arrangeâmes comme nous pûmes ; et nous y avons demeuré paisiblement et agréablement pendant sept ans, jusqu'à mon délogement pour l'Ermitage.

Le père de Thérèse était un vieux bonhomme très doux, qui craignait extrêmement sa femme, et qui lui avait donné pour cela le surnom de *Lieutenant-criminel*, que Grimm, par plaisanterie, transporta dans la suite à la fille. M<sup>me</sup> Le Vasseur ne manquait pas d'esprit, c'est-à-dire d'adresse; elle se piquait même de politesse et d'airs du grand monde : mais elle avait un patelinage mystérieux qui m'était insupportable, donnant d'assez mauvais conseils à sa fille, cherchant à la rendre dissimulée avec moi, et cajolant séparément mes amis aux dépens les uns des autres et aux miens, du reste assez bonne mère parce qu'elle trouvait son compte à l'être, et couvrant les fautes de sa fille parce qu'elle en profitait. Cette femme, que je comblais d'attentions, de soins, de petits cadeaux, et dont j'avais extrêmement à cœur de me faire aimer, était, par l'impossibilité que j'éprouvais d'y parvenir, la seule cause de peine que j'eusse dans mon petit ménage : et, du reste, je puis dire avoir goûté, durant ces six ou sept ans, le plus parfait bonheur domestique que la faiblesse humaine puisse comporter. Le cœur de ma Thérèse était celui d'un ange : notre attachement croissait avec notre intimité, et nous sentions davantage de jour en jour combien nous étions faits l'un pour l'autre. Si nos plaisirs pouvaient se décrire, ils feraient rire par leur simplicité : nos promenades tête à tête hors de la ville, où je dépensais magnifiquement huit ou dix sous à quelque guinguette; nos petits soupers à la croisée de ma fenêtre, assis en vis-à-vis sur deux petites chaises posées sur une malle qui tenait la largeur de l'embrasure. Dans cette situation, la fenêtre nous servait de table, nous respirions l'air, nous pouvions voir les environs, les passants, et, quoique au quatrième étage, plonger dans la rue tout en mangeant. Qui décrira, qui sentira les charmes de ces repas, composés, pour tout mets, d'un quartier de gros pain, de quelques cerises, d'un petit morceau de fromage et d'un demi-setier de vin que nous buvions à nous deux ? Amitié, confiance, intimité, douceur d'âme : que vos assaisonnements sont délicieux! Quelquefois nous restions là jusqu'à minuit sans y songer, et sans nous douter de l'heure, si la vieille maman ne nous en eût avertis. Mais laissons ces détails qui paraîtront insipides ou risibles : je l'ai toujours dit et senti, la véritable jouissance ne se décrit point.

J'en eus à peu près dans le même temps une plus grossière, la dernière de cette espèce que j'aie eu à me reprocher. J'ai dit que le ministre Klupffell était aimable : mes liaisons avec lui n'étaient guère moins étroites qu'avec Grimm et devinrent aussi familières : ils mangeaient quelquefois chez moi. Ces repas, un peu plus que simples, étaient égayés par les fines et folles polissonneries de Klupffell, et par les plaisants germanismes de Grimm, qui n'était pas encore devenu puriste. La sensualité ne présidait pas à nos petites orgies; mais la joie y suppléait, et nous nous trouvions si bien ensemble, que nous ne pouvions plus nous quitter. Klupffell avait mis dans ses meubles une petite fille qui, par convention, ne laissait pas d'être à tout le monde, parce qu'il ne pouvait l'entretenir à lui seul. Un soir, en entrant au café, nous la trouvâmes qui en sortait pour aller souper avec elle. Nous le ralliâmes : il s'en vengea galamment en nous mettant du même souper et puis nous ralliant à son tour. Cette pauvre créature me

parut d'un assez bon naturel, très douce, et peu faite à son métier, auquel une sorcière qu'elle avait avec elle la stylait de son mieux. Les propos et le vin nous égayèrent au point que nous nous oubliâmes. Le bon Klupffell ne voulut point faire ses honneurs à demi, et nous passâmes tous trois successivement dans la chambre voisine avec la pauvre petite, qui ne savait si elle devait rire ou pleurer. Grimm a toujours affirmé qu'il ne l'avait pas touchée : c'était donc pour s'amuser à nous impatienter qu'il resta si longtemps avec elle; et s'il s'en abstint, il est peu probable que ce fût par scrupule, puisque, avant d'entrer chez le comte de Frièse, il logeait chez des filles au même quartier Saint-Roch.

Je sortis de la rue des Moineaux, où logeait cette fille, aussi honteux que Saint-Preux sortit de la maison où on l'avait enivré, et je me rappelai bien mon histoire en écrivant la sienne. Thérèse s'aperçut à quelque signe, et surtout à mon air confus, que j'avais quelque reproche à me faire; j'en allégeai le poids par ma franche et prompte confession. Je fis bien; car, dès le lendemain, Grimm vint en triomphe lui raconter mon forfait en l'aggravant, et depuis lors il n'a jamais manqué de lui en rappeler malignement le souvenir : en cela d'autant plus coupable que, l'ayant mis librement et volontairement dans ma confidence, j'avais droit d'attendre de lui qu'il ne m'en ferait pas repentir. Jamais je ne sentis mieux qu'en cette occasion la bonté de cœur de ma Thérèse; car elle fut plus choquée du procédé de Grimm qu'offensée de mon infidélité, et je n'essuyai de sa part que des reproches touchants et tendres, dans lesquels je n'aperçus jamais la moindre trace de dépit.

La simplicité d'esprit de cette excellente fille égalait sa bonté de cœur, c'est tout dire; mais un exemple qui se présente mérite pourtant d'être ajouté. Je lui avais dit que Klupffell était ministre et chapelain du prince de Saxe-Gotha. Un ministre était pour elle un homme si singulier, que, confondant comiquement les idées les plus disparates, elle s'avisa de prendre Klupffell pour le pape. Je la crus folle la première fois qu'elle me dit, comme je rentrais, que le pape m'était venu voir. Je la fis expliquer, et je n'eus rien de plus pressé que d'aller conter cette histoire à Grimm et à Klupffell, à qui le nom de pape en resta parmi nous. Nous donnâmes à la fille de la rue des Moineaux le nom de papesse Jeanne. C'étaient des rires inextinguibles; nous étouffions. Ceux qui, dans une lettre qu'il leur a plu de m'attribuer, m'ont fait dire que je n'avais ri que deux fois en ma vie, ne m'ont pas connu dans ce temps-là, ni dans ma jeunesse; car assurément cette idée n'aurait jamais pu leur venir.

(1750-1752.) L'année suivante (1750), comme je ne songeais plus à mon discours, j'appris qu'il avait remporté le prix à Dijon. Cette nouvelle réveilla toutes les idées qui me l'avaient dicté, les anima d'une nouvelle force, et acheva de mettre en fermentation dans mon cœur ce premier levain d'héroïsme et de vertu que mon père, et ma patrie, et Plutarque, y avaient mis dans mon enfance. Je ne trouvai plus rien de grand et de beau que d'être libre et vertueux, au-dessus de la fortune et de l'opinion, et de se suffire à soi-même. Quoique la mauvaise honte et la crainte des sifflets m'empêchassent de me conduire d'abord sur ces principes et de rompre brusquement en visière aux maximes de mon siècle, j'en eus dès lors la volonté décidée, et je ne tardai à l'exécuter qu'autant de temps qu'il en fallait aux contradictions pour l'irriter et la rendre triomphante.

Tandis que je philosophais sur les devoirs de l'homme, un évènement vint me faire mieux réfléchir sur les miens. Thérèse devint grosse pour la troisième fois. Trop sincère avec moi, trop fier en dedans pour vouloir démentir mes principes par mes œuvres, je me mis à examiner la destination de mes enfants, et mes liaisons avec leur mère, sur les lois de la nature, de la justice et de la raison, et sur celles de cette religion pure, sainte, éternelle comme son auteur, que les hommes ont souillée en feignant de vouloir la purifier, et dont ils n'ont plus fait, par leurs formules, qu'une religion de mots, vu qu'il en coûte peu de prescrire l'impossible quand on se dispense de le pratiquer.

Si je me trompai dans mes résultats, rien n'est plus étonnant que la sécurité d'âme avec laquelle je m'y livrai. Si j'étais de ces hommes mal nés, sourds à la

douce voix de la nature, au dedans desquels aucun vrai sentiment de justice et d'humanité ne germa jamais, cet endurcissement serait tout simple; mais cette chaleur de cœur, cette sensibilité si vive, cette facilité à former des attachements, cette force avec laquelle ils me subjuguent, ces déchirements cruels quand il les faut rompre, cette bienveillance innée pour mes semblables, cet amour ardent du grand, du vrai, du beau, du juste; cette horreur du mal en tout genre, cette impossibilité de haïr, de nuire et même de le vouloir, cet attendrissement, cette vive et douce émotion que je sens à l'aspect de tout ce qui est vertueux, généreux, aimable : tout cela peut-il jamais s'accorder dans la même âme avec la dépravation qui fait fouler aux pieds sans scrupule le plus doux des devoirs? Non,

Depuis que je vivais chez madame Dupin. (Page 215.)

je le sens, et le dis hautement, cela n'est pas possible. Jamais un seul instant de sa vie, Jean-Jacques n'a pu être un homme sans sentiment, sans entrailles, un père dénaturé. J'ai pu me tromper, mais non m'endurcir. Si je disais mes raisons, j'en dirais trop. Puisqu'elles ont pu me séduire, elles en séduiraient bien bien d'autres : je ne veux pas exposer les jeunes gens qui pourraient me lire à se laisser abuser par la même erreur. Je me contenterai de dire qu'elle fut telle, qu'en livrant mes enfants (*) à l'éducation publique, faute de pouvoir les élever moi-même; en les destinant à devenir ouvriers et paysans, plutôt qu'aventuriers et coureurs de fortunes, je crus faire un acte de citoyen et de père, et je me regardai comme un membre de la république de Platon. Plus d'une fois, depuis lors, les regrets de mon cœur m'ont appris que je m'étais trompé; mais, loin que ma raison m'ait donné le même avertissement, j'ai souvent béni le ciel de les

(*) On lisait dans le premier manuscrit : « Je me contenterai de dire qu'elle fut telle que dès lors je ne regardai plus mes liaisons avec Thérèse que comme un engagement honnête et saint, quoique libre et volontaire; ma fidélité pour elle, tant qu'il durait, comme un devoir indispensable; l'infraction que j'y avais faite une seule fois, comme un véritable adultère. Et quant à mes enfants, en les livrant à..... » — Il est bien clair qu'en recopiant, Rousseau a senti que, s'il laissait subsister ce passage, son amour pour madame d'Houdetot paraîtrait doublement coupable aux yeux des lecteurs.

avoir garantis par là du sort de leur père, et de celui qui les menaçait quand j'aurais été forcé de les abandonner. Si je les avais laissés à M^me d'Epinay ou à M^me de Luxembourg, qui, soit par amitié, soit par générosité, soit par quelque autre motif, ont voulu s'en charger dans la suite, auraient-ils été plus heureux? auraient-ils été élevés du moins en honnêtes gens? Je l'ignore, mais je suis sûr qu'on les aurait portés à haïr, peut-être à trahir leurs parents : il vaut mieux cent fois qu'ils ne les aient point connus.

Mon troisième enfant fut donc mis aux Enfants-Trouvés, ainsi que les premiers, et il en fut de même des deux suivants, car j'en ai eu cinq en tout. Cet arrangement me parut si bon, si sensé, si légitime, que si je ne m'en vantai pas ouvertement, ce fut uniquement par égard pour la mère ; mais je le dis à Diderot, à Grimm ; je l'appris dans la suite à M^me d'Epinay, et dans la suite encore à M^me de Luxembourg, et cela librement, franchement, sans aucune espèce de nécessité, et pouvant aisément le cacher à tout le monde ; car la Gouin était une honnête femme, très discrète, et sur laquelle je comptais parfaitement. Le seul de mes amis à qui j'eus quelque intérêt à m'ouvrir fut le médecin Thierry, qui soigna ma pauvre tante dans une de ses couches où elle se trouva fort mal. En un mot, je ne mis aucun mystère à ma conduite, non-seulement parce que je n'ai jamais rien su cacher à mes amis, mais parce qu'en effet je n'y voyais aucun mal. Tout pesé, je choisis pour mes enfants le mieux, ou ce que je crus l'être. J'aurais voulu, je voudrais encore avoir été élevé et nourri comme ils l'ont été.

Tandis que je faisais ainsi mes confidences, M^me Le Vasseur les faisait aussi de son côté, mais dans des vues moins désintéressées. Je les avais introduites, elle et sa fille, chez M^me Dupin, qui, par amitié pour moi, avait mille bontés pour elle. La mère la mit dans le secret de sa fille. M^me Dupin, qui est bonne et généreuse, et à qui elle ne disait pas combien, malgré la modicité de mes ressources, j'étais attentif à pourvoir à tout, y pourvoyait de son côté avec une libéralité que, par l'ordre de sa mère, la fille m'a toujours cachée durant son séjour à Paris, et dont elle ne me fit l'aveu qu'à l'Ermitage, à la suite de plusieurs autres épanchements de cœur. J'ignorais que M^me Dupin, qui ne m'en a jamais fait le moindre semblant, fût si bien instruite ; j'ignore encore si M^me de Chenonceaux, sa bru, le fut aussi : mais M^me de Francueil, sa belle-fille, le fut, et ne put s'en taire. Elle m'en parla l'année suivante, lorsque j'avais déjà quitté leur maison. Cela m'engagea à lui écrire à ce sujet une lettre qu'on trouvera dans mes recueils (*), et dans laquelle j'expose celles de mes raisons que je pouvais dire sans compromettre M^me Le Vasseur et sa famille ; car les plus déterminantes venaient de là, et je les tus (**).

Je suis sûr de la discrétion de M^me Dupin, et de l'amitié de M^me de Chenonceaux ; je l'étais de celle de M^me de Francueil, qui d'ailleurs mourut longtemps avant que mon secret fût ébruité. Jamais il n'a pu l'être que par les gens mêmes à qui je l'avais confié, et ne l'a été en effet qu'après ma rupture avec eux. Par ce seul fait, ils sont jugés : sans vouloir me disculper du blâme que je mérite, j'aime mieux en être chargé que de celui que mérite leur méchanceté. Ma faute est grande, mais c'est une erreur : j'ai négligé mes devoirs, mais le désir de nuire n'est pas entré dans mon cœur, et les entrailles de père ne sauraient parler bien puissamment pour des enfants qu'on n'a jamais vus : mais trahir la confiance de l'amitié, violer le plus saint de tous les pactes, publier les secrets versés dans notre sein, déshonorer à plaisir l'ami qu'on a trompé, et qui nous respecte encore en nous quittant, ce ne sont pas là des fautes, ce sont des bassesses d'âme et des noirceurs.

J'ai promis ma confession, non ma justification ; ainsi je m'arrête ici sur ce

---

(*) Voyez la *Correspondance*, 20 avril 1751, et trois lettres à madame de Luxembourg, des 12 juin, 20 juillet et 10 août 1761.

(**) Ces *raisons déterminantes* se trouvent indiquées plus loin, au livre IX, et dans les *Rêveries* (8^e promenade). On verra, au livre XII et dans l'*Émile*, que la conscience de Rousseau ne fut pas suffisamment tranquillisée par tous ses sophismes.

point. C'est à moi d'être vrai, c'est au lecteur d'être juste. Je ne lui demanderai jamais rien de plus (*).

Le mariage de M. de Chenonceaux me rendit la maison de sa mère encore plus agréable, par le mérite et l'esprit de la nouvelle mariée, jeune personne très aimable, et qui parut me distinguer parmi les scribes de M. Dupin. Elle était fille unique de M<sup>me</sup> la vicomtesse de Rochechouart, grande amie du comte de Friése, et par contre-coup de Grimm, qui lui était attaché. Ce fut pourtant moi qui l'introduisis chez sa fille : mais leurs humeurs ne se convenant pas, cette liaison n'eut point de suite; et Grimm, qui dès lors visait au solide, préféra la mère, femme du grand monde, à la fille, qui voulait des amis sûrs et qui lui convinssent, sans se mêler d'aucune intrigue ni chercher du crédit parmi les grands. M<sup>me</sup> Dupin, ne trouvant pas dans M<sup>me</sup> de Chenonceaux toute la docilité qu'elle en attendait, lui rendit sa maison fort triste; et M<sup>me</sup> de Chenonceaux, fière de son mérite, peut-être de sa naissance, aima mieux renoncer aux agréments de la société, et rester presque seule dans son appartement, que de porter un joug pour lequel elle ne se sentait pas faite. Cette espèce d'exil augmenta mon attachement pour elle par cette pente naturelle qui m'attire vers les malheureux. Je lui trouvai l'esprit métaphysique et penseur, quoique parfois un peu sophistique. Sa conversation, qui n'était point du tout celle d'une jeune femme qui sort du couvent, était pour moi très attrayante. Cependant elle n'avait pas vingt ans ; son teint était d'une blancheur éblouissante; sa taille eût été grande et belle, si elle se fût mieux tenue; ses cheveux, d'un blond cendré et d'une beauté peu commune, me rappelaient ceux de ma pauvre maman dans son bel âge, et m'agitaient le cœur. Mais les principes sévères que je venais de me faire, et que j'étais résolu de suivre à tout prix, me garantirent d'elle et de ses charmes. J'ai passé, durant tout un été, trois ou quatre heures par jour tête à tête avec elle, à lui montrer gravement l'arithmétique, et à l'ennuyer de mes chiffres éternels, sans lui dire un seul mot galant ni lui jeter une œillade. Cinq ou six ans plus tard, je n'aurais pas été si sage ou si fou; mais il était écrit que je ne devais aimer d'amour qu'une fois en ma vie, et qu'une autre qu'elle aurait les premiers et les derniers soupirs de mon cœur.

Depuis que je vivais chez M<sup>me</sup> Dupin, je m'étais toujours contenté de mon sort sans marquer aucun désir de le voir amélioré. L'augmentation qu'elle avait faite à mes honoraires, conjointement avec M. de Francueil, était venue uniquement de leur propre mouvement. Cette année, M. de Francueil, qui me prenait de jour en jour plus en amitié, songea à me mettre beaucoup plus au large et dans une situation moins précaire. Il était receveur-général des finances. M. Dudoyer, son caissier, était vieux, riche, et voulait se retirer. M. de Francueil m'offrit cette place; et pour me mettre en état de la remplir, j'allai pendant quelques semaines chez M. Dudoyer prendre les instructions nécessaires. Mais, soit que j'eusse peu de talent pour cet emploi, soit que Dudoyer, qui me parut vouloir se donner un autre successeur, ne m'instruisît pas de bonne foi, j'acquis lentement et mal les connaissances dont j'avais besoin; et tout cet ordre de comptes, embrouillés à dessein, ne put jamais bien m'entrer dans la tête. Cependant, sans avoir saisi le fin du métier, je ne laissai pas d'en prendre la marche courante assez pour pouvoir l'exercer rondement. J'en commençai même les fonctions. Je tenais les registres et la caisse; je donnais et recevais de l'argent, des récépissés; et quoique j'eusse aussi peu de goût que de talent pour ce métier, la maturité des ans commençant à me rendre sage, j'étais déterminé à vaincre ma répugnance pour me livrer tout entier à mon emploi. Malheureusement, comme je commençais à me mettre en train, M. de Francueil fit un petit voyage, durant lequel je restai chargé de sa caisse, où il n'y avait pourtant pour lors que vingt-cinq à trente mille francs. Les soucis, l'inquiétude d'esprit, que me donna

---

(*) Selon le témoignage de Ginguené, dès le temps où Rousseau résidait Paris, rue de Grenelle-Saint-Honoré, l'envoi successif de ses cinq enfants à l'hôpital était, dans le quartier qu'il habitait, un fait de notoriété publique.

ce dépôt, me firent sentir que je n'étais point fait pour être caissier; et je ne doute point que le mauvais sang que je fis durant cette absence n'ait contribué à la maladie où je tombai après son retour.

J'ai dit, dans ma première Partie, que j'étais né mourant. Un vice de conformation dans la vessie me fit éprouver, durant mes premières années, une rétention d'urine presque continuelle; et ma tante Suzon, qui prit soin de moi, eut des peines incroyables à me conserver. Elle en vint à bout cependant : ma robuste constitution prit enfin le dessus, et ma santé s'affermit tellement durant ma jeunesse, qu'excepté la maladie de langueur dont j'ai raconté l'histoire, et de fréquents besoins d'uriner que le moindre échauffement me rendit toujours incommodes, je parvins jusqu'à l'âge de trente ans, sans presque me sentir de ma première infirmité. Le premier ressentiment que j'en eus fut à mon arrivée à Venise. La fatigue du voyage et les terribles chaleurs que j'avais souffertes, me donnèrent une ardeur d'urine et des maux de reins que je gardai jusqu'à l'entrée de l'hiver. Après avoir vu la padoana, je me crus mort, et n'eus pas la moindre incommodité. Après m'être épuisé plus d'imagination que de corps pour ma Zulietta, je me portai mieux que jamais. Ce ne fut qu'après la détention de Diderot, que l'échauffement contracté dans mes courses de Vincennes, durant les terribles chaleurs qu'il faisait alors, me donna une violente néphrétique, depuis laquelle je n'ai jamais recouvré ma première santé.

Au moment dont je parle, m'étant peut-être un peu fatigué au maussade travail de cette maudite caisse, je retombai plus bas qu'auparavant, et je demeurai dans mon lit cinq ou six semaines dans le plus triste état que l'on puisse imaginer. M$^{me}$ Dupin m'envoya le célèbre Morand, qui, malgré son habileté et la délicatesse de sa main, me fit souffrir des maux incroyables, et ne put jamais venir à bout de me sonder. Il me conseilla de recourir à Daran, dont les bougies plus flexibles parvinrent en effet à s'insinuer : mais, en rendant compte à M$^{me}$ Dupin de mon état, Morand lui déclara que dans six mois je ne serais pas en vie. Ce discours, qui me parvint, me fit faire de sérieuses réflexions sur mon état, et sur la bêtise de sacrifier le repos et l'agrément du peu de jours qui me restaient à vivre, à l'assujétissement d'un emploi pour lequel je ne me sentais que du dégoût. D'ailleurs, comment accorder les sévères principes que je venais d'adopter avec un état qui s'y rapportait si peu? et n'aurais-je pas bonne grâce, caissier d'un receveur-général des finances, à prêcher le désintéressement et la pauvreté? Ces idées fermentèrent si bien dans ma tête avec la fièvre, elles s'y combinèrent avec tant de force, que rien depuis lors ne les en put arracher; et durant ma convalescence, je me confirmai de sang-froid dans les résolutions que j'avais prises dans mon délire. Je renonçai pour jamais à tout projet de fortune et d'avancement. Déterminé à passer dans l'indépendance et la pauvreté le peu de temps qui me restait à vivre, j'appliquai toutes les forces de mon âme à briser les fers de l'opinion, et à faire avec courage tout ce qui me paraissait bien, sans m'embarrasser aucunement du jugement des hommes. Les obstacles que j'eus à combattre, et les efforts que je fis pour en triompher, sont incroyables. Je réussis autant qu'il était possible, et plus que je n'avais espéré moi-même. Si j'avais aussi bien secoué le joug de l'amitié que celui de l'opinion, je venais à bout de mon dessein, le plus grand peut-être, ou du moins le plus utile à la vertu, que mortel ait jamais conçu; mais, tandis que je foulais aux pieds les jugements insensés de la tourbe vulgaire des soi-disant grands et des soi-disant sages, je me laissais subjuguer et mener comme un enfant par de soi-disant amis, qui, jaloux de me voir marcher fièrement et seul dans une route nouvelle, tout en paraissant s'occuper beaucoup à me rendre heureux, ne s'occupaient en effet qu'à me rendre ridicule, et commencèrent par travailler à m'avilir, pour parvenir dans la suite à me diffamer. Ce fut moins ma célébrité littéraire que ma réforme personnelle, dont je marque ici l'époque, qui m'attira leur jalousie : ils m'auraient pardonné peut-être de briller dans l'art d'écrire; mais ils ne purent me pardonner de donner dans ma conduite un exemple qui semblait les importuner. J'étais né pour l'amitié; mon humeur facile et douce la nourrissait sans peine. Tant que je vécus

ignoré du public, je fus aimé de tous ceux qui me connurent, et je n'eus pas un seul ennemi, mais sitôt que j'eus un nom, je n'eus plus d'amis. Ce fut un très grand malheur ; un plus grand encore fut d'être environné de gens qui prenaient ce nom et qui n'usèrent des droits qu'il leur donnait que pour m'entraîner à ma perte. La suite de ces mémoires développera cette odieuse trame ; je n'en montre ici que l'origine : on en verra bientôt former le premier nœud.

Dans l'indépendance où je voulais vivre, il fallait cependant subsister. J'en imaginai un moyen très simple : ce fut de copier de la musique à tant la page. Si quelque occupation plus solide eût rempli le même but, je l'aurais prise ; mais ce talent étant de mon goût, et le seul qui, sans assujétissement personnel, pût me donner du pain au jour le jour, je m'y tins. Croyant n'avoir plus besoin de prévoyance, et faisant taire la vanité, de caissier d'un financier je me fis copiste de musique. Je crus avoir gagné beaucoup à ce choix, et je m'en suis si peu repenti, que je n'ai quitté ce métier que par force, pour le reprendre aussitôt que je pourrai (*).

Le succès de mon premier discours me rendit l'exécution de cette résolution plus facile. Quand il eut remporté le prix, Diderot se chargea de le faire imprimer. Tandis que j'étais dans mon lit, il m'écrivit un billet pour m'en annoncer la publication et l'effet. « Il prend, me marquait-il, tout par dessus les nues ; il n'y a pas d'exemple d'un succès pareil. » Cette faveur du public, nullement briguée, et pour un auteur inconnu, me donna la première assurance véritable de mon talent, dont, malgré le sentiment interne, j'avais toujours douté jusqu'alors. Je compris tout l'avantage que j'en pouvais tirer pour le parti que j'étais prêt à prendre, et je jugeai qu'un copiste de quelque célébrité dans les lettres ne manquerait vraisemblablement pas de travail.

Sitôt que ma résolution fut bien prise et bien confirmée, j'écrivis un billet à M. de Francueil pour lui en faire part, pour le remercier, ainsi que M$^{me}$ Dupin, de toutes leurs bontés, et pour leur demander leur pratique. Francueil, ne comprenant rien à ce billet et me croyant encore dans le transport de la fièvre, accourut chez moi ; mais il trouva ma résolution si bien prise, qu'il ne put parvenir à l'ébranler. Il alla dire à M$^{me}$ Dupin et à tout le monde que j'étais devenu fou ; je laissai dire, et j'allai mon train. Je commençai ma réforme par ma parure ; je quittai la dorure et les bas blancs ; je pris une perruque ronde ; je posai l'épée ; je vendis ma montre, en me disant avec une joie incroyable : Grâce au ciel, je n'aurai plus besoin de savoir l'heure qu'il est. M. de Francueil eut l'honnêteté d'attendre assez longtemps encore avant de disposer de sa caisse. Enfin, voyant mon parti bien pris, il la remit à M. d'Alibard, jadis gouverneur du jeune Chenonceaux, et connu dans la botanique par sa *Flora parisiensis* (**).

Quelque austère que fût ma réforme somptuaire, je ne l'étendis pas d'abord jusqu'à mon linge, qui était beau et en quantité, reste de mon équipage de Venise et pour lequel j'avais un attachement particulier. A force d'en faire un objet de propreté, j'en avais fait un objet de luxe, qui ne laissait pas de m'être coûteux. Quelqu'un me rendit le bon office de me délivrer de cette servitude. La veille de Noël, tandis que les gouverneuses étaient à vêpres et que j'étais au concert spirituel, on força la porte d'un grenier où était étendu tout notre linge après une lessive qu'on venait de faire. On vola tout, et entre autres quarante-deux chemises à moi, de très belle toile, et qui faisaient le fond de ma garde-robe en linge. A la façon dont les voisins dépeignirent un homme qu'on avait vu sortir de l'hôtel, portant des paquets, à la même heure, Thérèse et moi soupçonnâmes son frère, qu'on savait être un très mauvais sujet. La mère repoussa vivement ce soupçon ; mais tant d'indices le confirmèrent, qu'il nous resta, malgré qu'elle en

---

(*) Dans ses *Rêveries* (3$^e$ promenade), Rousseau fait connaître plus en détail les motifs de cette résolution.

(**) Je ne doute pas que tout ceci ne soit maintenant conté bien différemment par Francueil et ses consorts ; mais je m'en rapporte à ce qu'il en dit alors et longtemps après à tout le monde, jusqu'à la formation du complot, et dont les gens de bon sens et de bonne foi ont dû conserver le souvenir.

(*Note du manuscrit gardé par Rousseau.*)

eût. Je n'osai faire d'exactes recherches, de peur de trouver plus que je n'aurais voulu. Ce frère ne se montra plus chez moi, et disparut enfin tout-à-fait. Je déplorai le sort de Thérèse et le mien de tenir à une famille si mêlée, et je l'exhortai plus que jamais à secouer un joug aussi dangereux. Cette aventure me guérit de la passion du beau linge, et je n'en ai plus eu depuis lors que de très commun, plus assortissant au reste de mon équipage.

Ayant ainsi complété ma réforme, je ne songeai plus qu'à la rendre solide et durable, en travaillant à déraciner de mon cœur tout ce qui tenait encore au jugement des hommes, tout ce qui pouvait me détourner, par la crainte du blâme, de ce qui était bon et raisonnable en soi. A l'aide du bruit que faisait mon ouvrage, ma résolution fit du bruit aussi, et m'attira des pratiques; de sorte que je commençai mon métier avec assez de succès. Plusieurs causes cependant m'empêchèrent d'y réussir comme j'aurais pu faire en d'autres circonstances. D'abord, ma mauvaise santé. L'attaque que je venais d'essuyer eut des suites qui ne m'ont laissé jamais aussi bien portant qu'auparavant; et je crois que les médecins auxquels je me livrai me firent bien autant de mal que la maladie. Je vis successivement Morand, Daran, Helvétius, Malouin, Thierry, qui, tous très savants, tous mes amis, me traitèrent chacun à sa mode, ne me soulagèrent point, et m'affaiblirent considérablement. Plus je m'asservissais à leur direction, plus je devenais jaune, maigre, faible. Mon imagination, qu'ils effarouchaient, mesurant mon état sur l'effet de leurs drogues, ne me montrait avant la mort qu'une suite de souffrances, les rétentions, la gravelle, la pierre. Tout ce qui soulage les autres, les tisanes, les bains, la saignée, empirait mes maux. M'étant aperçu que les sondes de Daran, qui seules me faisaient quelque effet et sans lesquelles je ne croyais plus pouvoir vivre, ne me donnaient cependant qu'un soulagement momentané, je me mis à faire, à grands frais, d'immenses provisions de sondes, pour pouvoir en porter toute ma vie, même au cas que Daran vînt à manquer. Pendant huit ou dix ans que je m'en suis servi si souvent, il faut, avec tout ce qui m'en reste, que j'en aie acheté pour cinquante louis. On sent qu'un traitement si coûteux, si douloureux, si pénible, ne me laissait pas travailler sans distraction, et qu'un mourant ne met pas une ardeur bien vive à gagner son pain quotidien.

Les occupations littéraires firent une autre distraction non moins préjudiciable à mon travail journalier. A peine mon Discours eut-il paru, que les défenseurs des lettres fondirent sur moi comme de concert. Indigné de voir tant de petits messieurs Josse, qui n'entendaient pas même la question, vouloir en décider en maîtres, je pris la plume, et j'en traitai quelques-uns de manière à ne pas laisser les rieurs de leur côté. Un certain M. Gautier, de Nancy, le premier qui tomba sous ma plume, fut rudement mainené dans une lettre à M. Grimm. Le second fut le roi Stanislas lui-même, qui ne dédaigna pas d'entrer en lice avec moi. L'honneur qu'il me fit me força de changer de ton pour lui répondre; j'en pris un plus grave, mais non moins fort; et, sans manquer de respect à l'auteur, je réfutai pleinement l'ouvrage. Je savais qu'un jésuite, appelé le P. Menou, y avait mis la main : je me fiai à mon tact pour démêler ce qui était du prince et ce qui était du moine; et, tombant sans ménagement sur toutes les phrases jésuitiques, je relevai, chemin faisant, un anachronisme que je crus ne pouvoir venir que du révérend. Cette pièce, qui, je ne sais pourquoi, a fait moins de bruit que mes autres écrits, est jusqu'à présent un ouvrage unique dans son espèce. J'y saisis l'occasion qui m'était offerte d'apprendre au public comment un particulier pouvait défendre la cause de la vérité contre un souverain même. Il est difficile de prendre en même temps un ton plus fier et plus respectueux que celui que je pris pour lui répondre. J'avais le bonheur d'avoir affaire à un adversaire pour lequel mon cœur plein d'estime pouvait, sans adulation, le lui témoigner; c'est ce que je fis avec assez de succès, mais toujours avec dignité. Mes amis, effrayés pour moi, croyaient déjà me voir à la Bastille. Je n'eus pas cette crainte un seul moment, et j'eus raison. Ce bon prince, après avoir vu ma réponse, dit : « J'ai mon compte; je ne m'y frotte plus. » Depuis lors, je reçus de lui diverses

marques d'estime et de bienveillance, dont j'aurai quelques-unes à citer; et mon écrit courut tranquillement la France et l'Europe, sans que personne y trouvât rien à blâmer.

J'eus peu de temps après un autre adversaire, auquel je ne m'étais pas attendu, ce même M. Bordes, de Lyon, qui dix ans auparavant m'avait fait beaucoup d'amitiés et rendu plusieurs services. Je ne l'avais pas oublié, mais je l'avais négligé par paresse; et je ne lui avais pas envoyé mes écrits, faute d'occasion toute trouvée pour les lui faire passer. J'avais donc tort; et il m'attaqua, honnêtement toutefois, et je répondis de même. Il répliqua sur un ton plus décidé. Cela donna lieu à ma dernière réponse, après laquelle il ne dit plus rien (*) : mais il devint mon plus ardent ennemi, saisit le temps de mes malheurs pour faire contre moi d'affreux libelles, et fit un voyage à Londres exprès pour m'y nuire.

Toute cette polémique m'occupait beaucoup, avec beaucoup de perte de temps pour ma copie, peu de progrès pour la vérité, et peu de profit pour ma bourse. Pissot, alors mon libraire, me donnait toujours peu de chose de mes brochures, souvent rien du tout; et, par exemple, je n'eus pas un liard de mon premier Discours : Diderot le lui donna gratuitement. Il fallait attendre longtemps, et tirer sou à sou le peu qu'il me donnait. Cependant la copie n'allait point. Je faisais deux métiers, c'était le moyen de faire mal l'un et l'autre.

Ils se contrariaient encore d'une autre façon, par les diverses manières de vivre auxquelles ils m'assujétissaient. Le succès de mes premiers écrits m'avait mis à la mode. L'état que j'avais pris excitait la curiosité; l'on voulait connaître cet homme bizarre, qui ne recherchait personne, et ne se souciait de rien que de vivre libre et heureux à sa manière : c'en était assez pour qu'il ne le pût point. Ma chambre ne désemplissait pas de gens qui, sous divers prétextes, venaient s'emparer de mon temps. Les femmes employaient mille ruses pour m'avoir à dîner. Plus je brusquais les gens, plus ils s'obstinaient. Je ne pouvais refuser tout le monde. En me faisant mille ennemis par mes refus, j'étais incessamment subjugué par ma complaisance; et de quelque façon que je m'y prisse, je n'avais pas par jour une heure de temps à moi.

Je sentis alors qu'il n'est pas toujours aussi aisé qu'on se l'imagine d'être pauvre et indépendant. Je voulais vivre de mon métier; le public ne le voulait pas. On imaginait mille petits moyens pour me dédommager du temps qu'on me faisait perdre; les cadeaux de toute espèce venaient me chercher. Bientôt il aurait fallu me montrer, comme Polichinelle, à tant par personne. Je ne connais pas d'assujétissement plus avilissant et plus cruel que celui-là. Je n'y vis de remède que de refuser les cadeaux grands et petits, de ne faire d'exception pour qui que ce fût. Tout cela ne fit qu'attirer les donneurs, qui voulaient avoir la gloire de vaincre ma résistance et me forcer de leur être obligé malgré moi. Tel qui ne m'aurait pas donné un écu si je l'avais demandé, ne cessait de m'importuner de ses offres, et, pour se venger de les avoir rejetées, taxait mes refus d'arrogance et d'ostentation.

On se doutera bien que le parti que j'avais pris, et le système que je voulais suivre, n'étaient pas du goût de M<sup>me</sup> Le Vasseur. Tout le désintéressement de la fille ne l'empêchait pas de suivre les directions de sa mère; et les *gouverneuses*, comme les appelait Gauffecourt, n'étaient pas toujours aussi fermes que moi dans leurs refus. Quoiqu'on me cachât bien des choses, j'en vis assez pour juger que je ne voyais pas tout; et cela me tourmenta, moins par l'accusation de connivence qu'il m'était aisé de prévoir, que par l'idée cruelle de ne pouvoir jamais être maître chez moi ni de moi. Je priais, je conjurais, je me fâchais, le tout sans succès; la maman me faisait passer pour un grondeur éternel, pour un bourru; c'était, avec mes amis, des chuchoteries continuelles : tout était mystère et secret pour moi dans mon ménage; et pour ne pas m'exposer sans cesse à des orages,

(*) Rousseau est ici trompé par sa mémoire. Il n'a fait à Bordes qu'une seule réponse, applicable à son premier Discours *sur les avantages des sciences*, et n'a point répondu au second travail de cet auteur sur le même sujet.

je n'osais plus m'informer de ce qui s'y passait. Il aurait fallu, pour me tirer de tout ce tracas, une fermeté dont je n'étais pas capable. Je savais crier et non pas agir : on me laissait dire, et l'on allait son train.

Ces tiraillements continuels, et les importunités journalières auxquelles j'étais assujéti, me rendirent enfin ma demeure et le séjour de Paris désagréables. Quand mes incommodités me permettaient de sortir, et que je ne me laissais pas entraîner ici où là par mes connaissances, j'allais me promener seul ; je rêvais à mon grand système, j'en jetais quelque chose sur le papier, à l'aide d'un livret blanc et d'un crayon que j'avais toujours dans ma poche. Voilà comment les désagréments imprévus d'un état de mon choix me jetèrent par diversion tout-à-fait dans la littérature ; et voilà comment je portai dans tous mes premiers ouvrages la bile et l'humeur qui m'en faisaient occuper.

Une autre chose y contribuait encore. Jeté malgré moi dans le monde sans en avoir le ton, sans être en état de le prendre et de m'y pouvoir assujétir, je m'avisai d'en prendre un à moi qui m'en dispensât. Ma sotte et maussade timidité, que je ne pouvais vaincre, ayant pour principe la crainte de manquer aux bienséances, je pris, pour m'enhardir, le parti de les fouler aux pieds. Je me fis cynique et caustique par honte ; j'affectai de mépriser la politesse que je ne savais pas pratiquer. Il est vrai que cette âpreté, conforme à mes nouveaux principes, s'ennoblissait dans mon âme, y prenait l'intrépidité de la vertu ; et c'est, je l'ose dire, sur cette auguste base qu'elle s'est soutenue mieux et plus longtemps qu'on n'aurait dû l'attendre d'un effort si contraire à mon naturel. Cependant, malgré la réputation de misanthropie que mon extérieur et quelques mots heureux me donnèrent dans le monde, il est certain que, dans le particulier, je soutins toujours mal mon personnage ; que mes amis et mes connaissances menaient cet ours si farouche comme un agneau, et que, bornant mes sarcasmes à des vérités dures, mais générales, je n'ai jamais su dire un mot désobligeant à qui que ce fût.

*Le Devin du village* acheva de me mettre à la mode, et bientôt il n'y eut pas d'homme plus recherché que moi dans Paris. L'histoire de cette pièce, qui fait époque, tient à celle des liaisons que j'avais pour lors. C'est un détail dans lequel je dois entrer, pour l'intelligence de ce qui doit suivre.

J'avais un assez grand nombre de connaissances, mais deux seuls amis de choix, Diderot et Grimm. Par un effet du désir que j'ai de rassembler tout ce qui m'est cher, j'étais trop l'ami de tous les deux pour qu'ils ne le fussent pas bientôt l'un de l'autre. Je les liai ; ils se convinrent, et s'unirent encore plus étroitement entre eux qu'avec moi. Diderot avait des connaissances sans nombre ; mais Grimm, étranger et nouveau venu, avait besoin d'en faire. Je ne demandais pas mieux que de lui en procurer. Je lui avais donné Diderot, je lui donnai Gauffecourt. Je le menai chez M$^{me}$ de Chenonceaux, chez M$^{me}$ d'Épinay, chez le baron d'Holbach, avec lequel je me trouvais lié presque malgré moi. Tous mes amis devinrent les siens, cela était tout simple ; mais aucun des siens ne devint jamais le mien, voilà ce qui l'était moins. Tandis qu'il logeait chez le comte de Friese, il nous donnait souvent à dîner chez lui ; mais jamais je n'ai reçu aucun témoignage d'amitié ni de bienveillance du comte de Friese ni du comte de Schomberg, son parent, très familier avec Grimm, ni d'aucune des personnes, tant hommes que femmes, avec lesquelles Grimm eut par eux des liaisons. J'excepte le seul abbé Raynal, qui, quoique son ami, se montra des miens, et m'offrit dans l'occasion sa bourse avec une générosité peu commune. Mais je connaissais l'abbé Raynal longtemps avant que Grimm le connût lui même, et je lui avais toujours été attaché, depuis un procédé plein de délicatesse et d'honnêteté qu'il eut pour moi dans une occasion bien légère, mais que je n'oubliai jamais.

Cet abbé Raynal est certainement un ami chaud. J'en eus la preuve à peu près dans le temps dont je parle envers le même Grimm, avec lequel il était étroitement lié. Grimm, après avoir vu quelque temps de bonne amitié M$^{lle}$ Fel, s'avisa tout d'un coup d'en devenir éperdument amoureux, et de vouloir supplanter Cahusac. La belle, se piquant de constance, éconduisit ce nouveau prétendant.

Celui-ci prit l'affaire au tragique, et s'avisa d'en vouloir mourir. Il tomba tout subitement dans la plus étrange maladie dont jamais peut-être on ait ouï parler. Il passait les jours et les nuits dans une continuelle léthargie, les yeux bien ouverts, le pouls bien battant, mais sans parler, sans manger, sans bouger, paraissant quelquefois entendre, mais ne répondant jamais, pas même par signe, et du reste sans agitation, sans douleur, sans fièvre, et restant là comme s'il eût été mort. L'abbé Raynal et moi nous partageâmes sa garde; l'abbé, plus robuste et mieux portant, y passait les nuits, moi les jours, sans le quitter jamais ensemble; et l'un ne partait jamais que l'autre ne fût arrivé. Le comte de Frièse, alarmé, lui amena Senac, qui, après l'avoir bien examiné, dit que ce ne serait rien, et n'ordonna rien. Mon effroi pour mon ami me fit observer avec soin la contenance du médecin, et je le vis sourire en sortant. Cependant, le malade resta plusieurs jours immobile, sans prendre ni bouillon, ni quoi que ce fût, que des cerises confites que je lui mettais de temps en temps sur la langue, et qu'il avalait fort bien. Un beau matin, il se leva, s'habilla, et reprit son train de vie ordinaire, sans que jamais il m'ait reparlé, ni, que je sache, à l'abbé Raynal, ni à personne, de cette singulière léthargie, ni des soins que nous lui avions rendus tandis qu'elle avait duré.

Cette aventure ne laissa pas de faire du bruit; et c'eût été réellement une anecdote merveilleuse que la cruauté d'une fille d'Opéra eût fait mourir un homme de désespoir. Cette belle passion mit Grimm à la mode; bientôt il passa pour un prodige d'amour, d'amitié, d'attachement de toute espèce. Cette opinion le fit rechercher et fêter dans le grand monde, et par là l'éloigna de moi, qui n'avais jamais été pour lui qu'un pis aller. Je le vis prêt à m'échapper tout-à-fait. J'en fus navré; car tous les sentiments vifs dont il faisait parade étaient ceux qu'avec moins de bruit j'avais pour lui. J'étais bien aise qu'il réussît dans le monde; mais je n'aurais pas voulu que ce fût en oubliant son ami. Je lui dis un jour : « Grimm, vous me négligez; je vous le pardonne : quand la première ivresse des succès brillants aura fait son effet, et que vous en sentirez le vide, j'espère que vous reviendrez à moi, et vous me retrouverez toujours : quant à présent ne vous gênez point; je vous laisse libre, et je vous attends. » Il me dit que j'avais raison, s'arrangea en conséquence, et se mit si bien à son aise, que je ne le vis plus qu'avec nos amis communs.

Notre principal point de réunion, avant qu'il fût aussi lié avec M^me d'Epinay qu'il le fut dans la suite, était la maison du baron d'Holbach. Cedit baron était un fils de parvenu, qui jouissait d'une assez grande fortune, dont il usait noblement, recevant chez lui des gens de lettres et de mérite, et, par son savoir et ses lumières, tenant bien sa place au milieu d'eux. Lié depuis longtemps avec Diderot, il m'avait recherché par son entremise, même avant que mon nom fût connu. Une répugnance naturelle m'empêcha longtemps de répondre à ses avances. Un jour qu'il m'en demanda la raison, je lui dis : « Vous êtes trop riche. » Il s'obstina, et vainquit enfin. Mon plus grand malheur fut toujours de ne pouvoir résister aux caresses : je ne me suis jamais bien trouvé d'y avoir cédé.

Une autre connaissance, qui devint amitié sitôt que j'eus un titre pour y prétendre, fut celle de M. Duclos. Il y avait plusieurs années que je l'avais vu pour la première fois à la Chevrette chez M^me d'Epinay, avec laquelle il était très bien. Nous ne fîmes que dîner ensemble; il repartit le même jour; mais nous causâmes quelques moments après le dîner. M^me d'Epinay lui avait parlé de moi et de mon opéra des *Muses galantes*. Duclos, doué de trop grands talents pour ne pas aimer ceux qui en avaient, s'était prévenu pour moi, m'avait invité à l'aller voir. Malgré mon ancien penchant renforcé par la connaissance, ma timidité, ma paresse, me retinrent tant que je n'eus aucun passeport auprès de lui que sa complaisance : mais encouragé par mon premier succès et par ses éloges qui me revinrent, je fus le voir, il vint me voir; et ainsi commencèrent entre nous des liaisons qui me le rendront toujours cher, et à qui je dois de savoir, outre le témoignage de mon propre cœur, que la droiture et la probité peuvent s'allier quelquefois avec la culture des lettres.

Beaucoup d'autres liaisons moins solides, et dont je ne fais pas ici mention, furent l'effet de mes premiers succès, et durèrent jusqu'à ce que la curiosité fût satisfaite. J'étais un homme si tôt vu, qu'il n'y avait rien à voir de nouveau dès le lendemain. Une femme cependant qui me rechercha dans ce temps-là tint plus solidement que tous les autres : ce fut M<sup>me</sup> la marquise de Créqui, nièce de M. le bailli de Froulay, ambassadeur de Malte, dont le frère avait précédé M. de Montaigu dans l'ambassade de Venise, et que j'avais été voir à mon retour de ce pays-là. M<sup>me</sup> de Créqui m'écrivit ; j'allai chez elle : elle me prit en amitié. J'y dînais quelquefois ; j'y vis plusieurs gens de lettres, et entre autres M. Saurin, l'auteur de *Spartacus* et de *Barnevelt*, etc., etc., devenu depuis lors mon très cruel ennemi, sans que j'en puisse imaginer d'autre cause, sinon que je porte le nom d'un homme que son père a bien vilainement persécuté.

On voit que, pour un copiste qui devait être occupé de son métier du matin jusqu'au soir, j'avais bien des distractions qui ne rendaient pas ma journée fort lucrative, et qui m'empêchaient d'être assez attentif à ce que je faisais pour le bien faire ; aussi perdais-je à effacer ou gratter mes fautes, ou à recommencer ma feuille, plus de la moitié du temps qu'on me laissait. Cette importunité me rendait de jour en jour Paris plus insupportable, et me faisait rechercher la campagne avec ardeur. J'allai plusieurs fois passer quelques jours à Marcoussis, dont M<sup>me</sup> Le Vasseur connaissait le vicaire, chez lequel nous nous arrangions tous de façon qu'il ne s'en trouvait pas mal. Grimm y vint une fois avec nous (*). Le vicaire avait de la voix, chantait bien, et, quoiqu'il ne sût pas la musique, il apprenait sa partie avec beaucoup de facilité et de précision. Nous y passions le temps à chanter mes trio de Chenonceaux. J'y en fis deux ou trois nouveaux, sur des paroles que Grimm et le vicaire bâtissaient tant bien que mal. Je ne puis m'empêcher de regretter ces trio faits et chantés dans des moments de bien pure joie, et que j'ai laissés à Wootton avec toute ma musique. M<sup>lle</sup> Davenport en a peut-être déjà fait des papillottes ; mais ils méritaient d'être conservés, et sont pour la plupart d'un très bon contrepoint. Ce fut après quelqu'un de ces petits voyages, où j'avais le plaisir de voir la tante à son aise, bien gaie, et où je m'égayais fort aussi, que j'écrivis au vicaire, fort rapidement et fort mal, une épître en vers qu'on trouvera parmi mes papiers.

J'avais, plus près de Paris, une autre station fort de mon goût chez M. Mussard, mon compatriote, mon parent et mon ami, qui s'était fait à Passy une retraite charmante, où j'ai coulé de bien paisibles moments. M. Mussard était un joaillier, homme de bon sens, qui, après avoir acquis dans son commerce une fortune honnête et avoir marié sa fille unique à M. de Valmalette, fils d'un agent de change et maître d'hôtel du roi, prit le sage parti de quitter sur ses vieux jours le négoce et les affaires, et de mettre un intervalle de repos et de jouissance entre le tracas de la vie et la mort. Le bonhomme Mussard, vrai philosophe de pratique, vivait sans souci, dans une maison très agréable qu'il s'était bâtie, et dans un très joli jardin qu'il avait planté de ses mains. En fouillant à fond de cuve les terrasses de ce jardin, il y trouva des coquillages fossiles, et il en trouva en si grande quantité, que son imagination exaltée ne vit plus que coquilles dans la nature, et qu'il crut enfin tout de bon que l'univers n'était que coquilles, débris de coquilles, et que la terre entière n'était que du cron. Toujours occupé de cet objet et de ses singulières découvertes, il s'échauffa si bien sur ces idées, qu'elles se seraient enfin tournées dans sa tête en système, c'est-à-dire en folie, si, très heureusement pour sa raison, mais bien malheureusement pour ses amis, auxquels il était cher, et qui trouvaient chez lui l'asile le plus agréable, la mort ne fût venue le leur enlever par la plus étrange et cruelle maladie : c'était une tumeur dans l'estomac, toujours croissante, qui l'empêchait de manger, sans que durant très longtemps on en trouvât la cause, et qui finit, après plusieurs

---

(*) Puisque j'ai négligé de raconter ici une petite mais mémorable aventure que j'eus là avec ledit M. Grimm, un matin que nous devions aller dîner à la fontaine de Saint-Vandrille, je n'y reviendrai pas ; mais, en y repensant dans la suite, j'en ai conclu qu'il couvait dès lors, au fond de son cœur, le complot qu'il a exécuté depuis avec un si prodigieux succès.

années de souffrances, par le faire mourir de faim. Je ne puis me rappeler, sans des serrements de cœur, les derniers temps de ce pauvre et digne homme, qui, nous recevant encore avec tant de plaisir, Lenieps et moi, les seuls amis que le spectacle des maux qu'il souffrait n'écarta pas de lui jusqu'à sa dernière heure, qui, dis-je, était réduit à dévorer des yeux le repas qu'il nous faisait servir, sans pouvoir presque humer quelques gouttes d'un thé bien léger, qu'il fallait rejeter un moment après. Mais avant ces temps de douleurs, combien j'en ai passé chez lui d'agréables avec les amis d'élite qu'il s'était faits! A leur tête je mets l'abbé Prévôt, homme très aimable et très simple, dont le cœur vivifiait ses écrits, dignes de l'immortalité, et qui n'avait rien dans l'humeur ni dans la société du sombre coloris qu'il donnait à ses ouvrages; le médecin Procope, petit Esope à bonnes fortunes; Boulanger, le célèbre auteur posthume du *Despotisme oriental*, et qui, je crois, étendait les systèmes de Mussard sur la durée du monde : en femmes, M^me Denis, nièce de Voltaire, qui, n'étant alors qu'une bonne femme, ne faisait pas encore du bel esprit; M^me Vanloo, non pas belle assurément, mais charmante, qui chantait comme un ange; M^me de Valmalette elle-même, qui chantait aussi, et qui, quoique fort maigre, eût été fort aimable si elle en eût moins eu la prétention. Telle était à peu près la société de M. Mussard, qui m'aurait assez plu si son tête à tête avec sa conchyliomanie ne m'avait plu davantage; et je puis dire que, pendant plus de six mois, j'ai travaillé à son cabinet avec autant de plaisir que lui-même.

Il y avait longtemps qu'il prétendait que pour mon état les eaux de Passy me seraient salutaires, et qu'il m'exhortait à les venir prendre chez lui. Pour me tirer un peu de l'urbaine cohue, je me rendis à la fin, et je fus passer à Passy huit ou dix jours, qui me firent plus de bien, parce que j'étais à la campagne, que parce que j'y prenais les eaux. Mussard jouait du violoncelle, et aimait passionnément la musique italienne. Un soir nous en parlâmes beaucoup avant que de nous coucher, et surtout des *opere buffe* que nous avions vus l'un et l'autre en Italie, et dont nous étions tous deux transportés. La nuit, ne dormant pas, j'allai rêver comment on pourrait faire pour donner en France l'idée d'un drame de ce genre; car *les Amours de Ragonde*(*) n'y ressemblaient point du tout. Le matin, en me promenant et prenant les eaux, je fis quelques manières de vers très à la hâte, et j'y adaptai des chants qui me revinrent en les faisant. Je barbouillai le tout dans une espèce de salon voûté qui était au haut du jardin; et au thé, je ne pus m'empêcher de montrer ces airs à Mussard et à M^lle Duvernois, sa gouvernante, qui était en vérité une très bonne et aimable fille. Les trois morceaux que j'avais esquissés étaient le premier monologue, *J'ai perdu mon serviteur;* l'air du Devin, *l'Amour croît s'il s'inquiète;* et le dernier duo, *A jamais, Colin, je t'engage,* etc. J'imaginais si peu que cela valût la peine d'être suivi, que sans les applaudissements et les encouragements de l'un et de l'autre, j'allais jeter au feu mes chiffons et n'y plus penser, comme j'ai fait tant de fois pour des choses du moins aussi bonnes: mais ils m'excitèrent si bien, qu'en six jours mon drame fut écrit, à quelques vers près, et toute ma musique esquissée, tellement que je n'eus plus à faire à Paris qu'un peu de récitatif et tout le remplissage; et j'achevai le tout avec une telle rapidité, qu'en trois semaines mes scènes furent mises au net et en état d'être représentées. Il n'y manquait que le divertissement, qui ne fut fait que longtemps après.

(1752.) Echauffé de la composition de cet ouvrage, j'avais une grande passion de l'entendre, et j'aurais donné tout au monde pour le voir représenter à ma fantaisie, à portes fermées, comme on dit que Lulli fit une fois jouer *Armide* pour lui seul. Comme il ne m'était pas possible d'avoir ce plaisir, qu'avec le public, il fallait nécessairement, pour jouir de ma pièce, la faire passer à l'Opéra. Malheureusement, elle était dans un genre absolument neuf, auquel les oreilles n'étaient point accoutumées; et d'ailleurs, le mauvais succès des *Muses galantes*

---

(*) Titre d'une comédie en musique, paroles de Néricault Destouches, musique de Mouret, représentée à l'Opéra en 1742.

me faisait prévoir celui du *Devin*, si je le présentais sous mon nom. Duclos me tira de peine, et se chargea de faire essayer l'ouvrage en laissant ignorer l'auteur.

Baissant la tête en passant devant lui, je sortis le plus tôt qu'il me fut possible. (Page 226.)

Pour ne pas me déceler, je ne me trouvai point à cette répétition ; et les *petits violons* (\*), qui la dirigèrent, ne surent eux-mêmes quel en était l'auteur, qu'après

---

(\*) C'est ainsi qu'on appelait Rebel et Francœur, qui s'étaient fait connaître, dès leur jeunesse, en allant toujours ensemble jouer du violon dans ces maisons.

qu'une acclamation générale eut attesté la bonté de l'ouvrage. Tous ceux qui l'entendirent en étaient enchantés, au point que dès le lendemain, dans toutes les sociétés, on ne parlait d'autre chose. M. de Cury, intendant des Menus, qui avait assisté à la répétition, demanda l'ouvrage pour être donné à la cour. Duclos, qui savait mes intentions, jugeant que je serais moins le maître de ma pièce à la cour qu'à Paris, la refusa. Cury la réclama d'autorité; Duclos tint bon; et le débat entre eux devint si vif, qu'un jour à l'Opéra ils allaient sortir ensemble, si on ne les eût séparés. On voulut s'adresser à moi : je renvoyai la décision de la chose à M. Duclos. Il fallut retourner à lui. M. le duc d'Aumont s'en mêla. Duclos crut enfin devoir céder à l'autorité, et la pièce fut donnée pour être jouée à Fontainebleau.

La partie à laquelle je m'étais le plus attaché, et où je m'éloignais le plus de la route commune, était le récitatif. Le mien était accentué d'une façon toute nouvelle, et marchait avec le débit de la parole. On n'osa laisser cette horrible innovation : on craignait qu'elle ne révoltât les oreilles moutonnières. Je consentis que Francueil et Jelyotte fissent un autre récitatif, mais je ne voulus pas m'en mêler.

Quand tout fut prêt, et le jour fixé pour la représentation, l'on me proposa le voyage de Fontainebleau, pour voir au moins la dernière répétition. J'y fus avec M<sup>lle</sup> Fel, Grimm, et, je crois, l'abbé Raynal, dans une voiture de la cour. La répétition fut passable; j'en fus plus content que je ne m'y étais attendu. L'orchestre était nombreux, composé de ceux de l'Opéra et de la musique du roi. Jelyotte faisait Colin; M<sup>lle</sup> Fel, Colette; Cuvillier, le Devin; les chœurs étaient ceux de l'Opéra. Je dis peu de chose : c'était Jelyotte qui avait tout dirigé; je ne voulus pas contrôler ce qu'il avait fait; et, malgré mon ton romain, j'étais honteux comme un écolier au milieu de tout ce monde.

Le lendemain, jour de la représentation, j'allai déjeuner au café du Grand-Commun. Il y avait là beaucoup de monde. On parlait de la répétition de la veille, et de la difficulté qu'il y avait eu d'y entrer. Un officier, qui était là, dit qu'il était entré sans peine, conta au long ce qui s'y était passé, dépeignit l'auteur, rapporta ce qu'il avait fait, ce qu'il avait dit; mais ce qui m'émerveilla de ce récit assez long, fait avec autant d'assurance que de simplicité, fut qu'il ne s'y trouva pas un seul mot de vrai. Il m'était très clair que celui qui parlait si savamment de cette répétition n'y avait point été, puisqu'il avait devant les yeux, sans le connaître, cet auteur qu'il disait avoir tant vu. Ce qu'il y eut de plus singulier dans cette scène, fut l'effet qu'elle fit sur moi. Cet homme était d'un certain âge; il n'avait point l'air ni le ton fat et avantageux; sa physionomie annonçait un homme de mérite; sa croix de Saint-Louis annonçait un ancien officier. Il m'intéressait malgré son impudence et malgré moi : tandis qu'il débitait ses mensonges, je rougissais, je baissais les yeux, j'étais sur les épines; je cherchais quelquefois en moi-même s'il n'y aurait pas moyen de le croire dans l'erreur et de bonne foi. Enfin, tremblant que quelqu'un ne me reconnût et ne lui en fît l'affront, je me hâtai d'achever mon chocolat sans rien dire; et, baissant la tête en passant devant lui, je sortis le plus tôt qu'il me fut possible, tandis que les assistants péroraient sur sa relation. Je m'aperçus dans la rue que j'étais en sueur; et je suis sûr que, si quelqu'un m'eût reconnu et nommé avant ma sortie, on m'aurait vu la honte et l'embarras d'un coupable, par le seul sentiment de la peine que ce pauvre homme aurait à souffrir, si son mensonge était reconnu.

Me voici dans un de ces moments critiques de ma vie où il est difficile de ne faire que narrer, parce qu'il est presque impossible que la narration même ne porte empreinte de censure ou d'apologie. J'essaierai toutefois de rapporter comment, et sur quels motifs, je me conduisis, sans y ajouter ni louanges ni blâme.

J'étais ce jour-là dans le même équipage négligé qui m'était ordinaire : grande barbe et perruque assez mal peignée. Prenant ce défaut de décence pour un acte de courage, j'entrai de cette façon dans la même salle où devaient arriver, peu

de temps après, le roi, la reine, la famille royale et toute la cour. J'allai m'établir dans la loge où me conduisit M. de Cury, et qui était la sienne : c'était une grande loge sur le théâtre, vis-à-vis une petite loge plus élevée, où se plaça le roi avec M^me de Pompadour. Environné de dames, et seul d'homme sur le devant de la loge, je ne pouvais douter qu'on ne m'eût mis là précisément pour être en vue. Quand on eut allumé, me voyant dans cet équipage, au milieu de gens tous excessivement parés, je commençai d'être mal à mon aise : je me demandai si j'étais à ma place, si j'y étais mis convenablement ; et après quelques minutes d'inquiétude, je me répondis, Oui ! avec une intrépidité qui venait peut-être plus de l'impossibilité de m'en dédire, que de la force de mes raisons. Je me dis : « Je suis à ma place, puisque je vois jouer ma pièce, que j'y suis invité, que je ne l'ai faite que pour cela, et qu'après tout, personne n'a plus de droit que moi-même à jouir de mon travail et de mes talents. Je suis mis à mon ordinaire, ni mieux ni pis : si je recommence à m'asservir à l'opinion dans quelque chose, m'y voilà bientôt asservi de rechef en tout. Pour être toujours moi-même, je ne dois rougir, en quelque lieu que ce soit, d'être mis selon l'état que j'ai choisi : mon extérieur est simple et négligé, mais non crasseux ni malpropre ; la barbe ne l'est point en elle-même, puisque c'est la nature qui nous la donne, et que, selon les temps et les modes, elle est quelquefois un ornement. » On me trouvera ridicule, impertinent ; eh ! que m'importe ? Je dois savoir endurer le ridicule et le blâme, pourvu qu'ils ne soient pas mérités. Après ce petit soliloque, je me raffermis si bien que j'aurais été intrépide si j'eusse eu besoin de l'être. Mais, soit effet de la présence du maître, soit naturelle disposition des cœurs, je n'aperçus rien que d'obligeant et d'honnête dans la curiosité dont j'étais l'objet. J'en fus touché jusqu'à recommencer d'être inquiet sur moi-même et sur le sort de ma pièce, craignant d'effacer des préjugés si favorables, qui semblaient ne chercher qu'à m'applaudir. J'étais armé contre leur raillerie ; mais leur air caressant, auquel je ne m'étais pas attendu, me subjugua si bien, que je tremblais comme un enfant quand on commença.

J'eus bientôt de quoi me rassurer. La pièce fut très mal jouée quant aux acteurs, mais bien chantée et bien exécutée quant à la musique. Dès la première scène, qui véritablement est d'une naïveté touchante, j'entendis s'élever dans les loges un murmure de surprise et d'applaudissement jusque alors inouï dans ce genre de pièces. La fermentation croissante alla bientôt au point d'être sensible dans toute l'assemblée, et, pour parler à la Montesquieu, d'augmenter son effet par son effet même. A la scène des deux petites bonnes gens, cet effet fut à son comble. On ne claque point devant le roi ; cela fit qu'on entendit tout : la pièce et l'auteur y gagnèrent. J'entendais autour de moi un chuchotement de femmes qui me semblaient belles comme des anges, et qui s'entredisaient à demi-voix : « Cela est charmant ; cela est ravissant ; il n'y a pas un son là qui ne parle au cœur. » Le plaisir de donner de l'émotion à tant d'aimables personnes, m'émut moi-même jusqu'aux larmes ; et je ne pus les contenir au premier duo, en remarquant que je n'étais pas seul à pleurer. J'eus un moment de retour sur moi-même, en me rappelant le concert de M. de Treytorens. Cette réminiscence eut l'effet de l'esclave qui tenait la couronne sur la tête des triomphateurs ; mais elle fut courte, et je me livrai bientôt pleinement et sans distraction au plaisir de savourer ma gloire. Je suis pourtant sûr qu'en ce moment la volupté du sexe y entrait beaucoup plus que la vanité d'auteur ; et sûrement s'il n'y eût eu là que des hommes, je n'aurais pas été dévoré, comme je l'étais sans cesse, du désir de recueillir de mes lèvres les délicieuses larmes que je faisais couler. J'ai vu des pièces exciter de plus vifs transports d'admiration, mais jamais une ivresse aussi pleine, aussi douce, aussi touchante, régner dans tout un spectacle, et surtout à la cour, un jour de première représentation. Ceux qui ont vu celle-là doivent s'en souvenir ; car l'effet en fut unique.

Le soir même, M. le duc d'Aumont me fit dire de me trouver au château le lendemain sur les onze heures, et qu'il me présenterait au roi. M. de Cury, qui

me fit ce message, ajouta qu'on croyait qu'il s'agissait d'une pension, et que le roi voulait me l'annoncer lui-même.

Croira-t-on que la nuit qui suivit une aussi brillante journée fut une nuit d'angoisse et de perplexité pour moi? Ma première idée, après celle de cette représentation, se porta sur un fréquent besoin de sortir, qui m'avait fait beaucoup souffrir le soir même au spectacle, et qui pouvait me tourmenter le lendemain, quand je serais dans la galerie ou dans les appartements du roi, parmi tous ces grands, attendant le passage de sa majesté. Cette infirmité était la principale cause qui me tenait écarté des cercles, et qui m'empêchait d'aller m'enfermer chez des femmes. L'idée seule de l'état où ce besoin pouvait me mettre était capable de me le donner au point de m'en trouver mal, à moins d'un esclandre auquel j'aurais préféré la mort. Il n'y a que les gens qui connaissent cet état qui puissent juger de l'effroi d'en courir le risque.

Je me figurais ensuite devant le roi, présenté à sa majesté, qui daignait s'arrêter et m'adresser la parole. C'était là qu'il fallait de la justesse et de la présence d'esprit pour répondre. Ma maudite timidité, qui me trouble devant le moindre inconnu, m'aurait-elle quitté devant le roi de France, ou m'aurait-elle permis de bien choisir à l'instant ce qu'il fallait dire? Je voulais, sans quitter l'air et le ton sévère que j'avais pris, me montrer sensible à l'honneur que me faisait un si grand monarque. Il fallait envelopper quelque grande et utile vérité dans une louange belle et méritée. Pour préparer d'avance une réponse heureuse, il aurait fallu prévoir juste ce qu'il pourrait me dire; et j'étais sûr après cela de ne pas retrouver en sa présence un mot de ce que j'aurais médité. Que deviendrais-je en ce moment et sous les yeux de toute la cour, s'il allait m'échapper dans mon trouble quelqu'une de mes balourdises ordinaires? Ce danger m'alarma, m'effraya, me fit frémir au point de me déterminer, à tout risque, de ne m'y pas exposer.

Je perdais, il est vrai, la pension qui m'était offerte en quelque sorte; mais je m'exemptais aussi du joug qu'elle m'eût imposé. Adieu la vérité, la liberté, le courage. Comment oser désormais parler d'indépendance et de désintéressement? Il ne fallait plus que flatter ou me taire, en recevant cette pension : encore qui m'assurait qu'elle me serait payée? Que de pas à faire, que de gens à solliciter! Il m'en coûterait plus de soins, et bien plus désagréables, pour la conserver, que pour m'en passer. Je crus donc, en y renonçant, prendre un parti très conséquent à mes principes, et sacrifier l'apparence à la réalité. Je dis ma résolution à Grimm, qui n'y opposa rien. Aux autres j'alléguai ma santé, et je partis le matin même.

Mon départ fit du bruit, et fut généralement blâmé. Mes raisons ne pouvaient être senties par tout le monde; m'accuser d'un sot orgueil était bien plus tôt fait et contentait mieux la jalousie de quiconque sentait en lui-même qu'il ne se serait pas conduit ainsi. Le lendemain, Jelyotte m'écrivit un billet, où il me détailla le succès de ma pièce et l'engouement où le roi lui-même en était. Toute la journée, me marquait-il, sa majesté ne cesse de chanter, avec la voix la plus fausse de son royaume : *J'ai perdu mon serviteur; j'ai perdu tout mon bonheur.* Il ajoutait que dans la quinzaine on devait donner une seconde représentation du *Devin*, qui constaterait aux yeux de tout le public le plein succès de la première.

Deux jours après, comme j'entrais le soir, sur les neuf heures, chez M<sup>me</sup> d'Epinay, où j'allais souper, je me vis croisé par un fiacre à la porte. Quelqu'un qui était dans ce fiacre me fit signe d'y monter; j'y monte : c'était Diderot. Il me parla de la pension avec un feu que, sur pareil sujet, je n'aurais pas attendu d'un philosophe. Il ne me fit pas un crime de n'avoir pas voulu être présenté au roi; mais il m'en fit un terrible de mon indifférence pour la pension. Il me dit que, si j'étais désintéressé pour mon compte, il ne m'était pas permis de l'être pour celui de M<sup>me</sup> Le Vasseur et de sa fille; que je leur devais de n'omettre aucun moyen possible et honnête de leur donner du pain : et comme on ne pouvait pas dire, après tout, que j'eusse refusé cette pension, il soutint que, puisqu'on avait

paru disposé à me l'accorder, je devais la solliciter et l'obtenir, à quelque prix que ce fût. Quoique je fusse touché de son zèle, je ne pus goûter ses maximes, et nous eûmes à ce sujet une dispute très vive, la première que j'aie eue avec lui ; et nous n'en avons jamais eu que de cette espèce, lui me prescrivant ce qu'il prétendait que je devais faire, et moi m'en défendant parce que je croyais ne le devoir pas.

Il était tard quand nous nous quittâmes. Je voulus le mener souper chez M<sup>me</sup> d'Epinay : il ne le voulut point ; et quelque effort que le désir d'unir tous ceux que j'aime m'ait fait faire en divers temps pour l'engager à la voir, jusqu'à la mener à sa porte qu'il nous tint fermée, il s'en est toujours défendu, ne parlant d'elle qu'en termes très méprisants. Ce ne fut qu'après ma brouillerie avec elle et avec lui qu'ils se lièrent, et qu'il commença d'en parler avec honneur.

Depuis lors, Diderot et Grimm semblèrent prendre à tâche d'aliéner de moi les gouverneuses, leur faisant entendre que si elles n'étaient pas plus à leur aise, c'était mauvaise volonté de ma part, et qu'elles ne feraient jamais rien avec moi. Ils tâchaient de les engager à me quitter, leur promettant un regrat de sel, un bureau de tabac et je ne sais quoi encore, par le crédit de M<sup>me</sup> d'Epinay. Ils voulurent même entraîner Duclos, ainsi que D'Holbach, dans leur ligue ; mais le premier s'y refusa toujours. J'eus alors quelque vent de tout ce manège ; mais je ne l'appris bien distinctement que longtemps après, et j'eus souvent à déplorer le zèle aveugle et peu discret de mes amis, qui, cherchant à me réduire, incommodé comme j'étais, à la plus stricte solitude, travaillaient dans leur idée à me rendre heureux par les moyens les plus propres en effet à me rendre misérable.

(1753.) Le carnaval suivant, 1753, le *Devin* fut joué à Paris, et j'eus le temps, dans cet intervalle, d'en faire l'ouverture et le divertissement. Ce divertissement, tel qu'il est gravé, doit être en action d'un bout à l'autre, et dans un sujet suivi, qui, selon moi, fournissait des tableaux très agréables. Mais quand je proposai cette idée à l'Opéra, on ne m'entendit seulement pas, et il fallut coudre des chants et des danses à l'ordinaire : cela fit que ce divertissement, quoique plein d'idées charmantes, qui ne déparent point les scènes, réussit très médiocrement. J'ôtai le récitatif de Jelyotte, et je rétablis le mien, tel que je l'avais fait d'abord et qu'il est gravé ; et ce récitatif, un peu francisé, je l'avoue, c'est-à-dire traîné par les acteurs, loin de choquer personne, n'a pas moins réussi que les airs, et a paru, même au public, tout aussi bien fait pour le moins. Je dédiai ma pièce à M. Duclos, qui l'avait protégée, et je déclarai que ce serait ma seule dédicace. J'en ai pourtant fait une seconde avec son consentement ; mais il a dû se tenir encore plus honoré de cette exception, que si je n'en avais fait aucune.

J'ai sur cette pièce beaucoup d'anecdotes, sur lesquelles des choses plus importantes à dire ne me laissent pas le loisir de m'étendre ici. J'y reviendrai peut-être un jour dans le supplément. Je n'en saurais pourtant omettre une, qui peut avoir trait à tout ce qui suit. Je visitais un jour dans le cabinet du baron d'Holbach sa musique : après en avoir parcouru de beaucoup d'espèces, il me dit, en me montrant un recueil de pièces de clavecin : « Voilà des pièces qui ont été composées pour moi ; elles sont pleines de goût, bien chantantes ; personne ne les connaît ni ne les verra que moi seul. Vous en devriez choisir quelqu'une pour l'insérer dans votre divertissement. » Ayant dans la tête des sujets d'airs et de symphonies, beaucoup plus que je n'en pouvais employer, je me souciais très peu des siens. Cependant il me pressa tant, que par complaisance je choisis une pastorale que j'abrégeai, et que je mis en trio pour l'entrée des compagnes de Colette. Quelques mois après, et tandis qu'on représentait *le Devin*, entrant un jour chez Grimm, je trouvai du monde autour de son clavecin, d'où il se leva brusquement à mon arrivée. En regardant machinalement sur son pupitre, j'y vis ce même recueil du baron d'Holbach, ouvert précisément à cette même pièce qu'il m'avait pressé de prendre, en m'assurant qu'elle ne sortirait jamais de ses mains. Quelque temps après je vis encore ce même recueil ouvert sur le clavecin de M. d'Epinay, un jour qu'il avait musique chez lui. Grimm ni personne n'a

jamais parlé de cet air, et je n'en parle ici moi-même que parce qu'il se répandit quelque temps après un bruit, qui véritablement ne dura pas, que je n'étais pas l'auteur du *Devin du village*. Comme je ne fus jamais un grand croque-note, je suis persuadé que, sans mon *Dictionnaire de musique*, on aurait dit à la fin que je ne la savais pas (*).

Quelque temps avant qu'on donnât le *Devin du village*, il était arrivé à Paris (**) des bouffons italiens, qu'on fit jouer sur le théâtre de l'Opéra sans prévoir l'effet qu'ils y allaient faire. Quoiqu'ils fussent détestables, et que l'orchestre, alors très ignorant, estropiât à plaisir les pièces qu'il donnèrent, elles ne laissèrent pas de faire à l'Opéra français un tort qu'il n'a jamais réparé. La comparaison de ces deux musiques, entendues le même jour sur le même théâtre, déboucha les oreilles françaises : il n'y en eut point qui pût endurer la traînerie de leur musique, après l'accent vif et marqué de l'italienne ; sitôt que les bouffons avaient fini, tout s'en allait. On fut forcé de changer l'ordre et de mettre les bouffons à la fin. On donnait *Eglé*, *Pygmalion*, *le Sylphe* ; rien ne tenait. Le seul *Devin du village* soutint la comparaison, et plut encore après la *Serva Padrona*. Quand je composai mon intermède, j'avais l'esprit rempli de ceux-là ; ce furent eux qui m'en donnèrent l'idée, et j'étais bien éloigné de prévoir qu'on les passerait en revue à côté de lui. Si j'eusse été un pillard, que de vols seraient alors devenus manifestes, et combien on eût pris soin de les faire sentir ! Mais rien : on a eu beau faire, on n'a pas trouvé dans ma musique la moindre réminiscence d'aucune autre ; et tous mes chants, comparés aux prétendus originaux, se sont trouvés aussi neufs que le caractère de musique que j'avais créé. Si l'on eût mis Mondonville ou Rameau à pareille épreuve, ils n'en seraient sortis qu'en lambeaux.

Les bouffons firent à la musique italienne des sectateurs très ardents. Tout Paris se divisa en deux partis plus échauffés que s'il se fût agi d'une affaire d'état ou de religion. L'un, plus puissant, plus nombreux, composé des grands, des riches et des femmes, soutenait la musique française ; l'autre, plus vif, plus fier, plus enthousiaste, était composé des vrais connaisseurs, des gens à talents, des hommes de génie. Son petit peloton se rassemblait à l'Opéra, sous la loge de la reine. L'autre parti remplissait tout le reste du parterre et de la salle ; mais son foyer principal était sous la loge du roi. Voilà d'où vinrent ces noms de partis célèbres dans ce temps-là, de *coin du roi* et de *coin de la reine*. La dispute, en s'animant, produisit des brochures. Le coin du roi voulut plaisanter ; il fut moqué par le *Petit Prophète* : il voulut se mêler de raisonner ; il fut écrasé par la *Lettre sur la musique française*. Ces deux petits écrits, l'un de Grimm, et l'autre de moi, sont les seuls qui survivent à cette querelle ; tous les autres sont déjà morts.

Mais le *Petit Prophète*, qu'on s'obstina longtemps à m'attribuer malgré moi, fut pris en plaisanterie, et ne fit pas la moindre peine à son auteur, au lieu que la *Lettre sur la musique* fut prise au sérieux, et souleva contre moi toute la nation, qui se crut offensée dans sa musique. La description de l'incroyable effet de cette brochure serait digne de la plume de Tacite. C'était le temps de la grande querelle du parlement et du clergé. Le parlement venait d'être exilé ; la fermentation était au comble : tout menaçait d'un prochain soulèvement. La brochure parut ; à l'instant, toutes les autres querelles furent oubliées : on ne songea qu'au péril de la musique française, et il n'y eut plus de soulèvement que contre moi. Il fut tel que la nation n'en est jamais revenue. A la cour on ne balançait qu'entre la Bastille et l'exil ; et la lettre de cachet allait être expédiée, si M. de Voyer n'en eût fait sentir le ridicule. Quand on lira que cette brochure a peut-être empêché une révolution dans l'état, on croira rêver. C'est pourtant une vérité bien réelle, que tout Paris peut encore attester, puisqu'il n'y a pas aujourd'hui plus de quinze ans de cette singulière anecdote (***).

(*) Je ne prévoyais guère encore qu'on le dirait enfin, malgré le Dictionnaire.
(**) En août 1752.
(***) N'est-on pas autorisé, par l'expérience de circonstances plus récentes, à croire que, pour détourner l'attention publique d'objets plus importants, le gouvernement attisa lui-même la querelle des deux musiques ?

Si l'on n'attenta pas à ma liberté, l'on ne m'épargna pas du moins les insultes ; ma vie même fut en danger. L'orchestre de l'Opéra fit l'honnête complot de m'assassiner quand j'en sortirais. On me le dit : je n'en fus que plus assidu à l'Opéra, et je ne sus que longtemps après que M. Ancelet, officier des mousquetaires, qui avait de l'amitié pour moi, avait détourné l'effet du complot en me faisant escorter à mon insu à la sortie du spectacle. La ville venait d'avoir la direction de l'Opéra. Le premier exploit du prévôt des marchands fut de me faire ôter mes entrées, et cela de la façon la plus malhonnête qu'il fût possible ; c'est-à-dire en me les faisant refuser publiquement à mon passage ; de sorte que je fus obligé de prendre un billet d'amphithéâtre pour n'avoir pas l'affront de m'en retourner ce jour-là. L'injustice était d'autant plus criante, que le seul prix que j'avais mis à ma pièce, en la leur cédant, était mes entrées à perpétuité ; car quoique ce fût un droit pour tous les auteurs, et que j'eusse ce droit à double titre, je ne laissai pas de le stipuler expressément en présence de M. Duclos. Il est vrai qu'on m'envoya pour mes honoraires, par le caissier de l'Opéra, cinquante louis que je n'avais pas demandés : mais, outre que ces cinquante louis ne faisaient pas même la somme qui me revenait dans les règles, ce paiement n'avait rien de commun avec le droit d'entrées, formellement stipulé, et qui en était entièrement indépendant. Il y avait dans ce procédé une telle complication d'iniquité et de brutalité, que le public, alors dans sa plus grande animosité contre moi, ne laissa pas d'en être unanimement choqué ; et tel qui m'avait insulté la veille, criait le lendemain tout haut dans la salle, qu'il était honteux d'ôter ainsi les entrées à un homme qui les avait si bien méritées, et qui pouvait même les réclamer pour deux. Tant est juste le proverbe italien : *Ch' ogn'un ama la giustizia in casa d'altrui.*

Je n'avais là-dessus qu'un parti à prendre, c'était de réclamer mon ouvrage, puisqu'on m'en ôtait le prix convenu. J'écrivis pour cet effet à M. d'Argenson, qui avait le département de l'Opéra ; et je joignis à ma lettre un mémoire qui était sans réplique, et qui demeura sans réponse et sans effet, ainsi que ma lettre. Le silence de cet homme injuste me resta sur le cœur, et ne contribua pas à augmenter l'estime très médiocre que j'eus toujours pour son caractère et ses talents. C'est ainsi qu'on a gardé ma pièce à l'Opéra, en me frustrant du prix pour lequel je l'avais cédée. Du faible au fort, ce serait voler ; du fort au faible, c'est seulement s'approprier le bien d'autrui.

Quant au produit pécuniaire de cet ouvrage, quoiqu'il ne m'ait pas rapporté le quart de ce qu'il aurait rapporté dans les mains d'un autre, il ne laissa pas d'être assez grand pour me mettre en état de subsister plusieurs années, et suppléer à la copie qui allait toujours assez mal. J'eus cent louis du roi, cinquante de M$^{me}$ de Pompadour pour la représentation de Belle-Vue, où elle fit elle-même le rôle de Colin, cinquante de l'Opéra, et cinq cents francs de Pissot pour la gravure ; en sorte que cet intermède, qui ne me coûta jamais que cinq ou six semaines de travail, me rapporta presque autant d'argent, malgré mon malheur et ma balourdise, que m'en a rapporté depuis l'*Emile*, qui m'avait coûté vingt ans de méditation et trois ans de travail. Mais je payai bien l'aisance pécuniaire où me mit cette pièce, par les chagrins infinis qu'elle m'attira : elle fut le germe des secrètes jalousies qui n'ont éclaté que longtemps après. Depuis son succès, je ne remarquai plus ni dans Grimm, ni dans Diderot, ni dans presque aucun des gens de lettres de ma connaissance, cette cordialité, cette franchise, ce plaisir de me voir, que j'avais cru trouver en eux jusque alors. Dès que je paraissais chez le baron, la conversation cessait d'être générale. On se rassemblait par petits pelotons, on se chuchotait à l'oreille, et je restais seul sans savoir à qui parler. J'endurai longtemps ce choquant abandon ; et voyant que M$^{me}$ d'Holbach, qui était douce et aimable, me recevait toujours bien, je supportai les grossièretés de son mari, tant qu'elles furent supportables : mais un jour il m'entreprit sans sujet, sans prétexte, et avec une telle brutalité, devant Diderot, qui ne dit pas un mot, et devant Margency, qui m'a dit souvent depuis lors avoir admiré la douceur et la modération de mes réponses, qu'enfin chassé de chez lui par ce traitement indigne,

j'en sortis, résolu de n'y plus rentrer. Cela ne m'empêcha pas de parler toujours honorablement de lui et de sa maison ; tandis qu'il ne s'exprimait jamais sur mon compte qu'en termes outrageants, méprisants, sans me désigner autrement que par *ce petit cuistre*, et sans pouvoir cependant articuler aucun tort d'aucune espèce que j'aie eu jamais avec lui, ni avec personne à qui il prît intérêt. Voilà comment il finit par vérifier mes prédictions et mes craintes. Pour moi, je crois que mesdits amis m'auraient pardonné de faire des livres, et d'excellents livres, parce que cette gloire ne leur était pas étrangère ; mais qu'ils ne purent me pardonner d'avoir fait un opéra, ni les succès brillants qu'eut cet ouvrage, parce qu'aucun d'eux n'était en état de courir la même carrière, ni d'aspirer aux mêmes honneurs. Duclos seul, au-dessus de cette jalousie, parut même augmenter d'amitié pour moi, et m'introdusit chez M<sup>lle</sup> Quinault, où je trouvai autant d'attentions, d'honnêtetés, de caresses, que j'avais peu trouvé de tout cela chez M. d'Holbach.

Tandis qu'on jouait le *Devin du village* à l'Opéra, il était aussi question de son auteur à la Comédie-Française, mais un peu moins heureusement. N'ayant pu, dans sept ou huit ans, faire jouer mon *Narcisse* aux Italiens, je m'étais dégoûté de ce théâtre par le mauvais jeu des acteurs dans le français, et j'aurais bien voulu avoir fait passer ma pièce aux Français, plutôt que chez eux. Je parlai de ce désir au comédien La Noue, avec lequel j'avais fait connaissance, et qui, comme on sait, était homme de mérite et auteur. *Narcisse* lui plut : il se chargea de le faire jouer anonyme, et en attendant il me procura mes entrées, qui me furent d'un grand agrément, car j'ai toujours préféré le Théâtre-Français aux deux autres. La pièce fut reçue avec applaudissement, et représentée sans qu'on en nommât l'auteur (*) ; mais j'ai lieu de croire que les comédiens et bien d'autres ne l'ignoraient pas. Les demoiselles Gaussin et Grandval jouaient les rôles d'amoureuses ; et quoique l'intelligence du tout fût manquée, à mon avis, on ne pouvait pas appeler cela une pièce absolument mal jouée. Toutefois je fus surpris et touché de l'indulgence du public, qui eut la patience de l'entendre tranquillement d'un bout à l'autre, et d'en souffrir même une seconde représentation, sans donner le moindre signe d'impatience. Pour moi, je m'ennuyai tellement à la première, que je ne pus tenir jusqu'à la fin ; et sortant du spectacle, j'entrai au café de Procope, où je trouvai Boissi et quelques autres, qui probablement s'étaient ennuyés comme moi. Là, je dis hautement mon *peccavi*, m'avouant humblement ou fièrement l'auteur de la pièce, et en parlant comme tout le monde en pensait. Cet aveu public de l'auteur d'une mauvaise pièce qui tombe fut fort admiré, et me parut fort peu pénible. J'y trouvai même un dédommagement d'amour-propre dans le courage avec lequel il fut fait ; et je crois qu'il y eut en cette occasion plus d'orgueil à parler, qu'il n'y aurait eu de sotte honte à se taire. Cependant, comme il était sûr que la pièce, quoique glacée à la représentation, soutenait la lecture, je la fis imprimer ; et dans la préface, qui est un de mes bons écrits, je commençai de mettre à découvert mes principes, un peu plus que je n'avais fait jusque alors.

J'eus bientôt occasion de les développer tout-à-fait dans un ouvrage de plus grande importance ; car ce fut, je pense, en cette année 1753, que parut le programme de l'Académie de Dijon sur l'Origine de l'Inégalité parmi les hommes. Frappé de cette grande question, je fus surpris que cette Académie eût osé la proposer ; mais puisqu'elle avait eu ce courage, je pouvais bien avoir celui de la traiter, et je l'entrepris.

Pour méditer à mon aise ce grand sujet, je fis à Saint-Germain un voyage de sept ou huit jours, avec Thérèse, notre hôtesse, qui était une bonne femme, et une de ses amies. Je compte cette promenade pour une des plus agréables de ma vie. Il faisait très beau ; ces bonnes femmes se chargèrent des soins et de la dépense ; Thérèse s'amusait avec elles ; et moi, sans souci de rien, je venais m'égayer sans gêne aux heures des repas. Tout le reste du jour, enfoncé dans la

---

(*) Le 18 décembre 1752.

forêt, j'y cherchais, j'y trouvais l'image des premiers temps, dont je traçais fièrement l'histoire ; je faisais main-basse sur les petits mensonges des hommes ; j'osais dévoiler à nu leur nature, suivre le progrès du temps et des choses qui l'ont défigurée, et comparant l'homme de l'homme avec l'homme naturel, leur montrer dans son perfectionnement prétendu la véritable source de ses misères. Mon âme, exaltée par ces contemplations sublimes, s'élevait auprès de la Divinité : et voyant de là mes semblables suivre, dans l'aveugle route de leurs préjugés, celle de leurs erreurs, de leurs malheurs, de leurs crimes, je leurs criais d'une faible voix qu'ils ne pouvaient entendre : Insensés, qui vous plaignez sans cesse de la nature, apprenez que tous vos maux vous viennent de vous !

Toutefois, je fus surpris et touché de l'indulgence du public. (Page 251.)

De ces méditations résulta le Discours sur l'inégalité, ouvrage qui fut plus du goût de Diderot que tous mes autres écrits, et pour lequel ses conseils me furent le plus utiles (*), mais qui ne trouva dans toute l'Europe que peu de lecteurs qui l'entendissent, et aucun de ceux-là qui voulût en parler. Il avait été fait pour concourir au prix : je l'envoyai donc, mais sûr d'avance qu'il ne l'aurait pas, et sachant bien que ce n'est pas pour des pièces de cette étoffe que sont fondés les prix des académies.

Cette promenade et cette occupation firent du bien à mon humeur et à ma santé. Il y avait déjà plusieurs années que, tourmenté de ma rétention d'urine,

(*) Dans le temps que j'écrivais ceci, je n'avais encore aucun soupçon du grand complot de Diderot et de Grimm ; sans quoi j'aurais aisément reconnu combien le premier abusait de ma confiance, pour donner à mes écrits ce ton dur et cet air noir qu'ils n'eurent plus quand il cessa de me diriger. Le morceau du philosophe qui s'argumente en se bouchant les oreilles pour s'endurcir aux plaintes d'un malheureux, est de sa façon, et il m'en avait fourni d'autres plus forts encore, que je ne pus me résoudre à employer. Mais attribuant cette humeur noire à celle que lui avait donnée le donjon de Vincennes, et dont on retrouve dans son *Clairval* une assez forte dose, il ne me vint jamais à l'esprit d'y soupçonner la moindre méchanceté.

je m'étais livré tout-à-fait aux médecins, qui, sans alléger mon mal, avaient épuisé mes forces et détruit mon tempérament. Au retour de Saint-Germain, je me trouvai plus de forces, et me sentis beaucoup mieux. Je suivis cette indication, et, résolu de guérir ou mourir sans médecins et sans remèdes, je leur dis adieu pour jamais, et je me mis à vivre au jour la journée, restant coi quand je ne pouvais aller, et marchant sitôt que j'en avais la force. Le train de Paris parmi les gens à prétention était si peu de mon goût; les cabales des gens de lettres, leurs honteuses querelles, leur peu de bonne foi dans leurs livres, leurs airs tranchants dans le monde, m'étaient si odieux, si antipathiques, je trouvais si peu de douceur, d'ouverture de cœur, de franchise, dans le commerce même de mes amis, que, rebuté de cette vie tumultueuse, je commençais à soupirer ardemment après le séjour de la campagne; et ne voyant pas que mon métier me permît de m'y établir, j'y courais du moins passer les heures que j'avais de libres. Pendant plusieurs mois, d'abord après mon dîner, j'allais me promener seul au bois de Boulogne, méditant des sujets d'ouvrages, et je ne revenais qu'à la nuit.

(1754-1756.) Gauffecourt, avec lequel j'étais alors extrêmement lié, se voyant obligé d'aller à Genève pour son emploi, me proposa ce voyage : j'y consentis. Je n'étais pas assez bien pour me passer des soins de la gouverneuse : il fut décidé qu'elle serait du voyage, que sa mère garderait la maison ; et, tous nos arrangements pris, nous partîmes tous trois ensemble le 1$^{er}$ juin 1754.

Je dois noter ce voyage comme l'époque de la première expérience, qui, jusqu'à l'âge de quarante-deux ans que j'avais alors, ait porté atteinte au naturel pleinement confiant avec lequel j'étais né, et auquel je m'étais toujours livré sans réserve et sans inconvénient. Nous avions un carrosse bourgeois, qui nous menait avec les mêmes chevaux à très petites journées. Je descendais et marchais souvent à pied. A peine étions nous à la moitié de notre route, que Thérèse marqua la plus grande répugnance à rester seule dans la voiture avec Gauffecourt, et que quand, malgré mes prières, je voulais descendre, elle descendait et marchait aussi. Je la grondai longtemps de ce caprice, et même je m'y opposai tout-à-fait, jusqu'à ce qu'elle se vît forcée enfin à m'en déclarer la cause. Je crus rêver, je tombai des nues, quand j'appris que mon ami M. de Gauffecourt, âgé de plus de soixante ans, podagre, impotent, usé de plaisirs et de jouissances, travaillait depuis notre départ à corrompre une personne qui n'était plus ni belle ni jeune, qui appartenait à son ami, et cela par les moyens les plus bas, les plus honteux, jusqu'à lui présenter sa bourse, jusqu'à tenter de l'émouvoir par la lecture d'un livre abominable, et par la vue des figures infâmes dont il était plein. Thérèse, indignée, lui lança une fois son vilain livre par la portière; et j'appris que le premier jour, une violente migraine m'ayant fait aller coucher sans souper, il avait employé tout le temps de ce tête-à-tête à des tentatives et des manœuvres plus dignes d'un satyre et d'un bouc, que d'un honnête homme, auquel j'avais confié ma compagne et moi-même. Quelle surprise! quel serrement de cœur tout nouveau pour moi! Moi qui jusques alors avais cru l'amitié inséparable des sentiments aimables et nobles qui font tout son charme, pour la première fois de ma vie je me vois forcé de l'allier au dédain, et d'ôter ma confiance et mon estime à un homme que j'aime et dont je me crois aimé! Le malheureux me cachait sa turpitude. Pour ne pas exposer Thérèse, je me vis forcé de lui cacher mon mépris, et de recéler au fond de mon cœur des sentiments qu'il ne devait pas connaître. Douce et sainte illusion de l'amitié! Gauffecourt leva le premier ton voile à mes yeux. Que de mains cruelles l'ont empêché depuis lors de retomber!

A Lyon, je quittai Gauffecourt, pour prendre ma route par la Savoie, ne pouvant me résoudre à passer de rechef si près de maman sans la revoir. Je la revis... Dans quel état, mon Dieu! Quel avilissement! Que lui restait-il de sa vertu première? Était-ce la même M$^{me}$ de Warens, jadis si brillante, à qui le curé de Pontverre m'avait adressé? Que mon cœur fut navré! Je ne vis plus pour elle d'autre ressource que de se dépayser. Je lui réitérai vivement et vainement les instances que je lui avais faites plusieurs fois dans mes lettres, de venir vivre

paisiblement avec moi, qui voulais consacrer mes jours et ceux de Thérèse à rendre les siens heureux. Attachée à sa pension, dont cependant, quoique exactement payée, elle ne tirait plus rien depuis longtemps, elle ne m'écouta pas. Je lui fis encore quelque légère part de ma bourse, bien moins que je n'aurais dû, bien moins que je n'aurais fait, si je n'eusse été parfaitement sûr qu'elle n'en profiterait pas d'un sou. Durant mon séjour à Genève, elle fit un voyage en Chablais et vint me voir à Grange-Canal(*). Elle manquait d'argent pour achever son voyage : je n'avais pas sur moi ce qu'il fallait pour cela ; je le lui envoyai une heure après par Thérèse. Pauvre maman ! Que je dise encore ce trait de son cœur. Il ne lui restait pour dernier bijou qu'une petite bague ; elle l'ôta de son doigt pour la mettre à celui de Thérèse, qui la remit à l'instant au sien, en baisant cette noble main qu'elle arrosa de ses pleurs. Ah ! c'était alors le moment d'acquitter ma dette. Il fallait tout quitter pour la suivre, m'attacher à elle jusqu'à sa dernière heure, et partager son sort, quel qu'il fût. Je n'en fis rien. Distrait par un autre attachement, je sentis relâcher le mien pour elle, faute d'espoir de pouvoir le lui rendre utile. Je gémis sur elle, et ne la suivis pas. De tous les remords que j'ai sentis en ma vie, voilà le plus vif et le plus permanent. Je méritai par là les châtiments terribles qui depuis lors n'ont cessé de m'accabler : puissent-ils avoir expié mon ingratitude ! Elle fut dans ma conduite ; mais elle a trop déchiré mon cœur pour que jamais ce cœur ait été celui d'un ingrat (**).

Avant mon départ de Paris, j'avais esquissé la dédicace du *Discours sur l'inégalité*. Je l'achevai à Chambéry, et la datai du même lieu, jugeant qu'il était mieux, pour éviter toute chicane, de ne la dater ni de France ni de Genève. Arrivé dans cette ville, je me livrai à l'enthousiasme républicain qui m'y avait amené. Cet enthousiasme augmenta par l'accueil que j'y reçus. Fêté, caressé dans tous les états, je me livrai tout entier au zèle patriotique, et, honteux d'être exclu de mes droits de citoyen par la profession d'un autre culte que celui de mes pères, je résolus de reprendre ouvertement ce dernier. Je pensais que, l'Évangile étant le même pour tous les chrétiens, et le fond du dogme n'étant différent qu'en ce qu'on se mêlait d'expliquer ce qu'on ne pouvait entendre, il appartenait en chaque pays au seul souverain de fixer et le culte et ce dogme inintelligible, et qu'il était par conséquent du devoir du citoyen d'admettre le dogme et de suivre le culte prescrit par la loi. La fréquentation des encyclopédistes, loin d'ébranler ma foi, l'avait affermie par mon aversion naturelle pour la dispute et pour les partis. L'étude de l'homme et de l'univers m'avait montré partout les causes finales et l'intelligence qui les dirigeait. La lecture de la Bible, et surtout de l'Évangile, à laquelle je m'appliquais depuis quelques années, m'avait fait mépriser les basses et sottes interprétations que donnaient à Jésus-Christ les gens les moins dignes de l'entendre. En un mot, la philosophie, en m'attachant à l'essentiel de la religion, m'avait détaché de ce fatras de petites formules dont les hommes l'ont offusquée.

Jugeant qu'il n'y avait pas pour un homme raisonnable deux manières d'être chrétien, je jugeais aussi que tout ce qui est forme et discipline était, dans chaque pays, du ressort des lois. De ce principe si sensé, si social, si pacifique, et qui m'a attiré de si cruelles persécutions, il s'ensuivait que, voulant être citoyen, je devais être protestant, et rentrer dans le culte établi dans mon pays. Je m'y déterminai ; je me soumis même aux instructions du pasteur de la paroisse où je logeais, laquelle était hors de la ville. Je désirai seulement de n'être pas obligé de paraître en consistoire. L'édit ecclésiastique cependant y était formel : on

---

(*) *Grange-Canal* est un village dépendant de Genève, sur la frontière du *Chablais*, province de Savoie, qui borde le lac.

(**) On a blâmé, non sans raison, les révélations de Jean-Jacques sur la conduite de madame de Warens. Ginguené a fait valoir, pour le justifier, que cette dame était morte vingt ans avant la publication des *Confessions*, et qu'elle n'avait laissé ni enfants ni héritiers de son nom ; qu'enfin, dans la petite sphère où elle vivait, son inconduite était malheureusement trop notoire ; qu'au delà, son nom paraissait un nom de roman comme ceux d'Estanges et de Wolmar. Malgré tout cela, il y a là-dedans une question qui ne se juge qu'avec le cœur, comme c'est aussi le cœur qui condamne l'abandon que Rousseau se reproche lui-même.

voulut bien y déroger en ma faveur, et l'on nomma une commission de cinq ou six membres pour recevoir en particulier ma profession de foi. Malheureusement le ministre Perdriau, homme aimable et doux, avec qui j'étais lié, s'avisa de me dire qu'on se réjouissait de m'entendre parler dans cette petite assemblée. Cette attente m'effraya si fort, qu'ayant étudié jour et nuit, pendant trois semaines, un petit discours que j'avais préparé, je me troublai lorsqu'il fallut le réciter, au point de n'en pouvoir pas dire un seul mot, et je fis dans cette conférence le rôle du plus sot écolier. Les commissaires parlaient pour moi; je répondais bêtement *oui* et *non* : ensuite je fus admis à la communion, et réintégré dans mes droits de citoyen; je fus inscrit comme tel dans le rôle des gardes que paient les seuls citoyens et bourgeois, et j'assistai à un conseil général *extraordinaire* pour recevoir le serment du syndic Mussard. Je fus si touché des bontés que me témoignèrent en cette occasion le conseil, le consistoire, et des procédés obligeants et honnêtes de tous les magistrats, ministres et citoyens, que, pressé par le bonhomme Deluc, qui m'obsédait sans cesse, et encore plus par mon propre penchant, je ne songeai à retourner à Paris que pour dissoudre mon ménage, mettre en règle mes petites affaires, placer M<sup>me</sup> Le Vasseur et son mari, ou pourvoir à leur subsistance, et revenir avec Thérèse m'établir à Genève pour le reste de mes jours.

Cette résolution prise, je fis trêve aux affaires sérieuses pour m'amuser avec mes amis jusqu'au temps de mon départ. De tous ces amusements, celui qui me plut davantage fut une promenade autour du lac, que je fis avec Deluc père, sa bru, ses deux fils et ma Thérèse. Nous mîmes sept jours à cette tournée, par le plus beau temps du monde. J'en gardai le vif souvenir des sites qui m'avaient frappé à l'autre extrémité du lac, et dont je fis la description quelques années après dans la *Nouvelle Héloïse*.

Les principales liaisons que je fis à Genève, outre les frères Deluc (*), dont j'ai parlé, furent le jeune ministre Vernes, que j'avais déjà connu à Paris, et dont j'augurais mieux qu'il n'a valu dans la suite; M. Perdriau, alors pasteur de campagne, aujourd'hui professeur de belles-lettres, dont la société, pleine de douceur et d'aménité, me sera toujours regrettable, quoiqu'il ait cru du bel air de se détacher de moi; M. Jalabert, alors professeur de physique, depuis conseiller et syndic, auquel je lus mon *Discours sur l'inégalité*, mais non pas la dédicace, et qui en parut transporté; le professeur Lullin, avec lequel, jusqu'à sa mort, je suis resté en correspondance, et qui m'avait même chargé d'emplètes de livres pour la Bibliothèque; le professeur Vernet, qui me tourna le dos, comme tout le monde, après que je lui eus donné des preuves d'attachement et de confiance, qui l'auraient dû toucher, si un théologien pouvait être touché de quelque chose; Chappuis, commis et successeur de Gauffecourt, qu'il voulut supplanter, et qui bientôt fut supplanté lui-même; Marcet de Mezières, ancien ami de mon père, et qui s'était montré le mien, mais qui, après avoir jadis bien mérité de la patrie, s'étant fait auteur dramatique et prétendant aux Deux-Cents, changea de maximes, et devint ridicule avant sa mort. Mais celui de tous dont j'attendis davantage fut Moultou, le fils, qui, pendant mon séjour à Genève, fut reçu dans le ministère, auquel il a depuis renoncé, jeune homme de la plus grande espérance par ses talents, par son esprit plein de feu, que j'ai toujours aimé, quoique sa conduite à mon égard ait été souvent équivoque, et qu'il ait des liaisons avec mes plus cruels ennemis, mais qu'avec tout cela je ne puis m'empêcher de regarder encore comme appelé à être un jour le défenseur de ma mémoire, et le vengeur de son ami.

Au milieu de ces dissipations, je ne perdis ni le goût, ni l'habitude de mes promenades solitaires, et j'en faisais souvent d'assez grandes sur les bords du lac, durant lesquelles ma tête, accoutumée au travail, ne demeurait pas oisive. Je digérais le plan déjà formé de mes *Institutions politiques*, dont j'aurai bientôt à parler; je méditais une *Histoire du Valais*, un plan de tragédie en prose, dont

---

(*) Les deux frères *Deluc* sont également estimés comme naturalistes.

le sujet, qui n'était pas moins que Lucrèce, ne m'ôtait pas l'espoir d'atterrer les rieurs, quoique j'osasse laisser paraître encore cette infortunée, quand elle ne le peut plus sur aucun théâtre français. Je m'essayais en même temps sur Tacite, et je traduisis le premier livre de son histoire, qu'on trouvera parmi mes papiers.

Après quatre mois de séjour à Genève, je retournai au mois d'octobre à Paris, et j'évitai de passer par Lyon pour ne pas me retrouver en route avec Gauffecourt. Comme il entrait dans mes arrangements de ne revenir à Genève que le printemps prochain, je repris pendant l'hiver mes habitudes et mes occupations, dont la principale fut de voir les épreuves de mon *Discours sur l'inégalité* que je faisais imprimer en Hollande, par le libraire Rey, dont je venais de faire la connaissance à Genève. Comme cet ouvrage était dédié à la république, et que cette dédicace pouvait ne pas plaire au conseil, je voulais attendre l'effet qu'elle ferait à Genève avant que d'y retourner. Cet effet ne me fut pas favorable; et cette dédicace, que le plus pur patriotisme m'avait dictée, ne fit que m'attirer des ennemis dans le conseil, et des jaloux dans la bourgeoisie. M. Chouet, alors premier syndic, m'écrivit une lettre honnête, mais froide, qu'on trouvera dans mes recueils, liasse A, n° 3. Je reçus des particuliers, entre autres de Deluc et de Jalabert, quelques compliments; et ce fut là tout : je ne vis point qu'aucun Genevois me sût un vrai gré du zèle de cœur qu'on sentait dans cet ouvrage. Cette indifférence scandalisa tous ceux qui la remarquèrent. Je me souviens que, dînant un jour, à Clichy, chez M$^{me}$ Dupin, avec Crommelin, résident de la république, et avec M. de Mairan, celui-ci dit en pleine table, que le conseil me devait un présent et des honneurs publics pour cet ouvrage, et qu'il se déshonorait s'il y manquait. Crommelin, qui était un petit homme noir et bassement méchant, n'osa rien répondre en ma présence, mais il fit une grimace effroyable qui fit sourire M$^{me}$ Dupin. Le seul avantage que me procura cet ouvrage, outre celui d'avoir satisfait mon cœur, fut le titre de citoyen, qui me fut donné par mes amis, puis par le public à leur exemple, et que j'ai perdu dans la suite pour l'avoir trop bien mérité (*).

Ce mauvais succès ne m'aurait pas détourné d'exécuter ma retraite à Genève, si des motifs plus puissants sur mon cœur n'y avaient concouru. M. d'Épinay, voulant ajouter une aile qui manquait au château de la Chevrette, faisait une dépense immense pour l'achever. Étant allé voir un jour, avec M$^{me}$ d'Épinay, ces ouvrages, nous poussâmes notre promenade un quart de lieue plus loin, jusqu'au réservoir des eaux du parc, qui touchait la forêt de Montmorency, et où était un joli potager, avec une petite loge fort délabrée, qu'on appelait l'Ermitage(**). Ce lieu solitaire et très agréable m'avait frappé, quand je le vis pour la première fois, avant mon voyage à Genève. Il m'était échappé de dire dans mon transport : « Ah! madame, quelle habitation délicieuse! Voilà un asile tout fait pour moi. » M$^{me}$ d'Épinay ne releva pas beaucoup mon discours; mais à ce second voyage, je fus tout surpris de trouver, au lieu de la vieille masure, une petite maison presque entièrement neuve, fort bien distribuée, et très logeable pour un petit ménage de trois personnes. M$^{me}$ d'Épinay avait fait faire cet ouvrage en silence et à très peu de frais, en détachant quelques matériaux et quelques ouvriers de ceux du château. Au second voyage, elle me dit, en voyant ma surprise : « Mon ours, voilà votre asile; c'est vous qui l'avez choisi, c'est l'amitié qui vous l'offre; j'espère qu'elle vous ôtera la cruelle idée de vous éloigner de moi. » Je ne crois pas avoir été de mes jours plus vivement, plus délicieusement ému : je mouillai de pleurs la main bienfaisante de mon amie; et si je ne fus pas vaincu dès cet instant même, je fus extrêmement ébranlé. M$^{me}$ d'Épinay, qui ne voulait pas en avoir le démenti, devint si pressante, employa tant de moyens, tant de gens pour me circonvenir, jusqu'à gagner pour cela M$^{me}$ Le Vasseur et sa fille, qu'enfin

---

(*) Rousseau abdiqua ce titre, après la condamnation de l'*Émile*, à Genève, jugeant que par là on le forçait à s'en démettre. Voyez la *Correspondance*, 12 mai 1763.

(**) Après la mort de M. d'Épinay, Grétry a acheté l'Ermitage et y a vécu jusqu'à sa mort (1813). L'année suivante, le nouveau propriétaire, mari de la nièce de Grétry, a fait restaurer et agrandir la maison.

elle triompha de mes résolutions. Renonçant au séjour de ma patrie, je résolus, je promis d'habiter l'Ermitage, et, en attendant que le bâtiment fût sec, elle prit

Je mouillai de pleurs la main bienfaisante de mon amie. (Page 256.)

le soin d'en préparer les meubles, en sorte que tout fut prêt pour y entrer le printemps suivant.

Une chose qui aida beaucoup à me déterminer fut l'établissement de Voltaire auprès de Genève. Je compris que cet homme y ferait révolution; que j'irais retrouver dans ma patrie le ton, les airs, les mœurs qui me chassaient de Paris; qu'il me faudrait batailler sans cesse, et que je n'aurais d'autre choix dans ma conduite que celui d'être un pédant insupportable ou un lâche et mauvais citoyen. La lettre que Voltaire m'écrivit sur mon dernier ouvrage me donna lieu d'insinuer mes craintes dans ma réponse; l'effet qu'elle produisit les confirma. Dès lors je tins Genève perdue, et je ne me trompai pas. J'aurais dû peut-être aller faire tête à l'orage, si je m'en étais senti le talent. Mais qu'eussé-je fait, seul, timide et parlant très mal, contre un homme arrogant, opulent, étayé du crédit des grands, d'une brillante faconde, et déjà l'idole des femmes et des jeunes gens? Je craignis d'exposer inutilement au péril mon courage; je n'écoutai que mon naturel paisible, que mon amour du repos, qui, s'il me trompa, me trompe encore aujourd'hui sur le même article. En me retirant à Genève, j'aurais pu m'épargner de grands malheurs à moi-même; mais je doute qu'avec tout mon zèle ardent et patriotique j'eusse fait rien de grand et d'utile pour mon pays.

Tronchin, qui, dans le même temps à peu près, fut s'établir à Genève, vint quelque temps après à Paris faire le saltimbanque, et en emporta des trésors. A son arrivée, il me vint voir avec le chevalier de Jaucourt. M<sup>me</sup> d'Épinay souhaitait fort de le consulter en particulier, mais la presse n'était pas facile à percer. Elle eut recours à moi. J'engageai Tronchin à aller la voir. Ils commencèrent ainsi, sous mes auspices, des liaisons qu'ils resserrèrent ensuite à mes dépens. Telle a toujours été ma destinée; sitôt que j'ai rapproché l'un de l'autre deux amis que j'avais séparément, ils n'ont jamais manqué de s'unir contre moi. Quoique, dans le complot que formaient dès lors les Tronchins d'asservir leur patrie, ils dussent tous me haïr mortellement, le docteur pourtant continua longtemps à me témoigner de la bienveillance. Il m'écrivit même après son retour à Genève, pour m'y proposer la place de bibliothécaire honoraire. Mais mon parti était pris et cette offre ne m'ébranla pas.

Je retournai dans ce temps-là chez M. d'Holbach. L'occasion en avait été la mort de sa femme, arrivée, ainsi que celle de M<sup>me</sup> Francueil, durant mon séjour à Genève. Diderot, en me la marquant, me parla de la profonde affliction du mari. Sa douleur émut mon cœur. Je regrettais moi-même cette aimable femme. J'écrivis sur ce sujet à M. d'Holbach : il me répondit honnêtement. Ce triste événement me fit oublier tous ses torts; et lorsque je fus de retour de Genève, et qu'il fut de retour lui-même d'un tour de France qu'il avait fait pour se distraire, avec Grimm et d'autres amis, j'allai le voir, et je continuai jusqu'à mon départ pour l'Ermitage. Quand on sut dans sa coterie que M<sup>me</sup> d'Épinay, qu'il ne voyait point encore, m'y préparait un logement, les sarcasmes tombèrent sur moi comme la grêle, fondés sur ce qu'ayant besoin de l'encens et des amusements de la ville, je ne soutiendrais pas la solitude seulement quinze jours. Sentant en moi ce qu'il en était, je laissai dire, et j'allai mon train. M. d'Holbach ne laissa pas de m'être utile (*) pour placer le vieux bonhomme Le Vasseur, qui avait plus de quatre-vingts ans, et dont sa femme, qui s'en sentait surchargée, ne cessait de me prier de la débarrasser. Il fut mis dans une maison de charité, où l'âge et le regret de se voir loin de sa famille le mirent au tombeau presque en arrivant. Sa femme et ses autres enfants le regrettèrent peu : mais Thérèse, qui l'aimait tendrement, n'a jamais pu se consoler de sa perte, et d'avoir souffert que, si près de son terme, il allât loin d'elle achever ses jours.

J'eus à peu près dans le même temps une visite à laquelle je ne m'attendais guère, quoique ce fût une bien ancienne connaissance. Je parle de mon ami Venture, qui vint me surprendre un beau matin, lorsque je ne pensais à rien

---

(*) Voici un exemple des tours que me joue ma mémoire. Longtemps après avoir écrit ceci, je viens d'apprendre, en causant avec ma femme de son vieux bonhomme de père, que ce ne fut point M. d'Holbach, mais M. de Chenonceaux, alors un des administrateurs de l'Hôtel-Dieu, qui le fit placer. J'en avais si totalement perdu l'idée, et j'avais celle de M. d'Holbach si présente, que j'aurais juré pour ce dernier.

moins. Un autre homme était avec lui. Qu'il me parut changé! Au lieu de ses anciennes grâces, je ne lui trouvai plus qu'un air crapuleux, qui m'empêcha de de m'épanouir avec lui. Ou mes yeux n'étaient plus les mêmes, ou la débauche avait abruti son esprit, ou tout son premier éclat tenait à celui de la jeunesse, qu'il n'avait plus. Je le vis presque avec indifférence, et nous nous séparâmes assez froidement. Mais quand il fut parti, le souvenir de nos anciennes liaisons me rappela vivement celui de mes jeunes ans, si doucement, si pleinement consacrés à cette femme angélique qui maintenant n'était guère moins changée que lui; les petites anecdotes de cet heureux temps; la romanesque journée de Toune, passée avec tant d'innocence et de jouissance entre ces deux charmantes filles dont une main baisée avait été l'unique faveur, et qui, malgré cela, m'avait laissé des regrets si vifs, si touchants, si durables : tous ces ravissants délires d'un jeune cœur, que j'avais sentis alors dans toute leur force, et dont je croyais le temps passé pour jamais; toutes ces tendres réminiscences me firent verser des larmes sur ma jeunesse écoulée, et sur ses transports désormais perdus pour moi. Ah! combien j'en aurais versé sur leur retour tardif et funeste, si j'avais prévu les maux qu'il m'allait coûter!

Avant de quitter Paris, j'eus, durant l'hiver qui précéda ma retraite, un plaisir bien selon mon cœur, et que je goûtai dans toute sa pureté. Palissot, académicien de Nanci, connu par quelques drames, venait d'en donner un à Lunéville, devant le roi de Pologne. Il crut apparemment faire sa cour en jouant, dans ce drame, un homme qui avait osé se mesurer avec le roi la plume à la main. Stanislas, qui était généreux et qui n'aimait pas la satire, fut indigné qu'on osât ainsi personnaliser en sa présence. M. le comte de Tressan écrivit, par l'ordre de ce prince, à D'Alembert et à moi, pour m'informer que l'intention de sa majesté était que le sieur Palissot fût chassé de son académie. Ma réponse fut une vive prière à M. de Tressan d'intercéder auprès du roi de Pologne pour obtenir la grâce du sieur Palissot. La grâce fut accordée; et M. de Tressan, en me le marquant au nom du roi, ajouta que ce fait serait inscrit sur les registres de l'académie. Je répliquai que c'était moins accorder une grâce que perpétuer un châtiment. Enfin j'obtins, à force d'instances, qu'il ne serait fait mention de rien dans les registres, et qu'il ne resterait aucune trace publique de cette affaire. Tout cela fut accompagné, tant de la part du roi que de celle de M. de Tressan, de témoignages d'estime et de considération, dont je fus extrêmement flatté; et je sentis en cette occasion que l'estime des hommes qui en sont si dignes eux-mêmes produit dans l'âme un sentiment bien plus doux et plus noble que celui de la vanité. J'ai transcrit dans mon recueil les lettres de M. de Tressan avec mes réponses, et l'on en trouvera les originaux, dans la liasse A, n°s 9, 10 et 11.

Je sens bien que, si jamais ces mémoires parviennent à voir le jour, je perpétue ici moi-même le souvenir d'un fait dont je voulais effacer la trace; mais j'en transmets bien d'autres malgré moi. Le grand objet de mon entreprise, toujours présent à mes yeux, l'indispensable devoir de la remplir dans toute son étendue, ne m'en laisseront point détourner par de plus faibles considérations, qui m'écarteraient de mon but. Dans l'étrange, dans l'unique situation où je me trouve, je me dois trop à la vérité pour devoir rien de plus à autrui. Pour me bien connaître, il faut me connaître dans tous mes rapports bons et mauvais. Mes Confessions sont nécessairement liées avec celles de beaucoup de gens : je fais les unes et les autres avec la même franchise, en tout ce qui se rapporte à moi, ne croyant devoir à qui que ce soit plus de ménagements que je n'en ai pour moi-même, et voulant toutefois en avoir beaucoup plus. Je veux être toujours juste et vrai, dire d'autrui le bien tant qu'il me sera possible, ne dire jamais que le mal qui me regarde, et qu'autant que j'y suis forcé. Qui est-ce qui, dans l'état où l'on m'a mis, a droit d'exiger de moi davantage? Mes Confessions ne sont point faites pour paraître de mon vivant ni de celui des personnes intéressées. Si j'étais le maître de ma destinée et de celle de cet écrit, il ne verrait le jour que longtemps après ma mort et la leur. Mais les efforts que la terreur de la

vérité fait faire à mes puissants oppresseurs pour en effacer les traces me forcent à faire, pour les conserver, tout ce que me permettent le droit le plus exact et la plus sévère justice. Si ma mémoire devait s'éteindre avec moi, plutôt que de compromettre personne, je souffrirais un opprobre injuste et passager sans murmure; mais puisque enfin mon nom doit vivre, je dois tâcher de transmettre avec lui le souvenir de l'homme infortuné qui le porta, tel qu'il fut réellement, et non tel que d'injustes ennemis travaillent sans relâche à le peindre.

## LIVRE IX.

(1756.) L'impatience d'habiter l'Ermitage ne me permit pas d'attendre le retour de la belle saison ; et sitôt que mon logement fut prêt, je me hâtai de m'y rendre, aux grandes huées de la coterie holbachique, qui prédisait hautement que je ne supporterais pas trois mois de solitude, et qu'on me reverrait dans peu revenir, avec ma courte honte, vivre comme eux à Paris. Pour moi, qui, depuis quinze ans hors de mon élément, me voyais prêt d'y rentrer, je ne faisais pas même attention à leurs plaisanteries. Depuis que je m'étais, malgré moi, jeté dans le monde, je n'avais cessé de regretter mes chères Charmettes, et la douce vie que j'y avais menée. Je me sentais fait pour la retraite et la campagne ; il m'était impossible de vivre heureux ailleurs : à Venise, dans le train des affaires publiques, dans la dignité d'une espèce de représentation, dans l'orgueil des projets d'avancement; à Paris, dans le tourbillon de la grande société, dans la sensualité des soupers, dans l'éclat des spectacles, dans la fumée de la gloriole, toujours mes bosquets, mes ruisseaux, mes promenades solitaires, venaient, par leur souvenir, me distraire, me contrister, m'arracher des soupirs et des désirs. Tous les travaux auxquels j'avais pu m'assujétir, tous les projets d'ambition, qui, par accès, avaient animé mon zèle, n'avaient d'autre but que d'arriver un jour à ces bienheureux loisirs champêtres, auxquels, en ce moment, je me flattais de toucher. Sans m'être mis dans l'honnête aisance que j'avais cru seule pouvoir m'y conduire, je jugeais, par ma situation particulière, être en état de m'en passer, et pouvoir arriver au même but par un chemin tout contraire. Je n'avais pas un sou de rente : mais j'avais un nom, des talents ; j'étais sobre, et je m'étais ôté les besoins les plus dispendieux, tous ceux de l'opinion. Outre cela, quoique paresseux, j'étais laborieux cependant quand je voulais l'être ; et ma paresse était moins celle d'un fainéant, que celle d'un homme indépendant, qui ne sait travailler qu'à son heure. Mon métier de copiste de musique n'était ni brillant, ni lucratif, mais il était sûr. On me savait gré dans le monde d'avoir eu le courage de le choisir. Je pouvais compter que l'ouvrage ne me manquerait pas, et il pouvait me suffire pour vivre, en bien travaillant. Deux mille francs qui me restaient du produit du *Devin du village* et de mes autres écrits, me faisaient une avance pour n'être pas à l'étroit ; et plusieurs ouvrages que j'avais sur le métier me promettaient, sans rançonner les libraires, des suppléments suffisants pour travailler à mon aise, sans m'excéder, et même en mettant à profit les loisirs de la promenade. Mon petit ménage, composé de trois personnes, qui toutes s'occupaient utilement, n'était pas d'un entretien fort coûteux. Enfin, mes ressources, proportionnées à mes besoins et à mes désirs, pouvaient raisonnablement me promettre une vie heureuse et durable dans celle que mon inclination m'avait fait choisir.

J'aurais pu me jeter tout-à-fait du côté le plus lucratif ; et, au lieu d'asservir ma plume à la copie, la dévouer entière à des écrits qui, du vol que j'avais pris et que je me sentais en état de soutenir, pouvaient me faire vivre dans l'abondance et même dans l'opulence, pour peu que j'eusse voulu joindre des manœuvres d'auteur au soin de publier de bons livres. Mais je sentais qu'écrire pour avoir du pain, eût bientôt étouffé mon génie et tué mon talent, qui était moins dans ma plume que dans mon cœur, et né uniquement d'une façon de penser

élevée et fière, qui seule pouvait le nourrir. Rien de vigoureux, rien de grand ne peut partir d'une plume toute vénale. La nécessité, l'avidité peut-être, m'eût fait faire plus vite que bien. Si le besoin du succès ne m'eût pas plongé dans les

L'Ermitage de Montmorency.

cabales, il m'eût fait chercher à dire, moins des choses utiles et vraies, que des choses qui plussent à la multitude, et d'un écrivain distingué que je pouvais être, je n'aurais été qu'un barbouilleur de papier. Non, non : j'ai toujours senti que

l'état d'auteur n'était, ne pouvait être illustre et respectable, qu'autant qu'il n'était pas un métier. Il est trop difficile de penser noblement, quand on ne pense que pour vivre. Pour pouvoir, pour oser dire de grandes vérités, il ne faut pas dépendre de son succès. Je jetais mes livres dans le public avec la certitude d'avoir parlé pour le bien commun, sans aucun souci du reste. Si l'ouvrage était rebuté, tant pis pour ceux qui n'en voulaient pas profiter. Pour moi, je n'avais pas besoin de leur approbation pour vivre. Mon métier pouvait me nourrir, si mes livres ne se vendaient pas ; et voilà précisément ce qui les faisait vendre.

Ce fut le 9 avril 1756, que je quittai la ville pour n'y plus habiter ; car je ne compte pas pour habitation quelques courts séjours que j'ai faits depuis, tant à Paris qu'à Londres et dans d'autres villes, mais toujours de passage, ou toujours malgré moi. M<sup>me</sup> d'Epinay vint nous prendre tous trois dans son carrosse ; son fermier vint charger mon petit bagage, et je fus installé dès le même jour. Je trouvai ma petite retraite arrangée et meublée simplement, mais proprement, et même avec goût. La main qui avait donné ses soins à cet ameublement le rendait à mes yeux d'un prix inestimable, et je trouvais délicieux d'être l'hôte de mon amie, dans une maison de mon choix, qu'elle avait bâtie exprès pour moi.

Quoiqu'il fît froid et qu'il y eût même encore de la neige, la terre commençait à végéter ; on voyait des violettes et des primevères ; les bourgeons des arbres commençaient à poindre, et la nuit même de mon arrivée fut marquée par le premier chant du rossignol, qui se fit entendre presque à ma fenêtre, dans un bois qui touchait la maison. Après un léger sommeil, oubliant à mon réveil ma transplantation, je me croyais encore dans la rue de Grenelle, quand tout-à-coup ce ramage me fit tressaillir, et je m'écriai dans mon transport : Enfin tous mes vœux sont accomplis ! Mon premier soin fut de me livrer à l'impression des objets champêtres dont j'étais entouré. Au lieu de commencer à m'arranger dans mon logement, je commençai par m'arranger pour mes promenades, et il n'y eut pas un sentier, pas un taillis, pas un bosquet, pas un réduit autour de ma demeure que je n'eusse parcouru dès le lendemain. Plus j'examinais cette charmante retraite, plus je la sentais faite pour moi. Ce lieu solitaire plutôt que sauvage me transportait en idée au bout du monde. Il avait de ces beautés touchantes qu'on ne trouve guère auprès des villes ; et jamais, en s'y trouvant transporté tout d'un coup, on n'eût pu se croire à quatre lieues de Paris.

Après quelques jours livrés à mon délire champêtre, je songeai à ranger mes paperasses et à régler mes occupations. Je destinai, comme j'avais toujours fait, mes matinées à la copie, et mes après-dînées à la promenade, muni de mon petit livret blanc et de mon crayon : car, n'ayant jamais pu écrire et penser à mon aise que *sub dio*, je n'étais pas tenté de changer de méthode, et je comptais bien que la forêt de Montmorency, qui était presque à ma porte, serait désormais mon cabinet de travail. J'avais plusieurs écrits commencés : j'en fis la revue. J'étais assez magnifique en projets ; mais, dans les tracas de la ville, l'exécution jusque alors avait marché lentement. J'y comptais mettre un peu plus de diligence quand j'aurais moins de distraction. Je crois avoir assez bien rempli cette attente ; et pour un homme souvent malade, souvent à la Chevrette, à Épinay, à Eaubonne, au château de Montmorency, souvent obsédé chez lui de curieux désœuvrés, et toujours occupé la moitié de la journée à la copie, si l'on compte et mesure les écrits que j'ai faits dans les six ans que j'ai passés, tant à l'Ermitage qu'à Montmorency, l'on trouvera, je m'assure, que, si j'ai perdu mon temps durant cet intervalle, ce n'a pas été du moins dans l'oisiveté.

Des divers ouvrages que j'avais sur le chantier, celui que je méditais depuis longtemps, dont je m'occupais avec le plus de goût, auquel je voulais travailler toute ma vie, et qui devait, selon moi, mettre le sceau à ma réputation, était mes *Institutions politiques*. Il y avait treize à quatorze ans que j'en avais conçu la première idée, lorsque, étant à Venise, j'avais eu quelque occasion de remarquer les défauts de ce gouvernement si vanté. Depuis lors, mes vues s'étaient beaucoup étendues par l'étude historique de la morale. J'avais vu que tout tenait

radicalement à la politique, et que, de quelque façon qu'on s'y prît, aucun peuple ne serait que ce que la nature de son gouvernement le ferait être; ainsi cette grande question du meilleur gouvernement possible me paraissait se réduire à celle-ci : « Quelle est la nature du gouvernement propre à former le peuple le plus vertueux, le plus éclairé, le plus sage, le meilleur enfin, à prendre ce mot dans son plus grand sens? » J'avais cru voir que cette question tenait de bien près à cette autre-ci, si même elle en était différente : « Quel est le gouvernement qui, par sa nature, se tient toujours le plus près de la loi? » De là, qu'est-ce que la loi? et une chaîne de questions de cette importance. Je voyais que tout cela me menait à de grandes vérités, utiles au bonheur du genre humain, mais surtout à celui de ma patrie, où je n'avais pas trouvé, dans le voyage que je venais d'y faire, les notions des lois et de la liberté assez justes, ni assez nettes à mon gré; et j'avais cru cette manière indirecte de les leur donner la plus propre à ménager l'amour-propre de ses membres, et à me faire pardonner d'avoir pu voir là-dessus un peu plus loin qu'eux.

Quoiqu'il y eût déjà cinq ou six ans que je travaillais à cet ouvrage, il n'était encore guère avancé. Les livres de cette espèce demandent de la méditation, du loisir, de la tranquillité. De plus, je faisais celui-là, comme on dit, en bonne fortune, et je n'avais voulu communiquer mon projet à personne, pas même à Diderot. Je craignais qu'il ne parût trop hardi pour le siècle et le pays où j'écrivais, et que l'effroi de mes amis (*) ne me gênât dans l'exécution. J'ignorais encore s'il serait fait à temps, et de manière à pouvoir paraître de mon vivant. Je voulais pouvoir, sans contrainte, donner à mon sujet tout ce qu'il me demandait; bien sûr que, n'ayant point l'humeur satirique, et ne voulant jamais chercher d'application, je serais toujours irrépréhensible en toute équité. Je voulais user pleinement, sans doute, du droit de penser, que j'avais par ma naissance, mais toujours en respectant le gouvernement sous lequel j'avais à vivre, sans jamais désobéir à ses lois; et très attentif à ne pas violer le droit des gens, je ne voulais pas non plus renoncer par crainte à ses avantages.

J'avoue même qu'étranger et vivant en France, je trouvais ma position très favorable pour oser dire la vérité; sachant bien que, continuant comme je voulais faire à ne rien imprimer dans l'état sans permission, je n'y devais compte à personne de mes maximes et de leur publication partout ailleurs. J'aurais été bien moins libre à Genève même, où, dans quelque lieu que mes livres fussent imprimés, le magistrat avait droit d'épiloguer sur leur contenu. Cette considération avait beaucoup contribué à me faire céder aux instances de M<sup>me</sup> d'Épinay, et renoncer au projet d'aller m'établir à Genève. Je sentais, comme je l'ai dit dans l'*Emile* (**), qu'à moins d'être homme d'intrigues, quand on veut consacrer des livres au vrai bien de la patrie, il ne faut point les composer dans son sein.

Ce qui me faisait trouver ma position plus heureuse était la persuasion où j'étais que le gouvernement de France, sans peut-être me voir de fort bon œil, se ferait un honneur, sinon de me protéger, au moins de me laisser tranquille. C'était, ce me semblait, un trait de politique très simple, et cependant très adroite, de se faire un mérite de tolérer ce qu'on ne pouvait empêcher; puisque si l'on m'eût chassé de France, ce qui était tout ce qu'on avait droit de faire, mes livres n'auraient pas moins été faits, et peut-être avec moins de retenue; au lieu qu'en me laissant en repos, on gardait l'auteur pour caution de ses ouvrages, et, de plus, on effaçait des préjugés bien enracinés dans le reste de l'Europe, en se donnant une réputation d'avoir un respect éclairé pour le droit des gens.

---

(*) C'était surtout la sage sévérité de Duclos qui m'inspirait cette crainte; car, pour Diderot, je ne sais comment toutes mes conférences avec lui tendaient toujours à me rendre satirique et mordant plus que mon naturel ne me portait à l'être. Ce fut cela même qui me détourna de le consulter sur une entreprise où je voulais mettre uniquement toute la force du raisonnement, sans aucun vestige d'humeur et de partialité. On peut juger du ton que j'avais pris dans cet ouvrage, par celui du *Contrat social*, qui en est tiré.

(**) Voyez, au livre V, les conseils que le gouverneur d'Émile donne à son élève au retour de ses voyages.

Ceux qui jugeront sur l'évènement que ma confiance m'a trompé pourraient bien se tromper eux-mêmes. Dans l'orage qui m'a submergé, mes livres ont servi de prétexte, mais c'était à ma personne qu'on en voulait. On se souciait très peu de l'auteur, mais on voulait perdre Jean-Jacques; et le plus grand mal qu'on a trouvé dans mes écrits était l'honneur qu'ils pouvaient me faire. N'enjambons point sur l'avenir. J'ignore si ce mystère, qui en est encore un pour moi, s'éclaircira dans la suite aux yeux des lecteurs : je sais seulement que, si mes principes manifestés avaient dû m'attirer les traitements que j'ai soufferts, j'aurais tardé moins longtemps à en être la victime, puisque celui de tous mes écrits où ces principes sont manifestés avec le plus de hardiesse, pour ne pas dire d'audace (*), avait paru, avait fait son effet, même avant ma retraite à l'Ermitage, sans que personne eût songé, je ne dis pas à me chercher querelle, mais à empêcher seulement la publication de l'ouvrage en France, où il se vendait aussi publiquement qu'en Hollande. Depuis lors, la *Nouvelle Héloïse* parut encore avec la même facilité, j'ose dire avec le même applaudissement; et, ce qui semble presque incroyable, la profession de foi de cette même Héloïse mourante est exactement la même que celle du Vicaire savoyard. Tout ce qu'il y a de hardi dans le *Contrat social* était auparavant dans le *Discours sur l'inégalité;* tout ce qu'il y a de hardi dans l'*Émile* était auparavant dans la *Julie*. Or, ces choses hardies n'excitèrent aucune rumeur contre les deux premiers ouvrages; donc ce ne furent pas elles qui l'excitèrent contre les derniers.

Une autre entreprise à peu près du même genre, mais dont le projet était plus récent, m'occupait davantage en ce moment : c'était l'extrait des ouvrages de l'abbé de Saint-Pierre, dont, entraîné par le fil de ma narration, je n'ai pu parler jusqu'ici. L'idée m'en avait été suggérée, depuis mon retour de Genève, par l'abbé de Mably, non pas immédiatement, mais par l'entremise de M^me Dupin, qui avait une sorte d'intérêt à me la faire adopter. Elle était une des trois ou quatre jolies femmes de Paris dont le vieux abbé de Saint-Pierre avait été l'enfant gâté; et si elle n'avait pas eu décidément la préférence, elle l'avait partagée au moins avec M^me d'Aiguillon. Elle conservait pour la mémoire du bon-homme un respect et une affection qui faisaient honneur à tous deux, et son amour-propre eût été flatté de voir ressusciter par son secrétaire les ouvrages morts-nés de son ami. Ces mêmes ouvrages ne laissaient pas de contenir d'excellentes choses, mais si mal dites que la lecture en était difficile à soutenir; et il est étonnant que l'abbé de Saint-Pierre, qui regardait ses lecteurs comme de grands enfants, leur parlât cependant comme à des hommes, par le peu de soin qu'il prenait de s'en faire écouter. C'était pour cela qu'on m'avait proposé ce travail, comme utile en lui-même, et comme très convenable à un homme laborieux en manœuvre, mais paresseux comme auteur, qui, trouvant la peine de penser très fatigante, aimait mieux, en choses de son goût, éclaircir et pousser les idées d'un autre que d'en créer. D'ailleurs, en ne me bornant pas à la fonction de traducteur, il ne m'était pas défendu de penser quelquefois par moi-même, et je pouvais donner telle forme à mon ouvrage, que bien d'importantes vérités y passeraient sous le manteau de l'abbé de Saint-Pierre, encore plus heureusement que sous le mien. L'entreprise, au reste, n'était pas légère; il ne s'agissait de rien moins que de lire, de méditer, d'extraire vingt-trois volumes, diffus, confus, pleins de longueurs, de redites, de petites vues courtes ou fausses, parmi lesquelles il en fallait pêcher quelques-unes grandes, belles, et qui donnaient le courage de supporter ce pénible travail. Je l'aurais moi-même souvent abandonné, si j'eusse honnêtement pu m'en délier, mais en recevant les manuscrits de l'abbé, qui me furent donnés par son neveu, le comte de Saint-Pierre, à la sollicitation de Saint-Lambert, je m'étais en quelque sorte engagé d'en faire usage, et il fallait ou les rendre, ou tâcher d'en tirer parti. C'était dans cette dernière intention que j'avais apporté ces manuscrits à l'Ermitage, et c'était là le premier ouvrage auquel je comptais donner mes loisirs.

(*) Le *Discours sur*

J'en méditais un troisième, dont je devais l'idée à des observations faites sur moi-même ; et je me sentais d'autant plus de courage à l'entreprendre, que j'avais lieu d'espérer de faire un livre vraiment utile aux hommes, et même un des plus utiles qu'on peut leur offrir, si l'exécution répondait dignement au plan que je m'étais tracé. L'on a remarqué que la plupart des hommes sont, dans le cours de leur vie, souvent dissemblables à eux-mêmes, et semblent se transformer en des hommes tout différents. Ce n'était pas pour établir une chose aussi connue que je voulais faire un livre ; j'avais un objet plus neuf et plus important : c'était de chercher les causes de ces variations, et de m'attacher à celles qui dépendaient de nous, pour montrer comment elles pouvaient être dirigées par nous-mêmes, pour nous rendre meilleurs et plus sûrs de nous. Car il est, sans contredit, plus pénible à l'honnête homme de résister à des désirs déjà tout formés qu'il doit vaincre, que de prévenir, changer ou modifier ces mêmes désirs dans leur source, s'il était en état d'y renoncer. Un homme tenté résiste une fois, parce qu'il est fort, et succombe une autre fois, parce qu'il est faible ; s'il eût été le même qu'auparavant, il n'aurait pas succombé.

En sondant en moi-même, et en recherchant dans les autres à quoi tenaient ces diverses manières d'être, je trouvai qu'elles dépendaient en grande partie de l'impression antérieure des objets extérieurs, et que, modifiés continuellement par nos sens et par nos organes, nous portions, sans nous en apercevoir, dans nos idées, dans nos sentiments, dans nos actions mêmes, l'effet de ces modifications. Les frappantes et nombreuses observations que j'avais recueillies étaient au-dessus de toute dispute ; et par leurs principes physiques, elles me paraissaient propres à fournir un régime extérieur, qui, varié selon les circonstances, pouvait mettre ou maintenir l'âme dans l'état le plus favorable à la vertu. Que d'écarts on sauverait à la raison, que de vices on empêcherait de naître, si l'on savait forcer l'économie animale à favoriser l'ordre moral qu'elle trouble si souvent ! Les climats, les saisons, les sons, les couleurs, l'obscurité, la lumière, les éléments, les aliments, le bruit, le silence, le mouvement, le repos, tout agit sur notre machine, et sur notre âme par conséquent ; tout nous offre mille prises presque assurées, pour gouverner dans leur origine les sentiments dont nous nous laissons dominer. Telle était l'idée fondamentale dont j'avais déjà jeté l'esquisse sur le papier, et dont j'espérais un effet d'autant plus sûr pour les gens bien nés, qui, aimant sincèrement la vertu, se défient de leur faiblesse, qu'il me paraissait aisé d'en faire un livre agréable à lire, comme il l'était à composer. J'ai cependant bien peu travaillé à cet ouvrage, dont le titre était la *Morale sensitive* ou *le Matérialisme du sage*. Des distractions dont on apprendra bientôt la cause m'empêchèrent de m'en occuper, et l'on saura aussi quel fut le sort de mon esquisse, qui tient au mien de plus près qu'il ne semblerait.

Outre tout cela, je méditais depuis quelque temps un système d'éducation, dont M<sup>me</sup> de Chenonceaux, que celle de son mari faisait trembler pour son fils, m'avait prié de m'occuper. L'autorité de l'amitié faisait que cet objet, quoique moins de mon goût en lui-même, me tenait au cœur plus que tous les autres. Aussi, de tous les sujets dont je viens de parler, celui-là est-il le seul que j'ai conduit à sa fin. Celle que je m'étais proposée, en y travaillant, méritait, ce semble, à l'auteur, une autre destinée. Mais n'anticipons pas ici sur ce triste sujet. Je ne serai que trop forcé d'en parler dans la suite de cet écrit.

Tous ces divers projets m'offraient des sujets de méditations pour mes promenades : car, comme je crois l'avoir dit, de jour, je ne puis méditer qu'en marchant ; sitôt que je m'arrête, je ne pense plus, et ma tête ne va qu'avec mes pieds. J'avais cependant eu la précaution de me pourvoir aussi d'un travail de cabinet pour les jours de pluie : c'était mon Dictionnaire de musique, dont les matériaux épars, mutilés, informes, rendaient l'ouvrage nécessaire à reprendre presque à neuf. J'apportais quelques livres, dont j'avais besoin pour cela ; j'avais passé deux mois à faire l'extrait de beaucoup d'autres, qu'on me prêtait à la Bibliothèque du Roi, et dont on me permit même d'emporter quelques-uns à l'Ermitage. Voilà mes provisions pour compiler au logis, quand le temps ne me permettait pas de

sortir, et que je m'ennuyais de ma copie. Cet arrangement me convenait si bien que j'en tirai parti, tant à l'Ermitage qu'à Montmorency, et même ensuite à Motiers, où j'achevai ce travail tout en en faisant d'autres, et trouvant toujours qu'un changement d'ouvrage est un véritable délassement.

Je suivis assez exactement, pendant quelque temps, la distribution que je m'étais prescrite, et je m'en trouvais très bien; mais quand la belle saison ramena plus fréquemment M<sup>me</sup> d'Epinay à Epinay ou à la Chevrette, je trouvai que des soins, qui d'abord ne me coûtaient pas, mais que je n'avais pas mis en ligne de compte, dérangeaient beaucoup mes autres projets. J'ai déjà dit que M<sup>me</sup> d'Epinay avait des qualités très aimables : elle aimait bien ses amis, elle les servait avec beaucoup de zèle; et, n'épargnant pour eux ni son temps ni ses soins, elle méritait assurément bien qu'en retour ils eussent des attentions pour elle. Jusque alors j'avais rempli ce devoir sans songer que c'en était un ; mais enfin je compris que je m'étais chargé d'une chaîne, dont l'amitié seule m'empêchait de sentir le poids : j'avais aggravé ce poids par ma répugnance pour les sociétés nombreuses. M<sup>me</sup> d'Epinay s'en prévalut pour me faire une proposition qui paraissait m'arranger, et qui l'arrangeait davantage : c'était de m'avertir toutes les fois qu'elle serait seule, ou à peu près. J'y consentis, sans voir à quoi je m'engageais. Il s'ensuivit de là que je ne lui faisais plus de visite à mon heure, mais à la sienne, et que je n'étais jamais sûr de pouvoir disposer de moi-même un seul jour. Cette gêne altéra beaucoup le plaisir que j'avais pris jusque alors à l'aller voir. Je trouvai que cette liberté qu'elle m'avait tant promise ne m'était donnée qu'à condition de ne m'en prévaloir jamais ; et pour une fois ou deux que j'en voulus essayer, il y eut tant de messages, tant de billets, tant d'alarmes sur ma santé, que je vis bien qu'il n'y avait que l'excuse d'être à plat de lit qui pût me dispenser de courir à son premier mot. Il fallait me soumettre à ce joug ; je le fis, et même assez volontiers pour un aussi grand ennemi de la dépendance, l'attachement sincère que j'avais pour elle m'empêchant en grande partie de sentir le lien qui s'y joignait. Elle remplissait ainsi tant bien que mal les vides que l'absence de sa cour ordinaire laissait dans ses amusements. C'était pour elle un supplément bien mince, mais qui valait encore mieux qu'une solitude absolue, qu'elle ne pouvait supporter. Elle avait cependant de quoi la remplir bien plus aisément depuis qu'elle avait voulu tâter de la littérature, et qu'elle s'était fourré dans la tête de faire bon gré mal gré des romans, des lettres, des comédies, des contes, et d'autres fadaises comme cela. Mais ce qui l'amusait n'était pas tant de les écrire que de les lire ; et s'il lui arrivait de barbouiller de suite deux ou trois pages, il fallait qu'elle fût sûre au moins de deux ou trois auditeurs bénévoles au bout de cet immense travail. Je n'avais guère l'honneur d'être au nombre des élus qu'à la faveur de quelque autre. Seul, j'étais presque toujours compté pour rien en toute chose ; et cela non-seulement dans la société de M<sup>me</sup> d'Epinay, mais dans celle de M. d'Holbach, et partout où M. Grimm donnait dans le ton. Cette nullité m'accommodait fort partout ailleurs que dans le tête-à-tête, où je ne savais quelle contenance tenir, n'osant parler de littérature, dont il ne m'appartenait pas de juger, ni de galanterie, étant trop timide, et craignant plus que la mort le ridicule d'un vieux galant ; outre que cette idée ne me vint jamais près de M<sup>me</sup> d'Epinay, et ne m'y serait peut-être pas venue une seule fois en ma vie, quand je l'aurais passée entière auprès d'elle : non que j'eusse pour sa personne aucune répugnance ; au contraire, je l'aimais peut-être trop comme ami pour pouvoir l'aimer comme amant. Je sentais du plaisir à la voir, à causer avec elle. Sa conversation, quoique assez agréable en cercle, était aride en particulier ; la mienne, qui n'était pas plus fleurie, n'était pas pour elle d'un grand secours. Honteux d'un trop long silence, je m'évertuais pour relever l'entretien ; et, quoiqu'il me fatiguât souvent, il ne m'ennuyait jamais. J'étais fort aise de lui rendre de petits soins, de lui donner de petits baisers bien fraternels, qui ne me paraissaient pas plus sensuels pour elle : c'était là tout. Elle était fort maigre, fort blanche, de la gorge comme sur ma main. Ce défaut seul eût suffi pour me glacer : jamais mon cœur ni mes sens n'ont su voir une femme dans quelqu'un qui n'eût pas

des tétons; et d'autres causes inutiles à dire (\*) m'ont toujours fait oublier son sexe auprès d'elle.

Ayant ainsi pris mon parti sur un assujétissement nécessaire, je m'y livrai sans résistance, et le trouvai, du moins la première année, moins onéreux que je ne m'y serais attendu. M$^{me}$ d'Epinay, qui d'ordinaire passait l'été presque entier à la campagne, n'y passa qu'une partie de celui-ci, soit que ses affaires la retinssent davantage à Paris, soit que l'absence de Grimm lui rendît moins agréable le séjour de la Chevrette. Je profitai des intervalles qu'elle n'y passait pas, ou durant lesquels elle y avait beaucoup de monde, pour jouir de ma solitude avec ma bonne Thérèse et sa mère, de manière à m'en bien faire sentir le prix. Quoique, depuis quelques années, j'allasse assez fréquemment à la campagne, c'était presque sans la goûter; et ces voyages, toujours faits avec des gens à prétentions, toujours gâtés par la gêne, ne faisaient qu'aiguiser en moi le goût des plaisirs rustiques, dont je n'entrevoyais de plus près l'image que pour mieux sentir leur privation. J'étais si ennuyé de salons, de jets d'eau, de bosquets, de parterres et des plus ennuyeux montreurs de tout cela; j'étais si excédé de brochures, de clavecin, de tri, de nœuds, de sots bons mots, de fades minauderies, de petits conteurs et de grands soupers, que quand je lorgnais du coin de l'œil un simple pauvre buisson d'épines, une haie, une grange, un pré; quand je humais, en traversant un hameau, la vapeur d'une bonne omelette au cerfeuil; quand j'entendais de loin le rustique refrain de la chanson des bisquières; je donnais au diable et le rouge, et les falbalas, et l'ambre; et, regrettant le dîner de la ménagère et le vin du crû, j'aurais de bon cœur paumé la gueule à monsieur le chef et à monsieur le maître, qui me faisaient dîner à l'heure où je soupe, souper à l'heure où je dors; mais surtout à messieurs les laquais, qui dévoraient des yeux mes morceaux, et, sous peine de mourir de soif, me vendaient le vin drogué de leur maître dix fois plus cher que je n'en aurais payé de meilleur au cabaret.

Me voilà donc enfin chez moi, dans un asile agréable et solitaire, maître d'y couler mes jours dans cette vie indépendante, égale et paisible, pour laquelle je me sentais né. Avant de dire l'effet que cet état, si nouveau pour moi, fit sur mon cœur, il convient d'en récapituler les affections secrètes, afin qu'on suive mieux dans ses causes le progrès de ces nouvelles modifications.

J'ai toujours regardé le jour qui m'unit à ma Thérèse comme celui qui fixa mon être moral. J'avais besoin d'un attachement, puisque enfin celui qui devait me suffire avait été si cruellement rompu. La soif du bonheur ne s'éteint point dans le cœur de l'homme. Maman vieillissait et s'avilissait! Il m'était prouvé qu'elle ne pouvait plus être heureuse ici-bas. Restait à chercher un bonheur qui me fût propre, ayant perdu tout espoir de jamais partager le sien. Je flottai quelque temps d'idée en idée et de projet en projet. Mon voyage de Venise m'eût jeté dans les affaires publiques, si l'homme avec qui j'allai me fourrer avait eu le sens commun. Je suis facile à décourager, surtout dans les entreprises pénibles et de longue haleine. Le mauvais succès de celle-ci me dégoûta de toute autre; et regardant, selon mon ancienne maxime, les objets lointains comme des leurres de dupe, je me déterminai à vivre désormais au jour la journée, ne voyant plus rien dans la vie qui me tentât de m'évertuer.

Ce fut précisément alors que se fit notre connaissance. Le doux caractère de cette bonne fille me parut si bien convenir au mien, que je m'unis à elle d'un attachement à l'épreuve du temps et des torts, et que tout ce qui l'aurait dû rompre n'a jamais fait que l'augmenter. On connaîtra la force de cet attachement dans la suite, quand je découvrirai les plaies, les déchirures dont elle a navré mon cœur dans le fort de mes misères, sans que, jusqu'au moment où j'écris ceci, il m'en soit échappé jamais un seul mot de plainte à personne.

Quand on saura qu'après avoir tout fait, tout bravé, pour ne m'en point séparer,

---

(\*) Probablement la confidence que lui avait faite M. de Francueil. Voyez ci-dessus, livre VII, p. 206.

qu'après vingt-cinq ans passés avec elle, en dépit du sort et des hommes, j'ai fini sur mes vieux jours par l'épouser (\*), sans attente et sans sollicitation de sa part, sans engagement ni promesse de la mienne, on croira qu'un amour forcené, m'ayant dès le premier jour tourné la tête, n'a fait que m'amener par degrés à la dernière extravagance; et on le croira bien plus encore, quand on saura les raisons particulières et fortes qui devaient m'empêcher d'en jamais venir là. Que pensera donc le lecteur quand je lui dirai, dans toute la vérité qu'il doit maintenant me connaître, que du premier moment que je la vis jusqu'à ce jour, je n'ai jamais senti la moindre étincelle d'amour pour elle; que je n'ai pas plus désiré de la posséder que M^me de Warens, et que les besoins des sens, que j'ai satisfaits

Je humais, en traversant un hameau, la vapeur d'une bonne omelette au cerfeuil. (Page 247.)

auprès d'elle, ont uniquement été pour moi ceux du sexe, sans avoir rien de propre à l'individu? Il croira qu'autrement constitué qu'un autre homme, je fus incapable de sentir l'amour, puisqu'il n'entrait point dans les sentiments qui m'attachaient aux femmes qui m'ont été les plus chères. Patience, ô mon lecteur! le moment funeste approche où vous ne serez que trop bien désabusé.

Je me répète, on le sait; il le faut. Le premier de mes besoins, le plus grand, le plus fort, le plus inextinguible, était tout entier dans mon cœur: c'était le besoin d'une société intime, et aussi intime qu'elle pouvait l'être; c'était surtout pour cela qu'il me fallait une femme plutôt qu'un homme, une amie plutôt qu'un

(\*) En 1768. Voyez, en tête du volume, la Notice sur la vie de Rousseau.

ami. Ce besoin singulier était tel, que la plus étroite union des corps ne pouvait encore y suffire : il m'aurait fallu deux âmes dans le même corps ; sans cela, je sentais toujours du vide. Je me crus au moment de n'en plus sentir. Cette jeune personne, aimable par mille excellentes qualités, et même alors par la figure, sans ombre d'art ni de coquetterie, eût borné dans elle seule mon existence, si j'avais pu borner la sienne en moi, comme je l'avais espéré. Je n'avais rien à craindre de la part des hommes : je suis sûr d'être le seul qu'elle ait véritablement aimé, et ses tranquilles sens ne lui en ont guère demandé d'autres, même quand j'ai cessé d'en être un pour elle à cet égard. Je n'avais point de famille ; elle en avait une ; et cette famille, dont tous les naturels différaient trop du sien, ne se trouva pas telle que j'en pusse faire la mienne. Là fut la première cause de mon malheur. Que n'aurais-je point donné pour me faire l'enfant de sa mère ! Je fis tout pour y parvenir, et n'en pus venir à bout. J'eus beau vouloir unir tous nos intérêts, cela me fut impossible. Elle s'en fit toujours un différent du mien, contraire au mien, et même à celui de sa fille, qui déjà n'en était plus séparé. Elle et ses autres enfants et petits-enfants devinrent autant de sangsues dont le moindre mal qu'ils fissent à Thérèse était de la voler. La pauvre fille, accoutumée à fléchir, même sous ses nièces, se laissait dévaliser et gouverner sans mot dire ; et je voyais avec douleur qu'épuisant ma bourse et mes leçons, je ne faisais rien pour elle dont elle pût profiter. J'essayai de la détacher de sa mère ; elle y résista toujours. Je respectai sa résistance, et l'en estimai davantage : mais son refus n'en tourna pas moins à son préjudice et au mien. Livrée à sa mère et aux siens, elle fut à eux plus qu'à moi, plus qu'à elle-même ; leur avidité lui fut moins ruineuse que leurs conseils ne lui furent pernicieux ; enfin si, grâce à son amour pour moi, si, grâce à son bon naturel, elle ne fut pas tout-à-fait subjuguée, c'en fut assez du moins pour empêcher, en grande partie, l'effet des bonnes maximes que je m'efforçais de lui inspirer ; c'en fut assez pour que, de quelque façon que je m'y sois pu prendre, nous ayons toujours continué d'être deux.

Voilà comment, dans un attachement sincère et réciproque, où j'avais mis toute la tendresse de mon cœur, le vide de ce cœur ne fut pourtant jamais bien rempli. Les enfants, par lesquels il l'eût été, vinrent ; ce fut encore pis. Je frémis de les livrer à cette famille mal élevée, pour en être élevés encore plus mal. Les risques de l'éducation des Enfants-Trouvés étaient beaucoup moindres. Cette raison du parti que je pris, plus forte que toutes celles que j'énonçai dans ma lettre à M$^{me}$ de Francueil, fut pourtant la seule que je n'osai lui dire. J'aimai mieux être moins disculpé d'un blâme aussi grave, et ménager la famille d'une personne que j'aimais. Mais on peut juger, par les mœurs de son malheureux frère, si jamais, quoi qu'on en pût dire, je devais exposer mes enfants à recevoir une éducation semblable à la sienne.

Ne pouvant goûter dans sa plénitude cette intime société dont je sentais le besoin, j'y cherchais des suppléments qui n'en remplissaient pas le vide, mais qui me le laissaient moins sentir. Faute d'un ami qui fût à moi tout entier, il me fallait des amis dont l'impulsion surmontât mon inertie : c'est ainsi que je cultivai, que je resserrai mes liaisons avec Diderot, avec l'abbé de Condillac ; que j'en fis avec Grimm une nouvelle, plus étroite encore ; et qu'enfin je me trouvai par ce malheureux discours, dont j'ai raconté l'histoire, rejeté, sans y songer, dans la littérature, dont je me croyais sorti pour toujours.

Mon début me mena par une route nouvelle dans un autre monde intellectuel, dont je ne pus sans enthousiasme envisager la simple et fière économie. Bientôt, à force de m'en occuper, je ne vis plus qu'erreur et folie dans la doctrine de nos sages, qu'oppression et misère dans notre ordre social. Dans l'illusion de mon sot orgueil, je me crus fait pour dissiper tous ces prestiges ; et jugeant que, pour me faire écouter, il fallait mettre ma conduite d'accord avec mes principes, je pris l'allure singulière qu'on ne m'a pas permis de suivre, dont mes prétendus amis ne m'ont pu pardonner l'exemple, qui d'abord me rendit ridicule, et qui m'eût enfin rendu respectable, s'il m'eût été possible d'y persévérer.

Jusque-là j'avais été bon : dès lors je devins vertueux, ou du moins enivré de

la vertu. Cette ivresse avait commencé dans ma tête, mais elle avait passé dans mon cœur. Le plus noble orgueil y régna sur les débris de la vanité déracinée. Je ne jouai rien : je devins en effet tel que je parus; et pendant quatre ans au moins que dura cette effervescence dans toute sa force, rien de grand et de beau ne peut entrer dans un cœur d'homme dont je ne fusse capable entre le ciel et moi. Voilà d'où se répandit dans mes premiers livres ce feu vraiment céleste qui m'embrasait, et dont pendant quarante ans il ne s'était pas échappé la moindre étincelle, parce qu'il n'était pas encore allumé.

J'étais vraiment transformé; mes amis, mes connaissances ne me reconnaissaient plus. Je n'étais plus cet homme timide et plutôt honteux que modeste, qui n'osait ni se présenter, ni parler, qu'un mot badin déconcertait, qu'un regard de femme faisait rougir. Audacieux, fier, intrépide, je portais partout une assurance d'autant plus ferme, qu'elle était simple et résidait dans mon âme plus que dans mon maintien. Le mépris que mes profondes méditations m'avaient inspiré pour les mœurs, les maximes et les préjugés de mon siècle, me rendait insensible aux railleries de ceux qui les avaient, et j'écrasais leurs petits bons mots avec mes sentences, comme j'écraserais un insecte entre mes doigts. Quel changement! tout Paris répétait les âcres et mordants sarcasmes de ce même homme qui, deux ans auparavant et dix ans après n'a jamais su trouver la chose qu'il avait à dire, ni le mot qu'il devait employer. Qu'on cherche l'état du monde le plus contraire à mon naturel: on trouvera celui-là. Qu'on se rappelle un de ces courts moments de ma vie où je devenais un autre et cessais d'être moi; on le trouve encore dans le temps que je parle : mais au lieu de durer six jours, six semaines, il dura près de six ans, et durerait peut-être encore, sans les circonstances particulières qui le firent cesser et me rendirent à la nature au-dessus de laquelle j'avais voulu m'élever.

Ce changement commença sitôt que j'eus quitté Paris, et que le spectacle des vices de cette grande ville cessa de nourrir l'indignation qu'il m'avait inspirée. Quand je ne vis plus les hommes, je cessai de les mépriser; quand je ne vis plus les méchants, je cessai de les haïr. Mon cœur, peu fait pour la haine, ne fit plus que déplorer leur misère, et n'en distinguait pas leur méchanceté. Cet état plus doux, mais bien moins sublime, amortit bientôt l'ardent enthousiasme qui m'avait transporté si longtemps; et sans qu'on s'en aperçût, sans presque m'en apercevoir moi-même, je redevins craintif, complaisant, timide; en un mot, le même Jean-Jacques que j'avais été auparavant.

Si la révolution n'eût fait que me rendre à moi-même et s'arrêter là, tout était bien ; mais malheureusement elle alla plus loin, et m'emporta rapidement à l'autre extrême. Dès lors mon âme en branle n'a plus fait que passer par la ligne du repos, et ses oscillations, toujours renouvelées, ne lui ont jamais permis d'y rester. Entrons dans le détail de cette seconde révolution : époque terrible et fatale d'un sort qui n'a point d'exemple chez les mortels.

N'étant que trois dans notre retraite, le loisir et la solitude devaient naturellement resserrer notre intimité. C'est aussi ce qu'ils firent entre Thérèse et moi. Nous passions tête à tête sous les ombrages des heures charmantes, dont je n'avais jamais si bien senti la douceur. Elle me parut la goûter elle-même encore plus qu'elle n'avait fait jusque alors. Elle m'ouvrit son cœur sans réserve, et m'apprit de sa mère et de sa famille des choses qu'elle avait eu la force de me taire pendant longtemps. L'une et l'autre avaient reçu de M<sup>me</sup> Dupin des multitudes de présents faits à mon intention, mais que la vieille madrée, pour ne pas me fâcher, s'était appropriés pour elle et pour ses autres enfants, sans en rien laisser à Thérèse, et avec de très sévères défenses de m'en parler: ordre que la pauvre fille avait suivi avec une obéissance incroyable.

Mais une chose qui me surprit beaucoup davantage, fut d'apprendre qu'outre les entretiens particuliers que Diderot et Grimm avaient eus souvent avec l'une et l'autre pour les détacher de moi, et qui n'avaient pas réussi par la résistance de Thérèse, tous deux avaient eu depuis lors de fréquents et secrets colloques avec sa mère, sans qu'elle eût pu rien savoir de ce qui se brassait entre eux. Elle

savait seulement que les petits présents s'en étaient mêlés, et qu'il y avait de petites allées et venues dont on tâchait de lui faire mystère, et dont elle ignorait absolument le motif. Quand nous partîmes de Paris, il y avait déjà longtemps que M<sup>me</sup> Le Vasseur était dans l'usage d'aller voir M. Grimm deux ou trois fois par mois, et d'y passer quelques heures à des conversations si secrètes, que le laquais de Grimm était toujours renvoyé.

Je jugeai que ce motif n'était autre que le même projet dans lequel on avait tâché de faire entrer la fille, en promettant de leur procurer, par M<sup>me</sup> d'Epinay, un regrat de sel, un bureau à tabac, et les tentant, en un mot, par l'appât du gain. On leur avait représenté qu'étant hors d'état de rien faire pour elles, je ne pouvais pas même, à cause d'elles, parvenir à rien faire pour moi. Comme je ne voyais à tout cela que de la bonne intention, je ne leur en savais pas absolument mauvais gré. Il n'y avait que le mystère qui me révoltât, surtout de la part de la vieille, qui, de plus, devenait de jour en jour plus flagorneuse et plus pateline avec moi : ce qui ne l'empêchait pas de reprocher sans cesse en secret à sa fille qu'elle m'aimait trop, qu'elle me disait tout, qu'elle n'était qu'une bête, et qu'elle en serait la dupe.

Cette femme possédait au suprême degré l'art de tirer d'un sac dix moutures, de cacher à l'un ce qu'elle recevait de l'autre, et à moi ce qu'elle recevait de tous. J'aurais pu lui pardonner son avidité, mais je ne pouvais lui pardonner sa dissimulation. Que pouvait-elle avoir à me cacher, à moi qu'elle savait si bien qui faisais mon bonheur presque unique de celui de sa fille et du sien? Ce que j'avais fait pour sa fille, je l'avais fait pour moi; mais ce que j'avais fait pour elle méritait de sa part quelque reconnaissance; elle en aurait dû savoir gré du moins à sa fille, et m'aimer pour l'amour d'elle, qui m'aimait. Je l'avais tirée de la plus complète misère; elle tenait de moi sa subsistance; elle me devait toutes les connaissances dont elle tirait si bon parti. Thérèse l'avait longtemps nourrie de son travail, et la nourrissait maintenant de mon pain. Elle tenait tout de cette fille, pour laquelle elle n'avait rien fait; et ses autres enfants, qu'elle avait dotés, pour lesquels elle s'était ruinée, loin de lui aider à subsister, dévoraient encore sa subsistance et la mienne. Je trouvais que dans une pareille situation, elle devait me regarder comme son unique ami, son plus sûr protecteur, et loin de me faire un secret de mes propres affaires, loin de comploter contre moi dans ma propre maison, m'avertir fidèlement de tout ce qui pouvait m'intéresser, quand elle l'apprenait plus tôt que moi. De quel œil pouvais-je donc voir sa conduite fausse et mystérieuse? que devais-je penser surtout des sentiments qu'elle s'efforçait de donner à sa fille? quelle monstrueuse ingratitude devait être la sienne, quand elle cherchait à lui en inspirer?

Toutes ces réflexions aliénèrent enfin mon cœur de cette femme au point de ne pouvoir plus la voir sans dédain. Cependant je ne cessai jamais de traiter avec respect la mère de ma compagne, et de lui marquer en toutes choses presque les égards et la considération d'un fils; mais il est vrai que je n'aimais pas à rester longtemps avec elle, et il n'est guère en moi de savoir me gêner.

C'est encore ici un de ces courts moments de ma vie où j'ai vu le bonheur de bien près, sans pouvoir l'atteindre et sans qu'il y ait eu de ma faute à l'avoir manqué. Si cette femme se fût trouvée d'un bon caractère, nous étions heureux tous les trois jusqu'à la fin de nos jours; le dernier vivant seul fut resté à plaindre. Au lieu de cela, vous allez voir la marche des choses, et vous jugerez si j'ai pu la changer.

M<sup>me</sup> Le Vasseur, qui vit que j'avais gagné du terrain sur le cœur de sa fille, et qu'elle en avait perdu, s'efforça de le reprendre; et au lieu de revenir à moi par elle, tenta de me l'aliéner tout-à-fait. Un des moyens qu'elle employa fut d'appeler sa famille à son aide. J'avais prié Thérèse de n'en faire venir personne à l'Ermitage; elle me le promit. On les fit venir en mon absence, sans la consulter; et puis on lui fit promettre de ne m'en rien dire. Le premier pas fait, tout le reste fut facile; quand une fois on fait à quelqu'un qu'on aime un secret de quelque chose, on ne se fait bientôt plus guère de scrupule de lui en faire sur

tout. Sitôt que j'étais à la Chevrette, l'Ermitage était plein de monde qui s'y réjouissait assez bien. Une mère est toujours bien forte sur une fille d'un bon naturel; cependant, de quelque façon que s'y prît la vieille, elle ne put jamais faire entrer Thérèse dans ses vues, et l'engager à se liguer contre moi. Pour elle, elle se décida sans retour : et voyant d'un côté sa fille et moi, chez qui l'on pouvait vivre, et puis c'était tout; de l'autre, Diderot, Grimm, D'Holbach, M<sup>me</sup> d'Epinay, qui promettaient beaucoup et donnaient quelque chose, elle n'estima pas qu'on pût jamais avoir tort dans le parti d'une fermière générale et d'un baron. Si j'eusse eu de meilleurs yeux, j'aurais vu dès lors que je nourrissais un serpent dans mon sein; mais mon aveugle confiance, que rien encore n'avait altérée, était telle, que je n'imaginais pas même qu'on pût vouloir nuire à quelqu'un qu'on devait aimer. En voyant ourdir autour de moi mille trames, je ne savais me plaindre que de la tyrannie de ceux que j'appelais mes amis, et

Ce n'était pas que l'entretien tarît entre nous. (Page 252.)

qui voulaient, selon moi, me forcer d'être heureux à leur mode, plutôt qu'à la mienne.

Quoique Thérèse refusât d'entrer dans la ligue avec sa mère, elle lui garda de rechef le secret : son motif était louable; je ne dirai pas si elle fit bien ou mal. Deux femmes qui ont des secrets aiment à babiller ensemble; cela les rapprochait; et Thérèse, en se partageant, me laissait sentir quelquefois que j'étais seul, car je ne pouvais plus compter pour société celle que nous avions tous trois ensemble. Ce fut alors que je sentis vivement le tort que j'avais eu, durant nos premières liaisons, de ne pas profiter de la docilité que lui donnait son amour, pour l'orner de talents et de connaissances qui, nous tenant plus rapprochés dans notre retraite, auraient agréablement rempli son temps et le mien, sans jamais nous laisser sentir la longueur du tête-à-tête (*). Ce n'était pas que l'entretien

---

(*) Rousseau avait cependant essayé, mais inutilement, de donner à Thérèse un commencement d'instruction, ainsi qu'on l'a vu plus haut (livre VII, p. 198). Ici il paraît se reprocher de n'avoir point mis assez de persévérance dans cette tentative.

tarît entre nous, et qu'elle parût s'ennuyer dans nos promenades; mais enfin nous n'avions pas assez d'idées communes pour nous faire un grand magasin : nous ne pouvions plus parler sans cesse de nos projets, bornés désormais à celui de jouir. Les objets qui se présentaient m'inspiraient des réflexions qui n'étaient pas à sa portée. Un attachement de douze ans n'avait plus besoin de paroles; nous nous connaissions trop pour avoir plus rien à nous apprendre. Restait la ressource des caillettes, médire, et dire des quolibets. C'est surtout dans la solitude qu'on sent l'avantage de vivre avec quelqu'un qui sait penser. Je n'avais pas besoin de cette ressource pour me plaire avec elle, mais elle en aurait eu besoin pour se plaire toujours avec moi. Le pis était qu'il fallait avec cela prendre nos tête-à-tête en bonne fortune : sa mère, qui m'était devenue importune, me forçait à les épier. J'étais gêné chez moi; c'est tout dire; l'air de l'amour gâtait la bonne amitié. Nous avions un commerce intime, sans vivre dans l'intimité.

Dès que je crus voir que Thérèse cherchait quelquefois des prétextes pour éluder les promenades que je lui proposais, je cessai de lui en proposer, sans lui savoir mauvais gré de ne pas s'y plaire autant que moi. Le plaisir n'est point une chose qui dépende de la volonté. J'étais sûr de son cœur, ce m'était assez. Tant que mes plaisirs étaient les siens, je les goûtais avec elle; quand cela n'était plus, je préférais son contentement au mien.

Voilà comment, à demi trompé dans mon attente, menant une vie de mon goût, dans un séjour de mon choix, avec une personne qui m'était chère, je parvins pourtant à me sentir presque isolé. Ce qui me manquait m'empêchait de goûter ce que j'avais. En fait de bonheur et de jouissances, il me fallait tout ou rien. On verra pourquoi ce détail m'a paru nécessaire. Je reprends à présent le fil de mon récit.

Je croyais avoir des trésors dans les manuscrits que m'avait donnés le comte de Saint-Pierre. En les examinant, je vis que ce n'était presque que le recueil des ouvrages imprimés de son oncle, annotés et corrigés de sa main, avec quelques autres petites pièces qui n'avaient pas vu le jour. Je me confirmai, par ses écrits de morale, dans l'idée que m'avaient donnée quelques lettres de lui, que M$^{me}$ de Créqui m'avait montrées, qu'il avait beaucoup plus d'esprit que je n'avais cru : mais l'examen approfondi de ses ouvrages de politique ne me montra que des vues superficielles, des projets utiles, mais impraticables, par l'idée dont l'auteur n'a jamais pu sortir, que les hommes se conduisaient par leurs lumières, plutôt que par leurs passions. La haute opinion qu'il avait des connaissances modernes lui avait fait adopter ce faux principe de la raison perfectionnée, base de tous les établissements qu'il proposait, et source de tous ses sophismes politiques. Cet homme rare, l'honneur de son siècle et de son espèce, et le seul peut-être, depuis l'existence du genre humain, qui n'eût d'autre passion que celle de la raison, ne fit cependant que marcher d'erreur en erreur dans tous ses systèmes, pour avoir voulu rendre les hommes semblables à lui, au lieu de les prendre tels qu'ils sont, et qu'ils continueront d'être. Il n'a travaillé que pour des êtres imaginaires, en pensant travailler pour ses contemporains.

Tout cela vu, je me trouvai dans quelque embarras sur la forme à donner à mon ouvrage. Passer à l'auteur ses visions, c'était ne rien faire d'utile; les réfuter à la rigueur, était faire une chose malhonnête, puisque le dépôt de ses manuscrits, que j'avais accepté et même demandé, m'imposait l'obligation d'en traiter honorablement l'auteur. Je pris enfin le parti qui me parut le plus décent, le plus judicieux et le plus utile : ce fut de donner séparément les idées de l'auteur et les miennes, et pour cela, d'entrer dans ses vues, de les éclaircir, de les étendre, et de ne rien épargner pour leur faire valoir tout leur prix.

Mon ouvrage devait donc être composé de deux parties absolument séparées : l'une, destinée à exposer de la façon que je viens de dire les divers projets de l'auteur. Dans l'autre, qui ne devait paraître qu'après que la première aurait fait son effet, j'aurais porté mon jugement sur ces mêmes projets : ce qui, je l'avoue, eût pu les exposer quelquefois au sort du sonnet du *Misanthrope*. A la tête de tout l'ouvrage devait être une vie de l'auteur, pour laquelle j'avais ramassé

d'asez bons matériaux, que je me flattais de ne pas gâter en les employant. J'avsais un peu vu l'abbé de Saint-Pierre dans sa vieillesse, et la vénération que j'avais pour sa mémoire m'était garant qu'à tout prendre, M. le comte ne serait pas mécontent de la manière dont j'aurais traité son parent.

Je fis mon essai sur la *Paix perpétuelle*, le plus considérable et le plus travaillé de tous les ouvrages qui composaient ce recueil ; et avant de me livrer à mes réflexions, j'eus le courage de lire absolument tout ce que l'abbé avait écrit sur ce beau sujet, sans jamais me rebuter par ses longueurs et par ses redites. Le public a vu cet extrait, ainsi je n'ai rien à en dire. Quant au jugement que j'en ai porté, il n'a point été imprimé, et j'ignore s'il le sera jamais ; mais il fut fait en même temps que l'extrait. Je passai de là à la *Polysynodie*, ou pluralité des conseils, ouvrage fait sous le régent pour favoriser l'administration qu'il avait choisie, et qui fit chasser de l'Académie Française l'abbé de Saint-Pierre, pour quelques traits contre l'administration précédente, dont la duchesse du Maine et le cardinal de Polignac furent fâchés. J'achevai ce travail comme le précédent, tant le jugement que l'extrait : mais je m'en tins là, sans vouloir continuer cette entreprise, que je n'aurais pas dû commencer.

La réflexion qui m'y fit renoncer se présente d'elle-même, et il était étonnant qu'elle ne me fût pas venue plus tôt. La plupart des écrits de l'abbé de Saint-Pierre étaient ou contenaient des observations critiques sur quelques parties du gouvernement de France, et il y en avait même de si libres qu'il était heureux pour lui de les avoir faites impunément. Mais dans les bureaux des ministres, on avait de tout temps regardé l'abbé de Saint-Pierre comme une espèce de prédicateur plutôt que comme un vrai politique, et on le laissait dire tout à son aise, parce qu'on voyait bien que personne ne l'écoutait. Si j'étais parvenu à le faire écouter, le cas eût été différent. Il était Français, je ne l'étais pas ; et en m'avisant de répéter ses censures, quoique sous son nom, je m'exposais à me faire demander un peu rudement, mais sans injustice, de quoi je me mêlais. Heureusement, avant d'aller plus loin, je vis la prise que j'allais donner sur moi, et me retirai bien vite. Je savais que, vivant seul au milieu des hommes, et d'hommes tous plus puissants que moi, je ne pouvais jamais, de quelque façon que je m'y prisse, me mettre à l'abri du mal qu'ils voudraient me faire. Il n'y avait qu'une chose, en cela, qui dépendît de moi : c'était de faire en sorte au moins que, quand ils m'en voudraient faire, ils ne le pussent qu'injustement. Cette maxime, qui me fit abandonner l'abbé de Saint-Pierre, m'a fait souvent renoncer à des projets beaucoup plus chéris. Ces gens, toujours prompts à faire un crime de l'adversité, seraient bien surpris s'ils savaient tous les soins que j'ai pris en ma vie pour qu'on ne pût jamais me dire avec vérité dans mes malheurs : « Tu les a bien mérités. »

Cet ouvrage abandonné me laissa quelque temps incertain sur celui que j'y ferais succéder, et cet intervalle de désœuvrement fut ma perte, en me laissant tourner mes réflexions sur moi-même, faute d'objet étranger qui m'occupât. Je n'avais plus de projet pour l'avenir qui pût amuser mon imagination ; il ne m'était pas même possible d'en faire, puisque la situation où j'étais était précisément celle où s'étaient réunis tous mes désirs : je n'en avais plus à former, et j'avais encore le cœur vide. Cet état était d'autant plus cruel que je n'en voyais point à lui préférer. J'avais rassemblé mes plus tendres affections dans une personne selon mon cœur, qui me les rendait.

Je vivais avec elle sans gêne, et, pour ainsi dire, à discrétion. Cependant un secret serrement de cœur ne me quittait ni près ni loin d'elle. En la possédant, je sentais qu'elle me manquait encore ; et la seule idée que je n'étais pas tout pour elle faisait qu'elle n'était presque rien pour moi.

J'avais des amis des deux sexes, auxquels j'étais attaché par la plus pure amitié, par la plus parfaite estime ; je comptais sur le plus vrai retour de leur part, et il ne m'était pas même venu dans l'esprit de douter une seule fois de leur sincérité : cependant cette amitié m'était plus tourmentante que douce, par leur obstination, par leur affectation même à contrarier tous mes goûts, mes penchants, ma manière de vivre : tellement qu'il me suffisait de paraître désirer

une chose qui n'intéressait que moi seul, et qui ne dépendait pas d'eux, pour les voir tous se liguer à l'instant même pour me contraindre d'y renoncer. Cette obstination de me contrôler en tout dans mes fantaisies, d'autant plus injuste que, loin de contrôler les leurs, je ne m'en informais pas même, me devint si cruellement onéreuse, qu'enfin je ne recevais pas une de leurs lettres sans sentir, en l'ouvrant, un certain effroi qui n'était que trop justifié par sa lecture. Je trouvais que, pour des gens tous plus jeunes que moi, et qui tous auraient eu grand besoin pour eux-mêmes des leçons qu'ils me prodiguaient, c'était aussi trop me traiter en enfant. « Aimez-moi, leur disais-je, comme je vous aime ; et du reste, ne vous mêlez pas plus de mes affaires que je ne mêle des vôtres : voilà tout ce que je vous demande. » Si de ces deux choses ils m'en ont accordé une, ce n'a pas été du moins la dernière.

J'avais une demeure isolée, dans une solitude charmante : maître chez moi, j'y pouvais vivre à ma mode, sans que personne eût à m'y contrôler. Mais cette habitation m'imposait des devoirs doux à remplir, mais indispensables. Toute ma liberté n'était que précaire : plus asservi que par des ordres, je devais l'être par ma volonté. Je n'avais pas un seul jour dont en me levant je pusse dire : J'emploierai ce jour comme il me plaira. Bien plus, outre ma dépendance des arrangements de M$^{me}$ d'Epinay, j'en avais une autre, bien plus importante, du public et des survenants. La distance où j'étais de Paris n'empêchait pas qu'il ne me vînt journellement des tas de désœuvrés qui, ne sachant que faire de leur temps, prodiguaient le mien sans scrupule. Quand j'y pensais le moins, j'étais impitoyablement assailli, et rarement j'ai fait un joli projet pour ma journée, sans le voir renverser par quelque arrivant.

Bref, au milieu des biens que j'avais le plus convoités, ne trouvant pas de pure jouissance, je revenais par élans aux jours sereins de ma jeunesse, et je m'écriais quelquefois en soupirant : « Ah ! ce ne sont pas encore ici les Charmettes ! »

Les souvenirs des divers temps de ma vie m'amenèrent à réfléchir sur le point où j'étais parvenu, et je me vis déjà, sur le déclin de l'âge, en proie à des maux douloureux, et croyant approcher du terme de ma carrière, sans avoir goûté dans sa plénitude presque aucun des plaisirs dont mon cœur était avide, sans avoir donné l'essor aux vifs sentiments que j'y sentais en réserve, sans avoir savouré, sans avoir effleuré du moins cette enivrante volupté que je sentais dans mon âme en puissance, et qui, faute d'objet, s'y trouvait toujours comprimée, sans pouvoir s'exhaler autrement que par mes soupirs.

Comment se pouvait-il qu'avec une âme naturellement expansive, pour qui vivre c'était aimer, je n'eusse pas trouvé jusque alors un ami tout à moi, un véritable ami, moi qui me sentais si bien fait pour l'être? Comment se pouvait-il qu'avec des sens si combustibles, avec un cœur tout pétri d'amour, je n'eusse pas du moins une fois brûlé de sa flamme pour un objet déterminé? Dévoré du besoin d'aimer, sans jamais l'avoir pu bien satisfaire, je me voyais atteindre aux portes de la vieillesse, et mourir sans avoir vécu.

Ces réflexions tristes, mais attendrissantes, me faisaient replier sur moi-même avec un regret qui n'était pas sans douceur. Il me semblait que la destinée me devait quelque chose qu'elle ne m'avait pas donné. A quoi bon m'avoir fait naître avec des facultés exquises, pour les laisser jusqu'à la fin sans emploi? Le sentiment de mon prix interne, en me donnant celui de cette injustice, m'en dédommageait en quelque sorte, et me faisait verser des larmes que j'aimais à laisser couler.

Je faisais ces méditations dans la plus belle saison de l'année, au mois de juin, sous des bocages frais, au chant du rossignol, au gazouillement des ruisseaux. Tout concourut à me replonger dans cette mollesse trop séduisante, pour laquelle j'étais né, mais dont le ton dur et sévère, où venait de me monter une longue effervescence, m'aurait dû délivrer pour toujours. J'allai malheureusement me rappeler le dîner du château de Toune, et ma rencontre avec ces deux charmantes filles, dans la même saison et dans des lieux à peu près semblables à ceux où j'étais dans ce moment. Ce souvenir, que l'innocence qui s'y joignait me rendait

plus doux encore, m'en rappela d'autres de la même espèce. Bientôt je vis rassemblés autour de moi tous les objets qui m'avaient donné de l'émotion dans ma jeunesse, M`lle` Galley, M`lle` de Graffenried, M`lle` de Breil, M`me` Bazile, M`me` de Larnage, mes jolies écolières, et jusqu'à la piquante Zulietta que mon cœur ne peut oublier. Je me vis entouré d'un sérail de houris, de mes anciennes connaissances, pour qui le goût le plus vif ne m'était pas un sentiment nouveau. Mon sang s'allume et pétille; la tête me tourne, malgré mes cheveux grisonnants, et voilà le grave citoyen de Genève, l'austère Jean-Jacques, à près de quarante-cinq ans, redevenu tout à coup le berger extravagant. L'ivresse dont je fus saisi, quoique si prompte et si folle, fut si durable et si forte, qu'il n'a pas moins fallu, pour m'en guérir, que la crise imprévue et terrible des malheurs où elle m'a précipité.

Cette ivresse, à quelque point qu'elle fût portée, n'alla pourtant pas jusqu'à me faire oublier mon âge et ma situation, jusqu'à me flatter de pouvoir inspirer de l'amour encore, jusqu'à tenter de communiquer enfin ce feu dévorant, mais stérile, dont depuis mon enfance je sentais en vain consumer mon cœur. Je ne l'espérai point, je ne le désirai pas même. Je savais que le temps d'aimer était passé; je sentais trop le ridicule des galants surannés pour y tomber, et je n'étais pas homme à devenir avantageux et confiant sur mon déclin, après l'avoir été si peu durant mes belles années. D'ailleurs, ami de la paix, j'aurais craint les orages domestiques, et j'aimais trop sincèrement ma Thérèse, pour l'exposer au chagrin de me voir porter à d'autres des sentiments plus vifs que ceux qu'elle m'inspirait.

Que fis-je en cette occasion? Déjà mon lecteur l'a deviné, pour peu qu'il m'ait suivi jusqu'ici. L'impossibilité d'atteindre aux êtres réels me jeta dans le pays des chimères; et ne voyant rien d'existant qui fût digne de mon délire, je le nourris dans un monde idéal que mon imagination créatrice eut bientôt peuplé d'êtres selon mon cœur. Jamais cette ressource ne vint plus à propos et ne se trouva si féconde. Dans mes continuelles extases, je m'enivrais à torrents des plus délicieux sentiments qui jamais soient entrés dans un cœur d'homme. Oubliant tout-à-fait la race humaine, je me fis des sociétés de créatures parfaites, aussi célestes par leurs vertus que par leurs beautés, d'amis sûrs, tendres, fidèles, tel que je n'en trouvai jamais ici-bas. Je pris un tel goût à planer ainsi dans l'empyrée, au milieu des objets charmants dont je m'étais entouré, que j'y passais les heures, les jours sans compter; et perdant le souvenir de toute autre chose, à peine avais-je mangé un morceau à la hâte, que je brûlais de m'échapper pour courir retrouver mes bosquets. Quand, prêt à partir pour le monde enchanté, je voyais arriver de malheureux mortels qui venaient me retenir sur la terre, je ne pouvais modérer ni cacher mon dépit; et n'étant plus maître de moi, je leur faisais un accueil si brusque, qu'il pouvait porter le nom de brutal. Cela ne fit qu'augmenter ma réputation de misanthropie, par tout ce qui m'en eût acquis une bien contraire, si l'on eût mieux lu dans mon cœur.

Au fort de ma plus grande exaltation, je fus retiré tout d'un coup par le cordon comme un cerf-volant, et remis à ma place par la nature, à l'aide d'une attaque assez vive de mon mal. J'employai le seul remède qui m'eût soulagé, savoir les bougies, et cela fit trêve à mes angéliques amours: car, outre qu'on n'est guère amoureux quand on souffre, mon imagination, qui s'anime à la campagne et sous les arbres, languit et meurt dans la chambre et sous les solives d'un plancher. J'ai souvent regretté qu'il n'existât pas des Dryades; c'eût infailliblement été parmi elles que j'aurais fixé mon attachement.

D'autres tracas domestiques vinrent en même temps augmenter mes chagrins. M`me` Le Vasseur, en me faisant les plus beaux compliments du monde, aliénait de moi sa fille tant qu'elle pouvait. Je reçus des lettres de mon ancien voisinage, qui m'apprirent que la bonne vieille avait fait à mon insu plusieurs dettes au nom de Thérèse, qui le savait, et qui n'en avait rien dit. Les dettes à payer me fâchaient beaucoup moins que le secret qu'on m'en avait fait. Eh! comment celle pour qui je n'eus jamais aucun secret pouvait-elle en avoir pour moi? Peut-

on dissimuler quelque chose aux gens qu'on aime? La coterie holbachique, qui ne me voyait faire aucun voyage à Paris, commençait à craindre tout de bon que

Je ne voyais partout que les deux charmantes amies. (Page 261.)

je ne me plusse à la campagne, et que je ne fusse assez fou pour y demeurer. Là commencèrent les tracasseries par lesquelles on cherchait à me rappeler in-

directement à la ville. Diderot, qui ne voulait pas se montrer si tôt lui même, commença par me détacher Deleyre, à qui j'avais procuré sa connaissance, lequel recevait et me transmettait les impressions que voulait lui donner Diderot, sans que lui, Deleyre en vît le vrai but.

Tout semblait concourir à me tirer de ma rêverie. Je n'étais pas guéri de mon attaque, quand je reçus un exemplaire du poëme sur la ruine de Lisbonne (*), que je supposai m'être envoyé par l'auteur. Cela me mit dans l'obligation de lui écrire, et de lui parler de sa pièce. Je le fis par une lettre qui a été imprimée longtemps après sans mon aveu, comme il sera dit ci-après.

Frappé de voir ce pauvre homme, accablé, pour ainsi dire, de prospérité et de gloire, déclamer toutefois amèrement contre les misères de cette vie et trouver toujours que tout était mal, je formai l'insensé projet de le faire rentrer en lui-même, et de lui prouver que tout était bien. Voltaire, en paraissant toujours croire en Dieu, n'a reellement jamais cru qu'au diable, puisque son Dieu prétendu n'est qu'un être malfaisant qui, selon lui, ne prend plaisir qu'à nuire. L'absurdité de cette doctrine, qui saute aux yeux, est surtout révoltante dans un homme comblé des biens de toute espèce, qui, du sein du bonheur, cherche à désespérer ses semblables par l'image affreuse et cruelle de toutes les calamités dont il est exempt. Autorisé plus que lui à compter et peser les maux de la vie humaine, j'en fis l'équitable examen, et je lui prouvai que de tous ces maux, il n'y en avait pas un dont la Providence ne fût disculpée, et qui n'eût sa source dans l'abus que l'homme a fait de ses facultés, plus que dans la nature elle-même. Je le traitai dans cette lettre avec tous les égards, toute la considération, tout le ménagement, et je puis dire avec tout le respect possible. Cependant, lui connaissant un amour-propre extrêmement irritable, je ne lui envoyai pas cette lettre à lui-même, mais au docteur Tronchin, son médecin et son ami, avec plein pouvoir de la donner ou supprimer, selon qu'il le trouverait le plus convenable. Tronchin donna la lettre. Voltaire me répondit, en peu de lignes, qu'étant malade et garde-malade lui-même, il remettait à un autre temps sa réponse, et ne dit pas un mot sur la question. Tronchin, en m'envoyant cette lettre, en joignit une, où il marquait peu d'estime pour celui qui la lui avait remise.

Je n'ai jamais publié ni même montré ces deux lettres, n'aimant point à faire parade de ces sortes de petits triomphes; mais elles sont en originaux dans mes recueils (liasse A, n°ˢ 20 et 21) (**). Depuis lors, Voltaire a publié cette réponse qu'il m'avait promise, mais qu'il ne m'a pas envoyée. Elle n'est autre que le roman de *Candide*, dont je ne puis parler, parce que je ne l'ai pas lu.

Toutes ces distractions m'auraient dû guérir radicalement de mes fantasques amours, et c'était peut-être un moyen que le ciel m'offrait d'en prévenir les suites funestes: mais ma mauvaise étoile fut la plus forte; et à peine recommençai-je à sortir, que mon cœur, ma tête et mes pieds reprirent les mêmes routes. Je dis les mêmes, à certains égards; car mes idées, un peu moins exaltées, restèrent cette fois sur la terre, mais avec un choix si exquis de tout ce qui pouvait s'y trouver d'aimable en tout genre, que cette élite n'était guère moins chimérique que le monde imaginaire que j'avais abandonné.

Je me figurai l'amour, l'amitié, les deux idoles de mon cœur, sous les plus ravissantes images. Je me plus à les orner de tous les charmes du sexe que j'avais toujours adoré. J'imaginai deux amies, plutôt que deux amis, parce que si l'exemple est plus rare, il est aussi plus aimable. Je les douai de deux caractères analogues, mais différents; de deux figures, non pas parfaites, mais de mon goût, qu'animaient la bienveillance et la sensibilité. Je fis l'une brune et l'autre blonde, l'une vive et l'autre douce, l'une sage et l'autre faible, mais d'une si touchante faiblesse, que la vertu semblait y gagner. Je donnai à l'une des deux un amant dont l'autre fut la tendre amie, et même quelque chose de plus; mais je n'ad-

---

(*) Le 1ᵉʳ novembre 1755, une partie de cette ville fut détruite par un tremblement de terre, et l'autre consumée par l'incendie qui en fut la suite.

(**) La lettre de Voltaire est connue; nous la donnerons dans la *Correspondance*, à la suite de celle de Rousseau, avec des fragments de celle de Tronchin.

mis ni rivalité, ni querelles, ni jalousie, parce que tout sentiment pénible me coûte à imaginer, et que je ne voulais ternir ce riant tableau par rien qui dégradât la nature. Épris de mes deux charmants modèles, je m'identifiais avec l'amant et l'ami autant qu'il m'était possible; mais je le fis aimable et jeune, lui donnant au surplus les vertus et les défauts que je me sentais.

Pour placer mes personnages dans un séjour qui leur convînt, je passai successivement en revue les plus beaux lieux que j'eusse vus dans mes voyages. Mais je ne trouvai point de bocage assez frais, point de paysage assez touchant à mon gré. Les vallées de la Thessalie m'auraient pu contenter, si je les avais vues; mais mon imagination, fatiguée à inventer, voulait quelque lieu réel qui pût lui servir de point d'appui, et me faire illusion sur la réalité des habitants que j'y voulais mettre. Je songeai longtemps aux îles Borromées, dont l'aspect délicieux m'avait transporté; mais j'y trouvai trop d'ornement et d'art pour mes personnages. Il me fallait cependant un lac, et je finis par choisir celui autour duquel mon cœur n'a jamais cessé d'errer. Je me fixai sur la partie des bords de ce lac, à laquelle depuis longtemps mes vœux ont placé ma résidence dans le bonheur imaginaire auquel le sort m'a borné. Le lieu natal de ma pauvre maman avait encore pour moi un attrait de prédilection. Le contraste des positions, la richesse et la variété des sites, la magnificence, la majesté de l'ensemble qui ravit les sens, émeut le cœur, élève l'âme, achevèrent de me déterminer, et j'établis à Vévai mes jeunes pupilles. Voilà tout ce que j'imaginai du premier bond; le reste n'y fut ajouté que dans la suite.

Je me bornai longtemps à un plan si vague, parce qu'il suffisait pour remplir mon imagination d'objets agréables, et mon cœur de sentiments dont il aime à se nourrir. Ces fictions, à force de revenir, prirent enfin plus de consistance, et se fixèrent dans mon cerveau sous une forme déterminée. Ce fut alors que la fantaisie me prit d'exprimer sur le papier quelques-unes des situations qu'elles m'offraient; et, rappelant tout ce que j'avais senti dans ma jeunesse, de donner ainsi l'essor en quelque sorte au désir d'aimer, que je n'avais pu satisfaire, et dont je me sentais dévoré.

Je jetai d'abord sur le papier quelques lettres éparses, sans suite et sans liaison; et lorsque je m'avisai de les vouloir coudre, j'y fus souvent fort embarrassé. Ce qu'il y a de peu croyable et de très vrai est que les deux premières parties ont été écrites presque en entier de cette manière, sans que j'eusse aucun plan bien formé, et même sans prévoir qu'un jour je serais tenté d'en faire un ouvrage en règle. Aussi voit-on que ces deux parties, formées après coup de matériaux qui n'ont pas été taillés pour la place qu'ils occupent, sont pleines d'un remplissage verbeux, qu'on ne trouve pas dans les autres.

Au plus fort de mes rêveries, j'eus une visite de M$^{me}$ d'Houdetot, la première qu'elle m'eût faite en sa vie, mais qui malheureusement ne fut pas la dernière, comme on verra ci-après. La comtesse d'Houdetot était fille de feu M. de Bellegarde, fermier-général, sœur de M. d'Epinay et de MM. de La Live et de La Briche, qui depuis ont été tous deux introducteurs des ambassadeurs. J'ai parlé de la connaissance que je fis avec elle étant fille(*). Depuis son mariage, je ne la vis qu'aux fêtes de la Chevrette, chez M$^{me}$ d'Epinay, sa belle-sœur. Ayant souvent passé plusieurs jours avec elle, tant à la Chevrette qu'à Epinay, non-seulement je la trouvai toujours très aimable, mais je crus lui voir aussi pour moi de la bienveillance. Elle aimait assez à se promener avec moi; nous étions marcheurs l'un et l'autre, et l'entretien ne tarissait pas entre nous. Cependant je n'allai jamais la voir à Paris, quoiqu'elle m'en eût prié et même sollicité plusieurs fois. Ses liaisons avec M. de Saint-Lambert, avec qui je commençais d'en avoir, me la rendirent encore plus intéressante; et c'était pour m'apporter des nouvelles de cet ami, qui pour lors était, je crois, à Mahon, qu'elle vint me voir à l'Ermitage.

Cette visite eut un peu l'air d'un début de roman. Elle s'égara dans la route.

---

(*) Voyez la fin du livre VII, page 207.

Son cocher, quittant le chemin qui tournait, voulut traverser en droiture, du moulin de Clairvaux à l'Ermitage : son carrosse s'embourba dans le fond du vallon ; elle voulut descendre et faire le reste du trajet à pied. Sa mignonne chaussure fut bientôt percée ; elle enfonçait dans la crotte ; ses gens eurent toutes les peines du monde à la dégager, et enfin elle arriva à l'Ermitage en bottes, et perçant l'air d'éclats de rire, auxquels je mêlai les miens en la voyant arriver. Il fallut changer de tout ; Thérèse y pourvut, et je l'engageai d'oublier la dignité, pour faire une collation rustique, dont elle se trouva fort bien. Il était tard, elle resta peu ; mais l'entrevue fut si gaie qu'elle y prit goût, et parut disposée à revenir. Elle n'exécuta pourtant ce projet que l'année suivante ; mais, hélas ! ce retard ne me garantit de rien.

Je passai l'automne à une occupation dont on ne se douterait pas, à la garde du fruit de M. d'Epinay. L'Ermitage était le réservoir des eaux du parc de la Chevrette : il y avait un jardin clos de murs, et garni d'espaliers et d'autres arbres, qui donnaient plus de fruits à M. d'Epinay que son potager de la Chevrette, quoiqu'on lui en volât les trois quarts. Pour n'être pas un homme absolument inutile, je me chargeai de la direction du jardin et de l'inspection du jardinier. Tout alla bien jusqu'au temps des fruits ; mais à mesure qu'ils mûrissaient, je les voyais disparaître, sans savoir ce qu'ils étaient devenus. Le jardinier m'assura que c'étaient les loirs qui mangeaient tout. Je fis la guerre aux loirs, j'en détruisis beaucoup, et le fruit n'en disparaissait pas moins. Je guettai si bien, qu'enfin je trouvai que le jardinier lui-même était le grand loir. Il logeait à Montmorency, d'où il venait les nuits, avec sa femme et ses enfants, enlever les dépôts de fruits qu'il avait faits pendant la journée, et qu'il faisait vendre à la halle à Paris aussi publiquement que s'il eût eu un jardin à lui. Ce misérable, que je comblais de bienfaits, dont Thérèse habillait les enfants, et dont je nourrissais presque le père, qui était mendiant, nous dévalisait aussi aisément qu'effrontément, aucun des trois n'étant assez vigilant pour y mettre ordre ; et dans une seule nuit, il parvint à vider ma cave, où je ne trouvai rien le lendemain. Tant qu'il ne parut s'adresser qu'à moi, j'endurai tout ; mais voulant rendre compte du fruit, je fus obligé d'en dénoncer le voleur. M$^{me}$ d'Epinay me pria de le payer, de le mettre dehors, et d'en chercher un autre ; ce que je fis. Comme ce grand coquin rôdait toutes les nuits autour de l'Ermitage, armé d'un gros bâton ferré qui avait l'air d'une massue, et suivi d'autres vauriens de son espèce, pour rassurer les gouverneuses que cet homme effrayait terriblement, je fis coucher son successeur toutes les nuits à l'Ermitage ; et cela ne les tranquillisant pas encore, je fis demander à M$^{me}$ d'Epinay un fusil que je tins dans la chambre du jardinier, avec charge à lui de ne s'en servir qu'au besoin, si l'on tentait de forcer la porte ou d'escalader le jardin, et de ne tirer qu'à poudre, uniquement pour effrayer les voleurs. C'était assurément la moindre précaution que pût prendre, pour la sûreté commune, un homme incommodé, ayant à passer l'hiver au milieu des bois, seul avec deux femmes timides. Enfin, je fis l'acquisition d'un petit chien pour servir de sentinelle. Deleyre m'étant venu voir dans ce temps-là, je lui contai mon cas, et ris avec lui de mon appareil militaire. De retour à Paris, il en voulut amuser Diderot à son tour, et voilà comment la coterie holbachique apprit que je voulais tout de bon passer l'hiver à l'Ermitage. Cette constance, qu'ils n'avaient pu se figurer, les désorienta ; et en attendant qu'ils imaginassent quelque autre tracasserie pour me rendre mon séjour déplaisant (*), ils me détachèrent, par Diderot, le même Deleyre qui, d'abord, ayant trouvé mes précautions toutes simples, finit par les trouver inconséquentes à mes principes, et pis que ridicules, dans des lettres où il m'accablait de plaisanteries

---

(*) J'admire en ce moment ma stupidité de n'avoir pas vu, quand j'écrivais ceci, que le dépit avec lequel les holbachiens me virent aller et rester à la campagne regardait principalement la mère Le Vasseur, qu'ils n'avaient plus sous la main pour les guider, dans leurs systèmes d'impostures, par des points fixes de temps et de lieux. Cette idée, qui me vient si tard, éclaircit parfaitement la bizarrerie de leur conduite, qui, dans toute autre supposition, est inexplicable.

(*Note du manuscrit resté entre les mains de Rousseau.*)

amères, et assez piquantes pour m'offenser, si mon humeur eût été tournée de ce côté-là. Mais alors saturé de sentiments affectueux et tendres, et n'étant susceptible d'aucun autre, je ne voyais dans ses aigres sarcasmes que le mot pour rire, et ne le trouvais que folâtre où tout autre l'eût trouvé extravagant. Ainsi ceux qui le soufflaient en furent cette fois pour leur peine, et je n'en passai pas mon hiver moins tranquillement.

A force de vigilance et de soins, je parvins si bien à garder le jardin, que quoique la récolte du fruit eût presque manqué cette année, le produit fut triple de celui des années précédentes; et il est vrai que je ne m'épargnais point pour le préserver, jusqu'à escorter les envois que je faisais à la Chevrette et à Epinay, jusqu'à porter des paniers moi-même; et je me souviens que nous en portâmes un si lourd, la tante et moi, que, prêts à succomber sous le faix, nous fûmes contraints de nous reposer de dix en dix pas, et n'arrivâmes que tout en nage.

(1757.) Quand la mauvaise saison commença de me renfermer au logis, je voulus reprendre mes occupations casanières : il ne me fut pas possible. Je ne voyais partout que les deux charmantes amies, que leur ami, leurs entours, le pays qu'elles habitaient, qu'objets créés ou embellis pour elles par mon imagination. Je n'étais plus un moment à moi-même; le délire ne me quittait plus. Après beaucoup d'efforts inutiles pour écarter de moi toutes ces fictions, je fus enfin tout-à-fait séduit par elles, et je ne m'occupai plus qu'à tâcher d'y mettre quelque ordre et quelque suite, pour en faire une espèce de roman.

Mon grand embarras était la honte de me démentir ainsi moi-même si nettement et si hautement. Après les principes sévères que je venais d'établir avec tant de fracas, après les maximes austères que j'avais si fortement prêchées, après tant d'invectives mordantes contre les livres efféminés qui respiraient l'amour et la mollesse, pouvait-on rien imaginer de plus inattendu, de plus choquant, que de me voir tout d'un coup m'inscrire de ma propre main parmi les auteurs de ces livres que j'avais si durement censurés? Je sentais cette inconséquence dans toute sa force, je me la reprochais, je rougissais, je m'en dépitais : mais tout cela ne put suffire pour me ramener à la raison. Subjugué complètement, il fallut me soumettre à tout risque, et me résoudre à braver le qu'en dira-t-on ; sauf à délibérer dans la suite si je me résoudrais à montrer mon ouvrage ou non : car je ne supposais pas encore que j'en vinsse à le publier.

Ce parti pris, je me jette à plein collier dans mes rêveries ; et à force de les tourner et retourner dans ma tête, j'en forme enfin l'espèce de plan dont on a vu l'exécution. C'était assurément le meilleur parti qui se pût tirer de mes folies : l'amour du bien, qui n'est jamais sorti de mon cœur, les tourna vers les objets utiles, et dont la morale eût pu faire son profit. Mes tableaux voluptueux auraient perdu toutes leurs grâces, si le doux coloris de l'innocence y eût manqué. Une fille faible est un objet de pitié, que l'amour peut rendre intéressant, et qui souvent n'est pas moins aimable : mais qui peut supporter sans indignation le spectacle des mœurs à la mode? et qu'y a-t-il de plus révoltant que l'orgueil d'une femme infidèle, qui, foulant ouvertement aux pieds tous ses devoirs, prétend que son mari soit pénétré de reconnaissance de la grâce qu'elle lui accorde de vouloir bien ne pas se laisser prendre sur le fait? Les êtres parfaits ne sont pas dans la nature, et leurs leçons ne sont pas assez près de nous. Mais qu'une jeune personne, née avec un cœur aussi tendre qu'honnête, se laisse vaincre à l'amour étant fille, et retrouve étant femme des forces pour le vaincre à son tour, et redevenir vertueuse : quiconque vous dira que ce tableau, dans sa totalité, est scandaleux et n'est pas utile, est un menteur et un hypocrite; ne l'écoutez pas.

Outre cet objet de mœurs et d'honnêteté conjugale, qui tient radicalement à tout l'ordre social, je m'en fis un plus secret de concorde et de paix publique : objet plus grand, plus important peut-être en lui-même, et du moins pour le moment où l'on se trouvait. L'orage excité par *l'Encyclopédie*, loin de se calmer, était alors dans sa plus grande force. Les deux partis, déchaînés l'un contre l'autre avec la dernière fureur, ressemblaient plutôt à des loups enragés,

acharnés à s'entre-déchirer, qu'à des chrétiens et des philosophes qui veulent réciproquement s'éclairer, se convaincre, et se ramener dans la voie de la vérité. Il ne manquait peut-être à l'un et à l'autre que des chefs remuants qui eussent du crédit, pour dégénérer en guerre civile ; et Dieu sait ce qu'eût produit une guerre civile de religion, où l'intolérance la plus cruelle était au fond la même des deux côtés. Ennemi né de tout esprit de parti, j'avais dit franchement aux uns et aux autres des vérités dures qu'ils n'avaient pas écoutées. Je m'avisai d'un autre expédient, qui, dans ma simplicité, me parut admirable : c'était d'adoucir leur haine réciproque en détruisant leurs préjugés, et de montrer à chaque parti le mérite et la vertu dans l'autre, dignes de l'estime publique et du respect de tous les mortels (*). Ce projet peu sensé, qui supposait de la bonne foi dans les hommes, et par lequel je tombais dans le défaut que je reprochais à l'abbé de Saint-Pierre, eut le succès qu'il devait avoir : il ne rapprocha point les partis, et ne les réunit que pour m'accabler. En attendant que l'expérience m'eût fait sentir ma folie, je m'y livrai, j'ose le dire, avec un zèle digne du motif qui me l'inspirait, et je dessinai les deux caractères de Wolmar et de Julie, dans un ravissement qui me faisait espérer de les rendre aimables tous les deux, et, qui plus est, l'un par l'autre.

Content d'avoir grossièrement esquissé mon plan, je revins aux situations de détail que j'avais tracées ; et de l'arrangement que je leur donnai, résultèrent les deux premières parties de la *Julie*, que je fis et mis au net durant cet hiver avec un plaisir inexprimable, employant pour cela le plus beau papier doré, de la poudre d'azur et d'argent pour sécher l'écriture, de la nonpareille bleue pour coudre mes cahiers ; enfin ne trouvant rien d'assez galant, rien d'assez mignon pour les charmantes filles dont je raffolais comme un autre Pygmalion. Tous les soirs, au coin de mon feu, je lisais et relisais ces deux parties aux gouvernantes. La fille, sans rien dire, sanglotait avec moi d'attendrissement ; la mère qui, ne trouvant point là de compliments, n'y comprenait rien, restait tranquille, et se contentait, dans les moments de silence, de me répéter toujours : « Monsieur, cela est bien beau. »

M<sup>me</sup> d'Epinay, inquiète de me savoir seul en hiver au milieu des bois, dans une maison isolée, envoyait très-souvent savoir de mes nouvelles. Jamais je n'eus de si vrais témoignages de son amitié pour moi, et jamais la mienne n'y répondit plus vivement. J'aurais tort de ne pas spécifier parmi ces témoignages qu'elle m'envoya son portrait, et qu'elle me demanda des instructions pour avoir le mien, peint par La Tour, et qui avait été exposé au salon. Je ne dois pas non plus omettre une autre de ses attentions, qui paraîtra risible, mais qui fait trait à l'histoire de mon caractère, par l'impression qu'elle fit sur moi. Un jour qu'il gelait très-fort, en ouvrant un paquet qu'elle m'envoyait de plusieurs commissions dont elle s'était chargée, j'y trouvai un petit jupon de dessous, de flanelle d'Angleterre, qu'elle me marquait avoir porté, et dont elle voulait que je me fisse un gilet. Le tour de son billet était charmant, plein de caresse et de naïveté. Ce soin, plus qu'amical, me parut si tendre, comme si elle se fût dépouillée pour me vêtir, que, dans mon émotion, je baisai, vingt fois, en pleurant, le billet et le jupon. Thérèse me croyait devenu fou. Il est singulier que, de toutes les marques d'amitié que M<sup>me</sup> d'Epinay m'a prodiguées, aucune ne m'a jamais touché comme celle-là ; et que, même depuis notre rupture, je n'y ai jamais repensé sans attendrissement. J'ai longtemps conservé son petit billet ; et je l'aurais encore, s'il n'eût eu le sort de mes autres lettres du même temps (**).

---

(*) Voyez le développement de cette idée dans la *Correspondance* (lettre à M. Vernes, du 24 juin 1751).

(**) Voici ce billet, tel qu'il est rapporté dans les *Mémoires de madame d'Epinay* :
« J'envoie, mon ermite, de petites provisions à mesdames Le Vasseur ; et, comme c'est un commissionnaire nouveau dont je me sers, voici le détail de ce dont il est chargé : un petit baril de sel, un rideau pour la chambre de madame Le Vasseur, et un cotillon tout neuf à moi (que je n'ai pas porté, au moins), d'une flanelle de soie très propre à lui en faire un, ou à vous-même un bon gilet. Bonjour, le roi des ours : un peu de vos nouvelles. »

Quoique mes rétentions me laissassent alors peu de relâche en hiver, et qu'une partie de celui-ci, je fusse réduit à l'usage des sondes, ce fut pourtant, à tout prendre, la saison que, depuis ma demeure en France, j'ai passée avec le plus de de douceur et de tranquillité. Durant quatre ou cinq mois que le mauvais temps me tint davantage à l'abri des survenants, je savourai plus que je n'ai fait avant et depuis cette vie indépendante, égale et simple, dont la jouissance ne faisait pour moi qu'augmenter le prix, sans autre compagnie que celle des deux gouverneuses en réalité, et celle des deux cousines en idée. C'est alors surtout que je me félicitais chaque jour davantage du parti que j'avais eu le bon sens de prendre, sans égard aux clameurs de mes amis, fâchés de me voir affranchi de leur tyrannie; et quand j'appris l'attentat exécrable d'un forcené (*), quand Deleyre et Mme d'Epinay me parlaient dans leurs lettres du trouble et de l'agitation qui régnaient dans Paris, combien je remerciai le ciel de m'avoir éloigné de ces spectacles d'horreurs et de crimes qui n'eussent fait que nourrir, qu'aigrir l'humeur bilieuse que l'aspect des désordres publics m'avait donnée; tandis que, ne voyant plus autour de ma retraite que des objets riants et doux, mon cœur ne se livrait qu'à des sentiments aimables. Je note ici avec complaisance le cours des derniers moments paisibles qui m'ont été laissés. Le printemps qui suivit cet hiver si calme vit éclore le germe des malheurs qui me restent à décrire, et dans le tissu desquels on ne verra plus d'intervalle semblable où j'aie eu le loisir de respirer.

Je crois pourtant me rappeler que, durant cet intervalle de paix, et jusqu'au fond de ma solitude, je ne restai pas tout-à-fait tranquille de la part des holbachiens. Diderot me suscita quelque tracasserie, et je suis fort trompé si ce n'est durant cet hiver que parut le *Fils naturel*, dont j'aurai bientôt à parler. Outre que, par des causes qu'on saura dans la suite, il m'est resté peu de monuments sûrs de cette époque, ceux même qu'on m'a laissés sont très peu précis quant aux dates. Diderot ne datait jamais ses lettres. Mme d'Epinay, Mme d'Houdetot, ne dataient guère les leurs que du jour de la semaine, et Deleyre faisait comme elles le plus souvent. Quand j'ai voulu ranger ces lettres dans leur ordre, il a fallu suppléer, en tâtonnant, des dates incertaines, sur lesquelles je ne puis compter. Ainsi, ne pouvant fixer avec certitude le commencement de ces brouilleries, j'aime mieux rapporter ci-après, dans un seul article, tout ce que je m'en puis rappeler.

Le retour du printemps avait redoublé mon tendre délire, et dans mes érotiques transports, j'avais composé, pour les dernières parties de la *Julie*, plusieurs lettres qui se sentent du ravissement dans lequel je les écrivis. Je puis citer, entre autres, celle de l'Elysée, et de la promenade sur le lac, qui, si je m'en souviens bien, sont à la fin de la quatrième partie. Quiconque, en lisant ces deux lettres, ne sent pas amollir et fondre son cœur dans l'attendrissement qui me les dicta, doit fermer le livre : il n'est pas fait pour juger des choses de sentiment.

Précisément dans le même temps, j'eus de Mme d'Houdetot une seconde visite imprévue. En l'absence de son mari, qui était capitaine de gendarmerie, et de son amant, qui servait aussi, elle était venue à Eaubonne, au milieu de la vallée de Montmorency, où elle avait loué une assez jolie maison (**). Ce fut de là qu'elle vint faire à l'Ermitage une nouvelle excursion. A ce voyage, elle était à cheval et en homme. Quoique je n'aime guère ces sortes de mascarades, je fus pris à l'air romanesque de celle-là, et pour cette fois, ce fut de l'amour. Comme il fut le premier et l'unique en toute ma vie (***), et que ses suites le rendront à jamais

---

(*) Il s'agit de la tentative d'assassinat faite sur Louis XV par Damiens, le 4 janvier 1757.

(**) Cette maison existe encore, et forme une des stations du pèlerinage de cette vallée remplie de souvenirs.

(***) Une assertion si positive s'accorde peu avec la lettre passionnée que Rousseau avait écrite à mademoiselle de Serres. L'oubli avait passé par là (voyez plus haut, livre VII, p. 167, et la *Correspondance*, 1741).

mémorable et terrible à mon souvenir, qu'il me soit permis d'entrer dans quelque détail sur cet article.

Mᵐᵉ la comtesse d'Houdetot approchait de la trentaine, et n'était point belle; son visage était marqué de petite-vérole, son teint manquait de finesse, elle avait la vue basse et les yeux un peu ronds ; mais elle avait l'air jeune avec tout cela ; et sa physionomie, à la fois vive et douce, était caressante (*) ; elle avait une forêt de grands cheveux noirs, naturellement bouclés, qui lui tombaient au

Qu'il me soit permis d'entrer dans quelques détails sur cet article. (Page 264.)

jarret : sa taille était mignonne, et elle mettait dans tous ses mouvements de la gaucherie et de la grâce tout à la fois. Elle avait l'esprit très naturel et très agréable ; la gaîté, l'étourderie et la naïveté s'y mariaient heureusement : elle abondait en saillies charmantes qu'elle ne recherchait point, et qui partaient quelquefois malgré elle. Elle avait plusieurs talents agréables, jouait du clavecin, dansait bien, faisait d'assez jolis vers. Pour son caractère, il était angélique ; la douceur d'âme en faisait le fond : mais hors la prudence et la force, il rassemblait toutes les vertus. Elle était surtout d'une telle sûreté dans le commerce,

(*) « Elle avait non-seulement la vue basse et les yeux ronds, comme dit Rousseau, mais elle était excessivement louche..... son front était très bas, son nez gros ; la petite-vérole avait laissé une teinte jaune dans tous ses creux, et les pores étaient marqués de brun. Cela donnait un air sale à son teint... Comme l'a dit Rousseau, ses mouvements avaient de la gaucherie et de la grâce... Sa gorge était belle, ses mains et ses bras jolis, ses pieds mignons. » (*Anecdotes pour servir de suite aux Mémoires de madame d'Epinay*, Paris, 1818.)

d'une telle fidélité dans la société, que ses ennemis même n'avaient pas besoin de se cacher d'elle. J'entends par ses ennemis, ceux ou plutôt celles qui la haïssaient; car pour elle, elle n'avait pas un cœur qui pût haïr, et je crois que cette conformité contribua beaucoup à me passionner pour elle. Dans les confidences de la plus intime amitié, je ne lui ai jamais ouï parler mal des absents, pas même de sa belle-sœur. Elle ne pouvait ni déguiser ce qu'elle pensait à personne, ni même contraindre aucun de ses sentiments; et je suis persuadé qu'elle parlait de son amant à son mari même, comme elle en parlait à ses amis, à ses connaissances et à tout le monde indifféremment. Enfin, ce qui prouve sans réplique la pureté et la sincérité de son excellent naturel, c'est qu'étant sujette aux plus énormes distractions et aux plus risibles étourderies, il lui en échappait souvent de très imprudentes pour elle-même, mais jamais d'offensantes pour qui que ce fût.

On l'avait mariée très jeune (*), et malgré elle, au comte d'Houdetot, homme de condition, bon militaire, mais joueur, chicaneur, très peu aimable, et qu'elle n'a jamais aimé. Elle trouva dans M. Lambert tous les mérites de son mari, avec des qualités plus agréables, de l'esprit, des vertus, des talents. S'il faut pardonner quelque chose aux mœurs du siècle, c'est sans doute un attachement que sa durée épure, que ses effets honorent, et qui ne s'est cimenté que par une estime réciproque.

C'était un peu par goût, à ce que j'ai pu croire, mais beaucoup pour complaire à Saint-Lambert, qu'elle venait me voir. Il l'y avait exhortée, et il avait raison de croire que l'amitié, qui commençait à s'établir entre nous, rendrait cette société agréable à tous les trois. Elle savait que j'étais instruit de leurs liaisons : et pouvant me parler de lui sans gêne, il était naturel qu'elle se plût avec moi. Elle vint; je la vis; j'étais ivre d'amour sans objet; cette ivresse fascina mes yeux, cet objet se fixa sur elle : je vis ma Julie en M$^{me}$ d'Houdetot, et bientôt je ne vis plus que M$^{me}$ d'Houdetot elle-même, mais revêtue de toutes les perfections dont je venais d'orner l'idole de mon cœur. Pour m'achever, elle me parla de Saint-Lambert en amante passionnée. Force contagieuse de l'amour! en l'écoutant, en me sentant auprès d'elle, j'étais saisi d'un frémissement délicieux que je n'avais éprouvé jamais auprès de personne. Elle parlait, et je me sentais ému; je croyais ne faire que m'intéresser à ses sentiments, quand j'en prenais de semblables; j'avalais à longs traits la coupe empoisonnée, dont je ne sentais encore que la douceur. Enfin, sans que je m'en aperçusse et sans qu'elle s'en aperçût, elle m'inspira pour elle-même tout ce qu'elle exprimait pour son amant. Hélas! ce fut bien tard, ce fut bien cruellement brûler d'une passion non moins vive que malheureuse, pour une femme dont le cœur était plein d'un autre amour.

Malgré les mouvements extraordinaires que j'avais éprouvés auprès d'elle, je ne m'aperçus pas d'abord de ce qui m'était arrivé : ce ne fut qu'après son départ que, voulant penser à Julie, je fus frappé de ne pouvoir plus penser qu'à M$^{me}$ d'Houdetot. Alors mes yeux se dessillèrent : je sentis mon malheur, j'en gémis, mais je n'en prévis pas les suites.

J'hésitai longtemps sur la manière dont je me conduirais avec elle, comme si l'amour véritable laissait assez de raison pour suivre des délibérations. Je n'étais pas déterminé quand elle revint me prendre au dépourvu. Pour lors j'étais instruit.

---

(*) A dix-huit ans : née en 1730, elle en avait alors vingt-sept, et elle mourut en janvier 1813, âgée d'environ quatre-vingt-trois ans. Elle a laissé quelques pièces de poésie fugitive, parmi lesquelles on cite surtout ce couplet inspiré par le départ de Saint-Lambert pour l'armée :

> L'amant que j'adore,
> Prêt à me quitter,
> D'un instant encore
> Voudrait profiter.
> Félicité vaine
> Qu'on ne peut saisir,
> Trop près de la peine
> Pour être un plaisir!

La honte, compagne du mal, me rendit muet, tremblant devant elle; je n'osais ouvrir la bouche ni lever les yeux; j'étais dans un trouble inexprimable, qu'il était impossible qu'elle ne vît pas. Je pris le parti de le lui avouer, et de lui en laisser deviner la cause : c'était la lui dire assez clairement.

Si j'eusse été jeune et aimable, et que dans la suite M$^{me}$ d'Houdetot eût été faible, je blâmerais ici sa conduite; mais tout cela n'étant pas, je ne puis que l'applaudir et l'admirer. Le parti qu'elle prit était également celui de la générosité et de la prudence. Elle ne pouvait s'éloigner brusquement de moi sans en dire la cause à Saint-Lambert, qui l'avait lui-même engagée à me voir : c'était exposer deux amis à une rupture, et peut-être à un éclat qu'elle voulait éviter. Elle avait pour moi de l'estime et de la bienveillance. Elle eut pitié de ma folie; sans la flatter, elle la plaignit et tâcha de m'en guérir. Elle était bien aise de conserver à son amant et à elle-même un ami dont elle faisait cas : elle ne me parlait de rien avec plus de plaisir que de l'intime et douce société que nous pourrions former entre nous trois, quand je serais devenu raisonnable; elle ne se bornait pas toujours à ces exhortations amicales, et ne m'épargnait pas au besoin les reproches plus durs que j'avais bien mérités.

Je me les épargnais encore moins moi-même; sitôt que je fus seul, je revins à moi; j'étais plus calme après avoir parlé : l'amour connu de celle qui l'inspire en devient plus supportable. La force avec laquelle je me reprochais le mien m'en eût dû guérir, si la chose eût été possible. Quels puissants motifs n'appelai-je point à mon aide pour l'étouffer! mes mœurs, mes sentiments, mes principes, la honte, l'infidélité, le crime, l'abus d'un dépôt confié par l'amitié, le ridicule enfin de brûler à mon âge de la passion la plus extravagante pour un objet dont le cœur préoccupé ne pouvait ni me rendre aucun retour, ni me laisser aucun espoir : passion de plus qui, loin d'avoir rien à gagner par la constance, devenait moins souffrable de jour en jour.

Qui croirait que cette dernière considération, qui devait ajouter du poids à toutes les autres, fut celle qui les éluda? Quel scrupule, pensai-je, puis-je me faire d'une folie nuisible à moi seul? Suis-je donc un jeune cavalier fort à craindre pour M$^{me}$ d'Houdetot? Ne dirait-on pas, à mes présomptueux remords, que ma galanterie, mon air, ma parure, vont la séduire? Eh! pauvre Jean-Jacques, aime à ton aise, en sûreté de conscience, et ne crains pas que tes soupirs nuisent à Saint-Lambert.

On a vu que jamais je ne fus avantageux, même dans ma jeunesse. Cette façon de penser était dans mon tour d'esprit, elle flattait ma passion; c'en fut assez pour m'y livrer sans réserve, et rire même de l'impertinent scrupule que je croyais m'être fait par vanité plus que par raison. Grande leçon pour les âmes honnêtes, que le vice n'attaque jamais à découvert, mais qu'il trouve le moyen de surprendre, en se masquant toujours de quelque sophisme, et souvent de quelque vertu.

Coupable sans remords, je le fus bientôt sans mesure; et de grâce, qu'on voie comment ma passion suivit la trace de mon naturel, pour m'entraîner enfin dans l'abîme. D'abord elle prit un air humble pour me rassurer; et pour me rendre entreprenant, elle poussa cette humilité jusqu'à la défiance. M$^{me}$ d'Houdetot, sans cesser de me rappeler à mon devoir, à la raison, sans jamais flatter un moment ma folie, me traitait au reste avec la plus grande douceur, et prit avec moi le ton de l'amitié la plus tendre. Cette amitié m'eût suffi, je le proteste, si je l'avais crue sincère; mais la trouvant trop vive pour être vraie, n'allai-je pas me fourrer dans la tête que l'amour, désormais si peu convenable à mon âge, à mon maintien, m'avait avili aux yeux de M$^{me}$ d'Houdetot; que cette jeune folle ne voulait que se divertir de moi et de mes douceurs surannées; qu'elle en avait fait confidence à Saint-Lambert, et que l'indignation de mon infidélité ayant fait entrer son amant dans ses vues, ils s'entendaient tous les deux pour me faire tourner la tête et me persifler? Cette bêtise, qui m'avait fait extravaguer, à vingt-six ans, auprès de M$^{me}$ de Larnage, que je ne connaissais pas, m'eût été pardonnable à quarante-cinq, auprès de M$^{me}$ d'Houdetot, si j'eusse ignoré qu'elle et son amant

étaient trop honnêtes gens l'un et l'autre pour se faire un aussi barbare amusement.

Mᵐᵉ d'Houdetot continuait à me faire des visites que je ne tardai pas à lui rendre. Elle aimait à marcher, ainsi que moi : nous faisions de longues promenades dans un pays enchanté. Content d'aimer et de l'oser dire, j'aurais été dans la plus douce situation, si mon extravagance n'en eût détruit tout le charme. Elle ne comprit rien d'abord à la sotte humeur avec laquelle je recevais ses caresses : mais mon cœur, incapable de savoir jamais rien cacher de ce qui s'y passe, ne lui laissa pas longtemps ignorer mes soupçons : elle en voulut rire ; cet expédient ne réussit pas ; des transports de rage en auraient été l'effet : elle changea de ton. Sa compatissante douceur fut invincible ; elle me fit des reproches qui me pénétrèrent ; elle me témoigna, sur mes injustes craintes, des inquiétudes dont j'abusai. J'exigeai des preuves qu'elle ne se moquait pas de moi. Elle vit qu'il n'y avait nul autre moyen de me rassurer. Je devins pressant ; le pas était délicat. Il est étonnant, il est unique peut-être qu'une femme, ayant pu venir jusqu'à marchander, s'en soit tirée à si bon compte. Elle ne me refusa rien de ce que la plus tendre amitié pouvait accorder. Elle ne m'accorda rien qui pût la rendre infidèle ; et j'eus l'humiliation de voir que l'embrasement dont ses légères faveurs allumaient mes sens n'en porta jamais aux siens la moindre étincelle(*).

J'ai dit quelque part (**) qu'il ne faut rien accorder aux sens, quand on veut leur refuser quelque chose. Pour connaître combien cette maxime se trouva fausse avec Mᵐᵉ d'Houdetot, et combien elle eut raison de compter sur elle-même, il faudrait entrer dans les détails de nos longs et fréquents tête-à-tête, et les suivre dans toute leur vivacité durant quatre mois que nous passâmes ensemble, dans une intimité presque sans exemple entre deux amis de différents sexes, qui se renferment dans les bornes dont nous sortîmes jamais. Ah ! si j'avais tardé si longtemps à sentir le véritable amour, qu'alors mon cœur et mes sens lui payèrent bien l'arrérage ! et quels sont donc les transports qu'on doit éprouver auprès d'un objet aimé qui nous aime, si même un amour non partagé peut en inspirer de pareils !

Mais j'ai tort de dire un amour non partagé ; le mien l'était en quelque sorte ; il était égal des deux côtés, quoiqu'il ne fût pas réciproque. Nous étions ivres d'amour l'un et l'autre : elle pour son amant, moi pour elle ; nos soupirs, nos délicieuses larmes se confondaient. Tendres confidents l'un de l'autre, nos sentiments avaient tant de rapports, qu'il était impossible qu'ils ne se mêlassent pas en quelque chose ; et toutefois, au milieu de cette dangereuse ivresse, jamais elle ne s'est oubliée un moment ; et moi je proteste, je jure, que si quelquefois, égaré par mes sens, j'ai tenté de la rendre infidèle, jamais je ne l'ai véritablement désiré. La véhémence de ma passion la contenait par elle-même. Le devoir des privations avait exalté mon âme. L'éclat de toutes les vertus ornait à mes yeux l'idole de mon cœur : en souiller la divine image eût été l'anéantir. J'aurais pu commettre le crime ; il a cent fois été commis dans mon cœur : mais avilir ma Sophie ! ah ! cela se pouvait-il jamais ? Non, non, je le lui ai cent fois dit à elle-même ; eussé-je été le maître de me satisfaire, sa propre volonté l'eût-elle mise à ma discrétion, hors quelques courts moments de délire, j'aurais refusé d'être heureux à ce prix. Je l'aimais trop pour vouloir la posséder.

Il y a près d'une lieue de l'Ermitage à Eaubonne ; dans mes fréquents voyages, il m'est arrivé quelquefois d'y coucher. Un soir, après avoir soupé tête à tête, nous allâmes nous promener au jardin, par un très beau clair de lune. Au fond de ce jardin, était un assez grand taillis, par où nous fûmes chercher un joli bosquet, orné d'une cascade dont je lui avais donné l'idée, et qu'elle avait fait exécuter. Souvenir immortel d'innocence et de jouissance ! ce fut dans ce bosquet qu'assis avec elle, sur un banc de gazon, sous un acacia tout chargé de fleurs, je trouvai, pour rendre les mouvements de mon cœur, un langage vrai-

---

(*) Voyez la *Correspondance*, juin 1757.
(**) Dans la *Nouvelle Héloïse*, IIIᵉ partie, lettre xviii.

ment digne d'eux (*). Ce fut la première et l'unique fois de ma vie; mais je fus sublime, si l'on peut nommer ainsi tout ce que l'amour le plus tendre et le plus ardent peut porter d'aimable et de séduisant dans un cœur d'homme. Que d'enivrantes larmes je versai sur ses genoux ! que je lui en fis verser malgré elle ! Enfin, dans un transport involontaire, elle s'écria : « Non, jamais homme ne fut si aimable, et jamais amant n'aima comme vous ! Mais votre ami Saint-Lambert nous écoute, et mon cœur ne saurait aimer deux fois. » Je me tus en soupirant; je l'embrassai..... Quel embrassement ! Mais ce fut tout. Il y avait six mois qu'elle vivait seule, c'est-à-dire loin de son amant et de son mari; il y en avait trois que je la voyais presque tous les jours, et toujours l'amour en tiers entre elle et moi. Nous avions soupé tête à tête; nous étions seuls, dans un bosquet au clair de la lune, et après deux heures de l'entretien le plus vif et le plus tendre, elle sortit au milieu de la nuit de ce bosquet et des bras de son ami, aussi intacte, aussi pure de corps et de cœur qu'elle y était entrée. Lecteur, pesez toutes ces circonstances; je n'ajouterai rien de plus.

Et qu'on n'aille pas s'imaginer qu'ici mes sens me laissaient tranquilles, comme auprès de Thérèse et de maman. Je l'ai dit, c'était de l'amour cette fois, et l'amour dans toute son énergie et dans toutes ses fureurs. Je ne décrirai ni les agitations, ni les frémissements, ni les palpitations, ni les mouvements convulsifs, ni les défaillances de cœur que j'éprouvais continuellement : on en pourra juger par l'effet que sa seule image faisait sur moi. J'ai dit qu'il y avait loin de l'Ermitage à Eaubonne : je passais par les coteaux d'Andilly, qui sont charmants. Je rêvais en marchant à celle que j'allais voir, à l'accueil caressant qu'elle me ferait, au baiser qui m'attendait à mon arrivée. Ce seul baiser, ce baiser funeste, avant même de le recevoir, m'embrasait le sang à tel point, que ma tête se troublait; un éblouissement m'aveuglait, mes genoux tremblants ne pouvaient me soutenir; j'étais forcé de m'arrêter, de m'asseoir ; toute ma machine était dans un désordre inconcevable : j'étais prêt à m'évanouir. Instruit du danger, je tâchais, en partant, de me distraire et de penser à autre chose. Je n'avais pas fait vingt pas que les mêmes souvenirs et tous les accidents qui en étaient la suite revenaient m'assaillir, sans qu'il me fût possible de m'en délivrer; et, de quelque façon que je m'y sois pu prendre, je ne crois pas qu'il me soit jamais arrivé de faire seul ce trajet impunément. J'arrivais à Eaubonne, faible, épuisé, rendu, me soutenant à peine. A l'instant que je la voyais, tout était réparé; je ne sentais plus auprès d'elle que l'importunité d'une vigueur inépuisable et toujours inutile. Il y avait sur ma route, à la vue d'Eaubonne, une terrasse agréable, appelée le mont Olympe, où nous nous rendions quelquefois, chacun de notre côté. J'arrivais le premier, j'étais fait pour l'attendre; mais que cette attente me coûtait cher ! Pour me distraire, j'essayais d'écrire avec mon crayon des billets que j'aurais pu tracer du plus pur de mon sang : je n'en ai jamais pu achever un qui fût lisible. Quand elle en trouvait quelqu'un dans la niche dont nous étions convenus, elle n'y pouvait voir autre chose que l'état vraiment déplorable où j'étais en l'écrivant. Cet état, et surtout sa durée, pendant trois mois d'irritation continuelle et de privation, me jeta dans un épuisement dont je n'ai pu me tirer de plusieurs années, et finit par me donner une descente que j'emporterai ou qui m'emportera au tombeau. Telle a été la seule jouissance amoureuse de l'homme du tempérament le plus combustible, mais le plus timide en même temps, que peut-être la nature ait jamais produit. Tels ont été les derniers beaux jours qui m'aient été comptés sur la terre : ici commence le long tissu des malheurs de ma vie, où l'on verra peu d'interruption.

On a vu, dans tout le cours de ma vie, que mon cœur, transparent comme le cristal, n'a jamais su cacher, durant une minute entière, un sentiment un peu vif qui s'y fût réfugié. Qu'on juge s'il me fut possible de cacher longtemps mon amour pour M$^{me}$ d'Houdetot. Notre intimité frappait tous les yeux, nous n'y

---

(*) La maison que madame d'Houdetot occupait à Eaubonne existe, et rien n'y a été changé. Le bosquet, la cascade et l'acacia se voient encore dans le jardin.

mettions ni secret ni mystère. Elle n'était pas de nature à en avoir besoin ; et, comme M^me d'Houdetot avait pour moi l'amitié la plus tendre, qu'elle ne se reprochait point ; que j'avais pour elle une estime dont personne ne connaissait mieux que moi toute la justice ; elle, franche, distraite, étourdie ; moi, vrai, maladroit, fier, impatient, emporté, nous donnions encore sur nous, dans notre trompeuse sécurité, beaucoup plus de prise que nous n'aurions fait si nous eussions été coupables. Nous allions l'un et l'autre à la Chevrette, nous nous y trouvions souvent ensemble, quelquefois même par rendez-vous. Nous y vivions à notre ordinaire, nous promenant tous les jours tête à tête, en parlant de nos amours, de nos devoirs, de notre ami, de nos innocents projets, dans le parc, vis-à-vis l'appartement de M^me d'Epinay, sous ses fenêtres ; d'où ne cessant de

Il me lâchait cent propos goguenards. (Page 270.)

nous examiner, et se croyant bravée, elle assouvissait son cœur, par ses yeux, de rage et d'indignation.

Les femmes ont toutes l'art de cacher leur fureur, surtout quand elle est vive ; M^me d'Epinay, violente, mais réfléchie, possède surtout cet art éminemment. Elle feignit de ne rien voir, de ne rien soupçonner ; et dans le même temps qu'elle redoublait avec moi d'attentions, de soins, et presque d'agaceries, elle affectait d'accabler sa belle-sœur de procédés malhonnêtes, et de marques d'un dédain qu'elle semblait me vouloir communiquer. On juge bien qu'elle ne réussissait pas ; mais j'étais au supplice. Déchiré de sentiments contraires, en même temps que j'étais touché de ses caresses, j'avais peine à contenir ma colère quand je la voyais manquer à M^me d'Houdetot. La douceur angélique de celle-ci lui faisait tout endurer sans se plaindre, et même sans lui en savoir mauvais gré.

Elle était d'ailleurs souvent si distraite, et toujours si peu sensible à ces choses-là, que la moitié du temps elle ne s'en apercevait pas.

J'étais si préoccupé de ma passion, que ne voyant rien que Sophie (c'était un des noms de M^me d'Houdetot), je ne remarquais pas même que j'étais devenu la fable de toute la maison et des survenants. Le baron d'Holbach, qui n'était jamais venu, que je sache, à la Chevrette, fut au nombre de ces derniers. Si j'eusse été aussi défiant que je le suis devenu dans la suite, j'aurais fort soupçonné M^me d'Epinay d'avoir arrangé ce voyage, pour lui donner l'amusant cadeau de voir le citoyen amoureux. Mais j'étais alors si bête, que je ne voyais pas même ce qui crevait les yeux à tout le monde. Toute ma stupidité ne m'empêcha pourtant pas de trouver au baron l'air plus content, plus jovial qu'à son ordinaire. Au lieu de me regarder en noir selon sa coutume, il me lâchait cent propos goguenards, auxquels je ne comprenais rien. J'ouvrais de grands yeux sans rien répondre : M^me d'Epinay se tenait les côtés de rire; je ne savais sur quelle herbe ils avaient marché. Comme rien ne passait encore les bornes de la plaisanterie, tout ce que j'aurais eu de mieux à faire, si je m'en étais aperçu, eût été de m'y prêter. Mais il est vrai qu'à travers la railleuse gaîté du baron, l'on voyait briller dans ses yeux une maligne joie, qui m'aurait peut-être inquiété si je l'eusse aussi bien remarquée alors, que je me la rappelai dans la suite.

Un jour que j'allai voir M^me d'Houdetot à Eaubonne, au retour d'un de ses voyages à Paris, je la trouvai triste, et je vis qu'elle avait pleuré. Je fus obligé de me contraindre, parce que M^me de Blainvile, sœur de son mari, était là; mais sitôt que je pus trouver un moment, je lui marquai mon inquiétude. « Ah ! me dit-elle en soupirant, je crains bien que vos folies ne me coûtent le repos de mes jours. Saint-Lambert est instruit et mal instruit. Il me rend justice; mais il a de l'humeur, dont, qui pis est, il me cache une partie. Heureusement je ne lui ai rien tû de nos liaisons, qui se sont faites sous ses auspices. Mes lettres étaient pleines de vous, ainsi que mon cœur; je ne lui ai caché que votre amour insensé, dont j'espérais vous guérir, et dont, sans m'en parler, je vois qu'il me fait un crime. On nous a desservis; on m'a fait tort; mais n'importe. Ou rompons tout-à-fait, ou soyez tel que vous devez être. Je ne veux plus rien avoir à cacher à mon amant. »

Ce fut là le premier moment où je fus sensible à la honte de me voir humilié, par le sentiment de ma faute, devant une jeune femme dont j'éprouvais les justes reproches, et dont j'aurais dû être le mentor. L'indignation que j'en ressentis contre moi-même eût suffi peut-être pour surmonter ma faiblesse, si la tendre compassion que m'inspirait la victime n'eût encore amolli mon cœur. Hélas! était-ce le moment de pouvoir l'endurcir, lorsqu'il était inondé par des larmes qui le pénétraient de toutes parts? Cet attendrissement se changea bientôt en colère contre les vils délateurs qui n'avaient vu que le mal d'un sentiment criminel, mais involontaire, sans croire, sans imaginer même la sincère honnêteté de cœur qui le rachetait. Nous ne restâmes pas longtemps en doute sur la main dont partait le coup.

Nous savions l'un et l'autre que M^me d'Epinay était en commerce de lettres avec Saint-Lambert. Ce n'était pas le premier orage qu'elle avait suscité à M^me d'Houdetot, dont elle avait fait mille efforts pour le détacher, et que les succès passagers de quelques-uns de ces efforts faisaient trembler pour la suite. D'ailleurs, Grimm, qui, ce me semble, avait suivi M. de Castries à l'armée, était en Westphalie, aussi bien que Saint-Lambert; ils se voyaient quelquefois. Grimm avait fait auprès de M^me d'Houdetot quelques tentatives qui n'avaient pas réussi. Grimm, très piqué, cessa tout-à-fait de la voir. Qu'on juge du sangfroid avec lequel, modeste comme on sait qu'il l'est, il lui supposait des préférences pour un homme plus âgé que lui, et dont lui Grimm, depuis qu'il fréquentait les grands, ne parlait plus que comme de son protégé.

Mes soupçons sur M^me d'Epinay se changèrent en certitude quand j'appris ce qui s'était passé chez moi. Quand j'étais à la Chevrette, Thérèse y venait souvent, soit pour m'apporter mes lettres, soit pour me rendre des soins nécessaires

à ma mauvaise santé. M<sup>me</sup> d'Épinay lui avait demandé si nous ne nous écrivions pas, M<sup>me</sup> d'Houdetot et moi. Sur son aveu, M<sup>me</sup> d'Épinay la pressa de lui remettre les lettres de M<sup>me</sup> d'Houdetot, l'assurant qu'elle les recachèterait si bien qu'il n'y paraîtrait pas. Thérèse, sans montrer combien cette proposition la scandalisait, et même sans m'avertir, se contenta de mieux cacher les lettres qu'elle m'apportait : précaution très heureuse; car M<sup>me</sup> d'Épinay la faisait guetter à son arrivée; et, l'attendant au passage, poussa plusieurs fois l'audace jusqu'à chercher dans sa bavette. Elle fit plus : s'étant un jour invitée à venir, avec M. de Margency, dîner à l'Ermitage pour la première fois depuis que j'y demeurais, elle prit le temps que je me promenais avec Margency pour entrer dans mon cabinet avec la mère et la fille, et les presser de lui montrer les lettres de M<sup>me</sup> d'Houdetot. Si la mère eût su où elles étaient, les lettres étaient livrées; mais heureusement la fille seule le savait, et nia que j'en eusse conservé aucune. Mensonge assurément plein d'honnêteté, de fidélité, de générosité, tandis que la vérité n'eût été qu'une perfidie. M<sup>me</sup> d'Épinay, voyant qu'elle ne pouvait la séduire, s'efforça de l'irriter par la jalousie, en lui reprochant sa facilité et son aveuglement. « Comment pouvez-vous, lui dit-elle, ne pas voir qu'ils ont entre eux un commerce criminel? Si, malgré tout ce qui frappe vos yeux, vous avez besoin d'autres preuves, prêtez-vous donc à ce qu'il faut faire pour les avoir : vous dites qu'il déchire les lettres de M<sup>me</sup> d'Houdetot aussitôt qu'il les a lues. Eh bien! recueillez avec soin les pièces, et donnez-les moi; je me charge de les rassembler. » Telles étaient les leçons que mon amie donnait à ma compagne.

Thérèse eut la discrétion de me taire assez longtemps toutes ces tentatives; mais voyant mes perplexités, elle se crut obligée à me tout dire, afin que, sachant à qui j'avais à faire, je prisse mes mesures pour me garantir des trahisons qu'on me préparait. Mon indignation, ma fureur ne peut se décrire. Au lieu de dissimuler avec M<sup>me</sup> d'Épinay, à son exemple, et de me servir de contre-ruses, je me livrai sans mesure à l'impétuosité de mon naturel; et avec mon étourderie ordinaire, j'éclatai tout ouvertement. On peut juger de mon imprudence par les lettres suivantes, qui montrent suffisamment la manière de procéder de l'un et de l'autre en cette occasion.

**BILLET DE MADAME D'ÉPINAY** (*liasse A, n° 44*) (*).

« Pourquoi donc ne vous vois-je pas, mon cher ami? Je suis inquiète de vous. Vous m'aviez tant promis de ne faire qu'aller et venir de l'Ermitage ici. Sur cela, je vous ai laissé libre; et point du tout, vous laissez passer huit jours. Si l'on ne m'avait pas dit que vous étiez en bonne santé, je vous croirais malade. Je vous attendais avant-hier ou hier, et je ne vous vois point arriver. Mon Dieu! qu'avez-vous donc? Vous n'avez point d'affaires : vous n'avez pas non plus de chagrins; car je me flatte que vous seriez venu sur-le-champ me les confier. Vous êtes donc malade? tirez-moi d'inquiétude bien vite, je vous en prie. Adieu, mon cher ami; que cet adieu me donne un bonjour de vous. »

**RÉPONSE.**

« Ce mercredi matin.

« Je ne puis rien vous dire encore. J'attends d'être mieux instruit, et je le serai tôt ou tard. En attendant, soyez sûre que l'innocence accusée trouvera un défenseur assez ardent pour donner quelque repentir aux calomniateurs, quels qu'ils soient. »

**SECOND BILLET DE LA MÊME** (*liasse A, n° 45*).

« Savez-vous que votre lettre m'effraie? qu'est-ce qu'elle veut donc dire? Je l'ai relue plus de vingt-cinq fois. En vérité, je n'y comprends rien. J'y vois seu-

---

(*) Ce billet et les deux autres de madame d'Épinay qui vont suivre diffèrent beaucoup du texte rapporté dans les *Mémoires* de cette dame, et faisant partie d'une lettre qu'elle écrit à Grimm. Mais Rousseau écrivait pièces en main, et d'ailleurs, la version consignée dans les *Mémoires de madame d'Épinay* serait plus favorable à Rousseau que celle des *Confessions*.

lement que vous êtes inquiet et tourmenté, que vous attendez que vous ne le soyez plus pour m'en parler. Mon cher ami, est-ce là ce dont nous étions convenus? Qu'est donc devenue cette amitié, cette confiance? et comment l'ai-je perdue? Est-ce contre moi, ou pour moi, que vous êtes fâché? Quoi qu'il en soit, venez dès ce soir, je vous en conjure; souvenez-vous que vous m'avez promis, il n'y a pas huit jours, de ne rien garder sur le cœur, et de me parler sur-le-champ. Mon cher ami, je vis dans cette confiance..... Tenez, je viens encore de lire votre lettre : je n'y conçois pas davantage; mais elle me fait trembler. Il me semble que vous êtes cruellement agité. Je voudrais vous calmer; mais comme j'ignore le sujet de vos inquiétudes, je ne sais que vous dire, sinon que me voilà tout aussi malheureuse que vous, jusqu'à ce que je vous aie vu. Si vous n'êtes pas ici ce soir à six heures, je pars demain pour l'Ermitage, quelque temps qu'il fasse et dans quelque état que je sois; car je ne saurais tenir à cette inquiétude. Bonjour, mon cher bon ami. A tout hasard, je risque de vous dire, sans savoir si vous en avez besoin ou non, de tâcher de prendre garde et d'arrêter les progrès que fait l'inquiétude dans la solitude. Une mouche devient un monstre, je l'ai souvent éprouvé. »

RÉPONSE.

« Ce mercredi soir.

« Je ne puis ni vous aller voir, ni recevoir votre visite, tant que durera l'inquiétude où je suis. La confiance dont vous parlez n'est plus, et il ne vous sera pas aisé de la recouvrer. Je ne vois à présent, dans votre empressement, que le désir de tirer des aveux d'autrui quelque avantage qui convienne à vos vues; et mon cœur, si prompt à s'épancher dans un cœur qui s'ouvre pour le recevoir, se ferme à la ruse et à la finesse. Je reconnais votre adresse ordinaire dans la difficulté que vous trouvez à comprendre mon billet. Me croyez-vous assez dupe pour penser que vous ne l'ayez pas compris? Non; mais je saurai vaincre vos subtilités à force de franchise. Je vais m'expliquer plus clairement, afin que vous m'entendiez encore moins.

« Deux amants bien unis et dignes de s'aimer me sont chers : je m'attends bien que vous ne saurez pas qui je veux dire, à moins que je ne vous les nomme. Je présume qu'on a tenté de les désunir, et que c'est de moi qu'on s'est servi pour donner de la jalousie à l'un des deux. Le choix n'est pas fort adroit, mais il a paru commode à la méchanceté; et cette méchanceté, c'est vous que j'en soupçonne. J'espère que ceci devient plus clair.

« Ainsi donc la femme que j'estime le plus aurait, de mon su, l'infamie de partager son cœur et sa personne entre deux amants, et moi celle d'être un de ces deux lâches? Si je savais qu'un seul moment de la vie vous eussiez pu penser ainsi d'elle et de moi, je vous haïrais jusqu'à la mort. Mais c'est de l'avoir dit, et non de l'avoir cru, que je vous taxe. Je ne comprends pas, en pareil cas, auquel c'est des trois que vous avez voulu nuire; mais, si vous aimez le repos, craignez d'avoir eu le malheur de réussir. Je n'ai caché, ni à vous, ni à elle, tout le mal que je pense de certaines liaisons; mais je veux qu'elles finissent par un moyen aussi honnête que sa cause, et qu'un amour illégitime se change en une éternelle amitié. Moi, qui ne fis jamais de mal à personne, servirais-je innocemment à en faire à mes amis? Non; je ne vous le pardonnerais jamais, je deviendrais votre irréconciliable ennemi. Vos secrets seuls seraient respectés; car je ne serai jamais un homme sans foi.

« Je n'imagine pas que les perplexités où je suis puissent durer bien longtemps. Je ne tarderai pas à savoir si je me suis trompé.

« Alors, j'aurai peut-être de grands torts à réparer, et je n'aurai rien fait en ma vie de si bon cœur. Mais savez-vous comment je rachèterai mes fautes durant le peu de temps qui me reste à passer près de vous? En faisant ce que nul autre ne fera que moi; en vous disant franchement ce qu'on pense de vous dans le monde, et les brèches que vous avez à réparer à votre réputation. Malgré tous les prétendus amis qui vous entourent, quand vous m'aurez vu

partir, vous pourrez dire adieu à la vérité; vous ne trouverez plus personne qui vous la dise. »

### TROISIÈME BILLET DE LA MÊME (*liasse A, n° 46*).

« Je n'entendais pas votre lettre de ce matin : je vous l'ai dit, parce que cela était. J'entends celle de ce soir; n'ayez pas peur que j'y réponde jamais : je suis trop pressée de l'oublier; et quoique vous me fassiez pitié, je n'ai pu me défendre de l'amertume dont elle me remplit l'âme. Moi! user de ruses, de finesse avec vous! Moi! accusée de la plus noire des infamies! Adieu; je regrette que vous ayez la..... Adieu; je ne sais ce que je dis... adieu : je serais bien pressée de vous pardonner. Vous viendrez quand vous voudrez; vous serez mieux reçu que ne l'exigeraient vos soupçons. Dispensez-vous seulement de vous mettre en peine de ma réputation. Peu m'importe celle qu'on me donne. Ma conduite est bonne, et cela me suffit. Au surplus, j'ignorais absolument ce qui est arrivé aux deux personnes qui me sont aussi chères qu'à vous (*). »

Cette dernière lettre me tira d'un terrible embarras, et me replongea dans un autre qui n'était guère moindre. Quoique toutes ces lettres et réponses furent allées et venues dans l'espace d'un jour, avec une extrême rapidité, cet intervalle avait suffi pour en mettre entre mes transports de fureur, et pour me laisser réfléchir sur l'énormité de mon imprudence. M$^{me}$ d'Houdetot ne m'avait rien tant recommandé que de rester tranquille, de lui laisser le soin de se tirer seule de cette affaire, et d'éviter, surtout dans le moment même, toute rupture et tout éclat; et moi, par les insultes les plus ouvertes et les plus atroces, j'allais achever de porter la rage dans le cœur d'une femme qui n'y était déjà que trop disposée. Je ne devais naturellement attendre, de sa part, qu'une réponse si fière, si dédaigneuse, si méprisante, que je n'aurais pu, sans la plus indigne lâcheté, m'abstenir de quitter sa maison sur-le-champ. Heureusement, plus adroite encore que je n'étais emporté, elle évita, par le tour de sa réponse, de me réduire à cette extrémité. Mais il fallait ou sortir, ou l'aller voir sur-le-champ : l'alternative était inévitable. Je pris le dernier parti, fort embarrassé de ma contenance dans l'explication que je prévoyais. Car comment m'en tirer, sans compromettre ni M$^{me}$ d'Houdetot, ni Thérèse? Et malheur à celle que j'aurais nommée! Il n'y avait rien que la vengeance d'une femme implacable et intrigante ne me fît craindre pour celle qui en serait l'objet. C'était pour prévenir ce malheur que je n'avais parlé que de soupçons dans mes lettres, afin d'être dispensé d'énoncer mes preuves. Il est vrai que cela rendait mes emportements plus inexcusables, nuls simples soupçons ne pouvant m'autoriser à traiter une femme, et surtout une amie, comme je venais de traiter M$^{me}$ d'Epinay. Mais ici commence la grande et noble tâche que j'ai dignement remplie, d'expier mes fautes et mes faiblesses cachées, en me chargeant de fautes plus graves, dont j'étais incapable, et que je ne commis jamais.

Je n'eus pas à soutenir la prise que j'avais redoutée, et j'en fus quitte pour la peur. A mon abord, M$^{me}$ d'Epinay me sauta au cou, en fondant en larmes. Cet accueil inattendu, et de la part d'une ancienne amie, m'émut extrêmement; je pleurai beaucoup aussi. Je lui dis quelques mots qui n'avaient pas grand sens; elle m'en dit quelques-uns qui en avaient encore moins, et tout finit là. On avait servi; nous allâmes à table, où, dans l'attente de l'explication, que je croyais remise après le souper, je fis mauvaise figure; car je suis tellement subjugué par la moindre inquiétude qui m'occupe, que je ne saurais la cacher aux moins clairvoyants. Mon air embarrassé devait lui donner du courage; cependant elle ne risqua point l'aventure : il n'y eut pas plus d'explication après le souper qu'avant. Il n'y en eut pas plus le lendemain; et nos silencieux tête-à-tête ne furent remplis que de choses indifférentes, ou de quelques propos honnêtes de

---

(*) Au lieu de cette dernière phrase, on trouve celle-ci dans les *Mémoires de madame d'Epinay* : « Je vous délierai, quand il vous plaira, sur mes secrets, pour peu qu'ils vous coûtent à garder. Vous savez mieux que personne que je n'en ai point qui ne me fissent honneur à divulguer. »

ma part, par lesquels, lui témoignant ne pouvoir encore rien prononcer sur le fondement de mes soupçons, je lui protestais avec bien de la vérité que s'ils se trouvaient mal fondés, ma vie entière serait employée à réparer leur injustice. Elle ne marqua pas la moindre curiosité de savoir précisément quels étaient ces soupçons, ni comment ils m'étaient venus; et tout notre raccommodement, tant de sa part que de la mienne, consista dans l'embrassement du premier abord. Puisqu'elle était seule offensée, au moins dans la forme, il me parut que ce n'était pas à moi de chercher un éclaircissement qu'elle ne cherchait pas elle-même, et je m'en retournai comme j'étais venu. Continuant au reste à vivre avec elle comme auparavant, j'oubliai bientôt presque entièrement cette querelle, et je crus bêtement qu'elle l'oubliait elle-même, parce qu'elle paraissait ne s'en plus souvenir.

Ce ne fut pas là, comme on verra bientôt, le seul chagrin que m'attira ma faiblesse; mais j'en avais d'autres non moins sensibles, que je ne m'étais point attirés, et qui n'avaient pour cause que le désir de m'arracher de ma solitude (*), à force de m'y tourmenter. Ceux-ci me venaient de la part de Diderot et des holbachiens. Depuis mon établissement à l'Ermitage, Diderot n'avait cessé de m'y harceler, soit par lui-même, soit par Deleyre; et je vis bientôt, aux plaisanteries de ceux-ci sur mes courses boscaresques, avec quel plaisir ils avaient travesti l'ermite en galant berger. Mais il n'était pas question de cela dans mes prises avec Diderot; elles avaient des causes plus graves. Après la publication du *Fils naturel*, il m'en avait envoyé un exemplaire, que j'avais lu avec l'intérêt et l'attention qu'on donne aux ouvrages d'un ami. En lisant l'espèce de poétique en dialogue qu'il y a jointe, je fus surpris, et même un peu contrarié, d'y trouver, parmi plusieurs choses désobligeantes, mais tolérables, contre les solitaires, cette âpre et dure sentence, sans aucun adoucissement : *Il n'y a que le méchant qui soit seul.* Cette sentence est équivoque, et présente deux sens, ce me semble : l'un très vrai, l'autre très faux; puisqu'il est même impossible qu'un homme qui est et veut être seul puisse et veuille nuire à personne, et, par conséquent qu'il soit un méchant. La sentence en elle-même exigeait donc une interprétation; elle l'exigeait bien plus encore de la part d'un auteur qui, lorsqu'il imprimait cette sentence, avait un ami retiré dans une solitude. Il me paraissait choquant et malhonnête, ou d'avoir oublié en la publiant cet ami solitaire, ou, s'il s'en était souvenu, de n'avoir pas fait, du moins en maxime générale, l'honorable et juste exception qu'il devait, non-seulement à cet ami, mais à tant de sages respectés, qui dans tous les temps ont cherché le calme et la paix dans la retraite, et dont, pour la première fois depuis que le monde existe, un écrivain s'avise, avec un seul trait de plume, de faire indistinctement autant de scélérats.

J'aimais tendrement Diderot, je l'estimais sincèrement, et je comptais avec une entière confiance sur les mêmes sentiments de sa part. Mais excédé de son infatigable obstination à me contrarier éternellement sur mes goûts, mes penchants, ma manière de vivre, sur tout ce qui n'intéressait que moi seul; révolté de voir un homme plus jeune que moi vouloir à toute force me gouverner comme un enfant; rebuté de sa facilité à promettre, et de sa négligence à tenir; ennuyé de tant de rendez-vous donnés et manqués de sa part, et de sa fantaisie d'en donner toujours de nouveaux pour y manquer de rechef; gêné de l'attendre inutilement trois ou quatre fois par mois, les jours marqués par lui-même, et de dîner seul le soir, après être allé au-devant de lui jusqu'à Saint-Denis, et l'avoir attendu toute la journée: j'avais déjà le cœur plein de ses torts multipliés. Ce dernier me parut plus grave, et me navra davantage. Je lui écrivis pour m'en plaindre, mais avec une douceur et un attendrissement qui me fit inonder mon papier de mes larmes; et ma lettre était assez tou-

---

(*) C'est-à-dire, d'en arracher la vieille, dont on avait besoin pour arranger le complot. Il est étonnant que, durant tout ce long orage, ma stupide confiance m'ait empêché de comprendre que ce n'était point moi, mais elle, qu'on voulait ravoir à Paris.

(*Note du manuscrit resté entre les mains de Rousseau.*)

chante pour avoir dû lui en tirer. On ne devinerait jamais quelle fut sa réponse sur cet article : la voici mot pour mot (liasse A, n° 33) : « Je suis bien aise que mon ouvrage vous ait plu, qu'il vous ait touché. Vous n'êtes pas de mon avis sur les ermites ; dites-en tant de bien qu'il vous plaira, vous serez le seul au monde dont j'en penserai : encore y aurait-il bien à dire là-dessus, si l'on pouvait vous parler sans vous fâcher. Une femme de quatre-vingts ans ! etc. On m'a dit une phrase d'une lettre du fils de M<sup>me</sup> d'Épinay, qui a dû vous peiner beaucoup, ou je connais mal le fond de votre âme. »

Il faut expliquer les deux dernières phrases de cette lettre.

Au commencement de mon séjour à l'Ermitage, M<sup>me</sup> Le Vasseur parut s'y déplaire et trouver l'habitation trop seule. Ses propos là-dessus m'étant revenus, je lui offris de la renvoyer à Paris, si elle s'y plaisait davantage ; d'y payer son loyer, et d'y prendre le même soin d'elle que si elle était encore avec moi. Elle rejeta mon offre, me protesta qu'elle se plaisait fort à l'Ermitage, que l'air de la campagne lui faisait bien ; et l'on voyait que cela était vrai ; car elle y rajeunissait, pour ainsi dire, et s'y portait beaucoup mieux qu'à Paris. Sa fille m'assura même qu'elle eût été dans le fond très-fâchée que nous quittassions l'Ermitage, qui réellement était un séjour charmant, aimant fort le petit tripotage du jardin et des fruits, dont elle avait le maniement ; mais qu'elle avait dit ce qu'on lui avait fait dire, pour tâcher de m'engager à retourner à Paris.

Cette tentative n'ayant pas réussi, ils tâchèrent d'obtenir, par le scrupule, l'effet que la complaisance n'avait pas produit, et me firent un crime de garder là cette vieille femme, loin des secours dont elle pouvait avoir besoin à son âge ; sans songer qu'elle et beaucoup d'autres vieilles gens, dont l'excellent air du pays prolonge la vie, pouvaient tirer ces secours de Montmorency, que j'avais à ma porte ; et comme s'il n'y avait des vieillards qu'à Paris, et que partout ailleurs ils fussent hors d'état de vivre. M<sup>me</sup> Le Vasseur, qui mangeait beaucoup, et avec une extrême voracité, était sujette à des débordements de bile et à de fortes diarrhées, qui lui duraient quelques jours, et lui servaient de remède. A Paris, elle n'y faisait jamais rien, et laissait agir la nature. Elle en usait de même à l'Ermitage, sachant bien qu'il n'y avait rien de mieux à faire. N'importe : parce qu'il n'y avait pas des médecins et des apothicaires à la campagne, c'était vouloir sa mort que de l'y laisser, quoiqu'elle s'y portât très bien. Diderot aurait dû déterminer à quel âge il n'est plus permis, sous peine d'homicide, de laisser vivre les vieilles gens hors de Paris.

C'était là une des deux accusations atroces, sur lesquelles il ne m'exceptait pas de sa sentence, qu'il n'y avait que le méchant qui fût seul, et c'était ce que signifiait son exclamation pathétique et l'*et cœtera* qu'il y avait bénignement ajouté : « Une femme de quatre-vingts ans ! etc. »

Je crus ne pouvoir mieux répondre à ce reproche qu'en m'en rapportant à M<sup>me</sup> Levasseur elle-même. Je la priai d'écrire naturellement son sentiment à M<sup>me</sup> d'Épinay. Pour la mettre plus à son aise, je ne voulus point voir sa lettre, et je lui montrai celle que je vais transcrire, et que j'écrivais à M<sup>me</sup> d'Épinay, au sujet d'une réponse que j'avais voulu faire à une autre lettre de Diderot encore plus dure, et qu'elle m'avait empêché d'envoyer.

« Ce jeudi.

« M<sup>me</sup> Le Vasseur doit vous écrire, ma bonne amie ; je l'ai priée de vous dire sincèrement ce qu'elle pense. Pour la mettre bien à son aise, je lui ai dit que je ne voulais point voir sa lettre, et je vous prie de ne me rien dire de ce qu'elle contient.

« Je n'enverrai pas ma lettre, puisque vous vous y opposez ; mais me sentant très grièvement offensé, il y aurait, à convenir que j'ai tort, une bassesse et une fausseté que je ne saurais me permettre. L'Évangile ordonne bien à celui qui reçoit un soufflet d'offrir l'autre joue, mais non pas de demander pardon. Vous souvenez-vous de cet homme de la comédie, qui crie en donnant des coups de bâton ? Voilà le rôle du philosophe.

« Ne vous flattez pas de l'empêcher de venir par le mauvais temps qu'il fait. Sa colère lui donnera le temps et les forces que l'amitié lui refuse, et ce sera la première fois de sa vie qu'il sera venu le jour qu'il avait promis. Il s'excédera pour venir me répéter de bouche les injures qu'il me dit dans ses lettres; je ne les endurerai rien moins que patiemment. Il s'en retournera être malade à Paris; et moi je serai, selon l'usage, un homme fort odieux. Que faire? Il faut souffrir.

« Mais n'admirez-vous pas la sagesse de cet homme qui voulait me venir prendre à Saint-Denis, en fiacre, y dîner, me ramener en fiacre, et à qui, huit jours après (liasse A, n° 34), sa fortune ne permet plus d'aller à l'Ermitage autrement qu'à pied? Il n'est pas absolument impossible, pour parler son langage, que ce soit là le ton de la bonne foi; mais, en ce cas, il faut qu'en huit jours, il soit arrivé d'étranges changements dans sa fortune.

« Je prends part au chagrin que vous donne la maladie de M$^{me}$ votre mère; mais vous voyez que votre peine n'approche pas de la mienne. On souffre moins encore à voir malades les personnes qu'on aime, qu'injustes et cruelles.

« Adieu, ma bonne amie : voici la dernière fois que je vous parlerai de cette malheureuse affaire. Vous me parlez d'aller à Paris, avec un sangfroid qui me réjouirait dans un autre temps. »

J'écrivis à Diderot ce que j'avais fait au sujet de M$^{me}$ Le Vasseur, sur la proposition de M$^{me}$ d'Epinay elle-même; et M$^{me}$ Le Vasseur ayant choisi, comme on peut bien croire, de rester à l'Ermitage, où elle se portait très-bien, où elle avait toujours compagnie, et où elle vivait très agréablement, Diderot, ne sachant plus de quoi me faire un crime, m'en fit un de cette précaution de ma part, et ne laissa pas de m'en faire un autre de la continuation du séjour de M$^{me}$ Le Vasseur à l'Ermitage, quoique cette continuation fût de son choix, et qu'il n'eût tenu et ne tînt toujours qu'à elle de retourner vivre à Paris, avec les mêmes secours qu'elle avait auprès de moi.

Voilà l'explication du premier reproche de la lettre de Diderot, n° 33. Celle du second est dans sa lettre, n° 34. « Le *Lettré* (c'était un nom de plaisanterie, donné par Grimm au fils de M$^{me}$ d'Epinay), le lettré a dû vous écrire qu'il y avait sur le rempart vingt pauvres qui mouraient de faim et de froid, et qui attendaient le liard que vous leur donniez. C'est un échantillon de notre petit babil...... et si vous entendiez le reste, il vous amuserait comme cela. »

Voici ma réponse à ce terrible argument, dont Diderot paraissait si fier.

« Je crois avoir répondu au *Lettré*, c'est-à-dire au fils d'un fermier-général, que je ne plaignais pas les pauvres qu'il avait aperçus sur le rempart attendant mon liard; qu'apparemment il les en avait amplement dédommagés; que je l'établissais mon substitut; que les pauvres de Paris n'auraient pas à se plaindre de cet échange; que je n'en trouverais pas aisément un aussi bon pour ceux de Montmorency, qui en avaient beaucoup plus de besoin. Il y a ici un bon vieillard respectable, qui, après avoir passé sa vie à travailler, ne le pouvant plus, meurt de faim sur ses vieux jours. Ma conscience est plus contente des deux sous que je lui donne tous les lundis que des cent liards que j'aurais distribués à tous les gueux du rempart. Vous êtes plaisants, vous autres philosophes, quand vous regardez tous les habitants des villes comme les seuls hommes auxquels vos devoirs vous lient. C'est à la campagne qu'on apprend à aimer et servir l'humanité; on n'apprend qu'à la mépriser dans les villes. »

Tels étaient les singuliers scrupules sur lesquels un homme d'esprit avait l'imbécillité de me faire sérieusement un crime de mon éloignement de Paris, et prétendait me prouver, par mon propre exemple, qu'on ne pouvait vivre hors de la capitale sans être un méchant homme. Je ne comprends pas aujourd'hui comment j'eus la bêtise de lui répondre et de me fâcher, au lieu de lui rire au nez pour toute réponse. Cependant les décisions de M$^{me}$ d'Epinay et les clameurs de de la coterie holbachique avaient tellement fasciné les esprits en sa faveur, que je passais généralement pour avoir tort dans cette affaire, et que M$^{me}$ d'Houdetot

elle-même, grande enthousiaste de Diderot, voulut que j'allasse le voir à Paris, et que je fisse toutes les avances d'un raccommodement qui, tout sincère et entier qu'il fût de ma part, se trouva pourtant peu durable. L'argument victorieux sur mon cœur, dont elle se servit, fut qu'en ce moment Diderot était malheureux. Outre l'orage excité contre l'*Encyclopédie*, il en essuyait alors un très violent au sujet de sa pièce, que, malgré la petite histoire qu'il avait mise à la tête, on l'accusait d'avoir prise en entier de Goldoni. Diderot, plus sensible encore aux critiques que Voltaire, en était alors accablé. M<sup>me</sup> de Graffigny avait même eu la méchanceté de faire courir le bruit que j'avais rompu avec lui à cette occasion. Je trouvai qu'il y avait de la justice et de la générosité de prouver publiquement le contraire; et j'allai passer deux jours, non-seulement avec lui, mais chez lui.

Il y a ici un bon vieillard respectable. (Page 276.)

Ce fut, depuis mon établissement à l'Ermitage, mon second voyage à Paris. J'avais fait le premier pour courir au pauvre Gauffecourt, qui eut une attaque d'apoplexie dont il n'a jamais été bien remis, et durant laquelle je ne quittai pas son chevet qu'il ne fût hors d'affaire.

Diderot me reçut bien. Que l'embrassement d'un ami peut effacer de torts! Quel ressentiment peut après cela rester dans le cœur? Nous eûmes peu d'explications. Il n'en est pas besoin pour des invectives réciproques. Il n'y a qu'une chose à faire, savoir, de les oublier. Il n'y avait point eu de procédés souterrains, du moins qui fussent à ma connaissance : ce n'était pas comme avec M<sup>me</sup> d'Epinay. Il me montra le plan du *Père de famille*. « Voilà, lui dis-je, la meilleure défense du *Fils naturel*. Gardez le silence, travaillez cette pièce avec soin, et puis jetez-la tout d'un coup au nez de vos ennemis pour toute réponse. » Il le fit, et s'en trouva bien. Il y avait près de six mois que je lui avais envoyé les deux premières parties de la *Julie*, pour m'en dire son avis. Il ne les avait pas encore

lues. Nous en lûmes un cahier ensemble. Il trouva tout cela *feuillu*, ce fut son terme; c'est-à-dire chargé de paroles et redondant. Je l'avais déjà bien senti moi-même : mais c'était le bavardage de la fièvre; je ne l'ai jamais pu corriger. Les dernières parties ne sont pas comme cela. La quatrième surtout, et la sixième, sont des chefs-d'œuvre de diction.

Le second jour de mon arrivée, il voulut absolument me mener souper chez M. d'Holbach. Nous étions loin de compte; car je voulais même rompre l'accord du manuscrit de chimie, dont je m'indignais d'avoir l'obligation à cet homme-là (*). Diderot l'emporta sur tout. Il me jura que M. d'Holbach m'aimait de tout son cœur; qu'il fallait lui pardonner un ton qu'il prenait avec tout le monde, et dont ses amis avaient plus à souffrir que personne. Il me représenta que refuser le produit de ce manuscrit, après l'avoir accepté deux ans auparavant, était un affront au donateur qu'il n'avait pas mérité, et que ce refus pourrait même être mésinterprété, comme un secret reproche d'avoir attendu si longtemps d'en conclure le marché. « Je vois D'Holbach tous les jours, ajouta-t-il; je connais mieux que vous l'état de son âme. Si vous n'aviez pas lieu d'en être content, croyez-vous votre ami capable de vous conseiller une bassesse? » Bref, avec ma faiblesse ordinaire, je me laissai subjuguer, et nous allâmes souper chez le baron, qui me reçut à son ordinaire. Mais sa femme me reçut froidement, et presque malhonnêtement (**). Je ne reconnus plus cette aimable Caroline qui marquait avoir pour moi tant de bienveillance étant fille. J'avais cru sentir dès longtemps auparavant, que, depuis que Grimm fréquentait la maison d'Aine, on ne m'y voyait plus d'aussi bon œil.

Tandis que j'étais à Paris, Saint-Lambert y arriva de l'armée. Comme je n'en savais rien, je ne le vis qu'après mon retour en campagne, d'abord à la Chevrette, et ensuite à l'Ermitage, où il vint avec M$^{me}$ d'Houdetot me demander à dîner. On peut juger si je les reçus avec plaisir! mais j'en pris bien plus encore à voir leur bonne intelligence. Content de n'avoir pas troublé leur bonheur, j'en étais heureux moi-même; et je puis jurer que durant toute ma folle passion, mais surtout en ce moment, quand j'aurais pu lui ôter M$^{me}$ d'Houdetot, je ne l'aurais pas voulu faire, et je n'en aurais pas même été tenté. Je la trouvais si aimable aimant Saint-Lambert, que je m'imaginais à peine qu'elle eût pu l'être autant en m'aimant moi-même; et sans vouloir troubler leur union, tout ce que j'ai le plus véritablement désiré d'elle dans mon délire, était qu'elle se laissât aimer. Enfin, de quelque violente passion que j'aie brûlé pour elle, je trouvais aussi doux d'être le confident que l'objet de ses amours, et je n'ai jamais un moment regardé son amant comme mon rival, mais toujours comme mon ami. On dira que ce n'était pas encore là de l'amour : soit! mais c'était donc plus.

Pour Saint-Lambert, il se conduisit en honnête homme et judicieux : comme j'étais le seul coupable, je fus aussi le seul puni, et même avec indulgence. Il me traita durement, mais amicalement; et je vis que j'avais perdu quelque chose dans son estime, mais rien dans son amitié. Je m'en consolai, sachant que l'une me serait bien plus facile à recouvrer que l'autre, et qu'il était trop sensé pour confondre une faiblesse involontaire et passagère, avec un vice de caractère. S'il y avait de ma faute dans tout ce qui s'était passé, il y en avait bien peu. Était-ce moi qui avais recherché sa maîtresse? N'était-ce pas lui qui me l'avait envoyée? N'était-ce pas elle qui m'avait cherché? Pouvais-je éviter de la recevoir? Que pouvais-je faire? Eux seuls avaient fait le mal, et c'était moi qui l'avais souffert. A ma place, il en eût fait autant que moi, peut-être pis : car enfin quelque fidèle, quelque estimable que fût M$^{me}$ d'Houdetot, elle était femme; il était absent; les occasions étaient fréquentes, les tentations étaient vives, et il lui eût été bien difficile de se défendre toujours avec le même succès contre un homme plus en-

---

(*) Rousseau n'a point parlé ailleurs de ce *manuscrit de chimie*, et tout ce passage reste nécessairement fort obscur.

(**) Au livre VIII, page 238, Rousseau a parlé de la mort de madame d'Holbach. Il faut savoir que le baron, encore jeune, avait épousé en secondes noces Caroline-Suzanne d'Aine, sœur de sa première femme.

treprenant. C'était assurément beaucoup pour elle et pour moi, dans une pareille situation, d'avoir pu poser des limites que nous ne nous soyons jamais permis de passer.

Quoique je me rendisse, au fond de mon cœur, un témoignage assez honorable, tant d'apparences étaient contre moi, que l'invincible honte qui me domina toujours me donnait devant lui tout l'air d'un coupable, et il en abusait souvent pour m'humilier. Un seul trait peindra cette position réciproque. Je lui lisais, après le dîner, la lettre que j'avais écrite l'année précédente à Voltaire, et dont lui Saint-Lambert avait entendu parler. Il s'endormit durant la lecture; et moi jadis si fier, aujourd'hui si sot, je n'osai jamais interrompre ma lecture, et continuai de lire tandis qu'il continuait de ronfler. Telles étaient mes indignités et telles étaient ses vengeances; mais sa générosité ne lui permit jamais de les exercer qu'entre nous trois.

Quand il fut reparti, je trouvai M<sup>me</sup> d'Houdetot fort changée à mon égard. J'en fus surpris comme si je n'avais pas dû m'y attendre; j'en fus touché plus que je n'aurais dû l'être, et cela me fit beaucoup de mal. Il semblait que tout ce dont j'attendais ma guérison ne fit qu'enfoncer dans mon cœur davantage le trait qu'enfin j'ai plutôt brisé qu'arraché.

J'étais déterminé tout-à-fait à me vaincre, et à ne rien épargner pour changer ma folle passion en une amitié pure et durable. J'avais fait pour cela les plus beaux projets du monde, pour l'exécution desquels j'avais besoin du concours de M<sup>me</sup> d'Houdetot. Quand je voulus lui parler, je la trouvai distraite, embarrassée; je sentis qu'elle avait cessé de se plaire avec moi, et je vis clairement qu'il s'était passé quelque chose qu'elle ne voulait pas me dire, et que je n'ai jamais su (*). Ce changement, dont il me fut impossible d'obtenir l'explication, me navra. Elle me redemanda ses lettres; je les lui rendis toutes avec une fidélité dont elle me fit l'injure de douter un moment. Ce doute fut encore un déchirement inattendu pour mon cœur, qu'elle devait si bien connaître. Elle me rendit justice, mais ce ne fut pas sur-le-champ; je compris que l'examen du paquet que je lui avais rendu lui avait fait sentir son tort : je vis même qu'elle se le reprochait, et cela me fit regagner quelque chose. Elle ne pouvait retirer ses lettres sans me rendre les miennes. Elle me dit qu'elle les avait brûlées; j'en osai douter à mon tour, et j'avoue que j'en doute encore. Non, l'on ne met point au feu de pareilles lettres. On a trouvé brûlantes celles de la *Julie*. Eh Dieu! qu'aurait-on donc dit de celles-là? Non, non, jamais celle qui peut inspirer une pareille passion n'aura le courage d'en brûler les preuves. Mais je ne crains pas non plus qu'elle en ait abusé : je ne l'en crois pas capable; et de plus, j'y avais mis bon ordre. La sotte mais vive crainte d'être persiflé m'avait fait commencer cette correspondance sur un ton qui mit mes lettres à l'abri des communications. Je portai jusqu'à la tutoyer la familiarité que j'y pris dans mon ivresse : mais quel tutoiement! elle n'en devait sûrement pas être offensée. Cependant elle s'en plaignit plusieurs fois assez vivement, mais sans succès : ses plaintes ne faisaient que réveiller ma défiance, et d'ailleurs, je ne pouvais me résoudre à rétrograder. Si ces lettres sont encore en être, et qu'un jour elles soient vues, on connaîtra comment j'ai aimé (**).

La douleur que me causa le refroidissement de M<sup>me</sup> d'Houdetot, et la certitude de ne l'avoir pas mérité, me firent prendre le singulier parti de m'en plaindre à Saint-Lambert même. En attendant l'effet de la lettre que je lui écrivis à ce sujet, je me jetai dans les distractions que j'aurais dû chercher plus tôt. Il y eut des fêtes à la Chevrette, pour lesquelles je fis de la musique. Le plaisir de me faire honneur auprès de M<sup>me</sup> d'Houdetot d'un talent qu'elle aimait excita ma verve, et un autre objet contribuait encore à l'animer, savoir, le désir de mon-

---

(*) Grimm, par une lettre anonyme, rédigée de manière à ce qu'on pût l'attribuer à Jean-Jacques lui-même, avait excité la jalousie de Saint-Lambert.

(**) D'après madame d'Houdetot et Saint-Lambert, ces lettres auraient été en partie brûlées, en partie égarées. On en trouvera une seule dans la *Correspondance* (juin 1757).

trer que l'auteur du *Devin du village* savait la musique; car je m'apercevais depuis longtemps que quelqu'un travaillait en secret à rendre cela douteux, du moins quant à la composition. Mon début à Paris, les épreuves où j'y avais été mis à diverses fois, tant chez M. Dupin que chez M. de La Poplinière; quantité de musique que j'y avais composée pendant quatorze ans au milieu des plus célèbres artistes, et sous leurs yeux; enfin l'opéra des *Muses galantes*, celui même du *Devin*, un motet que j'avais fait pour M<sup>lle</sup> Fel, et qu'elle avait chanté au Concert spirituel; tant de conférences que j'avais eues sur ce bel art avec les plus grands maîtres, tout semblait devoir prévenir ou dissiper un pareil doute. Il existait cependant, même à la Chevrette, et je voyais que M. d'Epinay n'en était pas exempt. Sans paraître m'apercevoir de cela, je me chargeai de lui composer un motet pour la dédicace de la chapelle de la Chevrette, et je le priai de me fournir des paroles de son choix. Il chargea De Linant, le gouverneur de son fils, de les faire. De Linant arrangea des paroles convenables au sujet; et huit jours après qu'elles m'eurent été données, le motet fut achevé. Pour cette fois, le dépit fut mon Apollon, et jamais musique plus étoffée ne sortit de mes mains. Les paroles commencent par ces mots : *Ecce sedes hic Tonantis* (\*). La pompe du début répond aux paroles, et toute la suite du motet est d'une beauté de chant qui frappa tout le monde. J'avais travaillé en grand orchestre. D'Epinay rassembla les meilleurs symphonistes. M<sup>me</sup> Bruna, chanteuse italienne, chanta le motet, et fut bien accompagnée. Le motet eut un si grand succès, qu'on l'a donné depuis dans la suite au Concert spirituel, où, malgré les sourdes cabales et l'indigne exécution, il a eu deux fois les mêmes applaudissements. Je donnai, pour la fête de M. d'Epinay, l'idée d'une espèce de pièce, moitié drame, moitié pantomime, que M<sup>me</sup> d'Epinay composa, et dont je fis encore la musique. Grimm, en arrivant, entendit parler de mes succès harmoniques. Une heure après, on n'en parla plus : mais du moins on ne mit plus en question, que je sache, si je savais la composition.

A peine Grimm fut-il à la Chevrette, où déjà je ne me plaisais pas trop, qu'il acheva de m'en rendre le séjour insupportable, par des airs que je ne vis jamais à personne, et dont je n'avais pas même l'idée. La veille de son arrivée, on me délogea de la chambre de faveur que j'occupais, contiguë à celle de M<sup>me</sup> d'Epinay; on la prépara pour M. Grimm, et on m'en donna une plus éloignée. « Voilà, dis-je en riant à M<sup>me</sup> d'Epinay, comment les nouveaux-venus déplacent les anciens. » Elle parut embarrassée. J'en compris mieux la raison dès le même soir, en apprenant qu'il y avait entre sa chambre et celle que je quittais une porte masquée de communication, qu'elle avait jugé inutile de me montrer. Son commerce avec Grimm n'était ignoré de personne, ni chez elle, ni dans le public, pas même de son mari : cependant, loin d'en convenir avec moi, confident de secrets qui lui importaient beaucoup davantage, et dont elle était bien sûre, elle s'en défendit toujours très fortement. Je compris que cette réserve venait de Grimm, qui, dépositaire de tous mes secrets, ne voulait pas que je le fusse d'aucun des siens.

Quelque prévention que mes anciens sentiments, qui n'étaient pas éteints, et le mérite réel de cet homme-là, me donnassent en sa faveur, elle ne put tenir contre les soins qu'il prit pour la détruire. Son abord fut celui du comte de Tufflère : à peine daigna-t-il me rendre le salut; il ne m'adressa pas une seule fois la parole, et me corrigea bientôt de la lui adresser, en ne me répondant point du tout. Il passait partout le premier, prenait partout la première place, sans jamais faire aucune attention à moi. Passe pour cela, s'il n'y eût pas mis une affectation choquante : mais on en jugera par un seul trait pris entre mille. Un soir, M<sup>me</sup> d'Epinay, se trouvant un peu incommodée, dit qu'on lui portât un morceau dans sa chambre, et monta pour souper au coin de son feu. Elle me

---

(\*) J'ai appris depuis que ces paroles étaient de Santeuil, et que M. de Linant se les était doucement appropriées (*Note du second manuscrit*). — Ce motet *Ecce sedes*, et le morceau composé pour mademoiselle Fel se trouvent en manuscrit à la Bibliothèque.

proposa de monter avec elle ; je le fis. Grimm vint ensuite. La petite table était déjà mise ; il n'y avait que deux couverts. On sert : M<sup>me</sup> d'Epinay prend sa place à l'un des coins du feu. M. Grimm prend un fauteuil, s'établit à l'autre coin, tire la petite table entre eux deux, déplie sa serviette, et se met en devoir de manger, sans me dire un seul mot. M<sup>me</sup> d'Epinay rougit, et pour l'engager à réparer sa grossièreté, m'offre sa propre place. Il ne dit rien, ne me regarda pas. Ne pouvant approcher du feu, je pris le parti de me promener dans la chambre, en attendant qu'on m'apportât un couvert. Il me laissa souper au bout de la table, loin du feu, sans me faire la moindre honnêteté, à moi incommodé, son aîné, son ancien dans la maison, qui l'y avais introduit, et à qui même, comme favori de la dame, il eût dû faire les honneurs. Toutes ses manières avec moi répon-

C'était le Lafleur de ce nouveau Glorieux. (Page 282.)

daient fort bien à cet échantillon. Il ne me traitait pas précisément comme son inférieur ; il me regardait comme nul. J'avais peine à reconnaître là l'ancien cuistre, qui, chez le prince de Saxe-Gotha, se tenait honoré de mes regards. J'en avais encore plus à concilier ce profond silence et cette morgue insultante, avec la tendre amitié qu'il se vantait d'avoir pour moi, près de tous ceux qu'il savait en avoir eux-mêmes. Il est vrai qu'il ne la témoignait guère que pour me plaindre de ma fortune, dont je ne me plaignais point, pour compatir à mon triste sort, dont j'étais content, et pour se lamenter de me voir me refuser durement aux soins bienfaisants qu'il disait vouloir me rendre. C'était avec cet art qu'il faisait admirer sa tendre générosité, blâmer mon ingrate misanthropie, et qu'il accoutumait insensiblement tout le monde à n'imaginer, entre un protecteur tel que lui et un malheureux tel que moi, que des liaisons de bienfaits d'une part, et d'obligations de l'autre, sans y supposer, même dans les possibles, une amitié d'égal à égal.

Pour moi, j'ai cherché vainement en quoi je pouvais être obligé à ce nouveau patron. Je lui avais prêté de l'argent, il ne m'en prêta jamais; je l'avais gardé dans sa maladie, à peine me venait-il voir dans les miennes; je lui avais donné tous mes amis, il ne m'en donna jamais aucun des siens; je l'avais prôné de tout mon pouvoir, et lui, s'il m'a prôné, c'est moins publiquement, et c'est d'une autre manière. Jamais il ne m'a rendu ni même offert aucun service d'aucune espèce. Comment était-il donc mon Mécène? comment étais-je son protégé? Cela me passait, et me passe encore.

Il est vrai que, du plus au moins, il était arrogant avec tout le monde, mais avec personne aussi brutalement qu'avec moi. Je me souviens qu'une fois Saint-Lambert faillit à lui jeter son assiette à la tête, sur une espèce de démenti qu'il lui donna en pleine table, en lui disant grossièrement : « Cela n'est pas vrai. » A son ton naturellement tranchant, il ajouta la suffisance d'un parvenu, et devint même ridicule, à force d'être impertinent. Le commerce des grands l'avait séduit au point de se donner à lui-même des airs qu'on ne voit qu'aux moins sensés d'entre eux. Il n'appelait jamais son laquais que par *Eh!* comme si, sur le nombre de ses gens, monseigneur n'eût pas su lequel était de garde. Quand il lui donnait des commissions, il lui jetait l'argent par terre, au lieu de le lui donner dans la main. Enfin, oubliant tout-à-fait qu'il était homme, il le traitait avec un mépris si choquant, avec un dédain si dur en toute chose, que ce pauvre garçon, qui était un fort bon sujet, que M<sup>me</sup> d'Epinay lui avait donné, quitta son service, sans autre grief que l'impossibilité d'endurer de pareils traitements : c'était le La Fleur de ce nouveau Glorieux.

Aussi fat qu'il était vain, avec ses gros yeux troubles et sa figure dégingandée, il avait des prétentions près des femmes, et, depuis sa farce avec M<sup>lle</sup> Fel, il passait auprès de plusieurs d'entre elles pour un homme à grands sentiments. Cela l'avait mis à la mode, et lui avait donné du goût pour la propreté de femme : il se mit à faire le beau; sa toilette devint une grande affaire : tout le monde sut qu'il mettait du blanc, et moi, qui n'en croyais rien, je commençai de le croire, non-seulement par l'embellissement de son teint, et pour avoir trouvé des tasses de blanc sur sa toilette, mais sur ce qu'entrant un matin dans sa chambre, je le trouvai brossant ses ongles avec une petite vergette faite exprès; ouvrage qu'il continua fièrement devant moi. Je jugeai qu'un homme qui passe deux heures tous les matins à brosser ses ongles peut bien passer quelques instants à remplir de blanc les creux de sa peau. Le bonhomme Gauffecourt, qui n'était pas sac-à-diable, l'avait assez plaisamment surnommé *Tyran-le-Blanc*.

Tout cela n'était que des ridicules, mais bien antipathiques à mon caractère. Ils achevèrent de me rendre suspect le sien. J'eus peine à croire qu'un homme à qui la tête tournait de cette façon pût conserver un cœur bien placé. Il ne se piquait de rien tant que de sensibilité d'âme et d'énergie de sentiment. Comment cela s'accordait-il avec des défauts qui sont propres aux petites âmes? Comment les vifs et continuels élans que fait hors de lui-même un cœur sensible peuvent-ils le laisser s'occuper sans cesse de tant de petits soins pour sa petite personne? Eh! mon Dieu! celui qui sent embraser son cœur de ce feu céleste cherche à l'exhaler, et veut montrer le dedans. Il voudrait mettre son cœur sur son visage; il n'imaginera jamais d'autre fard.

Je me rappelai le sommaire de sa morale, que M<sup>me</sup> d'Epinay m'avait dit, et qu'elle avait adopté. Ce sommaire consistait en un seul article : savoir, que l'unique devoir de l'homme est de suivre en tout les penchants de son cœur. Cette morale, quand je l'appris, me donna terriblement à penser, quoique je ne la prisse alors que pour un jeu d'esprit. Mais je vis bientôt que ce principe était réellement la règle de sa conduite, et je n'en eus que trop, dans la suite, la preuve à mes dépens. C'est la doctrine intérieure dont Diderot m'a tant parlé, mais qu'il ne m'a jamais expliquée.

Je me rappelai les fréquents avis qu'on m'avait donnés, il y avait plusieurs années, que cet homme était faux; qu'il jouait le sentiment, et surtout qu'il ne m'aimait pas. Je me souvins de plusieurs petites anecdotes que m'avaient là-

dessus racontées M. de Francueil et M^me de Chenonceaux, qui ne l'estimaient ni l'un ni l'autre, et qui devaient le connaître, puisque M^me de Chenonceaux était fille de M^me de Rochechouart, intime amie du feu comte de Friese, et que M. de Francueil, très lié alors avec le vicomte de Polignac, avait beaucoup vécu au Palais-Royal, précisément quand Grimm commençait de s'y introduire. Tout Paris fut instruit de son désespoir après la mort du comte de Friese. Il s'agissait de soutenir la réputation qu'il s'était donnée après les rigueurs de M^lle Fel, et dont j'aurais vu la forfanterie mieux que personne, si j'eusse été moins aveugle. Il fallut l'entraîner à l'hôtel de Castries, où il joua dignement son rôle, livré à la plus mortelle affliction. Là, tous les matins, il allait dans le jardin pleurer à son aise, tenant sur ses yeux son mouchoir baigné de larmes, tant qu'il était en vue de l'hôtel; mais, au détour d'une certaine allée, des gens auxquels il ne songeait pas le virent mettre à l'instant le mouchoir dans sa poche, et tirer un livre. Cette observation, qu'on répéta, fut bientôt publique dans tout Paris, et presque aussitôt oubliée. Je l'avais oubliée moi-même : un fait qui me regardait servit à me le rappeler. J'étais à l'extrémité dans mon lit, rue de Grenelle : il était à la campagne; il vint un matin me voir, tout essoufflé, disant qu'il venait d'arriver à l'instant même; je sus un moment après qu'il était arrivé de la veille, et qu'on l'avait vu au spectacle le même jour.

Il me revint mille faits de cette espèce; mais une observation que je fus surpris de faire si tard, me frappa plus que tout cela. J'avais donné à Grimm tous mes amis sans exception; ils étaient tous devenus les siens. Je pouvais si peu me séparer de lui, que j'aurais à peine voulu me conserver l'entrée d'une maison où il ne l'aurait pas eue. Il n'y eut que M^me de Créqui qui refusa de l'admettre, et qu'aussi je cessai presque de voir depuis ce temps-là. Grimm, de son côté, se fit d'autres amis, tant de son estoc que de celui du comte de Friese. De tous ces amis-là, jamais un seul n'est devenu le mien : jamais il ne m'a dit un mot, pour m'engager de faire au moins leur connaissance; et de tous ceux que j'ai quelquefois rencontrés chez lui, jamais un seul ne m'a marqué la moindre bienveillance, pas même le comte de Friese, chez lequel il demeurait, et avec lequel il m'eût par conséquent été très agréable de former quelque liaison; ni le comte de Schomberg, son parent, avec lequel Grimm était encore plus familier.

Voici plus : mes propres amis, dont je fis les siens, et qui tous m'étaient tendrement attachés avant cette connaissance, changèrent sensiblement pour moi, quand elle fut faite. Il ne m'a jamais donné aucun des siens, je lui ai donné tous les miens, et il a fini par me les tous ôter. Si ce sont là des effets de l'amitié, quels seront donc ceux de la haine?

Diderot même, au commencement, m'avertit plusieurs fois que Grimm, à qui je donnais tant de confiance, n'était pas mon ami. Dans la suite, il changea de langage, quand lui-même eut cessé d'être le mien.

La manière dont j'avais disposé de mes enfants n'avait besoin du concours de personne. J'en instruisis cependant mes amis, uniquement pour les en instruire, pour ne pas paraître à leurs yeux meilleur que je n'étais. Ces amis étaient au nombre de trois : Diderot, Grimm, M^me d'Epinay; Duclos, le plus digne de ma confidence, fut le seul à qui je ne la fis pas. Il la sut cependant; par qui? je l'ignore. Il n'est guère probable que cette infidélité soit venue de M^me d'Epinay, qui savait qu'en l'imitant, si j'en eusse été capable, j'avais de quoi m'en venger cruellement. Restent Grimm et Diderot, alors si unis en tant de choses, surtout contre moi, qu'il est plus que probable que ce crime leur fut commun. Je parierais que Duclos, à qui je n'ai pas dit mon secret, et qui, par conséquent, en était le maître, est le seul qui me l'ait gardé.

Grimm et Diderot, dans leur projet de m'ôter les gouverneuses, avaient fait effort pour le faire entrer dans leurs vues : il s'y refusa toujours avec dédain. Ce ne fut que dans la suite que j'appris de lui tout ce qui s'était passé entre eux à cet égard; mais j'en appris dès lors assez par Thérèse, pour savoir qu'il y avait à tout cela quelque dessein secret, et qu'on voulait disposer de moi, sinon contre mon gré, du moins à mon insu, ou bien qu'on voulait faire servir ces deux per-

sonnes d'instrument à quelque dessein caché. Tout cela n'était assurément pas de la droiture. L'opposition de Duclos le prouve sans réplique. Croira qui voudra que c'était de l'amitié.

Cette prétendue amitié m'était aussi fatale au dedans qu'au dehors. Les longs et fréquents entretiens avec M$^{me}$ Le Vasseur, depuis plusieurs années, avaient changé sensiblement cette femme à mon égard, et ce changement ne m'était assurément pas favorable. De qui traitaient-ils donc dans ces singuliers tête-à-tête? Pourquoi ce profond mystère? La conversation de cette vieille femme était-elle donc assez agréable pour la prendre ainsi en bonne fortune, et assez importante pour en faire un si grand secret? Depuis trois ou quatre ans que ces colloques duraient, ils m'avaient paru risibles : en y repensant alors, je commençai de m'en étonner. Cet étonnement eût été jusqu'à l'inquiétude, si j'avais su dès lors ce que cette femme me préparait.

Malgré le prétendu zèle pour moi, dont Grimm se targuait au dehors, et difficile à concilier avec le ton qu'il prenait vis-à-vis de moi-même, il ne me revenait rien de lui, d'aucun côté, qui fût à mon avantage; et la commisération qu'il feignait d'avoir pour moi tendait bien moins à me servir qu'à m'avilir. Il m'ôtait même, autant qu'il était en lui, la ressource du métier que je m'étais choisi, en me décriant comme un mauvais copiste : et je conviens qu'il disait en cela la vérité; mais ce n'était pas à lui de la dire. Il prouvait que ce n'était pas plaisanterie, en se servant d'un autre copiste et en ne me laissant aucune des pratiques qu'il pouvait m'ôter (*). On eût dit que son projet était de me faire dépendre de lui et de son crédit pour ma subsistance, et d'en tarir la source jusqu'à ce que j'en fusse réduit là.

Tout cela résumé, ma raison fit taire enfin mon ancienne prévention, qui parlait encore. Je jugeai son caractère au moins très suspect; et quant à son amitié, je la décidai fausse. Puis, résolu de ne le plus voir, j'en avertis M$^{me}$ d'Epinay, appuyant ma résolution de plusieurs faits sans réplique, mais que j'ai maintenant oubliés.

Elle combattit fortement cette résolution, sans savoir trop que dire aux raisons sur lesquelles elle était fondée. Elle ne s'était pas encore concertée avec lui; mais le lendemain, au lieu de s'expliquer verbalement avec moi, elle me remit une lettre très adroite, qu'ils avaient minutée ensemble, et par laquelle, sans entrer dans aucun détail des faits, elle le justifiait par son caractère concentré; et, me faisant un crime de l'avoir soupçonné de perfidie envers son ami, m'exhortait à me raccommoder avec lui. Cette lettre m'ébranla (**). Dans une conversation que nous eûmes ensuite, et où je la trouvai mieux préparée qu'elle n'était la première fois, j'achevai de me laisser vaincre : j'en vins à croire que je pouvais avoir mal jugé, et qu'en ce cas j'avais réellement, envers un ami, des torts graves, que je devais réparer. Bref, comme j'avais déjà fait plusieurs fois avec Diderot, avec le baron d'Holbach, moitié gré, moitié faiblesse, je fis toutes les avances que j'avais droit d'exiger; j'allai chez Grimm, comme un autre Georges Dandin, lui faire des excuses des offenses qu'il m'avait faites; toujours dans cette fausse persuasion, qui m'a fait faire en ma vie mille bassesses auprès de mes feints amis, qu'il n'y a point de haine qu'on ne désarme à force de douceur et de bons procédés; au lieu qu'au contraire la haine des méchants ne fait que s'animer davantage par l'impossibilité de trouver sur quoi la fonder; et le sentiment de leur propre injustice n'est qu'un grief de plus contre celui qui en est l'objet. J'ai, sans sortir de ma propre histoire, une preuve bien forte de cette maxime dans Grimm et dans Tronchin, devenus mes deux plus implacables ennemis par goût, par plaisir, par fantaisie, sans pouvoir alléguer aucun tort d'aucune espèce

---

(*) D'après les Mémoires de madame d'Epinay, c'était d'abord sur le ton de la plaisanterie que Grimm avait attaqué les prétentions de Rousseau comme excellent copiste de musique. Mais, comme toute plaisanterie de cette nature, celle-ci, trop prolongée, avait eu des conséquences sérieuses.

(**) Elle ne s'est point retrouvée, et madame d'Epinay n'en fait nulle mention dans ses Mémoires.

que j'aie eu jamais avec aucun des deux (*), et dont la rage s'accroît de jour en jour, comme celle des tigres, par la facilité qu'ils trouvent à l'assouvir.

Je m'attendais que, confus de ma condescendance et de mes avances, Grimm me recevrait, les bras ouverts, avec la plus tendre amitié. Il me reçut en empereur romain, avec une morgue que je n'avais jamais vue à personne. Je n'étais point du tout préparé à cet accueil. Quand, dans l'embarras d'un rôle si peu fait pour moi, j'eus rempli en peu de mots, et d'un air timide, l'objet qui m'amenait près de lui, avant de me recevoir en grâce, il prononça, avec beaucoup de majesté, une longue harangue qu'il avait préparée, et qui contenait la nombreuse énumération de ses rares vertus, et surtout dans l'amitié. Il appuya longtemps sur une chose qui d'abord me frappa beaucoup : c'est qu'on lui voyait toujours conserver les mêmes amis. Tandis qu'il parlait, je me disais tout bas qu'il serait bien cruel pour moi de faire seul exception à cette règle. Il y revint si souvent et avec tant d'affectation, qu'il me fit penser que, s'il ne suivait en cela que les sentiments de son cœur, il serait moins frappé de cette maxime, et qu'il s'en faisait un art utile à ses vues dans les moyens de parvenir. Jusque alors j'avais été dans le même cas, j'avais conservé toujours tous mes amis; depuis ma plus tendre enfance, je n'en avais pas perdu un seul, si ce n'est par la mort, et cependant je n'en avais pas fait jusque alors la réflexion : ce n'était pas une maxime que je me fusse prescrite. Puisque c'était un avantage alors commun à l'un et à l'autre, pourquoi donc s'en targuait-il par préférence, si ce n'est qu'il songeait d'avance à me l'ôter? Il s'attacha ensuite à m'humilier par des preuves de la préférence que nos amis communs lui donnaient sur moi. Je connaissais aussi bien que lui cette préférence: la question était à quel titre il l'avait obtenue; si c'était à force de mérite ou d'adresse, en s'élevant lui-même ou en cherchant à me rabaisser. Enfin, quand il eut mis à son gré, entre lui et moi, toute la distance qui pouvait donner du prix à la grâce qu'il m'allait faire, il m'accorda le baiser de paix dans un léger embrassement qui ressemblait à l'accolade que le roi donne aux nouveaux chevaliers. Je tombais des nues, j'étais ébahi, je ne savais que dire, je ne trouvais pas un mot. Toute cette scène eut l'air de la réprimande qu'un précepteur fait à son disciple, en lui faisant grâce du fouet. Je n'y pense jamais sans sentir combien sont trompeurs les jugements fondés sur l'apparence, auxquels le vulgaire donne tant de poids, et combien souvent l'audace et la fierté sont du côté du coupable, la honte et l'embarras du côté de l'innocent.

Nous étions réconciliés; c'était toujours un soulagement pour mon cœur, que toute querelle jette dans des angoisses mortelles. On se doute bien qu'une pareille réconciliation ne changea pas ses manières; elle m'ôta seulement le droit de m'en plaindre. Aussi pris-je le parti d'endurer tout, et de ne dire plus rien.

Tant de chagrins coup sur coup me jetèrent dans un accablement qui ne me laissait guère la force de reprendre l'empire de moi-même. Sans réponse de Saint-Lambert, négligé de M<sup>me</sup> d'Houdetot, n'osant plus m'ouvrir à personne, je commençai de craindre qu'en faisant de l'amitié l'idole de mon cœur, je n'eusse employé ma vie à sacrifier à des chimères. Epreuve faite, il ne restait de toutes mes liaisons que deux hommes qui eussent conservé toute mon estime, et à qui mon cœur pût donner sa confiance : Duclos, que depuis ma retraite à l'Ermitage j'avais perdu de vue, et Saint-Lambert. Je crus ne pouvoir bien réparer mes torts envers ce dernier qu'en lui déchargeant mon cœur sans réserve; et je résolus de lui faire pleinement mes confessions, en tout ce qui ne compromettait pas sa maîtresse. Je ne doute pas que ce choix ne fût encore un piège de ma passion, pour me tenir plus rapproché d'elle; mais il est certain que je me sentais jeté dans les bras de son amant sans réserve, que je me serais mis pleinement sous sa conduite, et que j'aurais poussé la franchise aussi loin qu'elle pouvait aller. J'étais prêt à lui écrire une seconde lettre, à laquelle j'étais sûr

(*) Je n'ai donné, dans la suite, au dernier le surnom de *jongleur*, que longtemps après son inimitié déclarée et les sanglantes persécutions qu'il m'a suscitées à Genève et ailleurs. J'ai même bientôt supprimé ce nom, quand je me suis vu tout-à-fait sa victime. Les basses vengeances sont indignes de mon cœur, et la haine n'y prend jamais pied.

qu'il aurait répondu, quand j'appris la triste cause de son silence sur la première. Il n'avait pu soutenir jusqu'au bout des fatigues de cette campagne. Mᵐᵉ d'Epinay m'apprit qu'il venait d'avoir une attaque de paralysie (*); et Mᵐᵉ d'Houdetot, que son affliction finit par rendre malade elle-même, et qui fut hors d'état de m'écrire sur-le-champ, me marqua deux ou trois jours après, de Paris où elle était alors, qu'il se faisait porter à Aix-la-Chapelle pour y prendre les bains. Je ne dis pas que cette triste nouvelle m'affligea comme elle; mais je doute que le serrement de cœur qu'elle me donna fût moins pénible que sa douleur et ses larmes. Le chagrin de le savoir dans cet état, augmenté par la crainte que l'inquiétude n'eût contribué à l'y mettre, me toucha plus que tout ce qui m'était arrivé jusque alors; et je sentis cruellement qu'il me manquait, dans ma propre estime, la force dont j'avais besoin pour supporter tant de déplaisir. Heureusement, ce généreux ami ne me laissa pas longtemps dans cet accablement; il ne m'oublia pas, malgré son attaque, et je ne tardai pas d'apprendre par lui-même que j'avais trop mal jugé de ses sentiments et de son état. Mais il est temps d'en venir à la grande révolution de ma destinée, à la catastrophe qui a partagé ma vie en deux parties si différentes, et qui, d'une bien légère cause, a tiré de si terribles effets.

Un jour que je ne songeais à rien moins, Mᵐᵉ d'Epinay m'envoya chercher. En entrant, j'aperçus dans ses yeux et dans sa contenance un air de trouble, dont je fus d'autant plus frappé, que cet air ne lui était point ordinaire, personne au monde ne sachant mieux qu'elle gouverner son visage et ses mouvements. « Mon ami, me dit-elle, je pars pour Genève; ma poitrine est en mauvais état; ma santé se délabre au point que, toute chose cessante, il faut que j'aille voir et consulter Tronchin. » Cette résolution, si brusquement prise, et à l'entrée de la mauvaise saison, m'étonna d'autant plus que je l'avais quittée trente-six heures auparavant sans qu'il en fût question. Je lui demandai qui elle emmènerait avec elle. Elle me dit qu'elle emmènerait son fils avec M. de Linant; et puis elle ajouta négligemment : « Et vous, mon ours, ne viendrez-vous pas aussi? » Comme je ne crus pas qu'elle parlât sérieusement, sachant que dans la saison où nous entrions j'étais à peine en état de sortir de ma chambre, je plaisantai sur l'utilité du cortége d'un malade pour un autre malade; elle parut elle-même n'en avoir pas fait tout de bon la proposition, et il n'en fut plus question. Nous ne parlâmes plus que des préparatifs de son voyage, dont elle s'occupait avec beaucoup de vivacité, étant résolue à partir dans quinze jours.

Je n'avais pas besoin de beaucoup de pénétration pour comprendre qu'il y avait à ce voyage un motif secret qu'on me taisait. Ce secret, qui n'en était un dans toute la maison que pour moi, fut découvert dès le lendemain par Thérèse, à qui Teissier, le maître d'hôtel, qui le savait de la femme de chambre, le révéla. Quoique je ne le doive pas ce secret à Mᵐᵉ d'Epinay, puisque je ne le tiens pas d'elle, il est trop lié avec ceux que j'en tiens, pour que je puisse l'en séparer : ainsi je me tairai sur cet article. Mais ces secrets, qui jamais ne sont sortis ni ne sortiront de ma bouche ni de ma plume, ont été sus de trop de gens pour pouvoir être ignorés dans tous les entours de Mᵐᵉ d'Epinay (**).

Instruit du vrai motif de ce voyage, j'aurais reconnu la secrète impulsion d'une main ennemie, dans la tentative de m'y faire le chaperon de Mᵐᵉ d'Epinay; mais elle avait si peu insisté, que je persistai à ne point regarder cette tentative comme sérieuse, et je ris seulement du beau personnage que j'aurais fait là, si j'eusse eu la sottise de m'en charger. Au reste, elle gagna beaucoup à mon refus, car elle vint à bout d'engager son mari même à l'accompagner.

Quelques jours après, je reçus de Diderot le billet que je vais transcrire. Ce billet, seulement plié en deux, de manière que tout le dedans se lisait sans peine,

---

(*) Saint-Lambert n'est mort qu'en 1803.
(**) Le motif secret du voyage de madame d'Epinay était sa grossesse, fruit de sa liaison avec Grimm. Elle était pourtant accompagnée de son fils avec un gouverneur, et ce fut M. d'Epinay lui-même qui remplaça Rousseau, que l'on aurait voulu compromettre. Ces circonstances font naître de graves soupçons sur les suites.

me fut adressé chez M^me d'Epinay, et recommandé à M. de Linant, le gouverneur du fils et le confident de la mère.

### BILLET DE DIDEROT (*liasse A, n° 52*).

« Je suis fait pour vous aimer et pour vous donner du chagrin. J'apprends que M^me d'Epinay va à Genève, et je n'entends point dire que vous l'accompagniez. Mon ami, content de M^me d'Epinay, il faut partir avec elle : mécontent, il faut partir beaucoup plus vite. Etes-vous surchargé du poids des obligations que vous lui avez? voilà une occasion de vous acquitter en partie et de vous soulager. Trouverez-vous une autre occasion dans votre vie de lui témoigner votre reconnaissance? Elle va dans un pays où elle sera comme tombée des nues. Elle est malade : elle aura besoin d'amusement et de distraction. L'hiver! voyez, mon ami. L'objection de votre santé peut être beaucoup plus forte que je ne la crois. Mais êtes-vous plus mal aujourd'hui que vous ne l'étiez il y a un mois, et que vous ne le serez au commencement du printemps? Ferez-vous dans trois mois d'ici le voyage plus commodément qu'aujourd'hui? Pour moi, je vous avoue que si je ne pouvais supporter la chaise, je prendrais un bâton et je la suivrais. Et puis, ne craignez-vous point qu'on ne mésinterprète votre conduite? On vous soupçonnera, ou d'ingratitude, ou d'un autre motif secret. Je sais bien que, quoi que vous fassiez, vous aurez toujours pour vous le témoignage de votre conscience : mais ce témoignage suffit-il seul, et est-il permis de négliger jusqu'à certain point celui des autres hommes? Au reste, mon ami, c'est pour m'acquitter avec vous et avec moi que je vous écris ce billet. S'il vous déplaît, jetez-le au feu, et qu'il n'en soit non plus question que s'il n'eût jamais été écrit. Je vous salue, vous aime et vous embrasse. »

Le tremblement de colère, l'éblouissement, qui me gagnaient en lisant ce billet, et qui me permirent à peine de l'achever, ne m'empêchèrent pas d'y remarquer l'adresse avec laquelle Diderot y affectait un ton plus doux, plus caressant, plus honnête que dans toutes ses autres lettres, dans lesquelles il me traitait tout au plus de *mon cher*, sans daigner m'y donner le nom d'ami. Je vis aisément le ricochet par lequel me venait ce billet, dont la suscription, la forme et la marche décelaient même assez maladroitement le détour : car nous nous écrivions ordinairement par la poste ou par le messager de Montmorency, et ce fut la première et l'unique fois qu'il se servit de cette voie-là.

Quand le premier transport de mon indignation me permit d'écrire, je lui traçai précipitamment la réponse suivante, que je portai sur-le-champ, de l'Ermitage où j'étais pour lors, à la Chevrette, pour la montrer à M^me d'Epinay, à qui, dans mon aveugle colère, je la voulus lire moi-même, ainsi que le billet de Diderot.

« Mon cher ami, vous ne pouvez savoir ni la force des obligations que je puis avoir à M^me d'Epinay, ni jusqu'à quel point elles me lient, ni si elle a réellement besoin de moi dans son voyage, ni si elle désire que je l'accompagne, ni s'il m'est possible de le faire, ni les raisons que je puis avoir de m'en abstenir. Je ne refuse pas de discuter avec vous tous ces points ; mais, en attendant, convenez que me prescrire si affirmativement ce que je dois faire, sans vous être mis en état d'en juger, c'est, mon cher philosophe, opiner en franc étourdi. Ce que je vois de pis à cela, est que votre avis ne vient pas de vous. Outre que je suis peu d'humeur à me laisser mener sous votre nom par le tiers et le quart, je trouve à ces ricochets certains détours qui ne vont pas à votre franchise, et dont vous ferez bien, pour vous et pour moi, de vous abstenir désormais.

« Vous craignez qu'on n'interprète mal ma conduite; mais je défie un cœur comme le vôtre d'oser mal penser du mien. D'autres peut-être parleraient mieux de moi si je leur ressemblais davantage. Que Dieu me préserve de me faire approuver d'eux! que les méchants m'épient et m'interprètent : Rousseau n'est pas fait pour les craindre, ni Diderot pour les écouter.

« Si votre billet m'a déplu, vous voulez que je le jette au feu, et qu'il n'en soit plus question. Pensez-vous qu'on oublie ainsi ce qui vient de vous? Mon

cher, vous faites aussi bon marché de mes larmes dans les peines que vous me donnez, que de ma vie et de ma santé dans les soins que vous m'exhortez à prendre. Si vous pouviez vous corriger de cela, votre amitié m'en serait plus douce, et j'en deviendrais moins à plaindre. »

En entrant dans la chambre de M<sup>me</sup> d'Epinay, je trouvai Grimm avec elle, et j'en fus charmé. Je leur lus à haute et claire voix mes deux lettres avec une intrépidité dont je ne me serais pas cru capable, et j'y ajoutai, en finissant, quelques discours qui ne la démentaient pas. A cette audace inattendue dans un homme ordinairement si craintif, je les vis l'un et l'autre atterrés, abasourdis, ne répondant pas un mot; je vis surtout cet homme arrogant baisser les yeux à terre, et n'oser soutenir les étincelles de mes regards : mais dans le même instant, au fond de son cœur, il jurait ma perte, et je suis sûr qu'ils la concertèrent avant de se séparer.

Ce fut à peu près dans ce temps-là que je reçus enfin, par M<sup>me</sup> d'Houdetot, la réponse de Saint-Lambert (liasse A, n° 57) (datée encore de Wolfenbutel, peu de jours après son accident), à ma lettre qui avait tardé longtemps en route. Cette réponse m'apporta des consolations, dont j'avais grand besoin dans ce moment-là, par les témoignages d'estime et d'amitié dont elle était pleine, et qui me donnèrent le courage et la force de les mériter. Dès ce moment, je fis mon devoir; mais il est constant que si Saint-Lambert se fût trouvé moins sensé, moins généreux, moins honnête homme, j'étais perdu sans retour.

La saison devenait mauvaise, et l'on commençait à quitter la campagne. M<sup>me</sup> d'Houdetot me marqua le jour où elle comptait venir faire ses adieux à la vallée, et me donna rendez-vous à Eaubonne. Ce jour se trouva, par hasard, le même où M<sup>me</sup> d'Epinay quittait la Chevrette pour aller à Paris achever les préparatifs de son voyage. Heureusement elle partit le matin, et j'eus le temps encore, en la quittant, d'aller dîner avec sa belle-sœur. J'avais la lettre de Saint-Lambert dans ma poche; je la lus plusieurs fois en marchant. Cette lettre me servit d'égide contre ma faiblesse. Je fis et tins la résolution de ne voir plus en M<sup>me</sup> d'Houdetot que mon amie et la maîtresse de mon ami; et je passai tête-à-tête avec elle quatre ou cinq heures dans un calme délicieux, préférable infiniment, même quant à la jouissance, à ces accès de fièvre ardente que jusqu'alors j'avais eus auprès d'elle. Comme elle savait trop que mon cœur n'était pas changé, elle fut sensible aux efforts que j'avais faits pour me vaincre : elle m'en estima davantage, et j'eus le plaisir de voir que son amitié pour moi n'était pas éteinte. Elle m'annonça le prochain retour de Saint-Lambert, qui, quoique assez bien rétabli de son attaque, n'était plus en état de soutenir les fatigues de la guerre, et quittait le service pour venir vivre paisiblement auprès d'elle. Nous formâmes le projet charmant d'une étroite société entre nous trois, et nous pouvions espérer que l'exécution de ce projet serait durable, vu que tous les sentiments qui peuvent unir des cœurs sensibles et droits en faisaient la base, et que nous rassemblions à nous trois assez de talents et de connaissances pour nous suffire à nous mêmes, et n'avoir besoin d'aucun supplément étranger. Hélas! en me livrant à l'espoir d'une si douce vie, je ne songeais guère à celle qui m'attendait.

Nous parlâmes ensuite de ma situation présente avec M<sup>me</sup> d'Epinay. Je lui montrai la lettre de Diderot, avec ma réponse; je lui détaillai tout ce qui s'était passé à ce sujet, et je lui déclarai la résolution où j'étais de quitter l'Ermitage. Elle s'y opposa vivement, et par des raisons toutes puissantes sur mon cœur. Elle me témoigna combien elle aurait désiré que j'eusse fait le voyage de Genève, prévoyant qu'on ne manquerait pas de la compromettre dans mon refus, ce que la lettre de Diderot semblait annoncer d'avance. Cependant, comme elle savait mes raisons aussi bien que moi-même, elle n'insista pas sur cet article, mais elle me conjura d'éviter tout éclat, à quelque prix que ce pût être, et de pallier mon refus de raisons assez plausibles pour éloigner l'injuste soupçon qu'elle pût y avoir part. Je lui dis qu'elle ne m'imposait pas une tâche aisée; mais que, résolu d'expier mes torts au prix même de ma réputation, je voulais

donner la préférence à la sienne, en tout ce que l'honneur me permettrait d'endurer. On connaîtra bientôt si j'ai su remplir cet engagement.

Je le puis jurer, loin que ma passion malheureuse eût rien perdu de sa force, je n'aimai jamais ma Sophie aussi vivement, aussi tendrement que je fis ce jour-là. Mais telle fut l'impression que firent sur moi la lettre de Saint-Lambert, le sentiment du devoir et l'horreur de la perfidie, que, durant toute cette entrevue, mes sens me laissèrent pleinement en paix auprès d'elle, et que je ne fus pas même tenté de lui baiser la main. En partant, elle m'embrassa devant ses gens. Ce baiser, si différent de ceux que je lui avais dérobés quelquefois sous les feuillages, me fut garant que j'avais repris l'empire sur moi-même : je suis presque assuré que si mon cœur avait eu le temps de se raffermir dans le calme, il ne me fallait pas trois mois pour être guéri radicalement.

Le maître-d'hôtel, qui le savait de la femme de chambre. (Page 286.)

Ici finissent mes liaisons personnelles avec M<sup>me</sup> d'Houdetot : liaisons dont chacun a pu juger sur les apparences selon les dispositions de son propre cœur, mais dans lesquelles la passion que m'inspira cette aimable femme, passion la plus vive peut-être qu'aucun homme ait jamais sentie, s'honorera toujours, entre le ciel et nous, des rares et pénibles sacrifices faits par tous deux au devoir, à l'honneur, à l'amour et à l'amitié. Nous nous étions trop élevés aux yeux l'un de l'autre, pour pouvoir nous avilir aisément. Il faudrait être indigne de toute estime, pour se résoudre à en perdre une de si haut prix ; et l'énergie même des sentiments qui pouvaient nous rendre coupables, fut ce qui nous empêcha de le devenir.

C'est ainsi qu'après une si longue amitié pour l'une de ces deux femmes, et un si vif amour pour l'autre, je leur fis séparément mes adieux en un même jour : à l'une pour ne la revoir de ma vie, à l'autre pour ne la revoir que deux fois dans les occasions que je dirai ci-après.

Après leur départ, je me trouvai dans un grand embarras pour remplir tant de devoirs pressants et contradictoires, suites de mes imprudences. Si j'eusse été dans mon état naturel, après la proposition et le refus de ce voyage de Genève, je n'avais qu'à rester tranquille, et tout était dit. Mais j'en avais sottement fait une affaire qui ne pouvait rester dans l'état où elle était, et je ne pouvais me dispenser de toute ultérieure explication, qu'en quittant l'Ermitage, ce que je venais de promettre à M$^{me}$ d'Houdetot de ne pas faire, au moins pour le moment présent. De plus, elle avait exigé que j'excusasse auprès de mes soi-disant amis le refus de ce voyage, afin qu'on ne lui imputât par ce refus. Cependant je ne pouvais en alléguer la véritable cause sans outrager M$^{me}$ d'Epinay, à qui je devais certainement de la reconnaissance, après tout ce qu'elle avait fait pour moi. Tout bien considéré, je me trouvai dans la dure, mais indispensable alternative de manquer à M$^{me}$ d'Epinay, à M$^{me}$ d'Houdetot, ou à moi-même, et je pris le dernier parti. Je le pris hautement, pleinement, sans tergiverser, et avec une générosité digne assurément de laver les fautes qui m'avaient réduit à cette extrémité. Ce sacrifice dont mes ennemis ont su tirer parti, et qu'ils attendaient peut-être, a fait la ruine de ma réputation, et m'a ôté, par leurs soins, l'estime publique ; mais il m'a rendu la mienne, et m'a consolé dans mes malheurs. Ce n'est pas la dernière fois, comme on verra, que je fais de pareils sacrifices, ni la dernière aussi qu'on s'en est prévalu pour m'accabler.

Grimm était le seul qui parût n'avoir pris aucune part dans cette affaire, et ce fut à lui que je résolus de m'adresser. Je lui écrivis une longue lettre dans laquelle j'exposai le ridicule de vouloir me faire un devoir de ce voyage de Genève, l'inutilité, l'embarras même dont j'y aurais été à M$^{me}$ d'Epinay, et les inconvénients qui en auraient résulté pour moi-même. Je ne résistai pas, dans cette lettre, à la tentation de lui laisser voir que j'étais instruit, et qu'il me paraissait singulier qu'on prétendît que c'était à moi de faire ce voyage, tandis que lui-même s'en dispensait, et qu'on ne faisait pas mention de lui. Cette lettre, où, faute de pouvoir dire nettement mes raisons, je fus forcé de battre souvent la campagne, m'aurait donné dans le public l'apparence de bien des torts ; mais elle était un exemple de retenue et de discrétion pour les gens qui, comme Grimm, étaient au fait des choses que j'y taisais, et qui justifiaient pleinement ma conduite. Je ne craignais pas même de mettre un préjugé de plus contre moi, en prêtant l'avis de Diderot à mes autres amis, pour insinuer que M$^{me}$ d'Houdetot avait pensé de même, comme il était vrai, et taisant que, sur mes raisons, elle avait changé d'avis. Je ne pouvais mieux la disculper du soupçon de conniver avec moi qu'en paraissant, sur ce point, mécontent d'elle.

Cette lettre finissait par un acte de confiance, dont tout autre homme aurait été touché ; car, en exhortant Grimm à peser mes raisons et à me marquer après cela son avis, je lui marquais que cet avis serait suivi, quel qu'il pût être : et c'était mon intention, eût-il même opiné pour mon départ ; car, M. d'Epinay s'étant fait le conducteur de sa femme dans ce voyage, le mien prenait alors un coup d'œil tout différent : au lieu que c'était moi d'abord qu'on voulut charger de cet emploi, et qu'il ne fut question de lui qu'après mon refus.

La réponse de Grimm se fit attendre ; elle fut singulière. Je vais la transcrire ici. (Voyez la liasse A, n° 59.)

« Le départ de M$^{me}$ d'Epinay est reculé : son fils est malade, il faut attendre qu'il soit rétabli. Je rêverai à votre lettre. Tenez-vous tranquille à votre Ermitage. Je vous ferai passer mon avis à temps. Comme elle ne partira sûrement pas de quelques jours, rien ne presse. En attendant, si vous le jugez à propos, vous pouvez lui faire vos offres, quoique cela me paraisse encore assez égal. Car, connaissant votre position aussi bien que vous-même, je ne doute point qu'elle ne réponde à vos offres comme elle le doit ; et tout ce que je vois à gagner à cela, c'est que vous pourriez dire à ceux qui vous pressent que si vous n'avez pas été, ce n'est pas faute de vous être offert. Au reste, je ne vois pas pourquoi vous voulez absolument que le philosophe soit le porte-voix de tout le monde, et parce que son avis est que vous partiez, pourquoi vous vous imaginez que tous vos

amis prétendent la même chose. Si vous écriviez à M^me d'Epinay, sa réponse peut vous servir de réplique à tous ces amis, puisqu'il vous tient tant au cœur de leur répliquer. Adieu : je salue M^me Le Vasseur et le Criminel (*). »

Frappé d'étonnement en lisant cette lettre, je cherchais avec inquiétude ce qu'elle pouvait signifier, et je ne trouvais rien. Comment ! au lieu de me répondre avec simplicité sur la mienne, il prend du temps pour y rêver, comme si celui qu'il avait déjà pris ne lui avait pas suffi ! Il m'avertit même de la suspension dans laquelle il me veut tenir, comme s'il s'agissait d'un profond problème à résoudre, ou comme s'il importait à ses vues de m'ôter tout moyen de pénétrer son sentiment jusqu'au moment qu'il voudrait me le déclarer ! Que signifient donc ces précautions, ces retardements, ces mystères ? Est-ce ainsi qu'on répond à la confiance ? Cette allure est-elle celle de la droiture et de la bonne foi ? Je cherchais en vain quelque interprétation favorable à cette conduite ; je n'en trouvais point. Quel que fût son dessein, s'il m'était contraire, sa position en facilitait l'exécution, sans que, par la mienne, il me fût possible d'y mettre obstacle. En faveur dans la maison d'un grand prince, répandu dans le monde, donnant le ton à nos communes sociétés, dont il était l'oracle, il pouvait, avec son adresse ordinaire, disposer à son aise toutes ses machines ; et moi, seul dans mon Ermitage, loin de tout, sans avis de personne, sans aucune communication, je n'avais d'autre parti que d'attendre et rester en paix : c'est ce que je fis ; seulement j'écrivis à M^me d'Epinay, sur la maladie de son fils, une lettre aussi honnête qu'elle pouvait l'être, mais où je ne donnai pas dans le piège de lui offrir de partir avec elle.

Après des siècles d'attente dans la cruelle incertitude où cet homme barbare m'avait plongé, j'appris, au bout de huit ou dix jours, que M^me d'Epinay était partie, et je reçus de lui une seconde lettre. Elle n'était que de sept à huit lignes, que je n'achevai pas de lire... C'était une rupture, mais dans des termes tels que la plus infernale haine les peut dicter, et qui même devenaient bêtes à force de vouloir être offensants. Il me défendait sa présence comme il m'aurait défendu ses états. Il ne manquait à sa lettre, pour faire rire, que d'être lue avec plus de sangfroid. Sans la transcrire, sans même en achever la lecture (**), je la lui renvoyai sur-le-champ avec celle-ci :

« Je me refusais à ma juste défiance, j'achève trop tard de vous connaître.

« Voilà donc la lettre que vous vous êtes donné le loisir de méditer : je vous la renvoie ; elle n'est pas pour moi. Vous pouvez montrer la mienne à toute la terre, et me haïr ouvertement : ce sera de votre part une fausseté de moins. »

Ce que je lui disais, qu'il pouvait montrer ma précédente lettre, se rapportait à un article de la sienne sur lequel on pourra juger de la profonde adresse qu'il mit à toute cette affaire.

J'ai dit que pour gens qui n'étaient pas au fait, ma lettre pouvait donner sur moi bien des prises. Il le vit avec joie ; mais comment se prévaloir de cet avantage sans se compromettre ? En montrant cette lettre, il s'exposait au reproche d'abuser de la confiance de son ami.

Pour sortir de cet embarras, il imagina de rompre avec moi de la façon la plus piquante qu'il fût possible, et de me faire valoir dans sa lettre la grâce qu'il me faisait de ne pas montrer la mienne. Il était bien sûr que, dans l'indignation de ma colère, je me refuserais à sa feinte discrétion, et lui permettrais de montrer ma lettre à tout le monde : c'était précisément ce qu'il voulait, et tout arriva comme il l'avait arrangé. Il fit courir ma lettre dans tout Paris, avec des commentaires de sa façon, qui pourtant n'eurent pas tout le succès qu'il s'en était

---

(*) Le Vasseur, que sa femme menait un peu rudement, désignait celle-ci sous le nom de *Lieutenant-criminel*. Grimm, par plaisanterie, donnait le même sobriquet à la fille ; et, pour abréger, il en retranchait le premier mot.

(**) Cette lettre de Grimm à Rousseau est rapportée dans les *Mémoires de madame d'Epinay* ; elle a une page et demie d'impression. Il est à regretter que cette lettre ait été renvoyée à Grimm, qui, mort en 1807, a eu tout le temps de corriger et d'adoucir cette pièce accusatrice.

promis. On ne trouva pas que la permission de montrer ma lettre, qu'il avait su m'extorquer, l'exemptât du blâme de m'avoir si légèrement pris au mot pour me nuire. On demandait toujours quels torts personnels j'avais avec lui, pour autoriser une si violente haine. Enfin l'on trouvait que, quand j'aurais eu de tels torts qui l'auraient obligé de rompre, l'amitié, même éteinte, avait encore des droits qu'il aurait dû respecter. Mais malheureusement Paris est frivole; ces remarques du moment s'oublient; l'absent infortuné se néglige; l'homme qui prospère en impose par sa présence; le jeu de l'intrigue et de la méchanceté se soutient, se renouvelle, et bientôt son effet sans cesse renaissant efface tout ce qui l'a précédé.

Voilà comment, après m'avoir si longtemps trompé, cet homme enfin quitta pour moi son masque, persuadé que, dans l'état où il avait amené les choses, il cessait d'en avoir besoin. Soulagé de la crainte d'être injuste envers ce misérable, je l'abandonnai à son propre cœur, et cessai de penser à lui. Huit jours après avoir reçu cette lettre, je reçus de M<sup>me</sup> d'Epinay sa réponse, datée de Genève, à ma précédente (liasse B, n° 10). Je compris, au ton qu'elle y prenait pour la première fois de sa vie, que l'un et l'autre, comptant sur le succès de leurs mesures, agissaient de concert, et que, me regardant comme un homme perdu sans ressource, ils se livraient désormais sans risque au plaisir d'achever de m'écraser.

Mon état, en effet, était des plus déplorables. Je voyais s'éloigner de moi tous mes amis, sans qu'il me fût possible de savoir ni comment ni pourquoi. Diderot, qui se vantait de me rester, de me rester seul, et qui depuis trois mois me promettait une visite, ne venait point. L'hiver commençait à se faire sentir, et avec lui les atteintes de mes maux habituels. Mon tempérament, quoique vigoureux, n'avait pu soutenir les combats de tant de passions contraires. J'étais dans un épuisement qui ne me laissait ni force ni courage pour résister à rien. Quand mes engagements, quand les continuelles représentations de Diderot et de M<sup>me</sup> d'Houdetot m'auraient permis en ce moment de quitter l'Ermitage, je ne savais ni où aller ni comment me traîner. Je restais immobile et stupide, sans pouvoir agir ni penser. La seule idée d'un pas à faire, d'une lettre à écrire, d'un mot à dire, me faisait frémir. Je ne pouvais cependant laisser la lettre de M<sup>me</sup> d'Epinay sans réplique, à moins de m'avouer digne des traitements dont elle et son ami m'accablaient. Je pris le parti de lui notifier mes sentiments et mes résolutions, ne doutant pas un moment que, par humanité, par générosité, par bienséance, par les bons sentiments que j'avais cru voir en elle, malgré les mauvais, elle ne s'empressât d'y souscrire. Voici ma lettre.

« A l'Ermitage, le 23 novembre 1757.

« Si l'on mourait de douleur, je ne serais pas en vie. Mais enfin j'ai pris mon parti. L'amitié est éteinte entre nous, madame; mais celle qui n'est plus garde encore des droits que je sais respecter. Je n'ai point oublié vos bontés pour moi, et vous pouvez compter de ma part sur toute la reconnaissance qu'on peut avoir pour quelqu'un qu'on ne doit plus aimer. Toute autre explication serait inutile : j'ai pour moi ma conscience, et vous renvoie à la vôtre.

« J'ai voulu quitter l'Ermitage, et je le devais. Mais on prétend qu'il faut que j'y reste jusqu'au printemps; et puisque mes amis le veulent, j'y resterai jusqu'au printemps, si vous y consentez. »

Cette lettre écrite et partie, je ne pensai plus qu'à me tranquilliser à l'Ermitage, en y soignant ma santé, tâchant de recouvrer des forces, et de prendre des mesures pour en sortir au printemps, sans bruit et sans afficher une rupture. Mais ce n'était pas là le compte de M. Grimm et de M<sup>me</sup> d'Epinay, comme on verra dans un moment.

Quelques jours après, j'eus enfin le plaisir de recevoir de Diderot cette visite si souvent promise et manquée. Elle ne pouvait venir plus à propos; c'était mon plus ancien ami; c'était presque le seul qui me restât : on peut juger du plaisir que j'eus à le voir dans ces circonstances. J'avais le cœur plein, je l'épanchai dans le sien. Je l'éclairai sur beaucoup de faits qu'on lui avait tus, déguisés ou supposés. Je lui appris, de tout ce qui s'était passé, ce qu'il m'était permis de lui

dire. Je n'affectai point de lui taire ce qu'il ne savait que trop, qu'un amour aussi malheureux qu'insensé avait été l'instrument de ma perte; mais je ne convins jamais que M^me d'Houdetot en fût instruite, ou du moins que je le lui eusse déclaré. Je lui parlai des indignes manœuvres de M^me d'Epinay pour surprendre les lettres très innocentes que sa belle-sœur m'écrivait. Je voulus qu'il apprît ces détails de la bouche même des personnes qu'elle avait tenté de séduire. Thérèse les lui fit exactement: mais que devins-je quand ce fut le tour de la mère, et que je l'entendis déclarer et soutenir que rien de cela n'était à sa connaissance! Ce furent ses termes, et jamais elle ne s'en départit. Il n'y avait pas quatre jours qu'elle m'en avait répété le récit à moi-même, et elle me dément en face devant mon ami! Ce trait me parut décisif, et je sentis alors vivement mon imprudence d'avoir gardé si longtemps une pareille femme auprès de moi. Je ne m'étendis point en invectives contre elle; à peine daignai-je lui dire quelques mots de mépris. Je sentis

Et le 15 décembre, je rendis les clefs de l'Ermitage. (Page 294.)

ce que je devais à la fille, dont l'inébranlable droiture contrastait avec l'indigne lâcheté de la mère. Mais dès lors mon parti fut pris sur le compte de la vieille, et je n'attendis que le moment de l'exécuter.

Ce moment vint plus tôt que je ne l'avais attendu. Le 10 décembre, je reçus de M^me d'Epinay réponse à ma précédente lettre. En voici le contenu:

« A Genève, le 1^er décembre 1757 (liasse B, n° 11.)

« Après vous avoir donné, pendant plusieurs années, toutes les marques possibles d'amitié et d'intérêt, il ne me reste qu'à vous plaindre. Vous êtes bien malheureux. Je désire que votre conscience soit aussi tranquille que la mienne. Cela pourrait être nécessaire au repos de votre vie.

« Puisque vous vouliez quitter l'Ermitage, et que vous le deviez, je suis étonnée que vos amis vous aient retenu. Pour moi, je ne consulte point les miens sur mes devoirs, et je n'ai plus rien à vous dire sur les vôtres. »

Un congé si imprévu, mais si nettement prononcé, ne me laissa pas un instant à balancer. Il fallait sortir sur-le-champ, quelque temps qu'il fît, en quelque état que je fusse, dussé-je coucher dans les bois et sur la neige, dont la terre était alors couverte, et quoi que pût dire et faire M<sup>me</sup> d'Houdetot ; car je voulais bien lui complaire en tout, mais non pas jusqu'à l'infamie.

Je me trouvai dans le plus terrible embarras où j'aie été de mes jours ; mais ma résolution était prise : je jurai, quoi qu'il arrivât, de ne pas coucher à l'Ermitage le huitième jour. Je me mis en devoir de sortir mes effets, déterminé à les laisser en plein champ, plutôt que de ne pas rendre les clefs dans la huitaine ; car je voulais surtout que tout fût fait avant qu'on pût écrire à Genève et recevoir réponse. J'étais d'un courage que je ne m'étais jamais senti ; toutes mes forces étaient revenues. L'honneur et l'indignation m'en rendirent sur lesquelles M<sup>me</sup> d'Epinay n'avait pas compté. La fortune aida mon audace. M. Mathas, procureur fiscal de M. le prince de Condé, entendit parler de mon embarras. Il me fit offrir une petite maison qu'il avait à son jardin de Mont-Louis, à Montmorency. J'acceptai avec empressement et reconnaissance. Le marché fut bientôt fait ; je fis en hâte acheter quelques meubles, avec ceux que j'avais déjà, pour nous coucher Thérèse et moi. Je fis charrier mes effets à grand'peine et à grands frais : malgré la glace et la neige, mon déménagement fut fait dans deux jours, et le 15 décembre je rendis les clefs de l'Ermitage, après avoir payé les gages du jardinier, ne pouvant payer mon loyer.

Quant à M<sup>me</sup> Le Vasseur, je lui déclarai qu'il fallait nous séparer : sa fille voulut m'ébranler ; je fus inflexible. Je la fis partir pour Paris, dans la voiture du messager, avec tous les effets et meubles que sa fille et elle avaient en commun. Je lui donnai quelque argent, et je m'engageai à lui payer son loyer chez ses enfants ou ailleurs, à pourvoir à sa subsistance autant qu'il me serait possible, et à ne jamais la laisser manquer de pain tant que j'en aurais moi-même.

Enfin, le surlendemain de mon arrivée à Mont-Louis, j'écrivis à M<sup>me</sup> d'Epinay la lettre suivante.

<p style="text-align:center;">A Montmorency, le 17 décembre 1757.</p>

« Rien n'est si simple et si nécessaire, Madame, que de déloger de votre maison, quand vous n'approuvez pas que j'y reste. Sur votre refus de consentir que je passasse à l'Ermitage le reste de l'hiver, je l'ai donc quitté le 15 décembre. Ma destinée était d'y entrer malgré moi, et d'en sortir de même. Je vous remercie du séjour que vous m'avez engagé d'y faire, et je vous en remercierais davantage si je l'avais payé moins cher. Au reste, vous avez raison de me croire malheureux ; personne au monde ne sait mieux que vous combien je dois l'être. Si c'est un malheur de se tromper sur le choix de ses amis, c'en est un autre non moins cruel de revenir d'une erreur si douce (*). »

Tel est le narré fidèle de ma demeure à l'Ermitage, et des raisons qui m'en ont fait sortir. Je n'ai pu couper ce récit, et il importait de le suivre avec la plus grande exactitude, cette époque de ma vie ayant eu sur la suite une influence qui s'étendra jusqu'à mon dernier jour.

(*) Cette lettre, rapportée dans les *Mémoires de madame d'Epinay*, y est terminée par ce postscriptum : « Votre jardinier est payé jusqu'au premier janvier ; » phrase nécessaire pour comprendre la réponse.

<p style="text-align:center;">FIN DU PREMIER VOLUME.</p>

<p style="text-align:center;">Typ. GAITTET et Cie, rue Git-le-Cœur, 7, à Paris.</p>

# TABLE DU PREMIER VOLUME.

Notice sur la vie de J.-J. Rousseau. . . . . . . . . . . . . . . . . . . . .

### CONFESSIONS. — PREMIÈRE PARTIE.

| | |
|---|---:|
| Livre I (1712). . . . . . . . . . . . . . . . . . . . . . . . . | 1 |
| II (1728). . . . . . . . . . . . . . . . . . . . . . . . . . | 25 |
| III (1731). . . . . . . . . . . . . . . . . . . . . . . . . | 52 |
| IV (1732). . . . . . . . . . . . . . . . . . . . . . . . . | 77 |
| V (1733). . . . . . . . . . . . . . . . . . . . . . . . . | 105 |
| VI (1736). . . . . . . . . . . . . . . . . . . . . . . . . | 135 |

### DEUXIÈME PARTIE.

| | |
|---|---:|
| Livre VII (1741). . . . . . . . . . . . . . . . . . . . . . | 164 |
| VIII (1749). . . . . . . . . . . . . . . . . . . . . . | 207 |
| IX (1756). . . . . . . . . . . . . . . . . . . . . . . | 240 |

FIN DE LA TABLE.

Typ. Gaittet et Cie, rue Git-le-Cœur, 7, à Paris.

Paris. — Typographie de Gaittet et Cie, rue Gît-le-Cœur, 7

www.ingramcontent.com/pod-product-compliance
Lightning Source LLC
Chambersburg PA
CBHW070526160426
43199CB00014B/2213